Kompa/Schmoranzer (Hrsg.) · Grundkurs Erkenntnistheorie

GRUNDKURS ERKENNTNISTHEORIE

Nikola Kompa und Sebastian Schmoranzer (Hrsg.)

mentis
MÜNSTER

Bibliografische Information der Deutschen Nationalbibliothek

Die Deutsche Nationalbibliothek verzeichnet diese
Publikation in der Deutschen Nationalbibliografie;
detaillierte bibliografische Daten sind im Internet über
http://dnb.dnb.de abrufbar.

Gedruckt auf umweltfreundlichem, chlorfrei gebleichtem
und alterungsbeständigem Papier ∞ ISO 9706

© 2014 mentis Verlag GmbH
Eisenbahnstraße 11, 48143 Münster, Germany
www.mentis.de

Alle Rechte vorbehalten. Dieses Werk sowie einzelne Teile desselben sind urheberrechtlich geschützt.
Jede Verwertung in anderen als den gesetzlich zulässigen Fällen ist ohne vorherige Zustimmung des Verlages nicht zulässig.

Printed in Germany
Einbandgestaltung: Anne Nitsche, Dülmen (www.junit-netzwerk.de)
Druck: AZ Druck und Datentechnik GmbH, Kempten
ISBN 978-3-89785-128-3 (Print)
ISBN 978-3-95743-980-2 (E-Book)

INHALT

Themen der Erkenntnistheorie 7

I DER BEGRIFF DES WISSENS 15

Elke Brendel, Erik Stei: Analyse epistemischer Begriffe 17

Thomas Spitzley: Das Gettier-Problem 33

Sebastian Schmoranzer: Modale Wissenskonzeptionen 47

II RECHTFERTIGUNG UND WISSEN 61

Thomas Grundmann: Internalismus und Externalismus der Rechtfertigung 63

Ansgar Seide: Fundamentalismus und Kohärenztheorie 81

Ansgar Seide: Default-Konzeptionen der Rechtfertigung 95

Sven Bernecker: Der Wert des Wissens 109

III GRENZEN UND MÖGLICHKEIT VON WISSEN 121

Sebastian Schmoranzer: Skeptizismus 123

Markus Seidel: Epistemischer Relativismus 137

Peter Rohs: Transzendentalphilosophie 153

IV ERKENNTNISQUELLEN 165

Richard Schantz: Sinneswahrnehmung 167

Nikola Kompa: Vernunft / Verstand 181

Mark Siebel: Erinnerung 197

Johannes Haag: Selbstwissen und Introspektion 211

Axel Gelfert: Das Zeugnis anderer 225

Thomas Bartelborth: Induktion und der Schluss auf die beste Erklärung ... 241

V NEUERE ENTWICKLUNGEN ... 257

Oliver R. Scholz: Soziale Erkenntnistheorie ... 259

Jörg Hardy: Tugenderkenntnistheorie ... 273

Nikola Kompa: Epistemischer Kontextualismus ... 285

Oliver Petersen: Naturalisierung und Kognitionspsychologie ... 297

VI APPENDIX – WIE DENKEN WIRKLICH FUNKTIONIERT ... 315

Uwe Meyer: Wie Denken wirklich funktioniert –
Das Hirn hat seine Gründe, von denen der Verstand nichts weiß ... 317

Glossar ... 327

Autoreninformation ... 331

THEMEN DER ERKENNTNISTHEORIE

> Alle Menschen streben von Natur aus nach Wissen.
>
> Aristoteles

Aristoteles zufolge streben die Menschen nach Wissen. Schaut man sich um, so findet man zahlreiche Belege für diese Auffassung. Denn tatsächlich wollen viele Menschen vieles wissen. Vor allem heute: Moderne Gesellschaften geben viel Geld für die Wissenschaften aus, und allenthalben ist von der ›Wissensgesellschaft‹ die Rede. Andererseits gewinnt man nicht den Eindruck, dass alle Menschen an den Resultaten der Wissenschaft besonders interessiert sind und den ganzen Tag nach Wissen streben. Und man könnte auch fragen, wieso sie das sollten.

Stellen wir uns also vor, unsere Vorfahren hätten nicht wissen wollen, welche Pflanzen essbar sind und welche nicht, welche Tiere gefährlich sind und welche nicht, welche Gegenden bewohnbar, welche Artgenossen freundlich, welche Kanus schwimmfähig sind etc. Nicht nur hätten sie keinerlei Kultur, Technik, Wissenschaft oder Komfort hervorgebracht. Sie hätten ohne ein entsprechendes Wissen einfach nicht überlebt.

Gleichermaßen ging ihre Neugier über das hinaus, was zum Überleben unbedingt notwendig ist. Aristoteles scheint hier tatsächlich ein menschliches Grundbedürfnis benannt zu haben – auch wenn es beim Einzelnen unterschiedlich stark ausgeprägt sein mag. Wir Menschen versuchen, die Welt und unseren Platz in ihr zu verstehen und im Streben nach einem erfüllten Leben uns selbst zu erkennen.

Aber sind wir dazu überhaupt in der Lage? Ist unsere epistemische (griech. »epistêmê«: Wissen, Wissenschaft, Erkennen) Situation gut genug, um *Wissen* erlangen zu können? Wir glauben natürlich, vieles zu wissen. Vieles wissen wir aber nicht. Und in Hinblick auf vieles andere ist nicht klar, ob wir es wissen. Manche behaupten aufgrund nicht ohne weiteres von der Hand zu weisender Argumente sogar, dass wir (fast) gar nichts wissen können. Es gilt demnach herauszufinden, welcher epistemische Zugriff auf die wahrnehmbare Welt uns möglich ist, ob und wenn ja, wie weit wir über das (unmittelbar) Wahrnehmbare hinausgehend Wissen erlangen können, inwieweit wir Wissen über andere Menschen gewinnen können und wie transparent wir uns selbst sind.

Gewiss, vieles bleibt uns – möglicherweise grundsätzlich – verborgen. Aber das muss nicht unbedingt ein Grund zur Beschwerde sein. Wer könnte zum Beispiel die Allwissenheit ertragen, die den Todestag der eigenen Person einschließt. Unsere Beschränktheit ist auch kein Grund, die Hände in den Schoß zu legen und eine Antwort auf die gestellten Fragen zu verweigern, da ein optimaler Erkenntniszustand ohnehin außer Reichweite liegt. Denn auch wenn wir in unserem Erkennen beschränkt sind, lohnt es sich, die Grenzen unserer Erkenntnisfähigkeit auszuleuchten und innerhalb des uns gesteckten Rahmens das Beste daraus zu machen:

> Wir werden nicht viel Grund haben, uns über die Beschränktheit unseres Geistes zu beklagen, wenn wir ihn nur zu den Dingen gebrauchen, die für uns von Nutzen sein können; denn dazu ist er gut geeignet. Und es wäre eine ebenso unverzeihliche wie kindische Empfindsamkeit, wenn wir den Nutzen unserer Erkenntnis unterschätzen und es versäumen, sie zu den Zwecken, zu denen sie uns verliehen wurde, zu erweitern, nur weil es gewisse Dinge gibt, die aus ihrer Reichweite gesetzt sind. Es ist für einen trägen und eigensinnigen Diener, der

seine Arbeit bei Kerzenschein nicht verrichten mag, keine Entschuldigung, sich darauf zu berufen, daß er keinen hellen Sonnenschein gehabt habe Die Leuchte, die in uns entzündet ist, strahlt für alle unsere Zwecke hell genug. (Locke Essay: Einleitung 25/26[1])

Schon diese ersten Überlegungen werfen allerlei Fragen auf. Und die vielleicht vordringlichste Frage haben wir noch gar nicht gestellt. Denn was ist es eigentlich, wonach wir Menschen angeblich von Natur aus streben?

Was ist Wissen?

Eine Analyse des Wissensbegriffs ist nötig, die darlegt, wonach wir hier streben und wann wir damit erfolgreich sind. Da der Begriff des Wissens eng mit anderen Begriffen wie dem der Meinung, der (epistemischen) Rechtfertigung und dem der Wahrheit zusammenhängt, wird eine solche Analyse sich auch auf diese anderen Begriffe erstrecken müssen. Das trifft insbesondere für den Begriff der Rechtfertigung zu, welcher eine entscheidende Rolle dafür spielt, was Wissen von bloß wahrer Meinung unterscheidet. Die nächsten grundlegenden Fragen lauten daher:

Worin besteht epistemische Rechtfertigung? Und warum schätzen wir Wissen in Form einer gerechtfertigten wahren Meinung höher als bloß wahre Meinung?

Antworten auf die drei genannten Grundfragen der Erkenntnistheorie zu gewinnen, ist sicherlich um seiner selbst willen erstrebenswert. Aber es ist auch unerlässlich, um die Möglichkeit, den Umfang und die Grenzen von Wissen auszuleuchten und eine Antwort auf die uns so am Herzen liegende Frage zu finden:

Was können wir wissen?

Die Grenzen unserer Erkenntnisfähigkeiten zu ermitteln, wird allerdings dadurch erschwert, dass wir nicht wissen können, was auf der anderen Seite der Grenze liegt. Wir können sie sozusagen nur von einer Seite aus betrachten. Außerdem setzen wir dabei natürlich voraus, dass wir einiges (eben auch unsere Grenzen) erkennen können. Aber, wie oben erwähnt, gibt es Argumente, die das Gegenteil zu zeigen scheinen. Mit diesen Argumenten, die man skeptische nennt, müssen wir uns demnach auch auseinandersetzen. Und selbst wenn wir sie zurückweisen könnten, wäre es dennoch unbestritten, dass unsere epistemische Position nicht so gut ist, wie wir es uns wünschen. Uns interessiert folglich auch, inwieweit wir in der Lage sind, sie zu verbessern. Dazu müssen wir überhaupt erst einmal untersuchen, auf welche Weise, genauer gesagt mittels welcher Methoden und mit Rückgriff auf welche Quellen wir Wissen gewinnen können und wo es Verbesserungsmöglichkeiten gibt. Dies führt uns zur fünften Grundfrage:

Was sind die Quellen der Erkenntnis?

Doch mit welchen Mitteln sollen wir überprüfen, wie gut unsere Methoden und Quellen sind? Wir müssen, wenn wir unser eigenes Erkenntnisvermögen überprüfen wollen, eben dieses zur Anwendung bringen und bereits voraussetzen, dass es um dieses nicht zum Schlechtesten bestellt ist. Zudem können auch unsere besten Methoden und sichersten Quellen oft nicht die Wahrheit unserer Meinungen garantieren.

Selbstverständlich beschäftigt sich nicht nur die Philosophie mit unserer Erkenntnisfähigkeit. Einige der in diesem Band thematisierten Fragen lassen sich auch von einer anderen wissenschaftlichen Warte aus stellen. So ist beispielsweise auch aus psychologischer und kognitionswissenschaftlicher Sicht interessant, wie unser Erkennen faktisch funktioniert. Und auch zu anderen Disziplinen wie der Wissenschaftssoziologie oder der Ökonomie lassen sich Verbindungen herstellen.

Dennoch beginnt die philosophische Erkenntnistheorie mit ihren Untersuchungen gerade erst dort, wo andere Disziplinen sich schon zufrieden geben. Sie hinterfragt das Selbstverständliche, staunt über das Gewöhnliche, und versucht, den Dingen so weit auf den Grund zu gehen, dass sie sich mitunter auf das Feld anderer philosophischer Disziplinen begibt. So wird die Philosophie des Geistes an mehreren Stellen berührt, wenn es um die kognitiven Prozesse und die Art und Weise geht, wie unser Geist beziehungsweise unser Gehirn die Welt im Denken und Wahrnehmen erkennt. Und die Metaphysik, die nach den grundlegenden Bausteinen der Wirklichkeit sucht, wird zum Beispiel dort wichtig, wo wir von diesen Bausteinen Wissen zu erlangen hoffen. Denn wie kann man feststellen, was diese sind, wenn nicht klar ist, von welcher Art das Gesuchte ist. Die Sprachphilosophie wiederum, die zu verstehen versucht, wie wir die Wirklichkeit mittels Sprache erfassen und uns über sie austauschen können, wird relevant, wenn es um die Frage

---

[1] Zitiert nach: John Locke: Versuch über den menschlichen Verstand; Band I und II. Hamburg: Felix Meiner Verlag 2006.

geht, wie Sprache und Erkenntnis zusammenhängen und ob zum Beispiel jedes Erkennen ein Begreifen erfordert.

Aber auch zur Ethik etwa oder zur politischen Philosophie lassen sich bei einer vertiefenden Beschäftigung mit der Erkenntnistheorie Brücken schlagen. Ebenso wie die Ethik fragt die Erkenntnistheorie nach Gründen. Jene fragt nach Gründen für unser Handeln, diese nach Gründen für unsere Überzeugungen, und beide fragen nach der Reichweite und Leistungsfähigkeit der Vernunft. Und so wie man die Frage stellen kann, ob und wenn ja, auf welche Weise man moralische Erkenntnis gewinnen kann, kann man umgekehrt die Frage stellen, welche Erkenntnis zu gewinnen moralisch richtig ist. Gleichermaßen kann auch eine politische Dimension unserer Praxis des Erkenntnisgewinns in den Blick genommen werden. Denn in einer von ökonomisch-politischen Interessen geleiteten Expertengesellschaft wird Erkenntnis leicht zur Ware. Ferner wird durch die zunehmende Komplexität moderner Wissensgesellschaften die Frage nach der Legitimation politischer Entscheidungen, die auf einer unsicheren Erkenntnisgrundlage oder im Lichte konkurrierender Wissensansprüche und Expertenmeinungen gefällt werden, immer drängender.

Das Themenfeld der Erkenntnistheorie ist daher weit, und vieles muss in diesem Grundkurs unberücksichtigt oder nur angedeutet bleiben. Wir konzentrieren uns dementsprechend in den ersten vier Sektionen auf die oben genannten fünf erkenntnistheoretischen Grundfragen: Was ist Wissen? (Sektion I) Worin besteht epistemische Rechtfertigung? Was ist der Wert von Wissen? (Sektion II) Was sind die Grenzen der Erkenntnis? (Sektion III) Was sind die Quellen der Erkenntnis? (Sektion IV) Lediglich in der fünften und letzten Sektion sowie im Appendix werden einige neuere Entwicklungen in den Blick genommen, die zum Teil Bezüge zu philosophischen und nicht-philosophischen Nachbardisziplinen herstellen.

Zu Beginn steht demnach die Frage: Was heißt es, dass eine Person etwas weiß? Damit betreten wir das Feld der Begriffsanalyse. Ein beträchtlicher Teil der philosophischen Erkenntnistheorie beschäftigt sich mit der Analyse zentraler epistemischer Begriffe, zu denen neben dem des Wissens auch der der Überzeugung und der Rechtfertigung gehören. Die traditionelle Anforderung an derartige Analysen besteht darin, den zu erklärenden Begriff rein deskriptiv unter Angabe notwendiger und zusammengenommen hinreichender Bedingungen so zu definieren, dass man den zu definierenden Begriff nicht wieder verwendet. Das ist sehr, vielleicht sogar zu anspruchsvoll. Dementsprechend sind im 20. Jahrhundert alternative Auffassungen davon aufgekommen, was eine gelungene Analyse epistemischer Begriffe leisten soll und welcher Methoden man sich dabei zu bedienen hat. (→ Analyse epistemischer Begriffe)

Insbesondere das Gettier-Problem hat aufgezeigt, wie schwer es ist, den Wissensbegriff auf traditionelle Weise zu analysieren. Gemäß der auf Platon zurückgehenden klassischen Analyse des Wissensbegriffs weiß jemand genau dann, dass etwas der Fall ist, wenn er eine entsprechende gerechtfertigte und wahre Überzeugung hat. Seit Edmund L. Gettiers vielbeachtetem Aufsatz »Is justified true belief knowledge?« sind jedoch eine Vielzahl von Beispielen angeführt worden, die nahelegen, dass nicht jeder Fall einer gerechtfertigten wahren Meinung ein Fall von Wissen ist. In Reaktion auf diese Beispiele wurde unter anderem vorgeschlagen, die Standardanalyse um eine weitere Bedingung zu ergänzen oder die Rechtfertigungsbedingung durch eine andere Bedingung zu ersetzen. (→ Das Gettier-Problem)

Letzteres ist auch ein Merkmal sogenannter modaler Wissenskonzeptionen. Vertreter derartiger Ansätze sind der Ansicht, dass Wissen nicht-zufälligerweise wahre Meinung ist. Dabei ist die Nicht-Zufälligkeitsbedingung ihrer Auffassung nach grundsätzlich so zu verstehen, dass der richtige modale Zusammenhang zwischen der Wahrheit und dem Haben der Überzeugung besteht. Was wäre eigentlich der Fall, wäre die tatsächlich wahre Überzeugung falsch? Es sind Fragen dieser Art, die darüber entscheiden, ob jemand eine bloß zufälligerweise wahre Meinung hat, oder ob er/sie der Wahrheit auch unter leicht veränderten Umständen auf der Spur bleiben würde. Trotz einer Reihe von Vorzügen weisen modale Wissenskonzeptionen jedoch einige technische und grundlegende Probleme auf. Insbesondere ist zu fragen, ob jede nicht-zufälligerweise wahre Meinung schon ein Fall von Wissen ist oder ob es nicht zusätzlich noch dem Erkenntnissubjekt zugängliche Anhaltspunkte für die Wahrheit der eigenen Meinung geben muss. (→ Modale Wissenskonzeptionen)

Dies führt zu Fragen, die in der Diskussion um das richtige Verständnis epistemischer Rechtfertigung und insbesondere in der Internalismus-Externalismus-Debatte im Fokus stehen. Weitgehende Einigkeit besteht darin, dass eine Meinung nur dann *epistemisch* gerechtfertigt ist, wenn sie in Hinblick auf unser Ziel, möglichst viele wahre und möglichst wenig falsche Überzeugungen zu haben, angemessen ist. Uneinigkeit herrscht allerdings hinsichtlich der Frage, worin diese Angemessenheit besteht. Kommt es nur auf externe Faktoren wie zum Beispiel die faktische Zuverlässigkeit des Meinungsbildungsprozesses an, aus dem die Überzeugung hervorgeht? Kommt es nur auf interne Faktoren, sprich darauf an, wie uns die Welt aus subjektiver Perspektive erscheint? Oder umfasst epistemische Rechtfertigung interne und externe Faktoren gleichermaßen? (→ Internalismus und Externalismus der Rechtfertigung)

Neben, wenn auch keineswegs unabhängig von, derlei die Art der rechtfertigenden Faktoren betreffenden Fragestellungen ist nach der Struktur epistemischer Rechtfertigung zu fragen. Sogenannte Fundamentalisten gehen davon aus, dass es bestimmte basale Meinungen gibt, die ihrerseits nicht durch andere Meinungen begründet werden müssen und zugleich den Ausgangspunkt für eine Begründung der nicht-basalen Meinungen bilden. Die Frage ist allerdings, aufgrund welcher Tatsache die basalen Meinungen ihrerseits epistemisch gerechtfertigt sind. In Anbetracht der mit der Beantwortung dieser Frage verbundenen Probleme gehen Kohärenztheoretiker von einer grundsätzlich anderen Struktur der Rechtfertigung aus. Jede Meinung muss ihnen zufolge in dem Sinne durch andere Meinungen gerechtfertigt werden, als sie zusammen mit den anderen Meinungen ein kohärentes Meinungssystem bildet. Worin diese Kohärenz besteht, warum sie uns einen Grund liefert, eine Meinung für wahr zu halten, und inwiefern wir einsehen können und müssen, dass eine Meinung Teil eines kohärenten Meinungssystems ist, sind ernstzunehmende Herausforderungen für Anhänger dieser Theorie. (→ Fundamentalismus und Kohärenztheorie)

Allen Theorien der epistemischen Rechtfertigung – insbesondere jedoch internalistischen Theorien – ist trotz unterschiedlicher Probleme allerdings eine Herausforderung gemein. Es gilt, eine Rechtfertigungskonzeption zu entwickeln, durch die sich skeptische Positionen vermeiden lassen. Als in neuerer Zeit vielversprechend haben sich diesbezüglich auf John L. Austin und Ludwig Wittgenstein zurückgehende und insbesondere von Michael Williams ausgearbeitete »Default-and-Challenge«-Konzeptionen der Rechtfertigung herausgestellt. Die Grundidee derartiger Ansätze besteht darin, dass je nach Kontext aufgrund verschiedenartiger Faktoren bestimmte Annahme so lange als gerechtfertigt gelten dürfen, bis sie durch ihrerseits begründete Zweifel in Frage gestellt werden. Damit scheint sich die Beweispflicht zu Lasten des Skeptikers zu verschieben. Es sieht so aus, als könnten wir in vielen Situationen entgegen der skeptischen Behauptungen durchaus gerechtfertigte Überzeugungen haben. (→ Default-Konzeptionen der Rechtfertigung)

Der Besitz gerechtfertigter Überzeugungen wiederum scheint eine elementare Voraussetzung dafür zu sein, Wissen und nicht nur wahre Meinungen zu haben. Wir scheinen ersterem einen höheren Stellenwert zuzuschreiben als letzterem. Doch warum ist es in höherem Maße erstrebenswert, Wissen zu erlangen als bloß wahre Meinungen auszubilden? Findet nicht derjenige, der zufällig die richtigen Meinungen darüber hat, wo es nach Larissa geht, sein Ziel genauso gut wie derjenige, der weiß, wo es nach Larissa geht? (→ Der Wert von Wissen)

Sollte Wissen aber tatsächlich einen höheren Wert als wahre Meinung haben, wird die Frage wichtig, welches die Grenzen und die Reichweite unseres Wissens sind. In diesem Zusammenhang steht seit der Antike die Auseinandersetzung mit dem philosophischen Skeptizismus im Vordergrund. Aus Sicht eines Skeptikers haben wir aus prinzipiellen Gründen in Bezug auf bestimmte Bereiche der Wirklichkeit keine Gewissheit, kein Wissen oder nicht einmal gerechtfertigte Überzeugungen. Wissen wir zum Beispiel, dass wir eine Hand haben, wenn man die Möglichkeit in Betracht zieht, dass uns dies von einem bösen Dämon nur vorgetäuscht wird? Eine überzeugende antiskeptische Antwort auf diese Frage zu geben, stellt bis heute eine der großen Herausforderungen an die Erkenntnistheorie dar, bei der es um nichts weniger als unser Grundverständnis von uns selbst als wissenden Subjekten geht. (→ Skeptizismus)

Genauso wie der Skeptizismus stellt nach Meinung vieler auch der epistemische Relativismus unser Selbstverständnis in Frage. Wir gehen gemeinhin davon aus, dass die Methoden und Rechtfertigungsprinzipien unserer Wissenschaften die richtigen Standards sind, an denen Wissensansprüche und Theorien gemessen werden müssen. Wenn man sich allerdings der Frage zuwendet, wie diese Standards auf nicht-zirkuläre Weise als alternativen Standards überlegen ausgezeichnet werden können, stoßen wir an unsere Grenzen. Darüber hinaus scheint die Wissenschaftsgeschichte Anhaltspunkte dafür zu liefern, dass der Übergang von einer bestehenden wissenschaftlichen Theorie zu einer neuen alles andere als vollständig rational verläuft. Anhand dieser und anderer Überlegungen argumentiert der Relativist dafür, dass es mehrere konkurrierende epistemische Systeme gibt, von denen keines rationalerweise als das richtige ausgezeichnet werden kann. Müssen wir daher zu dem Ergebnis kommen, dass das Befragen eines Orakels eine genauso angemessene Form der Erkenntnisgewinnung ist wie das Durchführen wissenschaftlicher Experimente? (→ Epistemischer Relativismus)

Da der Skeptizismus und der Relativismus unserer Selbsteinschätzung so grundlegend zuwider laufen, sind sie für viele von uns Positionen, die es zurückzuweisen gilt. Allerdings müssen wir dabei den Grenzen unserer Erkenntnisfähigkeiten Rechnung tragen. Dem Wissen eine Grenze zu ziehen und zugleich dem Skeptizismus zu entgehen, ist dementsprechend eines der Hauptanliegen der von Immanuel Kant ins Leben gerufenen und seither kritisch weiterentwickelten Transzendentalphilosophie. Im Zentrum dieser Art der Erkenntnistheorie steht der Versuch nachzuweisen, dass es erkenntniserweiternde Urteile über die Welt gibt, die sich ohne Rückgriff auf die Erfahrung rechtfertigen lassen, da sie auf Fähigkeiten und Begriffen des Erkenntnissubjekts beruhen, die es immer schon zur Anwendung bringen muss, um überhaupt Erfahrungen machen zu können. So lasse sich laut Kant zum Beispiel gegen David Humes Skepsis an der Rechtfertigung von Gesetzes- und Kausalaussagen ins Feld führen, dass wir immer schon voraussetzen müssen, dass alles eine Ursache hat, um überhaupt eine begrifflich fassbare Erfahrung machen zu können. Die Grenze menschlicher Erkenntnis verläuft für Kant jedoch dort, wo wir unsere Erkenntnisansprüche auf Bereiche außerhalb von Raum und Zeit ausdehnen und über das jede mögliche Erfahrung Transzendierende, wie z. B. die Existenz Gottes, Behauptungen aufstellen. Kants diesbezügliche Überlegungen basieren auf einer genaueren Untersuchung dessen, was eigentlich die Quellen unserer jeweiligen Erkenntnisse über die Welt sind. Und er lässt keinen Zweifel daran, dass sowohl der sinnlichen Wahrnehmung als auch der Vernunft ein großer Stellenwert zukommt. (→ Transzendentalphilosophie)

Dass die sinnliche Wahrnehmung eine der zentralen Quellen der Erkenntnis ist, dürfte kaum jemand bestreiten. »Warum darf ich glauben, dass ein Apfel auf dem Tisch liegt? Weil ich das sehe.« Doch was ist eigentlich unmittelbar Gegenstand meiner Wahrnehmung? Sind es die physikalischen Objekte in der Welt, oder müssen wir nicht in Anbetracht von Sinnestäuschungen und Halluzinationen eher davon ausgehen, dass nur sinnliche Daten unmittelbar präsent sind? Davon abgesehen stellt sich die Frage, wie die Wahrnehmung, also etwas vermeintlich nicht-Begriffliches, Aussagen rechtfertigen kann. Oder ist die Wahrnehmung vielleicht doch immer schon begrifflich strukturiert? (→ Sinneswahrnehmung)

Neben der Erfahrung kommt in den Augen vieler auch der Vernunft der Status einer Erkenntnisquelle zu. Es scheint gerechtfertigte Aussagen zu geben, deren Rechtfertigung gerade nicht auf der Erfahrung sondern ausschließlich auf der Vernunft bzw. dem Verstand beruht. Sofern ich den Satz »2 + 2 = 4« verstehe, leuchtet mir ein, dass er wahr ist. Und diese Einsicht scheint nicht davon abzuhängen, dass ich bereits einmal beobachtet habe, dass zwei Äpfel und zwei Äpfel vier Äpfel sind – so könnte man meinen. Der Verdacht liegt nahe, dass wir Einsichten in das, was notwendigerweise der Fall ist, grundsätzlich nur dadurch gewinnen können, dass wir etwas mit der Vernunft unmittelbar einsehen oder daraus deduktiv folgern. Wir können zwar beobachten, dass etwas der Fall ist, aber wir scheinen nicht beobachten zu können, dass etwas so sein muss. Die Frage ist allerdings, wie weit unsere entsprechenden Einsichten reichen. Außerdem könnte man bezweifeln, ob unsere Vernunft uns tatsächlich, wie man oft dachte, unfehlbare Einsicht oder doch nur mehr oder weniger gute, mitunter aber zu widerlegende Gründe liefert. (→ Vernunft und Verstand)

Wenn uns jedoch nur die Vernunfteinsichten und die Sinneswahrnehmung zur Verfügung stünden, wäre unser Wissen eingeschränkt auf das, was wir *jetzt* wahrnehmen beziehungsweise *jetzt* mit der Vernunft einsehen. Aber vieles wissen wir nur deshalb, weil wir uns an etwas erinnern. Ich höre, wie jemand »Hallöchen« ruft, und weiß, dass es sich um Eva handelt. Das weiß ich allerdings nur deshalb, weil ich mich entsinne, wie sich Evas Stimme anhört. Erinnerung leistet somit einen entscheidenden Beitrag beim Wissenserwerb. Doch was unterscheidet Erinnerungen von Wahrnehmungen und Einbildungen? Und handelt es sich streng genommen um eine Quelle der Erkenntnis, oder haben wir es hier nicht vielmehr mit einem Wissensspeicher zu tun, aus dem wir nur abrufen, was wir früher einmal aufgrund der Sinneswahrnehmung bzw. der Vernunft erkannt haben? (→ Erinnerung)

Sinneswahrnehmung informiert mich über die Welt, der Verstand über das Notwendige und die Erinnerung über das Vergangene. Und was informiert mich über mich selbst? Über (fast) nichts scheinen wir so gut Bescheid zu wissen, wie über unsere eigenen mentalen Zustände. Dass ich Schmerzen habe, dass es mir so erscheint, als wäre dort ein rosaroter Eiswürfel, dass ich gerade an Clara denke, alles dies scheint mir und nur mir unmittelbar zugänglich zu sein. Die Frage ist jedoch, worin die sogenannte Autorität der ersten Person besteht. Was hat es mit dieser Art des Selbstwissens auf sich und wie lässt sich mein privilegierter Zugang zu meinem Denken, Wünschen, Wollen und Empfinden erklären? Eine auf den ersten Blick plausible Erklärung lautet, dass wir es hier mit einer zusätzlichen Erkenntnisquelle zu tun haben: der Introspektion. Allerdings ist strittig, was man unter Introspektion zu verstehen hat und inwiefern eine gewisse Transparenz der eigenen mentalen Zustände eine begriffliche Voraussetzung dafür ist, eine Person zu sein. (→ Selbstwissen und Introspektion)

Wenn wir die bisher vorgestellten Erkenntnisquellen betrachten, dann fällt auf, dass es dabei vor allem um Fähigkeiten des Erkenntnis*subjekts* geht, aus sich heraus Wissen zu generieren. Aber es darf dabei nicht aus dem Blick geraten, dass wir vieles von dem, was wir zu wissen beanspruchen, dem Zeugnis anderer verdanken. Woher sonst wenn nicht aus Büchern oder aufgrund von Aussagen unserer Lehrer wüssten wir, dass Napoleon 1815 die Schlacht bei Waterloo verloren hat? Es sieht daher so aus, als müssten wir das Wort anderer als weitere Quelle des Wissens betrachten. Allerdings stellt sich hier die Frage, ob unsere testimonialen Überzeugungen bis auf weiteres schon dadurch gerechtfertigt sind, dass jemand uns gegenüber etwas entsprechendes behauptet hat, oder ob wir erst mit Hilfe anderer Wissensquellen überprüfen müssen, dass die Aussage des Gegenüber vermutlich wahr ist. Darüber hinaus lässt sich fragen, ob in Zeugnissen nur Wissen vermittelt wird, welches sich letztlich anderer Erkenntnisquellen verdankt. (→ Das Zeugnis anderer)

Zu diesen anderen Quellen gehört auch das induktive Schließen. Sobald wir in Bezug auf die empirische Wirklichkeit den Bereich dessen verlassen, was wir oder andere bereits beobachtet haben und auf etwas (noch) nicht Beobachtetes schließen oder gar eine Verallgemeinerung aufstellen, kommen induktive Schlüsse ins Spiel. Diese unterscheiden sich von deduktiven Schlüssen darin, dass die Wahrheit der Prämissen die Wahrheit der Konklusion nicht garantiert. So schließe ich beim Anblick von Fußspuren im Schnee darauf, dass ein anderer Wanderer bereits vor mir hier war. Und in den Wissenschaften versuchen wir auf der Basis gemachter Beobachtungen ganze Theorien zu entwickeln wie zum Beispiel die, dass sich jeder Körper gleichmäßig in die eingeschlagene Richtung bewegt, sofern keine weitere Kraft auf ihn einwirkt. Es gibt nun aber eine große Bandbreite induktiver Schlüsse, welche von einfacher Verallgemeinerung auf der Basis beobachteter Regularitäten bis hin zu Schlüssen auf die beste Erklärung reicht. Wie derartige Schlüsse funktionieren und was eine Erklärungshypothese gegenüber anderen als die beste ausweist, sind vieldiskutierte Fragen. Ob sich induktive Schlussverfahren in Anbetracht grundsätzlicher skeptischer Vorbehalte rechtfertigen lassen, steht wiederum auf einem ganz anderen Blatt. Diese Schwierigkeit dürfte sich allerdings bei (fast) allen Quellen der Erkenntnis stellen. (→ Induktion und Schluss auf die beste Erklärung)

Wie wir gesehen haben, hat sich die Erkenntnistheorie auf das einzelne Erkenntnis*subjekt* fokussiert, Wissen in Bezug auf einen Meinungsträger definiert, die dem Subjekt zur Verfügung stehenden Quellen der Erkenntnis ausgeleuchtet und die prinzipiellen individuellen Grenzen der Erkenntnis problematisiert. Erst seit das Interesse am Zeugnis anderer zunimmt, wächst auch ein Bewusstsein dafür, dass das Erkenntnissubjekt im Kontext epistemischer Gemeinschaften Wissen erlangt. Es ist daher angemessen, den Blick auch auf die soziale Dimension der Erkenntnis zu werfen und sich unter anderem Themen wie den folgenden zuzuwenden: Welchen sozialen Bedingungen unterliegen individuelle Rechtfertigung und individuelles Wissen? Können neben Individuen auch Gruppen Träger von Überzeugungen, Rechtfertigung und Wissen sein? Gibt es Experten in einem objektiven Sinn und wie kann der Laie sie erkennen? Insbesondere die letzte Frage ist in unserer modernen Informationsgesellschaft hochaktuell und gewinnt vor allem dann an Brisanz, wenn wir als Laien mit zwei sich widersprechenden Expertenaussagen konfrontiert sind. (→ Soziale Erkenntnistheorie)

Dass Wissen auch ein soziales Phänomen ist, wird des weiteren daran deutlich, dass wir Subjekten mitunter nur dann Wissen zusprechen, wenn sie sich vor dem Hintergrund der in der Gemeinschaft geltenden epistemischen Normen bei ihrer Meinungsbildung angemessen verhalten haben. Diese Angemessenheit wird von einigen Vertretern der Tugenderkenntnistheorie als epistemisch tugendhaftes Verhalten interpretiert, dessen zentrale Elemente einerseits in der Motivation des Subjekts, Wissen zu erlangen, und andererseits in der erfolgreichen Ausübung bestimmter epistemischer Fähigkeiten wie zum Beispiel der sorgfältigen Überprüfung der vorliegenden Anhaltspunkte bestehen. (→ Tugenderkenntnistheorie)

Doch wie sorgfältig ist sorgfältig genug? Wie gut müssen zum Beispiel die zur Rechtfertigung einer wahren Überzeugung angeführten Belege sein, damit es sich um

Wissen handelt? Aufgrund des sehr theoretischen Untersuchungskontexts der Erkenntnistheorie ging man bis in die 90er Jahre des 20. Jahrhunderts davon aus, dass in jeder Situation dieselben Anforderungen zu erfüllen sind, damit eine Person etwas weiß. Unsere alltägliche Verwendung des Wissensbegriffs scheint jedoch etwas anderes nahe zu legen. Wenn ich mich mit einem Freund unterhalte und ihm gegenüber behaupte, dass Polio eine Virus-Erkrankung ist, weil ich das in der *Apotheken-Umschau* gelesen habe, so dürfte mein Freund mir in dieser Situation scheinbar zurecht Wissen attestieren. Aber wenn ich dieselbe Behauptung in einer Examensprüfung aufstelle und erneut auf die Lektüre der *Apotheken-Umschau* verweise, werden mir die Prüfer vermutlich ebenfalls zurecht kein entsprechendes Wissen attestieren, obwohl sich im Vergleich zum Gespräch mit meinem Freund an meinen Belegen nichts geändert hat. Beispiele wie diese deuten aus Sicht epistemischer Kontextualisten darauf hin, dass Wissenszuschreibungen kontextrelativ sind, weil sich die für Wissen erforderlichen Standards ändern. Vertreter einer solchen Position müssen allerdings Näheres dazu sagen, von welchen Faktoren diese Standards abhängen und welche Art der Kontextabhängigkeit beim Ausdruck »wissen« vorliegt. (→ Epistemischer Kontextualismus)

Fragen der menschlichen Erkenntnisfähigkeit werden selbstverständlich nicht nur im Rahmen der Philosophie sondern zum Beispiel auch in der Kognitionspsychologie behandelt, die sich unter anderem damit beschäftigt, welche physischen Prozesse im Erkenntnissubjekt ablaufen, wenn es etwas wahrnimmt, glaubt, erkennt, folgert und dergleichen. Die Kognitionspsychologie liefert dabei natürlich zunächst einmal nur empirische Befunde. Philosophisch kontrovers wird es hingegen dann, wenn man diese zum Ausgangspunkt nimmt, um zum Beispiel den Wissensbegriff zu naturalisieren und rein naturwissenschaftlich zu erklären versucht, was es mit den drei klassischen Wissensbedingungen der Wahrheit, der Überzeugung und der Rechtfertigung auf sich hat. (→ Naturalisierung und Kognitionspsychologie)

Empirische Untersuchungen dazu, welche Fehler uns Menschen in zum Teil erstaunlich hohem Maße beim Denken unterlaufen und die sich darauf beziehenden Erklärungen gewinnen philosophisch ebenfalls dann an Bedeutung, wenn wir uns an die Behauptung zurück erinnern, dass die Suche nach Wahrheit ein vermeintlich grundlegendes Bedürfnis des Menschen ist. Strebt der Mensch tatsächlich vor allem nach Wissen, und ist er dazu auch bestmöglich ausgestattet? Oder setzte die Evolution vielleicht auch auf kognitive Mechanismen, die mitunter anderen Zielen als der philosophisch hochgehaltenen Suche nach der Wahrheit dienen? (→ Appendix: Wie Denken wirklich funktioniert)

Wie diese kurze Übersicht zeigt, verliert man angesichts der Bandbreite an Themen und Problemen leicht den Überblick. Und so ist es gerade für Einsteiger in das Studium der philosophischen Erkenntnistheorie, an die sich dieser Band im Besonderen richtet, aber nicht nur für diese mitunter hilfreich, auf Ihrem Weg durch das Dickicht der Themen, Probleme, Positionen und Zusammenhänge Hilfestellung zu erfahren. Das kann auf drei Weisen geschehen, die jeweils ihre Vorzüge und Nachteile haben.

Eine thematisch gegliederte Zusammenstellung zentraler Texte aus der erkenntnistheoretischen Tradition und Forschung erlaubt uns einen stark an Argumenten ausgerichteten und in die Tiefe gehenden Einblick, bei dem die mit Überblicksdarstellungen zwangsläufig verbundenen Vereinfachungen vermieden werden. Allerdings stehen die entsprechenden Texte in einem Diskussionszusammenhang, der sich dem Leser nicht unbedingt von selbst erschließt.

In dieser Hinsicht sind einführende Monographien möglicherweise besser geeignet, indem sie die großen Linien und Zusammenhänge aufzeigen. Die gut geschriebenen Exemplare überzeugen darüber hinaus durch Klarheit und Stringenz. In deutscher Sprache dürften hierzu zum Beispiel die Einführungen von Elke Brendel, Peter Baumann, Gerhard Ernst und Thomas Grundmann zählen.[2] Jeder Autor und jede Autorin haben dabei natürlich ihre eigenen Schwerpunktsetzungen, und niemand kann bei der Fülle der Literatur und Fragen in allen Bereichen der Erkenntnistheorie gleichermaßen firm sein.

Hier liegt wiederum der Vorteil einer Zusammenstellung von einführenden Aufsätzen aus der Hand vieler entsprechend geschulter Philosophinnen und Philosophen, was uns zum Format dieses Grundkurses bewogen

---

[2] Brendel, Elke 2013: Wissen (Grundthemen Philosophie). Berlin/Bosten: de Gruyter.
Baumann, Peter ²2006: Erkenntnistheorie. Stuttgart/Weimar: J. B. Metzler.
Ernst, Gerhard 2007: Einführung in die Erkenntnistheorie. Darmstadt: Wissenschaftliche Buchgesellschaft.
Grundmann, Thomas 2008: Analytische Einführung in die Erkenntnistheorie (de Gruyter Studienbuch). Berlin: de Gruyter.

hat. Selbstverständlich kann dabei nicht die gleiche Einheitlichkeit in der Darstellung gewahrt werden wie bei monographischen Einführungen. Und auch wenn sich die Texte vor allem an den in den einzelnen Debatten bezogenen Positionen und vorgestellten Argumenten orientieren, wird nicht dieselbe Präzision und Komplexität erreicht, die guten Forschungstexten zugrunde liegt.

Idealerweise bedient man sich zum Einstieg in die Erkenntnistheorie natürlich aller drei Hilfsmittel. Und eine Ergänzung der einführenden Beiträge um Auszüge aus anderen Gesamtdarstellungen, um Primärtexte oder um zentrale Aufsätze aus der Forschung in Seminaren ist mitunter sinnvoll. Die den Beiträgen folgenden kommentierten Literaturlisten sollen bei einer etwaigen Auswahl sowie bei einer vertiefenden Fortsetzung des Studiums helfen, während die den Texten folgenden Kontrollfragen zu einem besseren Verständnis der jeweiligen Beiträge dienen können. Wir erhoffen uns von diesem Grundkurs daher eine Erleichterung beim Studium und bei der Lehre der Erkenntnistheorie.

Er ist das Ergebnis einer Zusammenarbeit vieler Personen. Zu erwähnen sind insbesondere die Autorinnen und Autoren, denen wir für die aus unserer Sicht gelungenen Beiträge und die Geduld, die sie aufgebracht haben, herzlich danken möchten. Außerdem gilt unser Dank Oliver R. Scholz, der bei der Konzeption des Bandes maßgeblich mitgewirkt und einige der anfänglich eingereichten Beiträge mit den Autoren besprochen hat. Auch Ansgar Seide danken wir für seine Hilfe und Mitarbeit. Bei Pascale Anna Lötscher (Bern), die fast alle der hier versammelten Beiträge mit größter Sorgfalt gelesen und konstruktiv-kritisch kommentiert hat, und Marco Molitor (Osnabrück), der einige der Texte auf Tippfehler und Unstimmigkeiten durchgesehen hat, möchten wir uns ebenfalls bedanken.

Nikola Kompa und Sebastian Schmoranzer

I
DER BEGRIFF DES WISSENS

ANALYSE EPISTEMISCHER BEGRIFFE

Elke Brendel, Erik Stei

1. Einleitung
2. Was sind epistemische Begriffe?
3. Formen der Begriffsanalyse
   3.1 Begriffsanalyse als Realdefinition
   3.2 Begriffsanalyse als Angabe bloß notwendiger Wesensmerkmale
   3.3 Begriffsanalyse als Sprachtherapie und als Aufzeigen von Familienähnlichkeiten
   3.4 Reduktive vs. konnektierende Begriffsanalyse
   3.5 Begriffsanalyse als Explikation
4. Methoden und Werkzeuge zur Analyse epistemischer Begriffe
   4.1 Apriorische Erkenntnistheorie
   4.2 Naturalisierte Erkenntnistheorie

1. Einleitung

Die philosophische Erkenntnistheorie fragt nach der Natur, den Quellen, dem Umfang, den Grenzen und dem Wert menschlichen Wissens. Viele Erkenntnisphilosophen[1] erhoffen sich eine Antwort auf diese Fragen durch eine genaue Analyse epistemischer Begriffe. So wird etwa bereits seit der Antike, insbesondere aber auch in der modernen analytischen Erkenntnistheorie der Gegenwart, die grundlegende Frage, was Wissen ist, durch eine begriffliche Analyse von *Wissen* zu beantworten versucht. Ziel einer solchen Analyse ist vor allem, die Bedeutung des Wissensbegriffs zu erkennen und dadurch Einsichten in die Natur oder das Wesen von Wissen zu erhalten. Eine derartige begriffliche Analyse von Wissen ist eine wichtige Voraussetzung für die Beantwortung weiterer substantieller erkenntnistheoretischer Fragen. Erst wenn geklärt ist, worin Wissen besteht, kann man sich etwa den Fragen zuwenden, welche Struktur und welchen Umfang Wissen aufweist, was der Wert von Wissen ist, wie man zu Wissen gelangt, ob Wissen überhaupt möglich ist und wo die Grenzen des Wissens liegen. Bei der Untersuchung dieser Fragen stößt man auf weitere wichtige epistemische Begriffe (wie etwa *Wahrheit*, *Rechtfertigung*, *Verstand*, *Sinneswahrnehmung*, *Erinnerung*, *Skepsis*), die ebenfalls einer erkenntnisphilosophischen Analyse bedürfen.

Im Folgenden wollen wir zunächst klären, was epistemische Begriffe sind und welche Rolle sie in der Erkenntnistheorie spielen. Sodann werden verschiedene Formen philosophischer Begriffsanalysen untersucht, und es wird der Frage nachgegangen, welche dieser Formen für eine Analyse epistemischer Begriffe am geeignetsten sind. Abschließend werden wichtige methodische Fragen im Zusammenhang mit philosophischen Begriffsanalysen dis-

---

[1] Wir verwenden hier wie im Folgenden aus Einfachheitsgründen die maskuline Form. Selbstverständlich sind aber immer auch *Erkenntnisphilosophinnen* mitgemeint.

kutiert. Insbesondere werden wir den Unterschied von apriorischer und naturalisierter Erkenntnistheorie erörtern.

2. Was sind epistemische Begriffe?

Die erste Frage, die sich im Zusammenhang mit der Analyse epistemischer Begriffe stellt, ist, welche Begriffe überhaupt epistemisch sind. Das griechische ἐπιστήμη (*epistêmê*) wird meist mit *Wissen* oder *Wissenschaft* übersetzt. Somit ergibt sich zunächst bereits aus etymologischer Perspektive, dass unter *epistemischen Begriffen* diejenigen Begriffe verstanden werden sollten, die auf irgendeine Weise mit den Begriffen des Wissens oder der Wissenschaft verknüpft sind. Tatsächlich wird die philosophische Disziplin der *Epistemologie* üblicherweise auch in systematischer Hinsicht als die Analyse von Begriffen aufgefasst, die mit Wissen zu tun haben. Im Deutschen besteht darüber hinaus ein enger Zusammenhang zwischen den Begriffen *Wissen* und *Erkenntnis*, was sich auch in der gängigeren Bezeichnung der Disziplin als *Erkenntnistheorie* niederschlägt. Für viele Philosophen der Gegenwart sind Wissen und Erkenntnis äquivalent, diese Position ist allerdings nicht selbstverständlich. So ging beispielsweise Immanuel Kant (1724–1804) davon aus, dass es falsche Erkenntnisse geben kann (vgl. hierzu Kant KrV B 83 sowie Grundmann 2008: 2–3). Wissen gilt hingegen als faktiv, was bedeutet, dass man nichts Falsches wissen kann. Kants Verständnis von Erkenntnis zufolge würden sich die korrekten Analysen von *Wissen* und *Erkenntnis* also unterscheiden. Wie auch immer man zum genauen Zusammenhang der beiden Begriffe steht, es liegt nahe, auch *Erkenntnis* als epistemischen Begriff aufzufassen.

Doch selbst wenn wir uns ausschließlich auf Begriffe beschränken, die mit Wissen zu tun haben, fällt auf, dass die natürliche Sprache eine ganze Reihe von Verwendungen des Verbs »wissen« zulässt, bei denen auf den ersten Blick nicht unmittelbar erkennbar ist, ob und wenn ja, inwiefern sie miteinander zusammenhängen (vgl. Brendel 2013: 14–17): Man kann zunächst wissen, *wann* die Vorlesung beginnt, *wo* der Hörsaal ist, *wer* die Vorlesung hält und im Idealfall auch, *warum* man sie besucht. Weil diese Form des Wissens mit eingebetteten Fragesätzen operiert, wird sie als *interrogatives Wissen* bezeichnet. Die prominenteste Form des interrogativen Wissens ist *praktisches Wissen* – das sogenannte »Wissen-wie« (*knowing how*):

Man kann wissen, *wie* man Fahrrad fährt oder *wie* man mit Fundamentalisten argumentiert, ohne den Verstand zu verlieren. »Wissen-wie«-Formulierungen werden aber auch verwendet, um auf eine andere Form des Wissens – das *phänomenale Wissen* – Bezug zu nehmen: Man kann wissen, wie Rot aussieht oder wie es sich anfühlt, in eiskaltes Wasser zu springen. Von *propositionalem Wissen* spricht man schließlich, wenn ein Wissenssubjekt über Tatsacheninformationen verfügt: So kann man etwa wissen, dass Wale Säugetiere sind oder dass zwei und zwei vier ergibt. Man spricht in diesen Fällen von propositionalem Wissen, weil mit »dass« eingeleitete Objektsätze dazu verwendet werden, Sachverhalte – sogenannte Propositionen – auszudrücken. Propositionales Wissen ist also Wissen von Sachverhalten.

Auch wenn alle genannten Formen des Wissens von erkenntnistheoretischer Relevanz sind, so ist es doch das propositionale Wissen, dem in der fachlichen Debatte die größte Aufmerksamkeit gewidmet wurde. Das liegt unter anderem daran, dass viele Philosophen davon ausgehen, dass die anderen Formen des Wissens auf propositionales Wissen reduziert werden können oder dass sie sich anhand von propositionalem Wissen vollständig beschreiben lassen. Das würde wiederum bedeuten, dass propositionales Wissen die fundamentale Form des Wissens ist. Hierin ist möglicherweise der Grund dafür zu finden, dass einem engen Verständnis zufolge meist nur diejenigen Begriffe als epistemisch bezeichnet werden, die unmittelbar mit propositionalem Wissen zusammenhängen.

Formen des Wissens

- interrogatives Wissen: »Wissen, wo der Hörsaal ist«, »Wissen, wer der Dozent ist«
- praktisches Wissen: »Wissen, wie man Fahrrad fährt«
- phänomenales Wissen: »Wissen, wie Rot aussieht«
- propositionales Wissen: »Wissen, dass Pinguine watscheln«

Der klassischen Auffassung zufolge, die bereits in den platonischen Dialogen *Menon* und *Theaitetos* diskutiert, wenn auch nicht dezidiert vertreten wird, lässt sich propositionales Wissen als *wahre, gerechtfertigte Überzeugung* definieren (vgl. Abschnitt 3.1). Wissen läge somit also genau dann vor, wenn i) ein Subjekt die Überzeugung hat, dass ein bestimmter Sachverhalt besteht, ii) diese Überzeugung wahr und iii) darüber hinaus auch gerechtfertigt ist. Selbst wenn diese drei Bedingungen, wie Edmund Gettier (1963) argumentiert (→ Das Gettier-Problem), nicht hinreichend für Wissen sein sollten, werden sie von vielen Philosophen als notwendige Bedingungen für Wissen angesehen. Falls diese Einschätzung zutrifft, hätten die Begriffe der *Überzeugung*, *Wahrheit* und *Rechtfertigung* unmittelbar mit Wissen zu tun und sollten daher als zentrale epistemische Begriffe aufgefasst werden. Doch was meinen Philosophen, wenn Sie von wahrer, gerechtfertigter Überzeugung sprechen?

Eine Überzeugung ist zunächst ein geistiger oder kognitiver Zustand, in dem sich der oder die Wissende – man spricht auch vom *epistemischen Subjekt* – befindet. In der deutschsprachigen Diskussion werden üblicherweise die Wendungen »der Überzeugung sein, dass p«, »der Meinung sein, dass p«, »glauben, dass p« verwendet, während im Englischen etwas einheitlicher von »to believe that p« die Rede ist. Das »p« steht hierbei für eine beliebige Proposition, wie sie etwa durch den Satz »Am Wochenende scheint die Sonne« ausgedrückt wird. Eine Überzeugung bringt natürlich noch nicht zwangsläufig Wissen mit sich. Wenn man beispielsweise nur deswegen der Meinung ist, dass am Wochenende die Sonne scheint, weil man sich wünscht, einen Tag am Badesee verbringen oder eine Fahrradtour machen zu können, kann nicht von Wissen gesprochen werden. Es kommen also nur bestimmte Untergruppen von Überzeugungen in Frage, die noch einige zusätzliche Anforderungen erfüllen. Für die erkenntnistheoretische Diskussion ist der Begriff der Überzeugung dennoch interessant. Denn wenn ein epistemisches Subjekt der Meinung sein muss, dass p, um zu wissen, dass p, dann folgt daraus unmittelbar, dass, wenn das Subjekt weiß, dass p, es auch der Überzeugung ist, dass p. Wenn man weiß, dass die Sonne scheint, dann ist man auch der Überzeugung, dass die Sonne scheint.

Eine der zusätzlichen Anforderungen, die Überzeugungen erfüllen müssen, um überhaupt für Wissen infrage zu kommen, ergibt sich aus der bereits erwähnten Faktivität von Wissen: Wenn man nur von wahren Sachverhalten, also Tatsachen, Wissen haben kann, dann scheiden falsche Überzeugungen als Kandidaten für Wissen automatisch aus. Propositionale Wahrheit hat somit unmittelbar mit Wissen zu tun und ist zumindest dieser Charakterisierung nach eindeutig ein epistemischer Begriff. Dies gilt hingegen nicht für sämtliche alltagssprachliche Verwendungen von *Wahrheit*, die auch im Zusammenhang mit »wahrer Kunst« oder »wahrer Freundschaft« vorkommen, denn offenbar wird in diesen Fällen der exempla-

rische Charakter eines Kunstwerks oder eben einer zwischenmenschlichen Verbindung betont, nicht aber die Wahrheit eines Sachverhalts. In erkenntnistheoretischer Hinsicht sind diese Gebrauchsweisen zu vernachlässigen.

Es gibt allerdings noch einen weiteren Sinn, in dem von Wahrheit als epistemischem Begriff gesprochen wird, nämlich im Zusammenhang mit sogenannten *epistemischen Theorien der Wahrheit*. Darunter fallen unter anderem pragmatistische und verifikationistische Wahrheitstheorien sowie auch die Kohärenz- oder die Konsenstheorie der Wahrheit. Diese Theorien zeichnen sich dadurch aus, dass die Frage nach der Natur von Wahrheit in engem Zusammenhang mit der Frage nach der Erkennbarkeit von Wahrheit behandelt wird. Die von den jeweiligen Theorien postulierten Kriterien für Wahrheit sind bewusst so formuliert, dass Wahrheit zumindest prinzipiell auch erkennbar ist. So nehmen beispielsweise Kohärenztheoretiker an, dass die Wahrheit einer Proposition in der Übereinstimmung mit einer auf bestimmte Weise ausgezeichneten Menge von Propositionen besteht, während pragmatistische Ansätze Wahrheit mit einer bestimmten Form von Zweckmäßigkeit in Zusammenhang bringen. Diese Konzeptionen unterscheiden sich fundamental von *realistischen Wahrheitstheorien*, für die Wahrheit eine Relation zwischen Sätzen und der Welt bezeichnet, welche unabhängig von unseren Erkenntnismethoden ist. Die Möglichkeit, dass es prinzipiell unerkennbare Wahrheiten geben könnte, halten Vertreter realistischer Positionen für unproblematisch, Anhänger einer epistemischen Wahrheitstheorie hingegen für unannehmbar.[2]

Aber auch eine wahre Überzeugung muss noch nicht zwangsläufig einen Fall von Wissen darstellen, wie das bereits angesprochene Beispiel zeigt: Selbst wenn am Wochenende tatsächlich die Sonne scheint, meine entsprechende Überzeugung aber nur aufgrund von Wunschdenken zustande gekommen ist, weiß ich nicht, dass am Wochenende die Sonne scheint. Die Art und Weise, auf die eine Überzeugung zustande kommt, hat offenbar Einfluss darauf, ob der Inhalt der Überzeugung auch gewusst wird. Das Kriterium der Rechtfertigung soll die Umstände präzisieren, unter denen eine wahre Überzeugung zu Wissen führen kann. Der hier relevante Begriff bezieht sich also auf Überzeugungen. Zwar können auch Handlungen – zum Beispiel die Verurteilung eines Steuer-

---

[2] Eine umfassende Einführung in das Thema der Wahrheitstheorien bietet Kirkham 1995.

hinterziehers – gerechtfertigt sein, doch ist diese Art der Rechtfertigung nicht Gegenstand der Erkenntnistheorie, sondern der praktischen Philosophie.

Es gibt eine ganze Reihe von Auseinandersetzungen darüber, wodurch genau sich epistemische Rechtfertigung auszeichnet. Sie betreffen unter anderem den Umfang. Die strengste Anforderung findet sich in dem Anspruch, dass die Wahrheit der fraglichen Meinung durch ihre Rechtfertigung garantiert werden muss. Eine derart gerechtfertigte Meinung könnte dann nicht falsch sein. Auch wenn es einige Überzeugungen gibt, die diese Anforderung erfüllen – man denke etwa an mathematische oder logische Theoreme, für die ein formal gültiger Beweis geführt werden kann – ist sie sicherlich zu streng, um eine sinnvolle Bedingung für Rechtfertigung im Allgemeinen darzustellen. Es ist nämlich durchaus denkbar, dass man eine gerechtfertigte Meinung besitzt, die sich als falsch herausstellt. Bin ich beispielsweise der Überzeugung, dass eine Ausgabe von Descartes' *Meditationen* auf meinem Schreibtisch liegt, weil ich das Buch noch vor zehn Minuten gesehen und darin gelesen habe, scheint diese Überzeugung durchaus gerechtfertigt zu sein. Dennoch könnte sich herausstellen, dass meine Kollegin das Buch versehentlich vor fünf Minuten mit nach Hause genommen hat. Meine Überzeugung wäre dann zwar gerechtfertigt, aber falsch. Die meisten Philosophen sind daher mittlerweile der Ansicht, dass Rechtfertigung *fallibel* ist, was bedeutet, dass sie die Wahrheit der fraglichen Überzeugung eben nicht garantieren muss. Das heißt aber nicht, dass Rechtfertigung überhaupt nicht mit Wahrheit in Verbindung steht. Sie sollte zumindest *wahrheitsindikativ* sein – sie sollte also ein guter Hinweis für die Wahrheit der Überzeugung sein.

Es zeigt sich, dass bereits eine Analyse der grundlegenden epistemischen Begriffe eine Vielzahl an Fragen aufwirft. Dabei sind mit *Wissen*, *Überzeugung*, *Wahrheit* und *Rechtfertigung* noch bei weitem nicht alle epistemischen Begriffe abgehandelt. Einem weiteren Verständnis der Klasse epistemischer Begriffe zufolge enthält diese nämlich darüber hinaus Begriffe wie *Gewissheit*, *Zweifel*, *Verstehen*. Hinzu kommen außerdem alle Begriffe, die mit den *Quellen* von Wissen zu tun haben – etwa *Erinnerung*, *Wahrnehmung*, *Introspektion* oder das *Zeugnis anderer*, um nur einige zu nennen –, mit Quellen also, die wir unter bestimmten Voraussetzungen für zuverlässig halten und die wir von üblicherweise unzuverlässigen Quellen wie Wunschdenken, Raten oder Hellseherei abgrenzen möchten.

Epistemische Begriffe

Wissen	Quellen des Wissens:
Wahrheit	Sinneswahrnehmung
Überzeugung	Verstand
Rechtfertigung	Erinnerung
Erkenntnis	Introspektion
Gewissheit	Zeugnis anderer
Zweifel	…
Verstehen	
…	

Die Hauptaufgabe der Erkenntnistheorie liegt darin, zufriedenstellende Analysen epistemischer Begriff zu liefern. Es dürfte bereits klar geworden sein, wie schwer diese Aufgabe sein kann. Es ist daher äußerst wichtig, sich über die methodischen Anforderungen an eine gute Analyse im Klaren zu sein und Kriterien formulieren zu können, die eine gute Begriffsanalyse von einer schlechten unterscheiden. Einen Ausblick auf dieses Unterfangen soll im verbleibenden Teil dieses Kapitels gegeben werden.

3. Formen der Begriffsanalyse

Die Analyse epistemischer Begriffe ist eine wichtige und zentrale Methode der philosophischen Erkenntnistheorie. Doch worin genau besteht eine philosophische Begriffsanalyse? Welchen Kriterien muss eine Begriffsanalyse genügen, damit sie zur Klärung der erkenntnistheoretischen Fragen, wie etwa nach der Natur, den Quellen, dem Umfang, den Grenzen und dem Wert menschlichen Wissens, beitragen kann?

3.1 Begriffsanalyse als Realdefinition

In Platons Dialog *Theaitetos* stellt Sokrates die Frage, was Wissen bzw. Erkenntnis (ἐπιστήμη, *epistêmê*) sei. Sein Gesprächspartner Theaitetos antwortet darauf zunächst mit einer Aufzählung von Beispielen für Wissen – wie insbesondere Wissen, das aus den verschiedenen Handwerkskünsten gewonnen wird. Sokrates gibt sich jedoch mit dieser Antwort nicht zufrieden. Seine Frage zielte nicht darauf ab, Auskunft über die einzelnen Formen von Wissen zu erhalten. Vielmehr wolle er *das Wissen selbst* begreifen.

Platon
(428/427–348/347 v. Chr.)

Das Gefragte aber war nicht dieses, wovon es Erkenntnisse gäbe, noch auch, wievielerlei sie wäre. Denn wir fragten nicht in der Absicht, sie aufzuzählen, sondern um die Erkenntnis selbst zu begreifen, was sie wohl sein mag. (Platon: *Theaitetos* 146 e)

In einer bloßen Aufzählung von Beispielen für Wissen könne eine solche *Wesensdefinition* niemals bestehen. Würde man sich, so Sokrates, nicht geradezu lächerlich machen, wenn man auf die Frage, was Lehm sei, antworten würde, dass es Lehm für Töpfer, Lehm für Puppenmacher, Lehm für Ziegelstreicher etc. gebe? Zum einen könne man eine solche Aufzählung bis ins Unendliche weitertreiben. Zum anderen würde jemand, der nicht schon vorher weiß, was Lehm ist, mit dieser Aufzählung nichts anfangen können. Da die Aufzählung selbst den Begriff des Lehms enthält, wird hier im Grunde genommen der Begriff des Lehms wieder mit dem Begriff des Lehms erklärt. Würde man hingegen antworten, dass Lehm *Erde mit Feuchtigkeit gemischt* sei, dann hätte der Fragesteller eine informative Wesensdefinition von »Lehm« erhalten (vgl. Platon: *Theaitetos* 147 a–c). In ganz ähnlicher Weise, so Sokrates, verhält es sich nun auch mit der Frage, was Wissen ist: Auch hier suchen wir nach einer Definition von »Wissen«, die nicht in einer (prinzipiell unendlichen) Aufzählung von Beispielen besteht und die nicht in zirkulärer (d. h. in nicht wiederum auf den Wissensbegriff rekurrierender) Weise »das Wissen selbst« bestimmt. Die Frage »Was ist Wissen?« zielt also nach Sokrates auf eine Definition von »Wissen« ab, die die Wesensmerkmale von Wissen benennt, d. h. diejenigen Attribute von Wissen angibt, die allem Wissen eigen sind und die zusammengenommen nur dem Wissen zukommen. Doch während durch »Erde mit Feuchtig-

keit gemischt« eine solche Definition für »Lehm« klar auf der Hand liegt, ist es keineswegs offensichtlich, wie eine Wesensdefinition von »Wissen« auszusehen hat. Nach Sokrates ist hier die geistige »Hebammenkunst« (»Maieutik«) des Philosophen gefragt, welche darin besteht, in Form geschickter Fragestellungen und geeigneter Diskussionsführung seinen Gesprächspartnern zu einer Antwort auf die Frage, was Wissen ist, zu verhelfen.

Im weiteren Verlauf von Platons Dialog *Theaitetos* werden verschiedene Analysen des Wissensbegriffs erörtert, die schließlich in den Definitionsvorschlag münden, wonach Wissen eine mit einer *Erklärung* (λόγος, logos) verbundene richtige Meinung bzw. Überzeugung ist (vgl. Platon: *Theaitetos* 210a). Auch diese Definition kann jedoch nicht vollständig überzeugen, da sie u. a. laut Sokrates den Mangel der Zirkularität aufweist: Eine Erklärung eines Erkenntnisgegenstandes bedeute vor allem *Ursachenwissen*, d. h. der Definitionsbestandteil der Erklärung setze bereits schon ein *Wissen* über die grundlegenden Elemente, aus denen der Erkenntnisgegenstand zusammengesetzt ist, voraus. Obwohl also im *Theaitetos* keine vollständig befriedigende Wesensdefinition von Wissen erzielt wurde, gilt dieser Definitionsvorschlag als Ursprung der klassischen dreigliedrigen Analyse von Wissen als *wahrer* und *gerechtfertigter Überzeugung*. Diese Standardanalyse von Wissen wurde vor allem auch in der neueren Erkenntnisphilosophie zum Gegenstand der Auseinandersetzung und Kritik. (→ Das Gettier-Problem; → Modale Wissenskonzeptionen)

Eine erste Möglichkeit der Analyse epistemischer Begriffe besteht somit in der am Beispiel des Wissensbegriffs in Platons Dialog *Theaitetos* erläuterten Methode einer sokratischen Wesensdefinition. In der traditionellen Definitionslehre wird häufig zwischen *Realdefinitionen* und *Nominaldefinitionen* unterschieden. Die sokratischen Wesensdefinitionen sind Beispiele für Realdefinitionen. In Realdefinitionen ist das *Definiendum* (das zu Definierende) ein bereits bekannter und in der Sprache verankerter Ausdruck (wie z. B. »Wissen«). Worin die genaue Bedeutung dieses Ausdrucks besteht bzw. was das Wesen oder die Natur des mit diesem Ausdruck bezeichneten Phänomens ist, liegt jedoch nicht klar auf der Hand. Ziel einer Realdefinition eines Ausdrucks X ist es daher, die Bedeutung von X bzw. das Wesen oder die Natur des durch X Bezeichneten offenzulegen. Über den durch eine Realdefinition zu analysierenden Begriff haben wir bereits ein gewisses intuitives Vorverständnis, wodurch wir in die Lage versetzt werden, die Korrektheit und Adäquatheit einer vorgeschlagenen Realdefinition zu bewerten. Im Unterschied hierzu wird in einer Nominaldefinition die Bedeutung eines Ausdrucks einfach festgesetzt. Nominaldefinitionen haben oftmals nur den praktischen Nutzen, einen längeren und komplexen Sachverhalt durch einen einfachen (häufig neu gewählten) Ausdruck abzukürzen.³ Nominaldefinitionen, die relativ willkürliche Begriffsbestimmungen sind, können daher im Unterschied zu Realdefinitionen nicht wahr oder falsch sein.⁴

Realdefinitionen zeichnen sich formal dadurch aus, dass sie die Gestalt von *Identitäten* (»Wissen ist wahre und gerechtfertigte Überzeugung«) oder *Äquivalenzen* (»Ein Subjekt weiß, dass X, genau dann, wenn X wahr ist und das Subjekt die wahre und gerechtfertigte Überzeugung hat, dass X«) haben. Das *Definiens* (das Definierende) gibt somit *notwendige* und *zusammen hinreichende Bedingungen* für das Definiendum (das zu Definierende) an. So ist etwa laut der klassischen Definition von Wissen als wahrer und gerechtfertigter Überzeugung eine wahre Überzeugung eine *notwendige* Bedingung für Wissen, da ein Subjekt ohne eine wahre Überzeugung nichts wissen kann. Wer nicht die wahre Überzeugung hat, dass p, kann auch nicht wissen, dass p. Eine wahre Überzeugung allein ist jedoch nicht hinreichend für Wissen, da jemand durchaus eine wahre Überzeugung haben kann, ohne ein entsprechendes Wissen zu besitzen. Jemand kann z. B. durch reines Wunschdenken zur Überzeugung gelangt sein, dass er sechs Richtige im Lotto hat. Hat er tatsächlich sechs Richtige im Lotto, würde man diese wahre Überzeugung jedoch nicht als Wissen bezeichnen. Ob eine wahre Überzeugung zusammen mit der Bedingung, dass diese wahre Überzeugung auch gerechtfertigt ist, als *hinreichend* für Wissen gelten kann, d. h. ob alle wahren und gerechtfertigten Überzeugungen immer zu Wissen führen, ist in der gegenwärtigen erkenntnistheoretischen Diskussion umstritten. (→ Das Gettier-Problem)

Wie wir bereits am Beispiel der Wesensdefinition von »Wissen« im *Theaitetos* gesehen haben, ist für Platon die *Zirkelfreiheit* ein wichtiges Definitionskriterium. Eine Realdefinition sollte daher das Definiendum so in seine essentiellen Attribute zergliedern, dass diese aus möglichst einfachen und endlichen Elementen bestehen, die nicht wiederum auf den zu definierenden Ausdruck zurückgreifen. In diesem Sinne wäre etwa die folgende Äquivalenz keine gelungene, da zirkuläre, Realdefinition des epistemischen Begriffs der Rechtfertigung: »Eine Meinung ist epistemisch genau dann gerechtfertigt, wenn sie sich auf gute Gründe stützen lässt, d. h. auf Gründe, die selbst epistemisch gerechtfertigt sind«. Hier verweist die Definition von »epistemischer Rechtfertigung« auf den Begriff des Grundes, welcher wiederum auf den Begriff der epistemischen Rechtfertigung rekurriert. Somit liegt hier eine zirkuläre Definition von »epistemischer Rechtfertigung« vor.

Realdefinitionen

– sind Wesensdefinitionen bzw. decken die »wahre Bedeutung« des Definiendums auf
– haben die formale Gestalt von Identitäts- oder Äquivalenzaussagen
– sind nicht zirkulär
– sind deskriptiv und analytisch

Realdefinitionen, wie etwa die in Platons Dialog *Theaitetos* angestrebte Wesensdefinition von »Wissen«, sind zudem von *deskriptiver* und *analytischer* Natur, da mit ihnen etwas aufgedeckt werden soll, das bereits schon implizit in unserer Sprache oder unserem Denken vorhanden ist. Realdefinitionen sind somit zum einen nicht *normativ*, da sie nicht vorschreiben wollen, welche Bedeutung ein Begriff haben sollte. Zum anderen werden Realdefinitionen nicht auf empirischem Wege aufgestellt. Zu Realdefinitionen gelangen wir allein durch gedankliche Analyse und Anwendung unserer begrifflichen Intuitionen. Daher werden Äquivalenzbehauptungen, die sich nicht bereits durch begriffliche Analyse ergeben, nicht als Realdefinitionen angesehen. Insbesondere gelten Naturgesetze nicht als Realdefinitionen, auch wenn sie oftmals in Form von Identitäten oder Äquivalenzen formuliert sind. Beispielsweise ist das zweite Newtonsche Gesetz $F = m \cdot a^2$ keine Realdefinition von »Kraft«, da die Identität von Kraft (F) mit dem Produkt aus Masse (m) und Beschleunigung (a) zum Quadrat ein empirisch-naturwissenschaftliches Ergebnis darstellt. Im Unterschied hierzu scheint der Erkenntnisphilosoph keine empirischen Untersuchungen anstellen zu müssen, um eine Realdefinition epistemischer Begriffe wie *Wissen* aufzustellen. Durch

---

³ Die Vorstellung von Nominaldefinitionen als bloße Festsetzung der Bedeutung eines Ausdrucks wurde insbesondere von Blaise Pascal (1623–1662) entwickelt – vgl. Dubislav ⁴1981: 21–23.

⁴ Zur Problematik des Unterschieds von Nominal- und Realdefinition vgl. Essler ²1982: 69–75. Hier wird u. a. darauf hingewiesen, dass der Übergang von Nominal- zu Realdefinitionen fließend sein kann.

Realdefinitionen werden durch reine Begriffsanalysen notwendige Eigenschaften und begriffliche Zusammenhänge in Bezug auf das Definiendum ans Tageslicht befördert.

3.2 Begriffsanalyse als Angabe bloß notwendiger Wesensmerkmale

Das Projekt einer Analyse epistemischer Begriffe im Sinne einer Realdefinition, wie sie etwa in Platons *Theaitetos* für den Begriff des Wissens angestrebt wird, ist jedoch philosophisch sehr umstritten. In diesem Projekt werden nämlich für die zu analysierenden Begriffe einige problematische Bedingungen unterstellt. Insbesondere scheint die einer Realdefinition zugrunde liegende Annahme, dass das Wesen oder die Bedeutung nur durch die Angabe notwendiger und zusammen hinreichender Bedingungen für das Definiendum bestimmt werden kann, für die meisten unserer Alltagsbegriffe unrealistisch zu sein. Wie würde z. B. eine Realdefinition von »Stuhl« lauten? Klarerweise sind Stühle Sitzgelegenheiten. Aber die für »Stuhl« notwendige Bedingung, eine Sitzgelegenheit zu sein, ist bei weitem noch nicht hinreichend, um »Stuhl« zu definieren. Es gibt schließlich noch andere Sitzgelegenheiten wie Bänke, Sessel, Hocker, Sofas, Poufs etc. Um eine Realdefinition von »Stuhl« anzustreben, müssten somit weitere notwendige Bedingungen genannt werden, die Stühle von diesen anderen Sitzgelegenheiten unterscheiden. Selbst vermeintlich klare Fälle von durch notwendige und hinreichende Bedingungen definierbaren Begriffen erweisen sich oft bei näherer Betrachtung als problematisch. Von dem in erkenntnis- und sprachphilosophischen Kontexten gern als Beispiel verwendeten Begriff des *Junggesellen* wird häufig behauptet, dass er sich im Sinne von »unverheirateter Mann« definieren ließe. Natürlich ist jeder Junggeselle männlich und unverheiratet. Männlich und unverheiratet zu sein, sind also notwendige Bedingungen dafür, ein Junggeselle zu sein. Allerdings erfüllen ein dreijähriger Junge, ein Priester und ein seit Jahrzehnten in einer festen ehelosen Partnerschaft lebender Mann ebenfalls die Bedingungen, männlich und unverheiratet zu sein; man würde sie jedoch sicherlich nicht als »Junggesellen« bezeichnen. Offensichtlich müssen weitere notwendige Bedingungen für das Junggesellensein gelten, wie etwa *im heiratsfähigen Alter zu sein*, *nicht dem Zölibat unterworfen zu sein* und *in keiner festen Beziehung zu leben*, um eine Definition von »Junggeselle« zu erzielen. Aber sind nun die Bedingungen, männlich und unverheiratet zu sein, zusammen mit diesen zusätzlichen notwendigen Bedingungen tatsächlich hinreichend für die Eigenschaft, ein Junggeselle zu sein? Was ist mit älteren Witwern oder mit Kaspar Hauser? Diese als »Junggesellen« zu bezeichnen, scheint nach unserem intuitiven Sprachgefühl wohl eher inakzeptabel. Wenn es sich bereits bei vermeintlich klar definierbaren Begriffen als problematisch erweist, in eindeutiger Weise notwendige und hinreichende Bedingungen anzugeben, wie schwierig, ja vielleicht prinzipiell aussichtslos muss dann erst der Versuch sein, unsere zentralen epistemischen Begriffe durch eine Realdefinition erfassen zu wollen?

Zwar mag es einige wenige Personen geben, die männlich, unverheiratet und nicht dem Zölibat unterworfen sind, die sich zudem im heiratsfähigen Alter befinden und darüber hinaus nicht in einer festen Beziehung leben, aber trotzdem intuitiv nicht unter den Begriff des Junggesellen fallen. Es lässt sich jedoch nicht leugnen, dass, selbst wenn es solche Ausnahmefälle gibt, die erwähnten notwendigen Bedingungen dennoch wesentliche Eigenschaften von Junggesellen erfassen und der Begriff des Junggesellen durch die Angabe dieser Bedingungen zufriedenstellend analysiert wird. Es scheint somit, dass eine Wesensanalyse von Begriffen auch ohne die strenge Bedingung einer Realdefinition, wonach die notwendigen Bedingungen zusammengenommen stets hinreichend für das Definiendum sein müssen, glücken kann. Wichtig ist offenbar nur, dass die angegebenen notwendigen Bedingungen das Wesen des zu Analysierenden treffen und mögliche Gegenbeispiele (wie etwa Kaspar Hauser für die obige Analyse des Begriffs des Junggesellen) eher abwegige, unwesentliche Fälle darstellen.

Betrachten wir noch einmal die klassische, auf Platon zurückgehende Vorstellung von Wissen als wahrer und gerechtfertigter Überzeugung und fragen wir uns, ob sie eine geeignete Wesensanalyse von Wissen ist. Edmund Gettier hat in einem für die moderne Erkenntnistheorie sehr einflussreichen Aufsatz anhand von Beispielen gezeigt, dass es Fälle von wahren und gerechtfertigten Überzeugungen gibt, die wir nicht als »Wissen« bezeichnen würden (Gettier 1963). Die Bedingungen der wahren und gerechtfertigten Überzeugung sind somit für Wissen nicht hinreichend. Diese Beispiele zeigen, dass in der klassischen Wissensanalyse etwas *Wesentliches* nicht bedacht wurde: Jemand kann nämlich aus den falschen Gründen bloß zufälligerweise an etwas Wahres glauben. Die Bedingung, dass Wissen mit bestimmten Formen von

Zufall unvereinbar ist, wurde daher in dem klassischen Definitionsvorschlag nicht berücksichtigt. Diese Bedingung scheint allerdings sehr wesentlich für Wissen zu sein, so dass seit Gettier die meisten Erkenntnisphilosophen die klassische Analyse von Wissen als wahrer und gerechtfertigter Überzeugung nicht mehr als geeignete Wesensdefinition von »Wissen« ansehen.

3.3 Begriffsanalyse als Sprachtherapie und als Aufzeigen von Familienähnlichkeiten

In den *Philosophischen Untersuchungen*, einem der Hauptwerke der Spätphase des Philosophen Ludwig Wittgenstein (1889–1951), äußert sich der Autor sehr skeptisch gegenüber einer philosophischen Wesensanalyse von Begriffen. Für Wittgenstein gibt es für die meisten Wörter keine unabhängig vom Kontext ihres Gebrauchs feststehende Bedeutung, die eine Begriffsanalyse in Form einer Realdefinition zu Tage fördern könnte. Viele Probleme, die sich Philosophen einhandeln, sind seiner Meinung nach nur dadurch entstanden, dass Philosophen abstrakte Wesensanalysen betreiben und sich dabei vom alltäglichen Gebrauch der Sprache zu weit entfernen. Anstelle einer Wesensdefinition sollte nach Wittgenstein eine philosophische Begriffsanalyse viel eher in einer »Sprachtherapie« bestehen, die die Philosophen von ihren selbst gemachten Problemen befreit und in der Begriffe wieder auf ihre alltägliche Bedeutung zurückgeführt werden.

Besinnt man sich jedoch wieder auf den Gebrauch der Sprache, so wird man, laut Wittgenstein, oftmals feststellen, dass sich viele Ausdrücke gerade einer Wesensanalyse entziehen, da ihren unterschiedlichen Verwendungsweisen gar nichts substantiell Gemeinsames zugrunde liegt. Viele Ausdrücke lassen sich daher seiner Meinung nach nicht durch die Angabe notwendiger Bedingungen in ihrem Wesen bestimmen. Wittgenstein erläutert dies am Beispiel des Ausdrucks »Spiel«. Der Versuch, für diesen Ausdruck eine Realdefinition aufzustellen oder zumindest notwendige Bedingungen anzugeben, die allen Spielen gemein sind und den Ausdruck des Spiels wesentlich analysieren, ist seiner Meinung nach nicht zielführend. Es scheint nämlich einfach nichts zu geben, was *allen* Spielen zukommt. Manche Spiele sind unterhaltend, aber nicht alle (man denke nur an das quälende Üben von Tonleitern beim Geige Spielen). Bei manchen Spielen gibt es Gewinner und Verlierer, aber nicht bei allen (wie beim Patiencen Legen oder beim Spiel eines Kindes mit seiner Eisenbahn). Bei manchen Spielen ist Geschick gefragt, bei anderen nur pures Glück. Hier gibt es, so Wittgenstein, kein Wesen des Spiels in Form notwendiger (geschweige denn notwendiger und zusammen hinreichender) Bedingungen, die zu einer Wesensanalyse des Begriffs des Spiels herangezogen werden können. Es gibt lediglich Gemeinsamkeiten und Ähnlichkeiten von bestimmten Spielen, ohne dass es allen Spielen gemeinsame Eigenschaften gibt.

Ludwig Wittgenstein (1889–1951)

> Wenn die Philosophen ein Wort gebrauchen – »Wissen«, »Sein«, »Gegenstand«, »Ich«, »Satz«, »Name« – und das *Wesen* des Dings zu erfassen trachten, muß man sich immer fragen: Wird denn dieses Wort in der Sprache, in der es seine Heimat hat, je tatsächlich so gebraucht? – Wir führen die Wörter von ihrer metaphysischen, wieder auf ihre alltägliche Verwendung zurück. (Wittgenstein 1977: § 116)

> Betrachte z. B. einmal die Vorgänge, die wir »Spiele« nennen. Ich meine Brettspiele, Kartenspiele, Ballspiele, Kampfspiele, usw. Was ist allen diesen gemeinsam? – Sag nicht: »Es *muß* ihnen etwas gemeinsam sein, sonst hießen sie nicht ›Spiele‹« – sondern *schau*, ob ihnen allen etwas gemeinsam ist. – Denn wenn du sie anschaust, wirst du zwar nicht etwas sehen, was *allen* gemeinsam wäre, aber du wirst Ähnlichkeiten, Verwandtschaften, sehen, und zwar eine ganze Reihe. (Wittgenstein 1977: § 66)

Wittgenstein nennt nun diese Überlappungen in den unterschiedlichen Verwendungsweisen, wie sie z. B. beim Ausdruck »Spiel« vorkommen, *Familienähnlichkeiten*.

Vielleicht verhält es sich ja mit epistemischen Begriffen ähnlich wie mit dem Begriff des Spiels? Vielleicht ist das Unterfangen einer sokratischen Wesensdefinition epistemischer Ausdrücke von vornherein zum Scheitern verurteilt, da sie gar nichts bezeichnen, was sich in Form von notwendigen (und idealerweise zusammen hinreichenden) Bedingungen formulieren ließe? Vielleicht lassen

> Ich kann diese Ähnlichkeiten nicht besser charakterisieren als durch das Wort »Familienähnlichkeiten«; denn so übergreifen und kreuzen sich die verschiedenen Ähnlichkeiten, die zwischen den Gliedern einer Familie bestehen: Wuchs, Gesichtszüge, Augenfarbe, Gang, Temperament etc. etc. – Und ich werde sagen: die ›Spiele‹ bilden eine Familie. (Wittgenstein 1977: § 67)

sich epistemische Ausdrücke lediglich durch die Angabe von Familienähnlichkeiten im Sinne Wittgensteins charakterisieren?

3.4 Reduktive vs. konnektierende Begriffsanalyse

Die Analyse epistemischer Begriffe im Sinne von Realdefinitionen geht, so haben wir bisher gesehen, von den kritisierbaren Prämissen aus, dass es ein zu erkennendes Wesen dieser Begriffe überhaupt gibt und dass sich dieses in Form von notwendigen und zusammen hinreichenden Bedingungen angeben lässt. Auch die weiteren Bedingungen von Realdefinitionen lassen sich in Frage stellen. So besteht bereits für Platon eine wesentliche Voraussetzung für das Gelingen einer Wesensdefinition, wie oben kurz erläutert, in der *Vermeidung von Zirkularitäten*. Verweist das Definiens wieder auf das Definiendum, dann scheint keine zufrieden stellende Definition erzielt worden zu sein. Das Kriterium der Nicht-Zirkularität basiert auf der Vorstellung, dass das Definiendum ein komplexer Ausdruck ist, der durch eine Realdefinition in seine einfacheren Bestandteile zergliedert werden muss, um auf diese Weise zu einem klaren Verständnis des zu Definierenden zu gelangen. In diesem Sinne lässt sich etwa der komplexe Begriff des Lehms in die hierzu elementaren Begriffe der Erde und der Feuchtigkeit zerlegen. Daher wurde im Dialog *Theaitetos* »Erde mit Feuchtigkeit gemischt« als adäquate Antwort auf die Frage »Was ist Lehm?« angesehen. *Erde* und *Feuchtigkeit* sind einfachere Ausdrücke als der Begriff des Lehms. Wem der Begriff des Lehms vorher nicht klar war, jedoch die einfacheren Begriffe der Erde und der Feuchtigkeit bekannt sind, wird durch diese Definition zu einem Verständnis des Begriffs *Lehm* gelangen.

Die Zergliederung und Rückführung eines Begriffs in seine elementaren Bestandteile wird auch als *reduktive Begriffsanalyse* bezeichnet. Es scheint, dass die Zurückführung eines Begriffs in dessen Bestandteile nur dann gelingen kann, wenn die Bestandteile auch tatsächlich einfacher sind als der zu analysierende Begriff selbst. Wenn nämlich die vermeintlich elementaren Bestandteile selbst wiederum den in Frage stehenden Begriff enthalten, ohne dass man letztlich auf eine von diesem Begriff unabhängige begriffliche Basis zurückgreifen kann, liegt keine reduktive Begriffsanalyse vor. In diesem Sinne kritisierte Sokrates den Versuch, den Begriff des Lehms durch die Auskunft zu analysieren, dass es Lehm für Töpfer, Lehm für Puppenmacher und Lehm für Ziegelstreicher gebe.

Doch ist eine reduktive Analyse tatsächlich immer das anzustrebende Vorgehen bei philosophischen Begriffsanalysen? Peter F. Strawson stellt dem Modell einer reduktiven Analyse das alternative Modell einer *konnektierenden Analyse* gegenüber. In einer konnektierenden Analyse geht es nicht um die Zergliederung eines Begriffs in einfachere und elementare Bestandteile, sondern um das Aufzeigen von begrifflichen Zusammenhängen. Wer in diesem Sinne eine konnektierende Analyse eines epistemischen Begriffs anstrebt, dem geht es nicht darum, diesen Begriff zu zerlegen, sondern darum, aufzuzeigen, mit welchen Begriffen er verknüpft ist. Wenn beim Aufzeigen dieser begrifflichen Strukturen wiederum auf den zu analysierenden epistemischen Begriff zurückgegriffen wird, so muss dies kein Mangel der Analyse bedeuten.

Für Strawson sind selbstverständlich nicht alle zirkulären Analysen erlaubt. Der Zirkel muss, wie er betont, »weit«, »aufschlussreich« und »erhellend« sein (Strawson 1994: 34). Wer also z. B. *Wissen* als *wahre und gerechtfertigte Überzeugung* analysiert und bei der Erklärung des Begriffs der Rechtfertigung an einer Stelle wieder auf den Begriff des Wissens rekurriert, dem kann es dennoch gelungen sein, wichtige »erhellende« begriffliche Zusammenhänge zwischen *Wissen* auf der einen Seite und *Überzeugung*, *Wahrheit* und *Rechtfertigung* auf der anderen Seite aufgedeckt zu haben. Wer hingegen *Wissen* etwa im Sinne von *gewusster Überzeugung* »analysiert«, hat sicherlich keine zufriedenstellende und informative Wissensanalyse erzielt. Der Zirkel scheint hier nicht weit genug zu sein.

3.5 Begriffsanalyse als Explikation

Dass Begriffsanalysen stets das Wesen des zu Analysierenden in nicht-zirkulärer Weise und in Form von Identitäten oder Äquivalenzen aufzudecken haben, hat sich somit als sehr fragwürdig erwiesen. Wenn man etwa den epistemischen Begriff des Wissens betrachtet, so wird dieser in sehr unterschiedlicher Weise verwendet – man denke nur

Peter F. Strawson
(1919–2006)

Geben wir den Gedanken an vollkommene Einfachheit von Begriffen auf, sogar den Gedanken, daß Analyse immer in Richtung auf größere Einfachheit zielt. Stellen wir uns statt dessen lieber das Modell eines kunstvollen Netzes vor, eines Systems verknüpfter Einzelheiten, verknüpfter Begriffe, derart, daß jeder Begriff aus philosophischer Sicht nur verstehbar wird, wenn man seine Verknüpfung mit den anderen Begriffen versteht, seinen Platz innerhalb des Systems [...]. Wenn wir das zu unserem Modell machen, brauchen wir uns nicht zu beunruhigen, wenn wir beim Aufspüren von Verknüpfungen in diesem Netz wieder zu unserem Ausgangspunkt zurückkehren oder daran vorbeikommen. (Strawson 1994: 33f.)

an die oben bereits erwähnten Formen des praktischen *Wissens-wie* und des theoretischen oder propositionalen *Wissens-dass*. Gibt es also vielleicht, wie Wittgenstein dies etwa vom Begriff des Spiels behauptet, gar nicht so etwas wie das Wesen von Wissen, sondern lediglich Familienähnlichkeiten zwischen verschiedenen Verwendungsweisen von »Wissen«? Wenn man sich jedoch auf eine dieser Verwendungsweisen wie auf das propositionale Wissen-dass beschränkt, so scheint hier eine konnektierende Analyse, die die begrifflichen Verknüpfungen des (propositionalen) Wissens mit anderen Begriffen aufzeigt, wesentlich aussichtsreicher zu sein als der Versuch einer reduktiven Analyse. Analysiert man etwa (propositionales) Wissen mit den Begriffen der Wahrheit, der Überzeugung und der Rechtfertigung, dann ist nämlich zum einen nicht gewährleistet, dass eine solche Analyse tatsächlich in nicht zirkulärer Weise gelingen kann. Zum anderen sind die Begriffe der Wahrheit, Überzeugung und Rechtfertigung nicht klarerweise einfacher als der Begriff des Wissens.

Es lässt sich nun sogar noch eine weitere zentrale Bedingung von Realdefinitionen angreifen, nämlich die Bedingung, dass eine solche Analyse stets von *deskriptiver* Natur ist, d. h. dass wir beim Analysieren von Begriffen nur unsere sprachlichen Intuitionen bemühen müssen, um zu beschreiben, wie Begriffe tatsächlich verwendet werden. Philosophische Analysen im Sinne von Realdefinitionen geben somit nicht an, wie man Begriffe verwenden sollte. Rudolf Carnap hat anstelle des Projekts einer rein deskriptiven Begriffsanalyse eine andere Methode des Analysierens insbesondere für diejenigen Begriffe vorgeschlagen, die notorisch unexakt sind und z. B. aus bestimmten wissenschaftlichen Gründen einer Präzisierung bedürfen. Diese Methode der Analyse nennt Carnap *Explikation*. Das Ziel einer Explikation besteht nach Carnap darin, einen unexakten Begriff (das *Explikandum*) durch einen exakten Begriff (das *Explikat*) zu ersetzen. Das Explikandum, so Carnap, »kann der Sprache des Alltags oder einem frühen Stadium der Wissenschaftssprache entnommen sein«, und das Explikat enthält »explizite Regeln« für die präzise und fruchtbare Anwendung des Explikandums in wissenschaftlichen Kontexten (Carnap 1959: 12). Vor einer jeden Begriffsexplikation muss nach Carnap die »intendierte Bedeutung« des zu explizierenden Begriffs herausgegriffen werden. Wer also z. B. den Begriff der *Wahrheit* explizieren möchte, muss zunächst diejenigen Verwendungsweisen von »wahr« bzw. »Wahrheit« herausstellen, die zu explizieren sind, und sie von denjenigen Verwendungsweisen abgrenzen, die nicht Gegenstand der Explikation sein sollen.

Nachdem man erfasst hat, worin das Explikandum bestehen soll, kann die eigentliche Begriffsexplikation beginnen. Kriterien für die Adäquatheit einer Begriffsexplikation sind für Carnap hierbei erstens die *Ähnlichkeit* des Explikats mit dem (alltagssprachlichen und unexakten) Explikandum, zweitens die *Exaktheit*, drittens die *Fruchtbarkeit* und viertens die *Einfachheit* des Explikats (vgl. Carnap 1950: 7). Alle diese Bedingungen bleiben bei Carnap etwas vage formuliert, und die Gewichtung einiger dieser Kriterien hängt offenbar auch vom Zweck der angestrebten Explikation ab. Wer z. B. den gewöhnlichen und vorwissenschaftlichen Begriff des Fisches für wissenschaftlich-zoologische Zwecke explizieren möchte, so dass insbesondere mit dieser Explikation eine Klasse von Tieren herausgegriffen wird, die signifikante biologische Gemeinsamkeiten aufweisen und man daher mit

Rudolf Carnap
(1891–1970)

Wenn z. B. jemand darangeht, den Ausdruck »wahr« zu explizieren, so kann er etwa mit der Bemerkung beginnen, daß er nicht für die Verwendung der Ausdrücke »wahr« bzw. »Wahrheit« in Kontexten wie »ein wahrer Freund«, »eine wahre Liebe«, »eine wahre Demokratie«, »in vino veritas« eine Explikation suche, sondern für jene Verwendung, die sich im Alltag, in der Rechtssprache sowie in den Einzelwissenschaften findet, wenn der Ausdruck »wahr« auf Behauptungen, Erzählungen, Zeitungsberichte, Reportagen u. dgl. angewendet und dabei ungefähr in dem Sinne von »zutreffend«, »nicht falsch«, »richtig«, »weder Irrtum noch Lüge« gebraucht wird. (Carnap 1959: 13)

dieser Explikation wichtige allgemeine Gesetze formulieren kann, wird das Kriterium der wissenschaftlichen Fruchtbarkeit stärker gewichten als das Kriterium der Ähnlichkeit. Für Carnap besteht die alltagssprachliche, vorwissenschaftliche Bedeutung von »Fisch« ungefähr in »Tiere, die im Wasser leben«. Für sinnvolle zoologische Klassifikationen und für die Formulierung von Gesetzen ist jedoch die folgende Präzisierung viel geeigneter: »Tiere, die im Wasser leben, Wirbeltiere sowie Kaltblüter sind und während der Dauer ihres Lebens durch Kiemen atmen« (vgl. Carnap 1959: 14). Dieses Explikat weist zwar Ähnlichkeiten mit dem ursprünglichen vorwissenschaftlichen Explikandum auf, weicht jedoch von diesem auch an einigen entscheidenden Stellen ab. So werden etwa Wale und Delfine nicht mehr unter die Kategorie *Fisch* subsumiert. Die Einfachheit des Explikats ist sicherlich auch wissenschaftlich anzustreben. Dieses Kriterium muss jedoch zugunsten der anderen Kriterien nach Carnap zurücktreten. Ob eine vorgeschlagene Explikation richtig oder falsch ist, kann man (im Unterschied zu Realdefinitionen) nach Carnap niemals eindeutig entscheiden. Die Kategorien »richtig« und »falsch« lassen sich vielmehr gar nicht sinnvoll auf Explikationen anwenden. In dieser Hinsicht ähneln Explikationen Nominaldefinitionen. Je nachdem, wie gut eine Explikation ihren intendierten Zweck erreicht hat und wie gut dabei die obigen Adäquatheitskriterien erfüllt sind, kann man eine Explikation jedoch als »angemessen« oder »plausibel« bezeichnen. Explikationen haben (im Unterschied zu Real- und Nominaldefinitionen) eine *normative* Komponente, da sie u. a. vorschreiben, wie ein Begriff, wenn er bestimmten Zwecken genügen soll, zu explizieren ist. Hierbei kann, wie das Beispiel »Fisch« gezeigt hat, sogar von der bisherigen Verwendungsweise des Explikandums in einigen Aspekten abgesehen werden.

Auch für eine Analyse epistemischer Begriffe könnte eine Explikation im Sinne Carnaps die Methode der Wahl sein. Für den Begriff des Wissens würde dies etwa bedeuten, dass man zunächst die intendierte Begriffsverwendung herausgreift, wie etwa das Wissen im propositionalen Sinne. Sicherlich sollte das anzustrebende Explikat mit unserem Alltagsgebrauch des Wissensbegriffs möglichst gut übereinstimmen. Darüber hinaus sollte das Explikat aber auch exakter sein als die bisherige Verwendung des (propositionalen) Wissensbegriffs in unserer Alltagssprache und sollte insbesondere bestimmten erkenntnisphilosophischen Anforderungen genügen. So sollte das Explikat natürlich keine Widersprüche erzeugen. Zudem sollte die Explikation in der Lage sein, bestimmte notorische erkenntnisphilosophische Probleme zu lösen, wie etwa die im nächsten Kapitel diskutierte Gettier-Problematik. Auch sollte u. a. der Wissensbegriff so expliziert werden, dass er nicht dem Wissensskeptizismus, wonach sämtliches Wissen über die empirische Außenwelt unmöglich ist, anheimfällt.[5] (→ Skeptizismus) Eine solche Explikation des Wissensbegriffs scheint zudem, wie oben bereits angedeutet, eher dem Modell einer konnektierenden als einer reduktiven Analyse zu entsprechen.

---

[5] Zu den Adäquatheitsbedingungen für eine erkenntnisphilosophische Begriffsexplikation von Wissen vgl. Brendel 2013: 25.

4. Methoden und Werkzeuge zur Analyse epistemischer Begriffe

Obwohl sich die diskutierten Varianten der Begriffsanalyse in ihren jeweiligen Ansprüchen und Zielsetzungen unterscheiden, haben sie dennoch eines gemeinsam: Sie sind Instanzen einer genuin philosophischen Methode, die sich insofern grundlegend von der Vorgehensweise empirischer Wissenschaften unterscheidet, als sie prinzipiell ohne Kenntnis der objektiven Gegebenheiten der Welt betrieben werden kann. Es handelt sich um eine *apriorische* Methode, also um eine Methode, die der Erfahrung vorausgeht. (→ Vernunft/Verstand; → Transzendentalphilosophie) Erkenntnis *a priori* unterscheidet sich fundamental von Erkenntnis *a posteriori*, welche erst durch Erfahrung der Welt überhaupt ermöglicht wird. Die Begriffsbildung geht in dieser Form auf Kant zurück, die Unterscheidung zwischen beiden Erkenntnisformen ist allerdings bereits bei früheren Philosophen zu finden.

Während empirische Wissenschaften im Idealfall ein Objekt oder ein Phänomen ihres Gegenstandsbereichs herausgreifen, es mithilfe etwa einer Messtheorie quantifizieren und anhand von Experimenten auf seine Eigenschaften untersuchen, zeichnen sich apriorische Methoden dadurch aus, dass sie auch alleine im philosophischen Studierzimmer betrieben werden können. Kritiker des Apriorismus bezeichnen diesen daher manchmal etwas abfällig als »Lehnstuhl-Philosophie«. Sie gehen davon aus, dass sich philosophische Methoden prinzipiell denselben Ansprüchen zu stellen haben wie empirische Wissenschaften. Das Festhalten an vermeintlich eigenständigen philosophischen Methoden ist für diese Theoretiker ein Irrweg.

4.1 Apriorische Erkenntnistheorie

Die klassische apriorische Erkenntnistheorie hat in ihrer anspruchsvollsten Variante die grundlegende Legitimierung unserer Erkenntnisbemühungen zum Ziel. Diese Form der philosophischen Letztbegründung erfordert eine Beschränkung auf Methoden, deren Legitimität selbst wiederum nicht begründungsbedürftig ist und die im Idealfall Erkenntnisse mit einem ausgezeichneten epistemischen Status liefern. Apriorische und somit von empirischen Erfahrungen unabhängige Erkenntnis bietet sich hier unmittelbar an. Klassische Beispiele für Fälle von apriorischem Wissen sind neben notwendigen Wahrheiten – etwa logischen Wahrheiten wie dem Satz vom ausgeschlossenen Widerspruch oder mathematischen Wahrheiten wie dem Satz des Euklid – auch das Erkennen von bestimmten weiteren, sogenannten *analytischen*, Wahrheiten. Beispielsweise kann ich die Tatsache, dass es keinen verheirateten Junggesellen geben *kann*, nicht dadurch beweisen, dass sich in der Welt keine verheirateten Junggesellen finden lassen. Es scheint vielmehr prinzipielle begriffliche Gründe zu geben, die verheiratete Junggesellen unmöglich machen.[6]

Immanuel Kant (1724–1804)

> Wenn [...] gleich alle unsere Erkenntnis *mit* der Erfahrung anhebt, so entspringt sie darum doch nicht eben alle *aus* der Erfahrung. Denn es könnte wohl sein, daß selbst unsere Erfahrungserkenntnis ein Zusammengesetztes aus dem sei, was wir durch Eindrücke empfangen, und dem, was unser eigenes Erkenntnisvermögen (durch sinnliche Eindrücke bloß veranlaßt) aus sich selbst hergibt [...]. Es ist also wenigstens eine der näheren Untersuchung noch benötigte und nicht auf den ersten Anschein sogleich abzufertigende Frage: ob es ein dergleichen von der Erfahrung und selbst von allen Eindrücken der Sinne unabhängiges Erkenntnis gebe. Man nennt solche *Erkenntnisse a priori*, und unterscheidet sie von den *empirischen*, die ihre Quellen a posteriori, nämlich in der Erfahrung, haben. (Kant KrV B 1–2)

---

[6] Wenn man nun behauptet, dass dieses Wissen apriorisch ist, meint man damit nicht zwangsläufig, dass man es vollkommen ohne Erfahrung erlangen kann. Natürlich müssen wir in der Lage sein, die Sprache zu verstehen, in der die fraglichen Sätze formuliert sind – also etwa die natürliche Sprache oder die Sprache der Mathematik (vgl. hierzu auch Grundmann 2008: 499).

Vertreter der klassischen apriorischen Erkenntnistheorie gehen davon aus, dass es auch philosophisches Wissen dieser Art geben kann, auf das dann letztlich alle menschliche Erkenntnis zurückgeführt werden soll. Die Philosophie, und insbesondere die Erkenntnistheorie, würde dann die Rolle der ersten, grundlegenden Wissenschaft einnehmen, die allen empirischen Wissenschaften sinnbildlich gesprochen den Boden bereitet. Denn während Letztere einfach davon ausgehen, dass wir Wissen über die Beschaffenheit der Welt erlangen können, klärt die apriorische Erkenntnistheorie zunächst, inwiefern dies überhaupt möglich ist und auf welche Erfahrungsquellen wir uns dabei gerechtfertigterweise verlassen dürfen. Ein gutes Beispiel ist der philosophische Umgang mit dem Außenweltskeptizismus: Es wäre offenbar witzlos zu versuchen, diese Form des Skeptizismus anhand empirischer Untersuchungen, beispielsweise über den menschlichen Wahrnehmungsapparat, zu widerlegen. Schließlich setzen empirische Wissenschaften die Existenz der Außenwelt, um die es bei der philosophischen Beschäftigung mit dem skeptischen Zweifel geht, bereits voraus.

Apriorische Erkenntnistheorie kann aber auch mit einer deutlich bescheideneren Zielsetzung betrieben werden. So könnte man etwa lediglich die Auffassung vertreten, dass es bestimmte Sachverhalte gibt, die prinzipiell a priori erkannt werden können. Selbst wenn unser Wissen von diesen Sachverhalten tatsächlich aufgrund von Erfahrung zustande gekommen ist, könnte der Status unserer Erkenntnisse noch gestärkt werden, wenn wir feststellen, dass sie auch erfahrungsunabhängig einsehbar sind.

Die »Werkzeuge« der apriorischen Erkenntnistheorie sind vor allem die Begriffsanalyse, die wir im vorangegangenen Abschnitt dargestellt haben, aber auch das Führen von formalen Beweisen sowie das Heranziehen von Gedankenexperimenten. Bei *Gedankenexperimenten* handelt es sich in der Erkenntnistheorie üblicherweise um Fallbeispiele, mithilfe derer untersucht werden soll, unter welchen Umständen epistemische Begriffe korrekt angewendet werden. Durch geschickte Schilderung der Ausgangssituation soll dabei überprüft werden, von welchen Faktoren unsere natürlichsprachlichen Urteile abhängen. Gedankenexperimente werden als Experimente bezeichnet, weil sie gewisse strukturelle Ähnlichkeiten zu »echten«, naturwissenschaftlichen Experimenten aufweisen. Die Schilderung der Ausgangssituation entspricht dem Versuchsaufbau. Sie soll ermöglichen, die zu überprüfenden Faktoren zu isolieren. Die intuitiven Urteile über diese Schilderungen stellen die experimentellen Daten dar.[7]

Das Verständnis von Intuition, das zumindest der apriorischen Erkenntnistheorie zugrunde liegt, zielt auf eine Form der intellektuellen Anschauung ab, die eine besondere Form der Einsicht ermöglicht. Eines der Hauptprobleme der apriorischen Erkenntnistheorie bleibt hierbei nach wie vor, eine überzeugende Erklärung dafür anzugeben, wie diese besondere Form der Intuition möglich ist und somit auch, woher apriorische Erkenntnisse letztlich kommen. Die Legitimation der menschlichen Erkenntnisbemühungen anhand der apriorischen Erkenntnistheorie erfordert selbst zunächst die Legitimierung der apriorischen Methode.

Für die apriorische Methode in der Erkenntnistheorie scheint zwar zu sprechen, dass es Wissen über Gegenstandsbereiche gibt, die sich empirischer Beobachtung entziehen – wie eben die viel zitierten Beispiele der Logik und Mathematik. Gegen die apriorische Methode wurde jedoch eine ganze Reihe von Einwänden vorgebracht. Insbesondere der Anspruch der erkenntnistheoretischen Letztbegründung scheint den meisten zeitgenössischen Philosophen zu ambitioniert. Eine besonders einflussreiche Strömung, die der apriorischen Erkenntnistheorie kritisch gegenübersteht, wird häufig unter dem Überbegriff der naturalisierten Erkenntnistheorie zusammengefasst. Sie mahnt eine stärkere Orientierung der Erkenntnistheorie an den empirischen Wissenschaften an.

4.2 Naturalisierte Erkenntnistheorie

Die naturalistische Kritik an der apriorischen Erkenntnistheorie ist in gewisser Hinsicht eine Neuauflage der klassischen Auseinandersetzung zwischen Rationalismus und Empirismus. Im 20. Jahrhundert hat vor allem W. V. O. Quines Aufsatz *Epistemology Naturalized* (1969) zu einer Wiederbelebung der Debatte geführt. Die dort vertretene Position stellt gleichzeitig auch die radikalste Form des erkenntnistheoretischen Naturalismus dar. (→ Naturalisierung und Kognitionspsychologie)

Im Anschluss an die Empiristen argumentiert Quine zunächst, dass das apriorische Projekt der traditionellen Erkenntnistheorie zum Scheitern verurteilt ist. Die Konsequenz, die Quine aus dieser Situation zieht, ist allerdings radikal. Er geht davon aus, dass wir in der erkenntnis-

---

[7] Eine ausführliche Auseinandersetzung mit Gedankenexperimenten findet sich etwa bei Cohnitz 2005.

theoretischen Konstruktion unseres Weltbilds letztlich nur auf die Stimuli unseres Wahrnehmungsapparats zurückgreifen können. Damit bewegen wir uns allerdings im Bereich der Psychologie, weshalb Quine folgerichtig propagiert, die Erkenntnistheorie, oder besser das, was unter Quines Voraussetzungen davon übrig bleibt, als einen Teilbereich der Psychologie zu betrachten.

Willard Van Orman Quine (1908–2000)

Epistemology, or something like it, simply falls into place as a chapter of psychology and hence of natural science. It studies a natural phenomenon, viz., a physical human subject. (Quine 1969: 82)

Auch wenn Quines Programm heute kaum noch Anhänger findet, haben seine Überlegungen doch dazu beigetragen, dass sich bescheidenere Varianten des erkenntnistheoretischen Naturalismus entwickeln konnten.[8] So vertritt etwa Alvin Goldman die Position, dass die Beantwortung traditioneller erkenntnistheoretischer Fragen sowohl apriorischer als auch empirischer Methoden bedarf. Da Wissen, Goldman zufolge, durch den Rückgriff auf zuverlässige Meinungsbildungsprozesse zustande kommt, ist es wichtig, herauszufinden, welche kognitiven Prozesse tatsächlich zuverlässig sind. Aufgabe der Philosophie könnte es dann sein, Kriterien für Zuverlässigkeit zu formulieren. Goldman selbst schlägt die Produktion überwiegend wahrer Überzeugungen vor. Psychologische Ergebnisse könnten hingegen bei der Ermittlung von Prozessen herangezogen werden, die diesem Kriterium entsprechen. Die Erkenntnistheorie würde dann nicht

Hilary Kornblith

If we wish to understand a phenomenon accurately, we [...] cannot merely seek to elucidate our current intuitive conception of it; we must examine the phenomenon itself. And this applies as much to understanding the nature of knowledge as it does to understanding the nature of gold. (Kornblith 2002: 18).

durch die Psychologie ersetzt, sie bedürfte aber der Hilfe der empirischen Wissenschaften.[9]

Hilary Kornblith hat schließlich die Position stark gemacht, dass die Begriffsanalyse deswegen zum Scheitern verurteilt sei, weil sie sich eben vor allem auf Begriffe beziehe. Wolle man ein Phänomen verstehen, so müsse man das Phänomen selbst, nicht aber unseren Begriff von diesem Phänomen untersuchen. So, wie wir das Metall Gold untersuchen, wenn wir etwas über Gold herausfinden wollen, müssten wir auch Wissen – und nicht den Begriff des Wissens – untersuchen, wenn wir etwas über Wissen herausfinden wollen.

Auch wenn diese verschiedenen Formen der naturalisierten Erkenntnistheorie nicht unwidersprochen blieben, so können wir doch festhalten, dass die traditionelle Erkenntnistheorie als apriorische Disziplin nicht ohne Alternativen ist.

---

[8] Hilfreiche Überblicke bieten auch Feldman 2012 und Grundmann 2008.

[9] Siehe hierzu vor allem Goldman 1986.

Kontrollfragen

1. Welche Formen des Wissens gibt es? Nennen Sie eigene Beispiele!
2. Warum ist Sokrates in Platons Dialog *Theaitetos* nicht mit einer Aufzählung von Beispielen von Wissen als Antwort auf die Frage, was Wissen ist, zufrieden?
3. Erläutern Sie den Unterschied zwischen notwendigen und hinreichenden Bedingungen am Beispiel des Begriffs *Baum*!
4. Was versteht Wittgenstein unter *Familienähnlichkeiten* von Begriffen?
5. Worin besteht der Unterschied zwischen einer reduktiven und einer konnektierenden Analyse im Sinne von Peter F. Strawson? Nennen Sie für beide Analyseformen jeweils ein Beispiel!
6. Erläutern Sie Carnaps Kriterien für eine *Explikation* von Begriffen!
7. Erläutern Sie den Unterschied zwischen Wissen *a priori* und Wissen *a posteriori* und nennen Sie Beispiele!
8. Was versteht man unter einem Gedankenexperiment?
9. Was ist mit der erkenntnistheoretischen Letztbegründung empirischer Wissenschaften gemeint? Wo liegen Probleme dieses Projekts?
10. Erläutern Sie das Verhältnis zwischen empirischen Wissenschaften und Erkenntnistheorie, das verschiedene Vertreter der naturalisieren Erkenntnistheorie propagieren!

Kommentierte Auswahlbibliographie

Primärtexte

Carnap, Rudolf (1959): *Induktive Logik und Wahrscheinlichkeit*, bearbeitet von Wolfgang Stegmüller. Wien: Springer.
Enthält Carnaps zentrale Überlegungen zu den philosophischen Grundlagen der induktiven Logik und entwirft mit Hilfe der klassischen Logik und Semantik die wichtigsten formalen Systeme der induktiven Logik und Wahrscheinlichkeitstheorie.

Gettier, Edmund L. (1963): »Is Justified True Belief Knowledge?«. In: *Analysis* 23, 121–123.
Einer der kürzesten, aber auch einer der einflussreichsten Texte der jüngeren Erkenntnistheorie. Gettier formuliert zwei berühmte Beispiele, die nahelegen, dass Wissen nicht mit wahrer gerechtfertigter Überzeugung gleichgesetzt werden kann.

Goldman, Alvin (1986): *Epistemology and Cognition*. Cambridge: Harvard University Press.
Goldman argumentiert in diesem Werk für eine Verbindung zwischen der Erkenntnistheorie und den Kognitionswissenschaften. Seiner Auffassung nach offenbart die korrekte Analyse von Wissen die epistemische Rolle von verlässlichen Prozessen. Bei der Untersuchung der Frage, welche kognitiven Prozesse und Methoden verlässlich sind, sollte die Philosophie auf die Ergebnisse der Psychologie und der Kognitionswissenschaften zurückgreifen.

Kant, Immanuel (1983): *Kritik der reinen Vernunft*. Darmstadt: Wissenschaftliche Buchgesellschaft. (KrV)
Das erkenntnistheoretische Hauptwerk Kants, dessen Einfluss auf die Philosophiegeschichte kaum überschätzt werden kann. Kant entwirft hier seine Transzendentalphilosophie und argumentiert unter anderem dafür, dass sich unsere Erkenntnis nicht nach den Gegenständen, sondern vielmehr die Gegenstände nach unserem Anschauungsvermögen zu richten haben. Diese Figur wird häufig als »kopernikanische Wende« in der Philosophie bezeichnet.

Platon (1991): *Sämtliche Werke 4: Phaidros, Parmenides, Theaitetos, Sophistes*. Hrsg. von W. F. Otto/E. Grassi/G. Plamböck. Hamburg: Rowohlt.
Platons Dialog Theaitetos *enthält insbesondere ein Gespräch zwischen Theätet, seinem Lehrer Theodoros und Sokrates über die Frage nach der Natur des Wissens. Obwohl keine Antwort auf diese Frage erzielt wird, die die Gesprächspartner vollständig überzeugt, dient die im Laufe des Gesprächs vorgeschlagene Definition von Wissen als mit einer Erklärung verbundenen wahren Meinung als Grundlage für die dreigliedrige Wissensanalyse in der modernen Erkenntnistheorie, wonach Wahrheit, Überzeugung und epistemische Rechtfertigung Definitionsbestandteile von Wissen sind.*

Quine, W. V. O. (1969): »Epistemology Naturalized«. In: *Ontological Relativity and Other Essays*. New York: Columbia Press.
Die zentrale Schrift der naturalisierten Erkenntnistheorie. Quine zieht aus dem Scheitern der Bemühungen, ein erkenntnistheoretisches Fundament der empirischen Wissenschaften zu liefern, die Konsequenz, dass die Erkenntnistheorie ihrerseits Teil der empirischen Wissenschaften – genauer, der Psychologie – sein müsse.

Strawson, Peter F. (1994): *Analyse und Metaphysik*. München: dtv.

Eine Einführung in fundamentale Fragen und Konzepte der Philosophie (wie etwa Identität, Wahrheit, Wissen, Bedeutung, Verstehen, Kausalität, Erklärung, Freiheit und Notwendigkeit). In diesem Werk findet sich insbesondere die Unterscheidung zwischen einem reduktiven und einem die zentralen Zusammenhänge zwischen Begriffen aufzeigenden konnektierenden Modell der Begriffsanalyse, welche für Methodenfragen der analytischen Philosophie einflussreich wurde.

Wittgenstein, Ludwig (1977): *Philosophische Untersuchungen*. Frankfurt am Main: Suhrkamp.
Das zentrale Werk der Wittgenstein'schen Spätphilosophie, das in Form von Aphorismen u. a. die Gebrauchstheorie der Bedeutung, das Konzept der Sprachspiele und die Unmöglichkeit einer Privatsprache entwirft. Die Philosophischen Untersuchungen enthalten wichtige Ideen der sogenannten Philosophie der normalen Sprache und waren insbesondere für die Sprechakttheorie und den »ordinary language turn« in der Sprachphilosophie der zweiten Hälfte des 20. Jahrhunderts richtungsweisend.

Empfehlenswerte Gesamtdarstellungen

Brendel, Elke (2013): *Wissen – Grundthemen Philosophie*. Berlin/Boston: De Gruyter.
Gibt einen problemorientierten, systematischen Einblick in aktuelle erkenntnistheoretische Debatten und Positionen zum Wissensbegriff. So werden u. a. Fragen zur Begriffsanalyse von Wissen, das Gettier-Problem, der Wissensskeptizismus, der Kontextualismus, das epistemische Werteproblem und experimentelle Untersuchungen zum Wissensbegriff erörtert.

Grundmann, Thomas (2008): *Analytische Einführung in die Erkenntnistheorie*. Berlin/New York: De Gruyter.
Ein umfassender Überblick, in dem die zentralen Themen, Probleme und Streitpunkte der analytisch ausgerichteten Erkenntnistheorie dargestellt werden.

Kirkham, Richard (1995): *Theories of Truth. A Critical Introduction*. Cambridge: MIT University Press.
Eine detaillierte Monographie über die einflussreichsten philosophischen Wahrheitstheorien. Hilfreich ist nicht zuletzt auch die anschauliche Unterscheidung der verschiedenen Projekte, die von Wahrheitstheorien verfolgt werden.

Weiterführende Literatur

Carnap, Rudolf (1950): *Logical Foundations of Probability*. Chicago, Illinois: University of Chicago Press.
Auf der Basis der Begriffe der Wahrscheinlichkeit und mit den Mitteln der formalen deduktiven Logik und Semantik werden die induktive Logik und das induktive Schließen entwickelt und deren wissenschaftsphilosophische Probleme erörtert.

Cohnitz, Daniel (2005) *Gedankenexperimente in der Philosophie*, Paderborn: Mentis.
Bietet einen umfangreichen Überblick über die wichtigsten philosophischen Gedankenexperimente und diskutiert ihren erkenntnistheoretischen und methodologischen Status.

Dubislav, Walter (^{4}1981): *Die Definition*. Hamburg: Meiner.
Gibt eine kurze Einführung in die philosophische Definitionslehre und erörtert die verschiedenen Arten, in denen Definitionen in den Wissenschaften auftreten können.

Essler, Wilhelm K. (^{2}1982): *Wissenschaftstheorie I: Definition und Reduktion*. Freiburg/München: Alber.
Führt in die Theorie der Begriffe und Begriffsbestimmungen ein und gibt einen Überblick über die verschiedenen Arten und Formen der Methoden des Definierens.

Feldman, Richard, (2012): »Naturalized Epistemology« In: Edward N. Zalta (Hg.): *The Stanford Encyclopedia of Philosophy*, http://plato.stanford.edu/archives/sum2012/entries/epistemology-naturalized/.
Ein Überblicksartikel zur naturalisierten Erkenntnistheorie in der generell zu empfehlenden Stanford Encyclopedia of Philosophy. Feldman unterscheidet hier zwischen ersetzendem, kooperativem und substantiellem Naturalismus in der Erkenntnistheorie und zeigt, inwiefern sich die verschiedenen Spielarten in ihrer Zielsetzung und Argumentation unterscheiden.

Kornblith, Hilary (2002): *Knowledge and its Place in Nature*. Oxford: Oxford University Press.
Kornblith argumentiert in dieser Monographie für eine naturalistische erkenntnistheoretische Position, derzufolge Wissen als natürliche Art aufzufassen ist. Die zentrale These in Form einer Analogie lautet: Ebensowenig wie beispielsweise Chemiker unseren Begriff von Gold untersuchen sollten, wenn sie etwas über Gold herausfinden wollen, sollten Erkenntnistheoretiker unseren Begriff von Wissen analysieren, wenn sie etwas über Wissen herausfinden wollen.

DAS GETTIER-PROBLEM

Thomas Spitzley

1. Einleitung
2. Die Ausgangslage
3. Gettiers Beispiele
4. Reaktionen
   4.1 Die Rechtfertigungsbedingung ist nicht erfüllt
   4.2 Auch in den Gettier-Beispielen liegt Wissen vor
   4.3 Die Suche nach einer vierten Bedingung
5. Alternativen
   5.1 Die Kausaltheorie von Wissen
   5.2 Eine Zuverlässigkeitstheorie von Wissen
6. Schluss

1. Einleitung

Das Gettier-Problem verdankt seinen Namen dem amerikanischen Philosophen Edmund L. Gettier III (*1927), der in seinem 1963 erschienenen Aufsatz »Is Justified True Belief Knowledge?« einen Einwand gegen die Standarddefinition von Wissen formuliert und damit eines der in der zweiten Hälfte des 20. Jahrhunderts am meisten diskutierten Probleme für die Erkenntnistheorie aufgeworfen hat.

2. Die Ausgangslage

»Was ist Wissen?«, fragt Sokrates den jungen Mathematiker Theaitet in Platons gleichnamigem Dialog. Damit stellt er dieselbe Art von Frage wie beispielsweise im *Laches* (»Was ist Tapferkeit?«, vgl. *Laches* 190e) oder im *Euthyphron* (»Was ist Frömmigkeit?«, vgl. *Euthyphron* 5d), und auch die Antwort, die er erhält, ist zunächst von derselben Art, denn Theaitet präsentiert ihm eine Liste von Beispielen (vgl. *Theätet* 146c–d). Daran ist Sokrates jedoch nicht gelegen; er möchte vielmehr dem Wesen von Wissen auf die Spur kommen und sucht, wie sich im weiteren Verlauf des Dialogs zeigt, nach einer Definition von Wissen, und Wissen wäre somit nicht gerechtfertigte, wahre Meinung. (→ Analyse Epistemischer Begriffe)

Dabei geht es ihm jedoch nicht um jegliches Wissen, sondern nur um eine bestimmte Form von Wissen, nämlich um ein Wissen, *dass etwas der Fall ist*, also um ein theoretisches Wissen im Unterschied zu dem praktischen Wissen, *wie man etwas macht* (z. B. wie man eine Krawatte bindet).[1] Eine Zuschreibung theoretischen Wissens hat die Form »S weiß, dass p«. An die Stelle von »S« ist die Bezeichnung einer Person und an die Stelle von »p« ein ganzer (deklarativer) Satz einzusetzen. Weil deklarative Sätze Propositionen ausdrücken, nennt man diese Form von Wissen auch propositionales Wissen.

Es hat sich etabliert, die am Ende dieses Dialogs stehende Definition, wonach Wissen gerechtfertigte, wahre

---

[1] Zur Unterscheidung von Wissen, wie …, und Wissen, dass …, vgl. z. B. Ryle 1986: 26–77.

Meinung ist,[2] als die platonische Definition von Wissen zu bezeichnen:

> (W_1) S weiß genau dann, dass p, wenn gilt:
> 1) Es ist wahr, dass p.
> 2) S glaubt,[3] dass p.
> 3) S ist gerechtfertigt zu glauben, dass p.

Nach (W_1) weiß eine Person S also genau dann, dass Köln eine Millionenstadt ist, wenn es wahr ist, dass Köln eine Millionenstadt ist, wenn S glaubt, dass Köln eine Millionenstadt ist, und wenn S gerechtfertigt ist, dies zu glauben.

Obwohl Sokrates im *Theaitet* klar zu erkennen gibt, dass er diese Definition letztlich nicht für überzeugend hält, und obgleich insbesondere die Bedingungen 2) und 3) im Laufe der Philosophiegeschichte nicht unumstritten geblieben sind, galt (W_1) traditionell als Standarddefinition von Wissen, deren drei Bedingungen jeweils einzeln notwendig und zusammengenommen hinreichend für Wissen sind. Das bedeutet, dass S *nicht* weiß, dass p, wenn auch nur eine einzige der drei Bedingungen *nicht* erfüllt ist, und dass in dem Fall, in dem alle drei Bedingungen erfüllt sind, S auch *tatsächlich* weiß, dass p

3. Gettiers Beispiele

In seinem nur dreiseitigen Aufsatz »Is Justified True Belief Knowledge?« präsentiert Gettier nun zwei Beispiele, mit deren Hilfe er zu zeigen versucht, dass die Bedingungen 1)–3) erfüllt sein können, ohne dass Wissen vorliegt. Demnach wären die drei Bedingungen zusammen genommen nicht hinreichend für Wissen, und Wissen wäre somit nicht gerechtfertigte, wahre Meinung. Gettiers erstes Beispiel lautet:

> (B1) Smith und Jones haben sich um dieselbe Arbeitsstelle beworben. Da Smith erstens vom Präsidenten der Gesellschaft gehört hat, man werde sich letztlich für Jones entscheiden, und da er zweitens weiß, dass Jones zehn Münzen in seiner Hosentasche hat, weil er sie selbst gerade gezählt hat, hat Smith gute Gründe, die folgende Konjunktion für wahr zu halten:
> (q_1) Jones bekommt die Stelle, und Jones hat zehn Münzen in seiner Tasche.
> Aus q_1 folgt prädikatenlogisch
> (p_1) Derjenige, der die Stelle bekommt, hat zehn Münzen in seiner Tasche.
> Smith sieht, dass p_1 aus q_1 folgt, und Smith hält p_1 wegen der Gründe für wahr, die er für q_1 hat.
> Es zeigt sich nun aber, dass trotz der Versicherungen des Präsidenten nicht Jones die Stelle bekommt, sondern dass a) Smith die Stelle bekommt. Außerdem stellt sich heraus, dass b) Smith zehn Münzen in seiner Tasche hat (vgl. Gettier 1963: 122).

Warum folgt p_1 aus q_1? Wenn, wie in dem Beispiel angenommen, der Jones, der die Stelle bekommt, dieselbe Person ist wie der Jones, der zehn Münzen in seiner Tasche hat, dann folgt aus p_1, dass derjenige, der die Stelle bekommt, zehn Münzen in seiner Tasche hat, und das ist q_1.[4]

Gettier zieht aus seinem Beispiel die folgende Konsequenz: Aufgrund von a) und b) sei es *wahr*, dass p_1, außerdem *glaube* Smith, dass p_1, und darüber hinaus sei Smith *gerechtfertigt* zu glauben, dass p_1. Somit seien alle drei Bedingungen der Definition von Wissen erfüllt, und doch wisse Smith *nicht*, dass p_1.

Gettiers zweites Beispiel lautet folgendermaßen:

> (B2) Smith hat gute Gründe, den folgenden Satz für wahr zu halten:
> (q_2) Jones besitzt einen Ford.
> Diese guten Gründe könnten unter anderem darin bestehen, dass Smith seinen Freund Jones schon sehr lange kennt und Jones nach Smiths Erinnerung schon immer einen Ford besessen hat, dass Jones gerade mit einem Auto, einem Ford, neben Smith angehalten und Smith angeboten hat, ihn ein Stück mitzunehmen etc.

---

[2] Wörtlich: ein mit einer Rechtfertigung verbundener wahrer Glaube (doxa alēthēs meta logou, vgl. *Theaitet*: 201c–d, aber auch Platons *Menon*: 97e–98a, und *Symposion*: 202a.

[3] In diesem Zusammenhang wird zwischen Glauben und Meinen bzw. zwischen Glaube und Meinung kein Unterschied gemacht. In der englischsprachigen Literatur werden stets die Ausdrücke »believe« und »belief« verwendet.

[4] Etwas technischer ausgedrückt: Wenn man q_1 formalisiert, erhält man das Satzschema (1) Fa & Ga. Hier bezeichnet die Individuenkonstante »a« Jones, und die Prädikatbuchstaben »F«, und »G« stehen für die Prädikate »bekommt die Stelle« und »hat zehn Münzen in seiner Tasche«. Wendet man auf (1) die Regel der Einführung des Existenzquantors an, so erhält man das Satzschema (2) (∃x) (Fx & Gx). Wenn man nun in (2) für »F« und »G« die genannten Einsetzungen vornimmt, erhält man p_1. (Genau genommen erhält man nur »Jemand bekommt die Stelle und hat zehn Münzen in seiner Tasche«, doch dieser Unterschied ist in diesem Zusammenhang irrelevant.)

Smith hat außerdem noch einen anderen Freund, Brown. Smith weiß allerdings nicht, wo sich Brown gerade aufhält. Smith wählt nun völlig willkürlich drei Städtenamen und bildet die drei folgenden Propositionen:

(p2) Jones besitzt einen Ford oder Brown ist in Boston.
(p3) Jones besitzt einen Ford oder Brown ist in Barcelona.
(p4) Jones besitzt einen Ford oder Brown ist in Brest-Litovsk.

Alle drei Propositionen folgen aussagenlogisch aus q2, Smith sieht, dass die drei Propositionen aus q2 folgen, und er hält das mit den drei Sätzen Gesagte aus denselben Gründen für wahr, die er für q2 hat. Er glaubt also, dass p2, dass p3, und dass p4. Entgegen Smiths Überzeugung q2 gilt jedoch c), dass Jones gegenwärtig keinen Ford besitzt, sondern nur einen Mietwagen fährt, und außerdem, dass d) Brown sich gerade in Barcelona befindet, ohne dass Smith dies auch nur vermutet (vgl. Gettier 1963: 122f.).

Warum folgen p2, p3 und p4 aus q2? Weil es absolut unmöglich ist, dass q2 wahr ist und p2, p3 oder p4 falsch sind. Wenn Jones einen Ford besitzt, dann stimmt es auch, dass Jones einen Ford besitzt *oder* Brown in Boston, Barcelona oder Brest-Litovsk ist. Die Sätze p2, p3, und p4 sind einfach das Resultat daraus, dass man auf q2 die aussagenlogische Regel der Disjunktoreinführung anwendet. Diese Regel besagt, dass dann, wenn auf der Basis bestimmter Prämissen gilt: A, auf der Basis derselben Prämissen auch gilt: A v B. Hier ist wichtig, dass »v« für das so genannte inklusive »Oder« steht und nicht für das exklusive »Entweder-Oder«. »A v B« ist wahr, wenn A wahr ist, wenn B wahr ist, oder wenn A und B wahr sind. Wenn man also gute Gründe für die Wahrheit von A hat, dann hat man *schon damit* auch gute Gründe für die Wahrheit von »A v B«.

Gettier behauptet nun, aufgrund von d) (»Brown befindet sich gerade in Barcelona«) sei es wahr, dass p3, Smith glaube zudem, dass p3, und Smith sei darin gerechtfertigt zu glauben, dass p3. Somit seien alle drei Bedingungen der Definition von Wissen erfüllt, und doch wisse Smith *nicht*, dass p3. Die Proposition p3 sei zwar wahr, allerdings nur deshalb, weil sich Brown in Barcelona befindet. Gemäß dem Beispiel hat Smith jedoch keine Meinung darüber, in welcher Stadt sich Brown aufhält. Smith hält p3 nur deshalb für wahr, weil er gute Gründe für q2 (»Jones besitzt einen Ford«) hat.

Mit den Beispielen (B1) und (B2) sieht Gettier die traditionelle, platonische Definition von Wissen widerlegt, denn in beiden Fällen hätten sich die drei genannten Bedingungen als nicht hinreichend für Wissen erwiesen. Eine offene Frage ist noch, ob jede der drei Bedingungen auch notwendig ist, doch dazu später mehr.[5] Zunächst stellt sich die Frage, wie plausibel Gettiers mutmaßliche Widerlegung ist, und dafür ist es hilfreich, sich zu vergegenwärtigen, dass beide Beispiele dieselbe Struktur haben:

(Str_{G-B}) a) Smith ist gerechtfertigt zu glauben, dass q,
b) es ist nicht der Fall, dass q,
c) Smith schließt daraus, dass q, deduktiv korrekt, dass p,
d) es ist wahr, dass p,
e) Smith glaubt, dass p,
f) Smith ist gerechtfertigt zu glauben, dass p,
g) es ist nicht der Fall, dass Smith weiß, dass p.

4. Reaktionen

Die Reaktion auf Gettiers kurzen Artikel war überwältigend. Insbesondere in den folgenden zwanzig Jahren erschien eine wahre Flut von Artikeln. Grundsätzlich lassen sich drei verschiedene Typen von Reaktionen auf die beiden von Gettier präsentierten Beispiele unterscheiden:

I. In den beiden Beispielen werden gar keine Fälle geschildert, in denen Smith eine *gerechtfertigte*, wahre Meinung hat (gegen (Str_{G-B}), f)). Daher sind die beiden Beispiele keine Gegenbeispiele zur traditionellen Definition von Wissen.

II. In den beiden Beispielen werden zwar Fälle geschildert, in denen Smith eine gerechtfertigte, wahre Meinung hat, doch Smith hat – anders als Gettier behauptet – *zugleich* das entsprechende Wissen (gegen (Str_{G-B}), g)). Daher stellen die Beispiele keine Bedrohung der traditionellen Definition von Wissen dar.

III. In den beiden Beispielen werden tatsächlich Fälle geschildert, in denen Smith zwar eine gerechtfertigte,

---

[5] Vgl. unten, Abschnitt 5.

wahre Meinung hat, nicht aber das entsprechende Wissen. Daher sind die beiden Beispiele mit der traditionellen Definition von Wissen unvereinbar und erfordern eine Modifikation dieser Definition.

Im Folgenden werde ich auf diese drei Typen von Reaktionen näher eingehen.

4.1 Die Rechtfertigungsbedingung ist nicht erfüllt

Um beurteilen zu können, ob in Gettiers Beispielen die Rechtfertigungsbedingung erfüllt ist oder nicht, muss man sich zunächst klarmachen, dass Gettiers Einschätzung, Smith sei tatsächlich gerechtfertigt zu glauben, dass p_1 bzw. p_3, Gettiers eigener Darstellung zufolge die Wahrheit der beiden folgenden Prämissen voraussetzt:

Prämisse A Wenn jemand (i) gerechtfertigt ist zu glauben, dass q, wenn (ii) q p impliziert, wenn er (iii) p aus q logisch ableitet [*deduces*] und wenn er (iv) aufgrund dieser Ableitung glaubt, dass p, dann ist er auch gerechtfertigt zu glauben, dass p. (aus (Str_{G-B}) a), c) und e) folgt (Str_{G-B}) f))

Prämisse B Man kann gerechtfertigt sein, etwas *Falsches* zu glauben ((Str_{G-B}) a) und (Str_{G-B}) b) sind miteinander vereinbar).[6]

Die Kritik, in Gettiers Beispielen sei die Rechtfertigungsbedingung nicht erfüllt, ist zum großen Teil eine Kritik an diesen beiden Prämissen.

Prämisse A gehört zu einer Familie von Prinzipien der so genannten deduktiven Geschlossenheit von Rechtfertigung bzw. Wissen. Auch wenn diese Prämisse prima facie sehr plausibel klingen mag, so ist ihre Wahrheit durchaus umstritten. Die Kritik, die gegen Prämisse A vorgebracht werden kann, ist die Folgende: Wäre Prämisse A wahr, wäre die Klasse der Meinungen, die zu haben wir gerechtfertigt sind, unangemessen groß. Dies kann man sich mit Hilfe des folgenden Beispiels von Fred Dretske klar machen. Angenommen, Anna geht in den Zoo und sieht ein paar schwarz-weiß gestreifte Tiere, die sich in einem Gehege befinden, an dem ein Schild mit der Aufschrift »Zebras« angebracht ist. Es scheint klar zu sein, dass Anna gerechtfertigt ist zu glauben, dass die Tiere Zebras sind (q). Wenn diese Tiere allerdings Zebras sind, dann folgt daraus, dass sie nicht kunstvoll getarnte Maultiere sind (p). Wenn Anna diese Implikation erkennt und p aus q ableitet, dann ist sie gemäß Prämisse A auch gerechtfertigt zu glauben, dass diese Tiere keine getarnten Maultiere sind. Doch ist Anna wirklich gerechtfertigt, dies zu glauben? Dretske und andere bezweifeln dies.[7] (→ Skeptizismus)

Möglicherweise hat Dretske recht und es gibt Fälle, in denen man *nicht* gerechtfertigt ist zu glauben, dass p, obwohl die in Prämisse A genannten Bedingungen (i)–(iv) erfüllt sind. Dann wäre Rechtfertigung zwar nicht deduktiv geschlossen, doch damit wäre noch nicht gesagt, dass Smith *in den beiden konkreten* Fällen nicht gleichwohl gerechtfertigt ist zu glauben, dass derjenige, der die Stelle bekommt, zehn Münzen in seiner Tasche hat, bzw. dass Jones einen Ford besitzt oder Brown in Barcelona ist. Auch wenn das *Prinzip* nicht gültig wäre, könnte die betreffende Meinung im *Einzelfall* dennoch gerechtfertigt sein, was von der überwiegenden Mehrzahl der Kommentatoren eingeräumt wird.

Wer hingegen *Prämisse B* bestreitet, schränkt die Klasse dessen, was wir gerechtfertigterweise glauben können, sehr stark ein. Man denke nur an all die Überzeugungen, für die wir eine induktive Rechtfertigung haben. (→ Induktion und der Schluss auf die beste Erklärung) Wer beispielsweise durch das Betätigen eines Schalters regelmäßig erfolgreich das Licht angemacht hat, wird glauben, dass er durch ein weiteres Betätigen des Schalters erneut Licht anmacht, und er ist, so würden wir sagen, gerechtfertigt, dies zu glauben. Würde sich an seinem Status etwas ändern, wenn der Schalter defekt wäre und das Licht nicht anginge? Wäre der Schalter defekt, würde er zwar etwas Falsches glauben (nämlich dass das Licht angeht), doch wäre er nicht trotzdem *gerechtfertigt*, dies zu glauben?

Hier stellt sich die generelle Frage, unter welchen Bedingungen jemand gerechtfertigt ist zu glauben, dass p. Unstritten ist, dass man für seine Meinung, dass p, bessere oder schlechtere Gründe haben kann. Ein extrem schlechter ›Grund‹ q wäre einer, bei dem die Wahrheit von p völlig unabhängig von der Wahrheit von q ist. Dass Paris die Hauptstadt von Frankreich ist, wäre in diesem

---

[6] In den beiden Beispielen sind dies q_1 und q_2.

[7] Vgl. Dretske 1970. Prominent geworden sind ähnliche Überlegungen insbesondere im Rahmen antiskeptischer Überlegungen; vgl. Nozick 1981. Sie beziehen sich dort auf die mögliche deduktive Geschlossenheit von Wissen, z. B. ob man weiß, dass p, wenn man weiß, dass q, und weiß, dass q p impliziert.

Sinne ein ausgesprochen schlechter Grund zu glauben, dass Tiger gestreift sind. Ein bestmöglicher Grund q ist dagegen einer, von dem gilt: a) die Wahrheit von q garantiert die Wahrheit von p, und b) q ist wahr.[8] Bestmögliche Gründe sind also *zwingende* Gründe.

Einige Philosophen plädieren nun dafür, die Rechtfertigungsbedingung in (W_1) so zu verstehen, dass man nur dann gerechtfertigt ist zu glauben, dass p, wenn die Gründe, die man für seine Meinung besitzt, zwingende Gründe sind (vgl. Dretske 1971). Da man zwingende Gründe jedoch selten hat und da insbesondere keine induktive Rechtfertigung zwingend ist, gilt gemäß diesem Verständnis von Rechtfertigung, dass wir selten gerechtfertigt sind, etwas zu glauben, und somit auch weniger wissen, als wir in der Regel annehmen.

Wenn man dieses Verständnis von Rechtfertigung zugrunde legte, hätte Smith ganz offensichtlich weder im ersten noch im zweiten Beispiel eine gerechtfertigte Meinung (Bedingung f) von (Str_{G-B}) ist nicht erfüllt), da sowohl »Jones bekommt die Stelle, und Jones hat zehn Münzen in seiner Tasche« als auch »Jones besitzt einen Ford« falsch ist und somit Bedingung b) in der Definition eines bestmöglichen Grundes nicht erfüllt ist. Es scheint demnach so, als könnten mit Hilfe der starken Interpretation der Rechtfertigungsbedingung Gettiers Gegenbeispiele zur traditionellen Definition (W_1) zurückgewiesen werden.

Nimmt man die traditionelle Definition allerdings ernst, trügt der Schein. Gemäß der nächstliegenden Interpretation von (W_1) müssen dafür, dass S weiß, dass p, drei Bedingungen erfüllt sein, die voneinander *unabhängig* sind. Jede dieser Bedingungen ist notwendig, und zusammengenommen sind sie hinreichend für Wissen. Wenn man jedoch nur dann *wirklich* gerechtfertigt ist zu glauben, dass p, wenn man zwingende Gründe hat zu glauben, dass p, dann folgt aus der Tatsache, dass jemand *in diesem Sinne gerechtfertigt* ist zu glauben, dass p, dass es auch *wahr* ist, dass p. Somit würde die erste Bedingung der traditionellen Definition redundant, und die ursprünglich dreiteilige Definition müsste ersetzt werden durch die zweiteilige Definition:

(W_2) S weiß, dass p, genau dann, wenn gilt:
1) S glaubt, dass p.
2) S ist (in einem starken Sinne) gerechtfertigt zu glauben, dass p.

Wissen wäre demnach nichts anderes als – im geschilderten *starken* Sinne – gerechtfertigte Meinung. Für (W_2) stellen Gettiers Beispiele aus den gerade geschilderten Gründen kein Problem dar, doch mit (W_1) scheinen sie nach wie vor unvereinbar zu sein.

Die bisher erörterten Einwände gegen Gettiers Angriff auf die traditionelle Definition von Wissen richten sich allesamt gegen die beiden Prämissen, die nach Gettiers eigenen Worten in seine Beispielkonstruktionen eingehen: Prämisse A, dass Rechtfertigung deduktiv geschlossen ist, und Prämisse B, dass man gerechtfertigt sein kann, etwas Falsches zu glauben. Wie das folgende Beispiel zeigt, sind diese beiden Prämissen allerdings für die Konstruktion gettierartiger Beispiele verzichtbar:

(B3) Beate ist seit Jahren eine passionierte Bahnfahrerin und konnte sich auf die Zuverlässigkeit von Bahnhofsuhren stets vollkommen verlassen. Sie steht auf einem Bahnsteig, hat keine eigene Uhr dabei und schaut auf die Bahnhofsuhr. Diese zeigt 15.30 Uhr an. Weil Beate sich immer auf Bahnhofsuhren verlassen konnte, verlässt sie sich auch in diesem Fall darauf und glaubt, dass es 15.30 Uhr ist. Ohne dass Beate es weiß oder auch nur vermutet, ist die Bahnhofsuhr jedoch vor genau zwölf Stunden stehen geblieben, und die Zeiger der Uhr haben zwölf Stunden lang unbeweglich in der Position verharrt, in der sie in dem Augenblick sind, in dem Beate auf die Uhr schaut. Es ist also in der Tat 15.30 Uhr, Beate glaubt, dass es 15.30 Uhr ist, und aufgrund der Erfahrungen, die sie mit Bahnhofsuhren gemacht hat, ist sie in ihrem Glauben auch gerechtfertigt.[9]

In diesem Beispiel glaubt Beate weder etwas Falsches (d. h., Prämisse B wird nicht vorausgesetzt),[10] noch nimmt

---

[8] Die sehr berechtigte Frage, ob und, wenn ja, welche Rechtfertigung man dafür haben muss zu glauben, dass *q*, lasse ich im Folgenden außer Acht.

[9] Vgl. Russell 1992: 113; für ein ähnliches Beispiel vgl. Skyrms 1967: 383. Ohne dass darauf eine nennenswerte Reaktion erfolgt wäre, präsentierte Russell übrigens bereits 1912 – und damit über 50 Jahre vor dem Erscheinen von Gettiers Artikel – ein Beispiel, in dem alle drei in der traditionellen Definition von Wissen enthaltenen Bedingungen erfüllt zu sein scheinen, in dem es weder von der Wahrheit von Prämisse A noch von der Wahrheit von Prämisse B abzuhängen scheint, dass die betreffende Person in ihrer Überzeugung gerechtfertigt ist, und mit Bezug auf das Russell selbst sagt, die Person besitze kein Wissen (Russell 1976: 116).

[10] Glaubte Beate auch, dass die Bahnhofsuhr, auf die sie gerade schaut, verlässlich ist, glaubte sie natürlich etwas Falsches (vgl. Prämisse B),

sie irgendeine deduktive Ableitung vor (d. h., Prämisse A wird nicht vorausgesetzt). Sie hat zweifellos eine gerechtfertigte, wahre Meinung, jedoch kein Wissen. Damit ist gezeigt, dass das Problem mit der Definition von Wissen, auf das Gettier aufmerksam gemacht hat, nicht ein Spezialproblem ist, das von der besonderen Beispielskonstruktion abhängig ist.

4.2 Auch in den Gettier-Beispielen liegt Wissen vor

Alle bisher erörterten Einwände hatten das Ziel zu zeigen, dass Gettiers Beispiele von Anfang an zum Scheitern verurteilt sind, da in ihnen nicht alle drei Bedingungen der traditionellen Definition erfüllt seien. Da nämlich die Rechtfertigungsbedingung nicht erfüllt sei, gelte: Smith *hat gar keine* gerechtfertigte, wahre Meinung (vgl. Reaktion I oben) und somit auch kein Wissen. Die folgenden Einwände setzen demgegenüber voraus, dass die drei traditionell notwendigen und hinreichenden Bedingungen für Wissen in den Gettier-Beispielen tatsächlich erfüllt sind und somit zumindest prima facie ein Problem für die Ausgangsdefinition entsteht. Das Problem entsteht allerdings nur dann, wenn man auch Gettiers Schlussfolgerung akzeptiert, nämlich dass Smith eben *nicht* über Wissen verfügt. Genau dies wird jedoch von einigen Autoren bestritten. Sie argumentieren, dass in Gettiers Beispielen Smith tatsächlich nicht nur eine gerechtfertigte, wahre *Meinung*, dass p, hat, sondern dass er auch *weiß*, dass p (vgl. Reaktion II oben).

Hier lassen sich zwei Positionen unterscheiden: Es wird (i) vertreten, die Personen in den Gettier-Beispielen verfügten zwar nicht über Wissen im starken Sinne, wohl aber über eine etwas abgeschwächte oder nicht ganz vollkommene Version von Wissen (vgl. Hetherington 1999, 2001). Es wird aber auch (ii) die stärkere These vertreten, es handele sich in den Gettier-Beispielen tatsächlich um Wissen im vollen Sinne des Wortes (Weatherson 2003); auch Brian Weatherson akzeptiert zwar die weit verbreitete *Intuition*, dass Smith nicht über Wissen verfügt, doch er argumentiert dafür, sich bei der Beurteilung der Frage, ob Smith *wirklich* etwas wisse, nicht von dieser Intuition *leiten zu lassen*. Beide Positionen sind allerdings eindeutig Minderheitspositionen. Ich werde auf sie daher nicht weiter eingehen,[11] sondern mich nun den Autoren zuwenden, die Gettiers Einschätzung zustimmen, dass in den beiden Beispielen Fälle geschildert werden, in denen Smith zwar eine gerechtfertigte, wahre Meinung hat, nicht aber das entsprechende Wissen. Diese Autoren sind mit Gettier der Meinung, dass die beiden Beispiele daher mit der traditionellen Definition von Wissen unvereinbar sind und eine Modifikation dieser Definition erfordern.

4.3 Die Suche nach einer vierten Bedingung

Die nächstliegende Reaktion auf die Feststellung, dass in den von Gettier präsentierten Beispielen zwar alle in der traditionellen Definition von Wissen enthaltenen Bedingungen erfüllt sind, die betreffende Person aber dennoch nicht über Wissen verfügt, ist sicher die folgende: Die drei Bedingungen von (W_1) sind zwar zusammengenommen nicht hinreichend, doch sie sind jeweils einzeln notwendig. Wer diese Position verteidigt, ist der Ansicht, dass die Definition um mindestens eine weitere Bedingung ergänzt werden müsse.

Die Suche nach einer vierten Bedingung war eine der unmittelbaren Reaktionen auf Gettiers Aufsatz. Von den zahllosen Beiträgen, die sich in den ersten ca. zwanzig Jahren nach Erscheinen von Gettiers Artikel mit diesem Thema beschäftigten, hatten die meisten dieselbe Struktur: Zunächst wird anhand eines Beispiels gezeigt, dass der eine oder andere zuvor publizierte Lösungsvorschlag unzureichend ist, und dann wird eine neue Definition von Wissen präsentiert, die den Besonderheiten des gerade vorgestellten Beispiels Rechnung trägt. Dieser neue Lösungsvorschlag wurde dann umgehend in einem nächsten Artikel als unzureichend entlarvt, und abermals wurde eine alternative Definition präsentiert usw. So entstand eine in der Philosophiegeschichte selten zu findende, sehr intensive Diskussion, in der sich innerhalb kürzester Zeit zahlreiche Autorinnen und Autoren direkt aufeinander bezogen. Ich werde in diesem Abschnitt nur exemplarisch einige Beiträge vorstellen.[12]

Fragt man sich, was eine sinnvolle Ergänzung wäre, so ist es hilfreich, sich die Beispiele noch einmal zu vergegenwärtigen. Im ersten Fall ist Smith gerechtfertigt zu

---

doch gemäß der Beispielkonstruktion hat sie diese Meinung gerade *nicht*, und sie braucht sie auch nicht zu haben, um gerechtfertigterweise zu glauben, dass es 15.30 Uhr ist (vgl. hierzu aber unten die Diskussion zu (W_3)).

[11] Vgl. dazu auch Lycan 2006: 161 ff. Eine noch stärkere These als die beiden gerade geschilderten, wonach bereits wahrer Glaube Wissen ist, vertritt Sartwell 1991 und 1992.

[12] Vgl. dazu ausführlicher Spitzley (1986).

glauben, dass derjenige, der die Stelle bekommt, zehn Münzen in seiner Tasche hat, denn er hat gute Gründe zu glauben, dass Jones die Stelle bekommt und dass Jones zehn Münzen in seiner Tasche hat. Im zweiten Fall hat Smith gute Gründe zu glauben, dass Jones einen Ford besitzt, und er hat deshalb auch gute Gründe zu glauben, dass Jones einen Ford besitzt oder Brown in Barcelona ist.

In beiden Fällen gibt es einen Satz q (»Jones bekommt die Stelle, und Jones hat zehn Münzen in seiner Tasche« bzw. »Jones besitzt einen Ford«), der Smith rechtfertigt zu glauben, dass p (»Derjenige, der die Stelle bekommt, hat zehn Münzen in seiner Tasche« bzw. »Jones besitzt einen Ford oder Brown ist in Barcelona«), doch wie Keith Lehrer und Thomas Paxson (1969) hervorheben, gibt es in beiden Fällen auch einen weiteren Satz w, der die Rechtfertigung widerlegt, die Smith für seine Überzeugung, dass p, hat.

Was damit gemeint ist, erläutern Lehrer und Paxson (in Anlehnung an Chisholm 1966: 48) folgendermaßen:

(Wid) Wenn ein Satz q S rechtfertigt zu glauben, dass p, wird diese Rechtfertigung genau dann durch einen Satz [*statement*] w widerlegt, wenn gilt:

(i) w ist wahr,
(ii) es ist nicht der Fall, dass die Konjunktion von q und w S rechtfertigt zu glauben, dass p. (Lehrer und Paxson 1969: 227f.)

Im ersten Fall ist w der Satz »Jones bekommt die Stelle nicht«, und die Konjunktion aus q und w, also »Jones bekommt die Stelle, und Jones hat zehn Münzen in seiner Tasche, und Jones bekommt die Stelle nicht« rechtfertigt Smith nicht zu glauben, dass derjenige, der die Stelle bekommt, zehn Münzen in seiner Tasche hat – Smith hat nun nämlich keinen Grund mehr zu glauben, dass Jones die Stelle bekommt. Es ist leicht zu sehen, dass auch im zweiten Fall Smiths Rechtfertigung widerlegt wird, und zwar durch den Satz »Jones besitzt keinen Ford«.

Warum muss der Widerlegungssatz wie in (i) gefordert wahr sein? Verzichtete man auf diese Bedingung, gäbe es keine einzige Rechtfertigung, die unwiderlegbar ist, denn für jede beliebige Rechtfertigung lässt sich leicht ein falscher Satz finden, der die Bedingung (ii) erfüllt.

Wenn der kritische Punkt in den Gettier-Beispielen nun darin besteht, dass es für die jeweilige Rechtfertigung einen Widerlegungssatz gibt, dann scheint die notwendige Ergänzung der traditionellen Wissensdefinition darin zu bestehen, dass gefordert wird, dass es *keinen* Widerlegungssatz gibt. Wissen ist demnach unwiderlegt [*undefeated*] gerechtfertigte, wahre Überzeugung:

(W_3) S weiß genau dann, dass p, wenn gilt:
1) Es ist wahr, dass p.
2) S glaubt, dass p.
3) Es gibt einen Satz q, der S rechtfertigt zu glauben, dass p.[13]
4) Kein anderer Satz widerlegt diese Rechtfertigung. (Lehrer und Paxson 1969: 227)

Gemäß dieser erweiterten Definition verfügt Smith in den beiden Gettier-Beispielen nicht über Wissen, da es in beiden Fällen einen Satz gibt, der seine Rechtfertigung widerlegt. Betrachtet man allerdings die Widerlegungssätze genauer, fällt auf, dass es sich bei ihnen schlicht um die Negationen des rechtfertigenden Satzes handelt bzw. um die Negation eines Gliedes der Konjunktion, die den rechtfertigenden Satz bildet. So lautet im zweiten Beispiel der rechtfertigende Satz »Jones besitzt einen Ford« und der widerlegende Satz »Jones besitzt keinen Ford«. Könnte man sich die vierte Bedingung der Definition von Wissen nicht ersparen, wenn man verlangte, dass die Rechtfertigung nicht auf einem falschen Satz basieren darf?

Das Beispiel (B3) zeigt, dass dies nicht genügt, da dort die Rechtfertigung auf dem *wahren* Satz »Ich konnte mich bislang immer auf Bahnhofsuhren verlassen« (und damit nicht auf einem *falschen* Satz) basiert. Die Definition (W_3) bewährt sich auch in diesem Fall: Es gibt einen Satz, der Beates Rechtfertigung widerlegt, nämlich »Die Bahnhofsuhr ist stehen geblieben.«, und daher weiß Beate gemäß (W_3) nicht, dass es 15.30 Uhr ist. Zusammen mit diesem Satz rechtfertigen die Gründe, die Beate für ihre Überzeugung hat, sie *nicht* mehr zu glauben, dass es 15.30 Uhr ist.

Wenngleich (W_3) für die bislang betrachteten Beispiele das gewünschte Resultat liefert, dass die betreffende Person *kein* Wissen hat, ist die Definition in dieser Form zu restriktiv. Dies macht das folgende Beispiel deutlich:

(B4) Karl sieht, wie ein Mann in einer Bibliothek ein Buch unter seinem Mantel verbirgt und die Bibliothek verlässt. Karl ist sich ganz sicher, dass der Mann Tom Grabit ist, dem er schon oft begegnet

---

[13] Im Unterschied zur dritten Bedingung von (W_1) wird hier die Art der Rechtfertigung explizit gemacht.

> ist, und behauptet, er wisse, dass Tom Grabit das Buch gestohlen habe. Angenommen jedoch, Mrs. Grabit, Toms Mutter, behauptet, Tom sei nicht in der Bibliothek, sondern weit weg gewesen, doch Toms eineiiger Zwillingsbruder John sei in der Bibliothek gewesen. Außerdem angenommen, Karl sei nicht bekannt, dass Mrs. Grabit dies gesagt hat (vgl. Lehrer und Paxson 1969: 228).

In diesem Fall scheint Karl zunächst eindeutig nicht zu wissen, dass Tom das Buch gestohlen hat, denn schließlich wird seine Rechtfertigung durch die Aussage der Mutter widerlegt (vgl. oben, (Wid)). Wenn man nun aber hinzufügt, dass Mrs. Grabit eine notorische Lügnerin ist und nur einen einzigen Sohn hat, dann wendet sich anscheinend das Blatt, und es scheint klar zu sein, dass Karl sehr wohl *weiß*, dass Tom das Buch gestohlen hat.

Gemäß (Wid) müsste man zwar sagen, dass der Satz

(w_1) Mrs. Grabit behauptet, Tom sei nicht in der Bibliothek, sondern weit weg gewesen, doch Toms eineiiger Zwillingsbruder John sei in der Bibliothek gewesen.

Karls Rechtfertigung für seine Überzeugung, dass Tom das Buch gestohlen hat, widerlegt, doch wie das Beispiel zeigt, sollte er nicht als Widerlegung dieser Rechtfertigung betrachtet werden: w_1 ist ein *irreführender* Widerlegungssatz. Wie aber kann man irreführende von echten Widerlegungssätzen abgrenzen?

Peter D. Klein (Klein 1976: 804f.)[14] hat darauf hingewiesen, dass wir nur deshalb der Meinung sind, in Beispiel (B4) werde die Rechtfertigung durch w_1 widerlegt, weil w_1 das, *was* Mrs. Grabit gesagt hat, also den *Gehalt* ihrer Äußerung, rechtfertigt bzw. dessen Wahrheit plausibel macht, nämlich

(w_G) Tom war nicht in der Bibliothek, sondern weit weg, doch Toms eineiiger Zwillingsbruder John war in der Bibliothek.

Angenommen, es wäre nicht Mrs. Grabit gewesen, die die Behauptung über Tom und seinen vermeintlichen Zwillingsbruder John aufgestellt hat, sondern Maria, die weder über den Aufenthaltsort von Tom noch über die Angehörigen der Familie Grabit informiert ist. In diesem Fall würden wir nicht sagen, dass der Satz

(w_2) Maria behauptet, Tom sei nicht in der Bibliothek, sondern weit weg gewesen, doch Toms eineiiger Zwillingsbruder John sei in der Bibliothek gewesen,

Karls Rechtfertigung für seine Überzeugung, dass Tom das Buch gestohlen hat, widerlegt. Wir würden unter normalen Umständen zwar darauf vertrauen, dass das, was Mrs. Grabit gesagt hat, wahr ist, nicht aber darauf, dass das wahr ist, was Maria gesagt hat.

Wenn man das Ergebnis dieser Überlegungen generalisiert, kann man festhalten, dass irreführende Widerlegungssätze wie w_1 die Rechtfertigung nur deshalb widerlegen, weil sie einen falschen Satz (hier: w_G) rechtfertigen bzw. dessen Wahrheit plausibel machen. So gelangt man zu der folgenden Definition von irreführenden Widerlegungssätzen:

(IrrWid) w ist genau dann ein irreführender Widerlegungssatz für die Rechtfertigung q, die S für seine Überzeugung, dass p, hat, wenn gilt:
(i) w ist wahr,
(ii) es ist nicht der Fall, dass die Konjunktion von q und w S rechtfertigt zu glauben, dass p,
(iii) (ii) ist nur deswegen wahr, weil es einen falschen Satz f gibt, von dem gilt: w rechtfertigt S zu glauben, dass f.
(Klein 1976: 809)

Auf das Beispiel (B4) übertragen, ergibt sich aus dieser Definition Folgendes: In seiner Überzeugung, dass Tom Grabit das Buch gestohlen hat (p), ist Karl dadurch gerechtfertigt, dass er sieht, wie ein Mann in einer Bibliothek ein Buch unter seinem Mantel verbirgt und die Bibliothek verlässt, und dass Karl sich ganz sicher ist, dass es sich bei diesem Mann um Tom Grabit handelt, weil er ihm schon oft begegnet ist (q). w_1 (»Mrs. Grabit behauptet, Tom sei nicht in der Bibliothek, sondern weit weg gewesen, doch Toms eineiiger Zwillingsbruder John sei in der Bibliothek gewesen.«) ist deshalb ein irreführender Widerlegungssatz für die Rechtfertigung, die Karl für seine Überzeugung, dass p, hat, weil w_1 wahr ist und es nicht der Fall ist, dass die Konjunktion von q und w_1 Karl rechtfertigt zu glauben, dass Tom Grabit das Buch gestohlen hat (p). Die Konjunktion von q und w_1 rechtfertigt Karl allerdings nur deshalb nicht zu glauben, dass p, weil w_1 Karl rechtfertigt, den falschen Satz w_G (»Tom war nicht in der Bibliothek, sondern weit weg, doch Toms

---

[14] Auch Lehrer und Paxson unternehmen einen – letztlich nicht erfolgreichen – Versuch, irreführende von echten Widerlegungssätzen zu unterscheiden (vgl. Lehrer und Paxson 1969: 228–231).

eineiiger Zwillingsbruder John war in der Bibliothek.«) zu glauben.

Unter Berücksichtigung der Definition von irreführenden Widerlegungssätzen ergibt sich nun eine modifizierte vierte Bedingung und damit eine neue Definition von Wissen:

> (W_4) S weiß genau dann, dass p, wenn gilt:
> 1) Es ist wahr, dass p.
> 2) S glaubt, dass p.
> 3) Es gibt einen Satz q, der S rechtfertigt zu glauben, dass p.
> 4) Jeder Widerlegungssatz für die Rechtfertigung q, die S für seine Überzeugung, dass p, hat, ist ein irreführender Widerlegungssatz. (Klein 1976: 809)

Wie diese kurze Darstellung deutlich macht, führte die Suche nach einer vierten Bedingung zu immer elaborierteren Definitionen. Keine von ihnen hielt jedoch der Kritik Stand[15] und zu Beginn der achtziger Jahre des 20. Jahrhunderts ließ das Interesse an dieser Art von Reaktion auf Gettiers Beispiele weitgehend nach.

5. Alternativen

Wenn man den Vorschlag ernst nimmt, Wissen sei – kurz gesagt – *un*widerlegt gerechtfertigte, wahre Überzeugung, müsste man eigentlich sagen, in Gettiers Beispielen hätte Smith eine *widerlegt* gerechtfertigte, wahre Überzeugung. Das hieße, es *scheint* zwar so, als sei Smith gerechtfertigt, doch genau genommen ist er es gerade *nicht*. Dann aber wären die von Gettier präsentierten Fälle gar keine Gegenbeispiele zur traditionellen Definition von Wissen (W_1), denn die dritte Bedingung (S ist gerechtfertigt zu glauben, dass p) wäre nicht erfüllt. Dies bringt uns in gewisser Hinsicht wieder zurück zu der oben bereits angesprochenen Frage, unter welchen Bedingungen jemand gerechtfertigt ist zu glauben, dass p.

Wenn man sich die Gettier-Beispiele erneut vor Augen führt, kann man sich des Eindrucks nur schwer erwehren, dass Smith Glück hatte, dass er beim Erwerb seiner Überzeugung, dass p, eine *wahre* Überzeugung erworben hat, bzw. dass der Zufall dabei eine nicht unerhebliche Rolle spielte.

An diesem Punkt setzen zwei weitere Ansätze an, die man als Reaktion auf Gettiers Beispiele auffassen kann: Die Kausaltheorie von Wissen und eine Zuverlässigkeitstheorie von Wissen. Auf diese beiden Ansätze, die bestreiten, dass alle Bedingungen der traditionellen Definition von Wissen *notwendig* sind, werde ich nun abschließend noch kurz eingehen.

5.1 Die Kausaltheorie von Wissen

Erinnern wir uns noch einmal an das erste Gettier-Beispiel: Smith ist gerechtfertigt zu glauben, dass p_1 (»Derjenige, der die Stelle bekommt, hat zehn Münzen in seiner Tasche.«). Smiths Rechtfertigung besteht wesentlich darin, dass er gerechtfertigt ist, etwas Bestimmtes in Bezug auf *Jones* zu glauben, nämlich dass Jones die Stelle bekommt und zehn Münzen in seiner Tasche hat. Smith glaubt allerdings nicht deshalb, dass p_1, weil *er selbst* – wie es tatsächlich der Fall ist – die Stelle bekommt und zugleich zehn Münzen in seiner Tasche hat, sondern weil er fälschlicherweise annimmt, dass *Jones* diese beiden Eigenschaften hat.

Alvin Goldman behauptet nun, dass es an der fehlenden Beziehung zwischen der gerechtfertigten, wahren Überzeugung von Smith und der Tatsache, aufgrund derer diese Überzeugung wahr ist, liegt, dass Smith in diesem Fall kein Wissen hat. Daher schlägt er vor, die Forderung nach einer ›passenden‹ Beziehung zwischen der Überzeugung von S und der Tatsache, aufgrund derer diese Überzeugung wahr ist, in die Definition von Wissen aufzunehmen. Da ›passende‹ Beziehungen laut Goldman kausale Verknüpfungen sind, gelangt er zu der folgenden Definition von Wissen:

> (W_5) S weiß genau dann, dass p, wenn gilt:
> die Tatsache, die es wahr macht, dass p[16], verursacht in angemessener Weise, dass S glaubt, dass p.
> (Goldman 1976: 369)[17]

---

[15] Zu Kritik an (W_4) vgl. u. a. Shope 1983: 70–72.

[16] In Goldmans Aufsatz ist an der angegebenen Stelle nicht von der Tatsache, *die es wahr macht*, dass p, die Rede, sondern es heißt dort nur »the fact p«. Doch diese Formulierung ist, wie das folgende Zitat zeigt, elliptisch: »[O]ne thing that seems to be missing […] is a causal connection between the fact that makes p true [or simply: the fact that p] and Smith's belief of p.« (Goldman 1967: 358).

[17] Aus dem Definiens folgt, dass es wahr ist, dass p, und dass S glaubt, dass p. Insofern besteht zwischen (W_5) und (W_1)–(W_4) eine größere Ähnlichkeit, als vielleicht auf den ersten Blick erkennbar ist.

Wie wir gesehen haben, lässt sich mit Hilfe von (W₅) erklären, weshalb Smith in dem ersten Gettier-Beispiel nicht weiß, dass p. Ganz Analoges gilt für das zweite Beispiel (sowie für das dritte, auf das ich hier nicht weiter eingehe): Die Tatsache, die es wahr macht, dass p (»Jones besitzt einen Ford oder Brown ist in Barcelona«), ist die Tatsache, dass Brown in Barcelona ist. Von dieser Tatsache hat Smith jedoch keinerlei Kenntnis, diese Tatsache steht in keiner Kausalbeziehung zu seiner Überzeugung, dass p, und so führt (W₅) tatsächlich zu dem Ergebnis, dass Smith auch in dem zweiten Beispiel nicht weiß, dass p.

Auch bei dem Diebstahl-Beispiel (B4), das für die (Un-)Widerlegbarkeitstheorie von Wissen zunächst Schwierigkeiten bereitet hatte, führt die Kausaltheorie zu der erwünschten Lösung.

Es ist die Tatsache, dass Tom Grabit ein Buch stiehlt, die Karl zu seiner wahren Überzeugung veranlasst, und so können wir (W₅) folgend konstatieren, dass Karl *weiß*, dass Tom ein Buch gestohlen hat. Die irreführende Aussage von Mrs. Grabit spielt hier zu Recht keine Rolle.

Ein, wenn nicht das entscheidende, Problem mit der Kausaltheorie von Wissen ist jedoch ihre Reichweite. Auch wenn Erinnerung, wie Goldman behauptet, ein passender kausaler Prozess ist, muss man feststellen, dass die Kausaltheorie in den Fällen nicht anwendbar ist, in denen »p« eine notwendige Wahrheit ausdrückt.[18] Wenn gemäß der Kausaltheorie die Tatsache, die es wahr macht, dass p, kausal dafür verantwortlich sein muss, dass ich glaube, dass p, dann muss diese Tatsache einen Unterschied in der Welt machen. Da notwendige Tatsachen jedoch keinerlei kausale Wirkung haben,[19] könnten wir der Kausaltheorie zufolge unter anderem kein Wissen in Bezug auf mathematische Tatsachen haben; wir könnten also beispielsweise nicht wissen, dass die Winkelsumme im Dreieck 180° ist. Goldman scheint dieses Problem gesehen zu haben, da er erklärt, seine Analyse beziehe sich nur auf empirisches Wissen; für nicht-empirisches Wissen sei die traditionelle Definition (W₁) völlig ausreichend (Goldman 1967: 357).

Gestehen wir Goldman diese Einschränkung zu, und bleiben wir bei empirischem Wissen. Ist die Kausaltheorie geeignet, allen gettierartigen Fällen Rechnung zu tragen?

Betrachten wir ein neues Beispiel, das Goldman selbst präsentiert:[20]

> (B5) Henry fährt mit seinem Sohn über Land und erklärt ihm, was sie so alles sehen. »Das ist ein Kuh«, sagt er, »Das ist ein Trecker«, »Das ist eine Scheune« usw. Henry zweifelt nicht, dass es sich tatsächlich um diese Dinge handelt. Insbesondere hat er keinen Zweifel daran, dass der letztgenannte Gegenstand eine Scheune ist, und das stimmt auch. Alle Gegenstände sind klar erkennbar, Henry hat ein exzellentes Sehvermögen, und er hat genügend Zeit, um genau hinzuschauen. (Goldman 1976: 772f.)

Unter diesen Umständen würden wir sicher sagen, dass Henry eine gerechtfertigte, wahre Meinung hat und *weiß*, dass das eine Scheune ist. Dies steht im Einklang mit (W₅), denn die Tatsache, dass das eine Scheune ist, ist mit Henrys entsprechender Überzeugung kausal verknüpft.

Das Beispiel geht aber folgendermaßen weiter:

> Nehmen wir zusätzlich an, Henry zeige zwar tatsächlich auf eine Scheune, befinde sich aber, ohne es zu wissen, in einer Gegend, in der zahllose Scheunenattrappen stehen, bloße Fassaden, ohne Rückseiten, die jedoch so gut gemacht sind, dass man sie von der Straße unweigerlich für echte Scheunen hält.

In diesem Fall hat Henry schlicht Glück, dass seine Überzeugung wahr ist. Auch wenn das Gebäude eine Scheunenattrappe gewesen wäre, hätte er nämlich geglaubt, dass es eine echte Scheune ist. Angesichts dieser Zusatzinformation würden wir sicher *nicht* mehr sagen, dass Henry *weiß*, dass das eine Scheune ist.

Zu diesem Ergebnis gelangt man auch, wenn man Kleins Definition (W₄) zugrunde legt, denn

w₃ In dieser Gegend stehen zahllose Scheunenattrappen

ist ein Widerlegungssatz für Henrys Rechtfertigung. Doch ist w₃ womöglich nur ein *irreführender* Widerlegungssatz? Schließlich rechtfertigt er den falschen Satz »Das Gebäude ist keine Scheune«. Nein, w₃ ist ein *echter* Widerlegungssatz, denn wenn die Scheunenattrappen – wie es im Beispiel heißt – wirklich so gut gemacht sind, dass man sie von der Straße unweigerlich für echte Scheunen hält, dann ist Henry in seinem Glauben, dass dieses eine Gebäude eine Scheune ist, trotz der guten Wahrneh-

---

[18] Vgl. dazu und im Folgenden Grundmann 2008: 125f.
[19] Diese These ist nicht unumstritten. Vertreter eines sogenannten »Necessitarianism« (was immer es gibt, gibt es notwendigerweise) würden ihr nicht zustimmen. (Diesen Hinweis verdanke ich St. Roski.)

[20] Laut Goldman 1992 geht dieses Beispiel auf Ginet zurück.

mungsbedingungen nicht gerechtfertigt.[21] Da die vierte Bedingung des Definiens von (W_4) (Jeder Widerlegungssatz für die Rechtfertigung q, die S für seine Überzeugung, dass p, hat, ist ein irreführender Widerlegungssatz.) nicht erfüllt ist, hat Henry nach Kleins Definition nicht das Wissen, dass das eine Scheune ist.

Das Definiens von Goldmans Definition (W_5) ist dagegen erfüllt: Die Tatsache, die es wahr macht, dass das eine Scheune ist, verursacht in der Tat, dass Henry glaubt, dass das eine Scheune ist. Gemäß (W_5) müssten wir Henry also fälschlicherweise das entsprechende Wissen zusprechen. Damit kann die Kausaltheorie sowohl als Theorie für Wissen insgesamt, als auch als Theorie für empirisches Wissen als gescheitert angesehen werden.

5.2 Eine Zuverlässigkeitstheorie von Wissen

Wenngleich sich die Kausaltheorie als unzureichend erwiesen hat, so scheint ihr Kern dennoch bedenkenswert zu sein: Die Tatsache, die es wahr macht, dass p, muss in ›passender Weise‹ mit der Überzeugung von S, dass p, verknüpft sein, hatte Goldman gefordert. Statt unter der passenden Verknüpfung nun aber eine Kausalverknüpfung zu verstehen, also von der betreffenden Tatsache auszugehen und zu verlangen, dass die Tatsache die entsprechende Überzeugung verursacht, gehen die Zuverlässigkeitstheorien von der Überzeugung aus und fordern, »dass sie oder ihre Entstehungsgeschichte derart ist, dass sie das Vorliegen der sie wahr machenden Tatsache erzwingt« (Grundmann 2008: 127).

Es gibt verschiedene Versionen der Zuverlässigkeitstheorie; ich werde mich in diesem Abschnitt auf die Darstellung der Position von Nozick beschränken. Er schlägt in einem ersten Schritt vor, die traditionelle Definition von Wissen zu ersetzen durch

(W_6) S weiß genau dann, dass p, wenn gilt:
1) Es ist wahr, dass p.
2) S glaubt, dass p.
3) Wäre p nicht wahr, würde S nicht glauben, dass p. (Nozick 1981: 172)

Mit dem Konditional »Wäre p nicht wahr, würde S nicht glauben, dass p« wird nicht ausgedrückt, dass es *logisch unmöglich* ist, dass der Vordersatz wahr und der Nachsatz falsch ist. Er besagt, dass in der Situation, die bestünde, wenn der Vordersatz wahr wäre, auch der Nachsatz wahr wäre (Nozick 1981:173).[22] Welche Funktion hat dieses sogenannte kontrafaktische Konditional? In Nozicks Terminologie wird mit der dritten Bedingung die Sensitivität von S für die Falschheit von p gefordert.

Blicken wir noch einmal zurück auf das Beispiel (B5), an dem die Kausaltheorie von Wissen gescheitert war. Es lässt sich leicht erkennen, dass dort die dritte Bedingung von (W_6) nicht erfüllt ist. Hätte an der Stelle, auf die Henry schaute, nämlich statt einer echten Scheune nur eine Scheunenfassade gestanden, hätte er – wie bereits gesagt – trotzdem die Überzeugung erworben, dass es sich um eine (echte) Scheune handelt. Wäre Henry sensitiv für die *Falschheit* von p, würde er in dieser Variante des Beispiels (B5) nicht glauben, dass das eine Scheune ist. Damit gilt, dass S weiß, dass p, fordert die dritte Bedingung von (W_6) von S also bestimmte Reaktionen in kontrafaktischen Szenarien; damit ist hier gemeint: in Szenarien, die de facto zwar nicht zutreffen, aber leicht zutreffen *könnten*. Auf diese Weise liefert (W_6) auch bezüglich der anderen angeführten Beispiele die passenden Ergebnisse. Die dritte Bedingung ist nicht erfüllt in dem Münzen-Beispiel (B1), in dem Brown-Beispiel (B2) und in dem Uhren-Beispiel (B3), während sie in dem Diebstahl-Beispiel (B4) erfüllt ist: Wäre es nicht wahr, dass Tom das Buch gestohlen hat, würde S nicht glauben, dass er es gestohlen hat.

Wie Nozick allerdings zeigt, ist S damit noch nicht in allen naheliegenden kontrafaktischen Szenarien sensitiv genug für p. Dies ist in dem folgenden Beispiel zu erkennen:

> (B6) Der Diktator eines Landes wird getötet. In ihren ersten Ausgaben berichten die Zeitungen darüber, doch später dementieren sie und andere Medien den Vorfall fälschlicherweise. Jeder, der von den Dementis erfährt, schenkt ihnen Glauben (oder weiß nicht, was er glauben soll, und enthält sich deshalb eines Urteils). Nur eine einzige Person im ganzen Land, Julia, hat von den Dementis nichts gehört und glaubt weiterhin die Wahrheit. (Nozick 1981: 177)[23]

In diesem Beispiel sind alle drei Bedingungen von (W_6) erfüllt, doch *weiß* Julia (noch dazu als einzige), dass der Diktator getötet wurde? Nozicks Meinung nach ist das nicht der Fall: Hätte Julia von den Dementis Kenntnis

---

[21] Wie Goldman 1976 sagt, müsste er in der Lage sein, zwischen echten Scheunen und Scheunenattrappen zu unterscheiden.

[22] Dies trifft übrigens auch auf Kausalbeziehungen zu.

[23] Das Beispiel stammt ursprünglich von Harman 1973: 143 f.

gehabt, hätte auch sie ihnen geglaubt oder nicht gewusst, was sie glauben sollte. In beiden Fällen wäre demnach die zweite Bedingung (S glaubt, dass p) nicht erfüllt, und Julia hätte nicht gewusst, dass der Diktator getötet wurde (Nozick 1981: 177). Was Julia hier fehlt, ist die für Wissen nötige Sensitivität für die *Wahrheit* von p. Das heißt, sie müsste ebenso in solchen kontrafaktischen Szenarien angemessen reagieren, in denen es zwar auch wahr ist, dass p, die sich aber in anderer Hinsicht von dem Ausgangsszenario unterscheiden. In dem geschilderten Fall bestünde der Unterschied beispielsweise darin, dass Julia von den (falschen) Dementis erführe. Die in einem solchen kontrafaktischen Szenarium angemessene Reaktion lässt sich für den geschilderten Fall in folgendem (kontrafaktischen) Konditional ausdrücken: Wenn »Der Diktator wurde getötet« wahr wäre, würde Julia auch glauben, dass er getötet wurde.

Wenn nicht nur die Wahrheits- und die Glaubensbedingung erfüllt sind, die in allen bislang vorgestellten Definitionen von Wissen enthalten sind, sondern die betreffende Person darüber hinaus auch in dem erläuterten doppelten Sinne für die Wahrheit und Falschheit von p sensitiv ist, dann weiß sie, so Nozick, dass p. Explizit gemacht, lautet dieser Definitionsvorschlag damit:

> (W_7) S weiß genau dann, dass p, wenn gilt:
> 1) Es ist wahr, dass p.
> 2) S glaubt, dass p.
> 3) Wäre p nicht wahr, würde S nicht glauben, dass p.
> 4) Wäre p wahr, dann würde S glauben, dass p.
> (Nozick 1981: 176)

Haben wir mit (W_7) nun die Definition von Wissen gefunden, die gegen sämtliche gettierartige Beispiele immun ist? Wie Richard Kirkham deutlich macht, gibt es sehr gute Gründe, dies zu bezweifeln (vgl. Kirkham 1984: 507 ff.). (→ Modale Wissenskonzeptionen)

6. Schluss

Wie wir gesehen haben, bereiten gettierartige Beispiele allen in diesem Kapitel vorgestellten Definitionen von Wissen Probleme. Allein daran lässt sich die Relevanz dieser Beispiele und des Aufsatzes von Gettier erkennen. Wie ich in Grundzügen dargestellt habe, wurde versucht, die traditionelle Analyse von Wissen zu verteidigen, zu ergänzen oder radikal zu modifizieren. Darüber hinaus wurde dafür argumentiert, dass Wissen begrifflich nicht analysierbar sei (vgl. Williamson 2002), und es wurde auch propagiert, ganz auf eine Definition von Wissen zu verzichten (vgl. Beckermann 2001). Heute, ein halbes Jahrhundert nach dem Erscheinen seines dreiseitigen Aufsatzes, muss man konstatieren, dass es keinen Konsens bezüglich der besten Lösung des durch Gettier berühmt gewordenen Problems gibt. Ebenso strittig ist, ob und, wenn ja, inwieweit Intuitionen, die für die Beurteilung der verschiedenen Beispiele eine maßgebliche Rolle spielen, verlässlich sind,[24] doch das ist eine andere Geschichte ...[25]

Kontrollfragen

1. Welche drei Typen von Reaktionen auf Gettiers Beispiele lassen sich unterscheiden?
2. Wie ist die Struktur von Gettiers Beispielen?
3. Auf welchen zwei Prämissen basieren die beiden von Gettier präsentierten Beispiele?
4. Skizzieren Sie zwei rivalisierende Auffassungen von Rechtfertigung.
5. Was ist der Unterschied zwischen einem echten und einem irreführenden Widerlegungssatz?
6. Was ist die Grundidee von Goldmans Kausaltheorie von Wissen?
7. Inwiefern stellt Nozicks Zuverlässigkeitstheorie von Wissen einen Fortschritt gegenüber Goldmans Kausaltheorie dar?
8. Wie ist mit den von Klein, Goldman und Nozick vorgeschlagenen Definitionen von Wissen das Scheunen-Beispiel zu beurteilen?

---

[24] Zur möglichen Kulturabhängigkeit von Intuitionen in Bezug auf den Wissensbegriff vgl. z. B. Weinberg, Stich und Nichols 2001.

[25] Für hilfreiche Hinweise und Kommentare zu früheren Fassungen danke ich Miguel Hoeltje, Stefan Roski, Tobias Steinig und Ralf Stoecker.

Kommentierte Auswahlbibliographie

Bieri, P. (1994): *Analytische Philosophie der Erkenntnis*. Weinheim: Beltz athenäum Verlag (3. Aufl.).
Gut zugängliche Sammlung deutscher Übersetzungen zentraler Texte. Enthält u. a. die in diesem Beitrag zitierten Artikel von Gettier 1963, Lehrer und Paxson 1969, Dretske 1971 und Goldman 1967 sowie die relevanten Passagen Nozicks 1981.

Lycan, William G. (2006): The Gettier Problem problem. In: St. Hetherington (Hg.): *Epistemology futures*. Oxford: Oxford University Press. 148–168.
Aktuelle, materialreiche und im Vergleich zu Shope 1983 überschaubare Darstellung wichtiger Facetten und mutmaßlicher Lösungen des Gettier-Problems.

Shope, R. K. (1983): *The Analysis of Knowing. A Decade of Research*. Princeton: Princeton University Press.
Ein ausgezeichneter und ausführlicher Überblick über die ersten zwanzig Jahre der Diskussion im Anschluss an Gettiers Beispiele sowie über deren vielfältigen Verästelungen.

Weitere Literatur

Beckermann, A. (2001): Zur Inkohärenz und Irrelevanz des Wissensbegriffs. Plädoyer für eine neue Agenda in der Erkenntnistheorie. In: *Zeitschrift für philosophische Forschung*. 55. 571–593.

Chisholm, R. M. (1966): *Theory of Knowledge*. Englewood Cliffs, N.J.: Prentice-Hall.

Dretske, F. (1970): Epistemic Operators. In: *The Journal of Philosophy*. 70. 1007–1023.

Dretske, F. (1971): Conclusive Reasons. In: *The Australasian Journal of Philosophy*. 49. 1–22.

Gettier, E. L. (1963): Is Justified True Belief Knowledge? In: *Analysis*. 23. 121–123. Goldman, A. I. (1967): A Causal Theory of Knowing. In: *The Journal of Philosophy*. 64. 357–372.

Goldman, A. I. (1976): Discrimination and Perceptual Knowledge. In: *The Journal of Philosophy*. 73. 771–791.

Goldman, A. (1992): *Liasons: Philosophy Meets the Cognitive and Social Sciences*. Cambridge, Mass.: MIT Press.

Grundmann, Th. (2008): *Analytische Einführung in die Erkenntnistheorie*. Berlin: de Gruyter.

Harman, G. (1973): *Thought*. Princeton: Princeton University Press.

Hetherington, St. C. (1999): Knowing Failably. In: *The Journal of Philosophy*. 96. 565–587.

Hetherington, St. C. (2001): *Good Knowledge, Bad Knowledge: On Two Dogmas of Epistemology*. Oxford: Clarendon Press.

Klein, P. D. (1976): Knowledge, Causality, and Defeasibility. In: *The Journal of Philosophy*. 73. 792–812.

Kirkham, R. L. (1984): Does the Gettier Problem Rest on a Mistake?. In: *Mind*. 93. 501–513.

Lehrer, K. und Paxson, Th. (1969): Knowledge: Undefeated Justified True Belief. In: *The Journal of Philosophy*. 66. 225–237.Lycan, William G. (2006): The Gettier Problem problem. In: St. Hetherington (Hg.): *Epistemology futures*. Oxford: Oxford University Press. 148–168.

Nozick, R. (1981): *Philosophical Explanations*. Cambridge, MA.: Harvard University Press.

Platon (1988). *Sämtliche Dialoge*. Band I–VI. Hamburg: Felix Meiner Verlag.

Russell, B. (1976): *Probleme der Philosophie*. Frankfurt/M.: Suhrkamp (6. Aufl.).

Russell, B. (1992): *Human Knowledge. Its Scope and Limits*. London: Routledge.

Ryle, G. (1986): *Der Begriff des Geistes*. Stuttgart: Reclam.

Sartwell, C. (1991): Knowledge is Merely True Belief. In: *American Philosophical Quarterly*. 28. 157–165.

Sartwell, C. (1992): Why Knowledge is Merely True Belief. In: *The Journal of Philosophy*. 89. 167–180.

Skyrms, B. (1967): The Explication of »X knows that p«. In: *The Journal of Philosophy*. 64. 373–389.

Spitzley, Th. (1986): *Wissen und Rechtfertigung. Zur Sprachanalytischen Diskussion des Wissensbegriffs*. Pfaffenweiler: Centaurus.

Weatherson, B. (2003) : What Good are Counterexamples? *Philosophical Studies*. 115. 1–31.

Weinberg, J. M., Stich, S. P. und Nichols, S. (2001). Normativity and Epistemic Intuitions. In: *Philosophical Topics*. 29. 429–460.

Williamson, T. (2002): *Knowledge and Its Limits*. Oxford: Oxford University Press.

MODALE WISSENS-KONZEPTIONEN

Sebastian Schmoranzer

1. Wissen und Zufall
2. Nozicks Wissenskonzeption
   2.1 Der Wahrheit auf der Spur
   2.2 Lotterie und Skeptizismus
   2.3 Kritik an Nozick
3. Sosas Wissenskonzeption
   3.1 Besser sicher als sensibel
   3.2 Kritik an Sosa
4. Grundlegende Vorbehalte

1. Wissen und Zufall

Unter welchen Bedingungen weiß man, dass etwas der Fall ist? Diese Frage steht im Zentrum des erkenntnistheoretischen Projekts einer Wissensanalyse, bei dem man die für Wissen notwendigen und zusammengenommen hinreichenden Bedingungen anzugeben versucht. Eine klassische, auf Platon zurückführbare, Antwort auf diese Frage lautet, dass Wissen gerechtfertigte wahre Meinung ist. Jens weiß demnach genau dann, dass Clara Blumen mag, wenn er das erstens für wahr hält, es zweitens wahr ist und wenn er seine Meinung drittens zum Beispiel auch damit begründen kann, dass Clara ihm das selber einmal gesagt habe. Diese drei Bedingungen sollen jede für sich genommen insofern notwendig sein, als dass kein Wissen vorliegt, wenn eine davon nicht erfüllt ist. Und sie sollen zusammengenommen für Wissen insofern hinreichend sein, als jeder Fall einer gerechtfertigten wahren Meinung auch ein Fall von Wissen ist.

Spätestens seit dem berühmten Aufsatz »Is justified true belief knowledge?« von Edmund L. Gettier sind jedoch massive Zweifel an der Angemessenheit der klassischen Wissensdefinition aufgekommen. Eine Reihe von Beispielen verdeutlicht, dass nicht jede wohlbegründete wahre Meinung auch Wissen ist. Nehmen wir einmal an, dass Petra einen Bürokollegen hat, der im Gespräch mit anderen Kollegen von seinem neuen Ford erzählt. Auf der Basis dieser Informationen gelangt Petra darum zu der Auffassung, dass jemand in ihrem Büro einen Ford hat. Das stimmt auch. Nur ist nicht der die Unwahrheit sagende Kollege Besitzer eines Fords, sondern die Abteilungsleiterin, was Petra allerdings nicht weiß. Petra hat in dieser Situation eine gerechtfertigte wahre Meinung. Aber sie hat kein Wissen, weil sie trotz der ihr vorliegenden Anhaltspunkte mit ihrer Meinung nur zufällig richtig liegt (vgl. Gettier 1963). (→ Das Gettier-Problem)

Ein anderes Beispiel verdeutlicht dieses Problem ebenfalls. Henry fährt durch die Landschaft des amerikanischen Mittleren Westens, blickt aus dem Fenster und sieht ganz deutlich eine Scheune abseits der Straße, weshalb er auch glaubt, dass dort eine Scheune ist. In Anbetracht der durch die Wahrnehmung bereitgestellten Informationen und Henrys Kenntnisse über Scheunen haben wir es auch hier mit einer gerechtfertigten wahren Meinung zu tun. Henry weiß allerdings nicht, dass von einer Filmcrew in der Umgebung eine ganze Reihe von täuschend echten Scheunenattrappen aufgestellt worden ist. Rein zufällig hat er die einzige echte Scheune erblickt. Hätte er stattdessen eine Scheunenattrappe gesehen, hätte er diese fälschlicherweise für eine echte Scheune gehalten. Henry hatte also schlichtweg Glück. Und darum liegt wie auch schon im Ford-Beispiel kein Wissen vor. (Goldman 1976: 772f.)

Derartige Gegenbeispiele gegen die klassische Wissensdefinition erlauben zwei Rückschlüsse: Erstens erfordert Wissen, dass die entsprechende Überzeugung nicht-zufälligerweise wahr ist. Zweitens kann eine Meinung auch dann nur zufälligerweise wahr sein, wenn sie gerechtfertigt ist. Von diesen Feststellungen ausgehend sind einige Autoren zu der Ansicht gelangt, dass Wissen zum einen *nichts anderes* als nicht-zufälligerweise wahre Meinung ist und dass die Nicht-Zufälligkeitsbedingung zum anderen nicht mit Hilfe des Rechtfertigungsbegriffs ausbuchstabiert werden sollte.

Das wirft natürlich die Frage auf, unter welchen Bedingungen eine Meinung denn dann nicht-zufälligerweise wahr und somit ein Fall von Wissen ist. Darauf versuchen Vertreter einer modalen Wissenskonzeption eine Antwort zu geben, der in etwa folgende Idee zugrunde liegt: Damit Wissen vorliegt, muss die entsprechende Überzeugung nicht nur faktisch wahr sein. Vielmehr muss sie darüber hinaus in hinreichend ähnlichen *möglichen*, aber nicht tatsächlich vorliegenden Situationen ebenfalls wahr sein. Es muss somit das richtige modale Verhältnis zwischen dem Vorliegen der Überzeugung und der Wahrheit derselben bestehen.

Wie das wiederum genauer zu verstehen ist, welche Vorteile derartige Ansätze bieten und welche Probleme sich ergeben, können wir uns anhand der zwei prominentesten modalen Wissenskonzeptionen von Robert Nozick und Ernest Sosa deutlich machen.[1]

---

[1] Bei meinen Ausführungen beziehe ich mich vor allem auf Nozick 1981: 167–179, 186–217 und Sosa 1999. Fred I. Dretske 1971 vertritt eine *ähnliche* Position wie Nozick. Duncan Pritchards sogenannte »Anti-Luck Epistemology« (Prichard 2005) ist wesentlich von Sosas Überlegungen beeinflusst. Eine weitere modale Wissenskonzeption mit einer kontextualistischen Komponente vertritt DeRose 1995. Eine sehr interessante, von den hier vorgestellten Ansätzen jedoch zum Teil stark abweichende modale Wissenskonzeption ebenfalls mit kontextualistischer Komponente vertritt David Lewis 1996.

2. Nozicks Wissenskonzeption

2.1 Der Wahrheit auf der Spur

Vor dem Hintergrund der oben kurz angesprochenen Gettierproblematik definiert Robert Nozick Wissen in einer ersten Annäherung wie folgt:

> Eine Person S weiß genau dann, dass p, wenn gilt:
> i) p ist der Fall (Wahrheitsbedingung)
> und
> ii) S glaubt, dass p der Fall ist (Glaubensbedingung)
> und
> iii) wäre p nicht der Fall, würde S auch nicht glauben, dass p der Fall ist (Sensibilitätsbedingung)
> und
> iv) in den der tatsächlichen Situation hinreichend ähnlichen Situationen, in denen p der Fall ist, glaubt S auch, dass p der Fall ist. (Stabilitätsbedingung)

Mit Hilfe dieser Definition lässt sich gut erklären, warum weder Petra noch Henry in den obigen Beispielen Wissen haben. Petra würde auch dann noch glauben, dass jemand in ihrem Büro einen Ford hat, wenn ihre Abteilungsleiterin sich stattdessen für einen Opel entschieden hätte und niemand im Büro einen Ford führe. Und Henry würde ebenfalls auch dann noch glauben, dass er eine Scheune sieht, wenn er stattdessen auf eine der vielen Attrappen blickte. In beiden Fällen ist die dritte der von Nozick angeführten Wissensbedingungen nicht erfüllt. Den gegen die klassische Wissensdefinition vorgebrachten Einwänden lässt sich somit Rechnung tragen.

Aber warum führt Nozick auch noch die vierte Bedingung ein? Stellen wir uns einen etwas merkwürdigen Zeitgenossen Friedo und seine eitle Lehrerin Fräulein Schmitz vor. Friedo ist in einer Klausur von Fräulein Schmitz folgende Aufgabe gestellt worden: Auf die Frage, welche Person in der Geschichte der Stadt am längsten im Stadtrat saß, soll man aus sechs vorgeschlagenen Antworten die richtige auswählen. Friedo hat keine Ahnung und wählt die erste Antwort »Herr Müller«, womit er zufällig richtig liegt. Friedo ist aus unerfindlichen Gründen jedoch außerdem der Meinung, dass immer die erste Antwort richtig ist, und glaubt deshalb auch, dass Herr Müller am längsten im Stadtrat saß. Selbstverständlich hat Friedo in diesem Fall kein Wissen. Trotzdem ist die dritte von Nozick angeführte Bedingung erfüllt. Die Lehrerin stellt diese Aufgabe nur, weil Herr Müller ihr Großvater mütterlicherseits ist und sie beim Besprechen der Klausurergebnisse darauf hinweisen möchte. Wäre Herr Müller nicht das dienstälteste Stadtratsmitglied gewesen, hätte sie eine andere Frage gestellt und Friedo würde nicht mehr glauben, dass Herr Müller am längsten im Stadtrat saß. Allerdings ist in dieser Situation die vierte von Nozick angeführte Bedingung nicht erfüllt. Hätte Herr Müller am längsten im Stadtrat gesessen, aber wäre sein Name nicht als erste, sondern als zweite Antwort aufgetaucht, würde Friedo nicht mehr glauben, dass Herr Müller das dienstälteste Mitglied des Stadtrats war. Die vierte Wissensbedingung ist somit erforderlich, um Leuten wie Friedo kein Wissen attestieren zu müssen.

Die dritte und die vierte Bedingung in Nozicks Definition scheinen außerdem die für Wissen zentrale Nicht-Zufälligkeitsbedingung angemessen zu charakterisieren. Wenn sie erfüllt sind, ist die entsprechende Meinung deshalb nicht-zufälligerweise wahr, weil das Erkenntnissubjekt der Wahrheit auch dann noch sozusagen auf der Spur bliebe (engl. »truth-tracking«), wenn die Umstände etwas anders wären. Zum einen ist die Person sensibel für die mögliche Falschheit der eigenen Meinung, weil sie an ihr nicht mehr festhielte, wäre sie falsch. Zum anderen hat die Person ein hinreichend stabiles Verhältnis zur Wahrheit, da sie an der Überzeugung auch unter leicht veränderten Umständen, unter denen sie immer noch wahr wäre, weiterhin festhalten würde. Dementsprechend wird die dritte Wissensbedingung auch als Sensibilitäts- (engl. »sensitivity condition«) und die vierte als Stabilitätsbedingung (engl. »stability condition«) bezeichnet.

Nozick weist allerdings zu Recht darauf hin, dass diese Bedingungen modifiziert werden müssen, weil sie in ihrer ursprünglichen Version zu anspruchsvoll sind.

Arthur läuft durch die Bibliothek und wirft im Vorbeigehen zufällig einen Blick auf ein aufgeschlagenes Geschichtsbuch. Dort liest er, dass Napoleon 1815 die Schlacht bei Waterloo verloren hat. Arthur hat wieder etwas gelernt und sein Wissen erweitert. Aber die Stabilitätsbedingung ist nicht erfüllt. Hätte Napoleon bei Waterloo verloren und hätte Arthur nicht zufällig in das Buch geschaut, sondern weiterhin einen Blick auf die Rücken der Bücher in den Bücherregalen gerichtet, würde Arthur auch nicht glauben, dass Napoleon 1815 die Schlacht bei Waterloo verloren hat.

Und die Sensibilitätsbedingung ist ebenfalls zu anspruchsvoll. Die ans Bett gefesselte aber scharfsichtige und geistig immer noch fitte Großmutter erhält Besuch von ihrem Enkel. Selbstverständlich weiß sie unter den gegebenen Umständen, dass ihr Enkel lebt. Schließlich sieht sie ihn. Aber wäre der Enkel tot, hätten nahestehende Verwandte sie besucht und hätten ihr erzählt, dass der Enkel wohlauf ist und einen dringenden Geschäftstermin wahrnehmen müsse. Die Großmutter würde dann immer noch glauben, dass ihr Enkel lebt. Die Sensibilitätsbedingung ist nicht erfüllt und trotzdem liegt Wissen vor.

Diese Schwierigkeiten lassen sich jedoch beheben, wenn wir die Art und Weise berücksichtigen, auf die eine Person zu ihrer Überzeugung gelangt. Arthur glaubt, dass Napoleon bei Waterloo verloren hat, weil er das in dem Geschichtsbuch gelesen hat. Die Großmutter glaubt, dass der Enkel noch lebt, weil sie ihn leibhaftig vor sich sieht. Dementsprechend definiert Nozick Wissen (etwas vereinfacht) letztendlich wie folgt:

> Eine Person S weiß genau dann aufgrund einer Methode der Meinungsbildung M, dass p, wenn gilt:
> i) p ist der Fall (Wahrheitsbedingung)
> und
> ii) S glaubt aufgrund von M, dass p,
> (Glaubensbedingung)
> und
> iii) wäre p falsch und würde S bei der Meinungsbildung bezüglich der Wahrheit von p Methode M anwenden, würde S nicht aufgrund von M glauben, dass p der Fall ist (Sensibilitätsbedingung)
> und
> iv) in hinreichend ähnlichen Situationen, in denen p der Fall wäre und S bei der Meinungsbildung bezüglich der Wahrheit von p Methode M anwendet, würde S weiterhin glauben, dass p der Fall ist.
> (Stabilitätsbedingung)

Die derart modifizierten Bedingungen werden auch von Arthur und der Großmutter erfüllt. Arthur hat aufgrund der Lektüre eines seriösen Geschichtsbuches die wahre Meinung gewonnen, dass Napoleon die Schlacht bei Waterloo verloren hat. Hätte Napoleon verloren und würde Arthur zu dieser Frage ein seriöses Geschichtsbuch konsultieren, würde er weiterhin glauben, dass Napoleon 1815 bei Waterloo verloren hat. Die Stabilitätsbedingung ist erfüllt. Die Großmutter sieht ihren Enkel und glaubt deshalb, dass er lebt. Wäre der Enkel nicht mehr am Leben und würde sich die Großmutter aufgrund der Wahrnehmung – und nicht aufgrund der Erzählungen ihrer Verwandten – eine Meinung bilden, würde sie nicht aufgrund ihrer Wahrnehmung glauben, dass ihr Enkel noch lebt. Die Sensibilitätsbedingung ist erfüllt.

Wir scheinen somit eine geeignete modale Wissensdefinition gefunden zu haben, mit deren Hilfe sich Wissen als nicht-zufälligerweise wahre Meinung charakterisieren und die Nicht-Zufälligkeitsbedingung des Wissens so ausbuchstabieren lässt, dass man der Gettierproblematik entgeht. Für Nozicks Ansatz spricht aber noch mehr.

2.2 Lotterie und Skeptizismus

Man stelle sich vor, einen Lottoschein erworben zu haben, dessen Gewinnwahrscheinlichkeit bei 1 zu 140 000 000 liegt. Die Ergebnisse der Ziehung liegen vor, sind der Öffentlichkeit aber noch nicht bekannt. De facto hat man verloren, wovon man – um die geringe Gewinnwahrscheinlichkeit wissend – auch mehr oder weniger überzeugt ist. Weiß man in einer solchen Situation, dass man verloren hat? Viele Erkenntnistheoretiker und vermutlich auch viele Normalbürger verneinen diese Frage.[2] Wie lässt sich das erklären? Nozick kann hierauf eine einfache Antwort geben. Selbst wenn ich sehr gute Anhaltspunkte dafür habe, im Lotto verloren zu haben, und selbst wenn die entsprechende Meinung auch wahr ist, ist die Sensibilitätsbedingung nicht erfüllt. Hätte ich nämlich gewonnen und würde ich mich auf die Wahrscheinlichkeitserwägungen verlassen, würde ich trotzdem noch glauben, verloren zu haben.

Von den bisher diskutierten Beispielen gegen die klassische Wissenskonzeption unterscheidet sich das Lotterieproblem darin, dass es hier nicht darum geht, dass eine Meinung zufälligerweise wahr ist. Es ist extrem wahrscheinlich und deshalb auch kein Zufall, im Lotto zu verlieren. Trotzdem sollte eine angemessene Wissensdefinition in den Augen vieler erklären können, warum man bei einer Lotterie nicht weiß, dass man verloren hat – zumindest bis das Ergebnis der Ziehung bekannt gegeben wird. Und das leistet Nozicks Ansatz.

Darüber hinaus glaubt Nozick, mit seiner Wissensanalyse eine Antwort auf das Problem des Außenweltskeptizismus gefunden zu haben. Das Argument des Skeptikers

---

[2] Ich teile diese Einschätzung hingegen nicht. Wir haben hier eindeutig den Fall einer gerechtfertigten wahren Meinung, die nicht-zufälligerweise wahr ist. Der Eindruck, nicht zu *wissen*, dass man verloren hat, resultiert wahrscheinlich daher, dass man – wie die Betonung von »wissen« verdeutlicht – Wissen mit Gewissheit verwechselt. Die Schwierigkeiten, die sich in bestimmten Fällen von induktivem Wissen stellen, wenn einen das Lotteriebeispiel überzeugt, werden im Zusammenhang mit dem Müllbeutelbeispiel erläutert.

rekonstruiert Nozick am Beispiel der alltäglichen Überzeugung, eine Hand zu haben, wie folgt:

(1) Wenn ich weiß, dass ich eine Hand habe, dann weiß ich auch, dass ich kein handloses Gehirn im Tank bin, dem nur vorgegaukelt wird, eine Hand zu haben.
(2) Ich weiß aber nicht, dass ich kein handloses Gehirn im Tank bin, dem nur vorgegaukelt wird, eine Hand zu haben.
(3) Also weiß ich auch nicht, dass ich eine Hand habe.

Die zweite Prämisse in diesem Argument ist sehr plausibel. Wie sollte ich wissen können, kein Gehirn im Tank zu sein, wenn sich mir doch alles genauso darstellte, wäre ich das Opfer einer derart perfekten Täuschung? Dieser Intuition wird Nozicks Wissenskonzeption gerecht. Unterstellen wir einmal, dass ich tatsächlich in einer normalen Welt lebe und glaube, kein handloses Gehirn im Tank zu sein. Dann ist meine Meinung wahr. Aber es liegt kein Wissen vor, weil die Sensibilitätsbedingung nicht erfüllt ist. Wäre ich ein handloses Gehirn im Tank und richtete ich mich bei meiner Meinungsbildung nach wie vor daran aus, wie mir die Welt erscheint, würde ich immer noch glauben, kein Gehirn im Tank zu sein.

Den Fehler des Arguments verortet Nozick daher auch bei der ersten Prämisse. Und seine Wissensanalyse hat tatsächlich das überraschende, in diesem Zusammenhang aber durchaus erwünschte Ergebnis, dass die erste Prämisse des skeptischen Arguments falsch ist. Wenn wir Nozicks Wissenskonzeption akzeptieren, dann stimmt es einfach nicht, dass immer dann, wenn ich weiß, eine Hand zu haben, ich auch weiß, dass ich kein handloses Gehirn im Tank bin. Unterstellen wir weiterhin, dass ich in einer normalen Welt lebe. Meine Überzeugung, eine Hand zu haben, ist wahr. Und hätte ich keine Hand, dann hätte ich sie wahrscheinlich bei einem Unfall verloren und würde daher auch nicht mehr glauben, eine zu haben. (Ich wäre dann *kein* handloses Gehirn im Tank, welches immer noch glaubt, eine Hand zu haben. Diese Möglichkeit ist relativ zu einer normalen Situation viel abwegiger als ein Unfall.) Ebenfalls gilt, dass ich unter vergleichbaren Umständen, in denen ich eine Hand hätte, an meiner Meinung festhielte. Ich weiß gemäß der von Nozick vorgeschlagenen Wissensanalyse also, dass ich eine Hand habe. Aber ich weiß eben nicht, dass ich kein handloses Gehirn im Tank bin, wie wir oben bereits erläutert haben.

In Anbetracht des Skeptizismusproblems spricht somit einiges für Nozicks Position. Zum einen kann man der Intuition Rechnung tragen, dass niemand weiß, dass er kein Gehirn im Tank ist. Zum anderen kann man das skeptische Argument trotzdem zurückweisen. Und zum dritten lässt sich erklären, wieso wir ungeachtet der *Vorstellbarkeit* skeptischer Täuschungsszenarien vieles über die Welt wissen – sofern wir tatsächlich in einer normalen Welt leben. (→ Skeptizismus)

Ungeachtet aller genannten Vorzügen der Nozickschen Auffassung von Wissen – Lösung bestimmter Gettierbeispiele, des Lotteriefalls und des Skeptizismusproblems – gibt es gewichtige Vorbehalte.

2.3 Kritik an Nozick

Drei zentrale Einwände werden gegen Nozicks Wissensanalyse vorgebracht. Erstens hat sie die merkwürdige Konsequenz, dass man in Bezug auf eine These Wissen haben kann, während man zugleich in Bezug auf eine offensichtlich von dieser beinhalteten und logisch schwächeren These kein Wissen hat. Zweitens ist es gemäß der vorgeschlagenen Definition zu einfach, Wissen über notwendigerweise wahre Tatsachen zu haben. Und drittens ist die Definition auch in ihrer modifizierten Fassung noch zu stark, so dass insbesondere bestimmte Fälle von induktivem Wissen nicht erfasst werden.

Erster Einwand – eine merkwürdige Konsequenz. Im Zusammenhang mit der Skeptizismusproblematik ist deutlich geworden, dass wir Nozicks Konzeption zufolge einerseits wissen, eine Hand zu haben, andererseits aber nicht wissen, kein handloses Gehirn im Tank zu sein. Das finden manche Autoren bereits unplausibel. Noch problematischer ist folgende Konsequenz: In einer normalen Welt lebend wissen wir zwar einerseits, dass wir eine Hand haben *und* keine handlosen Gehirne im Tank sind. Aber wir wissen anderseits nicht, dass wir keine handlosen Gehirne im Tank sind. Schematisch ausgedrückt wissen wir also, dass A und B der Fall sind, aber wir wissen nicht, dass B der Fall ist. Und das obwohl die These, dass A und B der Fall sind, eine stärkere Behauptung ist als die offensichtlich darin enthaltene These, dass B der Fall ist. Wieso ist Nozick darauf festgelegt? Gehen wir davon aus, dass ich in einer normalen Welt lebe und folgende These für wahr halte: Ich habe eine Hand *und* ich bin kein handloses Gehirn im Tank. Ich habe dann eine wahre Meinung, die darüber hinaus auch die Sensibilitäts- und die Stabilitätsbedingung erfüllt. Wäre die These falsch, dann deshalb, weil der erste Teilsatz der durch »und« verbundenen beiden Teilsätze falsch wäre. Die These wäre dann falsch, weil ich (vermutlich) meine Hand bei einem Unfall verloren hätte. Sie wäre nicht deshalb falsch, weil ich ein Gehirn im Tank wäre. Das ist eine viel zu abwegige Situation, wenn man berücksichtigt, dass ich in einer normalen Welt lebe. Hätte ich aber meine Hand bei einem Unfall verloren, dann würde ich auch nicht mehr glauben, dass ich eine Hand habe *und* kein Gehirn im Tank bin – und zwar schlicht deswegen, weil ich nicht mehr glauben würde, eine Hand zu haben. Die Sensibilitätsbedingung ist somit erfüllt. Gleiches gilt für die Stabilitätsbedingung. In hinreichend ähnlichen Fällen, in denen ich eine Hand habe und kein handloses Gehirn im Tank bin, würde ich das auch nach wie vor glauben. Wenn Nozicks Wissensdefinition korrekt ist, dann weiß ich also, dass ich eine Hand habe *und* kein handloses Gehirn im Tank bin. Aber ich weiß nicht, dass ich kein handloses Gehirn im Tank bin. Denn das würde ich auch nach wie vor glauben, wäre es falsch.

Wie lässt sich diese merkwürdige Konsequenz vermeiden, ohne Nozicks Wissenskonzeption aufzugeben? Den Schlüssel zu einer entsprechenden Lösung sehen einige Autoren darin, den Methodenbegriff in Nozicks Definition anders aufzufassen, als wir das bislang getan haben. In Übereinstimmung mit Nozick bin ich bisher davon ausgegangen, dass Gehirne im Tank und normale Menschen sich in Bezug auf Meinungen wie die, eine Hand zu haben, derselben Methode der Meinungsbildung bedienen. Beide richten sich bei ihrer Meinungsbildung danach aus, wie ihnen die Welt erscheint. Und in diesem Sinne liegt dieselbe Methode zugrunde. Das kann man aber auch anders sehen. Normale Menschen bedienen sich bei derartigen Überzeugungen der Wahrnehmung, das heißt ihrer Sinnesorgane. Gehirne im Tank haben jedoch keine Sinnesorgane. Und deshalb – so die Auffassung mancher – wenden sie auch nicht dieselbe Methode an wie normale Menschen. Wir können Methoden der Meinungsbildung also ganz unterschiedlich individuieren. Kommt es auf die Innenperspektive des Erkenntnissubjekts an, dann ist die Methode bei Gehirnen im Tank und normalen Menschen dieselbe. Kommt es auf die Außenperspektive an, also darauf, wie man den »Wahrnehmungsprozess« aus der *externen* Sicht eines unbeteiligten Beobachters beschreiben würde, dann sind die Methoden verschieden. Wenn man sich nun für die Außenperspektive entscheidet, kann man das oben dargestellte Problem vermeiden. Dann weiß ich als normaler Mensch entgegen unserer bisherigen Darstellung durchaus, dass ich kein Gehirn im Tank bin. Denn wäre ich eines, könnte ich gar nicht mehr aufgrund derselben Methode der Meinungsbildung, derer ich mich als normaler Mensch bediene, zu der Überzeugung gelangen, kein Gehirn im Tank zu sein. Die Sensibilitätsbedingung wäre demnach trivialerweise erfüllt. (Siehe hierzu Pritchard 2008: 9f.)

Selbst wenn wir bereit sind, Methoden extern zu individuieren, wird man das Problem der merkwürdigen Konsequenz jedoch nicht grundsätzlich los, wie das von Saul Kripke in die Debatte eingebrachte »rote Scheune«-Beispiel verdeutlicht.[3] Erinnern wir uns an Henry, der durch den Mittleren Westen fährt und in einer Umgebung von lauter Scheunenattrappen die einzige echte Scheune betrachtet. Diese Scheune ist rot, während alle Attrappen blau sind. Erstaunlicherweise weiß Henry in dieser Situation gemäß der Nozickschen Definition, dass dort eine rote Scheune ist. Denn seine Meinung ist wahr, und außerdem gilt: wäre dort keine rote Scheune, würde Henry eine blaue Scheunenattrappe sehen und nicht mehr glauben, dass dort eine rote Scheune ist. Ferner gilt auch: wäre dort nach wie vor eine rote Scheune, wäre er auch immer noch dieser Ansicht. Gleichzeitig weiß Henry aber nicht, dass dort eine Scheune steht. Denn wäre dort keine Scheune, würde er eine Attrappe sehen und immer noch glauben, dass dort eine Scheune ist. Henry weiß also, dass dort eine rote Scheune ist. Er weiß aber nicht, dass dort eine Scheune ist. Das ist ein äußerst seltsames Ergebnis.[4]

Zweiter Einwand – Wissen von Notwendigem ist zu einfach zu haben. Die von Nozick formulierten Ansprüche an Wissen scheinen im Falle von notwendigen Wahrheiten zudem zu moderat und ein entsprechendes Wissen daher zu einfach zu haben zu sein.

$2+2=5$ ist notwendigerweise falsch. Was heißt das wiederum für die Behauptung: Wäre $2+2=5$, dann wäre Deutschland 2006 Weltmeister geworden? Viele Philosophen sind der Ansicht, dass diese Behauptung trivialerweise wahr ist, gerade weil es keine Situation gibt, in der $2+2=5$. Wäre das Unmögliche wahr, so die Begründung, dann wäre auch alles andere wahr – zum Beispiel, dass Deutschland 2006 Weltmeister geworden ist. (Das ist allerdings kein Anlass zum Jubeln. Der Satz »Wäre $2+2=5$, dann wäre England 2006 Weltmeister geworden« ist dann auch wahr.) Sofern man diese Ansicht teilt, ergibt sich für Nozick ein Problem.

Nehmen wir an, der nicht sonderlich gebildete Hansi ist Anhänger des Kults der Primzahl. Wie die anderen indoktrinierten, mathematisch unbewanderten Anhänger dieses Kults glaubt auch er felsenfest, dass Primzahlen etwas so Erhabenes sind, dass es davon unendlich viele gibt. Und obwohl Hansi mit seiner Meinung richtig liegt, sind wir nicht bereit, ihm Wissen zuzusprechen. Als Anhänger der Nozickschen Theorie müssen wir das aber. Da es notwendigerweise keine größte Primzahl gibt, gilt trivialerweise auch: Gäbe es eine größte Primzahl und würde Hansi weiterhin die Mitglieder des Kults zu diesem Thema befragen, würde er nicht mehr glauben, dass es eine größte Primzahl gibt. Die Sensibilitätsbedingung wäre somit erfüllt. Und je nachdem, wie man Hansis Situation beschreibt, gilt das auch für die Stabilitätsbedingung. In hinreichend ähnlichen Situationen, in denen es keine größte Primzahl gibt und Hansi sich in dieser Frage auf das Zeugnis anderer stützen würde, würde er sich nach wie vor an den Aussagen der Anhänger des Kults der Primzahl orientieren und immer noch glauben, dass es keine größte Primzahl gibt. (Er würde es sogar auch dann noch weiterhin glauben, wenn er sich an jemanden wenden würde, der etwas davon versteht – zum Beispiel auch Mathematiker.)

Nun könnte man als Antwort auf das Problem vorschlagen, Nozicks Wissensdefinition auf empirisches Wissen einzuschränken. Aber erstens hätte das zur Folge, dass mathematisches Wissen etwas grundsätzlich anderes wäre als empirisches Wissen. Und zweitens könnte Hansi ja zugleich auch noch dem Kult der Urknaller angehören und aus völlig abwegigen Gründen die wahre empirische Überzeugung haben, dass es einen Urknall gegeben hat. Da fraglich ist, ob es eine Situation geben könnte, in der Hansi nach wie vor existiert und es keinen Urknall gegeben hat, könnte auch in diesem Fall die Sensibilitätsbedingung trivialerweise erfüllt sein. Und dann stellt sich für empirisches Wissen dasselbe Problem wie bei mathematischem Wissen. Es wäre zu einfach zu haben.

Dritter Einwand – zu anspruchsvoll. Was Wissen bezüglich notwendig wahren Aussagen angeht, ist Nozicks Definition somit nicht hinreichend anspruchsvoll. In anderen

---

[3] Kripke hat seine Ausführungen zu diesem Punkt bisher nicht veröffentlicht. Sein Beispiel wird in der entsprechenden Literatur zu Nozicks Ansatz jedoch immer wieder unter Verweis auf Kripkes Urheberschaft diskutiert.

[4] Bei Kripkes Beispiel ist zu beachten, dass Henry sich immer derselben Methode bedient. Adams/Clarke 2005: 214–216 sind jedoch anderer Ansicht.

Hinsichten ist sie wiederum zu anspruchsvoll. Manchmal liegt auch dann Wissen vor, wenn die Stabilitäts- bzw. die Sensibilitätsbedingung nicht erfüllt sind.

Betrachten wir zunächst die Stabilitätsbedingung. Jesse James raubt in den Kleidern von Billy the Kid eine Bank aus. Wyatt Earp sieht ihn vermummt aus der Bank kommen. Durch einen blöden Zufall verrutscht Jesse James die Maskierung, und Wyatt Earp sieht ihm direkt ins Gesicht. Er erkennt ihn sofort. Natürlich weiß der berühmte U. S. Marshall, dass Jesse James die Bank ausgeraubt hat – auch wenn er sich wundert, warum Jesse James die Kleider von Billy the Kid trägt. Allerdings gilt in diesem Fall nicht, dass Wyatt Earp diese Überzeugung noch hätte, wenn er unter leicht abweichenden Umständen Jesse James aus der Bank hätte kommen sehen. Dann wäre die Maskierung nämlich nicht verrutscht, und Wyatt Earp wäre stattdessen davon ausgegangen, dass Billy the Kid der Bankräuber ist.

Die Sensibilitätsbedingung muss ebenfalls nicht immer erfüllt sein, wie das folgende Beispiel verdeutlicht. Monika lebt in einem Hochhaus und nimmt auf dem Weg zum Aufzug den Müllbeutel mit, den sie in den dafür vorgesehenen Müllschacht wirft. Der hat bislang immer einwandfrei funktioniert, was Monika auch weiß. Sie geht daher davon aus, dass der Müllbeutel auch dieses Mal unten ankommt, was auch zutrifft. Wir haben es hier mit einem Fall von induktivem Wissen zu tun, das auf Monikas bisheriger Erfahrung mit dem Müllschacht beruht. Die Sensibilitätsbedingung lässt uns allerdings zu einem anderen Urteil gelangen. Was wäre, wenn der Müllbeutel nicht unten ankäme, sondern sich über Nacht ein Ziegel in der Mauer des Schachts gelöst hätte und der Müllbeutel daran hängen geblieben wäre? Monika würde dann immer noch aufgrund ihrer bisherigen Erfahrung glauben, dass der Müllbeutel unten ankommt (vgl. Sosa 1999: 145f.).

Beispiele wie diese lassen sich leicht konstruieren. Claudia hat gestern Abend mit ihrer gesunden Schwester telefoniert. Weiß sie am nächsten Morgen, dass die Schwester noch lebt? Wäre die Schwester in der Nacht gestorben, hätte Claudia davon wahrscheinlich erst viel später etwas erfahren und würde darum am nächsten Morgen immer noch glauben, dass die Schwester lebt. Fritz wohnt in einer idyllischen Kleinstadt. Er hat sein Auto um die Ecke geparkt. Weiß er eine Stunde später, dass es immer noch dort steht und nicht gestohlen worden ist? Wäre es kurz vorher gestohlen worden, würde er weiterhin daran glauben, dass das Auto um die Ecke steht.

Wenn Nozick mit seiner Definition Recht hat, müssen wir in allen diesen Fällen zu der für viele Erkenntnistheoretiker unplausiblen Schlussfolgerung gelangen, dass kein induktives Wissen vorliegt.

Es ist allerdings nicht so, dass gemäß Nozicks Ansatz induktives Wissen *insgesamt* unmöglich wird. Nehmen wir an, dass die alleinstehende Berta nach einem anstrengenden Arbeitstag vor ihrer Wohnungstür steht. Selbstverständlich geht sie davon aus, dass in der Zwischenzeit niemand in ihrer Wohnung war. Keine andere Person hat einen Schlüssel, und die Tür ist abgeschlossen. Außerdem schließt sie beim Verlassen der Wohnung immer die Fenster etc. Im Lichte dieser Anhaltspunkte ist ihre wahre Vermutung, dass niemand in der Wohnung war, wohlbegründet. Wir haben es mit einem exemplarischen Fall induktiven Wissens zu tun. Und das kann auch Nozick zugestehen. In diesem Fall ist die Sensibilitätsbedingung im Unterschied zu den anderen oben diskutierten Fällen durchaus erfüllt. Wäre jemand in der Zwischenzeit in der Wohnung gewesen, dann hätte es sich um einen Einbrecher gehandelt. Dann wäre aber auch die Tür aufgebrochen gewesen und Berta würde aufgrund der ihr dann zur Verfügung stehenden Anhaltspunkte nicht mehr glauben, dass niemand in der Wohnung war.

Woran liegt das? Wäre das, was Berta aufgrund der tatsächlich vorliegenden Anhaltspunkte glaubt, nicht der Fall, dann würden sich auch ihre Anhaltspunkte und damit auch ihre Überzeugung ändern. In den anderen oben beschriebenen Fällen wie zum Beispiel bei Monikas Müllbeutel ist das anders. Wäre der Müllbeutel nicht angekommen, bliebe Monikas Informationsgrundlage und daher auch ihre Meinung unverändert. Nur solche Fälle induktiven Wissens werden von Nozicks Definition ausgeschlossen.

Für viele ist diese unterschiedliche Bewertung der Beispiele nicht plausibel. Andere haben damit keine Schwierigkeiten. Erinnern wir uns an das Lotteriebeispiel. Dort ist es ebenfalls so, dass wir sehr gute Anhaltspunkte dafür haben, im Lotto verloren zu haben. Trotzdem wissen wir das nicht. Eine Erklärung für unsere Unwissenheit könnte sein, dass wir genau dieselben Anhaltspunkte hätten, wäre unsere Überzeugung falsch. Und wenn das im Lottobeispiel zu dem Ergebnis führt, dass wir kein Wissen haben, dann muss es konsequenterweise auch in den anderen Fällen dazu führen. Der Müllbeutelfall, der Fall von Claudias Schwester und Fritz' Autodiebstahlfall sind demnach so etwas wie Lotteriefälle des Lebens. In Anbetracht der bisher gemachten Erfahrungen ist die

Wahrscheinlichkeit sehr gering, mit der eigenen Meinung falsch zu liegen. Trotzdem liegt kein Wissen vor, weil wir dieselben Anhaltspunkte hätten, wäre unsere Meinung falsch (vgl. Cross 2007).

Abgesehen von eingefleischten Anhängern der Nozickschen Position dürften jedoch die meisten der Auffassung sein, dass wir es hier mit zwei widerstreitenden Intuitionen zu tun haben. Im Lotteriefall schrecken wir davor zurück, von Wissen zu sprechen, während wir Monika, Claudia und Fritz nach wie vor Wissen attestieren. Dieses Spannungsverhältnis kann Nozick nicht auflösen, was Ernest Sosa dazu gebracht hat, einen dem Geiste nach verwandten, jedoch von Nozicks Wissenskonzeption an entscheidender Stelle abweichenden Ansatz zu vertreten.

3. Sosas Wissenskonzeption

3.1 Besser sicher als sensibel

In »How to Defeat Opposition to Moore« schlägt Ernest Sosa vor, die von Nozick ins Spiel gebrachte Sensibilitätsbedingung des Wissens durch eine Sicherheitsbedingung (engl. »safety condition«) zu ersetzen, wobei Sicherheit in diesem Zusammenhang wie folgt zu verstehen ist:

> Die Überzeugung einer Person, dass p, ist genau dann sicher, wenn in hinreichend ähnlichen Situationen, in denen die Person diese Überzeugung hätte, sie nach wie vor wahr ist.[5]

Monikas Überzeugung, dass der Müllbeutel unten ankommt, ist Sosa zufolge in diesem Sinne sicher. Unter vergleichbaren Umständen, unter denen sie das weiterhin glauben würde, würde der Müllbeutel nach wie vor unten ankommen. Situationen, in denen der Müllbeutel nicht unten ankommt, sind in Anbetracht dessen, dass der Müllschacht bislang einwandfrei funktioniert hat, äußerst ungewöhnlich.[6]

Es ist nicht ganz klar, ob Sosa a) sowohl die Sensibilitäts- als auch die Stabilitätsbedingung aufgeben und stattdessen Wissen als sichere wahre Meinung definieren möchte, oder ob er b) sich nur auf die Behauptung beschränken will, dass das Erfülltsein der Sicherheitsbedingung, nicht aber der Sensibilitätsbedingung für Wissen notwendig ist. Vermutlich hat Sosa lediglich Lesart b) im Sinn. Wie es in weiten Teilen der Literatur üblich ist, werde ich mich aber aus systematischen Gründen für Lesart a) entscheiden und Sosas Ausführungen zum Anlass nehmen, folgende Wissensdefinition zu untersuchen[7]:

> Eine Person S weiß genau dann, dass p, wenn gilt:
> i) p ist der Fall (Wahrheitsbedingung)
> und
> ii) S glaubt, dass p der Fall ist (Glaubensbedingung)
> und
> iii) würde S in hinreichend ähnlichen Situationen glauben, dass p der Fall ist, dann wäre p weiterhin wahr. (Sicherheitsbedingung)

Wie auch schon im Zusammenhang mit Nozicks ursprünglicher Definition deutlich wurde, muss man berücksichtigen, dass wir unsere Überzeugungen immer auf eine bestimmte Weise gewinnen. Der Ehemann der Präsidentin erwartet seine Frau zum Essen im gemeinsamen Speisesaal. Sie kommt ganz aufgelöst herein und erzählt ihm, dass sie vor einer halben Stunde um ein Haar einem Attentat entgangen sei. Der Ehemann weiß, dass die Präsidentin noch lebt. Aber in hinreichend ähnlichen Situationen wäre das Attentat erfolgreich gewesen, der Ehemann hätte noch nichts davon erfahren und er würde weiterhin glauben, dass seine Frau lebt. Die Sicherheitsbedingung des Wissens ist verletzt. Dieser Schwierigkeit kann man jedoch wie auch schon bei Nozicks Analyse Rechnung tragen, indem man die obige Definition wie folgt modifiziert:

> Eine Person S weiß genau dann aufgrund einer Methode der Meinungsbildung M, dass p, wenn gilt:
> i) p ist der Fall (Wahrheitsbedingung)
> und

---

[5] Die Fragen, ob das für alle hinreichend ähnlichen Situationen oder nur für die »meisten« gelten muss, wie ähnlich noch hinreichend ähnlich ist und was genauer unter Ähnlichkeit zu verstehen ist, werden von Sosa nicht beantwortet.

[6] Wäre es in Anbetracht der gegebenen Situation hingegen nicht ungewöhnlich, ist Monikas Überzeugung nicht sicher. Doch dann hat Monika in der Tat nur eine zufälligerweise wahre Meinung und folglich auch kein Wissen. Auch für diesen Fall liefert Sosas Definition somit das richtige Ergebnis.

[7] Ebenfalls wie in der Literatur üblich lasse ich die sehr kurzen Anmerkungen am Ende von Sosas Artikel außer Acht, denen zufolge Sosa die Sicherheitsbedingung letztlich mit Hilfe des Begriffs der verlässlichen Indikation definiert wissen möchte (vgl. Sosa 1999: 149).

ii) S glaubt aufgrund von M, dass p der Fall ist
(Glaubensbedingung)
und
iii) würde S in hinreichend ähnlichen Situationen aufgrund von M glauben, dass p, dann wäre p weiterhin wahr. (Sicherheitsbedingung)

Diese Definition wird auch im Falle des Präsidentinnengatten erfüllt. Denn es gibt keine vergleichbare Situation, in der er seine Frau sähe und daher glaubte, dass sie lebt, obwohl sie tot wäre.

Wie verhält es sich mit Goldmans Scheunenbeispiel? Henry sieht eine Scheune. Aber aufgrund der vielen Attrappen in der Umgebung weiß er nicht, dass dort eine Scheune ist. Das kann Sosa gut erklären. Unter vergleichbaren Umständen würde Henry eine Attrappe sehen und weiterhin glauben, dass dort eine Scheune steht, obwohl das nicht stimmt. Henrys Überzeugung ist in der gegebenen Situation nicht sicher.

Und dem Skeptizismusproblem scheint man mit Sosas Definition ebenfalls entgehen zu können. Wenn wir faktisch in einer normalen Welt leben, dann wissen wir auch, dass wir kein Gehirn im Tank sind. Denn würden wir unter vergleichbaren, von der normalen Situation nicht völlig verschiedenen Situationen weiterhin glauben, kein Gehirn im Tank zu sein, dann wäre das auch nach wie vor richtig.

Was den Lotteriefall anbelangt, ist die Situation etwas komplizierter. Die Herausforderung stellt sich folgendermaßen dar: Einerseits soll die vorgeschlagene Wissensdefinition dazu führen, dass Monika zwar weiß, dass der Müllbeutel im dafür vorgesehenen Container landet. Andererseits soll man aber nicht wissen, dass man in der Lotterie verloren hat. Wie kann Sosa das gewährleisten? Eine mögliche Lösung könnte wie folgt lauten: Als erstes unterscheidet man zwischen *unwahrscheinlichen* und *unähnlichen* Alternativsituationen. Ein 100seitiger Würfel fällt und zeigt die 1 an. Die Alternativsituation, in der die 99 angezeigt wird, ist nicht sehr wahrscheinlich. Aber sie ist der tatsächlichen Situation sehr ähnlich. Es hätte nicht vieles anders sein müssen, damit die 99 angezeigt wird. Wenn es sich um ein echtes Zufallsereignis handelt, hätte sogar überhaupt nichts anders sein müssen.

Als zweites fordert man, dass wir nur *eingeschränkte Ausschnitte* der tatsächlichen und der Alternativsituationen miteinander vergleichen. Bei der Lottoziehung beschränken wir uns wirklich nur auf die Ziehung und die Ereignisse davor und blenden alles andere aus, was das Ergebnis der Ziehung zur Folge gehabt hätte. Die alternative Situation, in der mein Los gewinnt und ich noch nichts vom Ergebnis vernommen habe, ist der tatsächlichen Situation sehr ähnlich, in der mein Los verliert. Aber natürlich ist eine mögliche Welt, in der mein Los gewinnt, insgesamt der tatsächlichen Welt nicht mehr sehr ähnlich. Man bedenke nur, was ich alles mit dem Gewinn anstellen würde. (Ich würde beim nächsten Spiel der deutschen Fußballnationalmannschaft gegen Spanien wahrscheinlich den Schiedsrichter bestechen.)

Als drittes fordert man, dass Sosas Sicherheitsbedingung so zu verstehen ist, dass in *allen* hinreichend ähnlichen Situationen, in denen man glaubt, im Lotto verloren zu haben, das auch stimmen muss. Sollte ich nur in einigen oder den meisten Alternativsituationen mit meiner Meinung richtig liegen müssen, hätte ich im Lotteriefall Wissen. Denn die Verliererwelten scheinen gegenüber den Gewinnerwelten in der Mehrheit zu sein, weshalb Lottospielen ja auch wenig lukrativ ist.[8]

Auf der Grundlage dieser drei Annahmen bzw. Forderungen lässt sich dann auch erklären, warum ich gemäß der von Sosa vorgeschlagenen Definition nicht weiß, dass ich im Lotto verloren habe, obwohl meine entsprechende Überzeugung korrekt ist. Die Situation, in der ich fälschlicherweise glaube, verloren zu haben, ist, wenn auch nicht sehr wahrscheinlich, so doch der tatsächlichen Situation hinreichend ähnlich. Und da ich in allen hinreichend ähnlichen Situationen mit meiner Meinung richtig liegen muss, liegt kein Wissen vor. Was den Fall mit Monikas Müllbeutel angeht, besteht ebenfalls kein Problem. Denn eine Situation, in der der Müllbeutel nicht im Müllcontainer landet, ist deswegen nicht relevant für die Frage, ob Monika Wissen hat, weil eine derartige Situation der tatsächlichen sehr unähnlich ist.

Sofern man diese Überlegungen für plausibel hält, weist Sosas Ansatz vergleichbare Vorzüge auf wie der von Nozick. Man kann mit bestimmten Gettierfällen, dem Skeptizismusproblem und dem Lotteriebeispiel umgehen. Darüber hinaus wird wie bei Monikas Müllbeutelbeispiel im Unterschied zu Nozicks Konzeption bestimmten Fällen von induktivem Wissen Rechnung getragen,

---

[8] Hier gibt es allerdings ein Problem: Die Menge der Verliererwelten und die Menge der Gewinnerwelten haben möglicherweise jeweils überabzählbar viele Elemente, so dass es sehr problematisch wird, davon zu reden, es gäbe *mehr* Verliererwelten als Gewinnerwelten. Das hängt allerdings wiederum davon ab, worüber wir reden, wenn wir von möglichen Vergleichssituationen oder möglichen Welten reden.

bei denen unsere Anhaltspunkte dieselben wären, wäre unsere Überzeugung falsch. Nichtsdestoweniger stellen sich auch für die Sicherheitskonzeption des Wissens ernst zu nehmende Probleme.

3.2 Kritik an Sosa

Sosa ist zum einen genauso wie schon Nozick auf äußerst merkwürdige Konsequenzen festgelegt. Zum anderen ist die Sicherheitsbedingung des Wissens nicht anspruchsvoll genug, so dass Wissen mitunter zu einfach zu haben ist.

Erster Einwand – merkwürdige Konsequenzen. Kripkes »rote Scheune«-Beispiel betrifft auch Sosas Ansatz. Henry fährt durch den Mittleren Westen der USA, sieht eine rote Scheune und kommt zu der Überzeugung, dass dort eine rote Scheune steht. In der Umgebung gibt es eine Vielzahl *blauer* Attrappen. Dass die Attrappen eine andere Farbe als die Scheune haben, ist kein Zufall. Die Filmcrew soll die Attrappen später noch von der echten Scheune unterscheiden können. In einer vergleichbaren Situation, in der Henry nach wie vor glaubt, dass dort *eine rote Scheune* steht, würde er auch nach wie vor eine rote Scheune – und eben keine blaue Attrappe – sehen und mit seiner Meinung weiterhin richtig liegen. Henry hat eine sichere wahre Meinung. Aber die Meinung, dass dort *eine Scheune* steht, ist nicht sicher. Unter den vergleichbaren Situationen, in denen er dies glauben würde, wären auch viele Situationen, in denen er eine blaue Attrappe sieht und seine Meinung daher falsch wäre. Sosa ist genauso wie Nozick somit auf die merkwürdige Konsequenz festgelegt, dass Henry einerseits weiß, dass dort eine rote Scheune ist, während er andererseits nicht weiß, dass dort eine Scheune ist. (Siehe hierzu Murphy 2005.)

Zweiter Einwand – Wissen ist zu einfach zu haben. Wie sieht es eigentlich mit Petra, ihrem Bürokollegen und dem Ford der Abteilungsleiterin aus? Petra glaubt aufgrund der Äußerungen des Kollegen, dass jemand im Büro einen Ford besitzt. Das stimmt auch. Es trifft aber nicht deshalb zu, weil der Kollege einen Ford hat, sondern weil die Abteilungsleiterin einen Ford ihr Eigen nennt. Petras Meinung ist nur zufälligerweise wahr und daher kein Fall von Wissen. Je nachdem, wie man die Situation beschreibt, haben wir es jedoch mit einem Fall von sicherer wahrer Meinung zu tun. Nehmen wir einmal an, es ist kein Zufall, dass die Abteilungsleiterin einen Ford fährt. Das war schon immer so. In den der tatsächlichen Situation hinreichend ähnlichen Alternativsituationen, in denen Petra glaubt, dass jemand im Büro einen Ford hat, wäre das auch nach wie vor richtig.

Oder betrachten wir den folgenden Fall: Der Steinzeitmensch Felsi öffnet den Schädel zweier Großkatzen und sieht, dass sie ein Gehirn haben. Auf der Grundlage dieser sehr dünnen Datenbasis glaubt Felsi, dass auch er ein solches Organ hat. Aber so einfach ist induktive Erkenntnis nicht zu haben. Der Sosa-Ansatz führt hingegen zu einem anderen Ergebnis. Unter hinreichend ähnlichen Umständen, unter denen Felsi aufgrund vergleichbarer anatomischer Untersuchungen glaubt, auch so ein Organ wie die Großkatzen zu haben, würde er vielleicht einem oder zwei weiteren Tieren den Schädel spalten. Und da seine Auffassung dann immer noch wahr wäre, haben wir hier einen Fall von sicherer, wahrer Meinung.[9]

4. Grundlegende Vorbehalte

Die sich den modalen Wissenskonzeptionen stellenden Schwierigkeiten sind nicht ohne weiteres von der Hand zu weisen. Wie überzeugend die vorgebrachten Einwände sind, dürfte jedoch davon abhängen, wie man die folgenden Fragen im Einzelfall beantwortet: Erstens, wann ist eine Alternativsituation der tatsächlichen Situation hinreichend ähnlich? Ist zum Beispiel eine Situation, in der Jesse James die Maske beim Bankraub nicht verrutscht, der tatsächlichen Situation ähnlicher als eine, in der sie ihm nach wie vor verrutscht? Zweitens, wie sind Methoden der Meinungsbildung zu individuieren? Gelangen Gehirne im Tank auf andere Weise zu ihren Überzeugungen als normale Menschen? Drittens, zeigen die Beispiele wirklich, dass Wissen bzw. kein Wissen vorliegt, obwohl die vorgeschlagenen Wissensbedingungen nicht erfüllt bzw. erfüllt sind? Weiß Monika zum Beispiel wirklich, dass der Müllbeutel im Müllcontainer landet, obwohl die Sensibilitätsbedingung nicht erfüllt ist? Weiß Petra tatsächlich nicht, dass jemand in ihrem Büro einen Ford fährt, obwohl die Sicherheitsbedingung erfüllt ist und ihre Meinung in vergleichbaren Fällen immer noch wahr ist?

Unabhängig von diesen, die konkreten Formulierungen modaler Wissenskonzeptionen betreffenden, Proble-

---

[9] Vogel 2007: 81 führt dieses Beispiel im Zusammenhang mit Nozicks Sensibilitätsbedingung an, und Leplin 2007: 99 überträgt es auf Sosas Sicherheitsbedingung.

Eine Landkarte im Dickicht der Beispiele und Gegenbeispiele

Die Beispiele …	… und was sie zeigen sollen
Jens und Claras Vorliebe für Blumen	Illustration der klassischen Wissenskonzeption
Ford- und Scheunenbeispiel	Kritik an der klassischen Wissenskonzeption
Friedos Klausur	Die vierte Bedingung in Nozicks Definition ist erforderlich
Arthurs Lektüre, Großmutters Enkel	Nozicks Definition muss mit Hilfe des Methodenbegriffs modifiziert werden
Lotteriefall	Grundsätzliche Herausforderung für Wissenskonzeptionen
Gehirn im Tank-Hypothese	zentrales Element skeptischer Argumente
Henry und die rote Scheune	Nozicks und Sosas Ansatz führen zu merkwürdigen Konsequenzen
Hansi und der Primzahlkult/Kult der Urknaller	Nozicks Wissensbedingungen sind nicht anspruchsvoll genug
Jesse James und der Bankraub	Nozicks Stabilitätsbedingung des Wissens ist zu anspruchsvoll
Monikas Müllbeutel, Claudias Schwester, Fritz' Auto	Nozicks Sensibilitätsbedingung ist zu anspruchsvoll bezüglich bestimmter Fälle induktiven Wissens
Bertas Wohnung	Nicht jede Form induktiven Wissens wird durch Nozicks Ansatz ausgeschlossen
Ehemann der Präsidentin	Sosas Wissensdefinition muss mit Hilfe des Methodenbegriffs modifiziert werden
Felsi der Steinzeitmensch	Sosas Wissensdefinition ist nicht anspruchsvoll genug
Susi die Hellseherin	Externalistische Wissenskonzeptionen wie z. B. die modalen Ansätze sind grundsätzlich problematisch

men ist darüber hinaus zu fragen, wie es grundsätzlich um derlei Ansätze bestellt ist. Ist Wissen – wie bei allen modalen Wissenskonzeptionen unterstellt wird – wirklich *nichts anderes* als nicht-zufälligerweise wahre Meinung? Und welchen Beitrag können modale Wissensanalysen zur Lösung des Skeptizismusproblems tatsächlich leisten?

Erster Vorbehalt – Wissen erfordert epistemische Verantwortung. Bei den modalen Ansätzen handelt es sich um sogenannte externalistische Wissenskonzeptionen, für die im Unterschied zu internalistischen Konzeptionen epistemische Verantwortung kein wesentlicher Aspekt von Wissen ist. Ob eine Überzeugung gegeben die tatsächlich bestehenden Umstände nicht-zufälligerweise wahr ist, ist das eine. Ob es im Lichte der dem Erkenntnissubjekt vorliegenden Anhaltspunkte für das Erkenntnissubjekt epistemisch verantwortlich ist, die entsprechende Überzeugung zu haben, ist etwas anderes. Diesen Unterschied verdeutlicht das von Laurence BonJour gegen sämtliche externalistische Wissenskonzeptionen vorgebrachte Hellseherinbeispiel.[10] Nehmen wir einmal an, Susi hat hellseherische Fähigkeiten und glaubt deshalb zutreffenderweise, dass der Präsident der USA in New York ist. Allerdings weiß sie nichts von der Verlässlichkeit ihrer Fähigkeiten. Außerdem hat sie in einer seriösen Tageszeitung gelesen und in den Nachrichten gehört, der Präsident sei in Washington. Der Secret Service hat aus Angst vor einem Attentat die Medien nämlich bewusst in die Irre geführt. Im Lichte der Susi vorliegenden Anhaltspunkte ist es von ihr daher unverantwortlich, zu glauben, dass der Präsident in New York ist. Ihre Meinung ist jedoch nicht-zufälligerweise wahr, weil sie in Susis Fall das Ergebnis eines verlässlichen Meinungsbildungsprozesses

---
[10] Siehe BonJour 1985: Kapitel 3.

ist. Wäre der Präsident nicht in New York, würde sie das auch nicht aufgrund einer hellseherischen Eingebung glauben. (Sensibilität) Wäre er in New York und würde Susi sich in dieser Frage auf ihre hellseherischen Intuitionen verlassen, würde sie das auch weiterhin glauben. (Stabilität) Und würde sie in vergleichbaren Situationen aufgrund ihrer hellseherischen Fähigkeiten den Präsidenten nach wie vor in New York wähnen, wäre ihre Meinung weiterhin wahr. (Sicherheit)

Aber weiß Susi, dass der Präsident in New York ist? Externalisten wie zum Beispiel die Vertreter modaler Wissenskonzeptionen werden das bejahen. Internalisten kommen zu einem anderen Ergebnis. Aus ihrer Sicht mag es zwar sein, dass nur dann Wissen vorliegt, wenn eine Meinung nicht-zufälligerweise wahr ist. Das reicht aber nicht aus. Darüber hinaus muss es auch epistemisch verantwortlich sein, die entsprechende Überzeugung zu haben. Eine gerechtfertigte aber leider nur zufälligerweise wahre Meinung ist noch kein Fall von Wissen. Das lehren uns die Gettierbeispiele. Aber nicht-zufälligerweise wahre Meinungen ohne Rechtfertigung sind ebenfalls keine Fälle von Wissen, wie BonJours Hellseherinbeispiel zeigt. Als Internalist steht man daher aus prinzipiellen Gründen allen Nicht-Zufälligkeitsansätzen und somit auch allen modalen Wissenskonzeptionen ablehnend gegenüber.

Zu ihrer Verteidigung führen Externalisten wiederum an, dass man zwischen rudimentärem Wissen einerseits, wie es auch Tiere und Kinder haben, und reflektiertem Wissen andererseits, auf das es uns in den Wissenschaften, vor Gericht und in Diskussionen ankommt, unterscheiden müsse. Das Ziel externalistischer Ansätze bestehe lediglich darin, rudimentäres Wissen zu definieren. Und das könne man auch Susi attestieren. (→ Internalismus und Externalismus der Rechtfertigung)

Zweiter Vorbehalt – keine zufriedenstellende Antwort auf das Skeptizismusproblem. Ein weiterer grundlegender Vorbehalt betrifft die Aussichten externalistischer Wissenskonzeptionen im Allgemeinen und modaler Wissenskonzeptionen im Besonderen, eine zufriedenstellende Antwort auf das Skeptizismusproblem zu geben. Nehmen wir zum Beispiel einmal an, dass Nozicks Ansatz korrekt ist. Dann gilt erstens: Das skeptische Argument beruht auf der falschen Prämisse, dass man nur dann weiß, eine Hand zu haben, wenn man außerdem weiß, kein handloses Gehirn im Tank zu sein. Zweitens gilt: *Wenn* wir in einer normalen Welt leben, dann wissen wir tatsächlich sehr viel. Wir wissen dann zum Beispiel, dass wir eine Hand haben. Auf der Grundlage der Nozickschen Wissensdefinition lässt sich also zum einen der Wissensskeptizismus entkräften und zum anderen erklären, unter welchen Bedingungen man der Vorstellbarkeit skeptischer Täuschungsszenarien zum Trotz Wissen hat.

Aber auf die drängende Frage »Was soll ich glauben?« hat man keine Antwort gegeben. Die skeptischen Hypothesen legen nahe, dass wir normale Situationen aufgrund der uns zur Verfügung stehenden Anhaltspunkte nicht von Szenarien perfekter Täuschung unterscheiden können. Wie lässt sich angesichts dessen von mir *feststellen*, dass ich eine Hand habe und dass ich etwas über eine unabhängig von mir existierende Außenwelt weiß? Zu hören, dass man Wissen hat, *sofern* alles in Ordnung ist, ist ein schwacher Trost, solange man nicht ermitteln kann, *ob* alles in Ordnung ist.

Diesen Vorwurf empfinden Vertreter modaler Wissenskonzeptionen allerdings als unfair. Genau genommen gebe es nicht *das* Skeptizismusproblem. Wir stünden vielmehr vor einer Vielzahl skeptischer Herausforderungen, und man sei nie mit dem Anspruch aufgetreten, allen zu begegnen.

Kontrollfragen

1. Von welchen Grundannahmen gehen Vertreter modaler Wissenskonzeptionen aus?
2. In welchem Sinne bleibt man der Wahrheit auf der Spur, wenn Nozicks Wissensdefinition erfüllt ist?
3. Wie lautet Nozicks Lösung des Skeptizismusproblems?
4. Welche Schwierigkeiten ergeben sich in Bezug auf die Sensibilitätsbedingung des Wissens?
5. Lässt sich mit Sosas Ansatz das Lotterieproblem lösen?
6. Was spricht gegen Sosas Wissensdefinition?
7. Welche grundsätzlichen Vorbehalte werden gegenüber modalen Wissenskonzeptionen geltend gemacht?

Kommentierte Auswahlbibliographie

Adams, Fred/Clarke, Murray (2005): »Resurrecting the Tracking Theories«. In: *Australasian Journal of Philosophy* 83: 207–221.
Hierbei handelt es sich um einen Versuch, Theorien à la Nozick zu verteidigen, der zugleich einen guten Überblick über zentrale Einwände gegen derartige Theorien bietet.

Nozick, Robert (1981): *Philosophical Explanations*. Cambridge (Mass.): Belnap Press. Kapitel 3.
Bei der Lektüre kann man sich auf die Seiten 167–179, 186–217 beschränken. Gute Übersetzungen ins Deutsche der für die Wissensdebatte wichtigsten Passagen von Jens Kulenkampff und Oliver R. Scholz finden sich in: Bieri, Peter (Hg.), Analytische Philosophie der Erkenntnis. Frankfurt am Main 1987: 167–174 und 332–349.

Pritchard, Duncan (2008): Sensitivity, Safety, And Anti-Luck Epistemology. In: Greco, John (ed.), The Oxford Handbook of Skepticism. Oxford: Oxford University Press.
Überblicksartikel mit einem Schwerpunkt auf der Frage, inwieweit die Theorien von Nozick und Sosa das Skeptizismusproblem lösen können.

Sosa, Ernest (1999): »How to Defeat Opposition to Moore«. In: *Philosophical Perspectives* – Epistemology 13. 141–153.
Hier übt Sosa Kritik an Nozicks Sensibilitätsbedingung, stellt seine Sicherheitsbedingung vor und erläutert, wie man seiner Meinung nach mit dem Skeptizismusproblem umgehen sollte.

Vogel, Jonathan (2007): »Subjunctivitis«. In: *Philosophical Studies* 134. 73–88.
Umfassende Kritik an Nozicks und Sosas Wissenskonzeptionen.

Lewis, David (1996): »Elusive Knowledge«. In: *Australasian Journal of Philosophy* 74. 549–567.

Murphy, Peter (2005): »Closure Failures for Safety«. In: *Philosophia* 33. 331–334.

Pritchard, Duncan (2005): *Epistemic Luck*. Oxford: Oxford University Press.

Weitere Literatur

BonJour, Laurence (1985): *The Structure of Empirical Knowledge*, Cambridge (Mass.): Harvard University Press.

Cross, Troy (2007): »Comments on Vogel«. In: *Philosophical Studies* (134). 89–98.

DeRose, Keith (1995): »Solving the Skeptical Problem«. In: *The Philosophical Review* 104. 1–52.

Dretske, Fred I. (1971): »Conclusive Reasons«. In: *Australasian Journal of Philosophy* 49. 1–22.

Gettier, Edmund (1963): »Is Justified True Belief Knowledge?« In: *Analysis* 23. 121–123.

Goldman, Alvin I. (1976): »Discrimination and Perceptual Knowledge«. In: *Journal of Philosophy* 73. 771–791.

Leplin, Jarrett (2007): »Reply to Professor Cross.« In: *Philosophical Studies* 134. 99–101.

II RECHTFERTIGUNG UND WISSEN

INTERNALISMUS UND EXTERNALISMUS DER RECHTFERTIGUNG

Thomas Grundmann

1. Einleitung
2. Unser Vorverständnis der erkenntnistheoretischen Rechtfertigung
3. Definitionen von »Internalismus« und »Externalismus« der Rechtfertigung
4. Diskussion des Internalismus und Externalismus
    4.1 Diskussion des Subjektivismus
    4.2 Diskussion des Reliabilismus
    4.3 Diskussion des reflexiven Reliabilismus
    4.4 Objektivistische Positionen mit partieller Zugänglichkeit
5. Ergebnis und Konsequenzen

1. Einleitung

»Internalismus« und »Externalismus« sind Etiketten für philosophische Theorien eines bestimmten Typs. Internalistische Theorien verstehen das zu erklärende Phänomen so, dass es allein von der subjektiven Perspektive abhängt. Externalistische Theorien behaupten dagegen, dass das zu erklärende Phänomen auch von Tatsachen abhängt, die außerhalb der subjektiven Perspektive liegen. Internalistische und externalistische Theorien gibt es über Phänomene aus ganz unterschiedlichen Bereichen der Philosophie. In der *Ethik* behaupten internalistische Positionen, dass die Gründe für eine Handlung in der motivationalen Perspektive des Subjekts verankert sein müssen. Externalisten sagen dagegen, dass die Gründe für eine Handlung allein durch objektive Tatsachen bestimmt werden. In der *Wahrheitstheorie* behaupten Internalisten, dass die Wahrheit eines Urteils allein davon abhängt, ob es mit unseren anderen Urteilen kohärent zusammenstimmt (Kohärenztheorie) oder ob das Urteil uns unmittelbar einleuchtet (Evidenztheorie). Externalisten bestehen dagegen darauf, dass ein Urteil nur dann wahr ist, wenn es mit der perspektivunabhängigen Realität übereinstimmt. In der *Sprachphilosophie* behaupten die Internalisten, dass die Bedeutung eines Ausdrucks (das, was den Bezugsgegenstand festlegt) aus Informationen besteht, die der Sprecher mit dem assoziiert, wovon er spricht. Externalisten machen dagegen darauf aufmerksam, dass diese Informationen häufig nicht ausreichen, um den Bezugsgegenstand zu bestimmen. Die Umwelt muss auch ihren Beitrag dazu leisten. Ein Beispiel sind indexikalische Ausdrücke wie »hier«, »dort«, »jetzt« oder »du«. »Dort« bezieht sich auf den Ort, auf den der Sprecher zeigt. Doch welcher Ort das ist, hängt eben auch davon ab, wo sich der Sprecher tatsächlich befindet, auch wenn ihm das gar nicht bekannt ist. In der *Erkenntnistheorie* gibt es internalistische und externalistische Positionen in Bezug auf das Wissen. Wissensinternalisten meinen, dass es allein von der subjektiven Perspektive abhängt, ob wahre Meinungen tatsächlich auch Wissen darstellen. Ihrer Auffassung nach fehlt nur die subjektive Rechtfertigung. Wissensexternalisten haben dagegen ins Feld geführt, dass es für Wissen nicht ausreicht, wenn eine wahre Meinung subjektiv gerechtfertigt ist. Es muss außerdem der Fall sein, dass die Wahrheit der Meinung nicht zufällig ist (Unger 1968); und das wiederum hängt von der Beschaffenheit der Umwelt ab. Das zeigen die sogenannten Gettierfälle. (→ Gettier-Problem) Ein ähnlicher Fall ist der Scheunenfassadenfall, in dem Henry bei guten Lichtverhältnissen von der Straße aus eine echte Scheune sieht und so die gerechtfertigte, wahre Meinung erwirbt, dass sich dort, wo er hinsieht, eine Scheune befindet. Wenn sich in der Nähe jedoch lauter von der Straße aus täuschend echt aussehende Scheunenfassaden befinden, dann ist Henrys Meinung nur zufällig wahr und deshalb intuitiv kein Wissen. (Goldman 1976: 143) Offensichtlich hängt es also auch von der objektiven Beschaffenheit der Umgebung ab, ob eine gerechtfertigte, wahre Meinung ein Fall von Wissen ist.

Während der Wissensexternalismus in der Erkenntnistheorie seit der Entdeckung der Gettier-Fälle weitgehend akzeptiert wird, ist seit Beginn der achtziger Jahre des 20. Jahrhunderts eine höchst kontroverse Debatte darüber entbrannt, ob die *erkenntnistheoretische Rechtfertigung* internalistisch oder externalistisch verstanden werden muss. Diese Debatte hält nach wie vor an. Es geht dabei um die Frage, ob die Faktoren, die für die erkenntnistheoretische Rechtfertigung einer Meinung verantwortlich sind, allein innerhalb der Perspektive des Subjekts zu suchen sind (wie der Rechtfertigungsinternalist behauptet) oder ob diese Faktoren auch außerhalb dieser Perspektive liegen können (wie der Rechtfertigungsexternalist behauptet). Diese Frage stellt sich automatisch, wenn man versucht zu klären, was die erkenntnistheoretische Rechtfertigung eigentlich ist. Eine solche Klärung und Analyse ist äußerst hilfreich, wenn man herausbekommen möchte, welche Quellen der Rechtfertigung es gibt und in welchem Umfang Meinungen überhaupt gerechtfertigt werden können. Wenn man verstehen will, was Rechtfertigung ist, dann sollte man sich dabei an der Analyse unseres gewöhnlichen und vortheoretischen Begriffes der Rechtfertigung orientieren. Man muss also untersuchen, was man meint, wenn man sagt, dass eine Meinung erkenntnistheoretisch gerechtfertigt ist. Darum wird es in den vier Abschnitten dieses Kapitels gehen.

2. Unser Vorverständnis der erkenntnistheoretischen Rechtfertigung

Unser alltäglicher Rechtfertigungsbegriff ist *mehrdeutig*, denn es gibt verschiedene Arten der Rechtfertigung. Im theologischen Sinne gerechtfertigt gelten nach christlicher Auffassung Personen, und zwar aufgrund ihres Glaubens und der göttlichen Gnade. Der moralische Sinn der Rechtfertigung bezieht sich auf Handlungen oder Personen. Erkenntnistheoretisch gerechtfertigt sind in erster Linie Meinungen, aber auch Behauptungen oder Aussagen. Aber nicht jede gerechtfertigte Meinung ist gerechtfertigt im erkenntnistheoretischen Sinne. Fritz kann beispielsweise pragmatisch gerechtfertigt sein, an seinen Erfolg in der nächsten Klausur zu glauben, weil es klug ist, an den eigenen Erfolg zu glauben. Zuversicht erhöht immer die Erfolgsaussichten. Pragmatisch wäre Fritz jedoch auch dann gerechtfertigt, an seinen Erfolg zu glauben, wenn er bei allen bisherigen Anläufen, die Klausur zu bestehen, gescheitert wäre. Doch dann wäre der Erfolg so unwahrscheinlich, dass wir Fritz mit Sicherheit keine erkenntnistheoretische Rechtfertigung zuschreiben würden. Wie lassen sich beide Arten der Rechtfertigung einer Meinung voneinander abgrenzen? Erkenntnistheoretisch gerechtfertigte Meinungen haben (im Unterschied zu pragmatisch gerechtfertigten Meinungen) einen *positiven Status* mit Bezug auf das Ziel unserer Erkenntnisbemühungen – die Wahrheit. Sie sind, gemessen an den Maßstäben unseres Erkenntnisziels, gut bzw. so, wie sie sein sollten. Aber das bedeutet nicht, dass erkenntnistheoretisch gerechtfertigte Meinungen einfach wahre Meinungen sind. Im Unterschied zur Wahrheit ist die Eigenschaft der (erkenntnistheoretischen) Rechtfertigung nämlich *personen- und zeitrelativ*. So glauben alle Personen etwas Wahres, wenn sie glauben, dass die Schlacht bei Hastings 1066 stattfand. Aber nicht alle Personen, die das glauben, glauben es auf gerechtfertigte Weise. Ein Kind, das die Information nur zufällig irgendwo aufschnappt, hat keine gerechtfertigte Meinung. Aber ein Historiker, der alle relevanten Quellen und die Fachliteratur sehr gut kennt, ist sehr wohl in seiner Meinung gerechtfertigt. Und der Rechtfertigungsstatus der Meinung einer Person kann sich auch mit der Zeit ändern. So mag ein Wissenschaftler an die Richtigkeit einer Theorie glauben, lange bevor er die experimentellen Daten erhoben hat, die seine Theorie rechtfertigen. Später können weitere Daten die bisherige Rechtfertigung wieder erschüttern. Es ist deshalb besser, wenn wir sagen, dass die Rechtfertigung etwas ist, was die Wahrheit einer Meinung stützt. Das lässt sich einerseits so verstehen, dass die gerechtfertigten Meinungen durch Methoden gebildet werden, die tatsächlich zur Wahrheit hinführen, so wie ein zuverlässig funktionierendes Thermometer zu einer korrekten Temperaturanzeige führt. Es lässt sich aber andererseits auch so verstehen, dass das Subjekt Anzeichen (Gründe) kennt, die aus seiner Sicht für die Wahrheit der Meinung sprechen. Wie dieser *Zusammenhang mit der Wahrheit* genau zu verstehen ist, wird uns später noch eingehender beschäftigen. Es ist sicher möglich, dass manche Methoden oder Gründe die Wahrheit der auf sie gestützten Meinungen garantieren. Wenn wir innerlich aufmerksam auf unsere Empfindungen achten und sich dann in einer bestimmten Situation unwillkürlich die Meinung einstellt, dass wir einen stechenden Schmerz verspüren, dann kann diese Meinung im Regelfall nicht falsch sein. Im Falle einer derartigen wahrheitsgarantierenden Methode liegt sogar Wissen vor. Aber es ist offensichtlich, dass manchmal *auch falsche Meinungen gerechtfertigt* sind. Dafür sprechen unter anderem die folgenden drei Überlegungen. (1.) Würden alle Rechtfertigungen die Wahrheit garantieren, dann wäre es unsinnig von unterschiedlichen Graden der Rechtfertigung zu sprechen. Die Rechtfertigung wäre dann entweder perfekt oder würde gar nicht bestehen. Aber im Alltag sprechen wir ganz selbstverständlich von stärkeren oder schwächeren erkenntnistheoretischen Gründen. Daneben sprechen wir auch ohne weitere Angabe eines Grades davon, dass eine Meinung gerechtfertigt oder nicht gerechtfertigt ist. Dafür muss der Grad der Rechtfertigung dann einen gewissen Schwellenwert über- bzw. unterschreiten. (2.) Außerdem spielt die Anfechtbarkeit von Rechtfertigungen praktisch eine große Rolle. Eine anfechtbare Rechtfertigung liegt nur vorläufig vor, und zwar so lange, bis wir auf Gründe stoßen, die entweder gegen die Wahrheit unserer Meinung (widerlegende Anfechtungsgründe) oder gegen ihre Rechtfertigung (unterminierende Anfechtungsgründe) sprechen. Wenn wir aufgrund unserer bisherigen Beobachtung von ausnahmslos weißen Schwänen gerechtfertigt sind zu glauben, dass alle Schwäne weiß sind, dann wäre die Beobachtung eines einzigen schwarzen Schwans ein widerlegender Anfechtungsgrund, der die vorläufige Rechtfertigung der generellen Meinung wieder aufheben würde. Wenn wir einen Gegenstand vor uns als rot erleben, dann rechtfertigt uns das in der Meinung, dass dieser Gegenstand rot ist. Sobald wir aber erkennen, dass dieser Gegenstand durch rotes Licht beleuchtet wird, ist die Meinung nicht länger gerechtfertigt, weil ein unterminierender Anfechtungsgrund die vorläufige Rechtfertigung wieder aufgehoben hat – in diesem Fall nicht etwa deshalb, weil Gegenstände die im roten Licht rot aussehen, niemals rot sind, sondern deshalb, weil die rötliche Farbe eines rot beleuchteten Gegenstandes es nicht wahrscheinlich macht, dass der Gegenstand auch tatsächlich rot ist. Die Anfechtbarkeit von Rechtfertigungen ergibt aber nur Sinn, wenn vorläufige Rechtfertigungen zu falschen Meinungen führen können. Der spätere Verlust der Rechtfertigungsqualität einer Meinung durch neue Information erlaubt dann die nachträgliche Korrektur von früheren Fehlern. Dass unsere Rechtfertigungen anfechtbar sind, ist also ein gutes Indiz dafür, dass unsere Rechtfertigungen fehlbar sind. (3.) Es gibt einen großen Bereich von generellen Meinungen in den Wissenschaften, die nur induktiv (also nur durch die Beobachtung einzelner Fälle) gestützt sind. (→ Induktion und der Schluss auf die beste Erklärung). Da induktive Schlüsse immer das Risiko von falschen Generalisierungen beinhalten, wären sie alle nicht gerechtfertigt, wenn eine Rechtfertigung die Wahrheit einer Aussage garantieren muss. Das wäre eine extrem unplausible Konsequenz. Aus den drei genannten Gründen ist es sehr plausibel, erkenntnistheoretische Rechtfertigungen für fehlbar zu halten (vgl. dagegen Sutton 2007). Es genügt demnach, wenn die rechtfertigenden Faktoren die Wahrheit der fraglichen Meinung hinreichend *wahrscheinlich* werden lassen.

Schließlich möchte ich kurz noch auf die weit verbreitete Auffassung eingehen, dass eine Meinung genau dann (erkenntnistheoretisch) gerechtfertigt ist, wenn sie durch Argumente gestützt wird. Wenn das richtig wäre, könnten Meinungen nur durch Argumente gerechtfertigt werden. Außerdem wäre eine Argumentation allein ausreichend, um eine Meinung zu rechtfertigen. Beides scheint jedoch falsch zu sein. Wenn eine Rechtfertigung nur durch Argumente erfolgen könnte, dann wären nur Aussagen oder Meinungen relevant für die Rechtfertigung. Aber warum sollte man die zulässigen erkenntnistheoretischen Rechtfertigungen so stark einschränken? Warum sollten nicht auch Erfahrungen Gründe sein können, wenn sie für die Wahrheit einer Meinung sprechen? Und warum sollten nicht auch nicht-argumentative Methoden zuverlässig zu wahren Meinungen führen? Auf der anderen Seite kann kein Argument für sich genommen jemals eine Meinung rechtfertigen. Es macht die Wahrheit der Konklusion nur dann wahrscheinlich, wenn die Wahrheit seiner Prämissen bereits wahrscheinlich ist. Argumente leiten also die Rechtfertigung nur weiter, erzeugen sie aber nicht. Deshalb kann die *argumentative Rechtfertigung nicht grundlegend* sein. Sie setzt eine andere Art der Rechtfertigung voraus. Es lassen sich also eine Reihe charakteristischer Merkmale der erkenntnistheoretischen Rechtfertigung festhalten:

> **Erkenntnistheoretische Rechtfertigung**
> – ist ein positiver Status einer Meinung
> – ist personen- und zeitrelativ
> – stellt einen Zusammenhang mit der Wahrheit her
> – ist fehlbar
> – ist graduell
> – ist anfechtbar
> – lässt sich nicht auf Argumente allein zurückführen

Aufgrund dieser Merkmale lässt sich die erkenntnistheoretische Rechtfertigung auf folgende Weise definieren (Alston 1988a):

> **Definition der erkenntnistheoretischen Rechtfertigung**
>
> Eine Person S ist zum Zeitpunkt t vorläufig erkenntnistheoretisch gerechtfertigt zu glauben, dass etwas (p) der Fall ist, genau dann, wenn:
>
> 1) S zum Zeitpunkt t vorläufig im Besitz rechtfertigungsrelevanter Faktoren ist,
> 2) diese Faktoren erkenntnistheoretisch adäquat sind und
> 3) S seine Meinung, dass p, auf diese Faktoren stützt.

In diese Definition ist aufgenommen, dass die erkenntnistheoretische Rechtfertigung personen- und zeitrelativ sowie anfechtbar (und deshalb vorläufig) ist und dass sie einer Meinung einen hinreichend positiven erkenntnistheoretischen Status verleiht (aufgrund adäquater Faktoren). Zusätzlich wird gefordert, dass die adäquaten rechtfertigungsrelevanten Faktoren die Meinung *stützen* sollen. Was hat es damit auf sich? Stellen Sie sich vor, dass ein Kommissar die Mordverdächtige für unschuldig hält. Er ist im Besitz sehr guter Gründe für diese Einschätzung. Die Tatverdächtige hat nämlich ein sicheres Alibi. Und der Kommissar weiß davon. Doch das spielt für ihn nur eine untergeordnete Rolle. Der Kommissar ist von der Unschuld der Mordverdächtigen überzeugt, weil er nicht glauben kann, dass eine so zerbrechlich aussehende Frau einen Mord begehen kann. In diesem Fall würden wir kaum sagen, dass der Kommissar die Mordverdächtige gerechtfertigter Weise für unschuldig hält, und zwar deshalb, weil er seine Meinung auf schlechte Gründe stützt. Es genügt also nicht, dass jemand einen guten Grund für seine Meinung besitzt, er muss die Meinung auch haben, *weil* er den guten Grund hat. Und er darf sie nicht aus anderen, schlechten Gründen haben. Die guten Gründe müssen die Meinung auch kausal stützen, damit sie gerechtfertigt ist (vgl. Goldman 1979, Koppelberg 1999).

3. Definitionen von »Internalismus« und »Externalismus« der Rechtfertigung

Im Streit zwischen Internalisten und Externalisten über die (erkenntnistheoretische) Rechtfertigung geht es nun genauer um die Frage, welcher Art adäquate, rechtfertigungsrelevante Faktoren sind.

Die Internalisten behaupten, dass diese Faktoren innerhalb der subjektiven Perspektive liegen. Die Externalisten bestreiten das. Dass Faktoren innerhalb der subjektiven Perspektive liegen, kann man auf zwei unterschiedliche Weisen verstehen. Zunächst kann es bedeuten, dass die rechtfertigungsrelevanten Faktoren einfach mentale Zustände wie Empfindungen, Wahrnehmungen, Erinnerungen oder Meinungen sind. Es kann aber auch bedeuten, dass rechtfertigende Faktoren nur solche objektiven Tatsachen in der Außenwelt sind, die uns durch unsere kognitive Perspektive bekannt sind. Dann wären es Tatsachen, von denen wir durch Wahrnehmung, Erinnerung und Meinungen Kenntnis haben. *Mentale Internalisten* (Cohen 1984, Foley 1985, Conee und Feldman 2004) sind der Auffassung, dass Meinungen allein dadurch gerechtfertigt werden, dass sie durch passende mentale Zustände gestützt werden. Sobald also jemandem etwas als rot erscheint, ist er gerechtfertigt zu glauben, dass es rot ist. Und sobald jemand ein bestimmtes Erinnerungsbild vor Augen hat, ist er gerechtfertigt zu glauben, dass sich in der Vergangenheit etwas Entsprechendes ereignet hat. *Zugänglichkeitsinternalisten* (BonJour 1985: Kap. 3, Chisholm 1988) glauben dagegen nur, dass sie die rechtfertigenden Faktoren unmittelbar durch Reflexion erfassen können, wenn eine Rechtfertigung besteht. Wenn also eine Meinung gerechtfertigt ist, dann muss das zugehörige Subjekt allein aufgrund von Reflexion einen rechtfertigenden Grund, der für die Wahrheit dieser

Meinung spricht, erfassen können. Wenn der *mentale Internalist* Recht hat, dann hängt die Rechtfertigung einer Meinung allein von der subjektiven Perspektive der Person ab. Oder etwas anders formuliert: Der Rechtfertigungsstatus einer Meinung kann sich nur dann ändern (bzw. zwischen zwei Personen unterscheiden), wenn sich die subjektive Perspektive ändert (bzw. zwischen den Personen unterscheidet). Deshalb kann man auch von einem Subjektivismus der Rechtfertigung sprechen. Betrachten wir zwei Personen: Macpherson und Macbeth. Beide erleben die Welt völlig gleich. Sie unterscheiden sich nur darin, inwieweit ihre Erfahrungen der Realität entsprechen. Macpherson sieht einen echten Dolch vor sich und glaubt, dass vor ihm ein Dolch ist. Machbeth halluziniert einen Dolch und glaubt, dass vor ihm ein Dolch ist. Aus der Sicht des mentalistischen Internalisten ist jeder der beiden in seiner Meinung gerechtfertigt, dass sich vor ihm ein Dolch befindet, weil beide in ihren subjektiven Perspektiven übereinstimmen und die Meinung jeweils auf passende Sinneserlebnisse gestützt ist.

Objektivisten behaupten dagegen, dass die Rechtfertigung einer Meinung auch von Tatsachen in der Außenwelt abhängt. Der Objektivismus ist eine Art von Externalismus. Diese Art des Externalismus schließt jedoch den Zugänglichkeitsinternalismus nicht automatisch aus. Der Zugänglichkeitsinternalismus verlangt, dass die rechtfertigenden Faktoren unmittelbar durch Reflexion und ohne weitere empirische Untersuchung der Welt für das Subjekt zugänglich sind. Solche zugänglichen Gründe können mentale Zustände sein, die die Welt so präsentieren, dass sie die fragliche Meinung als wahrscheinlich wahr erscheinen lassen. Der mentale Internalismus ist also typischerweise ein Zugänglichkeitsinternalismus. Aber die Gründe können auch Tatsachen in der Außenwelt sein, die dem Subjekt durch Erfahrung, Erinnerung usw. bekannt sind und die für die Wahrheit der fraglichen Meinung sprechen, so wie der bekannte Fingerabdruck des Täters dafür spricht, dass ein bestimmter Verdächtiger der Täter ist. Dass bekannte Tatsachen für die Wahrheit einer bestimmten Meinung sprechen, lässt sich allein aufgrund von Reflexion auf die eigene mentale Perspektive auf die Welt erfassen. Der Zugänglichkeitsinternalismus erzwingt also keinen Subjektivismus.

Da der Subjektivismus und der Zugänglichkeitsinternalismus nicht zusammenfallen, ergeben sich eine Reihe von interessanten Kreuzklassifikationen. Der mentale Internalismus ist ein Subjektivismus, der typischerweise auch die Bedingungen des Zugänglichkeitsinternalismus erfüllt. Wenn die Rechtfertigung allein von mentalen Zuständen abhängt, dann ist es sehr plausibel, dass die rechtfertigungsrelevanten Faktoren vom Subjekt direkt erfasst werden können, wenn es darüber nachdenkt, welche Gründe es für eine Meinung hat. Eigene mentale Zustände können wir in der Regel direkt (ohne weitere empirische Untersuchungen) durch Selbstwissen erfassen. Objektivistische Positionen unterscheiden sich dagegen sehr deutlich hinsichtlich ihrer Zugänglichkeitsbedingungen. Das eine Extrem ist der *Reliabilismus* (vgl. dazu Goldman 1979). Danach ist eine Meinung genau dann gerechtfertigt, wenn die Meinung durch psychologische Prozesse hervorgebracht wird, die objektiv zuverlässig sind, d. h. derart beschaffen sind, dass sie meistens zu wahren Meinungen führen. Dabei spielt es keine Rolle, ob diese Zuverlässigkeit der Prozesse dem Subjekt irgendwie unmittelbar zugänglich ist. Der Reliabilismus ist ein Objektivismus ohne internalistische Zugänglichkeitsbedingung. Das andere Extrem ist ein Objektivismus, bei dem die rechtfertigenden Faktoren vollständig zugänglich sind. Danach ist eine Meinung genau dann gerechtfertigt, wenn sie durch zuverlässige Prozesse zustande gekommen ist und das Subjekt, wenn es darüber nachdenkt, ob diese Meinung gerechtfertigt ist, unmittelbar erkennen kann, dass es zuverlässige Gründe für seine Meinung gibt. Diese Position soll als *reflexiver Reliabilismus* (der Sache nach vertreten von BonJour 1985: Kap. 3) bezeichnet werden. Zwischen den beiden Extremen liegen Positionen, die nur eine partielle unmittelbare Zugänglichkeit der rechtfertigenden Faktoren verlangen. Danach müssen die rechtfertigenden Gründe unmittelbar für das Subjekt zugänglich sein, aber es muss nicht unmittelbar zugänglich sein, dass es sich um *adäquate* Gründe handelt. Eine solche Position lässt sich als Modifikation des gewöhnlichen Reliabilismus verstehen. Während letzterer für die Rechtfertigung nur verlangt, dass die Meinung tatsächlich zuverlässig gebildet wird, verlangt der *Reliabilismus der Gründe*, dass zur mentalen Perspektive des Subjekts subjektive Gründe gehören, die für die Wahrheit der gerechtfertigten Meinung sprechen, und dass diese Gründe selbst auf objektiv zuverlässigen psychologischen Prozessen beruhen (Alston 1988, Comesana 2010). Nach dieser Position sind die subjektiven Gründe unmittelbar für das Subjekt zugänglich, aber nicht die Zuverlässigkeit der ihnen zugrunde liegenden Prozesse. Dem Reliabilismus der Gründe zufolge ist meine Meinung, dass sich vor mir ein roter Gegenstand befindet, dadurch gerechtfertigt, dass ich ein visuelles Erlebnis von einem roten Gegenstand habe und dieses visuelle Erlebnis das Produkt eines zuverlässigen Wahrnehmungsprozesses ist. Nur das visuelle Erlebnis, nicht aber die Zuverlässigkeit meiner Wahrnehmung ist unmittelbar zugänglich für mich. Eine zweite Position mit einer eingeschränkten Zugänglichkeitsbedingung ist die Position der *Gründe als bekannte Tatsachen* (vgl. dazu Williamson 2000: Kap. 9, Hofmann 2013). Danach ist eine Meinung nur dann gerechtfertigt, wenn es eine objektive Tatsache gibt, die dem Subjekt bekannt ist und die für die Wahrheit der Meinung spricht. Um ein früheres Beispiel aufzugreifen: von den beiden Personen Macpherson und Macbeth, die beide dasselbe visuelle Erlebnis von einem Dolch haben, wäre nur Macpherson gerechtfertigt zu glauben, dass vor ihm ein Dolch ist, weil nur er einen wirklich existierenden Dolch wahrnimmt. Wenn sich Macpherson fragt, welcher Grund für die Wahrheit seiner Meinung spricht, dass sich vor ihm ein Dolch befindet, so kann er unmittelbar den Dolch in seinem Blickfeld anführen. Sein Grund ist also für ihn unmittelbar zugänglich. Wenn er sich jedoch fragt, ob er einen solchen objektiven Grund tatsächlich hat, lässt sich das für Macpherson aus der Innenperspektive nicht mehr unmittelbar entscheiden.

Im folgenden Schaubild sind die beiden Dimensionen des Internalismus bzw. Externalismus übersichtlich dargestellt:

	volle Zugänglichkeit	partielle Zugänglichkeit	keine Zugänglichkeit
Subjektivismus	mentaler Internalismus		
Objektivismus	reflexiver Reliabilismus	Reliabilismus der Gründe	Reliabilismus
		Gründe als bekannte Tatsachen	

In diesem Schaubild ist der mentale Internalismus ein radikaler Internalismus, weil er beide Dimensionen des Internalismus vollständig erfüllt: die rechtfertigenden Faktoren sind subjektiv und voll zugänglich. Der Reliabilismus ist dagegen ein radikaler Externalismus, weil ihm zufolge die rechtfertigenden Faktoren objektiv sind (die Zuverlässigkeit der Prozesse hängt von der Übereinstimmung der Meinungen mit der Außenwelt ab) und überhaupt nicht unmittelbar zugänglich sein müssen. Die übrigen Positionen haben sowohl internalistische als auch externalistische Aspekte. Im folgenden Abschnitt sollen die Argumente für und Einwände gegen die einzelnen Positionen dargestellt und diskutiert werden.

4. Diskussion des Internalismus und Externalismus

4.1 Diskussion des Subjektivismus

Argument vom Pflichtenmodell der Rechtfertigung (Goldman 1988: 51). Stellen Sie sich eine vorwissenschaftliche Kultur vor, in der es üblich ist, sehr unzuverlässige Methoden für die Voraussage zukünftiger Ereignisse oder Vorgänge in der nicht beobachtbaren Welt (der Götter und der kleinsten Teilchen) zu verwenden. Die Menschen in dieser Kultur stützen sich auf das Lesen von Vorzeichen, die Astrologie und verschiedene Orakel. In dieser Kultur sind statistische Verfahren vollkommen unbekannt, so dass auch die fehlerhaften Prognosen der Vergangenheit keinen negativen Einfluss auf das allgemeine Vertrauen in die verwendeten Methoden haben. Außerdem sind experimentelle Methoden nicht verbreitet. Es gibt also innerhalb dieser Kultur keine Möglichkeit für den Einzelnen, die anerkannten Methoden zu kritisieren. Stellen Sie sich nun weiter vor, eine bestimmte Person S sagt mit Hilfe von Tierkreiszeichen den Ausgang der bevorstehenden Schlacht voraus. Ist S gerechtfertigt, an seine Prognose zu glauben? Es ist durchaus plausibel, auf diese Frage mit »ja« zu antworten, wenn man berücksichtigt, dass man S in erkenntnistheoretischer Hinsicht nichts vorwerfen kann. S tut sein Bestes unter den vorherrschenden Umständen, indem er sich an den allgemein akzeptierten Methoden orientiert. Er verhält sich weder unverantwortlich noch mangelt es ihm an der erforderlichen Sorgfalt. Für S ist es einfach nicht möglich, geschweige denn erwartbar, dass er aus der üblichen erkenntnistheoretischen Praxis ausbricht. S hat also nichts getan, was er nicht tun sollte, wenn man annimmt, dass für S nur solche erkenntnistheoretischen Pflichten bestehen, die er auch erfüllen kann. Sollen impliziert Können. Doch wenn S unter den beschriebenen Bedingungen gerechtfertigt ist, obwohl er objektiv unzuverlässige Methoden verwendet, dann hängt seine Rechtfertigung *nicht* von der objektiven Qualität der rechtfertigenden Faktoren ab.

Argument der Dämonwelt (Cohen 1984: 283f, Foley 1985: 189f). Man stelle sich ein Subjekt S in zwei unterschiedlichen Situationen, A und B, vor. In beiden Situationen ist seine mentale Perspektive absolut gleich. Seine Überzeugungen, Erlebnisse und Erinnerungen unterscheiden sich in beiden Situationen überhaupt nicht, nicht einmal in ihrer Stärke und Intensität. Der einzige Unterschied besteht in der Umwelt. In Situation A sind die Überzeugungen von S größtenteils wahr, während in Situation B die meisten Überzeugungen von S falsch sind. In B wird S von einem bösen Dämon fortwährend über seine Umwelt getäuscht. Aus der Perspektive von S gibt es also gar keinen Unterschied zwischen beiden Situationen. S würde es nicht bemerken, wenn er von Situation A in die Dämonwelt B transportiert würde. Wenn man sich beide Situationen vorstellt, dann hat man vermutlich die Intuition, dass jede Meinung von S, die in Situation A gerechtfertigt ist, auch in Situation B gerechtfertigt ist. Aber wenn das richtig ist, dann hängt die Rechtfertigung allein von der mentalen Perspektive des Subjekts ab und nicht von irgendwelchen objektiven Tatsachen in der Umwelt.

Antworten des Objektivisten. Unsere Bewertungen beider Fälle (also des Falles einer vorwissenschaftlichen Kultur und der Dämonfall) speisen sich aus derselben Quelle. In beiden Fällen können wir dem betrachteten Subjekt kein fehlerhaftes Verhalten vorwerfen. Im Fall der vorwissenschaftlichen Kultur kann man vernünftigerweise nicht erwarten, dass das Subjekt die Unzuverlässigkeit seiner Methoden durchschaut. Und im Fall der Dämonwelt ist es sogar strikt unmöglich, dass das Subjekt die Täuschung durchschaut. Nun argumentiert der Subjektivist, dass keine Pflichtverletzung vorliegt, wenn ein anderes Verhalten des Subjekts unmöglich oder wenigstens nicht vernünftigerweise erwartbar ist. Wenn jedoch keine Pflichtverletzung des Subjekts vorliegt, dann sind seine Meinungen auch gerechtfertigt. Der Objektivist wird vor allem die Annahme angreifen, dass eine Meinung bereits dann erkenntnistheoretisch gerechtfertigt ist, wenn das epistemische Subjekt keine erkenntnistheoretische Pflicht verletzt hat. Das scheint eine viel zu schwache Bedingung zu sein. Stellen Sie sich vor, dass jemand einfach zu geringe intellektuelle Fähigkeiten hat, um erkennen zu können, dass der Schluss *wenn p, dann q, q, also p* ungültig ist. Wenn Sollen Können impliziert, dann kann für so jemanden nicht die Norm gelten, gemessen an der der obige Schluss ein Fehlschluss ist. Dann würde sein Schluss keine Pflicht verletzen. Folglich wäre die Schlussfolgerung erkenntnistheoretisch gerechtfertigt. Diese Konsequenz ist natürlich absurd. Hinzu kommt, dass sich Pflichten gar nicht auf die Meinungsbildung beziehen können, wenn Pflichten nur für das gelten, was das Subjekt willentlich kontrollieren kann. Meinungen sind nämlich keine willentlich kontrollierbaren Handlungen (vgl. Alston 1988b). Sie stellen sich unwillkürlich ein und lassen sich auch willentlich nicht zum Verschwinden bringen. Wenn Sie beispielsweise plötzlich ein Auto auf sich zurasen sehen, dann können Sie gar nicht anders als glauben, dass das Auto auf Sie zukommt. Durch seine Wünsche kann man seine Meinungen nicht beeinflussen. Das gilt übrigens auch für irrationale Meinungen. Manchmal erweisen sich Vorurteile als resistent gegenüber Argumenten. Selbst wenn sie den Argumenten folgen wollen, verschwinden Ihre Vorurteile nicht automatisch. All das zeigt, dass Meinungen keine willentlich kontrollierbaren Handlungen sind.

Auch wenn der Subjektivist einräumt, dass das Pflichtenmodell erkenntnistheoretischer Rechtfertigung nicht funktioniert, kann er dennoch behaupten, dass seine Intuition über die Dämonwelt davon unabhängig ist. Es genügt einfach für die Rechtfertigung, wenn die Wahrheit der Meinung aus der subjektiven Perspektive wahrscheinlich ist. Doch ist das intuitiv tatsächlich so plausibel? Ist es nicht vielmehr so, dass die Dämonweltmöglichkeit ja gerade ein skeptisches Problem aufwirft, weil sie zeigt, dass in einer solchen Welt der systematische Zusammenhang zwischen unserer Perspektive und der Wahrheit fehlen würde? Warum sollte uns diese Möglichkeit beunruhigen, wenn die Rechtfertigung keinen objektiven Zusammenhang mit der Wahrheit erfordert? Außerdem kann der Objektivist den folgenden prinzipiellen Gedanken geltend machen: Wenn die Rechtfertigung allein von unserer Perspektive abhängen würde, dann wäre es vollkommen rätselhaft, warum uns die Rechtfertigung so wichtig erscheint. Angesichts unseres erkenntnistheoretischen Ziels der Wahrheit ist es doch vollkommen gleichgültig, ob es von irgendeinem Standpunkt so aussieht, als ob die Gründe zuverlässig zur Wahrheit führen. Wir sind einzig und allein daran interessiert, dass uns die Gründe *tatsächlich* zur Wahrheit hinführen.

4.2 Diskussion des Reliabilismus

Der Reliabilismus (deutsch: Zuverlässigkeitstheorie) ist die radikale Gegenposition zum mentalen Internalismus (vgl. Goldman 1979). Während für den mentalen Internalisten die Rechtfertigung einer Meinung allein davon abhängt, ob die subjektive Perspektive die Wahrheit dieser Meinung nahe legt, spielt die subjektive Perspektive aus Sicht des Reliabilisten keine signifikante Rolle bei der Rechtfertigung einer Meinung. Für den Reliabilisten ist eine Meinung genau dann vorläufig (d. h. anfechtbar) gerechtfertigt, wenn sie durch einen Prozess hervorgebracht wird, der objektiv zuverlässig ist (d. h. überwiegend wahre Meinungen hervorbringt). Aus der Sicht des Subjekts kann die Meinung einfach spontan auftreten. Allein entscheidend für die Rechtfertigung ist die tatsächliche Zuverlässigkeit der beteiligten Prozesse, ganz egal, ob sie dem Subjekt bekannt bzw. unmittelbar zugänglich ist oder nicht. Was die Meinung rechtfertigt, ist die Tatsache, dass sie durch Methoden gebildet wird, die tatsächlich gute Mittel zur Erreichung des erkenntnistheoretischen Wahrheitsziels sind. Der Reliabilismus ist ein Objektivismus ohne internalistische Zugänglichkeitsbedingung.

Bevor ich zur Diskussion des Reliabilismus übergehe, möchte ich noch zwei erläuternde Bemerkungen voranstellen. Erstens: Ein Prozess ist nicht bereits dann *zuverlässig*, wenn er tatsächlich mehr wahre als falsche Meinungen hervorbringt. Es ist nämlich vollkommen unplausibel, dass eine Uhr, die um 3:00 Uhr stehen geblieben ist, zuverlässig ist, nur weil ich sie zufälligerweise ein einziges Mal um 3:00 Uhr konsultiere. Es müssen vielmehr auch die Meinungen berücksichtigt werden, die der Prozess leicht hätte hervorbringen können. Nur wenn diese Meinungen überwiegend wahr wären, ist der Prozess im relevanten Sinne zuverlässig. Und es ist klar, dass mein Blick auf die defekte Uhr mehrheitlich zu falschen Meinungen geführt hätte, wenn ich sie unter anderen Umständen konsultiert hätte. Zweitens: Der Reliabilismus ist besonders gut geeignet, um zu erklären, warum Wahrnehmungsmeinungen oder Erinnerungsmeinungen gerechtfertigt sind. Aber er kann auch erklären, warum Meinungen durch verschiedene Arten von Schlüssen gerechtfertigt werden können. Gültige Schlüsse sind nämlich *bedingt* zuverlässig. Sie führen also von wahren Prämissen zu wahren Konklusionen, und zwar entweder zwingend (bei deduktiven Schlüssen) oder wenigstens mehrheitlich (im Fall von induktiven Schlüssen). Die Konklusion eines gültigen Schlusses ist demnach dann gerechtfertigt, wenn die Prämissen ihrerseits zuverlässig gebildet wurden. Der Reliabilismus scheint also eine universelle Theorie der Rechtfertigung zu sein.

Argument der Wahrheitszuträglichkeit. Zu den allgemeinen Merkmalen der erkenntnistheoretischen Rechtfertigung gehört, dass sie ein gutes Mittel für die Erlangung wahrer Meinungen sein soll. Zuverlässige Prozesse (und Methoden) sind genau solche guten Mittel zur Erlangung wahrer Meinungen, weil sie die Wahrheit der durch sie hervorgebrachten Meinungen objektiv wahrscheinlich machen. Der Reliabilismus ist also eine intuitiv sehr nahe liegende Position.

Argument von der Alltagspraxis. Wenn ein kleines Kind vor sich blaue Klötze sieht, mit seiner Wahrnehmung alles in Ordnung ist und es aufgrund dessen glaubt, dass vor ihm blaue Klötze liegen, dann schreiben wir diesem Kind im Alltag eine gerechtfertigte Meinung zu. Ganz ähnlich verhalten wir uns, wenn ein Hund hinter einer Katze herläuft, diese unmittelbar vor ihm auf einen Baum entwischt und der Hund laut bellend vor dem Baum wartet. Wir sagen dann, dass der Hund gerechtfertigterweise glaubt, dass die Katze auf dem Baum ist. Erwachsene haben schließlich sehr viele Meinungen, die sie einmal auf zuverlässige Weise (aus Büchern, durch Erfahrung, aus den Medien, durch vertrauenswürdige Informanten) erworben haben, bei denen sie sich aber beim besten Willen nicht mehr daran erinnern können, welche Gründe sie dazu bewogen haben, diese Meinungen auszubilden. Die Meinungen sind erhalten geblieben, aber die Gründe sind in vielen Fällen vergessen (Goldman 1979: 15, Goldman 1999: 280). Dennoch würden wir diese Meinungen im Alltag weiterhin als gerechtfertigt bezeichnen. Wenn wir alltägliche Zuschreibungen dieser Art Ernst nehmen, dann liefert uns der Reliabilismus die beste Erklärung für die Wahrheit unserer Zuschreibungen. Das Kind, der Hund und die Erwachsenen haben ihre Meinungen in den Beispielen zuverlässig erworben, aber die rechtfertigenden Faktoren sind nicht auf eine direkte Weise aus der Perspektive des Subjekts unmittelbar zugänglich. Das Kind und der Hund stützen ihre Meinungen zwar auf bewusste Erlebnisse, aber ihnen fehlt die Begrifflichkeit, um Meinungen über ihre Gründe und deren Zuverlässigkeit auszubilden. Sie können nicht erfassen, dass sie gute Gründe für ihre Meinung haben. Der Erwachsene verfügt zwar vielleicht über die erforderlichen Begriffe, aber er hat seine ehemaligen Gründe längst vergessen und deshalb keinen direkten Zugriff auf diese Gründe. Eine internalistische Zugänglichkeitsbedingung stünde also im Widerspruch zu unserer alltäglichen Zuschreibung gerechtfertigter Meinungen.

Argument von der Vermeidung skeptischer Konsequenzen. Nehmen wir einmal an, die Zuverlässigkeit der meinungsbildenden Prozesse wäre erforderlich für die Rechtfertigung, aber nicht ausreichend. Es müsste außerdem unmittelbar zugänglich sein, dass die fragliche Meinung durch zuverlässige Gründe gestützt wird. Das Subjekt müsste dann durch reines Nachdenken im Lehnstuhl herausfinden können, dass es zuverlässige Gründe für die Meinung besitzt. Durch Selbstwissen kann das Subjekt vielleicht erkennen, ob aus seiner Perspektive etwas für die Meinung spricht. Ob diese Gründe jedoch zuverlässig sind, darüber sagt uns unser Selbstwissen nichts, denn es handelt sich ja um eine objektive Tatsache. Nach Auffassung der Zugänglichkeitsinternalisten soll uns die rationale Einsicht helfen, die objektive Zuverlässigkeit unserer grundlegenden Quellen der Rechtfertigung (wie Wahrnehmung, Erinnerung, das Zeugnis anderer) zu erkennen. Ein Problem dieses Vorschlags besteht darin, dass eine solche Metarechtfertigung unserer grundlegenden Quellen bestenfalls für einen kleinen Kreis von Philosophen verfügbar ist, nicht aber für gewöhnliche Menschen. Im Prinzip hätten also bestenfalls Intellektuelle gerechtfertigte Meinungen. Das grundlegende Problem besteht jedoch darin, dass eine höherstufige Rechtfertigung der Zuverlässigkeit unserer grundlegenden Rechtfertigungsquellen durch rationale Einsicht gar nicht möglich erscheint. Immer wieder hat es den Versuch gegeben, den skeptischen Zweifel an der Zuverlässigkeit unserer grundlegenden Erkenntnisquellen durch reine Vernunftüberlegungen im Lehnstuhl zu widerlegen. Aber alle diese Versuche sind bislang gescheitert. Ein vollständiger Zugänglichkeitsinternalismus führt also unabwendbar zu einem globalen Skeptizismus. Diese unplausible Konsequenz ist nur abwendbar, wenn wir die Zugänglichkeitsbedingung aufgeben und am Reliabilismus festhalten (BonJour 2002: 243).

Antworten des Zugänglichkeitsinternalisten. Der Zugänglichkeitsinternalist kann akzeptieren, dass nur zuverlässig gebildete Meinungen gerechtfertigt sind. Er wird aber darauf beharren, dass unsere Alltagszuschreibungen gerechtfertigter Meinungen streng genommen falsch sind. Solche Meinungen sind bestenfalls näherungsweise gerechtfertigt. Das Argument von der Vermeidung skeptischer Konsequenzen lässt sich auch umdrehen und gegen den Reliabilisten wenden. Der Reliabilist kann zwar die skeptischen Konsequenzen vermeiden, aber er umgeht sie zu einfach. Man kann nämlich argumentieren, dass der Skeptizismus ein ernsthaftes erkenntnistheoretisches Problem ist und dass der Reliabilist dieses Problem vollkommen zum Verschwinden bringt. Wenn es bei der Rechtfertigung allein auf die tatsächliche Zuverlässigkeit von meinungsbildenden Prozessen ankommt, dann lässt sich gar nicht mehr verstehen, warum die bloße Denkmöglichkeit radikaler Täuschungssituationen irgendein Problem aufwerfen sollte (Fumerton 1995: 177, Bergmann 2000: 168). Daneben gibt es eine ganze Reihe von Problemen und Einwänden, die gegen den Reliabilismus sprechen.

Das Generalitätsproblem (Conee und Feldman 1998). Der Reliabilismus sagt, dass eine Meinung gerechtfertigt ist, wenn der psychologische Prozess, der zu der Meinung führt, zuverlässig ist. Daraus ergibt sich ein schwieriges technisches Problem. Einzelmeinungen werden nämlich durch einen einzelnen psychischen Prozess verursacht. Zuverlässigkeit ist aber eine Sache der Wahrheits*häufigkeit*. Und statistische Eigenschaften wie die Häufigkeit der Wahrheit lassen sich nicht Einzelereignissen zuordnen, sondern nur einer Menge von Ereignissen *einer bestimmten Art*. Das Problem besteht nun darin, dass wir einen einzelnen Prozess sehr unterschiedlichen Arten zuordnen können, je nachdem, wie wir ihn beschreiben. Und diese verschiedenen Arten von Prozessen können dann einen jeweils sehr unterschiedlichen Grad an Zuverlässigkeit haben. Wenn das richtig ist, dann ist die Zuverlässigkeit eines einzelnen Prozesses letztlich unbestimmt (und damit auch der Grad seiner Rechtfertigung). Betrachten Sie das folgende Beispiel: Ich beobachte das Wetter durch das Fenster meines Arbeitszimmers und komme aufgrund meiner Beobachtung zu der Meinung, dass heute ein sonniger Tag ist. Ich kann den meinungsbildenden Prozess nun ganz allgemein als Wahrnehmungsprozess oder, spezifischer, als visuellen Prozess oder als ungestört ablaufenden visuellen Prozess oder gar als visuellen Prozess beschreiben, der zu einer Meinung mit einem ganz bestimmten Inhalt führt. Je nachdem, wie ich ihn beschreibe, wird die Wahrheitsbilanz unterschiedlich ausfallen. Außerdem kann ich den Prozesstyp relativ zu sehr unterschiedlichen Umständen bewerten: als Prozess unter beliebigen Beobachtungsbedingungen, als Prozess unter günstigen Beobachtungsbedingungen, als Prozess, der zu Meinungen über Objekte hinter festen Körpern führt, als Prozess der zu Meinungen über Objekte hinter Fenstern führt usw. Die Zuordnung einer bestimmten Wahrheitshäufigkeit wird auch von der Auswahl der Umstände abhängen. Um zu vermeiden, dass der Grad der Zuverlässigkeit vollkommen unbestimmt ist, muss der Reliabilist versuchen, objektive Kriterien dafür anzugeben, welche Beschreibung den relevanten Prozesstyp unter den relevanten Umständen herausgreift. Solche Versuche gibt es. Sie können hier jedoch nicht ausführlich dargestellt werden (vgl. weiterführend: Alston 1995, Kornblith 2002: 63–69, Comesana 2006).

Der Fall des Hellsehers Norman (BonJour 1985: 41f). Aus der Sicht des Reliabilisten ist es möglich, dass die Meinung einer Person gerechtfertigt ist, obwohl *aus ihrer Perspektive* nichts für die Wahrheit dieser Meinung spricht. Die Meinung wäre dann gerechtfertigt, obwohl die Person keinen Grund (also etwas, das aus ihrer Sicht für die Meinung spricht) hat und gewissermaßen »blind« zu ihrer Meinung kommt. Dass grundlose Meinungen gerechtfertigt sein können, erscheint dem Internalisten unplausibel. Um das zu veranschaulichen, wurde der fiktive Fall vom Hellseher Norman erfunden: Norman besitzt tatsächlich zuverlässige hellseherische Fähigkeiten. Er hat aus seiner Perspektive aber weder Gründe für noch gegen die Zuverlässigkeit der Hellseherei und schon gar keine Gründe dafür oder dagegen, dass er selbst diese Fähigkeit hat. In einer bestimmten Situation erwirbt Norman aufgrund seiner hellseherischen Fähigkeiten die wahre Meinung, dass sich der amerikanische Präsident in New York aufhält. Aus seiner Perspektive sprechen keine Gründe für oder gegen diese Meinung. Die Meinung stellt sich aus seiner Sicht einfach spontan ein, beruht aber objektiv auf einer zuverlässigen hellseherischen Fähigkeit Normans. Wenn Sie über diese Situation unvoreingenommen nachdenken, werden Sie wahrscheinlich wie viele andere auch die Intuition haben, dass Normans Meinung *nicht* gerechtfertigt ist. Wenn das stimmt, dann reichen zuverlässige meinungsbildende Prozesse also nicht aus, um eine Meinung zu rechtfertigen. Dieser Einwand legt nahe, dass für die Rechtfertigung (unmittelbar) zugängliche Gründe aus der Perspektive des Subjekts erforderlich sind. Damit wäre zumindest der einfache Reliabilismus widerlegt.

Einwand von der unzulässigen Selbstautorisierung eines Instruments (Vogel 2000). Stellen Sie sich vor, Sie wollen herausfinden, ob ihre Armbanduhr zuverlässig funktioniert. Wenn der Reliabilismus richtig wäre, könnten Sie folgendermaßen vorgehen: Sie verlassen sich auf Ihre Uhr und vertrauen ihrer Zeitanzeige. Das heißt, Sie bilden Meinungen über die jeweilige Zeit entsprechend der Zeitanzeige Ihrer Uhr. Dann vergleichen Sie Ihre Meinungen über die Zeit mit der Zeitanzeige Ihrer Uhr. Da beide zwangsläufig immer übereinstimmen (Ihre Meinungen über die Zeit und über die Zeitanzeige beruhen ja beide auf der Zeitanzeige ihrer Uhr), können Sie induktiv darauf schließen, dass Ihre Uhr zuverlässig funktioniert. Wenn der Reliabilismus richtig ist und wenn Ihre Uhr tatsächlich zuverlässig funktioniert, dann ist diese Meinung gerechtfertigt. Das liegt daran, dass ihre Meinungen über die Zeit auf einem zuverlässigen Instrument (Ihrer Uhr) beruhen, Ihre Wahrnehmung der Zeitanzeige auch zuverlässig ist und Induktion ein zuverlässiges Schlussverfahren ist. Aber diese Konsequenz des Reliabilismus ist absurd. Wenn man zu der Meinung gelangt, dass ein Instrument zuverlässig ist, nur weil seine Anzeige (trivialerweise) mit sich selbst übereinstimmt, dann kann diese Meinung nicht gerechtfertigt sein. Also ist der Reliabilismus widerlegt. – Aber so schnell muss sich der Reliabilist nicht geschlagen geben (zum Folgenden Kornblith 2009). Er kann nämlich Folgendes auf den Einwand erwidern: Wir halten die resultierende Meinung deshalb nicht für gerechtfertigt, weil wir annehmen, dass die zugrunde liegende Methode durch folgende Regel beschrieben werden kann: Immer dann, wenn die Anzeige eines Instruments mit sich selbst übereinstimmt, glaube, dass das Instrument zuverlässig funktioniert. Da nun auch die Anzeigen defekter Instrumente (und nicht nur – wie im Beispiel – die Anzeigen zuverlässig funktionierender Instrumente) mit sich selbst übereinstimmen, ist die verwendete Methode tatsächlich *unzuverlässig*. Deshalb kann auch der Reliabilist sagen, dass die Selbstautorisierung eines Instruments unzulässig ist.

Zwischenbilanz. Eine gerechtfertigte Meinung scheint nur dann vorzuliegen, wenn tatsächlich ein objektiver Zusammenhang mit der Wahrheit durch zuverlässige Prozesse hergestellt wird. Wenn wir gleichwohl Personen in Dämonwelten gerechtfertigte Meinungen zuschreiben, gehen wir dabei unzulässig von der Tatsache, dass diese Personen nichts für ihre Fehler können, zu der Annahme über, dass ihre Meinungen erkenntnistheoretisch gerechtfertigt sind. Auch das Argument von der Dämonwelt kann also die Zuverlässigkeitsbedingung der Rechtfertigung nicht wirklich erschüttern. Dennoch scheint der Reliabilismus einen wichtigen Aspekt unseres gewöhnlichen Rechtfertigungsverständnisses auszublenden. Damit eine Person in einer Meinung gerechtfertigt ist, braucht sie auch Gründe, die aus ihrer Sicht für die Wahrheit der Meinung sprechen. Der Fall des Hellsehers Norman zeigt, dass wir uns intuitiv dagegen sträuben, grundlose Meinungen als gerechtfertigt anzusehen. Wenn Gründe tatsächlich diese unverzichtbare Rolle für die Rechtfertigung spielen, dann liegt die Vermutung nahe, dass für die Rechtfertigung nicht nur bestimmte objektive Bedingungen erfüllt sein müssen (wie der Reliabilismus sagt), sondern dass das Subjekt auch aus seiner Sicht auf privilegierte Weise erfassen können muss, dass diese Bedingungen erfüllt sind. Wenn man den Reliabilismus mit einer uneingeschränkten Zugänglichkeitsbedingung verbindet, dann erhält man den reflexiven Reliabilismus. Diese Position soll im folgenden Abschnitt diskutiert werden.

4.3 Diskussion des reflexiven Reliabilismus

Der reflexive Reliabilismus behauptet, dass eine Meinung genau dann gerechtfertigt ist, wenn sie durch zuverlässige Prozesse zustande gekommen ist und das Subjekt, wenn es darüber nachdenkt, ob diese Meinung gerechtfertigt ist, unmittelbar erkennen kann, dass es zuverlässige Gründe für seine Meinung hat. Die Zugänglichkeit der zuverlässigen Gründe soll hier so verstanden werden, dass das Subjekt durch reines Nachdenken erfassen kann, ob die fragliche Meinung gerechtfertigt ist oder nicht. Denn dass objektive Tatsachen (wie zuverlässige Prozesse) *irgendwie* (also etwa durch weitere empirische Nachforschungen) erkennbar sind, wäre absolut trivial. Der reflexive Reliabilismus behauptet dagegen, dass das Subjekt durch Selbstwissen und rationale Einsicht direkt herausfinden kann, ob es zuverlässige Gründe für seine Meinung gibt. Sehen wir uns nun die Argumente und Einwände gegen diese Position genauer an.

Argument von der regulativen Konzeption der Rechtfertigung (Kaplan 1994). Nach der regulativen Konzeption soll mir die Rechtfertigung dabei helfen, die an mich selbst gerichtete Frage »Was soll ich glauben?« zu beantworten. Diese Frage stellt sich, wenn es Gründe für, aber auch gegen eine bestimmte Position gibt, und wir nicht automatisch eine Meinung ausbilden, sondern noch unentschieden sind. Dann stellt sich die Frage, *bevor* wir uns eine Meinung gebildet haben. Die Frage kann sich aber auch im Rückblick stellen, *nachdem* wir uns also bereits eine Meinung gebildet haben. Wir können uns nämlich kritisch von unseren Vormeinungen distanzieren und uns

fragen, ob sie wirklich wahr sind. Das macht z. B. Descartes in seiner *Ersten Meditation*. In beiden Situationen soll nach der regulativen Konzeption die Rechtfertigung ein *Kriterium* sein, um zu entscheiden, ob wir eine bestimmte Meinung ausbilden bzw. an ihr festhalten sollen oder nicht. Kriterien können unsere Entscheidungen und unser Verhalten nur dann leiten, wenn sie uns bekannt oder zumindest zugänglich sind. Es ergibt sich also das folgende Argument für die Zugänglichkeit der rechtfertigenden Faktoren:

(1) Rechtfertigende Faktoren sind Kriterien für das Subjekt.
(2) Etwas kann einem Subjekt nur als Kriterium dienen, wenn es ihm zugänglich ist.

Also: Rechtfertigende Faktoren sind dem Subjekt zugänglich.

Wie gut ist dieses Argument wirklich? Zunächst ist gar nicht klar, ob die Rechtfertigung generell ein Kriterium sein soll, wie Prämisse (1) behauptet. Nach einem solchen Kriterium suchen wir nämlich nur in Ausnahmefällen, also wenn sich unsere Meinung nicht automatisch einstellt und wenn wir unsere Meinungen aus der Perspektive der kritischen Distanzierung bewerten. Prämisse (2) ist zwar sehr plausibel, genügt so aber nicht, um den Zugänglichkeitsinternalismus zu rechtfertigen. Danach sollen ja die rechtfertigenden Faktoren dem Subjekt nicht nur *irgendwie* zugänglich sein, sondern allein aufgrund von reinem Nachdenken (Selbstwissen und rationaler Einsicht). Aber warum sollen Kriterien dem Subjekt auf eine solche privilegierte Weise zugänglich sein? Wenn es um die bloße Meinungsbildung geht, dann können wir klarerweise auch empirisches Wissen über die Qualität unserer Gründe heranziehen. Wenn es dagegen um die *kritische Bewertung* unserer Meinungen geht, dann brauchen wir unabhängige Kriterien. Aber warum sollte das Selbstwissen und die rationale Einsicht dabei eine besondere Stellung einnehmen? Sie lassen sich ja ihrerseits auch kritisch hinterfragen. Selbst wenn man also die regulative Funktion zu einem wesentlichen Merkmal der Rechtfertigung erklärt, ist es keineswegs klar, dass sich so der Zugänglichkeitsinternalismus rechtfertigen lässt.

Argument von der dialektischen Rolle der Rechtfertigung. In Streitgesprächen und Debatten *rechtfertigen* wir unsere Behauptungen dadurch, dass wir unsere Gründe nennen oder Einwände unserer Gegner durch die Angabe von Gegengründen zurückweisen. Man kann jedoch nur solche Gründe artikulieren, die einem zugänglich sind. In der Praxis unseres Rechtfertigens von Behauptungen gegenüber Gesprächspartnern spielen nur zugängliche Faktoren der Rechtfertigung eine Rolle (Alston 1988a). – Dieses Argument zeigt in keinem Fall, dass alle rechtfertigungsrelevanten Faktoren zugänglich sein müssen. Es zeigt nur, dass im Gespräch nur die Faktoren der Rechtfertigung eine Rolle spielen, die den Sprechern zugänglich sind. Aber warum sollte es nicht auch gerechtfertigte Meinungen geben können, die sich im Gespräch mit anderen nicht rechtfertigen lassen? Im Gespräch gerechtfertigt werden und gerechtfertigt sein sind nämlich verschiedene Dinge. Wenn eine Meinung im Gespräch gerechtfertigt wird, dann zeigt der Sprecher, dass sie gerechtfertigt ist. Aber eine Meinung kann natürlich auch gerechtfertigt sein, ohne dass öffentlich von ihr gezeigt wird, dass sie gerechtfertigt ist. Man vertauscht die Rechtfertigung einer Meinung mit der Rechtfertigung der höherstufigen Meinung, dass die erste Meinung gerechtfertigt ist, wenn man diesen Unterschied übersieht (Alston 1980).

Der Fall des Hellsehers Norman. In der Diskussion des Reliabilismus hatte sich bereits herausgestellt, dass wir grundlose Meinungen selbst dann nicht für gerechtfertigt halten, wenn sie auf zuverlässigen Prozessen beruhen. Der Fall des Hellesehers Norman hatte das gezeigt. Der reflexive Reliabilist könnte das als Beleg dafür anführen, dass alle rechtfertigenden Faktoren unmittelbar für das Subjekt zugänglich sein müssen. – Tatsächlich zeigt dieser Fall aber nur, dass grundlose Meinungen nicht gerechtfertigt sind. Er zeigt nicht, dass auch die Zuverlässigkeit der Gründe (wenn sie für die Rechtfertigung erforderlich ist) zugänglich sein muss. Auf diese Weise lässt sich also der reflexive Reliabilismus nicht rechtfertigen.

Einwand von den unerfüllbaren Rechtfertigungsbedingungen. Nehmen wir einmal an, dass richtig ist, was der reflexive Reliabilismus sagt. Dann ist eine Meinung nur dann gerechtfertigt, wenn das Subjekt aus der Perspektive reinen Nachdenkens erfassen kann, dass die Verfahren der Meinungsbildung zuverlässig sind. Wenn ich jetzt also glaube, dass sich vor mir ein roter Gegenstand befindet, dann ist diese Meinung gerechtfertigt, wenn ich (i) durch Selbstwissen erfasse, dass ich ein visuelles Erlebnis von einem roten Gegenstand vor mir habe, und wenn ich (ii) durch rationale Einsicht erkenne, dass visuelle Erlebnisse im Allgemeinen zuverlässig die Umwelt repräsentieren. Aber wie sollte ich durch rationale Einsicht erkennen können, dass die Sehwahrnehmung im Allgemeinen zuverlässig funktioniert? Das scheint ganz und gar unmöglich. Deshalb hat der reflexive Reliabilismus skeptische Konsequenzen. Die von ihm formulierten Rechtfertigungsbedingungen sind einfach unerfüllbar. Und das macht diese Position zu einer unplausiblen Position.

Regressproblem. Die Forderung nach einer uneingeschränkten Zugänglichkeit der rechtfertigenden Faktoren wirft noch ein weiteres Problem auf. Dieses Problem lässt sich auf die folgende Weise veranschaulichen: Die Forderung nach zugänglichen Faktoren der Rechtfertigung ist nur dann erfüllt, wenn man auf die Frage »Ist das wahr?« einen Grund anführen kann. Aber jeder angeführte Grund kann seinerseits auf seine Wahrheit hin befragt werden. Und die Ausgangsmeinung ist nur dann gerechtfertigt, wenn man auf alle daran anknüpfenden Fragen nach der Wahrheit eine Antwort geben kann. Auf diese Weise ergibt sich unvermeidlich ein unendlicher Regress der Gründe. Der Zugänglichkeitsinternalist behauptet nun, dass es bestimmte Gründe gibt, die ihre eigene Wahrheit verbürgen, so dass sich keine weitere Frage nach ihrer Wahrheit mehr stellt. Bewusste Zustände und rationale Einsichten sollen unmittelbar einleuchten, so dass sie sich selbst begründen (BonJour 1999). Deshalb kann der Regress der Gründe an dieser Stelle mit Recht abbrechen. Aber diese Lösung des Regressproblems ist nur eine Scheinlösung. Denn obwohl bewusste Zustände und rationale Einsichten unmittelbar (ohne weitere Gründe) psychologisch einleuchten, heißt das nicht, dass man nicht dennoch weiter fragen kann, ob das, was da einleuchtet, wahr ist. Es lässt sich also ohne weiteres fragen, ob die Evidenz ein guter Grund ist. Eine uneingeschränkte Zugänglichkeitsbedingung der Rechtfertigung führt also in Wirklichkeit in einen unauflösbaren Regress, der zeigt, dass die Rechtfertigung prinzipiell unmöglich ist. Deshalb ist diese Bedingung viel zu stark.

Zwischenbilanz. Die bisherige Diskussion der verschiedenen Positionen legt folgenden Ergebnisse nahe: Die erkenntnistheoretische Rechtfertigung hängt weder allein von der subjektiven Perspektive ab, noch müssen die rechtfertigenden Faktoren uneingeschränkt zugänglich für das Subjekt sein. Anderseits ist die erkenntnistheoretische Rechtfertigung auch keine rein objektive Angelegenheit. Meinungen sind nur dann im relevanten Sinne gerechtfertigt, wenn es in der Perspektive des Subjekts Gründe gibt, die für die Wahrheit der Meinung sprechen. Grundlos gerechtfertigte Meinungen sind intuitiv unplausibel. Im nächsten Abschnitt soll abschließend untersucht werden, wie die objektive und die subjektive Seite der Rechtfertigung im rechtfertigenden Grund zusammenspielen.

4.4 Objektivistische Positionen mit partieller Zugänglichkeit

In diesem Abschnitt sollen Positionen diskutiert werden, die von folgenden Annahmen ausgehen:

– Jede Rechtfertigung beruht direkt oder indirekt (im Falle einer Rechtfertigungskette) auf Gründen. Es gibt keine grundlos gerechtfertigte Meinung.
– Gründe sind die legitimen Ausgangspunkte einer Rechtfertigungskette.
– Gründe sprechen für die Wahrheit der gerechtfertigten Meinung.
– Diese Seite der Gründe ist unmittelbar zugänglich für das Subjekt.
– Gründe sind objektiv mit der Welt verbunden.
– Diese objektive Seite der Gründe ist nicht unmittelbar zugänglich für das Subjekt.

Nach einer Auffassung sind *Gründe* einfach *objektive Tatsachen*, die dem Subjekt bekannt sind. Die Tatsache, dass der Fingerabdruck des Täters eine bestimmte Struktur hat, spricht dafür, dass eine ganz bestimmte Person, nennen wir sie Peter, der Täter war. Sobald der Kommissar die Struktur des Fingerabdrucks zur Kenntnis nimmt, hat er einen rechtfertigenden Grund für seine Meinung, dass Peter der Täter war. Der vorliegende Grund macht die Wahrheit der Meinung wahrscheinlich, weil Peters Täterschaft die beste Erklärung für den Grund liefert. Die Tatsache, dass *in einem Gebiet* alle Schwäne weiß sind, spricht dafür, dass alle Schwäne weiß sind. Sobald ein Tierforscher alle weißen Schwäne in dem Gebiet beobachtet hat, hat er einen rechtfertigenden Grund für seine Meinung, dass alle Schwäne weiß sind. In diesem Beispiel ist der Zusammenhang zwischen Grund und Meinung induktiv. Was heißt es nun genauer, dass die Tatsachen *bekannt* sein müssen, um dem Subjekt als Gründe zu dienen? Es kann heißen, dass das Subjekt eine *wahre Repräsentation* von dieser Tatsache hat (also eine wahre Meinung, eine korrekte Wahrnehmung oder eine korrekte Erinnerung). Es könnte auch heißen, dass eine *gerechtfertigte wahre Meinung* vorliegt. Schließlich kann es auch bedeuten, dass das Subjekt *Wissen* von dieser Tatsache besitzt. Die ersten beiden Alternativen lassen sich durch relativ einfache Überlegungen ausschließen. Rechtfertigungsketten können nicht mit bloß wahren Repräsentationen anfangen. Denn dann wäre unerklärlich, warum wir unsere Meinungen in Ketten auf Gründe zurückführen, anstatt einfach darauf zu hoffen, dass unsere Meinungen wahr sind. Wenn Gründe gerechtfertigte wahre Meinungen wären, dann würde sich automatisch ein Regress der Gründe ergeben, denn jede *gerechtfertigte* Meinung verlangt ihrerseits nach einem weiteren Grund. Also bleibt nur der Vorschlag, dass eine Person dann über einen Grund verfügt, wenn sie von einer entsprechenden Tatsache weiß. Damit sich in diesem Fall kein Regress ergibt, muss Wissen ohne Rechtfertigung (und Gründe) möglich sein. Ein solches grundloses Wissen könnte vorliegen, wenn Meinungen durch Prozesse zustande kommen, die ihre Wahrheit objektiv garantieren. Es gibt Leute, die auf Anhieb extrem zuverlässig das Geschlecht von kleinen Küken erfassen können, ohne dass sie sagen können, wie sie das machen. Sie haben also keine zugänglichen Gründe, aber dennoch ist man aufgrund ihrer extrem zuverlässigen Fähigkeit geneigt, ihnen Wissen zuzuschreiben, wenn sie das Geschlecht korrekt erfassen. Das wäre ein Beispiel für grundloses Wissen (Williamson 2000: Kap. 9).

Wie plausibel ist nun die Auffassung, dass jede Rechtfertigungskette von dem ausgehen muss, was das Subjekt in diesem Sinne weiß? Sie ist auf jeden Fall verträglich mit der Annahme, dass auch falsche Meinungen gerechtfertigt sein können. Denn selbst wenn der Ausgangspunkt jeder Rechtfertigungskette wahr sein muss (weil Wissen immer Wahrheit enthält), können nicht-deduktive Schlüsse von Wahrheiten zu falschen Meinungen führen. Aber diese Auffassung macht den Zusammenhang mit der Wahrheit auf der Seite der Gründe zu eng. Sehen Sie sich die beiden oberen Linien der Müller-Lyer Illusion (Abb. 1) einmal an. Ihnen wird die untere länger als die obere Linie erscheinen. Solange Sie nicht wissen, dass es sich um eine Illusion handelt, werden Sie glauben, dass die untere Linie länger ist. Wenn Sie das tun, dann ist es intuitiv sehr plausibel zu sagen, dass ihre Meinung gerechtfertigt ist. Doch dabei stützen Sie sich auf keinerlei Wissen. Sie stützen sich auf den unmittelbaren Sinneseindruck, dass die untere

Linie länger ist als die obere; und dieser Sinneseindruck ist falsch. Das können Sie erkennen, wenn Sie sich die unteren drei Linien ansehen.

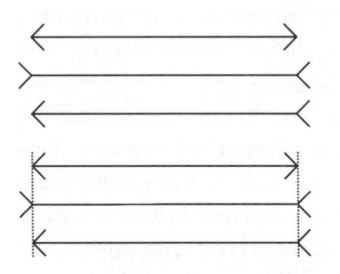

Abb. 1: Die Müller-Lyer Illusion

Dieses Beispiel kann zeigen, dass rechtfertigende Gründe keine Tatsachen sein müssen, sondern auch *falsche* mentale Zustände sein können.

Rechtfertigende Gründe müssen offenbar die drei folgenden Bedingungen erfüllen:

1. Sie müssen aus der Perspektive des Subjekts die Wahrheit der gerechtfertigten Meinung wahrscheinlich erscheinen lassen.
2. Sie müssen die Wahrheit der gerechtfertigten Meinung objektiv wahrscheinlich machen.
3. Sie können falsch sein.

Die Bedingungen (1.) und (3.) werden dadurch erfüllt, dass Gründe repräsentationale geistige Zustände sind. Repräsentationale Zustände sagen über die Welt, dass sie auf eine bestimmte Weise beschaffen ist. Was sie über die Welt sagen (ihr repräsentationaler Inhalt), kann wahr oder falsch sein. Repräsentationale Zustände lassen eine Meinung als wahrscheinlich wahr erscheinen, wenn diese Meinung von ihrem Inhalt her zu ihnen passt. Das visuelle Erlebnis von einem roten Gegenstand macht es (aus der subjektiven Perspektive) wahrscheinlich, dass ein roter Gegenstand präsent ist. Die Bedingung (2.) wird dadurch erfüllt, dass die repräsentationalen geistigen Zustände auf objektiv zuverlässigen psychischen Prozessen beruhen. Das lässt sich am Beispiel der Müller-Lyer Illusion erläutern: Wenn uns die untere Linie länger als die obere erscheint, so macht dieses Erlebnis es (aus der subjektiven Perspektive) wahrscheinlich, dass die untere Linie länger ist. Und objektiv betrachtet ist die visuelle Wahrnehmung zuverlässig, wenn sie auch in Einzelfällen (wie der vorliegenden Illusion) täuschen kann. Deshalb ist der *Reliabilismus der Gründe* eine sehr plausible Position. Rechtfertigende Gründe sind demnach *mentale Zustände*, die nicht durch Schlüsse, aber *zuverlässig* zustande gekommen sind und die die durch sie gerechtfertigte Meinung *von ihrem Inhalt her wahrscheinlich wahr machen* (Comesana 2010).

Der Reliabilismus der Gründe, als die Auffassung, dass objektiv zuverlässige Gründe aus der Perspektive des Subjekts für die Wahrheit der gerechtfertigten Meinung sprechen müssen, passt vorzüglich zu unseren vortheoretischen Intuitionen über Rechtfertigung. Diese Position erklärt unsere Intuition über den Hellseher Norman. Wir schreiben ihm keine gerechtfertigte Meinung zu, weil ihm die Gründe fehlen. Die Position kann aber auch bis zu einem gewissen Grad unsere Intuition über die Dämonwelt erklären. In dieser sind nämlich alle subjektiven Bedingungen für die Rechtfertigung erfüllt. Aus der Perspektive des Subjekts spricht alles für die wahrscheinliche Wahrheit der Meinung. Es fehlt nur die objektive Zuverlässigkeit der Gründe. Der Reliabilismus der Gründe koordiniert so auf plausible Weise die subjektiven und objektiven Bedingungen erkenntnistheoretischer Rechtfertigung.

Allerdings sind auch gegenüber dem *Reliabilismus der Gründe* gewisse Zweifel berechtigt. Ich möchte sie in Form von zwei Fragen abschließend aufwerfen. Zum einen stellt sich die Frage, ob es nicht doch Fälle von grundlos gerechtfertigten Meinungen gibt. Was ist mit unserem inneren Zugang zu gegenwärtigen eigenen Erlebnissen? Wenn ich also innerlich erfasse, dass ich gerade einen stechenden Zahnschmerz habe. Meine entsprechende Meinung scheint (wie man sagt) introspektiv gerechtfertigt zu sein. Aber was sollte hier mein Grund sein? Mein Zahnschmerz selbst kann es nicht sein. Erstens legt der Inhalt meines Zahnschmerzes nicht nahe, dass es sich um meinen Zahnschmerz handelt. Der Zahnschmerz ist ein Zustand erster Ordnung, dessen Inhalt *nicht* dafür spricht, dass es sich um *meinen* Schmerz handelt. Zweitens kann es passieren, dass ich meinen Schmerz geringfügig falsch klassifiziere. Ich glaube, dass es sich um einen stechenden Schmerz handelt, obwohl es tatsächlich ein ziehender Schmerz ist. Wenn das passiert, dann legt keine Eigenschaft meines tatsächlichen Schmerzes die Wahrheit meiner introspektiven Meinung nahe. Könnte man in diesem Fall nicht sagen, dass meine falsche Meinung dennoch gerechtfertigt ist, weil sie durch zuverlässige Prozesse zustande gekommen ist? Eine ganz andere Art von Fällen weist in eine ähnliche Richtung. Wie wir bereits gesehen haben, gehen wir alltäglich davon aus, dass auch die Meinungen einer Person gerechtfertigt bleiben können, deren Gründe diese Person vergessen hat. Wenn diese Zuschreibung korrekt ist, dann können

Personen in Meinungen gerechtfertigt sein, deren Gründe ihnen *gegenwärtig* nicht zugänglich sind. Es scheint also durchaus noch Spielraum für die Auffassung zu geben, dass Meinungen auch dann gerechtfertigt sein können, wenn das Subjekt über keine Gründe für sie verfügt.

Zweitens kann man fragen, welchen Relevanz die *partielle* Zugänglichkeit der rechtfertigenden Faktoren hat. Wenn der Reliabilismus der Gründe die richtige Position ist, dann sind zwar die Gründe (normalerweise) unmittelbar zugänglich, aber nicht die Tatsache, dass es sich um gute (zuverlässige) Gründe handelt. Doch dann können wir aus der Perspektive radikaler kritischer Reflexion nicht sagen, ob unsere Meinungen gerechtfertigt sind oder nicht (Fumerton 1995: 87, Brendel 2001: 100f). Dazu muss immer unsere Umwelt in der geeigneten Weise mitspielen. Die partielle Zugänglichkeit der rechtfertigenden Faktoren erlaubt uns also keine Antwort auf den radikalen Skeptiker. Aber im Alltag sind die zugänglichen Gründe brauchbare Indizien für die Zuverlässigkeit der Meinungsbildung. Wenn manche unserer Meinungen aufgrund von Einwänden fraglich werden, dann können wir durch Reflexion herausfinden, ob es sich einfach nur um Vorurteile handelt oder ob Gründe (die, wie die Wahrnehmung, gewöhnlich als zuverlässig gelten) für sie sprechen. Wir können oft sogar aus dem Inhalt der Gründe auf deren Qualität zurück schließen. Ob eine visuelle Wahrnehmung unter schlechten Lichtverhältnissen und in ungünstigem Abstand zustande gekommen ist, lässt sich normalerweise direkt der Wahrnehmung selbst entnehmen. Allerdings müssen wir uns dabei bereits auf allgemeines Hintergrundwissen über die Welt verlassen. Wären uns unsere Gründe nicht auf unmittelbare Weise zugänglich, dann könnten wir im Alltag diese Unterscheidungen nicht treffen. Aus unserer Perspektive sähe zunächst einmal alles gleich aus. In der Praxis ist also auch die nur partielle Zugänglichkeit unserer rechtfertigenden Faktoren von großem Vorteil.

5. Ergebnis und Konsequenzen

Die Diskussion internalistischer und externalistischer Positionen der Rechtfertigung hat deutlich gezeigt, dass subjektive und objektive Aspekte der Rechtfertigung sich ergänzen müssen. In Abwandlung eines Slogans von Kant könnte man sagen: Subjektive Gründe ohne objektive Zuverlässigkeit laufen leer. Objektiv zuverlässige Prozesse ohne subjektive Gründe sind blind. Rechtfertigende Faktoren müssen also in einem gewissen Sinne zugänglich sein. Andererseits hat sich Descartes Idee, dass man aus der Perspektive reiner Lehnstuhlreflexion sicherstellen kann, dass zuverlässige Gründe vorliegen, als unhaltbar herausgestellt. Es gibt einfach keine absolute Autorität der ersten Person über die Zuverlässigkeit unserer kognitiven Prozesse. Um gerechtfertigte Meinungen zu haben, muss die Welt immer mitspielen. Ob sie es tut, lässt sich aus der Perspektive der Reflexion nicht voraussetzungslos zeigen. Wenn man so will, hat sich also eine Synthese aus Internalismus und Externalismus als richtig erwiesen (vgl. auch Goldman 2011). Es gibt objektive Aspekte der Rechtfertigung (die Zuverlässigkeit), die sich auch einer privilegierten Zugänglichkeit entziehen. Aber es gibt eben auch notwendige subjektive Aspekte der Rechtfertigung (die Gründe), die privilegiert zugänglich sind.

Dieses Ergebnis erlaubt auch einen diagnostischen Ausweg aus einigen klassischen Problemen der Erkenntnistheorie. Ein solches Problem ist das Regressproblem der Rechtfertigung. Danach kann man an keiner Stelle in der Kette der Rechtfertigungen berechtigterweise aufhören. Jede Rechtfertigung beruht auf Annahmen, die ihrerseits einer Rechtfertigung bedürfen. Das führt unweigerlich in einen unendlichen Regress der Rechtfertigungen. Wenn der Reliabilismus der Gründe richtig ist, dann entsteht dieses Problem nur deshalb, weil die Anforderung an die Zugänglichkeit der rechtfertigenden Faktoren übertrieben wird. In Wahrheit markieren Gründe den Anfangspunkt zugänglicher Rechtfertigungsrelationen. Sie bedürfen ihrerseits keiner weiteren Rechtfertigung, weil sie allein durch ihr objektiv zuverlässiges Zustandekommen einen erkenntnistheoretisch positiven Status haben. Gründe erlauben deshalb einen berechtigten Regressstopp. (→ Fundamentalismus und Kohärenztheorie; Default-Konzeptionen der Rechtfertigung)

Ähnlich lässt sich auch das Problem des Skeptizismus auflösen. Der Skeptiker sagt, dass es plausible Anforderungen an eine genuine Rechtfertigung gibt, die streng genommen nicht erfüllt werden. Soweit sich skeptische Argumente auf die Rechtfertigung beziehen, besagen sie in der Regel, dass wir bestimmte Täuschungsmöglichkeiten nicht ausschließen können und deshalb in unseren gewöhnlichen Meinungen über die Welt nicht gerechtfertigt sind. Die Antwort des Reliabilisten der Gründe lautet: Es ist richtig, wir können diese Täuschungsmöglichkeiten nicht ausschließen (zumindest nicht aus der Perspektive des reinen Nachdenkens). Aber wir müssen sie auch nicht ausschließen, um gerechtfertigte Meinungen über die Welt zu haben. Diese Lücke muss durch die Welt selbst geschlossen werden. Damit wir gerechtfertigte Meinungen haben, muss sie mithelfen, indem sie uns tatsächlich mit zuverlässigen Informationen versorgt. Anders gewendet: Nur ein uneingeschränkter Zugänglichkeitsinternalismus führt zum Skeptizismus. Sobald man erkennt, dass die von ihm formulierte Anforderung zu anspruchsvoll ist, löst sich das skeptische Problem auf. (→ Skeptizismus)

Kontrollfragen

1. Was unterscheidet die erkenntnistheoretische Rechtfertigung von anderen Arten der Rechtfertigung?
2. Was ist ein erkenntnistheoretischer Grund?
3. Rasso glaubt aufgrund von Vorurteilen, dass ein bestimmter Volksstamm an einer unheilbaren genetischen Krankheit leidet. Später findet er heraus, dass die medizinische Forschung seine Meinung bestätigt. Ist Rassos Meinung gerechtfertigt? Begründen Sie Ihre Meinung.
4. Was unterscheidet den erkenntnistheoretischen Subjektivismus vom Objektivismus?
5. Was ist die Motivation für den Internalismus und was die Motivation für den Externalismus?

Kommentierte Auswahlbibliographie

Alston, William (1986): »Internalism and Externalism in Epistemology«. In: *Philosophical Topics*. 14. 179–221.
Gute Kritik an verschiedenen Versionen des Internalismus, u. a. Regressproblem.
Alston, William (1988a): »An Internalist Externalism«. In: *Synthese*. 74. 265–283.
Synthese aus Internalismus und Externalismus.
Alston, William (1988b): »The Deontological Conception of Epistemic Justification«. In: *Philosophical Perspectives* 2. Epistemology. 257–299.
Gute Kritik am internalistischen Pflichtenmodell der Rechtfertigung.
Alston, William (2004): »The ›Challenge‹ of Externalism«. In: Richard Schantz (Hg.): *The Externalist Challenge*. New York/Berlin: deGruyter. 37–52.
Internalismus und Externalismus in der Philosophiegeschichte.
Bergmann, Michael (2000): »Externalism and Skepticism«. In: *The Philosophical Review* 109. 159–194.
Warum der Externalismus das skeptische Problem nicht Ernst nehmen kann.
BonJour, Laurence (1985): *The Structure of Empirical Knowledge*. Cambridge, MA: Harvard University Press. Kap. 3.
Klassiker des Zugangsinternalismus.
BonJour, Laurence (2002): »Internalism and Externalism«. In: P. Moser (Hg.): *The Oxford Handbook of Epistemology*. Oxford: Oxford University Press. 234–263.
Besonders gut lesbarer Einstieg.
BonJour, Laurence und Sosa, Ernest (2003): *Epistemic Justification: Internalism vs. Externalism, Foundation vs. Virtues*. Malden: Wiley.
Kontroverse zwischen führenden Vertretern des Internalismus und Externalismus.
Conee, Earl und Feldman, Richard (1998): »The Generality Problem for Reliabilism«. In: *Philosophical Studies*. 89. 1–29.
Das Generalitätsproblem des Reliabilismus.
Conee, Earl und Feldman, Richard (2004): *Evidentialism*. Oxford: Oxford University Press. *Beste Verteidigung des mentalen Internalismus.*
Goldman, Alvin (1979): »What is Justified Belief?«. In: George Pappas (Hg.): *Justification and Knowledge*. Dordrecht: Reidel. 1–23.
Gründungsdokument des zeitgenössischen Reliabilismus.
Goldman, Alvin (1986): *Epistemology and Cognition*, Cambridge, MA: Harvard University Press.
Umfassendste Darstellung von Goldmans Reliabilismus.
Grundmann, Thomas (2003): *Der Wahrheit auf der Spur. Eine Verteidigung des erkenntnistheoretischen Externalismus*, Paderborn: mentis.
Umfassende, positionierte Darstellung und Diskussion der Kontroverse.
Kim, K. (1993): »Internalism and Externalism in Epistemology«. In: *American Philosophical Quarterly*. 30. 303–316.
Gute Unterscheidung unterschiedlicher Versionen von Internalismus und Externalismus.
Kornblith, Hilary (Hg.) (2001): *Epistemology. Internalism and Externalism*, Malden: Wiley.
Sammelband mit den wichtigsten Diskussionsbeiträgen.
Vogel, Jonathan (2000): »Reliabilism Leveled.« In: *The Journal of Philosophy*. 97. 602–623. *Das Bootstrapping-Problem des Reliabilismus.*

Weitere Literatur

Alston, William (1980): »Level Confusions in Epistemology«. In: *Midwest Studies in Philosophy.* 5. 135–150.

Alston, William (1995): »How to Think about Reliability«. In: *Philosophical Topics.* 23. 1–29.

BonJour, Laurence (1999): »The Dialectic of Foundationalism and Coherentism«. In: John Greco und Ernest Sosa (Hg.): *The Blackwell Guide to Epistemology.* Oxford: Oxford University Press. 117–142.

BonJour, Laurence (2002): »Internalism and Externalism«. In: P. Moser (HG.):*The Oxford Handbook of Epistemology.* Oxford: Oxford University Press. 234–263.

Brendel, Elke (2001): »Eine kontextualistische Lösung des Streits zwischen Internalisten und Externalisten in der Erkenntnistheorie.« In: Thomas Grundmann (Hg.): *Erkenntnistheorie. Positionen zwischen Tradition und Gegenwart.* Paderborn: mentis. 90–106.

Chisholm, Roderick (1988): »The Indispensibility of Internal Justification«. In: *Synthese.* 74. 285–296.

Cohen, Stewart (1984): »Justification and Truth«. In: *Philosophical Studies.* 46. 279–295.

Comesana, Juan (2006): »A Well-Founded Solution to the Generality Problem«. In: *Philosophical Studies.* 129. 27–47.

Comesana, Juan (2010): »Evidentialist Reliabilism«. In: *Nous* 44, 571–600.

Foley, Richard (1985): »What's Wrong with Reliabilism?«. In: *The Monist.* 68. 188–202.

Fumerton, Robert (1995): *Metaepistemology and Skepticism.* Lanham: Rowman & Littlefield.

Gettier, Edmund (1963): »Is Justified True Belief Knowledge?«. In: *Analysis.* 23. 121–123.

Goldman, Alvin (1976): »Discrimination and Perceptual Knowledge«. In: *The Journal of Philosophy.* 73. 771–791.

Goldman, Alvin (1988): »Strong and Weak Justification«. In: *Philosophical Perspectives 2. Epistemology.* 51–70.

Goldman, Alvin (1999): »Internalism Exposed«. In: *The Journal of Philosophy.* 96. 271–293.

Goldman, Alvin (2011): »Toward a Synthesis of Reliabilism and Evidentialism? Or Evidentialism's Troubles, Reliabilism's Rescue Package«. In: T. Doughtery (Hg.): *Evidentialism and its Discontents.* Oxford: Oxford University Press. 254–280.

Hofmann, Frank (2013): »Three Kinds of Reliabilism«. In: *Philosophical Explorations.* 16. 55–88.

Kaplan, Mark (1994): »Epistemology Denatured«. In: *Midwest Studies in Philosophy.* 19. 350–365.

Koppelberg, Dirk (1999): »Justification and Causation«. In: *Erkenntnis.* 50. 447–462.

Kornblith, Hilary (2002): *Knowledge and Its Place in Nature.* Oxford: Oxford University Press.

Kornblith, Hilary (2009): »A Reliabilist Solution to the Problem of Promiscuous Bootstrapping«. In: *Analysis.* 69. 263–267.

Sutton, Jonathan (2007): *Without Justification.* Cambridge MA: MIT-Press.

Unger, Peter (1968): »An Analysis of Factual Knowledge«. In: *The Journal of Philosophy.* 65. 157–170.

Williamson, Timothy (2000): *Knowledge and Its Limits.* Oxford: Oxford University Press.

FUNDAMENTALISMUS UND KOHÄRENZTHEORIE

Ansgar Seide

1. Einleitung
2. Ausgangspunkt: Agrippas Trilemma
3. Fundamentalismus
   3.1 Rationalistischer Fundamentalismus
   3.2 Empiristischer Fundamentalismus
   3.3 Externalismus
4. Kohärenztheorie
   4.1 Die Grundzüge der Kohärenztheorie
   4.2 Drei Standardeinwände gegen die Kohärenztheorie
   4.3 Eine kohärentistische Theorie der Rechtfertigung von Beobachtungsmeinungen
   4.4 Die Achilles-Ferse der Kohärenztheorie
5. Fazit

1. Einleitung

Der Fundamentalismus und die Kohärenztheorie sind die klassischen Ansätze zur Beantwortung der Frage nach der *Struktur der epistemischen Rechtfertigung*. Diese Frage steht im Zusammenhang mit dem Problem des Skeptizismus: Wenn wir nicht der unliebsamen These zustimmen wollen, dass wir nichts wirklich wissen bzw. wissen können, dann, so scheint es, müssen wir eine Theorie entwickeln, durch die ersichtlich wird, wie wir zu gerechtfertigten Meinungen bzw. Wissen gelangen.[1] Im Zuge einer Entwicklung einer solchen Theorie ergeben sich viele Fragen, die vor allem mit der *Struktur* der Rechtfertigung zu tun haben: Was genau bedeutet es eigentlich, dass eine Meinung gerechtfertigt ist? Wie können aus bereits gerechtfertigten Meinungen weitere gerechtfertigte Meinungen gewonnen werden? Und woher kommt die Rechtfertigung unserer Meinungen ursprünglich?

---

[1] Im Hintergrund steht die klassische Analyse des Wissensbegriffes, der zufolge Wissen als wahre, gerechtfertigte Meinung analysiert wird. Insbesondere die Debatte um die Gettier-Beispiele (Gettier 1963) hat viele Philosophen zu der Annahme veranlasst, dass eine weitere Bedingung für Wissen erforderlich ist (→ Das Gettier-Problem). Die Fragen, an die sich der folgende Überblick der Debatte um die Struktur der epistemischen Rechtfertigung anschließt, sind jedoch zumindest dann von zentraler Bedeutung, wenn Rechtfertigung in irgendeiner Weise als notwendige Bedingung von Wissen angesehen wird.

2. Ausgangspunkt: Agrippas Trilemma

Die Frage nach der Struktur der epistemischen Rechtfertigung stellt sich insbesondere im Zusammenhang mit einem skeptischen Argument, das als »Agrippas Trilemma«[2] bezeichnet wird:

> **Agrippas Trilemma**
> Jemand, der eine Behauptung aufstellt und damit einen Wissensanspruch erhebt, kann berechtigterweise dazu angehalten werden, seine Behauptung durch Belege zu untermauern. Eine Behauptung rechtfertigen wir im Allgemeinen dadurch, dass wir eine weitere Behauptung zur Stützung der ersten Behauptung anführen. Diese Art der Rechtfertigung wird jedoch nur dann als adäquat betrachtet, wenn die stützende Behauptung selbst in irgendeiner Weise gerechtfertigt ist. Somit kann die Herausforderung der Rechtfertigung im nächsten Schritt erneuert werden.
> Um der immer wiederkehrenden Herausforderung der Rechtfertigung zu begegnen, bleiben offenbar nur drei Möglichkeiten, die jedoch allesamt unbefriedigend erscheinen:
> 1.) Die Verweigerung der Antwort an einem bestimmten Punkt der Konversation und somit die Einführung einer *dogmatischen Annahme*.
> 2.) Die Wiederholung einer in der Reihe der Rechtfertigung bereits aufgetauchten Behauptung und somit eine *zirkuläre Argumentation*.
> 3.) Der Versuch, immer neue Gründe anzuführen, was zu einem *infiniten Regress* führt.

Das Trilemma scheint in der Tat keine Alternative auszulassen, so dass es naheliegt, sich zur Lösung des Problems in gewisser Weise mit einem der drei Hörner zu arrangieren und zu zeigen, dass es sich bei diesem Horn nicht notwendigerweise um ein Übel handeln muss. Da hinsichtlich der dritten Möglichkeit große Einigkeit darüber herrscht, dass es sich um einen hoffnungslosen, undurchführbaren Ansatz handelt (z. B. BonJour 1985: 22 ff., Haack 1993: 22 und Audi 1993: 127 ff.; siehe jedoch Klein 2005, der die Lösung des Trilemmas im infiniten Regress sucht), konzentrieren sich die gängigen erkenntnistheoretischen Ansätze hierbei auf die ersten beiden Hörner des Trilemmas.[3]

Für das erste Horn entscheiden sich Anhänger einer *fundamentalistischen* Theorie der Rechtfertigung. Sie versuchen, den Prozess der Rechtfertigung durch sogenannte *basale Meinungen* zum Halt zu bringen. Diese Basismeinungen zeichnen sich fundamentalistischen Theorien zufolge dadurch aus, dass sie unabhängig von der Rechtfertigung durch andere Meinungen einen gewissen positiven epistemischen Status besitzen. Sie sind also in einer noch näher zu spezifizierenden Form nicht-inferentiell gerechtfertigt. Vor allem in frühen fundamentalistischen Ansätzen wurde argumentiert, dass die Basismeinungen sogar evidente Wahrheiten zum Inhalt haben oder aus bestimmten Gründen nicht rational hinterfragt werden können. Alle anderen Meinungen, die den sogenannten *Überbau* darstellen, erhalten ihre Rechtfertigung dadurch, dass sie durch Basismeinungen gestützt werden. Somit kommt die Rechtfertigung bei bestimmten Meinungen zum Halt, die keiner weiteren Rechtfertigung bedürfen, ohne dass es sich bei diesen Meinungen um bloße Annahmen handelt.

Andere Erkenntnistheoretiker weisen darauf hin, dass das zweite Horn durch eine sorgfältige Umformulierung zu einer durchaus vielversprechenden Alternative führt. Die Schwäche der ursprünglichen Formulierung, so führen sie aus, beruht auf der Voraussetzung einer linearen Rechtfertigungsstruktur, in welcher Rechtfertigung lediglich durch eindimensionale Ketten von Meinungen gewährleistet wird, welche nach einer Relation der epistemischen Priorität geordnet sind (vgl. BonJour 1985: 90; Haack 1993: 23). Als Alternative wird eine *Kohärenztheorie* mit einer *holistischen Rechtfertigungsstruktur* präsentiert: Kohärentisten weisen darauf hin, dass wir es nicht nur mit wenigen Meinungen zu tun haben, sondern dass unsere Meinungen ein großes und kompliziertes System bilden. Rechtfertigung besteht ihnen zufolge in einer netzartigen Verknüpfung der Meinungen des Systems untereinander. Die hierbei involvierten Relationen zwischen den Meinungen sind wechselseitige Relationen der gegenseitigen Stützung. Eine derartige systematische

---

[2] Offenbar liegen keine Schriften Agrippas und auch keine genaueren Informationen über ihn vor. Das Argument ist in der hier wiedergegebenen Darstellung durch Sextus Empiricus 1985: 130 ff. überliefert.

[3] Aus diesem Grund wird Agrippas Trilemma häufig auch als das »Regressproblem« bezeichnet. Diese Bezeichnung, so stellt vor allem Robert Fogelin (vgl. Fogelin 1994: 114) heraus, lädt jedoch unglücklicherweise dazu ein, das dritte Horn des Trilemmas als das eigentliche Problem zu betrachten und die Probleme, die uns die ersten beiden Hörner bereiten, unterzubewerten.

Verknüpftheit, so betonen Kohärentisten, sei nicht gleichzusetzen mit einfacher Zirkularität.

Somit führt uns eine Analyse der möglichen Entgegnungen auf Agrippas Trilemma zu zwei Alternativen für die Struktur der epistemischen Rechtfertigung: Die erste Alternative, der wir uns im folgenden Abschnitt ausführlich zuwenden, ist ein fundamentalistischer Ansatz mit einer linearen Rechtfertigungsstruktur. Die zweite Alternative, die wir uns in Abschnitt 4 genauer ansehen, ist eine Kohärenztheorie mit einer holistischen Rechtfertigungsstruktur.

3. Fundamentalismus

Wie bereits deutlich wurde, besteht die fundamentalistische Lösungsstrategie für Agrippas Trilemma darin, den Rechtfertigungsregress durch sogenannte *Basismeinungen* zu stoppen, die einen positiven epistemischen Status unabhängig von einer Rechtfertigung durch andere Meinungen haben. Alle nicht-basalen Meinungen können dadurch gerechtfertigt werden, dass sie in einem oder mehreren Schritten inferentiell, d. h. durch rechtfertigende Schlüsse, aus den Basismeinungen abgeleitet werden. Während die Basismeinungen also nicht-inferentiell gerechtfertigt sind, werden die nicht-basalen Meinungen, die den sogenannten *Überbau* ausmachen, inferentiell gerechtfertigt.

Hinsichtlich des Umfanges der Menge der Basismeinungen und der Art ihrer nicht-inferentiellen Rechtfertigung wurden viele verschiedene Ansätze vertreten. Prinzipiell kann zwischen rationalistischen und empiristischen Konzeptionen unterschieden werden.

3.1 Rationalistischer Fundamentalismus

Rationalistische Fundamentalisten suchen die Grundlage für die Rechtfertigung der Basismeinungen in der Vernunft. Ihre Hoffnung besteht darin, dass bestimmte Meinungen *a priori*, d. h. unabhängig von der Erfahrung, gerechtfertigt werden können und dass diese Meinungen das Fundament unseres gesamten Wissens darstellen können. Der wohl bedeutendste historische Vertreter einer solchen Konzeption ist René Descartes (1596–1650), der sich in seinen *Meditationes de prima philosophia* um eine rationalistische Fundierung unseres Wissens bemüht. Descartes stellt eine umfassende Untersuchung darüber an, welche unserer Meinungen wir anzweifeln können, und kommt dabei zunächst zu dem Ergebnis, dass es zumindest prinzipiell unmöglich ist, an der eigenen Existenz zu zweifeln. Da er sich jedoch darüber im Klaren ist, dass eine schmale Basis bestehend nur aus dieser einen sicheren Meinung nicht hinreicht, um als Fundament unser gesamtes Wissensgebäude zu tragen, führt er in der Folge zwei Gottesbeweise an, die indirekt unser Vertrauen in viele weitere Meinungen rechtfertigen sollen: Wenn ein gütiger Gott existiert, so die Idee, dann garantiert dieser dafür, dass zumindest all das wahr ist, was wir klar und deutlich erkennen (vgl. Ernst 2007: 93).

Descartes' Gottesbeweise, die ein zentrales Element seines erkenntnistheoretischen Ansatzes darstellen (vgl. Perler 1998: 187 f.), erscheinen aus heutiger Sicht jedoch sehr problematisch. Im Prinzip ist man sich heute darüber einig, dass eine rationalistische Variante des Fundamentalismus, wenn sie vielversprechend sein soll, einen anderen Weg als den von Descartes begangenen einschlagen muss.[4] (→ Vernunft und Verstand)

3.2 Empiristischer Fundamentalismus

Die heutige Debatte um die Struktur der epistemischen Rechtfertigung konzentriert sich in der Regel vor allem auf *empiristische Varianten des Fundamentalismus*, in denen Basismeinungen empirischen Charakters angenommen werden. Die grundlegende Idee kann anhand eines einfachen Beispieles verdeutlicht werden: Wenn ich gefragt werde, warum ich glaube, dass vor meinem Fenster ein Baum steht, dann antworte ich, dass ich *sehe*, dass vor meinem Fenster ein Baum steht. Häufig, so scheint es, rechtfertigen wir Meinungen dadurch, dass wir auf *Erfahrung*, also etwa auf Sinneswahrnehmungen (z. B. »Ich *sehe* den Baum«) oder Introspektionen (z. B. »Ich *spüre* den Schmerz«) verweisen. (→ Sinneswahrnehmung; → Selbstwissen und Introspektion)

Wenn man diese Grundidee für einen fundamentalistischen Ansatz fruchtbar machen möchte, muss man jedoch genauer erläutern, worin die rechtfertigende Beziehung zwischen einer Erfahrung und einer Basismeinung besteht: Wie ist es eigentlich möglich, dass eine Meinung durch eine Erfahrung gerechtfertigt ist? Eine genauere

---

[4] Eine neuere Verteidigung einer moderateren rationalistischen Position, der zufolge rationale Einsicht zumindest eine bedeutende und sogar unverzichtbare, wenn auch nicht die einzige Rechtfertigungsquelle ist, bietet BonJour 1998.

Untersuchung dieser Frage fördert schnell einige Probleme dieses Ansatzes zutage.[5]

Die klassische Antwort, die in verschiedenen fundamentalistischen Theorien in unterschiedlichen Formen anzutreffen ist, beruft sich auf die Idee, dass die Basismeinungen nicht durch andere *Meinungen* gerechtfertigt werden (dies würde den Rechtfertigungsregress fortsetzen), sondern durch sogenannte *subdoxastische Zustände*. Es soll sich hierbei um kognitive Zustände eines Subjekts handeln, die sich beschreiben lassen als eine *unmittelbare Erfahrung* oder ein *direktes Erfassen* von etwas. Dasjenige, was unmittelbar erfahren wird, wird als *das Gegebene* bezeichnet. Das Gegebene wird in verschiedenen Theorien unterschiedlich spezifiziert. Es kann sich dabei etwa um private mentale oder sensorische Zustände (z. B. Farbeindrücke) oder um öffentliche Gegenstände bzw. Situationen (z. B. ein Apfelbaum oder die Anwesenheit eines Apfelbaumes) handeln. Die Hoffnung der Vertreter einer solchen Position besteht darin, dass es sich bei subdoxastischen Zuständen um Zustände handelt, die zwar einerseits zur Rechtfertigung bestimmter Meinungen herangezogen werden können, die andererseits jedoch selbst derart elementar sind, dass sie keiner Rechtfertigung bedürfen. Durch diese Doppel-Eigenschaft sollen sie in der Lage sein, den Rechtfertigungsregress zu stoppen.

Ein Beispiel eines solchen Ansatzes ist eine Theorie, der zufolge Basismeinungen auf der Grundlage von sensorischen Zuständen gerechtfertigt werden, die in der Erfahrung unmittelbar gegeben sind.[6] Bei einer derart gerechtfertigten Basismeinung handelt es sich etwa um eine Meinung darüber, dass mir ein bestimmter gegebener Gehalt präsent ist, z. B. dass ich einen Roteindruck habe bzw. etwas Rotes zu sehen scheine. Die Basismeinung ist einem solchen Ansatz zufolge gerechtfertigt auf der Grundlage der unmittelbaren Erfahrung des Roteindruckes.

Die entscheidende Frage ist nun, was man sich genau unter solch einer unmittelbaren Erfahrung vorzustellen hat. Insbesondere lässt sich das Problem zuspitzen auf die Frage, ob es sich hierbei um einen Zustand handeln soll, der, ähnlich wie eine Meinung, etwas Urteilhaftes ist, oder ob es sich um einen Zustand handelt, der nicht von der Art eines Urteils ist. Anders ausgedrückt: Beinhaltet die Erfahrung des Gehaltes, dass mir etwas rot erscheint, zugleich das *Urteil*, dass mir etwas Rotes in der Erfahrung gegenwärtig ist?

Die eine Möglichkeit besteht darin, die unmittelbare Erfahrung des Gegebenen als einen Zustand aufzufassen, der keinerlei propositionalen Gehalt hat, d. h. kein Urteil oder Ähnliches beinhaltet. In diesem Fall ist leicht einzusehen, weshalb dieser Zustand keiner Rechtfertigung bedarf: Es liegt kein propositionaler Gehalt vor, der gerechtfertigt werden müsste. Allerdings ergibt sich gerade hierdurch das Problem, dass nicht klar ist, wie durch solch einen Zustand eine Basismeinung gerechtfertigt werden soll. Wenn der Zustand kein Urteil oder Ähnliches darüber beinhaltet, dass mir etwas als rot erscheint, wie kann mir dieser Zustand einen *Grund* dafür geben, dass die entsprechende Meinung wahr ist?

Diese Überlegung legt nahe, die Erfahrung des Gegebenen als etwas aufzufassen, was einen propositionalen Gehalt hat. Hierdurch kann die Erfahrung in einem rechtfertigenden Schluss als Prämisse verwendet werden, um eine Basismeinung zu stützen. Wenn es sich bei der Erfahrung des Gegebenen jedoch in dieser Form um etwas Urteilhaftes handelt, dann ist zwar einsichtig, wie eine solche Erfahrung zur Rechtfertigung einer Basismeinung herangezogen werden kann. In diesem Fall ist jedoch nicht zu verstehen, weshalb diese Erfahrung selbst keiner Rechtfertigung bedarf, denn schließlich ist in der Erfahrung ein Urteil enthalten. Der Regress der Rechtfertigung kann also auf diese Weise nicht gestoppt werden.

Das Ergebnis dieser Überlegung ist, dass die unmittelbare Erfahrung des Gegebenen genau dann als Rechtfertigungsgrundlage für Meinungen dienen kann, wenn sie selbst einer Rechtfertigung bedarf. In keinem Fall kann sie als letztes Fundament unseres Wissens dienen.

Das vorgetragene Argument kann derart allgemein aufgefasst werden, dass es ein prinzipielles Problem solcher Ansätze aufzeigt, die sich auf etwas in der Erfahrung Gegebenes berufen: Unabhängig von der Art dessen, was als gegeben angenommen wird, entsteht das Problem, dass die unmittelbare Erfahrung des mutmaßlich Gegebenen entweder nicht die Rechtfertigungsgrundlage für unsere Meinungen sein kann oder selbst einer Rechtfertigung bedarf. Dieses allgemeine Problem der Rechtfertigung von Basismeinungen durch subdoxastische Zustände kann folgendermaßen zusammengefasst werden:

---

[5] Die im Folgenden geschilderte Argumentation gegen den Fundamentalismus geht im Wesentlichen auf Sellars 1997 zurück. Eine einfachere Darstellung des Argumentationsganges, der ich hier folge, findet sich in BonJour 1985: Kap. 4.

[6] Eine solche Position ist etwa die von Lewis 1946. Die im Folgenden dargelegte Argumentation gegen diese Position ist nicht von den speziellen Eigenheiten dieses Beispieles abhängig und lässt sich daher ebenso auf andere Formen des Gegebenen anwenden.

> **Dilemma für Positionen des empirisch Gegebenen**
>
> Wenn ein subdoxastischer Zustand die Rechtfertigungsgrundlage für eine Basismeinung sein soll, ergibt sich folgendes Dilemma:
> *Entweder* wird der subdoxastische Zustand als ein Zustand aufgefasst, der keinerlei propositionalen Gehalt hat, d. h. kein Urteil oder Ähnliches beinhaltet. In diesem Fall ist leicht einzusehen, weshalb dieser Zustand keiner Rechtfertigung bedarf. Es ist jedoch nicht klar, wie durch einen Zustand ohne propositionalen Gehalt eine Basismeinung gerechtfertigt werden kann. *Oder* der subdoxastische Zustand wird als etwas Urteilhaftes aufgefasst. Dann ist zwar einsichtig, wie er zur Rechtfertigung einer Basismeinung herangezogen werden kann. In diesem Fall ist jedoch nicht zu verstehen, weshalb dieser Zustand selbst keiner Rechtfertigung bedarf. Der Regress der Rechtfertigung kann also auf diese Weise nicht gestoppt werden.

Fundamentalisten, die sich auf eine Position des Gegebenen stützen, müssen eine Lösung für dieses Problem anbieten.

3.3 Externalismus

In den bisher dargelegten Überlegungen zum Fundamentalismus wurde vorausgesetzt, dass ein Subjekt nur dann in einer Meinung gerechtfertigt sein kann, wenn es selbst einen Zugang zu den für die Rechtfertigung relevanten Bedingungen hat. Rechtfertigungen, so die zugrunde liegende Idee, beruhen darauf, dass man Gründe für die zu rechtfertigende Meinung angeben kann. Die anzuführenden Gründe müssen dem Subjekt zugänglich sein.

Einige Fundamentalisten sind der Meinung, dass diese als *Internalismus* bezeichnete Position aufgegeben werden muss, um die oben geschilderten Probleme eines fundamentalistischen Ansatzes zu lösen bzw. zu umgehen. Sie vertreten statt dessen einen *Externalismus*. Die Basismeinungen, so lautet die Grundidee, sind nicht durch solche Bedingungen gerechtfertigt, die dem epistemischen Subjekt selbst zugänglich sind, sondern durch externe Bedingungen, die dem Subjekt *nicht* zugänglich sind. Diese können etwa darin bestehen, dass die Basismeinungen durch einen *objektiv zuverlässigen Prozess* zustande gekommen sind. Die Zuverlässigkeit des Prozesses selbst, unabhängig davon, ob das epistemische Subjekt diese Zuverlässigkeit feststellen kann, garantiert dieser Idee zufolge die Rechtfertigung der Basismeinungen. (→ Internalismus und Externalismus der Rechtfertigung)

> **(Zugangs-)Internalismus/Externalismus in Bezug auf Rechtfertigung**
>
> *Internalismus*: Position, der zufolge ein Subjekt nur dann in einer Meinung gerechtfertigt sein kann, wenn es selbst einen Zugang zu den rechtfertigenden Gründen hat.
> *Externalismus*: Position, der zufolge es möglich ist, dass ein Subjekt in einer Meinung durch eine Grundlage gerechtfertigt ist, die dem Subjekt selbst nicht zugänglich ist.

Als paradigmatischen Versuch, Agrippas Trilemma auf einem externalistischen Weg zu lösen, kann ein Ansatz verstanden werden, dem zufolge die Rechtfertigung einer Basismeinung von einer *kausalen bzw. gesetzesartigen Verknüpfung* zwischen dem Subjekt und der Welt abhängig ist (z. B. Goldman 1967; Armstrong 1973). Ein solcher Ansatz wird manchmal als das »Thermometer-Modell« bezeichnet. Die Idee besteht darin, dass ein funktionierendes Thermometer, das in einer adäquaten gesetzesartigen Relation zur Temperatur der Umgebung steht, diese Temperatur zuverlässig anzeigt. Im selben Sinne kann gesagt werden, dass ein epistemisches Subjekt, das in einer adäquaten gesetzesartigen Relation zu seiner Umwelt steht, zuverlässige Basismeinungen über bestimmte seine Umgebung betreffende Tatsachen hat. So ist etwa vorstellbar, dass wir unter Berücksichtigung bestimmter Eigenschaften unseres Sinnesapparates einem Naturgesetz zufolge durch unsere Wahrnehmung in der Regel zu wahren Meinungen über die Außenwelt gelangen. Aufgrund der Tatsache, dass wir unter normalen Wahrnehmungsbedingungen zuverlässige Beobachter von mittelgroßen physischen Gegenständen wie zum Beispiel Tischen und Stühlen sind, gelten unsere Meinungen über Tische und Stühle, die unter solchen Bedingungen durch Beobachtung zustande kommen, als externalistisch gerechtfertigt.

Eine sehr einflussreiche Kritik an externalistischen Rechtfertigungskonzeptionen stammt von Laurence BonJour (1985: Kap. 3). BonJour argumentiert auf einer sehr intuitiven Ebene gegen die Idee, dass eine Meinung durch eine externalistische Bedingung gerechtfertigt sein kann. Hierfür formuliert er verschiedene Beispiele, in denen eine solche Bedingung erfüllt ist und das entsprechende epistemische Subjekt somit dem externalistischen Ansatz zufolge durch das Bestehen einer solchen Relation zu einer gerechtfertigten Meinung gelangt. Diese Beispiele sind dabei jedoch stets so konstruiert, dass BonJour zufolge das Subjekt, im Rahmen der ihm selbst vorliegenden Informationen betrachtet, auf eine *epistemisch unverantwortliche Weise* zu seiner Meinung gelangt und daher unseren Intuitionen zufolge nicht als epistemisch rational bzw. gerechtfertigt bezeichnet werden kann. BonJour versucht so zu zeigen, dass der externalistische Ansatz in der Anwendung zu Ergebnissen führt, die wir intuitiv für nicht akzeptabel halten.

Ein solches Beispiel ist der Fall einer Person, die glaubt, die Fähigkeit der Hellseherei zu besitzen, ohne irgendwelche Anhaltspunkte dafür zu haben. Aufgrund dieser Annahme von hellseherischen Fähigkeiten gelangt sie zu der Überzeugung, dass sich der Präsident in New York aufhält, obwohl sie gute Gründe (Zeitungsartikel, angebliche Live-Bilder im Fernsehen usw.) für die Annahme hat, dass er sich in Washington befindet. Bei den ihr vorliegenden Informationen über den vermeintlichen Washington-Aufenthalt des Präsidenten handelt es sich jedoch um gezielte staatliche Fehlinformationen mit dem Ziel, den Präsidenten vor einem Attentat zu schützen. Tatsächlich befindet er sich in New York. Darüber hinaus besitzt die Beispielperson tatsächlich zuverlässige hellseherische Fähigkeiten, die zu ihrer wahren Meinung über den Aufenthaltsort des Präsidenten geführt haben.

Obwohl die im externalistischen Ansatz niedergelegten Bedingungen für Rechtfertigung offenbar erfüllt sind, würden wir BonJour zufolge der Person in dem Beispiel die Rechtfertigung für die Meinung, dass sich der Präsident in New York befindet, absprechen. Dies begründet BonJour damit, dass die Person *guten Gegengründen zum Trotz* an dieser Meinung festgehalten und sich daher, an ihrem eigenen Informationsstand gemessen, epistemisch unverantwortlich verhalten habe.

Um seinen Einwand zu erweitern, schildert BonJour zwei weitere Beispiele, die dem ersten bis auf wenige Änderungen gleichen. Im zweiten Beispiel besitzt die Beispielperson zwar keine Informationen, die direkt gegen einen New York-Aufenthalt des Präsidenten sprechen; sie hat dafür jedoch gute Gründe für die Annahme, dass sie über keinerlei hellseherische Fähigkeiten verfügt. Im dritten Beispiel sprechen die Gründe der Beispielperson nicht speziell gegen ihre eigenen hellseherischen Fähigkeiten, sondern allgemein gegen die Möglichkeit, dass manche Menschen über solche Fähigkeiten verfügen. In allen diesen Fällen verhält sich das epistemische Subjekt BonJour zufolge epistemisch unverantwortlich und besitzt daher, einer Erfüllung rein externalistischer Kriterien zum Trotz, keine Rechtfertigung für seine Meinung.

Die generelle Stoßrichtung des Argumentes ist klar: Zu unserem alltäglichen Begriff der epistemischen Rechtfertigung gehört BonJour zufolge die Idee der epistemischen Verantwortlichkeit. Dies bedeutet unter anderem, dass wir einer Person, die durch einen zuverlässigen Prozess zu einer Meinung gekommen ist, die Rechtfertigung für diese Meinung absprechen, wenn diese Person gute Gründe hat, an ihrer Meinung oder an der Zuverlässigkeit ihres Meinungsbildungsprozesses zu zweifeln.

Die anti-externalistische Argumentation BonJours ist jedoch nicht unwidersprochen geblieben. So wurde beispielsweise kritisiert, dass BonJour sich bei der Wahl seiner Beispiele die Tatsache zunutze macht, dass wir Hellsehen eben gerade *nicht* für eine zuverlässige Wahrnehmungsquelle halten (z. B. Fogelin 1994: 43ff.). Aus Sicht der Kritiker BonJours sind wir also nicht in der Lage, die geschilderten Beispiele unvoreingenommen zu beurteilen. Es wurde außerdem von einigen Externalisten der Versuch unternommen, die externalistische Rechtfertigungstheorie durch eine negative Bedingung zu erweitern, der zufolge ein Subjekt, um in einer Meinung gerechtfertigt zu sein, *keine* Gründe für die Annahme haben darf, dass die entsprechende Meinung auf eine unzuverlässige Art und Weise zustande gekommen ist (z. B. Goldman 1986: 112f.). Eine solche Bedingung ist natürlich gerade darauf zugeschnitten, den kontraintuitiven Konsequenzen von BonJours Beispielen zu begegnen. Die entscheidende Frage in Bezug auf dieses Manöver des Externalisten besteht darin, ob die eingeführte Bedingung so explizert werden kann, dass der Rechtfertigungsansatz sich dabei nicht zu weit von der externalistischen Grundidee entfernt.

Ein weiterer Einwand, der häufig gegen externalistische Ansätze vorgebracht wird, besteht darin, dass sich der Externalist einen Skeptizismus zweiter Stufe einhandelt. Externalistische Theorien bieten eine Entgegnung auf das Skeptizismusproblem nach dem folgenden Muster: *Wenn* die externalistische Theorie richtig ist und die in ihr bestimmten Methoden zur Wissensgewinnung in der Tat zuverlässig sind, dann ist Wissen möglich und der Skeptizismus falsch. Die Frage ist jedoch, welche Gründe wir als Erkenntnistheoretiker für die Annahme haben, dass die Zuverlässigkeit unserer Meinungsbildungsprozesse in der Regel tatsächlich gegeben ist. So könnte beispielsweise ein Cartesischer Skeptiker die Hypothese vorbringen, dass wir in unserer Sinneswahrnehmung von einem allmächtigen bösen Dämon systematisch getäuscht werden und die Außenwelt sich vollkommen anders verhält, als wir es aufgrund unserer Sinneseindrücke vermuten, oder womöglich gar nicht existiert. In solch einem Fall, sollte er tatsächlich zutreffen, wären auch einer externalistischen Theorie zufolge unsere Wahrnehmungsmeinungen in der Regel ungerechtfertigt (und außerdem falsch), da in einer solchen Dämon-Welt die Sinneswahrnehmung kein zuverlässiger Meinungsbildungsprozess wäre. Woher sollen wir, wenn wir einen Externalismus akzeptieren, also wissen, dass wir externalistisch gerechtfertigte Meinungen haben?

Es kann die These vertreten werden, dass wir auf der Ebene der Erkenntnistheorie für eine befriedigende Entgegnung auf das Skeptizismusproblem interne Gründe benötigen und dass eine externalistische Theorie nicht in der Lage ist, solche Gründe bereitzustellen (Stroud 1989: 43 f.). (→ Skeptizismus)

4. Kohärenztheorie

4.1 Die Grundzüge der Kohärenztheorie

Die Kohärenztheorie der Rechtfertigung gilt als Alternative zum Fundamentalismus und wird nicht selten von ihren Vertretern gerade deshalb stark gemacht, weil ihnen die Probleme des Fundamentalismus unlösbar erscheinen. Die Grundidee der Kohärenztheorie besteht darin, dass ein Meinungssystem dadurch gerechtfertigt ist, dass die einzelnen Meinungen durch wechselseitige Relationen miteinander verknüpft sind. Die Lösung von Agrippas Trilemma kann zwar offenbar nicht darin bestehen, schlicht zirkuläre Rechtfertigungsketten zuzulassen. Wenn wir eine Meinung zirkulär rechtfertigen, dann scheint die Rechtfertigung dieser Meinung zumindest indirekt davon abzuhängen, dass sie bereits gerechtfertigt ist, was kaum eine befriedigende Lösung des Problems darstellt. Kohärenztheoretiker verweisen jedoch darauf, dass die Schwäche dieser Lösung auf der Voraussetzung einer linearen Rechtfertigungsstruktur beruht, in welcher Rechtfertigung lediglich durch eindimensionale Ketten von Meinungen gewährleistet wird, die nach einer Relation der epistemischen Priorität geordnet sind.

Als Alternative präsentieren Kohärentisten eine *holistische Rechtfertigungsstruktur*: Meinungen sind nicht, wie von Fundamentalisten behauptet, dadurch gerechtfertigt, dass sie auf bestimmte ausgezeichnete Basismeinungen zurückgeführt werden, sondern dadurch, dass sie in ein insgesamt kohärentes Gesamtsystem eingebettet sind. Kohärenz ist dabei intuitiv gesprochen ein Maß dafür, wie gut eine Menge bzw. ein System von Meinungen »zusammenhängt« (BonJour 1985: 93). Dieses »Zusammenhängen« der Meinungen wird durch verschiedene Relationen der gegenseitigen Stützung der Meinungen untereinander gewährleistet. Eine der Aufgaben eines Kohärenztheoretikers besteht darin, eine genauere Analyse des Kohärenzbegriffes auszuarbeiten, in der die Relationen, die zur Kohärenz eines Meinungssystems beitragen, benannt werden.

Zunächst einmal fallen einem hierbei negative Kriterien für die Inkohärenz eines Meinungssystems ein: *Logische Inkonsistenzen* stellen sicherlich besonders schwerwiegende Fälle von Inkohärenz dar. Die Forderung der logischen Konsistenz als *notwendige* Bedingung für Kohärenz wäre jedoch sicherlich zu stark. Dies hätte zur Folge, dass jedes Meinungssystem, das in irgendeiner Form einen logischen Widerspruch enthält, nicht kohärent ist. Aufgrund der Fehlbarkeit endlicher Wesen ist jedoch die Annahme, dass sich Inkonsistenzen in unseren Überzeugungssystemen durchaus häufiger finden, sehr plausibel (vgl. Bartelborth 1996: 173; BonJour 1999: 124). Es bleibt festzuhalten, dass logische Inkonsistenzen zumindest deutlich zur Inkohärenz eines Meinungssystems beitragen und daher möglichst vermieden werden sollten.

Ähnlich verhält es sich auch mit *probabilistischen Inkonsistenzen* eines Meinungssystems. Ein einfacher Fall von probabilistischer Inkonsistenz liegt etwa dann vor, wenn ich glaube, dass es sehr unwahrscheinlich ist, dass p, und zugleich glaube, dass p. Die probabilistische Inkonsistenz eines Meinungssystems ist offenbar eine graduelle Angelegenheit und hängt sowohl davon ab, wie viele derartige Konflikte in einem Meinungssystem auftreten, als auch davon, wie hoch der Grad der Unwahrscheinlichkeit in den einzelnen Fällen ist. Ebenso wie logische Inkonsistenzen leisten probabilistische Inkonsistenzen einen Beitrag zur Inkohärenz eines Meinungssystems und sind daher möglichst zu vermeiden.

Diese beiden ersten Bedingungen können als ausschließlich negative Bedingungen aufgefasst werden, die die Abwesenheit bzw. Minimierung logischer und probabilistischer Inkonsistenzen fordern. Es ist leicht einzusehen, dass in den Begriff der Kohärenz außerdem Bedingungen bzgl. positiver Verbindungen zwischen den Meinungen des Systems eingehen müssen. Dies lässt sich anhand eines einfachen Beispiels verdeutlichen, in dem zwei

Mengen von Aussagen miteinander verglichen werden (BonJour 1985: 96). Die Menge A besteht aus den Aussagen »Dieser Stuhl ist braun«, »Elektronen sind negativ geladen« und »Heute ist Donnerstag«. Die Menge B besteht aus den Aussagen »Alle Raben sind schwarz«, »Dieser Vogel ist ein Rabe« und »Dieser Vogel ist schwarz«. Beide Mengen sind offenbar frei von logischen und probabilistischen Inkonsistenzen. Während dies jedoch im Fall der Menge A darauf zurückzuführen ist, dass die Aussagen in keinem Zusammenhang zueinander stehen, sind die Aussagen der Menge B auf eine positive Art miteinander verknüpft. Die Beziehungen, die eine solche Verknüpfung erzeugen, werden in der Regel als *inferentielle Relationen* charakterisiert. Es handelt sich um Relationen, die es erlauben, von einer oder mehreren Meinungen des Systems durch ein bestimmtes Schlussverfahren auf eine weitere Meinung des Systems zu schließen. Kohärenztheoretiker nennen neben deduktiven Beziehungen häufig auch induktive Beziehungen, Wahrscheinlichkeits- und Erklärungsrelationen als wesentliche inferentielle Relationen, die den positiven Zusammenhang eines Meinungssystems stiften.

Im Rahmen einer Kohärenztheorie ist es außerdem sinnvoll, zwei Ebenen voneinander zu unterscheiden, auf denen die Frage nach Rechtfertigung gestellt werden kann (BonJour 1985: 90 f.). Auf der *lokalen Ebene* wird nach der *Rechtfertigung einer einzelnen Meinung* bzw. einer kleinen Menge von Meinungen innerhalb eines Gesamtsystems gefragt, dessen Gesamtrechtfertigung für diesen Zweck mehr oder weniger vorausgesetzt wird. Auf der *globalen Ebene* hingegen wird die *Frage nach der Gesamtrechtfertigung des Meinungssystems* gestellt. Kohärenztheoretiker heben hervor, dass die Rechtfertigung auf der globalen Ebene entscheidend für die Möglichkeit von Rechtfertigung überhaupt ist: Nur wenn es uns gelingt, unser Meinungssystem als Gesamtes zu rechtfertigen, erhält die Rechtfertigung einzelner Meinungen auf der lokalen Ebene, welche unter der Voraussetzung der Rechtfertigung des Gesamtsystems geschieht, einen epistemischen Wert.

In der Praxis werden in der Regel jedoch lediglich lokale Aspekte der Rechtfertigung angesprochen, wobei die inferentielle Rechtfertigung auf der lokalen Ebene linear erscheint: Wir führen die zu rechtfertigende Meinung linear auf *kontextuelle Basismeinungen* zurück, die als Teil unseres gesamten Meinungssystems für den Moment nicht infrage stehen, jedoch prinzipiell, etwa auf der globalen Ebene, infrage gestellt werden können.

Es ergibt sich eine Art Irrtumstheorie der epistemischen Rechtfertigung: Während uns Rechtfertigung zwar linear, mithin gar fundamentalistisch *erscheint*, da wir in der Praxis im Allgemeinen lediglich auf der lokalen Rechtfertigungsebene operieren, muss spätestens auf der globalen Ebene diese »Illusion« der Linearität aufgegeben werden, um, wie etwa oben beschrieben, fatale Zirkel zu vermeiden. Entscheidend ist hierbei die oben angesprochene epistemische Vorrangigkeit der globalen vor der lokalen Ebene. Während die Linearität auf der lokalen Ebene nur eine Illusion ist, die sich aus der eingeschränkten Sicht des praktischen Kontextes ergibt, offenbart sich auf der globalen Ebene die tatsächliche Struktur der Rechtfertigung: Die Relationen zwischen den Meinungen sind solche der *gegenseitigen* Stützung; es gibt keine grundlegende Relation der epistemischen Priorität zwischen den Bestandteilen des Meinungssystems.

Durch diese Aufgabe des Bildes einer rein linearen Rechtfertigung ergibt sich für den Kohärentisten die Möglichkeit einer Entgegnung auf Agrippas Trilemma: Kohärenztheoretische Rechtfertigung bedeutet nicht, wie sich aus der Sicht einer rein linearen Rechtfertigungskonzeption kritisieren ließe, dass unsere Meinungen nur zirkulär gerechtfertigt sind. Die Rechtfertigung der einzelnen Meinungen des Systems beruht letzten Endes nicht auf anderen einzelnen Meinungen und ihrer Rechtfertigung, sondern auf der Kohärenz des Gesamtsystems, in das sie eingebettet sind.

4.2 Drei Standardeinwände gegen die Kohärenztheorie

Ebenso wie der Fundamentalismus sieht sich auch eine Kohärenztheorie der Rechtfertigung einigen Einwänden gegenüber. Dabei treten vor allem drei Standardeinwände in den Vordergrund (BonJour 1985: 106 ff.):

1) Der *Alternativen-Einwand*: Nach der bisherigen Charakterisierung der Kohärenztheorie ist ein Meinungssystem *ausschließlich* durch seine interne Kohärenz gerechtfertigt. Es wird jedoch nach jeder plausiblen Konzeption der Kohärenz viele, vermutlich sogar unendlich viele verschiedene und *inkompatible Meinungssysteme* geben, welche *in gleichem Maße kohärent* sind. Wir haben also keinen besseren Grund für die Annahme, dass unsere tatsächlichen Meinungen wahr sind, als für die Annahme, dass die Meinungen eines

beliebigen anderen, ebenso kohärenten Systems wahr sind.
2) Der *Isolations-Einwand*: Die Kohärenz eines Systems hängt lediglich von den internen Relationen des Systems ab. Ein Meinungssystem kann also prinzipiell auch dann gerechtfertigt sein, wenn es in *keinerlei Kontakt zur Außenwelt* steht, welche es zu beschreiben vorgibt. Dies ist für eine Theorie der Rechtfertigung eine absurde Konsequenz.
3) Das *Problem der Wahrheit*: Es muss gezeigt werden, dass die in der Theorie vorgeschlagenen Standards der Rechtfertigung *tatsächlich wahrheitszuträglich* sind. Es kann schließlich die Frage gestellt werden, warum die Tatsache, dass eine Meinung Teil eines kohärenten Meinungssystems ist, überhaupt als Indiz für die Wahrheit dieser Meinung betrachtet werden kann.

Die innovativste Verteidigung der Kohärenztheorie gegen diese Einwände, der wir uns im Folgenden zuwenden, geht auf Laurence BonJour zurück.

Dem *Alternativen-Einwand* haben schon frühe Vertreter des Kohärentismus entgegengehalten, dass unter der Kohärenz eines Meinungssystems mehr als nur die Abwesenheit von logischen Inkonsistenzen verstanden werden muss. Durch eine Einbindung reichhaltiger positiver Relationen der Meinungen untereinander, etwa Erklärungsrelationen oder stützende Wahrscheinlichkeitsrelationen, kann ein anspruchsvollerer Kohärenzbegriff entwickelt werden, so dass es nicht mehr allzu leicht ist, alternative kohärente Systeme zu konstruieren. Dennoch kann dieser Einwand auch gegen einen reichhaltigeren Kohärenzbegriff stark gemacht werden (BonJour 1985: 107f.). Um dem Einwand wirklich begegnen zu können und ein einfaches Konstruieren alternativer kohärenter Systeme zu unterbinden, so BonJour, müsse eine Möglichkeit aufgezeigt werden, wie Beobachtungsmeinungen im Rahmen einer Kohärenztheorie als »Input« in das Meinungssystem einbezogen werden können, ohne dabei in einen Fundamentalismus zu verfallen. Einer Beantwortung des Alternativen-Einwandes muss also eine Beantwortung des Isolations-Einwandes vorausgehen.

Ähnliches gilt auch für das *Problem der Wahrheit*. BonJours Lösungsidee für dieses Problem besteht, knapp formuliert, darin, die Wahrheit bzw. wahrscheinliche Wahrheit eines über einen längeren Zeitraum kohärenten Systems durch einen Schluss auf die beste Erklärung zu rechtfertigen. (→ Induktion und der Schluss auf die beste Erklärung) Sofern das fortwährende Integrieren von Beobachtungsmeinungen in das Meinungssystem zu einer notwendigen Bedingung für die Kohärenz des Systems erhoben wird, so BonJours Überlegung, könne nur die approximative Wahrheit des Meinungssystems die Kohärenz über einen längeren Zeitraum erklären.

Somit muss also in erster Linie eine Entgegnung auf den *Isolations-Einwand* angestrebt werden. Hierfür entwickelt BonJour eine *kohärentistische Theorie der Rechtfertigung von Beobachtungsmeinungen*, durch welche er zu zeigen versucht, dass es möglich ist, Beobachtungsmeinungen im Rahmen einer Kohärenztheorie als »Input« in das Meinungssystem einzubeziehen, ohne diesen Meinungen den problematischen Status von nicht-inferentiell gerechtfertigten Basismeinungen im Sinne des Fundamentalismus zusprechen zu müssen (BonJour 1985: Kap. 6).

4.3 Eine kohärentistische Theorie der Rechtfertigung von Beobachtungsmeinungen

Die Grundlage für BonJours kohärentistische Theorie der Rechtfertigung von Beobachtungsmeinungen bildet eine Unterscheidung zwischen der Herkunft bzw. Entstehung einer Meinung auf der einen und ihrer Rechtfertigung auf der anderen Seite: Während Beobachtungsmeinungen zwar nicht-inferentiell in dem Sinne sind, dass sie nicht durch Ableitung aus anderen Meinungen *entstanden* sind, muss jedoch ihre Rechtfertigung ebenso wie die Rechtfertigung aller anderen Meinungen durch ihre Einbettung in das kohärente Gesamtsystem der Meinungen erfolgen. Eine Einbeziehung solcher Beobachtungsmeinungen in das Meinungssystem als notwendige Bedingung für die Kohärenz des Systems soll garantieren, dass kohärente Meinungssysteme eine Verbindung zur Außenwelt aufweisen.

Ein Beispiel besteht etwa darin, dass ich an meinem Schreibtisch sitzend zu der Meinung gelange, dass sich ein rotes Buch auf dem Tisch befindet (BonJour 1985: 117). Bei dieser Meinung handelt es sich nicht um eine inferentiell entstandene Meinung, die sich infolge eines Überlegungsprozesses aus anderen Meinungen ergibt. Vielmehr tritt diese Meinung unmittelbar auf, und zwar ohne dass das Auftreten der Meinung dem Einfluss meines Willens unterliegt. BonJour bezeichnet solche unmittelbar auftretenden Meinungen als *kognitiv spontan*. Diese Eigenschaft, kognitiv spontan zu sein, ist das Merkmal, das mutmaßliche Beobachtungsmeinungen auszeichnet. Die Rechtfertigung dieser kognitiv spontan auftretenden Meinung kann aus kohärenztheoretischer Sicht durch Einbettung in das Meinungssystem geschehen, wobei in der Rechtfertigung auf den Entstehungsprozess der Meinung Bezug genommen wird. Bei der Rechtfertigung meiner Meinung, dass sich ein rotes Buch auf meinem Schreibtisch befindet, spielen etwa Hintergrundannahmen über meine Fähigkeiten als Beobachter von mittelgroßen physischen Gegenständen unter normalen Sichtbedingungen und Meinungen über das Vorliegen solcher Bedingungen eine Rolle. Durch den Hinweis auf solche Hintergrundannahmen, die Teil meines kohärenten Meinungssystems sind, lässt sich die Annahme, dass die Beobachtungsmeinung auf eine zuverlässige Art und Weise entstanden ist, kohärenztheoretisch rechtfertigen.

Durch die Möglichkeit der kohärenztheoretischen Rechtfertigung von Beobachtungsmeinungen kann der *Isolations-Einwand* entschärft werden. BonJour verweist als Reaktion auf diesen Einwand darauf, dass seine Theorie der Rechtfertigung von Beobachtungsmeinungen einen Einfluss von außerhalb des Meinungssystems ermöglicht, der eine korrigierende Funktion ausüben kann. Es kann nämlich durchaus der Fall auftreten, dass eine kognitiv spontane Meinung, die innerhalb des Meinungssystems nach der gerade beschriebenen Art kohärenztheoretisch gerechtfertigt werden kann, zu Inkohärenzen im Meinungssystem führt. In diesem Fall legt das kognitiv spontane Auftreten dieser Meinung eine Korrektur des Meinungssystems nahe, um das entsprechende Maß von Kohärenz wiederherzustellen (BonJour 1985: 140). Nehmen wir beispielsweise an, ich habe die Meinung, dass alle Bücher in meinem Büro rot sind. Wenn ich nun aufgrund einer Beobachtung die kognitiv spontane Meinung ausbilde, dass sich auf meinem Schreibtisch ein blaues Buch befindet und ich diese kognitiv spontane Meinung durch ein Argument der oben angedeuteten Art unter Rückgriff auf meine Zuverlässigkeit als Beobachter in der vorliegenden Situation rechtfertigen kann, entsteht ein Konflikt in meinem Meinungssystem, auf den ich reagieren muss.

Auch der *Alternativen-Einwand*, dem zufolge nach jeder plausiblen Konzeption der Kohärenz zahlreiche alternative Meinungssysteme konstruiert werden können, die ebenso kohärent sind wie unser tatsächliches System von Meinungen, kann nun zurückgewiesen werden. BonJour gesteht zu, dass es zwar sein mag, dass zu jedem Zeitpunkt solche alternativen Systeme konstruiert werden können. Er weist jedoch darauf hin, dass diese sich aufgrund der möglichen Korrekturfunktion der Beobachtungsmeinungen auf lange Sicht als schlechte Alternativen entpuppen dürften. In dem Maße nämlich, in dem ein alternatives Meinungssystem bloß nach Maßgabe der Kohärenzkriterien beliebig konstruiert ist, dürfte es sich als schwierig erweisen, dieses System auch unter der Bedingung der fortwährenden Einbettung kognitiv spontaner Meinungen auf lange Sicht kohärent zu halten (BonJour 1985: 144).

Von hier aus schlägt BonJour eine Brücke zur Lösung des *Problems der Wahrheit*. Das Problem besteht darin, zu zeigen, dass kohärenztheoretische Rechtfertigung wahrheitszuträglich ist. BonJour betont, dass keineswegs gezeigt werden müsse, dass das Anlegen der von ihm ausgearbeiteten Rechtfertigungsstandards *zu einem bestimmten Zeitpunkt* in der Regel zu wahrscheinlich wahren Meinungen führt. Sein etwas bescheideneres, aber ohne Frage immer noch ambitioniertes Projekt besteht vielmehr darin, ein Argument für die *längerfristige* Wahrheitszuträglichkeit der Rechtfertigungsstandards seiner Theorie zu formulieren. Es soll also gezeigt werden, dass eine dauerhafte Anwendung der Rechtfertigungsstandards auf lange Sicht zu wahrscheinlich wahren Meinungen führt (BonJour 1985: 169).

Das von BonJour präsentierte Argument für diese These, das auf einen Schluss auf die beste Erklärung zurückgreift, kann wie folgt knapp zusammengefasst werden (vgl. BonJour 1985: 171):

BonJours Argument für die Wahrheitszuträglichkeit kohärenztheoretischer Rechtfertigung

P1: Wenn ein Meinungssystem trotz der geforderten fortwährenden Integration von kognitiv spontanen Meinungen über einen langen Zeitraum relativ stabil und kohärent bleibt, dann ist es sehr wahrscheinlich, dass es hierfür eine Erklärung gibt.

P2: Die beste Erklärung für diesen Umstand besteht darin, dass die Meinungen des Systems größtenteils wahr sind.

K: Die Meinungen eines über einen längeren Zeitraum relativ stabilen und kohärenten Meinungssystems, in das fortwährend kognitiv spontane Meinungen integriert werden, sind also wahrscheinlich wahr.

In Bezug auf dieses Argument fallen jedoch zwei Probleme unmittelbar ins Auge. So ist erstens in Bezug auf die zweite Prämisse des Argumentes zu beachten, dass der Cartesische Außenweltskeptiker behaupten kann, eine alternative Erklärung für die dauerhafte Kohärenz unseres Meinungssystems anbieten zu können. (→ Skeptizismus)

Die klassischen skeptischen Hypothesen, denen zufolge wir etwa von einem bösen Dämon oder, als Gehirne im Tank, von einem bösen Wissenschaftler *systematisch* getäuscht werden, sind gerade so konstruiert, dass sie die Kohärenz unseres Meinungssystems erklären können. BonJour muss sich also auf eine ausführliche Debatte über den Erklärungsbegriff einlassen und zeigen, dass skeptische Hypothesen in relevanter Hinsicht schlechtere Erklärungen für die dauerhafte Kohärenz unseres Meinungssystems sind (siehe hierzu ausführlich BonJour 1985: Kap. 8.4).

Das zweite Problem besteht darin, dass BonJour für sein Argument offensichtlich die Wahrheitszuträglichkeit von Schlüssen auf die beste Erklärung voraussetzen muss, für die er jedoch kein weiteres Argument angibt. Es ist allerdings überhaupt nicht klar, weshalb ein Skeptiker ihm so weit entgegenkommen sollte, die Wahrheitszuträglichkeit solcher Schlüsse zu akzeptieren.

4.4 Die Achilles-Ferse der Kohärenztheorie

Um zu vermeiden, dass eine Kohärenztheorie in einen Externalismus mündet und somit denselben Problemen ausgesetzt ist, die auch gegen einen externalistischen Fundamentalismus sprechen, muss sichergestellt werden, dass die kohärenztheoretische Rechtfertigung des eigenen Meinungssystems einem epistemischen Subjekt selbst zugänglich ist.[7] Im Fall der Kohärenztheorie bedeutet dies insbesondere, dass dem Subjekt die Kohärenz des eigenen Meinungssystems selbst epistemisch zugänglich sein muss. Nur dadurch wird gewährleistet, dass die Tatsache, dass unsere Meinungen ein kohärentes System bilden und daher auf der globalen Ebene gerechtfertigt sind, vom epistemischen Subjekt selbst festgestellt werden kann. Eine internalistische Rechtfertigung nach kohärenztheoretischen Maßstäben ist also nur unter der Voraussetzung möglich, dass wir über eine zumindest approximativ richtige Repräsentation unseres eigenen Meinungssystems und den inferentiellen Verbindungen der Meinungen untereinander verfügen.

Hieraus ergibt sich für eine Kohärenztheorie jedoch offenbar ein Problem: Eine Repräsentation unseres Meinungssystems setzt sich zusammen aus einer Menge von empirischen Metameinungen über das Meinungssystem. Bei diesen Metameinungen handelt es sich um Meinungen darüber, aus welchen Meinungen das eigene Meinungssystem besteht und in welchen inferentiellen Relationen diese Meinungen zueinander stehen. Entscheidend ist, dass diese Metameinungen selbst einer Rechtfertigung bedürfen (BonJour 1985: 102). Schließlich bilden sie die Grundlage für die Rechtfertigung aller Meinungen innerhalb des Meinungssystems. Wie jedoch soll diese Rechtfertigung der Metameinungen aussehen?

Um einen Rückfall in einen fundamentalistischen Ansatz zu vermeiden, müsste der Kohärentist die Position vertreten, dass diese Metameinungen, wie auch alle anderen Meinungen, ihre Rechtfertigung durch ihre Kohärenz mit dem gesamten Meinungssystem erhalten. Es wird jedoch schnell deutlich, dass innerhalb des Rahmens einer Kohärenztheorie keine Möglichkeit für eine holistische Rechtfertigung der Metameinungen besteht: Um Meinungen vor dem Hintergrund eines Meinungssystems kohärenztheoretisch rechtfertigen zu können, müssen wir zunächst sicherstellen, dass das der Rechtfertigung zugrunde liegende Meinungssystem kohärent ist. Auch für die Rechtfertigung der Metameinungen über unser eigenes Meinungssystem müssten wir also bereits voraussetzen, dass wir über eine Repräsentation unseres Meinungssystems verfügen, *für die bereits eine Rechtfertigung vorliegt*. Die Metameinungen können also nur unter der Bedingung kohärentistisch gerechtfertigt werden, dass sie bereits gerechtfertigt sind. Dieser Zirkel muss in der Tat als fatal bezeichnet werden.

5. Fazit

Wie in diesem Überblick deutlich geworden sein dürfte, haben selbst die am besten ausgearbeiteten Varianten des Fundamentalismus und der Kohärenztheorie mit offenen Problemen zu kämpfen. Die Debatte über die Struktur der epistemischen Rechtfertigung ist in vollem Gange. Es sei zum Schluss noch kurz darauf hingewiesen, dass es

---

[7] So hebt etwa BonJour hervor, dass schon allein aufgrund der Positionierung der Kohärenztheorie innerhalb der Debatte um die Struktur der epistemischen Rechtfertigung die Option einer externalistischen Variante der Kohärenztheorie nicht zur Verfügung steht (vgl. BonJour 1985: 89): Lediglich das Scheitern des Fundamentalismus stellt ihm zufolge einen Grund dar, sich einer Kohärenztheorie zuzuwenden. Ein wichtiger Teilschritt in BonJours Argument gegen den Fundamentalismus besteht, wie oben gesehen, in einer ausführlichen Argumentation gegen die Möglichkeit eines externalistischen Fundamentalismus, welche wesentlich aus prinzipiellen Argumenten gegen externalistische Ansätze im Allgemeinen besteht. Eine aus BonJours Sicht interessante Alternative zum Fundamentalismus muss also genuin internalistisch sein.

neben verschiedenen Verteidigungen des Fundamentalismus und der Kohärenztheorie auch Vorschläge gibt, die Probleme dieser Ansätze durch eine Kombination aus Elementen beider Theorien zu lösen. So schlägt etwa Susan Haack eine als »Foundherentism« bezeichnete Konzeption vor, die diesen Gedanken einer Kreuzung beider Ansätze bereits im Namen trägt (vgl. Haack 1993). Darüber hinaus stellt der von Michael Williams entworfene Kontextualismus die Möglichkeit bereit, fundamentalistische und kohärenztheoretische Elemente in einem kontextualistischen Rahmen zu vereinen (vgl. Williams 1996; 2001).[8],[9]

Kontrollfragen

(1) Wie lautet die Grundthese, die alle fundamentalistischen Ansätze miteinander teilen?

(2) Was ist der Unterschied zwischen einem rationalistischen und einem empiristischen Fundamentalismus?

(3) Durch welche vorgebliche Eigenschaft von subdoxastischen Zuständen kann man empiristischen Fundamentalisten zufolge Agrippas Trilemma lösen?

(4) Was ist der Unterschied zwischen einem (Zugangs-)Internalismus und einem (Zugangs-) Externalismus in Bezug auf Rechtfertigung?

(5) Inwiefern ist eine externalistische Theorie anfällig für einen Skeptizismus zweiter Stufe?

(6) Welche zwei Ebenen der Rechtfertigung können im Rahmen einer Kohärenztheorie unterschieden werden?

(7) Inwiefern kann die Kohärenztheorie durch die Unterscheidung zweier Ebenen der Rechtfertigung als eine *Irrtums*theorie bezeichnet werden?

(8) Warum ist es wichtig, Beobachtungsmeinungen in einer Kohärenztheorie eine besondere Rolle zuzuweisen?

(9) Durch welche Unterscheidung wird es möglich, Beobachtungsmeinungen in einer Kohärenztheorie eine besondere Rolle zuzuweisen, ohne dabei in eine fundamentalistische Position zu verfallen?

(10) Warum muss ein internalistischer Kohärentist zeigen, dass wir gerechtfertigte Metameinungen über die Zusammensetzung unseres eigenen Meinungssystems haben?

Kommentierte Auswahlbibliographie

BonJour, Laurence (1985): *The Structure of Empirical Knowledge*. Cambridge, MA: Harvard University Press.
Dieses Buch beinhaltet sowohl eine umfangreiche Argumentation gegen verschiedene Versionen des Fundamentalismus als auch eine sehr innovative und wegweisende Verteidigung der Kohärenztheorie.

BonJour, Laurence (1999): The Dialectic of Foundationalism and Coherentism. In: Greco, John/Sosa, Ernest (Hg.): The Blackwell Guide to Epistemology. Oxford: Blackwell. 117–142.
Ein hervorragender Überblicksartikel über die Debatte um den Fundamentalismus und die Kohärenztheorie. BonJour argumentiert hier gegen die zuvor von ihm selbst verteidigte Kohärenztheorie und vollzieht die Wende zu einer Variante des Fundamentalismus.

Bartelborth, Thomas (1996): *Begründungsstrategien. Ein Weg durch die analytische Erkenntnistheorie*. Berlin: Akademie Verlag.
Eine umfangreiche Verteidigung der Kohärenztheorie inklusive einer konkreten und sehr detaillierten Ausarbeitung der Kriterien für Kohärenz.

Descartes, René (1992): *Meditationes de prima philosophia*, lateinisch – deutsch. Hgg. von Lüder Gäbe. Hamburg: Meiner.
Die klassische Darlegung einer rationalistischen Variante des Fundamentalismus.

Ernst, Gerhard (2007): *Einführung in die Erkenntnistheorie*. Darmstadt: Wissenschaftliche Buchgesellschaft.
Eine didaktisch sehr gut aufbereitete allgemeine Einführung in die Erkenntnistheorie, in der u. a. auch fundamentalistische und kohärenztheoretische Rechtfertigungskonzeptionen untersucht werden.

Goldman, Alvin (1967): »A Causal Theory of Knowing«. In: *Journal of Philosophy* 64. S. 357–372.
Eine der frühesten Darstellungen einer externalistischen Variante des Fundamentalismus.

Grundmann, Thomas (2008): *Analytische Einführung in die Erkenntnistheorie*. Berlin: de Gruyter.

---

[8] Williams selbst legt den Fokus eher auf die strukturellen Ähnlichkeiten seines Kontextualismus mit fundamentalistischen Theorien. Für eine ausführliche Argumentation dafür, dass der Kontextualismus von der Einarbeitung kohärenztheoretischer Elemente deutlich profitiert, siehe Seide (2011, Kap. VI und VII).

[9] Für wertvolle Hinweise danke ich Sebastian Schmoranzer.

Eine sehr umfangreiche allgemeine Einführung in die Erkenntnistheorie mit einem eigenen Kapitel über die Debatte um die Struktur der Rechtfertigung.

Lewis, C. I. (1946): *An Analysis of Knowledge and Evaluation.* La Salle, Ill.: Open Court.
Eine klassische Darlegung einer empiristischen Variante des Fundamentalismus.

Sellars, Wilfrid (1997): *Empiricism and the Philosophy of Mind. With an Introduction by Richard Rorty and a Study Guide by Robert Brandom.* Cambridge, MA: Harvard University Press.
Dieser ursprünglich 1956 erschienene Essay beinhaltet Sellars' wegweisende Kritik am sogenannten »Mythos des Gegebenen«, die sich nicht, wie der Titel irreführenderweise nahelegt, nur gegen empiristische, sondern auch gegen rationalistische Versionen des Fundamentalismus richtet. Der Text ist sehr voraussetzungsreich und daher schwer zu lesen.

Williams, Michael (2001): *Problems of Knowledge.* Oxford: Oxford University Press.
Eine sehr lesenswerte allgemeine Einführung in die Erkenntnistheorie, in der u. a. der Fundamentalismus und die Kohärenztheorie dargestellt und kritisiert werden. Im Zuge der Auseinandersetzung mit verschiedenen erkenntnistheoretischen Ansätzen kristallisiert sich letztlich Williams' eigene kontextualistische Position heraus, die sowohl fundamentalistische als auch kohärenztheoretische Elemente beinhaltet.

Seide, Ansgar (2011): *Rechtfertigung, Kohärenz, Kontext – Eine Theorie der epistemischen Rechtfertigung.* Paderborn: mentis.

Sextus Empiricus (1985): *Grundriß der pyrrhonischen Skepsis.* Eingeleitet und übersetzt von Malte Hossenfelder. Frankfurt am Main: Suhrkamp.

Stroud, Barry (1989): Understanding Human Knowledge in General. In: Clay, M./Lehrer, K. (Hg.): *Knowledge and Skepticism.* Boulder, Col.: Westview Press. S. 31–50.

Williams, Michael (1996): *Unnatural Doubts.* Corrected paperback edition. Princeton: Princeton University Press.

Weitere Literatur

Armstrong, David M. (1973): *Belief, Truth, and Knowledge.* London: Cambridge University Press.

Audi, Robert (1993): *The Structure of Justification.* Cambridge: Cambridge University Press.

BonJour, Laurence (1998): *In Defence of Pure Reason.* Cambridge: Cambridge University Press.

Fogelin, Robert J. (1994): *Pyrrhonian Reflections on Knowledge and Justification.* Oxford: Oxford University Press.

Gettier, Edmund (1963): »Is Justified True Belief Knowledge?«. In: *Analysis* 23. S. 121–123.

Goldman, Alvin (1986): *Epistemology and Cognition.* Cambridge, MA: Harvard University Press.

Haack, Susan (1993): *Evidence and Inquiry: Towards Reconstruction in Epistemology.* Oxford: Blackwell.

Klein, Peter (2005): Infinitism is the Solution to the Regress Problem. In: Steup, Matthias/Sosa, Ernest (Hg.): *Contemporary Debates in Epistemology.* Malden, MA: Blackwell. S. 131–140.

Perler, Domink (1998): *René Descartes.* München: Beck.

DEFAULT-KONZEPTIONEN DER RECHTFERTIGUNG

Ansgar Seide

1. Ausgangspunkt: Agrippas Trilemma
2. Die Grundidee einer Default-Konzeption von Rechtfertigung bei Wittgenstein und Austin
3. Williams' *»Default and Challenge«*-Struktur der Rechtfertigung
   3.1 Personale und evidentielle Rechtfertigung
   3.2 Zwei Argumente für die *»Default and Challenge«*-Struktur der Rechtfertigung
   3.3 Cartesischer Skeptizismus
   3.4 Williams' Reaktion auf den Cartesischen Skeptizismus
   3.5 Wann liegt eine Default-Berechtigung vor?
4. Fazit

1. Ausgangspunkt: Agrippas Trilemma

Default-Konzeptionen von Rechtfertigung können als Antwort auf ein skeptisches Problem verstanden werden, das als Agrippas Trilemma oder auch als Regressproblem bezeichnet wird: Wenn ich eine Behauptung aufstelle und damit den Anspruch verbinde, nicht lediglich eine unbegründete Annahme geäußert zu haben, kann ich berechtigterweise dazu angehalten werden, die geäußerte Meinung zu rechtfertigen. Um zu zeigen, dass eine bestimmte Meinung gerechtfertigt ist, führen wir im Allgemeinen stützende Gründe für diese Meinung an. Bei diesen Gründen handelt es sich um weitere Meinungen, aus denen sich die in Frage gestellte Meinung in irgendeiner Form schließen lässt.

Wenn ich beispielsweise meine Meinung begründen möchte, dass Peter der Mörder ist, kann ich das durch ein Anführen von Gründen der folgenden Art tun: Peter hatte ein Motiv; außerdem war er zur Tatzeit am Tatort. Diese von mir zur Stützung angeführten Behauptungen können jedoch ihrerseits infrage gestellt werden. Damit eine zur Stützung angeführte Meinung tatsächlich etwas zur Rechtfertigung der in Frage gestellten Meinung beitragen kann, muss sie also selbst wiederum in irgendeiner Weise gerechtfertigt sein.

Offenbar bleiben nur drei Möglichkeiten, auf die immer wiederkehrende Forderung nach Rechtfertigung zu reagieren: Entweder man bricht die Rechtfertigung an einer bestimmten Stelle ab und gibt keine weiteren Begründungen (dogmatischer Abbruch), oder man führt an einer Stelle als Rechtfertigung eine Meinung an, die in der Rechtfertigungskette bereits einmal aufgetaucht ist (zirkuläre Rechtfertigung), oder man versucht sich an der unlösbaren Aufgabe, immer weitere Gründe anzugeben (infiniter Regress). Alle drei Möglichkeiten erscheinen unbefriedigend. Es scheint sich aus dieser Überlegung die skeptische Konklusion zu ergeben, dass wir unsere

Meinungen niemals in einem abschließenden Sinne rechtfertigen können. (→ Fundamentalismus und Kohärenztheorie)

Die Grundidee einer Default-Konzeption der Rechtfertigung besteht darin, eine zunächst unschuldig erscheinende Voraussetzung dieses skeptischen Argumentes zu bestreiten: Es wird in dem Argument offenbar vorausgesetzt, dass es grundsätzlich angemessen ist, den Rechtfertigungsstatus einer Meinung anzuzweifeln, ohne Gründe für diese Zweifel anzuführen. Der Skeptiker hält sozusagen einen Blanko-Scheck zum Anzweifeln jeder aufgestellten Behauptung in den Händen. Vertreter einer Default-Konzeption der Rechtfertigung möchten hingegen die These stark machen, dass Zweifel nicht immer angebracht sind und dass jemand, der Zweifel gegen eine Meinung vorbringt, hierbei selbst gewisse Begründungspflichten auf sich nehmen muss.

2. Die Grundidee einer Default-Konzeption von Rechtfertigung bei Wittgenstein und Austin

Sowohl Ludwig Wittgenstein (1889–1951) als auch John L. Austin (1911–1960) deuten in ihren Schriften eine Default-Konzeption von Rechtfertigung an. Beide gehen dabei von einer Analyse beispielhafter Alltagssituationen aus.

So schreibt etwa Wittgenstein in *Über Gewissheit*:

> »322. Wie, wenn der Schüler nicht glauben wollte, daß dieser Berg seit Menschengedenken immer dagestanden ist?
> Wir würden sagen, er habe ja gar keinen Grund zu diesem Misstrauen.« (Wittgenstein 1970: 84.)
>
> »333. Ich frage jemand: ›Warst Du jemals in China?‹ Er antwortet: ›Ich weiß nicht.‹ Da würde man doch sagen: ›Du *weißt* es nicht? Hast du irgendeinen Grund zu glauben, du wärest vielleicht einmal dort gewesen? Warst du z. B. einmal in der Nähe der chinesischen Grenze? Oder waren deine Eltern dort zur Zeit, da du geboren wurdest?‹ – Normalerweise wissen Europäer doch, ob sie in China waren oder nicht.
>
> 334. D. h.: der Vernünftige zweifelt daran nur unter den und den Umständen.«
> (Wittgenstein 1970: 86; Hervorhebung im Original)

Wittgensteins Überlegung scheint zu sein, dass es zumindest einige Fälle gibt, in denen es unangemessen ist, einen Zweifel an einer Meinung zu äußern, wenn keine bestimmten Umstände vorliegen, die diesen Zweifel als begründet erscheinen lassen. Wenn ich als Europäer behaupte, dass ich noch nie in China war, dann erscheint diese Behauptung zunächst einmal berechtigt, solange keine Gründe für einen Zweifel genannt werden. Die möglichen Zweifelsgründe, die Wittgenstein vorschweben, sind relativ konkret: Es genügt nicht zu sagen, dass ich mich ja schließlich einfach irren könnte. Die Zweifel müssen durch Anführen von Gründen gedeckt werden, die einen Irrtum plausibel machen: Ich war beispielsweise einmal in der unmittelbaren Nähe der chinesischen Grenze und vielleicht habe ich die Grenze kurzzeitig überschritten, ohne es bemerkt zu haben.

Ähnliche Gedanken kommen in Austins Aufsatz »Other Minds« zum Ausdruck. Austin beschreibt einen Fall, in dem er einen Vogel beobachtet und die Behauptung aufstellt, dass es sich um einen Distelfink handelt (Austin 1961: 51 f.). Eine anwesende Person stellt ihm daraufhin die Frage: »Woher weißt du, dass es ein Distelfink ist?« Eine mögliche Antwort auf diese Frage, die Austin in Betracht zieht, lautet: »Man erkennt dies an seinem roten Kopf.« Diese Begründung für die Behauptung, dass es sich um einen Distelfink handelt, kann nun durch Austins Gegenüber auf verschiedene Weisen in Frage gestellt werden. Austin betont jedoch, dass es beispielsweise nicht genügt, einfach nur darauf hinzuweisen, dass die Begründung nicht ausreichend ist. Ein Zweifel an der Begründung muss selbst begründet sein. Eine solche Zweifelsbegründung kann in dem Beispielfall etwa durch einen Hinweis darauf geschehen, dass auch Spechte rote Köpfe haben und es sich also ebenso um einen Specht handeln könnte. Erst wenn ein derart begründeter Einwand vorliegt, muss die ursprüngliche Behauptung, dass es sich um einen Distelfink handelt, durch weitere Gründe untermauert werden. Der begründete Einwand weist dabei zugleich in die Richtung, in der die anzuführenden Gründe zu suchen sind. Beispielsweise kann der Verteidiger der ursprünglichen Behauptung als Reaktion auf den Einwand nun versuchen, weitere Merkmale des beobachteten Vogels anzuführen, die ihn von Spechten unterscheiden.

Sowohl Wittgenstein als auch Austin stellen also offenbar folgende Überlegung in den Vordergrund, die ich als die Grundidee einer Default-Konzeption von Rechtfertigung bezeichnen möchte:

> **Die Grundidee einer Default-Konzeption von Rechtfertigung**
>
> Die Pflicht, eine aufgestellte Behauptung mit Gründen zu untermauern, ist nicht unbegrenzt. Es müssen nur solche Zweifel ausgeräumt werden, die ihrerseits begründet sind. Ein angeführter Zweifel muss insbesondere so konkret sein, dass deutlich ist, welcher Art die Gründe sein müssen, die angeführt werden können, um ihn auszuräumen.

3. Williams' »*Default and Challenge*«-Struktur der Rechtfertigung

Die am präzisesten ausgearbeitete Default-Konzeption von Rechtfertigung hat Michael Williams vorgelegt.[1] Williams orientiert sich an der Grundidee von Wittgenstein und Austin und ergänzt diese durch eine genauere Untersuchung der Voraussetzungen, die Agrippas Trilemma zugrunde liegen.

3.1 Personale und evidentielle Rechtfertigung

Williams' Ausgangspunkt ist eine Analyse des Begriffes der Rechtfertigung. Ihm zufolge umfasst Rechtfertigung zwei Komponenten, die voneinander unterschieden werden müssen (Williams 1999: 50f.). Die erste Komponente, die er als *personale Rechtfertigung* (»*personal justification*«) bezeichnet, betrifft die epistemische Verantwortlichkeit. Diesem Aspekt zufolge muss eine Person, um in einer bestimmten Meinung gerechtfertigt zu sein, diese Meinung auf eine *epistemisch verantwortliche Art und Weise* gebildet haben. Die Idee besteht darin, dass wir jemandem die Rechtfertigung für eine Meinung absprechen, sofern er nicht bestimmten epistemischen Pflichten nachgekommen ist. Solche epistemischen Pflichten können etwa darin bestehen, die Gründe, die man für eine bestimmte Meinung hat, gründlich zu überdenken und eine Meinung im Lichte guter Gegengründe aufzugeben. Wenn ich beispielsweise an meiner Meinung festhalte, dass ich demnächst auf eine gerade freigewordene Stelle befördert werde, obwohl mir bekannt ist, dass der Personalchef eine andere Person für geeigneter hält, wird man mir die personale Rechtfertigung für meine Meinung sicherlich absprechen.

Der zweite Aspekt der Rechtfertigung, den Williams als *evidentielle Rechtfertigung* (»*evidential justification*«) bezeichnet, hat mit den Gründen (»*grounds*«) zu tun, auf denen eine Meinung basiert.[2] Diese müssen objektiv adäquat sein, damit das entsprechende Subjekt in seiner Meinung gerechtfertigt ist. Unter objektiver Adäquatheit der Gründe kann etwa verstanden werden, dass die Meinung durch einen zuverlässigen Prozess zustande gekommen ist. Wenn ich beispielsweise auf der Grundlage meiner Sinneswahrnehmung zu der Meinung gelange, dass vor mir ein Baum steht, und meine Sinneswahrnehmung unter den gegebenen Beobachtungsbedingungen (Tageslicht, geringe Entfernung zum Gegenstand, kein Drogeneinfluss etc.) zuverlässig ist, dann sind meine Gründe objektiv adäquat.

Für Williams steht fest, dass wir ein Subjekt nur dann insgesamt als gerechtfertigt betrachten, wenn sowohl personale als auch evidentielle Rechtfertigung vorliegt. Das Verhältnis, in dem diese beiden Komponenten zueinander stehen, kann jedoch auf unterschiedliche Art und Weise bestimmt werden. Von der Bestimmung dieses Verhältnisses hängt Williams zufolge entscheidend ab, ob Agrippas Trilemma skeptische Konsequenzen zur Folge hat oder nicht.

Häufig, so stellt Williams fest, werde dieses Verhältnis durch eine Konzeption bestimmt, die er als *Prior Groun-*

---

[1] Eine wesentlich ausführlichere Darstellung von Williams' Position, auf der die folgenden Ausführungen basieren, gebe ich in Seide 2011, Kap. 5.

[2] Sowohl die Bezeichnung »evidentielle Rechtfertigung«, die auf Belege (»*evidence*«) verweist, als auch die Bezeichnung »Gründe« (»*grounds*«) sind in diesem Zusammenhang irreführend. Während wir unter Gründen und Belegen im Allgemeinen etwas verstehen, was dem entsprechenden Subjekt zugänglich ist, versteht Williams, wie wir noch genauer sehen werden, die evidentielle Rechtfertigungskomponente wesentlich allgemeiner: Eine Meinung ist evidentiell gerechtfertigt, wenn sie durch eine zuverlässige Methode zustande gekommen ist. Dies beinhaltet die Möglichkeit, dass eine Meinung evidentiell gerechtfertigt ist, obwohl sich das Erkenntnissubjekt dessen nicht bewusst ist. Insbesondere versteht Williams also unter Gründen (»*grounds*«) etwas, das dem entsprechenden Subjekt nicht notwendigerweise selbst zugänglich ist.

Eine derartige Verwendung der Bezeichnung »Gründe«, die hinsichtlich der Frage, ob das Bezeichnete dem entsprechenden Subjekt selbst zugänglich ist, neutral verstanden werden soll, findet sich etwa auch bei Grundmann (2008: 250). In Ermangelung einer besseren Bezeichnung bzw. Übersetzung schließe ich mich hier dieser Sprechweise an.

ding Requirement bezeichnet (Williams 1999: 50ff.; Williams 2001: 147ff.). Diese Auffassung lässt sich durch zwei Thesen charakterisieren:

> **Prior Grounding Requirement**
>
> 1. *Abhängigkeitsthese*: Der Aspekt der epistemischen Verantwortung ist dem Aspekt der adäquaten Gründe vollständig untergeordnet.
> Eine Meinung kann dieser These zufolge nur dann epistemisch verantwortungsvoll zustande gekommen sein, wenn sie auf Gründen basiert, die objektiv adäquat sind.
> 2. *Internalismus*: Adäquate Gründe für Meinungen können nur weitere Meinungen sein, derer sich das Subjekt, dem Rechtfertigung zugeschrieben werden soll, bewusst ist.
> Durch diese Bedingung wird eine rein externalistische Rechtfertigung, die etwa darin bestehen könnte, dass eine Meinung ohne das Wissen des Subjektes auf eine verlässliche Art und Weise zustande gekommen ist, ausgeschlossen.

Das skeptische Argument funktioniert Williams zufolge nur durch ein Zusammenspiel dieser beiden Thesen und somit nur unter der Voraussetzung des *Prior Grounding Requirement*: Zunächst wird durch die Abhängigkeitsthese die epistemische Verantwortung an das Vorhandensein objektiv adäquater Gründe gebunden. Dieser These zufolge ist es beispielsweise für die personale Rechtfertigung einer Meinung nicht hinreichend, wenn die Meinung auf eine Weise erworben wurde, die in der Gemeinschaft als epistemisch verantwortungsvoll akzeptiert wird. Im zweiten Schritt werden durch den Internalismus adäquate Gründe mit Belegen identifiziert, die dem Subjekt zugänglich sein müssen. Das Subjekt muss also auch prinzipiell in der Lage sein, diese Gründe anzugeben. Zusammen genommen ergibt sich, dass es nur dann epistemisch verantwortungsvoll sein kann, eine bestimmte Meinung zu haben, wenn Gründe für sie angegeben werden können, die objektiv adäquat sind.

Die *Prior Grounding*-Konzeption stützt genau diejenige Voraussetzung des skeptischen Argumentes, die sowohl Wittgenstein als auch Austin in ihren Beispielen infrage gestellt haben: In Agrippas Argument wird offenbar stillschweigend vorausgesetzt, dass die Infragestellung einer Behauptung selbst nicht durch Angabe von Gründen motiviert werden muss. Dies ist unter der Voraussetzung der *Prior Grounding*-Konzeption eine äußerst verständliche Auffassung: Solange die Erfüllung der Verantwortlichkeitsbedingung grundsätzlich daran gebunden ist, dass objektiv adäquate Gründe im Sinne von dem Subjekt zugänglichen Belegen vorliegen, kann der Skeptiker im Angesicht einer aufgestellten Behauptung schlicht darauf beharren, dass diese Gründe genannt werden (Williams 1999: 51).

Um das skeptische Argument zu untergraben, schlägt Williams eine alternative Konzeption der personalen Rechtfertigung vor, die er als »*Default and Challenge*«-Struktur bezeichnet (Williams 1999: 51; Williams 2001: 149).[3] Dieser Konzeption zufolge genießen Überzeugungen solange einen vorläufigen Status der Berechtigung[4], bis diese Berechtigung durch angegebene Gründe infrage gestellt wird. Die Berechtigung einer Meinung ist sozusagen die Voreinstellung (»*default*«), mit der eine Meinung ausgestattet ist, bis es eine berechtigte Anfechtung (»*challenge*«) gibt. Williams vergleicht den Unterschied zwischen der *Prior Grounding*-Konzeption und der »*Default and Challenge*«-Struktur mit dem Unterschied zwischen Rechtssystemen, in denen jemand als schuldig angesehen wird, solange die Unschuld nicht erwiesen ist, und solchen, in denen die Unschuldsvermutung gilt, bis die Schuld erwiesen ist (Williams 2001: 149).

Die »*Default and Challenge*«-Konzeption, so betont Williams, entledige uns nicht vollständig der Aufgabe, unsere Meinungen durch Gründe zu untermauern, sondern führe lediglich dazu, dass das verantwortungsvolle Haben einer Meinung nicht mit der Pflicht verbunden ist, *in unbegrenztem Maße* Gründe für diese Meinung zu liefern. Wenn wir also eine Überzeugung äußern, geben wir damit gleichsam das Versprechen, jedem begründeten

---

[3] Williams (2001: 157, Fn. 2) schreibt diese Bezeichnung Robert Brandom zu. Zu Brandoms Konzeption einer »*Default and Challenge*«-Struktur der epistemischen Berechtigung siehe Brandom 1994: Kap. 3 und 4.

[4] Williams spricht im Zusammenhang mit der personalen Rechtfertigungskomponente häufig von Berechtigung (»*entitlement*«) anstelle von Rechtfertigung (»*justification*«). In erster Linie geht es ihm vermutlich darum, hierdurch zu kennzeichnen, dass der positive Status der Berechtigung seiner Konzeption zufolge nicht in jedem Fall durch einen Prozess der Rechtfertigung aktiv erworben werden muss.

Es wird an einigen Stellen (z. B. Williams 2001: 154) jedoch auch deutlich, dass Williams den Ausdruck »gerechtfertigt« (»*justified*«) in einem weiten Sinne verwendet, nämlich so, dass ein Subjekt in einer Meinung gerechtfertigt sein kann, ohne einen Prozess der Rechtfertigung durchlaufen zu haben. In diesem Sinne hat eine Meinung eines Subjektes genau dann einen positiven Status der Berechtigung, wenn das Subjekt in dieser Meinung personal gerechtfertigt ist.

Gegeneinwand durch Angabe neuer Gründe zu begegnen, oder, sollten wir dazu nicht in der Lage sein, die Überzeugung aufzugeben.

Wie verhält es sich nun mit Agrippas Trilemma im Lichte dieser Konzeption? Durch die eingeräumte Möglichkeit, dass Meinungen auch ohne unmittelbare Angabe von Gründen einen vorläufigen Status der Berechtigung erhalten, wird der Regress der Rechtfertigung gestoppt. Der Status der Berechtigung ist zwar stets nur vorläufig und kann durch begründete Zweifel angefochten werden, doch, so betont Williams, habe dies lediglich die Fallibilität unserer Überzeugungen zur Folge und führe keinesfalls zu einem radikalen Skeptizismus. Durch die »Default and Challenge«-Struktur der Rechtfertigung wird dem Skeptiker die Möglichkeit genommen, immer und überall Zweifel anzumelden, ohne dabei selbst epistemische Pflichten auf sich zu nehmen. Auf diese Weise wird vermieden, dass Rechtfertigung in einem unendlichen Regress mündet: Es müssen immer nur diejenigen Zweifel ausgeräumt werden, für die entsprechende Gründe angegeben wurden.

3.2 Zwei Argumente für die »Default and Challenge«-Struktur der Rechtfertigung

Bisher wurde nur deutlich, welche Williams zufolge die Voraussetzungen für das skeptische Potential von Agrippas Trilemma sind und durch welche alternative Konzeption eine skeptische Konklusion vermieden werden kann. Es muss nun darüber hinaus noch die Frage beantwortet werden, welche Argumente eigentlich für Williams' »Default and Challenge«-Struktur der Rechtfertigung sprechen. Wir haben schließlich zwei alternative Rechtfertigungskonzeptionen vorliegen, nämlich die *Prior Grounding*-Konzeption und die »Default and Challenge«-Struktur. Es muss entschieden werden, welche dieser beiden Konzeptionen die angemessenere ist.

Williams weist zunächst darauf hin, dass allein schon die Tatsache, dass die »Default and Challenge«-Struktur skeptische Konsequenzen vermeidet, für diese Konzeption spricht (Williams 2001: 153 f.).[5] Sollte es sich bei der *Prior Grounding*-Konzeption tatsächlich um eine angemessene Beschreibung unserer Praxis der Zuschreibung von Rechtfertigung handeln, dann würde dies bedeuten, dass unsere Praxis sich selbst unterminiert. Wir glauben im Allgemeinen daran, dass viele unserer Meinungen gerechtfertigt sind und schreiben uns gegenseitig Rechtfertigungen für unsere Meinungen zu. Wenn sich nun anhand von Agrippas Trilemma herausstellen sollte, dass der unserer Zuschreibungspraxis zugrunde liegende Bewertungsmaßstab dazu führt, dass genau genommen keine unserer Meinungen wirklich gerechtfertigt ist, dann ergibt sich ein unlösbarer Konflikt zwischen unserem Bewertungsmaßstab und unseren tatsächlichen Zuschreibungen.

Die »Default and Challenge«-Konzeption vermeidet diese aus Williams' Sicht paradoxe Konklusion, da sich nach dieser Konzeption nicht die entsprechenden skeptischen Konsequenzen ergeben und viele derjenigen Meinungen, die wir im Alltag als gerechtfertigt betrachten, nach dieser Konzeption tatsächlich gerechtfertigt sind. Eine Theorie, die unsere epistemische Praxis so beschreibt, dass sie nach dem Modell einer »Default and Challenge«-Struktur verfährt, führt also nicht zu einem problematischen Bild unserer epistemischen Praxis, dem zufolge sich diese Praxis selbst unterminiert. Dies hält Williams für einen enormen theoretischen Vorteil.

Darüber hinaus argumentiert Williams für die These, dass auch unabhängig von den Überlegungen bezüglich skeptischer Probleme die »Default and Challenge«-Konzeption besser zu unserer Praxis der Zuschreibung von Rechtfertigung passt (Williams 2001: 154). Er weist darauf hin, dass wir in alltäglichen Diskussionen über epistemische Berechtigungen durchaus häufiger Fällen begegnen, in denen die Anfechtung einer Behauptung dadurch zurückgewiesen wird, dass die Anfechtung selbst durch einen Hinweis auf ihre Grundlosigkeit angefochten wird. Wir haben oben bereits Beispiele dieser Art von Wittgenstein und Austin gesehen, die tatsächlich nahelegen, dass unsere epistemische Praxis zumindest häufig nach dem Modell einer »Default and Challenge«-Struktur funktioniert.

Es ergeben sich also zwei Gründe, die aus Williams' Sicht für die Annahme einer »Default and Challenge«-Konzeption von Rechtfertigung sprechen:

---

[5] Williams legt sich darauf fest, dass andere Versuche, eine skeptische Konklusion von Agrippas Trilemma zu vermeiden, nicht erfolgreich sind. Er argumentiert ausführlich dafür, dass fundamentalistische und kohärenztheoretische Konzeptionen als Antwort auf Agrippas Trilemma scheitern. (Vgl. Williams 2001: Kap. 7–11.) (→ Fundamentalismus und Kohärenztheorie)

> **Zwei Gründe für die Annahme einer »Default and Challenge«-Konzeption von Rechtfertigung**
>
> 1.) Im Gegensatz zu einer *Prior Grounding*-Konzeption führt die *»Default and Challenge«*-Konzeption nicht zu skeptischen Konsequenzen und beschreibt unsere epistemische Praxis daher nicht als eine Praxis, die sich selbst unterminiert.
> 2.) Konkrete Beispiele deuten darauf hin, dass die *»Default and Challenge«*-Konzeption eine adäquatere Darstellung unserer epistemischen Praxis ist.

3.3 Cartesischer Skeptizismus

Die *»Default and Challenge«*-Konzeption der Rechtfertigung ist darauf zugeschnitten, die auf Agrippas Trilemma basierende skeptische Argumentation zu untergraben. Es gibt jedoch eine andere skeptische Argumentationsform, gegen die eine Default-Konzeption von Rechtfertigung zumindest auf den ersten Blick nichts auszurichten vermag. Wesentlich für diese Argumentationsform ist das Anführen skeptischer Hypothesen.

Die bekannteste und am häufigsten diskutierte Variante dieser Form des Skeptizismus ist der *Cartesische Außenweltskeptizismus*, dem zufolge alle unsere Meinungen über die Beschaffenheit oder Existenz der Außenwelt ungerechtfertigt sind. Der Außenweltskeptizismus geht auf René Descartes (1596–1650) zurück. Descartes stellte fest, dass alle unsere Sinneseindrücke stets mit der Möglichkeit vereinbar sind, dass wir von einem allmächtigen bösen Dämon getäuscht werden und die Außenwelt – sofern sie überhaupt existiert – sich vollkommen anders verhält, als wir es aufgrund unserer Sinneseindrücke vermuten.

Es gibt andere Formen von Skeptizismus, die mit dem Außenweltskeptizismus stark verwandt sind. So werden etwa durch den *Skeptizismus bezüglich der Vergangenheit* alle unsere Meinungen über die Vergangenheit, die wir auf der Grundlage von Belegen wie etwa unseren Erinnerungen oder archäologischen Spuren als gerechtfertigt betrachten, infrage gestellt. Könnte es schließlich nicht sein, so lautet die Frage des Skeptikers, dass die gesamte Welt einschließlich aller uns zur Verfügung stehenden Belege erst vor fünf Minuten entstanden ist? Ähnlich stellt der *Skeptizismus bezüglich des Fremdpsychischen* eine Bedrohung der Rechtfertigung unserer Meinungen bezüglich der mentalen Zustände anderer Menschen dar. Wäre es denn schließlich nicht möglich, dass alle Menschen, die uns begegnen, nur geschickt konstruierte Roboter sind, die über gar keinen Geist verfügen?

Stets wird bei der Argumentation so vorgegangen, dass auf eine Möglichkeit hingewiesen wird, die zwar mit allen unseren Belegen vereinbar ist, sich jedoch fundamental von dem unterscheidet, was wir für den tatsächlichen Zustand (bzw. die tatsächliche Vergangenheit) unserer Welt halten. Im Angesicht eines solchen *skeptischen Szenarios* sind wir gehalten, alle unsere Meinungen über die Außenwelt, über die Vergangenheit oder über Fremdpsychisches für vollkommen unbegründet zu halten.

Wie verhält es sich nun mit dieser Art der skeptischen Argumentation, deren Varianten ich im Folgenden unter der Bezeichnung »Cartesischer Skeptizismus« zusammenfasse, im Lichte einer Default-Konzeption von Rechtfertigung? Einer Default-Konzeption zufolge sind unsere Meinungen über die Außenwelt (über die Vergangenheit, über Fremdpsychisches) solange als berechtigt anzusehen, bis es Gründe dafür gibt, sie infrage zu stellen. Ein Skeptiker, der ein skeptisches Szenario vorlegt, bietet mit diesem Szenario gerade einen solchen Grund, an unseren Meinungen zu zweifeln. Es stellt sich also die dringende Frage, wie ein Vertreter einer Default-Konzeption mit derartigen skeptischen Angriffen umgehen kann (vgl. Ernst 2007: 144).

3.4 Williams' Reaktion auf den Cartesischen Skeptizismus

Ganz im Sinne der Idee einer Default-Konzeption von Rechtfertigung verfolgt Williams eine *indirekte* bzw. *diagnostische Antwort* auf den Cartesischen Skeptizismus, deren Grundidee darin besteht, die theoretischen Voraussetzungen der Argumente des Cartesischen Skeptikers aufzudecken. Das Ziel besteht darin zu zeigen, dass die skeptische Argumentation auf Voraussetzungen angewiesen ist, für die der Skeptiker, wenn er sein Argument vorträgt, eine Begründungsverpflichtung übernehmen muss. Insbesondere ist Williams der Überzeugung, dass die Argumentation des Cartesischen Skeptikers auf erkenntnistheoretischen Vorannahmen beruht, die keinesfalls als intuitiv einleuchtende Ideen akzeptiert werden können. Unter *intuitiv einleuchtenden* oder auch *natürlichen Ideen* versteht er solche Ideen, die ohne die Kenntnis von theoretischen Voraussetzungen verstanden werden können und die in der Regel von jeder reflektierenden Person akzeptiert werden (Williams 1996: xv; Williams 2001: 58). Das Ziel seiner Untersuchung besteht also nicht in einer direkten und endgültigen Widerlegung des Skeptizismus, sondern darin, dem Skeptiker die Beweislast zuzuschieben. Wenn sich nämlich tatsächlich herausstellen sollte, dass der Skeptiker für seine Argumentation theoretisch aufgeladene Voraussetzungen benötigt, die sich als verzichtbar erweisen, so ist es der Skeptiker, der gute Argumente zur Stützung seiner Vorannahmen benötigt (Williams 1996: xvii).

Bevor wir uns einer allgemeinen Charakterisierung der Behauptung zuwenden, die Williams zufolge vom Cartesischen Skeptiker vorausgesetzt werden muss, schauen wir uns ein Beispiel an: In vielen Rechtfertigungstheorien begegnet uns (implizit oder explizit) die Annahme, dass wir einen privilegierten Zugang zu unseren unmittelbaren Sinneseindrücken haben, während wir von Gegenständen der Außenwelt nur vermittelt durch unsere Sinneseindrücke Erfahrungen machen können. Es wird daher angenommen, dass Meinungen über unmittelbare Sinneseindrücke eine epistemische Priorität gegenüber Meinungen über die Außenwelt besitzen, welche sich dadurch ausdrückt, dass letztere grundsätzlich auf der Grundlage ersterer gerechtfertigt werden müssen. Wenn diese Aufteilung unserer Meinungen in zwei Klassen mit unterschiedlicher epistemischer Priorität erst einmal akzeptiert ist, dann scheint der Cartesische Skeptiker ein leichtes Spiel zu haben: Es muss nun gezeigt werden, wie unsere Meinungen über die Außenwelt allein auf der Grundlage unserer Meinungen über unsere unmittelbaren Sinneseindrücke gerechtfertigt werden können. Das Cartesische Dämon-Argument ist jedoch gerade ein Argument dafür, dass unsere Meinungen über die Außenwelt durch unsere Meinungen über unsere unmittelbaren Sinneseindrücke vollkommen unterbestimmt sind. Es ist diese Einteilung unserer Meinungen in Klassen mit unterschiedlicher epistemischer Priorität, die Williams als Grundlage der skeptischen Argumentation entlarven möchte.

Williams formuliert die theoretische Voraussetzung, auf die ihm zufolge die skeptische Argumentation angewiesen ist, noch etwas allgemeiner und bezeichnet sie als die These des erkenntnistheoretischen Realismus[6]. Sie lässt sich in zwei Teilthesen aufspalten:

> **Erkenntnistheoretischer Realismus (ER)**
>
> (a) Unsere Meinungen sind allein aufgrund ihres Gehaltes in bestimmte Klassen eingeteilt.
> (b) Zwischen den Meinungen der verschiedenen Klassen bestehen objektive Relationen der erkenntnistheoretischen Priorität, die sich beispielsweise darin niederschlagen, dass Meinungen einer Klasse stets auf der Grundlage von Meinungen einer bestimmten anderen Klasse gerechtfertigt werden müssen.

Williams zufolge wird diese These in den klassischen Rechtfertigungstheorien stets unhinterfragt vorausgesetzt und ist der Grund dafür, dass diese Theorien einem Cartesischen Skeptizismus letztlich nichts entgegenzusetzen haben (Williams 1996: 115f.).[7]

Seine Strategie besteht darin, den erkenntnistheoretischen Realismus infrage zu stellen, um auf diese Weise dem Skeptiker die Grundlage für seinen Angriff auf die Rechtfertigung unserer Meinungen über die Außenwelt zu entziehen. Um ein argumentatives Übergewicht gegenüber dem Cartesischen Skeptiker zu erlangen, entwickelt er eine eigene, kontextualistische Theorie der Rechtfertigung, die er dem erkenntnistheoretischen Realismus gegenüberstellt. Die Grundthese seiner Konzeption lässt sich wie folgt fassen:

> **Kontextualismus (K)**
>
> Es gibt keine objektiven Relationen der epistemischen Priorität zwischen verschiedenen Meinungen bzw. Meinungsklassen.

Die von Williams vertretene vollkommene Abwesenheit objektiver Prioritätsrelationen zwischen unseren Meinungen führt dazu, dass der erkenntnistheoretische Status einer Meinung nicht nur durch kontextuelle Faktoren beeinflusst wird, sondern dass eine Meinung in Absehung von sämtlichen Kontextfaktoren überhaupt keinen erkenntnistheoretischen Status mehr besitzt (Williams 1996: 119). Ein Kontext wird durch eine Menge von berechtigten Annahmen konstituiert, welche im Rahmen einer epistemischen Untersuchung vom Zweifel ausgeschlossen sind. Welche Meinungen durch welche zu rechtfertigen sind, so betont Williams mit Verweis auf eine Bemerkung von Wittgenstein, wird erst vor dem

---

[6] Die Wahl der Bezeichnung dieser These ist etwas unglücklich, weil es üblich ist, unter einem erkenntnistheoretischen Realismus die These zu verstehen, dass wir Wissen von einer objektiven, geistesunabhängigen Welt haben. Letzteres möchte Williams keineswegs bestreiten.
Um nah an Williams' Ausführungen bleiben zu können, verwende ich im Folgenden dennoch seine Terminologie.

[7] Dass ein Cartesischer Skeptiker auf diese These in der Tat angewiesen ist, ist eines der Hauptbeweisziele von Williams 1996.

Hintergrund eines bestimmten Kontextes klar (Williams 1996: 118). Wittgenstein schreibt in *Über Gewißheit* diesbezüglich:

> »125. Wenn mich ein Blinder fragte ›Hast du zwei Hände?‹, so würde ich mich nicht durch Hinschauen davon vergewissern. Ja, ich weiß nicht, warum ich meinen Augen trauen sollte, wenn ich überhaupt dran zweifelte. Ja, warum soll ich nicht meine *Augen* damit prüfen, daß ich schaue, ob ich beide Hände sehe? *Was* ist *wodurch* zu prüfen?! (Wer entscheidet darüber, *was* feststeht?)« (Wittgenstein 1970: 40f.; Hervorhebungen im Original)

Williams zufolge zeigt dieses Beispiel Wittgensteins, dass ohne eine genauere Angabe des Kontextes einer Untersuchung die Frage »Was ist wodurch zu prüfen?« nicht beantwortet werden kann. Die Antwort auf diese Frage hängt entscheidend davon ab, welche Annahmen im Rahmen des Kontextes vom Zweifel ausgenommen sind: Wenn die Zuverlässigkeit meines Sehsinns im gegebenen Kontext nicht infrage gestellt ist, kann ich durch Hinschauen überprüfen, ob ich zwei Hände habe. In der von Wittgenstein beschriebenen Situation liegt es jedoch eventuell näher, die Existenz der Hände als gegeben vorauszusetzen und das Funktionieren der Augen daran zu überprüfen, ob ich die Hände sehen kann. Ein Vertreter des erkenntnistheoretischen Realismus hingegen, so fügt Williams hinzu, müsse bestreiten, dass die Frage, was wodurch zu prüfen ist, je nach Kontext anders zu beantworten ist. Zwar könne auch der erkenntnistheoretische Realist eine gewisse Kontextabhängigkeit der Rechtfertigung zugestehen, doch müsse er annehmen, dass auf der fundamentalen Ebene die Antwort auf die Frage, was wodurch zu prüfen ist, durch objektive Relationen der erkenntnistheoretischen Priorität festgelegt ist. Diese These, so möchte Williams unterstreichen, könne kaum als intuitiv einleuchtend bezeichnet werden.

Insgesamt gesehen ergibt sich aus diesen Überlegungen eine kontextualistische Konzeption der Rechtfertigung, der zufolge die Standards der korrekten Zuschreibung von Rechtfertigung nicht ein für allemal objektiv feststehen, sondern durch verschiedene Kontextfaktoren beeinflusst werden. Williams bietet eine Klassifikation mehrerer Kontextfaktoren (Williams 2001: 159ff.; 2007: 100ff.). Hervorzuheben sind an dieser Stelle die sogenannten *methodologischen Beschränkungen*: Wie wir gesehen haben, besteht eine Grundidee des Kontextualismus darin, dass die Richtung einer Untersuchung erst durch eine vom Zweifel ausgeschlossene Menge von Annahmen festgelegt wird. Dies bedeutet, dass man erst dadurch, dass man bestimmte Meinungen vom Zweifel ausnimmt, festlegt, welchem Thema die Untersuchung gewidmet ist. Durch eine Infragestellung dieser vom Zweifel ausgeschlossenen Annahmen, die Williams als *methodologische Notwendigkeiten* bezeichnet, verliert die Untersuchung ihren speziellen Charakter; im Extremfall bleibt nicht einmal ein Gegenstand der Untersuchung zurück. Diese vom Zweifel ausgeschlossenen Annahmen bilden also den Rahmen eines Untersuchungskontextes und können innerhalb des Kontextes nicht infrage gestellt werden.

Wenn wir beispielsweise eine historische Untersuchung durchführen, untersuchen wir vielleicht bestimmte Annahmen über Napoleon, aber wir fragen uns nicht, ob möglicherweise alle historischen Quellen nur gefälscht sind oder ob die Welt eventuell erst seit fünf Minuten existiert (Williams 1988: 429; vgl. Wittgenstein 1970: 50). Diese Hintergrundannahmen müssen wir voraussetzen, um überhaupt eine historische Untersuchung durchführen zu können. Natürlich können auch diese Annahmen prinzipiell einer Untersuchung unterzogen werden, jedoch nur im Rahmen eines anderen Kontextes vor dem Hintergrund *anderer* methodologischer Grundannahmen. Wenn wir uns etwa die Frage stellen, ob die gesamte Welt einschließlich aller uns zur Verfügung stehenden Belege erst vor fünf Minuten entstanden ist, dann verlassen wir das Feld der Geschichte und befinden uns fortan in einem anderen Kontext, etwa in einem Kontext der skeptischen Erkenntnistheorie.

Im Rahmen des kontextualistischen Ansatzes kann die Situation des Skeptikers nun folgendermaßen analysiert werden: Ein Skeptiker untersucht unsere Rechtfertigungsansprüche in einem Kontext, in dem er bestimmte methodologische Grundannahmen voraussetzt. Ein Cartesischer Außenweltskeptiker setzt beispielsweise voraus, dass unsere Meinungen über unsere unmittelbaren Sinneseindrücke eine epistemische Priorität gegenüber Meinungen über die Außenwelt besitzen, weshalb Meinungen über die Außenwelt durch Meinungen über unmittelbare Sinneseindrücke gerechtfertigt werden müssen. Innerhalb dieses Kontextes, so kann man dem Skeptiker zugestehen, gelangt er durch seine Argumente zu der Konklusion, dass wir keine Rechtfertigung für unsere Meinungen über die Außenwelt haben. Der Kontext des Skeptikers ist aber bei weitem nicht der einzige Kontext, den es zu berücksichtigen gilt. In alltäglichen Kontexten spielt das Ergebnis des skeptischen Kontextes in der

Regel keine Rolle, da die These der epistemischen Priorität von Meinungen über unmittelbare Sinneseindrücke gegenüber Meinungen über die Außenwelt außerhalb des Cartesischen Kontextes nicht als methodologische Notwendigkeit vorausgesetzt werden kann. In alltäglichen Kontexten, in denen andere Hintergrundannahmen vorausgesetzt werden, ist es also durchaus möglich, dass bestimmte Meinungen über die Außenwelt gerechtfertigt sind. (→ Epistemischer Kontextualismus)

Der Cartesische Skeptiker hat dieser Diagnose zufolge lediglich festgestellt, dass eine Rechtfertigung unserer Meinungen über die Außenwelt *unter den Bedingungen des Cartesischen Kontextes* unmöglich ist, nicht jedoch, dass sie generell unmöglich ist. Die vom Skeptiker angestrebte Konklusion, dass die Bedingungen des Cartesischen Kontextes zu Ergebnissen führen, die in *allen* Kontexten eine Rolle spielen, kann nur unter der Voraussetzung erreicht werden, dass es sich bei den methodologischen Grundannahmen des skeptischen Kontextes um Annahmen handelt, die eine kontextübergreifende Gültigkeit besitzen: Die vom Skeptiker vorausgesetzte Aufteilung unserer Meinungen in Klassen mit unterschiedlicher epistemischer Priorität muss als objektiv angenommen werden, um eine bedrohliche skeptische Konklusion zu erzielen. Mit anderen Worten: Der Skeptiker muss die These des erkenntnistheoretischen Realismus voraussetzen, um seine Ergebnisse verallgemeinern zu können (Williams 1996: 129 f.).

Wenn wir nun auf die Frage zurückblicken, wie man dem Cartesischen Skeptiker im Rahmen einer Default-Konzeption der Rechtfertigung zu begegnen hat, ergibt sich folgende Antwort: Es sieht zwar zunächst so aus, als könnte der Skeptiker seine Zweifel durch das Anführen eines skeptischen Szenarios begründen. Williams' Diagnose zufolge muss der Skeptiker jedoch, sofern er einen allgemeinen Punkt über die Rechtfertigung unserer Meinungen machen möchte, die These des erkenntnistheoretischen Realismus voraussetzen und somit selbst epistemische Begründungspflichten übernehmen. (→ Skeptizismus)

3.5 Wann liegt eine Default-Berechtigung vor?

Bisher wurde die Frage außen vor gelassen, ob sich die vorgeschlagenen Default-Konzeptionen auf bestimmte Meinungen bzw. Behauptungen beschränken oder ob *alle* Meinungen zunächst einen vorläufigen Status der Berechtigung genießen, bis ein begründeter Einwand vorliegt.

So könnte man beispielsweise in Bezug auf Wittgensteins Beispiele einwenden, dass es sich hierbei um Ausnahmefälle handelt: Dass meine Meinung, dass ich noch nie in China war, zunächst als berechtigt gilt, erscheint vielleicht plausibel. Wie verhält es sich jedoch mit etwas gewagteren Behauptungen wie etwa der, dass die Rasenfläche des Olympiastadions in Berlin aus genau 333 333 333 Grashalmen besteht? Würden wir in solch einem Fall nicht sagen, dass es keines *begründeten* Einwandes bedarf, sondern dass die Begründungspflicht ganz klar bei demjenigen liegt, der diese Behauptung aufstellt?

Wie bereits oben angesprochen, entwickelt Williams im Zuge der Entfaltung seines kontextualistischen Ansatzes eine Klassifikation von Kontextfaktoren, von denen seiner Konzeption zufolge die Korrektheit der Zuschreibung von Rechtfertigungen abhängt (Williams 2001: 159 ff.; 2007: 100 ff.). Diese Kontextfaktoren, die wir uns im Folgenden etwas genauer anschauen, können so aufgefasst werden, dass sie einerseits regeln, welche Behauptungen in einer Situation einen Default-Status erhalten und somit vorläufig nicht begründet werden müssen, und dass andererseits von ihnen abhängt, wie gut ein vorgebrachter Zweifel begründet werden muss, um eine erfolgreiche Anfechtung darzustellen (Williams 2007: 100). Williams' Kontextfaktoren stellen also einen erhellenden Beitrag zum Verständnis des Verhältnisses zwischen Berechtigungen und Anfechtungen im Rahmen einer Default-Konzeption dar.

Als erstes nennt Williams *semantische Faktoren*. Eine Mindestforderung, die an Anfechtungen gestellt werden muss, ist, dass sie überhaupt verständlich sind. Williams betont, dass es viele Situationen gibt, in denen wir etwas, was von der Form her wie eine Anfechtung aussieht, gar nicht wirklich als solche verstehen können. Wenn jemand die Behauptung aufstellt, dass zwei plus drei gleich fünf ist, und sein Gegenüber die Frage stellt, woher er das wissen wolle, dann haben wir eher das Gefühl, dass es sich um ein Missverständnis als um eine richtige Anfechtung der Behauptung handelt. In vielen Fällen, so hält Williams mit Verweis auf ein Wittgenstein-Zitat fest, ist eine Zustimmung zu einer Behauptung ein Kriterium dafür, dass die Behauptung richtig verstanden wurde:

> »79. Dass ich ein Mann und keine Frau bin, kann verifiziert werden, aber wenn ich sagte, ich sei eine Frau, und den Irrtum damit erklären wollte, daß ich die Aussage nicht geprüft habe, würde man die Erklärung nicht gelten lassen.

> 80. Man prüft an der Wahrheit meiner Aussagen mein Verständnis dieser Aussagen.
>
> 81. D. h.: wenn ich gewisse falsche Aussagen mache, wird es dadurch unsicher, ob ich sie verstehe.« (Wittgenstein 1970: 28)

Williams betont, dass sich Immunität gegen Einwände aufgrund von semantischen Faktoren nicht lediglich auf Allgemeinplätze beschränkt, sondern dass wir unter normalen Bedingungen auch einfache Wahrnehmungsbehauptungen aufgrund semantischer Faktoren von Zweifeln ausnehmen.[8] Wenn man unter normalen Umständen ein Buch in der Hand hält, darin blättert und die Behauptung äußert, dass es sich um ein Buch handelt, erscheint eine Anfechtung dieser Behauptung eher absurd. In anderen Umständen mag dies anders aussehen: Wenn man sich in einem Geschäft befindet, das auf Tabakdosen spezialisiert ist, die Büchern täuschend ähnlich sind, dann kann die Behauptung, bei dem Gegenstand auf dem Tisch vor einem handle es sich um ein Buch, sinnvoll angefochten werden (Williams 2007: 101). Ob eine Behauptung auf eine verständliche Art angefochten werden kann, hängt also von den jeweiligen Umständen ab, wobei Williams im Einklang mit Wittgenstein hervorhebt, dass keine allgemeinen Kriterien dafür angegeben werden können, wann die Umstände eine verständliche Anfechtung ermöglichen und wann nicht.

Anfechtungen, die grundsätzlich verständlich sind, sind nicht immer *unmittelbar* verständlich und bedürfen manchmal einer Präzision, um verständlich zu werden. Die korrekte Entgegnung auf eine Anfechtung kann lauten: »Wo ist das Problem? Warum glaubst du, dass ich mich täusche?« Eine Präzisierung der Anfechtung, etwa durch den Hinweis auf eine abnormale Beobachtungssituation, lässt die Anfechtung verständlich werden und deutet zugleich in die Richtung, in welcher derjenige, dessen Behauptung angefochten wird, nach Gründen für die Verteidigung suchen kann.

Eine zweite Art von Kontextfaktoren stellen die bereits oben angesprochenen *methodologischen Beschränkungen* dar. Die Idee besteht darin, dass die Richtung einer Untersuchung erst durch eine vom Zweifel ausgeschlossene Menge von Annahmen festgelegt wird. Auch in diesem Fall stützt sich Williams auf Bemerkungen von Wittgenstein:

---

[8] Ähnlich äußert sich auch Brandom 1994: 222.

> »341. […] die *Fragen*, die wir stellen, und unsre *Zweifel* beruhen darauf, dass gewisse Sätze von Zweifel ausgenommen sind, gleichsam die Angeln, in welchen jene sich bewegen.
>
> 342. D. h. es gehört zur Logik unsrer wissenschaftlichen Untersuchungen, daß Gewisses *in der Tat* nicht angezweifelt wird.
>
> 343. Es ist aber damit nicht so, daß wir eben nicht alles untersuchen *können* und uns daher notgedrungen mit der Annahme zufriedenstellen müssen. Wenn ich will, daß die Türe sich drehe, müssen die Angeln feststehen.« (Wittgenstein 1970: 89; Hervorhebungen im Original)

Bei wissenschaftlichen Untersuchungen ist es offenbar so, dass wir bestimmte Grundannahmen voraussetzen, die für die Untersuchung vom Zweifel ausgenommen sind und die zugleich die Untersuchungsrichtung vorgeben. Der Fokus kann nur dadurch auf bestimmte Fragen gerichtet werden, dass andere Fragen ausgeklammert werden.

Dabei ist es jedoch keineswegs so, dass die methodologischen Notwendigkeiten einer Untersuchung von möglicher Kritik *vollkommen* ausgenommen werden. Williams verweist darauf, dass sie einerseits eine indirekte Bestätigung dadurch erfahren können, dass die von ihnen geleitete Untersuchung zu bedeutenden Ergebnissen führt, sie aber andererseits auch dadurch zweifelhaft werden können, dass die Untersuchung in Schwierigkeiten gerät (Williams 2007: 103). Solche Schwierigkeiten können beispielsweise darin bestehen, dass bestimmte Beobachtungen, die den zugrunde gelegten Annahmen zufolge als gerechtfertigt eingestuft werden müssen, im Widerspruch zu allgemeinen Annahmen der vorgenommenen Untersuchung stehen. Ein solcher Fall liegt etwa vor, wenn im Rahmen einer wissenschaftlichen Untersuchung aus der zugrunde gelegten Theorie bestimmte Vorhersagen abgeleitet werden und spätere Beobachtungen diese Vorhersagen nicht bestätigen oder ihnen gar widersprechen. Wenn solche Fälle gehäuft auftreten, liegt irgendwann eine Motivation vor, die Grundannahmen der Untersuchung im Rahmen einer anderen Untersuchung, der andere Annahmen zugrunde liegen, zu überprüfen. Der Default-Status der methodologischen Notwendigkeiten steht und fällt also mit dem Erfolg der von ihnen geleiteten Untersuchung.

Williams weist darauf hin, dass es häufig eine gewisse Unbestimmtheit bezüglich der Frage gibt, welche Annahmen einer Untersuchung als methodologische Notwendigkeiten zugrunde liegen und daher vom Zweifel ausgeschlossen sind. So können wir beispielsweise im Rahmen einer historischen Untersuchung nicht die Möglichkeit in Betracht ziehen, dass *alle* historischen Quellen unzuverlässig sind, aber es mag durchaus sinnvoll sein, *einzelne* Quellen auf ihre Zuverlässigkeit hin zu überprüfen (Williams 2007: 103). Es kann hinzugefügt werden, dass diese Unbestimmtheit in alltäglichen Kontexten noch deutlicher hervortritt. Williams' Beispiele für methodologische Notwendigkeiten beziehen sich in der Regel auf wissenschaftliche Kontexte, weil man in diesen Fällen häufig zumindest eine Ahnung hat, welchen Annahmen ein grundlegender Status zukommt: Die Grundannahmen wissenschaftlicher Theorien sind gute Kandidaten für methodologische Notwendigkeiten. Welches genau die methodologischen Notwendigkeiten alltäglicher Kontexte sind, deren Grundannahmen in der Regel unausgesprochen bleiben, dürfte hingegen weniger leicht zu beantworten sein.

Als dritte Art von Kontextfaktoren nennt Williams *dialektische Faktoren*. Diese spielen innerhalb der durch methodologische Notwendigkeiten charakterisierten Untersuchungen eine Rolle. So können vor dem Hintergrund einer solchen Untersuchung bestimmte Annahmen, die keine methodologischen Notwendigkeiten darstellen, je nach dialektischer Situation einen vorläufigen epistemischen Status der Berechtigung erhalten. Eine dialektische Situation besteht beispielsweise darin, dass zwei oder mehrere Gesprächspartner im Rahmen einer Untersuchung bestimmte Annahmen diskutieren und dabei einige Annahmen durch Einwände in Frage gestellt werden, während andere für den Moment von allen Beteiligten akzeptiert werden. Gemäß der Konzeption der »*Default and Challenge*«-Struktur hängt der epistemische Status dieser Annahmen davon ab, ob in der dialektischen Situation begründete Zweifel an ihnen geäußert wurden oder nicht. Sofern sie in der dialektischen Situation nicht in Frage gestellt werden, genießen sie einen vorläufigen Status der Berechtigung. Sobald begründete Einwände vorliegen, wird dieser Status aufgehoben. Auch theoretische Innovationen oder neu entdeckte Belege können dazu führen, dass Annahmen ihren vorläufigen Status der Berechtigung verlieren.

Die vierte Art von Kontextfaktoren sind die *ökonomischen Faktoren*. Diese Faktoren bestimmen, wie stark eine geäußerte Zweifelsmöglichkeit untermauert sein muss, um den vorläufigen Berechtigungsstatus einer Annahme aufzuheben. So kann es beispielsweise vorkommen, dass die Umstände uns gebieten, eine schnelle Entscheidung für oder gegen eine Annahme zu treffen und wir zudem im Falle einer Fehlentscheidung keine großen Nachteile zu erwarten haben. In solch einer Situation liegt es nahe, einen relativ laxen Rechtfertigungsstandard als Maßstab anzulegen. Zweifelsmöglichkeiten müssten also äußerst gut begründet sein, um den Rechtfertigungsstatus der Meinung, für die wir uns entscheiden, anzugreifen. Wenn jedoch im Falle eines Fehlers größere Nachteile zu erwarten sind, ist es sicherlich vernünftiger, höhere Standards der Rechtfertigung anzulegen und Zweifelsmöglichkeiten eher zuzulassen.

Wenden wir uns vor dem Hintergrund dieser Klassifikation von Kontextfaktoren, die den Aspekt der personalen Rechtfertigung betreffen[9], nun noch einmal der Ausgangsfrage dieses Abschnittes zu: Sind Default-Konzeptionen auf bestimmte Meinungen bzw. Behauptungen beschränkt oder haben einer solchen Konzeption zufolge *alle* Meinungen zunächst einen vorläufigen Status der Berechtigung, bis ein begründeter Einwand vorliegt? Zumindest für Williams' Konzeption wird die Antwort auf diese Frage durch die Kontextfaktoren beantwortet. Betrachten wir noch einmal die Behauptung, dass die Rasenfläche des Olympiastadions in Berlin aus genau 333 333 333 Grashalmen besteht. Es dürfte deutlich sein, dass wir von jemandem, der solch eine spezifische Behauptung infrage stellt, nicht automatisch den Eindruck hätten, dass er die Behauptung gar nicht verstanden hat. Aufgrund von *semantischen Faktoren* hat die Behauptung also keinen Default-Status der Berechtigung. In gewöhnlichen Kontexten kommen auch *methodologische Beschränkungen* hierfür nicht in Frage: Eine Untersuchung, zu deren methodologischen Grundannahmen die hier betrachtete Behauptung gehört, wäre zumindest eine sehr eigenartige Untersuchung. Die *dialektischen Faktoren* dürften sogar in der Regel dazu führen, dass die hier betrachtete Behauptung in hohem Maße begründungsbedürftig ist: Aus einfachen wahrscheinlichkeitstheoretischen Annahmen, die wir in den meisten Kontexten akzeptieren, lässt sich relativ leicht ein Argument gegen eine derart spezifische Behauptung ableiten. Die Frage »Warum sollen es gerade 333 333 333 Grashalme und nicht 333 333 334 oder 333 333 335 oder … sein?« ist auf dieser Grundlage in vielen Kontexten ein berechtigter Einwand

---

[9] Damit eine Meinung als insgesamt gerechtfertigt gilt, muss Williams' Konzeption zufolge neben personaler Rechtfertigung außerdem evidentielle Rechtfertigung gegeben sein. Siehe hierzu oben, Abschnitt 3.1.

gegen die aufgestellte Behauptung, der schnell zur Hand ist. Vor dem Hintergrund eines derart starken Einwandes gegen die Behauptung scheint selbst eine Situation mit außergewöhnlichen *ökonomischen Faktoren* (beispielsweise könnte von einer richtigen Antwort auf die Frage nach der Anzahl der Grashalme das eigene Leben abhängen, während man durch eine Verweigerung der Festlegung die einzige Überlebenschance ausschlägt) den Berechtigungsstatus der Behauptung nicht retten zu können.

Die Kontextfaktoren legen also grob eine Einteilung in solche Meinungen fest, denen ein Default-Status zukommt, und solche, die einer Begründung bedürfen, etwa weil sie mit Meinungen, die in dem Kontext gerechtfertigt sind, in Konflikt stehen.

4. Fazit

Die Idee einer Default-Konzeption von Rechtfertigung hat sich zunächst aus der Motivation ergeben, der in Agrippas Trilemma angezeigten Bedrohung durch einen Rechtfertigungsregress etwas entgegen zu setzen. In der Tat scheint eine Default-Konzeption eine elegante Lösung des Trilemmas zu ermöglichen. Die von Wittgenstein und Austin in die Debatte eingeführten Beispiele plausibilisieren außerdem die Annahme, dass eine Default-Konzeption zumindest in vielen Situationen ein angemessenes Bild unserer tatsächlichen epistemischen Praxis zeichnet. Michael Williams kommt das Verdienst zu, die Grundidee einer Default-Konzeption von Wittgenstein und Austin aufgenommen und zu einer detaillierten Rechtfertigungstheorie ausgearbeitet zu haben.

Wie bei derart komplexen Theorien üblich, ist natürlich auch Williams' Ansatz vielen Einwänden ausgesetzt, die hier nicht zur Sprache kamen.[10] Es sollte jedoch deutlich geworden sein, dass es sich um einen Ansatz handelt, der in der Auseinandersetzung sowohl mit Agrippas Trilemma als auch mit dem Cartesischen Skeptizismus wertvolle Ideen bereitstellt und daher eine weiter zu verfolgende Alternative zu klassischen Rechtfertigungstheorien darstellt.[11]

---

[10] Kritische Auseinandersetzungen mit Williams' Ansatz bieten beispielsweise Craig 1993, Fogelin 1999 und Grundmann 2003 und 2004.

[11] Für wertvolle Hinweise danke ich Sebastian Schmoranzer und den Teilnehmern des Kolloquiums zur Theoretischen Philosophie an der WWU Münster im Wintersemester 2010/11.

Kontrollfragen

(1) Wann ist eine Meinung personal gerechtfertigt?

(2) Wann ist eine Meinung evidentiell gerechtfertigt?

(3) Wie wird durch eine Default-Konzeption von Rechtfertigung Agrippas Trilemma gelöst?

(4) Was spricht für eine Default-Konzeption von Rechtfertigung?

(5) Warum müssen sich Vertreter einer Default-Konzeption von Rechtfertigung mit dem Cartesischen Skeptizismus beschäftigen?

(6) Wie kann ein Cartesischer Skeptiker auf der Grundlage der These des erkenntnistheoretischen Realismus für seine skeptische Konklusion argumentieren?

(7) Was spricht dafür, dass sogenannte methodologische Notwendigkeiten den Status der Default-Berechtigung genießen?

(8) Wodurch können methodologische Notwendigkeiten zweifelhaft werden?

(9) Weshalb kann ein Cartesischer Skeptiker Williams zufolge seine skeptische Konklusion nur in bestimmten Kontexten verteidigen?

(10) Warum genießt die Behauptung, dass die Rasenfläche des Olympiastadions in Berlin aus genau 333 333 333 Grashalmen besteht, in den meisten Kontexten keinen Status der Default-Berechtigung?

Kommentierte Auswahlbibliographie

Austin, John L. (1961): Other Minds. In: Ders.: *Philosophical Papers*. Oxford: Oxford University Press. 44–84.
Ausgehend von der Frage, wie Wissen über die mentalen Zustände anderer Personen möglich ist, stellt Austin eine detaillierte und mit vielen Beispielen versehene Untersuchung unserer Praxis der Wissenszuschreibung an. Im Zuge dieser Untersuchung werden die Grundzüge einer Default-Konzeption von Rechtfertigung sichtbar.

Brandom, Robert (1994): *Making It Explicit*. Cambridge, MA: Harvard University Press.
Im Rahmen dieses sehr umfangreichen und schwierigen sprachphilosophischen Werkes werden im dritten und vierten Kapitel auch erkenntnistheoretische Themen angesprochen. Brandom vertritt eine Default-Konzeption von epistemischer Berechtigung und prägt den später von Mi-

chael Williams aufgenommenen Begriff der »Default and Challenge«-Struktur.

Williams, Michael (1999): Skepticism. In: Greco, J./Sosa, E. (Hg.): *The Blackwell Guide to Epistemology*. Oxford: Blackwell. 35–69.
Einführungsartikel zum Thema Skeptizismus, der zugleich geschickt in Williams' eigene Default-Konzeption von Rechtfertigung einführt, die in der Auseinandersetzung mit Agrippas Trilemma und dem Cartesischen Skeptizismus entwickelt wird.

Williams, Michael (2001): *Problems of Knowledge*. Oxford: Oxford University Press.
Eine sehr lesenswerte allgemeine Einführung in die Erkenntnistheorie. Im Zuge der Auseinandersetzung mit verschiedenen erkenntnistheoretischen Ansätzen kristallisiert sich letztlich Williams' eigene kontextualistische Position heraus, deren Herzstück eine Default-Konzeption von Rechtfertigung ist.

Wittgenstein, Ludwig (1970): *Über Gewißheit*. Hrsg. von G. E. M. Anscombe/G. H. von Wright. Frankfurt am Main: Suhrkamp.
Eine aus dem Nachlass herausgegebene Zusammenstellung von Notizen, die Wittgenstein in den letzten Monaten seines Lebens niedergeschrieben hat und in denen seine äußerst innovative und inspirierende Auseinandersetzung mit erkenntnistheoretischen Themen dokumentiert ist. Viele der enthaltenen Bemerkungen und Beispiele deuten auf eine Default-Konzeption und kontextualistische Grundideen hin.

Weitere Literatur

Craig, Edward (1993): Understanding Scepticism. In: Haldane, J./Wright, C. (Hg.): *Reality, Representation, and Projection*. Oxford: Oxford University Press. 215–231.

Ernst, Gerhard (2007): *Einführung in die Erkenntnistheorie*. Darmstadt: Wissenschaftliche Buchgesellschaft.

Fogelin, Robert J. (1999): The Sceptic's Burden. In: *International Journal of Philosophical Studies*. Vol. 7 (2). 159–172.

Grundmann, Thomas (2003): Die Grenzen des erkenntnistheoretischen Kontextualismus. In: *Deutsche Zeitschrift für Philosophie* 51. Heft 6. 993–1014.

Grundmann, Thomas (2004): Inferential Contextualism, Epistemological Realism and Scepticism: Comments on Williams. In: *Erkenntnis* 61. 345–352.

Grundmann, Thomas (2008): *Analytische Einführung in die Erkenntnistheorie*. Berlin: de Gruyter.

Seide, Ansgar (2011): *Rechtfertigung, Kohärenz, Kontext – Eine Theorie der epistemischen Rechtfertigung*. Paderborn: mentis.

Williams, Michael (1988): Epistemological Realism and the Basis of Scepticism. In: *Mind* XCVII. 415–439.

Williams, Michael (1996): *Unnatural Doubts*. Corrected paperback edition. Princeton: Princeton University Press.

Williams, Michael (2007): Why (Wittgensteinian) Contextualism Is Not Relativism. In: *Episteme – A Journal of Social Epistemology*. Volume 4, Issue 1. 93–114.

DER WERT DES WISSENS

Sven Bernecker

1. Das Problem des epistemischen Mehrwerts
   1.1 Einleitung
   1.2 Die Mehrwert-Intuition
   1.3 Die Platonische Erklärung der Mehrwert-Intuition
   1.4 Drei Fragen hinsichtlich des Mehrwerts
2. Von welcher Art ist der Wert des Wissens?
3. Wie lässt sich der epistemische Mehrwert erklären?
   3.1 Wahrheitsmonismus vs. Wertepluralismus
   3.2 Der Reliabilismus und das Swamping-Problem
   3.3 Der tugenderkenntnistheoretische Lösungsansatz
4. Schlussbemerkung

1. Das Problem des epistemischen Mehrwerts

1.1 Einleitung

In der Regel ist es von Vorteil, über etwas Bescheid zu wissen. Wie sonst ließe sich erklären, dass, wie Aristoteles (*Metaphysik* A 980a21) feststellt, »alle Menschen von Natur aus nach Wissen streben«? Warum sollten Menschen nach etwas Wertlosem streben? Wenn Wissen wertlos wäre, wäre nicht einzusehen, weshalb Menschen bereit sind, viel Geld für Experten zu bezahlen. Warum sollten wir unsere Kinder in die Schule schicken, wenn die Generierung und Aneignung von Wissen nicht wichtig wäre?

Wissen ist gemeinhin wertvoller als Nicht-Wissen. Aber es gibt natürlich Ausnahmen. Wenn einen der in Frage stehende Sachverhalt nicht im geringsten interessiert, dann ist es einem auch egal, ob man darum weiß oder nicht. Mir ist es beispielsweise egal, ob ich weiß, dass der Berliner Wannsee einen Umfang von 8951 Metern hat, dass Wiener Würstchen beim Erwärmen in der Regel nur der Länge nach aufplatzen und dass 2008 auf dem Münchener Oktoberfest 90 verlorene Regenschirme abgegeben wurden. Etwas zu wissen ist für mich nur dann wertvoll, wenn ich mich für die Sache interessiere oder wenn ich zumindest Grund habe, mich dafür zu interessieren (Piller 2009: 208).

Es gibt Situationen, in denen man eine wichtige Aufgabe nur dann erfolgreich bewältigen kann, wenn man um die damit verbundenen Schwierigkeiten und Gefahren nicht weiß. So kann es beispielsweise von Vorteil sein, vor einer wichtigen Prüfung nicht in Erfahrung zu bringen, ob man dieselbe wiederholen kann. Denn wüsste man, dass die Prüfung nicht wiederholt werden kann, so wäre man noch nervöser und hätte somit geringere Chancen, die Prüfung zu bestehen.

Ein weiteres Beispiel dafür, dass eine falsche oder gar keine Meinung zu haben, besser sein kann als eine wahre Meinung, liefert Stephen Stich (Stich 1990: 122–3). Stich erzählt die Geschichte von Harry, der sich nicht mehr an die Abflugzeit des Fluges erinnert und deshalb den Flug verpasst. Das Flugzeug, mit dem Harry zu fliegen beabsichtigt, stürzt ab und alle Passagiere kommen um.

Hätte sich Harry an die Abflugzeit erinnert, wäre ihm das gleiche Schicksal widerfahren. Da er sich aber nicht an die Abflugzeit erinnert, entkommt er dem Unglück. Es ist also sein Nicht-Wissen, das ihm das Leben rettet. (Stephen Stich zieht aus diesem Beispiel die pragmatische Schlussfolgerung, dass Wahrheit für sich genommen keinen Wert darstellt. Die Wahrheit unserer Meinungen sei uns nicht wirklich wichtig, und das sei auch gut so (vgl. Stich 1990: Kap. 5). Auch Richard Rorty (Rorty 1995) ist der Auffassung, die Wahrheit stelle kein Ziel der Forschung dar. Ein Ziel müsse eine Orientierungsfunktion haben, welche die Wahrheit, da sie nicht zuverlässig erkennbar ist, zu erfüllen nicht in der Lage sei.)

Auch wenn es in einigen Fällen von Vorteil ist, nicht zu wissen statt zu wissen, und Wissen also nicht *prinzipiell* besser ist als Nicht-Wissen, so scheint doch für die meisten Fälle zu gelten, dass das Wissen dem Nicht-Wissen vorzuziehen ist. Und wir können also festhalten, dass Wissen *normalerweise* wertvoll ist.

1.2 Die Mehrwert-Intuition

Von welcher Art ist der Wert, der dem Wissen normalerweise zukommt? Handelt es sich um einen Wert, den auch andere Dinge haben können, oder ist der Wert des Wissens ein spezifischer? Wenn irgendetwas den gleichen Wert wie Wissen haben kann, dann wohl nur ein Bestandteil des Wissens. Was sind aber die Bestandteile des Wissens?

Die Form des Wissens, mit der sich Erkenntnistheoretiker vornehmlich beschäftigen, das *propositionale Wissen*, wird als gerechtfertigte wahre Überzeugung definiert. Mit dem Ausdruck »Proposition« bezeichnet man den Inhalt eines Aussagesatzes, also den durch einen Satz ausgedrückten Sachverhalt. Die Proposition ist das, was durch die Äußerung eines Satzes im gegebenen Kontext über bestimmte Gegenstände oder Sachverhalte der Welt behauptet, mitgeteilt oder ausgesagt wird. Die gängige Definition des propositionalen Wissens besagt, dass, damit man von einer Proposition p wissen hat, drei Bedingungen erfüllt sein müssen: p muss wahr sein, man muss glauben, dass p, und man muss gerechtfertigt sein, p für wahr zu halten. Die Rechtfertigungsbedingung ist die schillerndste der drei Wissensbedingungen. Sie hat den Zweck, Wissen von Glückstreffern zu unterscheiden. Nahezu alle Erkenntnistheoretiker sind sich darin einig, dass ein Subjekt nur dann wissen kann, dass p, wenn es Gründe hat, p für wahr zu halten. Jedoch gehen die Ansichten darüber auseinander, worin epistemische Rechtfertigung besteht. (Ich verwende den Begriff »Rechtfertigung« so, dass durch ihn *alles* bezeichnet wird, das nötig ist, um eine wahre Meinung in den Stand des Wissens zu erheben.)

Damit Wissen einen spezifischen Wert hat, muss es einen Wert haben, den die bloß wahre Meinung nicht hat. Es stellt sich also die Frage, ob das Wissen, dass p, wertvoller ist als die bloß wahre Meinung, dass p? Diejenigen, die diese Frage bejahen, bekennen sich zur Mehrwert-Intuition, die besagt, dass Wissen epistemisch mehr wert ist als wahre Meinung. Und da, wie wir gesehen haben, es nicht immer von Vorteil ist, zu wissen, müssen wir die Mehrwert-Intuition wie folgt präzisieren:

> Epistemische Mehrwert-Intuition: Wissen ist ceteris paribus (d. h. unter ansonsten gleichen Umständen) wertvoller als bloß wahre Meinung.

Der Mehrwert-Intuition zufolge ist es die Rechtfertigung, die dem Wissen einen Wert verleiht, den die bloß wahre Meinung nicht hat. Das Problem des epistemischen Werts von Wissen besteht nun in der Frage, ob Wissen tatsächlich wertvoller ist als bloße wahre Überzeugung, und wenn ja, wie dieser Mehrwert des Wissens philosophisch befriedigend erklärt werden kann. Ich werde diese Fragen in umgekehrter Reihenfolge diskutieren.

1.3 Die Platonische Erklärung der Mehrwert-Intuition

Die Mehrwert-Intuition ist so alt wie die Philosophie selbst. Im Dialog *Menon* wirft Platon die Frage auf, welchen Grund wir für die Annahme haben, Wissen sei epistemisch wertvoller als bloß wahre Meinung. Das Mehrwertproblem wird wie folgt entwickelt:

> *Sokrates*: [...] Wenn einer, der den Weg nach Larissa weiß, [...] vorangeht und die andern führt, wird er sie nicht richtig und gut führen? *Menon*: Gewiss. *Sokrates*: Wie aber, wenn einer nur eine richtige Vorstellung davon hätte, welches der Weg wäre, ohne ihn jedoch gegangen zu sein oder ihn eigentlich zu wissen, wird nicht dennoch auch der richtig führen? *Menon*: Allerdings. *Sokrates*: Und solange er nur eine richtige Vorstellung hat von dem, wovon der andere Erkenntnis: so wird er kein schlechterer Führer sein, er, der nur richtig vorstellt, als jener Wissende? *Menon*: Freilich nicht. *Sokrates*: Wahre Vorstellung ist also zur Richtigkeit des Handelns keine schlechtere Führerin als wahre

> Einsicht. [...] Richtige Vorstellung ist also nicht minder nützlich als Erkenntnis (Platon, *Menon*: 97a9–c5).

Wenn es darum geht, wie man handeln soll, ist wahre Meinung genauso wertvoll wie Wissen. Dennoch, so wendet Menon ein, wird Wissen höher geschätzt als bloße wahre Meinung. Worin also, so fragt Menon weiter, besteht dann der Mehrwert des Wissens gegenüber bloßer wahrer Meinung? Die Beantwortung dieser Frage wird in der Literatur auch als das *Menon Problem* bezeichnet.

Platons Lösung des Menon Problems besteht in der Behauptung, Wissen sei *stabiler* als bloße wahre Meinung. Während sich die bloße wahre Meinung schnell wieder verflüchtige, sei Wissen aufgrund der ihr zugrundeliegenden Begründung dauerhaft.

> *Sokrates*: [...] Denn auch die richtigen Vorstellungen sind eine schöne Sache, solange sie bleiben, und bewirken alles Gute; lange Zeit aber pflegen sie nicht zu bleiben, sondern gehen davon aus der Seele des Menschen, so dass sie doch nicht viel wert sind, bis man sie bindet durch begründendes Denken. [...] Nachdem sie aber gebunden werden, werden sie zuerst Erkenntnisse und dann auch bleibend. Und deshalb nun ist die Erkenntnis höher zu schätzen als die richtige Vorstellung, und es unterscheidet sich eben durch das Gebundensein die Erkenntnis von der richtigen Vorstellung (Platon *Menon*: 97e6–98a8).

Dasjenige, was das Wissen von der bloß wahren Meinung unterscheidet, ist also die Rechtfertigung. Und es ist die Rechtfertigung, die maßgeblich zur Stabilität des Wissens beiträgt. Die Rechtfertigung sorgt dafür, dass sich wahre Meinungen nicht schnell wieder verflüchtigen, sondern bei uns bleiben. Gründe »binden« unsere wahren Überzeugungen.

Wie, so stellt sich die Frage, vermögen Gründe unsere wahren Überzeugungen zu »binden«? Gründe für eine Überzeugung zu haben besteht darin, dass man über andere Überzeugungen verfügt, welche die entsprechende Überzeugung stützen. Die Überzeugung, dass es auf dem linken Weg nach Larissa geht, mag durch die Überzeugung gerechtfertigt sein, dass Larissa im Osten liegt und der linke Weg nach Osten führt. Insofern ein System von Überzeugungen sich nicht so leicht ändert wie eine einzelne Überzeugung, so könnte man weiter argumentieren, ist eine durch ein System von Überzeugungen gestützte Überzeugung stabiler als eine Überzeugung, die nicht in dieser Weise gerechtfertigt ist.

Gegen diese Erklärung der Mehrwert-Intuition kann ins Feld geführt werden, dass man seine wahren Überzeugungen auf schlechte Gründe stützen oder in der falschen Weise auf die richtigen Gründe stützen kann und auf diese Weise die gleiche Stabilität erlangt, die der Wissende hat. Oder man kann an einer bloß wahren Überzeugung auf so dogmatische Weise festhalten, dass sie stabiler ist als Wissen. Diesem Einwand kann auf zweierlei Weise seine Spitze genommen werden.

Erstens, wenn Platon die Frage aufwirft, ob Wissen einen spezifischen Wert hat, den bloß wahre Überzeugung nicht hat, dann denkt er vor allem an einen unter mehreren Fällen bloß wahrer Überzeugung: an wahre Überzeugungen, die das Ergebnis von Zufallsprozessen sind und deshalb nicht von Dauer sind. Wissen ist wertvoller als bloß zufällig wahre Überzeugung, weil es stabiler ist als diese. Ob wahre Überzeugungen, die einem oktroyiert wurden, ähnlich stabil sein können wie Wissen, thematisiert Platon nicht.

Zweitens, die Stabilität des Wissens beruht nicht allein in der Langlebigkeit, sondern auch in der Widerstandsfähigkeit gegenüber irreführenden Gegenbeweisen. Wissen ist stabiler als bloß zufällig wahre Überzeugung, weil es nicht in demselben Maße gegen prima facie plausibel klingende, aber irreführende Gegenbeweise anfällig ist. Die Einbettung einer wahren Überzeugung in ein System von Überzeugungen festigt sie und macht sie haltbarer. Das folgende Beispiel mag zur Plausibilisierung dieser Interpretation der platonischen Stabilitätsthese dienen. Paul und Mary speisen in einem Restaurant. Paul weiß, dass der Pilz auf Marys Teller giftig ist. Mary weiß dies nicht, sondern glaubt es bloß. Sie meint, der Pilz auf ihrem Teller sei giftig, weil sie (fälschlicherweise) glaubt, der heute diensthabende Koch sei Peter, und sie gute Gründe hat anzunehmen, Peter wolle sie vergiften. Tatsächlich ist es nicht Peter, der heute kocht, und dem diensthabenden Koch liegt nichts ferner, als Mary vergiften zu wollen. Er hat aus Versehen einen Giftpilz auf Marys Teller gelegt. Noch bevor Paul und Mary anfangen zu essen, kommt der diensthabende Koch aus der Küche und erkundigt sich bei den Gästen, ob es denn schmeckt. Mary merkt, dass es nicht Peter war, der ihr Essen zubereitet hat, verwirft die Überzeugung, es handle sich um einen Giftpilz und beschließt, das Gericht zu essen. Marys wahre Überzeugung ist durch die neue Beweislage »losgebunden« und »weggerissen« worden. Pauls Erkenntnis ist gottlob nicht so labil wie Marys wahre Überzeugung. Auch nachdem der Koch seine Runde durch den Speiseraum gemacht hat, weiß Paul noch, dass der Pilz giftig ist und kann Mary warnen.

Die platonische Position hinsichtlich der These, dass Wissen einen höheren epistemischen Wert als bloß wahre Meinung hat, kann folgendermaßen zusammengefasst werden: Unter der Voraussetzung, dass Wissen wertvoller ist als Nicht-Wissen bzw. wahre Meinung wertvoller ist als eine falsche oder gar keine Meinung, gilt, dass Wissen häufig wertvoller ist als wahre auf Zufallsprozessen beruhende Meinung, dass es langlebiger und gegen irreführende Gegenbeweise widerstandsfähiger ist als diese.

1.4 Drei Fragen hinsichtlich des Mehrwerts

Die Frage »Hat Wissen einen Wert, den bloß wahre Meinung nicht hat?« kann auf dreierlei Weise verstanden werden: ob Wissen *mehr* von einem gegebenen Wert hat als bloß wahre Meinung, ob Wissen wertvoller ist als *jede Teilmenge* seiner Bestandteile oder ob sich der Wert des Wissens von dem Wert der bloß wahren Meinung der *Art* nach unterscheidet. In der Literatur werden diese Fragen als das primäre, sekundäre und das tertiäre Problem des epistemischen Mehrwerts bezeichnet (Pritchard 2009, S. 4). Die ersten beiden Fragen zielen auf die quantitative Charakterisierung des spezifischen Werts des Wissens ab, die dritte Frage auf die qualitative Charakterisierung. Das primäre Problem des epistemischen Mehrwerts besteht im quantitativen Vergleich des Werts von Wissen mit dem Wert einer bloß wahren Meinung. Das sekundäre Problem des epistemischen Mehrwerts stellt die Frage, ob Wissen wertvoller ist als eine wahre gerechtfertigte Meinung. Das tertiäre Problem des epistemischen Mehrwerts fragt nach dem Typus von Mehrwert, den Wissen gegenüber einer wahren Meinung hat. Ich werde mit dem tertiären Mehrwertproblem beginnen.

2. Von welcher Art ist der Wert des Wissens?

In Platons *Menon* hat, wie wir gesehen haben, die Frage nach dem Wert von Wissen einen praktischen Sinn. Der Wert des Wissens besteht darin, dass es der Erreichung unserer Ziele (z. B. nach Larissa zu kommen) förderlich ist. Wer weiß, wo es nach Larissa geht, hat es leichter, dorthin zu kommen, als ein Unwissender, der blindlings losläuft. Der Wert, den etwas deshalb und insofern hat, als es die Erreichung der Ziele eines Subjekts befördert, wird »instrumentell« oder »abgeleitet« genannt. Dass Wissen bei der Verfolgung unserer praktischen Ziele eine wichtige Rolle spielt, steht außer Zweifel. Wissen ist ein Mittel zu einer ganzen Reihe praktischer Zwecke: es erhöht (häufig) unsere Überlebenschancen, hilft uns richtige Entscheidungen zu treffen, erlaubt uns, unsere Wünsche zu erfüllen und verleiht uns Macht über Mitmenschen.

Praktische Werte sind in aller Regel instrumenteller Natur. Nach Larissa zu gelangen, ist ein solcher instrumenteller Wert. Wer danach strebt, nach Larissa zu gelangen, der tut dies, weil er in Larissa etwas zu erledigen hat oder einem Freund, der sich dort aufhält, einen Besuch abstatten möchte. Dann stellen aber die Freundschaft bzw. der ökonomische Nutzen einen höheren Wert dar, und nach Larissa zu kommen ist nur insofern wertvoll, als es ein Mittel zum Zweck ist. Wenn die Freundschaft zerbricht oder wenn der Freund in eine andere Stadt zieht, dann ist es auch nicht mehr von Bedeutung, wie man nach Larissa gelangt. Da instrumentelle Zwecke ihren Wert nur aus ihrer Dienlichkeit für die Verwirklichung der leitenden Zieles erhalten, ist ihr Wert abgeleitet.

Die meisten Vertreter der These, Wissen sei wertvoller als bloß wahre Meinung, nehmen an, der Mehrwert des Wissens sei nicht bloß instrumenteller, sondern auch finaler Natur. Um entscheiden zu können, ob Wissen finalen Wert hat, muss zunächst der Begriff des finalen Werts erläutert werden. Die Unterscheidung zwischen instrumentellen und finalen Werten wird häufig gleichgesetzt mit der Unterscheidung zwischen intrinsischen und extrinsischen Werten. Der Wert einer Sache ist intrinsisch, wenn er der Sache selbst und nicht etwas anderem innewohnt. Der Wert einer Sache ist extrinsisch, wenn er zumindest zum Teil auf etwas anderem als der Sache selbst beruht. Traditionell wurde davon ausgegangen, dass, wenn einer Sache instrumenteller Wert zukommt, dieser Wert extrinsischer Natur ist, weil er auf Eigenschaften beruht, die nicht der Sache innewohnen. Demzufolge sind alle instrumentellen Werte extrinsisch und alle finalen Werte intrinsisch. Diese Auffassung ist in jüngster Zeit unter Beschuss geraten. Es wurde gezeigt, dass es extrinsische finale Werte gibt (Rabinowicz und Rønnow-Rasmussen 2000). Als Beispiel wird oft das Kleid von Lady Diana herangezogen. Der Wert des Kleides ist vornehmlich nicht-instrumenteller Natur. Es ist unwahrscheinlich, dass jemand das Kleid kauft, um es zu tragen. Der Wert des Kleides ist aber außerdem extrinsischer Natur, denn er beruht nicht auf den intrinsischen Eigenschaften des Kleides (Größe, Farbe, Schnitt,

Stoff, etc.), sondern darauf, wer das Kleid besessen hat. In der gleichen Weise ziehen wir eine echte Banknote einer Blüte vor, auch wenn die beiden Geldscheine die gleichen intrinsischen Eigenschaften aufweisen.

Finale Werte können objektivistisch oder subjektivistisch verstanden werden. Der objektivistischen Lesart zufolge bestehen finale Werte ganz unabhängig davon, wie die Sache, die diesen Wert hat, von der Mehrheit der Bevölkerung bewertet wird. Für den objektivistischen Wert einer Sache ist es unerheblich, ob sie für gut geheißen oder angestrebt wird. Finale Werte sind demnach absolut. Der subjektivistischen Lesart zufolge aber hat eine Sache nur dann finalen Wert, wenn sie zumindest von irgendjemand um ihrer selbst willen angestrebt oder gut geheißen wird. Finale Werte sind demnach relational. Aber weil natürlich nicht alles, das irgend jemand faktisch für wertvoll erachtet, deshalb schon wertvoll ist, muss der valuative Subjektivismus mit Rationalitäts- und Kohärenzbedingungen angereichert werden: X ist wertvoll, wenn X von einer rationalen Person kohärenterweise um seiner selbst willen gut geheißen wird. Da es nicht ausgemacht ist, ob es überhaupt objektive finale Werte gibt, werde ich im Folgenden von der subjektivistischen Lesart der finalen Werte ausgehen.

Sollen wir nun sagen, dass der Wert des Wissens bloß instrumenteller oder auch finaler Art ist? Die eingangs erwähnte aristotelische Behauptung, dass der Mensch ein nach Erkenntnis strebendes Wesen ist, scheint mir zutreffend zu sein. Es ist Teil der conditio humana, dass wir bestimmte Sachverhalte für wertvoll erachten und das entsprechende Wissen auf nicht-instrumentelle Weise schätzen. Es gibt Sachverhalte, die zu wissen finalen Wert hat.

3. Wie lässt sich der epistemische Mehrwert erklären?

Wenden wir uns nun dem primären und sekundären Problem des epistemischen Mehrwerts zu. Wenn davon ausgegangen wird, dass Wissen mehr von einem gegebenen Wert hat als bloß wahre Meinung, so scheint dieser Mehrwert in der Rechtfertigung begründet sein zu müssen. Denn schließlich ist es die Rechtfertigung, die die bloß wahre Meinung vom Wissen unterscheidet. Vertreter der Mehrwert-Intuition stehen also vor der Aufgabe, eine Konzeption der epistemischen Rechtfertigung zu entwickeln, wonach eine gerechtfertigte wahre Meinung wertvoller ist als eine bloß wahre Meinung. Vielen Vertretern der Mehrwert-Intuition zufolge besteht eine enge Verbindung zwischen dem Begriff der Rechtfertigung und dem der epistemischen Verantwortlichkeit. Um gerechtfertigterweise zu glauben, dass p, muss die Überzeugung gemäß bestimmten epistemischen Verhaltensregeln gebildet werden. Wenn man diese Verhaltensregeln befolgt, so erwirbt man sich einen epistemischen Verdienst, der als ein eigener intrinsischer Wert zu betrachten ist. Bevor jedoch auf diesen und andere Lösungsversuche des primären und sekundären Problem des epistemischen Mehrwerts näher eingegangen werden kann, muss die Unterscheidung zwischen Wahrheitsmonismus und Wertepluralismus erläutert werden.

3.1 Wahrheitsmonismus vs. Wertepluralismus

Dass Wahrheit ein Ziel unserer epistemischen Bemühungen darstellt, steht außer Frage. Fraglich ist jedoch, ob die Wahrheit den einzigen erkenntnistheoretischen Wert darstellt. Vertreter des Wahrheitsmonismus sind der Auffassung, die Wahrheit sei das einzige intrinsische Ziel unserer Erkenntnisbemühungen und die Rechtfertigung habe lediglich einen instrumentellen Wert im Hinblick auf das Ziel der Wahrheit.

> Epistemischer Wahrheitsmonismus: Die Wahrheit ist der einzige finale Wert der Erkenntnistheorie. Alle anderen Werte sind abgeleitet und instrumenteller Natur.

Der Wahrheitsmonismus ist prima facie nicht in der Lage, die Mehrwert-Intuition zu erklären. Denn wenn der Wert der Rechtfertigung vom Wert der Wahrheit abgeleitet ist, wie soll dann einer gerechtfertigt wahren Überzeugung mehr Wert zukommen können als einer bloß wahren Überzeugung? Die meisten Vertreter der Mehrwert-Intuition sehen sich deshalb genötigt, den Wahrheitsmonismus aufzugeben und neben der Wahrheit noch andere epistemische Werte anzunehmen. Dem Wertepluralismus zufolge ist die Rechtfertigung ein eigenständiger finaler Wert der Erkenntnistheorie.

> Epistemischer Wertepluralismus: Die Wahrheit und die Rechtfertigung sind eigenständige finale Werte der Erkenntnistheorie.

Wenn der Wert der Rechtfertigung nicht im Wert der Wahrheit aufgeht, dann ist eine gerechtfertigte wahre

Überzeugung wertvoller als die entsprechende bloß wahre Überzeugung. Das Wissen ist wertvoller als die wahre Überzeugung, da im Fall von Wissen zum Wert der Wahrheit noch der Wert der Rechtfertigung hinzukommt. Der Wertepluralismus liefert also eine ebenso einfache wie überzeugende Erklärung der Mehrwert-Intuition.

Wenn Wahrheit und Wissen eigenständige finale Werte der Erkenntnistheorie darstellen, wie Pluralisten behaupten, dann muss geklärt werden, wie die beiden Werte miteinander verbunden sind. Es sind nämlich Situationen denkbar, in denen nicht sowohl Wahrheit als auch Rechtfertigung erreichbar sind (Hofmann 2007: 160). Vertreter des Wertepluralismus lösen dieses Problem, indem sie davon ausgehen, dass, obgleich der Wert der Rechtfertigung nicht im Wert der Wahrheit aufgeht, beide Werte systematisch verbunden sind. Im Folgenden werden zwei pluralistische Erklärungen der Mehrwert-Intuition näher erläutert: der Reliabilismus und die Tugenderkenntnistheorie.

3.2 Der Reliabilismus und das Swamping-Problem

Die wohl grundlegendste Unterscheidung innerhalb der Erkenntnistheorie ist die von Externalismus und Internalismus. Die Unterscheidung zwischen Externalismus und Internalismus wird sowohl hinsichtlich des Wissensbegriffs als auch hinsichtlich des Begriffs der Rechtfertigung getroffen. Der Internalismus der Rechtfertigung behauptet, dass alle für die Begründung einer Überzeugung relevanten Faktoren dem wissenden Subjekt prinzipiell bewusst sein müssen. Der Externalismus der Rechtfertigung hingegen besagt, dass einige der für die Begründung relevanten Faktoren dem epistemischen Subjekt nicht bewusst zu sein brauchen, sich also außerhalb seines kognitiven Horizonts befinden können. Dem Internalismus des Wissens zufolge muss, damit eine begründet wahre Meinung Wissen darstellt, das epistemische Subjekt wissen (oder zumindest begründeterweise glauben), dass es sich um eine begründete wahre Meinung handelt. Der Externalismus des Wissens hingegen erklärt, dass eine Meinung zwar nur dann Wissen darstellt, wenn die Wissensbedingungen erfüllt sind, dass das epistemische Subjekt aber nicht zu wissen (bzw. glauben) braucht, dass die betreffende Meinung die Wissensbedingungen erfüllt. (→ Internalismus und Externalismus der Rechtfertigung)

Die meisten Vertreter des Externalismus der Rechtfertigung sind auch Vertreter des Reliabilismus. Dem Reliabilismus zufolge ist dasjenige, was Wissen von wahrer Überzeugung unterscheidet, der verlässliche Bezug der Überzeugung zur Wahrheit. Wissen hängt auf nicht-zufällige (geregelte oder verlässliche) Weise mit den Tatsachen in der Welt zusammen. Der Begriff der Rechtfertigung wird durch den der Verlässlichkeit ersetzt. Pauls Überzeugung, dass der Pilz auf Marys Teller giftig ist, stellt Wissen dar, wenn die Anwesenheit des Giftpilzes und Pauls Überzeugung, dass es sich um einen Giftpilz handelt, derart miteinander verbunden sind, dass folgende Bedingung erfüllt ist: Wenn es sich nicht um einen Giftpilz handeln würde, dann würde Paul auch nicht glauben, dass es ein Giftpilz ist. (Einige Erkenntnistheoretiker ziehen es vor, den Konditionalsatz folgendermaßen zu formulieren: Wenn es ein Giftpilz wäre, würde Paul glauben, dass es ein Giftpilz ist). Wenn Paul allerdings auch dann glauben würde, der Pilz sei giftig, wenn er bekömmlich wäre, dann hätte die Überzeugung nicht den Status des Wissens, obwohl sie wahr sein mag. Ob die Überzeugung, dass es sich um einen giftigen Pilz handelt, einen Fall von Wissen darstellt, hängt also nicht nur davon ab, ob es tatsächlich ein Giftpilz ist und ob die Überzeugung wahr ist. Worauf es außerdem ankommt, ist, ob Paul auch der Überzeugung wäre, wenn der Pilz nicht giftig wäre. Die Verlässlichkeitsbedingung handelt von möglichen Welten, in denen die in Frage stehende Proposition falsch ist. Wenn von einer Überzeugung gilt, dass sie wahr ist und geglaubt wird, und dass sie, wenn sie falsch wäre, nicht geglaubt würde, dann »verfolgt« sie den Sachverhalt, auf den sie sich bezieht. Eine solche Überzeugung verfolgt die Wahrheit (*tracking the truth*). Wissen heißt damit, der Wahrheit auf der Spur zu sein. (→ Modale Wissenskonzeptionen)

Auf der Grundlage des Reliabilismus kann die These, wonach Wissen im Vergleich zur bloß wahren Meinung einen Mehrwert besitzt, folgendermaßen begründet werden: Wer über Wissen verfügt, der steht auf nicht-zufällige bzw. verlässliche Weise mit der Wahrheit in Verbindung. In dieser Weise auf die Welt bezogen zu sein und also nicht Zufällen ausgeliefert zu sein, stellt einen (finalen) Wert dar. Also übertrifft der Wert des Wissens den der bloß wahren Meinung.

Gegen die reliabilistische Erklärung der Mehrwert-Intuition wird vonseiten der Vertreter des Internalismus eingewandt, dass eine Meinung, die bereits wahr ist, durch die zusätzliche Eigenschaft, auf nicht-zufällige oder verlässliche Weise wahr zu sein, nicht wertvoller wird. Bezogen auf das Ziel, wahre Meinungen zu erlangen, sind nämlich verlässlich wahre Überzeugungen nicht wertvoller als bloß wahre Überzeugungen. Wenn eine Überzeugung wahr ist, dann ist sie bereits maximal wertvoll. Die Eigenschaft, auf verlässliche Weise wahr zu sein, fügt keinen weiteren Wert hinzu. Rechtfertigung steht im Dienste der Wahrheit. Wird Wahrheit ohne ihre Dienste erreicht, scheint dies gleich gut zu sein, als wenn man zum Erreichen der Wahrheit noch Verlässlichkeit hinzufügen muss (Piller 2009: 210). Internalisten ziehen daraus den Schluss, dass der Reliabilismus nicht in der Lage ist, die Mehrwert-Intuition zu erklären.

Diese unter dem Namen *swamping problem* bekannt gewordene Kritik am Reliabilismus erläutert Linda Zagzebski (Zagzebski 2003: 13) anhand einer Analogie: Wenn ein Espresso gut schmeckt, dann ist es unerheblich, ob er aus einer zuverlässigen oder einer unzuverlässigen Espressomaschine stammt. Eine zuverlässige Espressomaschine zu haben ist nur deshalb wünschenswert, weil sie guten Espresso macht. Die Qualität eines bereits gut schmeckenden Espressos wird aber durch die Tatsache, dass er aus einer zuverlässigen Espressomaschine stammt, nicht mehr gesteigert. Der Wert eines guten Espressos, der von einer unzuverlässigen Maschine hergestellt wurde, steht dem Wert eines Espressos, der von einer zuverlässigen Maschine hergestellt wurde, in nichts nach. Ganz analog ist eine zufällig wahre Meinung nicht weniger wertvoll als eine verlässlich wahre Meinung. Auch wenn es wünschenswert ist, dass eine wahre Meinung verlässlich und gegenüber irreführenden Gegenbeweisen widerstandsfähig ist, so scheint die zusätzliche Eigenschaft der Reliabilität dem Wert einer bereits wahren Meinung nichts hinzufügen zu können. Der Wert der Verlässlichkeit wird durch den Wert der Wahrheit »weggeschwemmt« (swamped). Jonathan Kvanvig fasst das *swamping problem* wie folgt zusammen:

> The problem is that when a property is valuable by being instrumentally related to another property, the value of the instrumental property is swamped by the presence of that from which it is instrumental (Kvanvig 2004: 203).

Das *swamping problem* ist neuerdings unter Beschuss geraten. Einige Reliabilisten, allen voran Alvin Goldman und Erik Olsson (Olsson 2009), vertreten die Auffassung, dass der Reliabilismus sehr wohl den Mehrwert des Wissens gegenüber der bloß wahren Meinung erklären kann. Um die Mehrwert-Intuition einzufangen, muss lediglich eine diachrone Perspektive eingenommen werden: Der Mehrwert des Wissens gegenüber der bloß wahren Meinung besteht darin, dass eine verlässlich erzeugte wahre Meinung die Wahrheit *zukünftiger* ähnlicher Meinungen wahrscheinlicher macht als eine Meinung, die bloß zufälligerweise wahr ist. »[U]nder reliabilism, the probability of having more true belief (of a similar kind) in the future is greater conditional on S's *knowing* that p than conditional on S's *merely truly believing* that p« (Goldman und Olsson 2009: 28). Wenn Goldman und Olsson recht haben, dann beruht das *swamping problem* auf einer verkürzten – nämlich synchronen – Betrachtungsweise. Der Reliabilismus scheint also der Mehrwert-Intuition Rechnung tragen zu können: Der Mehrwert des Wissens besteht darin, dass wahre Überzeugungen, die sich verlässlicher Meinungsbildungsprozesse verdanken, die Wahrscheinlichkeit erhöhen, dass zukünftige Überzeugungen derselben Art wahr sein werden.

Wie wir im vorangegangenen Abschnitt gesehen haben, bringt es der Wertepluralismus mit sich, dass die unabhängigen epistemischen Werte in einen Konflikt geraten können. Frank Hofmann beschreibt die Situation folgendermaßen:

> Zwischen den verschiedenen postulierten epistemischen Grundzielen drohen Konflikte. Es ist nämlich nicht garantiert, dass alle Ziele in jedem Fall zugleich erreicht werden können. … Dann gibt es wahrscheinlich Situationen, in denen nicht sowohl Wahrheit als auch Rechtfertigung erreichbar sind (Hofmann 2007: 159–60).

Wie löst der reliabilistische Wertepluralist dieses Konfliktproblem? Dem Reliabilismus zufolge kann es keinen Konflikt zwischen dem Wert des Wissens und dem Wert der Wahrheit geben, da beide Werte systematisch miteinander verbunden sind. Das Streben nach verlässlich wahren Überzeugungen ist gleichzeitig das Streben nach wahren Überzeugungen; und das (rationale) Streben nach wahren Überzeugungen ist gleichzeitig das Streben nach verlässlich wahren Überzeugungen. Die beiden Ziele – Rechtfertigung und Wahrheit – sind zwar voneinander unabhängig, stehen aber trotzdem in einer Zweck-Mittel-Relation zueinander (Grundmann 2008: 201).

3.3 Der tugenderkenntnistheoretische Lösungsansatz

Vertreter der Tugenderkenntnistheorie erklären den Mehrwert, der dem Wissen im Unterschied zur bloß wahren Meinung zukommt, anhand der unterschiedlichen Meinungsbildungsprozesse. Um etwas wissen zu können, muss das epistemische Subjekt sich seiner kognitiven Tugenden bedienen. Zu den kognitiven Tugenden gehören kritische Rationalität, Unvoreingenommenheit, Objektivität und epistemische Verantwortlichkeit. Eine bloß wahre Meinung kommt auf epistemisch tadelnswerte Weise oder zumindest ohne die Mitwirkung der kognitiven Tugenden zustande. Durch die Ausübung kognitiver Tugenden werden bestimmte Formen des epistemischen Zufalls ausgeschlossen. Das Wissen gewinnt dadurch einen Wert, den die bloß wahre Meinung niemals haben kann. Weil das Wissen die Ausübung kognitiver Tugenden erfordert, stellt es eine kognitive Leistung dar und gebührt dem Wissenden Anerkennung. Eine bloß wahre Meinung kann dem epistemischen Subjekt hingegen nicht als ein Verdienst zugesprochen werden. (→ Tugenderkenntnistheorie)

John Greco und Wayne Riggs, zwei Vertretern der Tugenderkenntnistheorie, erklären die Mehrwert-Intuition wie folgt:

> When we attribute knowledge to someone we imply that it is to his credit that he got things right. It is not because the person is lucky that he believes the truth – it is because of his own cognitive abilities. He figured it out, or remembered it correctly, or perceived that it was so (Greco 2003: 123).

Und ganz analog heißt es bei Riggs:

> Being in the state of »knowing that *p*« entails of a person that she has a true belief for which she deserves a certain degree of epistemic credit. Believing something true by accident entails no credit of any sort to the person. This is so despite the fact that the belief is no more valuable in the former case then the latter, nor need we assume that the believers in question differ in their respective epistemic qualities. The difference that makes a value difference here is the variation in the degree to which a person's abilities, powers, and skills are causally responsible for the outcome, believing truly that *p* (Riggs 2002a: 94).

Zur Veranschaulichung der Errungenschaftstheorie des Wissens mag folgendes auf Robert Nozicks Erfahrungsmaschinenbeispiel (Nozick 1974: 42–5) aufbauendes Gedankenexperiment dienen. Angenommen, einer Person wird angeboten, dass sie an eine Maschine angeschlossen wird, die sie mit beliebig vielen Erkenntnissen speist, wobei folgende drei Bedingungen gelten: (1) die Person leistet keinen Beitrag zu dem Erkenntnisgewinn, (2) sie kann sich hinterher nicht daran erinnern, sich für den Gebrauch der Wissensmaschine entschieden zu haben, und (3) sie kann die durch die Wissensmaschine gewonnenen Erkenntnisse nicht im internalistischen Sinne rechtfertigen. Sollte die Person das Angebot, sich an die Wissensmaschine anschließen zu lassen, annehmen? Vertreter der Errungenschaftstheorie des Wissens würden das Angebot klarerweise ablehnen. Die durch die Maschine generierten wahren Überzeugungen stellen keine dem epistemischen Subjekt zuschreibbare Leistung dar, weshalb ihm auch keine Anerkennung gebührt.

Interessanterweise scheint Gotthold Ephraim Lessing die tugenderkenntnistheoretische Erklärung der Mehrwert-Intuition vorwegzunehmen, wenn er die Behauptung vertritt, der Wert des Menschen bestünde in seiner Rolle als nach Wahrheit strebendes Subjekt.

> Nicht die Wahrheit, in deren Besitz irgend ein Mensch ist, oder zu sein vermeint, sondern die aufrichtige Mühe, die er angewandt hat, hinter die Wahrheit zu kommen, macht den Wert des Menschen. Denn nicht den Besitz, sondern durch die Nachforschung der Wahrheit erweitern sich seine Kräfte, worin allein seine immer wachsende Vollkommenheit besteht. Der Besitz macht ruhig, träge, stolz – Wenn Gott in seiner Rechten alle Wahrheit, und in seiner Linken den einzigen immer regen Trieb nach Wahrheit, obschon mit dem Zusatze, mich immer und ewig zu irren, verschlossen hielte, und spräche zu mir: wähle! Ich fiele ihm mit Demut in seine Linke, und sagte: Vater gib! Die reine Wahrheit ist ja doch nur für dich allein! (Lessing 1778: 32–3)

Dieser Passage zufolge scheint das um rechtfertigende Gründe aufrichtig bemühte, jedoch fehleranfällige Fürwahrhalten für den Menschen wertvoller zu sein als das schlecht oder gar nicht begründete, aber fehlerunanfällige Fürwahrhalten.

Zunächst gilt es zu klären, ob die Tugenderkenntnistheorie das Konfliktproblem zu lösen imstande ist. Das Konfliktproblem besteht bekanntlich in der Frage, wie im Konfliktfall die Prio-rität der Werte geregelt ist. Wie verhält sich der Wert der Wahrheit zu dem der durch intellektuelle Tugend erworbenen Überzeugung? Die tugenderkenntnistheoretische Antwort auf das Konfliktproblem ähnelt der reliabilistischen Antwort: Das Streben nach durch intellektuelle Tugend erworbenen Überzeugungen ist gleichzeitig das Streben nach wahren Überzeugungen; und das (rationale) Streben nach wahren Überzeugungen ist gleichzeitig das Streben nach durch intellektuelle Tugenden erworbenen Überzeugungen. Es scheint keine Konfliktsituation entstehen zu können.

Die tugenderkenntnistheoretische Erklärung der Mehrwert-Intuition steht und fällt mit der Annahme, dass

Meinungsbildungsprozesse als Handlungen beschrieben werden können. Man scheint nämlich einem epistemischen Subjekt sein Wissen nur dann als einen Verdienst zuschreiben zu können, wenn es für den das Wissen generierenden Meinungsbildungsprozess verantwortlich ist. Verantwortlich sind wir aber nur für unsere absichtlichen Handlungen. Verantwortlichkeit ist stets daran geknüpft, was jemand tut oder getan hat. Sollte das epistemische Subjekt jedoch auf seine Meinungsbildungsprozesse keinen Einfluss haben, dann ist es auch nicht angemessen, ihm seine gerechtfertigt wahren Überzeugungen als einen Verdienst zuzuschreiben (Grajner 2009: 193–4). Ob es aber angemessen ist, Meinungsbildungsprozesse als Handlungen zu erachten, ist umstritten.

Folgendes Beispiel deutet auf ein weiteres Problem mit der tugenderkenntnistheoretischen Erklärung der Mehrwert-Intuition hin. Peter öffnet aus Versehen – ohne vorher zu klopfen – Pauls Bürotüre und ertappt Paul dabei, wie dieser Mary leidenschaftlich küsst. Peter schließt daraus, dass sein verheirateter Kollege Paul eine Affäre hat und weiß dies auch. Der im Auftrag von Pauls Gattin arbeitende Privatdetektiv kommt nach langwierigen kriminalistischen Untersuchungen zu dem (falschen) Ergebnis, dass es eine andere Mitarbeiterin der Firma ist, mit der sich Paul in seinem Büro geküsst hat. Der Detektiv zieht aus diesem Ergebnis den gleichen Schluss wie Peter, nämlich dass Paul eine Affäre hat. Es steht außer Zweifel, dass der Detektiv mehr Fleiß und Geschick in den Meinungsbildungsprozess investiert hat als Peter und ihm deshalb im höheren Maße epistemische Anerkennung gezollt werden muss. Das bedeutet aber, dass Peter, der *weiß*, dass Peter ein Verhältnis hat, weniger Anerkennung gebührt als dem Detektiv, der lediglich über eine wahre Überzeugung verfügt, nicht aber über Wissen. Dieses Beispiel zeigt, dass es Erkenntnisse gibt, die keine kognitive Leistung darstellen. Manchmal ist es ganz einfach, Dinge zu wissen. Das heißt aber, dass sich der Mehrwert des Wissens im Vergleich zur bloß wahren Überzeugung nicht immer daran festmachen lässt, dass dem Wissenden mehr Anerkennung gebührt als demjenigen, der lediglich über wahre Überzeugungen verfügt.

4. Schlussbemerkung

Wir haben gesehen, dass der Wert des Wissens auf unterschiedliche Weise bestimmt werden kann. Wissen kann sowohl praktisch-instrumentellen als auch epistemisch-finalen Wert haben, solange Werte subjektivistisch verstanden werden. Wir haben außerdem gesehen, dass der These, der zufolge dem Wissen mehr Wert zukommt als der bloß wahren Meinung, auf verschiedene Weise Rechnung getragen werden kann. Einige Erkenntnistheoretiker gehen sogar soweit und beurteilen erkenntnistheoretische Ansätze danach, wie gut sie die Mehrwert-Intuition erklären können.

Wir sind davon ausgegangen, dass Wissen tatsächlich einen spezifisch epistemischen Wert hat, welcher der bloß wahren Meinung fehlt. Nun ist es aber natürlich denkbar, dass die Mehrwert-Intuition falsch ist. Welche Schlussfolgerungen wären aus der Ablehnung der Mehr-wert-Intuition zu ziehen?

Auch wenn der epistemische Zustand des Wissens, dass p, nicht wertvoller ist als der epistemische Zustand der wahren Meinung, dass p, kommt dem Streben nach Wissen größerer instrumenteller Wert zu als dem Streben nach Wahrheit. Der Grund hierfür ist, dass das Streben nach Wissen ein probates Mittel zur Ausbildung wahrer Meinungen ist. Diese Einsicht geht auf Robert Nozick zurück. Nozick stellt sich folgende Frage: Wenn ich über göttliche Kräfte verfügte, wie könnte ich es einrichten, dass die Überzeugungen, die Menschen hinsichtlich ihrer sich ständig im Wandel befindlichen Umwelt ausbilden, vornehmlich wahr sind? Drei Erklärungen bieten sich an. Erstens, ich greife jedes Mal ein, wenn jemand Anstalten macht, eine falsche Meinung auszubilden, und berichtige die Meinung. Zweitens, ich lege von vornherein den gesamten Weltverlauf sowie alle Überzeugungen, die Menschen während ihres irdischen Daseins haben, fest und sorge dafür, dass die Überzeugungen die jeweiligen Sachverhalte abbilden. Drittens, ich schaffe Wesen, die ihre Überzeugungen den sich jeweils veränderten Sachverhalten anpassen können. Mit anderen Worten, ich schaffe Wesen, deren Überzeugungen sensitiv sind gegenüber dem Nichtbestehen der Tatsachen, von denen sie handeln: Würden die Tatsachen nicht bestehen, dann würde auch das Subjekt nicht glauben, dass sie bestehen; und falls die Tatsachen auch in nahen möglichen Welten bestehen, ist das Subjekt in diesen Welten davon auch überzeugt. Das dritte Erklärungsmodell ist klarerweise den ersten beiden vorzuziehen. Nozick zieht daraus den Schluss, dass es kein effektiveres Mittel gibt, den Menschen mit wahren Überzeugungen auszustatten, als ihm die Fähigkeit zu geben, Überzeugungen zu haben, die der Wahrheit auf der Spur bleiben. Er schreibt:

The evolutionary process can give organisms true beliefs (in a changing world) only by giving them the capability to have true beliefs: so, it will give them more than (merely) true beliefs. In giving them a capability for true beliefs, it makes their beliefs (sometimes) vary somehow with the truth of what is believed; it makes their beliefs somehow sensitive to the facts (Nozick 1981: 285).

Das Streben nach Wissen ist also das geeignetste Mittel zur Ausbildung von bloß wahren Mei-nungen.

Schließlich kann die These, dass es keinen valuativen Unterschied zwischen wahrer Meinung und Wissen gibt, dazu benutzt werden, einer Variante des Skeptizismus – dem Wissensskeptizismus – die Spitze zu nehmen. Der Wissensskeptizismus behauptet, dass wir nur sehr wenig oder vielleicht sogar nichts wissen. (Der Rechtfertigungsskeptizismus behauptet, dass wir nur sehr wenige oder gar keine gut begründeten Überzeugungen haben.) Auch wenn es uns nicht möglich ist zu wissen, dass p, so können wir doch etwas haben, das ebenso wertvoll ist, nämlich die wahre Überzeugung, dass p.

Kontrollfragen

1. Was besagt die epistemische Mehrwert-Intuition?
2. Erklären Sie Platons These, Wissen sei wertvoller als bloß wahre Meinung, weil es stabiler ist als diese.
3. Erklären Sie den Unterschied zwischen instrumentellen und finalen Werten sowie zwischen intrinsischen und extrinsischen Werten.
4. Warum scheint der Wahrheitsmonismus nicht in der Lage zu sein, der Mehrwert-Intuition Rechnung zu tragen?
5. Erläutern Sie das swamping Problem sowie die reliabilistische Erwiderung darauf.
6. Erläutern Sie die tugenderkenntnistheoretische Erklärung der Mehrwert-Intuition.
7. Weshalb ist das Streben nach Wissen das geeignetste Mittel zur Ausbildung von bloß wahren Meinungen?

Kommentierte Auswahlbibliographie

Haddock, A., Millar, A., Pritchard, D. (Hg.) (2009): *Epistemic Value*, Oxford: Oxford University Press.
Die umfassenste englischsprachige Aufsatzsammlung zu dem Thema.

Koppelberg, D. (2005). Zum Wert des Wissens: Das Menon-Problem. In: *Philosophiegeschichte und logische Analyse, Band 8: Geschichte der Erkenntnistheorie*, hg. von U. Meixner und A. Newen. Paderborn: Mentis Verlag. 46–56.
Eine verständlich geschriebene Einleitung in die Thematik.

Kvanvig, J.L. (2003): *The Value of Knowledge and the Pursuit of Understanding*. Cambridge: Cambridge University Press.
Ein wichtiger Primärtext.

Olsson, E.J. (2011): »The Value of Knowledge.« *Philosophy Compass* 6. 874–883.
Ein verständlich geschriebene Einleitung in die Thematik.

Olsson, E.J. (2013): Value of Knowledge, *Oxford Bibliographies Online*. DOI: 10.1093/OBO/9780195396577-0008.
Eine annotierte Bibliographie zu dem Thema, die regelmäßig aktualisiert wird.

Pritchard, D., Millar, A. Haddock, A. (2010): *The Nature and Value of Knowledge: Three Investigations*. Oxford: Oxford University Press.
Die aktuellste und umfassenste Auseinandersetzung mit dem Thema.

Schönrich, G. (Hg.) (2009): *Wissen und Werte*. Paderborn: Mentis.
Die einzige deutschsprachige Aufsatzsammlung zu dem Thema.

Zagzebski, L.T. (1996): *Virtues of the Mind: An Inquiry into the Nature of Virtue and the Ethical Foundations of Knowledge*. Cambridge: Cambridge University Press.
Ein wichtiger Primärtext.

Weitere Literatur

Aristoteles (1970): *Metaphysik*, übers. und hg. von Franz F. Schwarz. Stuttgart: Reclam Verlag.

Goldman, A. und Olsson, E.J. (2009): »Reliabilism and the Value of Knowledge«, in: *Epistemic Value*, hg. von A. Haddock, A Millar und D. Pritchard, Oxford: Oxford University Press, S. 19–41.

Grundmann, T. (2008): *Analytische Einführung in die Erkenntnistheorie*, Berlin/New York. De Gruyter.

Hofmann, F. (2007): »Wahrheit und Wissen: Einige Überlegungen zur epistemischen Normativität«, *Zeitschrift für philosophische Forschung* 61, S. 147–174.

Kvanvig, J. (2004): »Nozickian Epistemology and the Value of Knowledge«, *Philosophical Issues*, 14, 201–218.

Lessing, G.E. (1979): »Eine Duplik«, in: *Werke*, Band VIII, hg. von H.G. Göpfert. München: Carl Hanser Verlag.

Nozick, R. (1974): *Anarchy, State, and Utopia*, New York: Basic Books.

Nozick, R. (1981): *Philosophical Explanations*, Cambridge/MA: Harvard University Press.

Piller, C. (2009): »Wissenswertes zum Wert des Wissens«, in: *Wissen und Werte*, hg. von G. Schönrich. Paderborn: Mentis, S. 205–221.

Platon (1957): *Menon*. In: *Platon Sämmtliche Werke*, Band II, übers. von F. Schleiermacher, hg. von W.F. Otto, E. Grassi und G. Plamböck. Hamburg: Rowohlt.

Pritchard, D. (2009): »The Value of Knowledge«, *Harvard Review of Philosophy* 16, S. 2–19.

Rabinowicz, W. und Rønnow-Rasmussen, T. (2000): »A Distinction in Value: Intrinsic and for its Own Sake«, *Proceedings of the Aristotelian Society*, 100, S. 33–51.

Rorty, R. (1995): »Is Truth a Goal of Inquiry?« *Philosophical Quarterly*, 45, S. 281–300.

Stich, S. (1990): *The Fragmentation of Reason: Preface to a Pragmatic Theory of Cognitive Evaluation*, Cambridge/MA: MIT Press.

Zagzebski, L. (2003): »The Search for the Source of the Epistemic Good«, *Metaphilosophy*, 34, S. 12–28.

III
GRENZEN UND MÖGLICHKEIT VON WISSEN

SKEPTIZISMUS

Sebastian Schmoranzer

1. Einführung
    1.1 Die skeptische Herausforderung
    1.2 Geschichte des Skeptizismus
    1.3 Skeptische Positionen und Argumente
2. Außenweltskeptizismus
    2.1 Wissen und Rechtfertigung
    2.2 Die Relevanz skeptischer Hypothesen
    2.3 Der Ausschluss skeptischer Hypothesen

1. Einführung

1.1 Die skeptische Herausforderung

Es gibt einiges, was wir nicht wissen. Individuelle Wissenslücken sind uns allen hinlänglich bekannt. Man denke nur an nicht bestandene Mathematikklausuren oder daran, dass man beim Spaziergang durch die Landschaft nicht weiß, um was für einen Vogel es sich dort im Baum handelt. Kollektive Unwissenheit ist uns auch nicht fremd. Wir verwenden viel Geld darauf, dass Wissenschaftler Antworten auf Fragen finden sollen, die bisher noch niemand beantworten konnte. Bis heute ist zum Beispiel nicht geklärt, ob jede ganze gerade Zahl größer als 2 die Summe zweier Primzahlen ist, warum die Dinosaurier ausgestorben sind oder was die Ursachen der Epilepsie sind.

Alles in allem empfinden wir unsere Unwissenheit aber nicht als prinzipielles Problem. Zum einen fühlen wir uns nicht in unserem Selbstverständnis getroffen, wenn wir in manchen Bereichen etwas nicht wissen. Man kann eben nicht alles wissen. Außerdem scheinen wir zum anderen als Person oder als Gemeinschaft in alltäglichen aber auch in wissenschaftlichen Angelegenheiten bereits Vieles zu wissen. Zum dritten betrachten wir einzelne Erkenntnisdefizite als im Prinzip behebbar. Wir müssen nur noch länger nachforschen, und dann werden jetzt noch offene Fragen mitunter geklärt werden. Natürlich werden wir mit immer neuen Fragen konfrontiert. Aber auch damit werden wir zurechtkommen. Und zum vierten haben wir uns bei bestimmten Themen, wie zum Beispiel bei der Frage nach der Existenz Gottes, mit unserer Unwissenheit abgefunden.

In aller Regel sorgt eine Konfrontation mit unserer Unwissenheit darum auch nicht für Irritationen. Wir werden aber herausgefordert, wenn ein philosophischer Skeptiker unser Vertrauen in die eigenen Erkenntnisfähigkeiten durch auf den ersten Blick sehr einfache Überlegungen grundlegend in Frage stellt. Was ist, wenn wir alle wie im Film »Die Matrix« nur in einer Nährlösung schwimmen und an einen Supercomputer angeschlossen sind, der uns vorgaukelt, in einer normalen Welt zu leben? Das ist natürlich nur Sciencefiction; oder vielleicht doch nicht? Denken nicht die Menschen in der Matrix auch, in einer normalen Welt zu leben? Und kommt ihnen die Matrixgeschichte nicht auch fantastisch und absurd vor? Woher wissen wir eigentlich, dass diese vermeintliche Fiktion nicht die Wirklichkeit ist? Und wenn wir das nicht wissen, wissen wir dann noch, dass der Himmel blau ist, dass am Wochenende ein Fußballspiel stattfindet oder dass vor uns ein Tisch steht? (Es geht natürlich um echte Tische und echte Fußballspiele und nicht um von der Matrix vorgetäuschte »Spiele« und »Tische«.) Wenn wir aber nicht einmal das wissen, dann scheint ein überwältigender Teil dessen, was wir bislang zu wissen beansprucht haben, von uns gar nicht gewusst zu werden. Das Problem besteht nicht mehr darin, dass man eben nicht alles wissen kann aber doch schon Vieles weiß. Auf einmal stehen wir vor einem grundsätzlichen Problem, das man nicht so einfach durch größere Forschungsausgaben (außer vielleicht für Philosophen) in den Griff bekommen kann. Wir sind in unserem Selbstverständnis getroffen, wenn wir angeblich nicht mehr wissen sollen, dass wir gerade ein Buch lesen.

Wir sehen uns hier mit einem philosophischen Skeptiker konfrontiert, der nicht mit dem alltäglichen »Skeptiker« verwechselt werden darf. Letzterer möchte es gerne noch etwas genauer wissen oder bezweifelt, dass unsere Vorhaben erfolgreich sein werden. Im Unterschied zum philosophischen Skeptiker stellt dieser mitunter lästige Zeitgenosse unser Wissen allerdings nicht grundsätzlich in Frage. Eine umfassende, theoretische Herausforderung stellt nur der philosophische Skeptizismus dar.

1.2 Geschichte des Skeptizismus

Der philosophische Skeptizismus ist keine neue Position. Bereits in der Antike gab es zwei prominente skeptische Schulen: die von Mitgliedern der von Platon gegründeten Akademie vertretene und uns vor allem in den Schriften Ciceros überlieferte *Akademische Skepsis* und die auf Pyrrho von Elis zurückgehende und später vor allem von Sextus Empiricus niedergeschriebene *Pyrrhonische Skepsis*. Die Vertreter beider Denkrichtungen behaupteten, dass wir überhaupt nichts wissen. Sie rieten den Menschen, sich deshalb des Urteils zu enthalten und auf diesem Wege ein gelungenes Leben zu führen. Diese Position forderte von Beginn an zwei Einwände heraus: Erstens, beansprucht man nicht als Skeptiker, zu wissen, dass man nichts weiß, so dass man sich selbst widerspricht? Zweitens, droht bei umfassender Urteilsenthaltung nicht eine Handlungsunfähigkeit, die ihrerseits mit einem gelungenen Leben unvereinbar ist?

In Anbetracht dieser Einwände entwickelten einige Akademiker eine Konzeption plausibler Urteile. Wir können uns ihnen zufolge zwar nie sicher sein, dass ein Urteil wahr ist. Denn schließlich hätten wir auch im Traum oft den klaren und deutlichen Eindruck, dass etwas der Fall sei, was sich im Nachhinein als trügerisch erweise. Aber wenn eine These nach reiflicher Überlegung und nach Gewichtung aller Argumente für und wider besonders plausibel ist, so dürfen wir sie zumindest für wahrscheinlich wahr halten. Wissen in einem starken Sinn haben wir demnach zwar nicht. Aber es gibt mehr oder weniger plausible Ansichten. Wenn auch nichts gewiss ist, so ist doch manches gerechtfertigt. Und bei unserem Handeln können wir uns dementsprechend an dem wahrscheinlich Wahren orientieren. Von einer Handlungsunfähigkeit kann darum keine Rede sein. Außerdem führt diese Position auch nicht zu einem Widerspruch. Als Anhänger der Akademischen Skepsis hat man gute Gründe, nichts für gewiss zu halten. Das ist durchaus damit verträglich, dass diese Position ihrerseits keinen Anspruch auf Gewissheit stellen kann.

Die akademische Form der Skepsis ging den Pyrrhonikern jedoch nicht weit genug. Für sie ist keine These auch nur im Geringsten gerechtfertigt. In ihren Augen ist es nicht nur konsequent, sondern auch weise, sich deshalb des Urteils zu enthalten. Wer erst einmal erkannt hat, dass alle Theorien über die Welt und das gelungene Leben eitel und ungerechtfertigt sind, der wird den philosophischen Eifer hinter sich lassen und vermeintlichen Schicksalsschlägen in der Einsicht gelassener gegenüber stehen, dass man gar nicht weiß, ob ein Zustand wirklich schlecht ist. Um sich in der Urteilsenthaltung zu üben, gaben die Pyrrhonischen Skeptiker dem Zuhörer Argumentationsstrategien an die Hand, mit deren Hilfe sich in den Augen der Pyrrhoniker jede Meinung in Frage stellen lässt. Am bekanntesten ist in diesem Zusammenhang das sogenannte Agrippa-Trilemma (siehe unten). Es ist allerdings fraglich, inwiefern die Pyrrhoniker den genannten Einwänden tatsächlich entgehen können. Wie soll eine umfassende Urteilsenthaltung möglich sein? Ist es mir überhaupt möglich, nicht zu glauben, dass ich Schmerzen habe, wenn ich welche habe? Ist es sinnvoll, Brot nicht für nahrhaft zu halten? Und muss man die Behauptung, dass nichts gerechtfertigt ist, ihrerseits als gerechtfertigt oder als ungerechtfertigt begreifen? Oder vertreten die Pyrrhoniker selber gar keine These? Wie muss man ihre Äußerungen dann aber verstehen?

War der Skeptizismus in der Antike eine respektable und kontrovers diskutierte Position im Spektrum philosophischer Theorien, so verlor er mit dem aufkommenden Christentum an Bedeutung. Skeptische Fragen traten zugunsten der nunmehr vordringlichen Frage in den Hintergrund, ob sich die christliche Heilslehre mit der Philosophie Platons oder Aristoteles' vereinbaren lasse. In den philosophischen Debatten des Mittelalters ging es weniger um erkenntnistheoretische sondern vor allem um logische, metaphysische und theologische Fragen. Dabei wurde allgemein vorausgesetzt, dass wir über viele Bereiche der Wirklichkeit Wissen erlangen können.

Dieses Vertrauen in unsere Erkenntnisfähigkeiten geriet im Rahmen der Reformation und der Französischen Renaissance in eine sogenannte Pyrrhonische Krise. Mit dem Ausspruch »sola scriptura« stellte Martin Luther die Auslegungstradition der katholischen Kirche und deren Autorität in religiösen Lehrmeinungen in Frage. Religiöse Wahrheiten könne und müsse man Luther zufolge ausschließlich anhand der Lektüre der Heiligen Schrift ermitteln. Der einsetzende Streit um die richtige Auslegung der Bibel führte recht schnell zu einem grundsätzlichen Streit um das richtige Wahrheitskriterium. Damit standen zentrale skeptische Fragen wieder auf der Tagesordnung.

War der Skeptizismusvorwurf dabei zunächst noch etwas, dem man sich nicht gerne ausgesetzt sah, wurde der *Neue Pyrrhonismus* bei den Anhängern der französischen Gegenreformation zu einem zentralen Element der Auffassung, dass man den Glauben nicht rechtfertigen könne, sondern sich im Vertrauen auf die katholische Tradition und die Offenbarung in den Glauben »stürzen« müsse. Der bekannteste Philosoph der Französischen Renaissance, Michel de Montaigne (1533–1592), sorgte sogar für eine echte Wiedergeburt der Pyrrhonischen Skepsis. Übereinstimmend mit den Pyrrhonikern argumentiert Montaigne dafür, dass wir mit Hilfe der Vernunft und der Erfahrung nicht entscheiden können, was die richtige Bibelauslegung ist. Außerdem könne nicht begründet werden, ob die traditionell christliche, die antike oder die Lebensweise der neuerdings in Übersee entdeckten Völker die richtige sei. Und schließlich lasse sich auch nicht entscheiden, ob Aristoteles oder die modernen Naturwissenschaftler die richtige Naturlehre verträten. Somit bleibt uns Montaigne zufolge nur, uns des Urteils zu enthalten und unser Leben im Vertrauen auf die Tradition und die göttliche Offenbarung zu leben.

In Reaktion auf diesen Neuen Pyrrhonismus zeichneten sich im zweiten Drittel des 17. Jahrhunderts drei Widerlegungsstrategien ab. Zum einen beriefen sich die Traditionalisten auf die Erkenntnistheorie des Aristoteles und versuchten auf deren Grundlage dem Skeptiker zu begegnen. Gelehrte wie Marin Mersenne (1588–1648) und Pierre Gassendi (1592–1655) entwickelten zum zweiten eine Art konstruktiven oder gemäßigten Skeptizismus. In Übereinstimmung mit den Pyrrhonischen Skeptikern bestritten sie, dass man in metaphysischen oder theologischen Fragen Wissen haben könne. Im Unterschied zu diesen hielten sie allerdings einige Sätze der Moral und der Mathematik für evident und glaubten ferner, dass man mit Hilfe eingehender empirischer Untersuchungen zwar keine Gewissheiten, zumindest aber gut begründete Auffassungen bezüglich empirischer Zusammenhänge gewinnen könne. Zum dritten versuchten Philosophen wie René Descartes (1596–1650), den Skeptizismus im Rahmen eines neuen philosophisch-metaphysischen Systems zu überwinden.

Descartes' »Meditationen über die Grundlagen der Philosophie« dürfen daher nicht nur als Gegenentwurf zur aristotelisch-mittelalterlichen Weltanschauung verstanden, sondern müssen auch als Auseinandersetzung mit dem Skeptizismus seiner Zeit angesehen werden. Wenn man laut Descartes überhaupt etwas mit Gewissheit wissen können will, so muss man mit dem Skeptizismus Ernst machen. Man muss ihn auf die Spitze treiben und anschließend feststellen, was sich selbst aus der Perspektive der radikalsten skeptischen Position heraus nicht mehr bezweifeln lässt. Nur das kann als gewiss gelten und die Grundlage einer neuen Ersten Wissenschaft bilden. Dementsprechend stellt Descartes in der ersten Meditation drei zunehmend radikalere skeptische Argumente vor, von denen das Dämonargument am radikalsten und bekanntesten ist. Weiß ich, dass ich am Ofen sitze? Um das zu wissen, muss ich wissen, dass kein böser Dämon mir das nur vortäuscht. Doch wie kann ich das ausschließen? Weiß ich, dass 2 + 2 gleich 4 ist? Um das zu wissen, muss ich ebenfalls ausschließen, dass mir bei meinen mathematischen Rechnungen Fehler unterlaufen, die mir nicht auffallen, weil ein böser Dämon mich in die Irre führt. (→ Vernunft und Verstand)

Das Dämonargument scheint in seiner Radikalität nicht zu überbieten zu sein. Wenn sich jedoch etwas finden lässt, was selbst durch dieses Argument nicht in Frage gestellt werden kann, so darf man es für gewiss halten. Und diese Gewissheit findet Descartes zu Beginn der zweiten Meditation in der Einsicht, dass er existiert, solange er denkt. Wenn ich denke, so kann mich der Dämon in allem, nur nicht darin täuschen, dass ich gerade denke und als Denkender existiere. Darum ist es gewiss, dass ich existiere, solange ich denke. Aber wie kann diese Einsicht zur Grundlage eines ganzen Weltbildes werden?

Ausgehend von der Gewissheit des eigenen Denkens entwickelt Descartes ein vermeintlich unfehlbares Wahrheitskriterium. Dass ich als Denker existiere, ist gewiss. Und diese Gewissheit zeichnet sich dadurch aus, dass ich klar und deutlich einsehe, zu existieren. Es drängt sich somit der Eindruck auf, dass gewiss ist, was mir klar und deutlich erscheint. Nun steht es zwar immer noch in

Gottes Macht, dass mir etwas klar und deutlich erscheint, obwohl es falsch ist. Doch in der dritten und vierten Meditation versucht Descartes die Existenz eines gütigen Gottes zu beweisen, der in seiner Güte die Verlässlichkeit des Wahrheitskriteriums sicherstellt, von dem ausgehend Descartes in der sechsten Meditation zeigen zu können glaubt, dass wir auch in Bezug auf die Außenwelt unter bestimmten Umständen Wissen haben können.

Descartes selbst war also alles andere als ein Skeptiker. Der Skeptizismus bildete für ihn den Ausgangspunkt seiner philosophischen Betrachtungen, den es letztlich zu überwinden galt. Skeptische Zweifel hatten demnach für Descartes rein methodologische Bedeutung. Es ist darum auch etwas irreführend, wenn man von einem *Cartesianischen Skeptizismus* spricht. Ein derartiger Skeptiker hängt nicht der Philosophie Descartes' an, sondern er beruft sich lediglich auf Varianten des von Descartes in die erkenntnistheoretische Debatte eingeführten Dämonarguments.

Descartes glaubte, solche Argumente ein für alle mal widerlegt zu haben. Wie sich schnell herausstellen sollte, wurde er die von ihm gerufenen skeptischen Geister entgegen seiner eigenen Auffassung jedoch nicht mehr los. Ein bereits von seinen Zeitgenossen vorgebrachter und unter dem Stichwort »Cartesischer Zirkel« bekannt gewordener Einwand verdeutlicht dies. Wie Descartes selber zugesteht, kann es immer noch sein, dass dasjenige, was uns klar und deutlich erscheint, dennoch falsch ist. Also ist das Wahrheitskriterium ohne den es absichernden Gottesbeweis wertlos. Der Gottesbeweis ist jedoch nur dann überzeugend, wenn man bereits weiß, dass die Prämissen wahr sind und die Konklusion aus den Prämissen folgt. Um das zu wissen, bedarf es aber eines Wahrheitskriteriums. Folglich kann man nicht mit Hilfe des Gottesbeweises ein Wahrheitskriterium legitimieren, auf das man sich bei der Beweisführung berufen muss.

Selbst wenn somit gewiss sein sollte, dass man existiert, gelangt man von dieser Einsicht ausgehend nicht zu einem Wissen über die Außenwelt. Entgegen seinem eigenen Vorhaben hat Descartes den philosophischen Skeptizismus somit nicht überwunden. Vielmehr hat er ihn mit dem ihm eigenen Scharfsinn auf die Spitze getrieben.

Im Unterschied zu Descartes vertrat der schottische Philosoph David Hume (1711–1776) einen erklärtermaßen erkenntniskritischen Standpunkt, was Hume in den Augen vieler zum profiliertesten Skeptiker der Neuzeit macht. Am bekanntesten ist seine *Induktionsskepsis*, der zufolge wir nicht von unseren bisherigen Beobachtungen ausgehend darauf schließen dürfen, wie es sich in den bislang nicht von uns beobachteten Bereichen der Wirklichkeit verhält. Wir können zum Beispiel beobachten, dass die Sonne *bisher* immer im Osten aufgegangen ist. Aber um zu Recht davon ausgehen zu können, dass das immer oder zumindest auch beim nächsten Mal so ist, müssen wir in der Auffassung gerechtfertigt sein, dass unsere bisherigen Beobachtungen über den Sonnenaufgang repräsentativ sind. Doch wie sollte man das empirisch rechtfertigen können, ohne erneut bereits davon auszugehen, dass die von uns zu diesem Zweck bemühten Anhaltspunkte ihrerseits repräsentativ sind? Wir haben zwar beobachten können, dass unsere Voraussagen über den Ort des Sonnenaufgangs bisher immer korrekt waren. Aber es stellt sich sogleich die Frage, warum dieser beobachtete Zusammenhang zwischen unseren Vorhersagen und deren Erfolg seinerseits repräsentativ für den allgemeinen Erfolg unserer Vorhersagepraxis sein soll. (→ Induktion und der Schluss auf die beste Erklärung)

Obwohl auf Humes Argumente keine wirklich überzeugenden Antworten gefunden wurden, wurde der Skeptizismus mit dem Siegeszug der modernen Naturwissenschaften zusehends unzeitgemäßer. Seitdem haben sich zwar immer wieder Philosophen wie zum Beispiel Immanuel Kant (1724–1804) mit dem Skeptizismus auseinander gesetzt. Doch dieser zählte nicht mehr zu den wirklich ernst zu nehmenden eigenständigen philosophischen Positionen. Bezeichnend ist in diesem Zusammenhang die Erwiderung Martin Heideggers (1889–1976) auf Kants berühmten Ausruf, es sei ein Skandal der Philosophie, das Dasein der Dinge außer uns annehmen zu müssen, ohne dass bislang ein zufrieden stellender Beweis erbracht worden sei. Für Heidegger besteht der eigentliche Skandal darin, die Existenz der Außenwelt immer noch nachweisen zu wollen.

Seit der Mitte des 20. Jahrhunderts erfährt die Auseinandersetzung mit dem Skeptizismus jedoch wieder eine gewisse Aufwertung. So lassen sich skeptische Elemente in der Philosophie Ludwig Wittgensteins (1889–1951) und Richard Rortys (1931–2007) finden. Und Philosophen wie Barry Stroud oder Michael Williams setzen sich intensiv mit der Frage auseinander, ob der Skeptizismus tatsächlich auf intuitiv einleuchtenden Annahmen beruht.

1.3 Skeptische Positionen und Argumente

Dieser kurze philosophiehistorische Überblick verdeutlicht, dass es genau genommen nicht *den* Skeptizismus gibt. Sowohl was die jeweils vertretenen Thesen als auch was die diesbezüglich angeführten Argumente angeht, gibt es eine Vielzahl skeptischer Positionen. Wie radikal der vom Skeptiker vertretene Standpunkt ist, hängt dabei im Wesentlichen von zwei Faktoren ab:

i) Status: Man kann als Skeptiker zum einen bestreiten, dass unsere Überzeugungen den Anspruch auf Gewissheit erheben können. Zumindest in neuerer Zeit unterscheidet man jedoch zwischen Wissen und Gewissheit. Dass die Sonne auch morgen noch aufgehen wird, ist vielleicht nicht gewiss. Ein Irrtum kann hier nicht mit 100%iger Sicherheit ausgeschlossen werden. Das alleine ist aber damit verträglich, dass immer noch Wissen vorliegt. Im Unterschied zu Gewissheit erfordert Wissen keine Unfehlbarkeit. Ein Skeptiker, der nicht nur Gewissheit, sondern auch noch Wissen in Abrede stellt, vertritt somit einen radikaleren Standpunkt. Noch radikaler ist wiederum die Ansicht desjenigen Skeptikers, der sogar bestreitet, dass unsere Überzeugungen auch nur im Geringsten gerechtfertigt sind. Seiner Meinung nach haben wir nicht nur keine für Wissen hinreichend guten Gründe, anzunehmen, dass die Sonne morgen aufgeht. Wir haben überhaupt keine Gründe.

ii) Reichweite: Skeptiker kann man ferner in Bezug auf unterschiedliche Themenbereiche sein. Ein Skeptiker hinsichtlich der Existenz Gottes vertritt noch einen relativ moderaten Standpunkt. Wer all unsere Überzeugungen über bislang unbeobachtete Bereiche der Wirklichkeit bezweifelt, stellt hingegen sehr viel mehr in Frage. Am umfassendsten ist natürlich eine Skepsis bezüglich der Gesamtheit unserer Meinungen.

Die bereits vorgestellten skeptischen Standpunkte lassen sich in ihrer Radikalität gut gemäß dieser beiden Kriterien einordnen. Am radikalsten ist der Pyrrhonische Skeptiker, für den überhaupt keine Meinung auch nur im Geringsten gerechtfertigt ist. Etwas weniger radikal ist die Humesche Induktionsskepsis, der zufolge unsere Meinungen über das Unbeobachtete zwar nicht im Geringsten gerechtfertigt sind, wir aber immerhin noch Wissen über das Beobachtete und Gewissheit in mathematischen Angelegenheiten haben. Die Akademischen Skeptiker wiederum vertreten eine relativ moderate Position. Die Auffassung, keine Gewissheit in Bezug auf das Wesen der Dinge, die richtige Lebensform oder die göttliche Ordnung zu haben, dürfte heutzutage auf breite Zustimmung stoßen.

Bei den von skeptischer Seite für die jeweilige Position angeführten Argumenten kann man wiederum drei Typen unterscheiden:

a) Fehlbarkeitsargumente – Als fehlbare Geschöpfe haben wir uns in der Vergangenheit bereits das eine oder andere Mal gründlich geirrt. Wir haben zum Beispiel geglaubt, dass ein Gegenstand in der Ferne ein Tier sei, und mussten später feststellen, dass es sich um einen Strauch gehandelt hat. Wir hätten schwören können, dass Susi auf der Party war, mussten uns aber eines Besseren belehren lassen. Und Generationen von Wissenschaftlern in der Antike und im Mittelalter waren sich sicher, dass die Erde im Mittelpunkt des Sonnensystems steht, was sich aus heutiger Sicht als falsch herausgestellt hat. Was macht uns in Anbetracht dessen also so sicher, dass wir uns auch jetzt nicht wieder in dem irren, was wir zu wissen beanspruchen? Aber wenn wir einen derartigen Irrtum nicht ausschließen können, dann scheinen wir auch kein Wissen zu haben.

Die Plausibilität solcher Argumente hängt davon ab, was genau man mit ihrer Hilfe eigentlich in Frage zu stellen beabsichtigt. Will man beispielsweise nur dafür argumentieren, dass einige unserer Auffassungen über die Welt alles andere als gewiss sind, ist das Fehlbarkeitsargument mitunter überzeugend. Natürlich kann es vor dem Hintergrund der Wissenschaftsgeschichte und der sie kennzeichnenden Fehleinschätzungen durchaus sein, dass auch unsere heutigen Meinungen vom Weltall auf einem Irrtum beruhen und revidiert werden müssen. Gewissheit sollten wir darum nicht beanspruchen.

Problematischer sind Fehlbarkeitsargumente jedoch dann, wenn man damit eine radikalere Form der Skepsis begründen möchte. Denn die Tatsache, dass wir uns in der Vergangenheit manchmal geirrt haben, zeigt nur, dass unseren Urteilen nicht immer zu 100 % zu trauen ist. Doch das ist damit verträglich, dass eine Meinung auf der Grundlage der uns zugänglichen Informationen gut begründet und darum zumindest wahrscheinlich wahr ist. Natürlich kann ich mich irren, was Gegenstände in einiger Entfernung angeht. Aber wenn ich in unmittelbarer Nähe bei klarem Verstand eine Katze vor mir über die Straße laufen sehe, ist ein Irrtum *nahezu* ausgeschlossen. Außerdem scheint man bei Fehlbarkeitsargumenten vorauszusetzen, dass wir *manches* durchaus wissen. Ich weiß nur deshalb, dass ich mich bezüglich Susis Anwesenheit auf der Party geirrt habe, weil ich nachher festgestellt habe, dass sie gar nicht da war.

Aufgrund dieser Vorbehalte gegen Fehlbarkeitsargumente werden radikalere skeptische Standpunkte daher in der Regel auch mit Argumenten der folgenden beiden Arten begründet.

b) Agrippa-Trilemma – Beim sogenannten »Agrippa-Trilemma« geht der Skeptiker von der Annahme aus, dass eine These nur dann gerechtfertigt ist, wenn sie durch eine ihrerseits gerechtfertigte These begründet werden kann. Das lässt jedoch nur drei Möglichkeiten offen. Erstens, man begründet eine These A durch eine These B, die man mit Hilfe einer These C rechtfertigt, die man … usw. usf. (unendlicher Rechtfertigungsregress). Zweitens, man rechtfertigt These A mit Hilfe von These B, die man ihrerseits aber nicht weiter rechtfertigt (Abbruch der Rechtfertigung). Drittens, man rechtfertigt These A durch These B, die man mit Hilfe von These C rechtfertigt, die wiederum durch These A begründet wird (zirkuläre Rechtfertigung). Keine dieser Optionen ist jedoch zulässig. Im ersten Fall kommt die Rechtfertigung an kein Ende. Sie ist somit zu keinem Zeitpunkt abgeschlossen, und These A ist darum nicht abschließend gerechtfertigt worden. Im zweiten Fall basiert die Kette der Begründungen für A auf einer bloßen Annahme. Da aber keine These durch eine Annahme begründet werden kann, die ihrerseits nicht gerechtfertigt ist, ist A nicht gerechtfertigt. Und im dritten Fall rechtfertigt man These A dadurch, dass man sie bereits als wahr voraussetzt. Das scheint keine Form der Begründung zu sein, die diesen Namen verdient. Da wir es also in keinem der drei Fälle mit einer zulässigen Rechtfertigung zu tun haben und Annahme A für eine beliebige Behauptung steht, ist folglich überhaupt keine These auch nur im Geringsten gerechtfertigt.

Gegner dieser skeptischen Argumentation bestreiten jedoch, dass die dritte bzw. die zweite der drei genannten Rechtfertigungsmöglichkeiten immer problematisch sind. Vertreter eines erkenntnistheoretischen Fundamentalismus sind zum Beispiel der Ansicht, dass nicht jeder Abbruch der Begründungskette unzulässig ist. In ihren Augen gibt es bestimmte basale Annahmen, die unabhängig davon gerechtfertigt sind, ob sie sich ihrerseits wieder durch andere Annahmen begründen lassen. Diese basalen Überzeugungen wiederum bilden den Anfang jeder zulässigen Begründungskette. Welche Überzeugungen diesen besonderen Status aus welchen Gründen genießen und ob er ihnen in jeder Situation oder womöglich nur in bestimmten Zusammenhängen zukommt, wird von verschiedenen fundamentalistischen Theorien unterschiedlich beantwortet.

Anhänger einer sogenannten Kohärenztheorie der Rechtfertigung wenden wiederum ein, dass nicht jede Art der zirkulären Begründung problematisch ist. Solange nur hinreichend viele Meinungen sich wechselseitig stützen und wir insgesamt ein kohärentes Überzeugungssystem haben, ist eine Meinung, die sich in dieses Überzeugungssystem einfügen lässt, ihrerseits gerechtfertigt. (→ Fundamentalismus und Kohärenztheorie)

Unabhängig davon, ob man nun eine fundamentalistische oder eine kohärenztheoretische Konzeption der Rechtfertigung vertritt, lässt sich die skeptische Argumentation mit dem Hinweis kritisieren, dass sie sich auf alle Behauptungen und damit auch auf die skeptische Position selbst anwenden lässt. Um dieser Schwierigkeit zu entgehen, könnte der Skeptiker seine Zuflucht zu einem dritten Argumenttyp nehmen, der ihm erlaubt, einerseits zwar große Bereiche unserer Wissensansprüche in Zweifel zu ziehen, ohne dabei andererseits seinen eigenen Standpunkt zu untergraben.

c) Täuschungsargumente – Argumente dieser Art beruhen auf folgender Überlegung: Um in Bezug auf einen bestimmten Gegenstandsbereich gerechtfertigte Überzeugungen zu haben, muss man entsprechende Täuschungshypothesen ausschließen können. Bestimmte Täuschungshypothesen lassen sich aber nicht ausschließen, weil sie derart formuliert sind, dass jeder anzuführende Anhaltspunkt Teil der Täuschung sein könnte, die ins Auge gefasst wird. Folglich haben wir in Bezug auf den fraglichen Gegenstandsbereich keine gerechtfertigten Meinungen und darum auch weder Wissen noch Gewissheit.

Der Vorzug dieses Argumenttyps besteht darin, dass ein zwar in der Reichweite begrenzter aber hinsichtlich des epistemischen Status der in Frage gestellten Überzeugungen radikaler Skeptizismus begründet werden kann. Man kann zwar wie bei Descartes' Dämonargument (fast) alles in Frage stellen. Man kann das Täuschungsszenario aber auch so beschreiben, dass nur ein bestimmter Gegenstandsbereich betroffen ist. Täuschungsargumente erlauben somit einen selektiven Skeptizismus, wie die folgenden Varianten verdeutlichen.

Skeptizismus bezüglich der *Vergangenheit*: Um aufgrund unserer historischen Zeugnisse zu wissen, dass die Erde älter als zum Beispiel 150 Jahre ist, müssen wir ausschließen können, dass die Erde nicht erst vor 100 Jahren entstanden ist, während *alle* etwas anderes nahe legenden Zeugnisse irreführend sind. Das kann man aber nicht ausschließen, ohne sich auf derartige Zeugnisse zu berufen. Also haben wir kein Wissen über die Vergangenheit.

Skeptizismus bezüglich des *Fremdpsychischen*: Um zu wissen, dass andere Menschen genauso wie ich Gedanken und Gefühle haben, muss ich ausschließen können, dass die menschenartigen Wesen um mich herum zwar einerseits dasselbe Verhalten wie ich an den Tag legen und biologisch gesehen von derselben Art sind, während sie andererseits in Wahrheit aber nur emotionslose, zombieartige Gestalten sind. Da ich mich aber nur an das Verhalten der Lebewesen und die bekannten biologischen Kenntnisse halten kann, lässt sich diese Möglichkeit nicht ausschließen, so dass ich auch nicht weiß, dass andere Menschen ebenfalls Gedanken und Gefühle haben.

Skeptizismus bezüglich des *Unbeobachteten*: Um zu wissen, wie die Welt in dem Bereich beschaffen ist, den wir bislang noch nicht beobachtet haben, müssen wir ausschließen können, dass die bislang gemachten Beobachtungen *nicht* repräsentativ sind. Das können wir aber nicht ausschließen, ohne bereits vorauszusetzen, dass die Beobachtungen, auf die wir uns dafür wiederum berufen müssten, ihrerseits repräsentativ sind. Also haben wir kein Wissen bezüglich des Unbeobachteten.

Am prominentesten unter den Täuschungsargumenten ist natürlich das des Außenweltskeptikers, auf den ich im verbleibenden Teil des Beitrags daher etwas ausführlicher eingehen möchte.

> Woher weiß ich denn, ob [ein böser Dämon] nicht bewirkt hat, daß es überhaupt keine Erde, keinen Himmel, kein ausgedehntes Ding, keine Gestalt, keine Größe, keinen Ort gibt und daß dennoch dies alles genau so, wie es mir jetzt vorkommt, bloß da zu sein scheint; ja sogar auch so, wie ich überzeugt bin, daß andere sich bisweilen in dem irren, was sie vollkommen zu wissen meinen, ebenso könnte ich mich täuschen, sooft ich 2 und 3 addiere oder die Seiten des Quadrats zähle, oder was man sich noch leichteres denken mag. (Descartes, Erste Meditation: Seiten 12 und 13 der Erstausgabe)

2. Außenweltskeptizismus

Eine moderne Variante des von Descartes in der ersten Meditation angeführten Täuschungsarguments ist das zu Beginn des Beitrags von mir vorgestellte Matrix-Argument. In der philosophischen Literatur findet es sich in leicht abgewandelter Form als Gehirn-im-Tank-Argument. Die dabei vom Skeptiker ins Spiel gebrachte Täuschungshypothese besagt, dass wir körperlose Gehirne sind, die in einem Tank mit Nährlösung schwimmend an einen Computer angeschlossen wurden, dessen Programm uns nur vorgaukelt, in einer normalen Welt zu leben. Von dieser Gehirn-im-Tank-Hypothese ausgehend argumentiert der Skeptiker folgendermaßen:

Argument des Außenweltskeptikers

Prämisse 1: Um zu wissen, dass ich eine Hand habe, muss ich in der Überzeugung gerechtfertigt sein, eine Hand zu haben.

Prämisse 2: Ich bin nur dann in der Überzeugung gerechtfertigt, eine Hand zu haben, wenn ich auch in der Auffassung gerechtfertigt bin, kein handloses Gehirn im Tank zu sein.

Prämisse 3: Ich bin nicht in der Auffassung gerechtfertigt, kein handloses Gehirn im Tank zu sein.

Konklusion: Folglich weiß ich auch nicht, dass ich eine Hand habe.

Da die Überzeugung, eine Hand zu haben, ja nur ein Paradebeispiel für eine vermeintlich sehr gut gerechtfertigte Überzeugung bezüglich der Außenwelt sein soll, erstreckt sich das Argument in seiner Reichweite letztlich auf (fast) alle Außenweltüberzeugungen. Im Unterschied zu Descartes' Dämonargument wird aber zum Beispiel nicht zugleich auch unser gesamtes mathematisches Wissen in Abrede gestellt. Was den in Frage gestellten *Status* unserer Außenweltüberzeugungen anbelangt, ist das Argument des Außenweltskeptikers jedoch radikal. Er argumentiert dafür, dass wir kein Wissen haben, weil unsere Außenweltüberzeugungen nicht im Geringsten gerechtfertigt sind. Wir haben überhaupt keinen Grund, die Gehirn-im-Tank-Hypothese für falsch zu halten. Darum haben wir auch überhaupt keinen Grund für die Annahme, eine Hand zu haben.

Wie überzeugend das skeptische Argument letztlich ist, hängt natürlich von der Plausibilität der einzelnen Prämissen ab. Betrachten wir diese darum der Reihe nach.

2.1 Wissen und Rechtfertigung

In Zusammenhang mit der ersten Prämisse sind drei Fragen zu beantworten. Erstens, was versteht der Skeptiker unter Rechtfertigung? Zweitens, wieso ist eine so verstandene Rechtfertigung eine Voraussetzung für Wissen? Drittens, weshalb greift der Skeptiker die Rechtfertigungsbedingung und nicht etwa eine andere Wissensbedingung an?

Unter Rechtfertigung ist hier ganz allgemein in etwa Folgendes zu verstehen: Eine Aussage ist für ein Erkenntnissubjekt genau dann gerechtfertigt, wenn es für das Erkenntnissubjekt im Lichte der ihm zugänglichen Informationen und in Hinblick auf die Zielsetzung, möglichst viele wahre und möglichst wenig falsche Überzeugungen zu erlangen, verantwortlich ist, diese Aussage zu akzeptieren. Rechtfertigung besteht demnach in epistemischer Verantwortung.

Wenn ich zum Beispiel in einer bekanntermaßen seriösen Tageszeitung gelesen habe, dass der Bundespräsident momentan in Köln weilt, und mir auch sonst nichts Gegenteiliges bekannt ist, dann bin ich gerechtfertigt, das auch zu glauben. Es ist verantwortlich von mir, dieser Überzeugung zu sein, weil ich gute Anhaltspunkte für deren Wahrheit habe. (Üblicherweise wird Rechtfertigung daher auch mit dem Vorliegen von Anhaltspunkten gleichgesetzt. Neuere Ansätze fassen den Rechtfertigungsbegriff allerdings etwas weiter. Was es damit auf sich hat, werden wir weiter unten sehen.)

Zentral für den vom Skeptiker verwendeten Rechtfertigungsbegriff sind zwei Punkte. Zum einen spielt es eine maßgebliche Rolle, welche Informationen dem Erkenntnissubjekt zugänglich sind. Wenn ich zum Beispiel Hinweise darauf habe, dass die von mir herangezogene Tageszeitung nicht sonderlich seriös ist, dann darf ich nicht glauben, dass der Bundespräsident in Köln ist. Zum anderen kommt epistemischen Normen eine zentrale Funktion zu. Es geht *in erster Linie* nicht darum, ob ich auf der Grundlage der mir zur Verfügung stehenden Informationen wahrscheinlich eine wahre Meinung ausbilde. Vielmehr geht es darum, dass ich mich dabei im Einklang mit den in der Gemeinschaft gültigen epistemischen Vorschriften verhalte. Zu solchen Vorschriften gehört zum Beispiel, dass man keiner Quelle ohne weiteres trauen darf, von deren mangelnder Seriosität man weiß. Das schließt natürlich nicht aus, dass wir in unserer Gemeinschaft diese Vorschriften gerade deshalb für verbindlich erachten, weil wir davon ausgehen, dass deren Einhaltung uns auch in der Regel zu wahren Überzeugungen führt.

Wieso ist der Skeptiker nun aber der Auffassung, dass Wissen eine so verstandene Art der Rechtfertigung erfordert? In der Erkenntnistheorie gibt es unter dem Stichwort »Externalismus-Internalismus-Streit« eine ausführliche Debatte darüber, ob Rechtfertigung in dem gerade dargelegten Sinn tatsächlich eine notwendige Bedingung für Wissen ist. Internalisten in Bezug auf Wissen – zu denen auch unser Skeptiker gehört – bejahen dies. Externalisten wiederum bestreiten das. In den Augen der Externalisten reicht es mitunter aus, dass eine wahre Überzeugung *faktisch* auf verlässliche Weise zustande gekommen ist, damit Wissen vorliegt. Ob ich mich dabei entsprechend der geltenden Normen verhalten habe, ist nicht entscheidend.

Die unterschiedlichen Ansichten lassen sich an folgendem Beispiel recht gut veranschaulichen: Nehmen wir einmal an, dass Susi die hellseherische Eingebung hat, dass der Präsident der USA in New York ist. Ihre entsprechende Überzeugung ist auch wahr. Außerdem sind Susis hellseherische Fähigkeiten verlässlich, wovon sie allerdings nichts weiß. Vielmehr hat sie genauso wie jeder andere Mitbürger gute Gründe, Hellseherei für Unfug zu halten. Darüber hinaus hat der Secret Service alle Zeitungen des Landes in die Irre geführt, um den Präsidenten vor einem Attentat zu schützen, so dass Susi in den Zeitungen liest, dass der Präsident in Washington weilt. Weiß Susi in dieser Situation, dass der Präsident sich in New York aufhält? Aus Sicht des Externalisten muss die Antwort positiv ausfallen. Der Internalist hingegen bestreitet das. Seiner Ansicht nach reicht es eben nicht aus, dass die Meinung auf faktisch verlässliche Weise zustande gekommen ist. Es ist in der beschriebenen Situation aufgrund der ihr zugänglichen Anhaltspunkte unverantwortlich von Susi, ihrer hellseherischen Eingebung zu trauen. Und darum hat sie auch kein Wissen. (Vgl. BonJour 1985: Kapitel 3; → Internalismus und Externalismus der Rechtfertigung)

Auf derartige Beispiele zurückgreifend stellt sich der Skeptiker auf die Seite der Internalisten, wenn er behauptet, dass Wissen Rechtfertigung erfordert. In seinen Augen ist das Susi-Beispiel ein überzeugender Beleg für die von ihm in der ersten Prämisse seines Arguments aufgestellte Behauptung. Damit ich weiß, dass ich eine Hand habe, muss es im Lichte der mir zugänglichen Informationen verantwortlich von mir sein, das zu glauben. Dass eine solche Rechtfertigung vorliegt, bestreitet der Skeptiker im weiteren Verlauf seiner Argumentation dann wiederum, um auf diese Weise unsere Wissensansprüchen in Zweifel zu ziehen.

Doch warum setzt das skeptische Argument ausgerechnet an der Rechtfertigungsbedingung des Wissens an? Wenn man Wissen als auf verlässliche Weise gewonnene, gerechtfertigte wahre Meinung auffasst, stehen dem Skeptiker grundsätzlich ja auch andere Möglichkeiten offen. So kann er rein theoretisch unser Wissen in Abrede stellen, indem er bestreitet, dass unsere Überzeugungen wahr sind, dass sie auf verlässliche Weise zustande gekommen sind oder dass wir in hinreichendem Maß von der Wahrheit unserer Meinungen überzeugt sind. Diese drei alternativen Optionen sind bei näherer Betrachtung jeweils aber nicht wirklich vielversprechend.

Wir müssen uns daran erinnern, dass der Außenweltskeptiker jegliches Wissen über die Außenwelt bestreitet. Niemand weiß dem Skeptiker zufolge zu irgendeinem Zeitpunkt irgendetwas über die Außenwelt. Nun haben wir zum Teil aber durchaus entgegengesetzte Meinungen über die Welt. Der eine glaubt, dass es in Australien Eichhörnchen gibt. Der andere glaubt, dass es in Australien keine Eichhörnchen gibt. Eine dieser Meinungen muss aber wahr sein. Und darum kann der Skeptiker auch nicht behaupten, dass niemand Wissen hat, weil niemand wahre Meinungen hat. Abgesehen davon bliebe uns der Skeptiker eine Antwort auf die Frage schuldig, woher *er* denn weiß, dass alle unsere Auffassungen über die Welt falsch sind.

Eine ähnliche Schwierigkeit wie die letzte stellt sich dem Skeptiker auch dann, wenn er mit seinem Argument an der Verlässlichkeitsbedingung des Wissens ansetzte. Er müsste dann behaupten, dass zum Beispiel unsere Wahrnehmung oft zu falschen Überzeugungen führt. Aber was berechtigt den Skeptiker zu dieser Behauptung? Und wie verlässlich wäre dann sein Urteil über unsere Wahrnehmungsfähigkeiten, wenn doch angeblich niemand verlässlich Auskunft über die Welt geben kann?

Was die Glaubensbedingung des Wissens angeht, sieht es für den Skeptiker auch nicht besser aus. In Anbetracht der Tatsache, dass wir offensichtlich eine Menge von Überzeugungen über die Welt haben, müsste der Skeptiker wie folgt argumentieren: Damit man von Wissen reden kann, reicht es nicht aus, etwas eher für wahr als für falsch zu halten. Vielmehr muss man felsenfest davon überzeugt sein. *Absolut* sicher sind wir uns womöglich aber nie. Also haben wir auch kein Wissen. (Unger 1971 hat ein solches Argument vorgetragen.)

Diese Überlegung hat jedoch zwei Schwachstellen. Zum einen scheint Wissen keine absolute Sicherheit zu erfordern. Selbstverständlich weiß ich, dass Napoleon bei Waterloo verloren hat. Dass ich mir da *ziemlich sicher* bin, reicht aus. Zum anderen würde ein derartig begründeter Skeptizismus uns nicht mehr sonderlich beunruhigen. Man könnte dem Skeptiker zugestehen, dass wir Wissen in einem strengen Sinne vielleicht nicht haben, weil wir uns bezüglich der Außenwelt nie absolut sicher sind. Aber das schließt noch nicht aus, dass wir viele auf verlässliche Weise erworbene, gerechtfertigte wahre Meinungen haben. Und darauf scheint es uns in den meisten Fällen auch nur anzukommen. Ob man dabei von Wissen spricht oder nicht, ist ein wenig interessanter Streit um Worte.

Der Skeptiker tut also gut daran, seinen Wissensskeptizismus auf einen Rechtfertigungsskeptizismus zurückzuführen. Das ist allerdings nur der erste Schritt. Selbst wenn wir dem Skeptiker zugestehen, dass Wissen Rechtfertigung in dem oben dargelegten Sinn erfordert, stellt sich die Frage, ob die Rechtfertigung unserer alltäglichen Meinungen auch den Ausschluss skeptischer Hypothesen verlangt, wie es die zweite Prämisse des skeptischen Arguments zum Ausdruck bringt.

2.2 Die Relevanz skeptischer Hypothesen

Damit eine Meinung gerechtfertigt ist, muss man bestimmte damit unvereinbare Irrtumshypothesen ausschließen können. Das heißt, man muss in der Ansicht gerechtfertigt sein, dass diese Hypothesen falsch sind. So bin ich unter normalen Umständen nur dann gerechtfertigt, einen Vogel im Garten für eine Taube zu halten, wenn ich zugleich in der Auffassung gerechtfertigt bin, dass es sich dabei nicht um eine Amsel handelt. Ich muss die Amselhypothese ausschließen können, damit die Taubenthese gerechtfertigt ist.

Für den Skeptiker gilt dasselbe nun auch in Bezug auf die Handthese. Damit diese gerechtfertigt ist, müssen wir die damit unvereinbare Hypothese ausschließen können, handlose Gehirne im Tank zu sein.

Von antiskeptischer Seite wird allerdings eingewendet, dass diese beiden Fälle nicht vergleichbar sind. Rechtfertigung erfordert zugegebenermaßen den Ausschluss aller *relevanten* Alternativszenarien, zu denen skeptische Szenarien aber (in aller Regel) nicht zählen. Dass der Vogel im Garten eine Amsel sein könnte, ist in unseren Breitengraden bekanntermaßen naheliegend. Und deshalb muss man das auch ausschließen können, um an der Taubenthese festhalten zu dürfen. Aber ein Gehirn im Tank zu sein, erscheint uns im Gegensatz dazu abwegig. Außerdem haben wir keine Anhaltspunkte dafür, ein solches Geschöpf zu sein. Warum sollten wir also verpflichtet sein, derartige Hypothesen ausschließen zu können? Warum sollten skeptische Hypothesen für die Rechtfertigung unserer alltäglichen Meinungen relevant sein? (Siehe hierzu Austin 1961 und Rheinwald 2004.)

Hierauf kann der Skeptiker eine Antwort in drei Schritten geben. *Erster Schritt*: Damit ich in einer Überzeugung gerechtfertigt bin, muss ich ihre Unvereinbarkeit mit bestimmten Hypothesen einsehen. Um behaupten zu dürfen, dass es sich bei dem Vogel im Garten um eine Taube handelt, muss ich zum Beispiel einsehen, dass Tauben keine Amseln sind. Dasselbe gilt in Bezug auf skeptische Hypothesen. Damit ich zu Recht davon ausgehen kann, dass ich eine Hand habe, muss ich in der Annahme gerechtfertigt sein, dass handlose Wesen, denen nur vorgegaukelt wird, in einer normalen Welt zu leben, keine Hand haben. Es ist somit festzuhalten: Die Handthese ist nur dann gerechtfertigt, wenn ich die minimale begriffliche Einsicht habe, dass handlose Gehirne im Tank keine Hand haben. Etwas anders formuliert ist die Hand-These nur dann gerechtfertigt, wenn auch folgende offensichtliche These gerechtfertigt ist: Wenn ich eine Hand habe, dann bin ich kein handloses Gehirn im Tank.

Zweiter Schritt: Zusätzlich dazu bringt der Skeptiker ein bestimmtes Prinzip mit dem kompliziert klingenden Namen »Prinzip der Geschlossenheit der Rechtfertigung unter gerechtfertigter Implikation« ins Spiel. Dieses Prinzip besagt: Wenn eine These A gerechtfertigt ist, und wenn zusätzlich die Annahme gerechtfertigt ist, dass aus These A die These B folgt (d. h., These A These B impliziert), dann ist auch These B gerechtfertigt. Wenn ich zum Beispiel zu Recht davon ausgehe, dass Susi in Bremen ist, und wenn ich außerdem davon ausgehen darf, dass Susi in Deutschland ist, wenn sie sich in Bremen aufhält, dann darf ich auch glauben, dass Susi in Deutschland ist. Bezogen auf die skeptische Hypothese heißt das: Wenn erstens die Handthese gerechtfertigt ist und zweitens die These gerechtfertigt ist, dass handlose Gehirne im Tank keine Hand haben, dann ist auch die These gerechtfertigt, dass ich kein handloses Gehirn im Tank bin.

Dritter Schritt: Aus den ersten beiden Schritten zusammengenommen ergibt sich, dass ich nur dann gerechtfertigt bin in der Annahme, eine Hand zu haben, wenn ich gerechtfertigt bin in der Annahme, kein Gehirn im Tank zu sein. Das heißt aber nichts anderes, als dass ich die skeptische Hypothese ausschließen können muss, damit die Handthese gerechtfertigt ist. Und darum ist die skeptische Hypothese für die Rechtfertigung unserer alltäglichen Meinungen durchaus relevant.

Kritik ist vor allem am zweiten Schritt dieser Argumentation geübt worden. Einige Autoren bezweifeln die uneingeschränkte Gültigkeit des vom Skeptiker bemühten Geschlossenheitsprinzips. Stellen wir uns vor, ein Vater besucht mit seiner Tochter den städtischen Zoo. Sie stehen vor einem Zebragehege und der Vater sagt zur Tochter: »Die schwarz-weiß gestreiften, pferdeähnlichen Tiere dort sind Zebras.« In dieser Situation ist die Aussage des Vaters gerechtfertigt. Nun weiß der Vater zugleich auch, dass Zebras keine täuschend echt angemalten Maultiere sind. Er ist also in der Annahme gerechtfertigt: Wenn das ein Zebra ist, dann ist das kein täuschend echt angemaltes Maultier. Aber, so die Meinung einiger Autoren, der Vater darf in dieser Situation nicht davon ausgehen, dass das Tier kein täuschend echt angemaltes Maultier ist. Denn schließlich sieht das Tier genauso aus, wie ein solches Maultier aussähe. Die Geschlossenheit der Rechtfertigung unter gerechtfertigter Implikation gilt in diesem Fall demnach gar nicht. Nicht immer, wenn eine These gerechtfertigt ist und man zu Recht davon ausgeht, dass sie eine zweite These impliziert, ist auch die zweite These gerechtfertigt. (Vgl. Dretske 1970.)

Der Skeptiker teilt diese Bewertung des Beispiels allerdings nicht. Warum weiß der Vater, dass das Tier ein Zebra ist? Er erkennt es an den schwarzen und weißen Streifen. Das ist aber nur dann ein Anhaltspunkt dafür, dass es sich um ein Zebra handelt, wenn er zusätzlich auch weiß, dass er sich in einem normalen Zoo aufhält, in dem grundsätzlich keine Tiere angemalt werden. Hätte er zum Beispiel die Information, einer Kunstausstellung zum Thema »Tarnen und Täuschen, Tiere in ungewöhnlichem Gewand« beizuwohnen, wären die Streifen kein Hinweis darauf, dass dort ein Zebra steht. Wenn der Vater in unserem Beispiel aber nur dann weiß, dass es sich bei dem Tier um ein Zebra handelt, wenn er außerdem die Information hat, dass das Tier sehr wahrscheinlich nicht angemalt worden ist, dann ist er natürlich auch in der Meinung gerechtfertigt, dass es sich nicht um ein angemaltes Maultier handelt.

Sollte der Skeptiker somit am Geschlossenheitsprinzip festhalten dürfen, scheinen wir ihm auch die zweite Prämisse seines Arguments zugestehen zu müssen. Wir hätten zu akzeptieren, dass skeptische Hypothesen in Fragen der Rechtfertigung relevant sind und immer ausgeschlossen werden müssen. Das führt uns zur dritten Prämisse und der Frage, ob wir tatsächlich nicht gerechtfertigt sind, skeptische Hypothesen für falsch zu halten.

> Not macht erfinderisch: Um seinen kleinen Zoo in Gaza um die Attraktion eines Zebras reicher zu machen, hat Direktor Imad Quassim einen Esel mit schwarzen Streifen anmalen lassen. »Der Zoo hatte kein Zebra, und da war es doch eine clevere Idee, einem Esel das Fell zu scheren und ihn wie ein Zebra anzumalen. Ich sage Ihnen, niemand kann einen Unterschied feststellen«, sagte der 39-Jährige.
> (Aus: http://www.sueddeutsche.de/panorama/zoo-in-gaza-zesel-sind-hauptattraktion-1.42353)

2.3 Der Ausschluss skeptischer Hypothesen

Die Frage, ob wir skeptische Hypothesen zu Recht für falsch halten dürfen, wird in der Debatte um den Skeptizismus ausführlich diskutiert. Diesbezüglich lassen sich drei antiskeptische Strategien unterscheiden.

1. Strategie – empirische Widerlegung: Der englische Philosoph George Edward Moore (1873–1958) hat eine recht ungewöhnliche Antwort auf die skeptische Herausforderung gegeben. Er glaubte, die Existenz einer Außenwelt beweisen zu können, indem er eine Hand hochhielt, mit ihr eine Geste machte und behauptete »Hier ist eine Hand«. Da, so Moore, Hände Teil der Außenwelt sind, folgt, dass es eine Außenwelt gibt. Auf dieselbe Weise hätte Moore natürlich auch ausschließen können, ein handloses Gehirn im Tank zu sein. (Moore 1959: 145f.)

Dieser »Beweis« ist jedoch alles andere als überzeugend. *Wenn* Moore behaupten darf, eine Hand zu haben, dann kann er auch den Skeptiker widerlegen. Aber mit welchem Recht darf Moore das behaupten? Die Tatsache, dass er mit der Hand eine Geste nach dem Motto »Schaut her!« macht, und der Umstand, dass er seinen »Beweis« mit dem Nachweis von drei Druckfehlern auf einer Seite vergleicht, zeigen an, dass Moore eine empirische Widerlegung im Sinn gehabt zu haben scheint. (Ich drücke das so vorsichtig aus, weil einige Moore-Interpreten nicht glauben, dass ein für seinen Scharfsinn allseits geschätzter Philosoph etwas so Banales und zugleich Aussichtsloses im Sinn hatte.) Eine solche empirische Zurückweisung ist ihm natürlich nicht geglückt. Alles erscheint uns genau so, wie es uns erscheinen würde, wären wir das Opfer einer perfekten Täuschung. In Anbetracht dessen können wir nicht auf unsere Wahrnehmung verweisen, um dem Skeptiker zu begegnen. Die skeptischen Täuschungsszenarien werden gerade so beschrieben, dass alle empirischen Belege auch in diesen Szenarien vorliegen. Wir können uns daher nicht auf unsere Wahrnehmung berufen, um mit Hilfe der Wahrnehmung skeptische Hypothesen auf *direktem* Weg auszuschließen.

Möglicherweise, so ein alternativer empirischer Widerlegungsansatz, steht uns aber ein *indirekter* Weg offen. Auch der Skeptiker muss zugestehen, dass unsere Erfahrung äußerst stimmig ist. Wenn ich das Zimmer verlasse und kurz danach wiederkomme, dann befinden sich die Gegenstände alle noch am selben Ort. Wenn ich eine Milchflasche öffne und daraus trinke, passt alles zusammen; die optische Erscheinung, das Gefühl beim Anfassen, das Geräusch beim Öffnen, der Geschmack beim Trinken usw. Die beste Erklärung für die Stimmigkeit unserer Erfahrung scheint nun wiederum zu sein, dass wir in einer ganz normalen Welt leben, die uns vermittelt über die Sinne auf verlässliche Weise zugänglich ist. Da die beste Erklärung wahrscheinlich auch wahr ist, sind die mit dieser Erklärung nicht zu vereinbarenden skeptischen Hypothesen wahrscheinlich falsch.

Ausgehend von unserer Erfahrung ließe sich somit indirekt über einen Schluss auf die beste Erklärung gegen den Skeptiker argumentieren. Schlüsse dieser Art scheinen wir im Alltag häufig zu ziehen. Wenn wir Fußspuren am Strand finden, dann ist die beste Erklärung dafür, dass Menschen (und nicht etwa Außerirdische) vorbeigekommen sind, wovon wir deshalb auch zurecht ausgehen. Warum sollten wir uns eines derartigen Schlusses also nicht auch in der Auseinandersetzung mit dem Skeptiker bedienen?

Unser skeptischer Gegenüber wendet allerdings zweierlei ein. Erstens ist überhaupt nicht ausgemacht, dass die oben skizzierte normale Erklärung für die Stimmigkeit unserer Erfahrung besser ist als die alternative Erklärung, dass wir an einen Computer angeschlossene Gehirne sind, dessen Programm für uns einen stimmigen »Film« vorgesehen hat. In unseren Augen ist eine solche Erklärung natürlich abwegig. Aber daraus kann man nicht so ohne weiteres schließen, dass sie das zu Erklärende weniger gut erklärt. Zweitens ist nicht erwiesen, dass die Güte einer Erklärung auch ein Indiz für deren Wahrheit ist. Warum sollte die bessere von zwei Erklärungen wahrscheinlicher sein? Diese Frage gewinnt zusätzlich an Gewicht, wenn eine Erklärung nur deshalb besser sein soll als eine andere, weil letztere uns abwegig erscheint. (Vgl. Russell 1912: Kapitel 2; → Induktion und der Schluss auf die beste Erklärung)

2. *Strategie – transzendentale Argumente*: Die Grundidee transzendentaler Argumente besteht darin, aufzuzeigen, dass das Bestehen eines bestimmten Sachverhalts eine Bedingung der Möglichkeit für das tatsächliche Vorliegen von etwas anderem – z. B. der Erfahrung oder des Denkens – ist und dass wir deshalb davon ausgehen dürfen, dass diese Bedingung ebenfalls erfüllt ist. In diesem Sinn hat zum Beispiel Hilary Putnam zu zeigen versucht, dass wir nur dann denken können, Gehirne im Tank zu sein, wenn wir keine solchen Geschöpfe sind, so dass wir skeptische Hypothesen seiner Meinung nach getrost zurückweisen können.

Putnams Argument beruht auf einer bestimmten Theorie der Bezugnahme von Ausdrücken; also einer Theorie darüber, warum wir uns zum Beispiel mit dem Ausdruck »Apfel« auf Äpfel und nicht etwa auf Birnen beziehen. Putnam führt zu diesem Zweck das mittlerweile berühmt gewordene Zwillingserdebeispiel an. Wir sollen uns vorstellen, dass es außer unserer Erde noch eine Art Zwillingserde gibt, die (nahezu) ein Duplikat unserer Erde ist. Auf ihr reden die (meisten) in Zwillingsdeutschland lebenden Menschen Zwillingsdeutsch. Außerdem leben sie eine Art Doppelgängerleben unseres Lebens, und alles sieht bei ihnen oberflächlich betrachtet genauso aus wie bei uns. Im Unterschied zu unserer Erde ist die durchsichtige, trinkbare Flüssigkeit in den Seen, Flüssen und Meeren auf der Zwillingserde allerdings nicht H_2O sondern ein Stoff mit der Molekülstruktur XYZ. Putnams Intuition ist nun, dass die Bewohner der Zwillingserde sich mit dem Ausdruck »Wasser« *ausschließlich* auf einen Stoff mit der Molekülstruktur XYZ beziehen, während wir uns mit dem Ausdruck lediglich auf einen Stoff mit der Molekülstruktur H_2O beziehen. Wenn wir sagen »Auf der Zwillingserde gibt es Wasser«, sagen wir somit etwas Falsches. Und wenn Bewohner der Zwillingserde sagen »Auf der Erde gibt es Wasser«, ist das auch falsch. Der unterschiedliche Bezug des Ausdrucks »Wasser« erklärt sich laut Putnam damit, dass die Sprecher der verschiedenen Sprachgemeinschaften jeweils mit anderen Stoffen interagieren – wir mit H_2O und unsere Zwillinge mit XYZ. Es sieht darum ganz so aus, als könne man sich nur dann mit Ausdrücken wie »Wasser« oder »Apfel« auf eine bestimmte Art von Gegenständen beziehen, wenn man mit diesen Gegenständen in geeigneter Weise interagiert. (Putnam 1995.)

Für die Skeptizismusdebatte heißt das wiederum, dass wir mit den Ausdrücken »Gehirn« und »Tank« nur dann auf Gegenstände wie Gehirne und Tanks Bezug nehmen können, wenn wir mit ihnen in geeigneter Weise in Interaktion stehen. Genau das ist bei Gehirnen im Tank aber nicht der Fall. Sie schauen sich salopp ausgedrückt nur einen Film an. Wenn Gehirne im Tank folglich Sätze äußern wie »Ich bin ein Gehirn im Tank«, drücken sie gar nicht aus, ein Gehirn im Tank zu sein. Denn den Ausdrücken fehlt der dafür erforderliche Bezug. Deswegen können Gehirne im Tank auch nicht darüber nachdenken, Gehirne im Tank zu sein.

Das heißt wiederum, dass die von mir erwogene skeptische Hypothese »Ich bin ein Gehirn im Tank« entweder falsch ist oder aber mit ihr gar nicht ausgedrückt wird, dass ich ein Gehirn im Tank bin. Ich kann daher gar nicht die wahre Überzeugung haben, ein Gehirn im Tank zu sein. (Putnam 1981: Kapitel 1.)

Die Diskussion um Putnams Argument ist äußerst komplex, so dass ich mich darauf beschränken möchte, einige kontrovers diskutierte Fragen zu erwähnen: Ist die von Putnam vertretene Theorie der Bezugnahme von Ausdrücken plausibel? Folgt daraus, dass Gehirne im Tank mit dem Ausdruck »Gehirn im Tank« nicht auf Gehirne im Tank Bezug nehmen können, dass sie auch nicht denken können, Gehirne im Tank zu sein? Was heißt es, in geeigneter Weise mit bestimmten Gegenständen zu interagieren? Lassen sich im Einklang mit Putnams Theorie der Bezugnahme skeptische Szenarien konstruieren, in denen die Opfer der umfassenden Täuschung trotzdem denken können, Opfer einer umfassenden Täuschung zu sein? Was folgt eigentlich daraus, dass Gehirne im Tank nicht denken können, welche zu sein: folgt, dass ich kein Gehirn im Tank bin, oder folgt, dass der Satz »Ich bin ein Gehirn im Tank« garantiert falsch ist, oder folgt, dass ich die Argumente des Skeptikers nicht ernst nehmen muss, weil die von mir erwogenen skeptischen Hypothesen entweder falsch sind oder aber nicht das ausdrücken, was sie ausdrücken müssten, um mein Wissen in Frage zu stellen? Muss Putnam bei seinem antiskeptischen Argument seinerseits voraussetzen, dass er über skeptische Täuschungsszenarien redet, so dass er damit bereits voraussetzt, selber kein Opfer einer umfassenden Täuschung zu sein? Tritt an die Stelle des Außenweltskeptizismus ein Bedeutungsskeptizismus, bei dem wir nicht mehr wissen, was wir mit dem Satz »Ich bin ein Gehirn im Tank« eigentlich ausdrücken?

3. Strategie – epistemische Berechtigung: Im Zusammenhang mit der Frage, ob Wissen Rechtfertigung erfordert, ist der Rechtfertigungsbegriff wie folgt charakterisiert worden: Wir sind genau dann gerechtfertigt, eine These zu akzeptieren, wenn es in Hinsicht auf die Maximierung wahrer und die Minimierung falscher Überzeugungen vor dem Hintergrund der uns zugänglichen Informationen verantwortlich ist, die These zu akzeptieren. Rechtfertigung besteht demnach in epistemischer Verantwortlichkeit. Diese kann zum Beispiel dadurch gegeben sein, dass wir hinreichend gute Anhaltspunkte für die Wahrheit der fraglichen These haben.

Bei der dritten antiskeptischen Strategie geht man nun davon aus, dass epistemische Verantwortlichkeit nicht in jedem Fall das Vorliegen von Anhaltspunkten zugunsten der erwogenen These erfordert. Es könne auch andere Gründe geben, weshalb die Akzeptanz einer These epistemisch gerechtfertigt sei. Vertretern sogenannter Theorien epistemischer Berechtigung zufolge sind wir epistemisch berechtigt, skeptische Hypothesen für falsch zu halten, obwohl es uns an entsprechenden Belegen mangelt. Die Plausibilität dieser Auffassung hängt selbstverständlich von der Antwort auf die Frage ab, worin epistemische Berechtigung gründet und warum manchen Thesen dieser Status zukommt und anderen nicht.

Eine Überlegung ist, dass das Rechtfertigen von Überzeugungen eine Art Spiel des Einforderns und Anführens von Gründen darstellt, für das bestimmte Spielregeln gelten. Zu diesen Regeln zählt, dass man die eigene Wahrnehmung solange als verlässliche Quelle in Bezug auf die Beschaffenheit einer unabhängig von uns existierenden Welt begreifen darf, solange keine gegenteiligen Anhaltspunkte vorliegen. Unsere Erfahrung genießt demnach einen Vertrauensvorschuss. Wenn es mir so vorkommt, als hätte ich eine Hand, darf ich das zunächst einmal auch für wahr halten. Daher genießt auch die Hypothese, dass ich kein handloses Gehirn im Tank bin, einen Vertrauensvorschuss. Bis zum Beleg des Gegenteils sind wir somit gerechtfertigt, skeptische Hypothesen für falsch zu halten. (Vgl. Brandom 1994: Kapitel 3 und 4.)

Für den Skeptiker ist diese Antwort allerdings eher eine Art Kapitulation als eine überzeugende Problemlösung. Selbst wenn wir in Übereinstimmung mit den geltenden Spielregeln glauben dürfen, keine handlosen Gehirne im Tank zu sein, haben wir nicht den geringsten Anhaltspunkt dafür, dass das auch stimmt. Wir haben somit auch nicht den geringsten Anhaltspunkt dafür, *keine* Wesen *ohne* Hand zu sein – sprich, eine Hand zu haben. In diesem Sinne sind unsere Außenweltüberzeugungen also nach wie vor nicht gerechtfertigt. Zu sagen, dass die Ehrentitel »Wissen« oder »Rechtfertigung« den meisten unserer Überzeugungen trotzdem noch zukommen, ist ein schwacher Trost, wenn man sich vergegenwärtigt, welchen Anspruch wir ursprünglich mit ihnen verbunden haben.[1]

Kontrollfragen

1. Was unterscheidet den philosophischen Skeptiker von einem Skeptiker im alltäglichen Sinn?
2. Welche prominenten skeptischen Positionen sind im Laufe der Philosophiegeschichte vertreten worden?
3. Welche Arten von skeptischen Argumenten gibt es?
4. Welches Beispiel zeigt in den Augen des Skeptikers, dass Wissen Rechtfertigung erfordert?
5. Warum ist es aus skeptischer Sicht keine gute Idee, unser Wissen über die Außenwelt dadurch in Zweifel zu ziehen, dass man die Wahrheits-, die Verlässlichkeits- oder die Glaubensbedingung des Wissens in Frage stellt?
6. Wie begründet der Skeptiker die Relevanz skeptischer Hypothesen?
7. Welches Beispiel ist gegen das Prinzip der Geschlossenheit der Rechtfertigung unter gerechtfertigter Implikation angeführt worden?
8. Wie könnte man auf empirische Weise zu zeigen versuchen, dass skeptische Hypothesen falsch sind?
9. Wie versuchen Vertreter einer Theorie epistemischer Berechtigung dem Skeptiker zu begegnen?

---

[1] Die von Michael Williams 1996, 2001 und Crispin Wright 2004 vertretenen antiskeptischen Ansätze fallen auch unter die dritte Strategie. Für eine Darstellung und Verteidigung von Williams siehe Seide 2011 sowie → Default-Konzeptionen der Rechtfertigung. Für eine Darstellung und Kritik an Williams siehe Schmoranzer 2012. Für eine Darstellung und Kritik an Wright siehe Schmoranzer 2010: Kapitel III.4.

Kommentierte Auswahlbibliographie

Descartes, René (1993): *Meditationen über die Grundlagen der Philosophie*. Auf Grund der Ausg. von Artur Buchenau neu hrsg. von Lüder Gäbe, durchges. von Hans Günter Zekl. Hamburg: Meiner.
Bei der ersten Meditation handelt es sich um den locus classicus des Außenweltskeptizismus. Ein Meisterwerk.
Greco, John (ed.) (2008): *The Oxford Handbook of Skepticism*. Oxford: Oxford University Press.
Sammelband mit neueren Beiträgen von Experten zu verschiedenen Aspekten der Skeptizismusdebatte. Etwas für Anfänger und Fortgeschrittene gleichermaßen.
Hume, David (1999): *An Enquiry Concerning Human Understanding*. Tom L. Beauchamp (ed.). Oxford: Oxford University Press.
In Sektion 4 trägt Hume mit großer Klarheit und beeindruckendem Scharfsinn seine Kritik an induktiven Schlüssen vor. Die Einleitung von Beauchamp ist ebenfalls zu empfehlen.
Sextus Empiricus (2002): *Grundriß der pyrrhonischen Skepsis*. Eingeleitet und übersetzt von Malte Hossenfelder, Frankfurt am Main: Klostermann.
Hierbei handelt es sich ebenfalls um einen, allerdings im Vergleich zu Descartes und Hume nicht genauso leicht zugänglichen, Klassiker.
Stroud, Barry (1985): *The Significance of Philosophical Scepticism*. Oxford/New York: Oxford University Press.
Eine sehr leserfreundlich geschriebene und zugleich tiefgründige Beschäftigung mit dem Skeptizismusproblem, die unterschiedliche philosophiehistorisch prominente Versuche, mit dem Problem umzugehen, darstellt und aufzeigt, wieso wir die skeptischen Zweifel nicht wirklich loswerden.
Williams, Michael (ed.) (1993): *Scepticism*. Aldershot: Dartmouth.
Sammelband mit einer Reihe sehr guter Aufsätze zu unterschiedlichen Aspekten des Skeptizismusproblems. Eher etwas für den fortgeschrittenen Leser.
Williams, Michael (1999): Skepticism. In: Greco, John/Sosa, Ernest (eds.): *The Blackwell Guide to Epistemology*. Oxford: Oxford University Press. 35–69.
Eine gute, kurze und systematische Einführung in das Skeptizismusproblem. Allerdings ist zu beachten, dass Williams in der zweiten Hälfte seine eigene Lösung des Skeptizismusproblems entwickelt und dabei eine nicht ganz unvoreingenommene Sicht des Problems einnimmt.
Williams, Michael (2001): *Problems of Knowledge – A Critical Introduction to Epistemology*. Oxford: Oxford University Press.
Eine gelungene Einführung in die Erkenntnistheorie mit einem Schwerpunkt auf der Auseinandersetzung mit dem Skeptizismusproblem. Bei der Lektüre ist wiederum zu beachten, dass Williams das Skeptizismusproblem nicht nur darzustellen sondern auch zu lösen beabsichtigt.

Weitere Literatur

Austin, John Langshaw (1961): Other Minds. In: Urmson, James O./Warnock, G. J. (eds.): *Philosophical Papers by the late J. L. Austin*. Oxford: Oxford University Press. 44–84.
BonJour, Laurence (1985): *The Structure of Empirical Knowledge*. Cambridge (Mass.): Harvard University Press.
Brandom, Robert (1994): *Making it Explicit – Reasoning, Representing, and Discursive Commitment*. Cambridge (Mass.): Harvard University Press.
Dretske, Fred I. (1970): Epistemic Operators. In: *The Journal of Philosophy*. 67. 1007–1023.
Moore, George Edward (1959): Proof of an External World, in: id. (ed.): *Philosophical Papers*, New York: Macmillan. 127–150.
Putnam, Hilary (1981): *Reason, Truth and History*. Cambridge (Mass.): Cambridge University Press.
Putnam, Hilary (1995): The Meaning of ›Meaning‹. In: Pessin, Andrew/Goldberg, Sanford (eds.): *The Twin Earth Chronicles – Twenty Years of Reflection on Hilary Putnam's »The Meaning of ›Meaning‹«*. New York/London: M.E. Sharpe. 3–52.
Rheinwald, Rosemarie (2004): Skeptische Herausforderung – Eine Diagnose. In: *Zeitschrift für Philosophische Forschung*. 58. 347–372.
Russell, Bertrand (1912): *Problems of Philosophy*. Oxford: Home University Library.
Schmoranzer, Sebastian (2010): *Realismus und Skeptizismus*. Paderborn: mentis.
Schmoranzer, Sebastian (2012): Skepticism, Contextualism, and Entitlement. In: Stefan Tolksdorf (Hg.): *Conceptions of Knowledge*. Berlin. DeGruyter. 649–670.
Seide, Ansgar (2011): *Rechtfertigung, Kohärenz, Kontext – Eine Theorie der epistemischen Rechtfertigung*. Paderborn: mentis.
Unger, Peter (1971): A Defense of Skepticism. In: *Philosophical Review*. 80. 198–219.
Williams, Michael (1996): *Unnatural Doubts – Epistemological Realism and the Basis of Scepticism*. Princeton: Princeton University Press.

EPISTEMISCHER RELATIVISMUS[1]

Markus Seidel

1. Hühner, Hexen und die Azande – Politische und kulturelle Motivationen und Implikationen des epistemischen Relativismus
2. Was ist (epistemischer) Relativismus?
3. Argumente für den epistemischen Relativismus
   3.1 Das Argument aus der Normenzirkularität
   3.2 Argumente aus der Wissenschaftstheorie
4. Argumente gegen den epistemischen Relativismus
   4.1 Logischer Selbstwiderspruch
   4.2 Pragmatischer Selbstwiderspruch/Dilemma für den Relativisten

1. Hühner, Hexen und die Azande – Politische und kulturelle Motivationen und Implikationen des epistemischen Relativismus

In seinem Buch »Witchcraft, Oracles and Magic among the Azande« beschreibt der Anthropologe Edward E. Evans-Pritchard die Überzeugungen und Praktiken des zentralafrikanischen Volkes der Azande (Evans-Pritchard 1937). Die Azande zum Zeitpunkt der Untersuchung von Evans-Pritchard teilen zwar viele unserer alltäglichen Überzeugungen, aber in entscheidenden Hinsichten sind sie anderer Auffassung: Sie glauben an Magie und Hexen und erklären damit Unfälle und Unglücke. Wenn z. B. jemand krank wird oder die Ernte ausfällt, führen die Azande dies auf die Zauberkraft einer Hexe in der Nähe zurück. Die Hexe benötigt keine Zaubersprüche oder Rituale, denn sie verfügt über eine Hexensubstanz in ihrem Bauch, mit deren Hilfe sie – möglicherweise auch unwissentlich – auf ihr Opfer Einfluss nehmen kann. Nach dem Tod einer potentiellen Hexe kann man überprüfen, ob es sich tatsächlich um eine Hexe gehandelt hat, indem man den Inhalt der Eingeweide inspiziert. Aber auch bereits vor dem Tod ist es möglich, eine verdächtige Person der Hexerei in einem bestimmten Unglücksfall zu überführen. Die Azande geben dazu einem Huhn ein Gift und stellen mehrere Fragen, die mit »Ja« oder »Nein« beantwortet werden können. In einigen Fällen reagiert das Huhn nicht, in anderen Fällen reagiert es stark. Manchmal überlebt das Huhn und manchmal stirbt es. Die Azande interpretieren das jeweilige Verhalten des Huhns derart, dass sie die gestellten Fragen mit Hilfe des Giftorakels beantworten können.[2]

Wie sollen wir mit Beispielen dieser Art umgehen? Sicherlich können uns solche Beispiele nicht dazu bringen, an Hexenkraft zu glauben und in unseren Gerichtsver-

---

[1] Dieser Beitrag ist im Rahmen des DFG-Projektes »Das Problem des Relativismus in der Wissens- und Wissenschaftssoziologie« (Scha 1476/1-1) unter der Leitung von Richard Schantz entstanden. Ich danke der Deutschen Forschungsgemeinschaft und Herrn Schantz für Ihre Unterstützung.

[2] Gelegentlich wird im Zusammenhang mit den Azande auch angeführt, dass sie eine von uns abweichende Logik besäßen (vgl. Bloor 1991: Kap. 5–7). Dies wird zwar durch Bemerkungen von Evans-Pritchard nahe gelegt, ist aber, wie Timm Triplett dargelegt hat, nicht durch anthropologische Belege gestützt (vgl. Triplett 1994).

fahren zur Urteilsbegründung das Verhalten vergifteter Hühner heranzuziehen. Aber können wir mit Gewissheit behaupten, dass unsere Verfahren des Erkenntnisgewinns und der Rechtfertigung unserer Überzeugungen, denen wir tagtäglich vertrauen, *besser* sind oder uns *verlässlicher* zu Wissen führen als die Verfahren, die die Azande verwenden? Hängt die Güte solcher Verfahren nicht vielmehr von spezifischen gesellschaftlichen und kulturellen Umständen ab, so dass das, was für uns gültig ist, nicht unbedingt auch für die Azande gültig sein muss? Schließlich bedeutet unsere *Loyalität* zu unseren »wissenschaftlichen« Verfahren noch nicht, dass diese »objektiver« oder »rationaler« sind (vgl. Rorty 1981: 360). Ist es nicht wahrscheinlich, dass wir, wenn wir bei den Azande aufgewachsen wären, auch fest davon überzeugt wären, dass das Hühner-Orakel ein angemessenes Verfahren wäre? Und wäre die Auszeichnung unserer Rechtfertigungs- und Schlussverfahren gegenüber den Verfahren der Azande und der Versuch, den Azande die »Falschheit« ihrer »Mythen« zu verdeutlichen, dann nicht ein klarer Fall eines ethnozentristischen Sendungsbewusstseins, das wir aus den Zeiten des Kolonialismus nur allzu gut kennen?[3]

Auf der anderen Seite sind wir davon überzeugt, dass unsere Verfahren bzw. die Verfahren der modernen Naturwissenschaften äußerst erfolgreich die Phänomene in der Welt erklären. Pseudowissenschaftliche Methoden der Rechtfertigung unserer Überzeugungen sowie der Vorhersage wie das Lesen im Kaffeesatz und das Befragen von Kristallkugeln oder eben von Orakeln sehen wir nicht nur deshalb als schlechter als unsere Weisen der Erkenntnisgewinnung und Rechtfertigung an, weil dies in unserer Kultur und Gesellschaft so üblich ist, sondern weil sie *tatsächlich* besser *sind*. Wäre es nicht geradezu unverantwortlich, die Azande in ihrem mythischen Glauben zu belassen und damit in Kauf zu nehmen, dass sie stetig die falschen Erklärungen für Unglücke – nämlich solche Erklärungen, die sich auf Hexerei und Magie beziehen – anführen, und ihnen damit wahrscheinlich die Möglichkeit zu nehmen, solche Unglücke in Zukunft effektiver zu vermeiden? Ohne damit die Azande mit Kleinkindern gleichsetzen zu wollen, ist es so, dass Kinder bei uns einen Teil ihrer Überzeugungen durch ihren Glauben an Gespenster oder den Weihnachtsmann rechtfertigen, aber wir selbstverständlich die Pflicht haben, ihnen irgendwann zu sagen, dass es einfach keine Gespenster oder den Weihnachtsmann gibt.

Fragen dieser zum Teil herausfordernden Art bilden die Grundlage und die Motivation für die Debatte um den epistemischen Relativismus[4]. In einer ersten Annäherung können wir sagen, dass der epistemische Relativist der Ansicht ist, dass Wissen und/oder Rechfertigung(sstandards) und/oder Wahrheit relativ zu gesellschaftlichen, kulturellen, historischen oder individuellen Perspektiven oder Werten sind, so dass das, was als Wissen zählt, von diesen Perspektiven oder Werten abhängt (vgl. Siegel 2004: 747)[5]. Auf der Grundlage dieser Annäherung lässt sich bereits jetzt sagen, dass die Debatte um den epistemischen Relativismus eine der fundamentalsten in der Erkenntnistheorie ist. Neben der Tatsache, dass – wie in einigen der obigen Fragen angedeutet – in der Diskussion um den epistemischen Relativismus auch *politische*, *pädagogische* oder *moralische* Motivationen für die Akzeptanz einer Position in der Erkenntnistheorie von Relevanz zu sein scheinen, ist die Auseinandersetzung um die Frage des Relativismus für die Lösung anderer erkenntnistheoretischer Fragestellungen außerordentlich relevant. Harvey Siegel sagt dazu: »[Die Relativismus/Absolutismus-Kontroverse] kann als die grundlegendste epistemologische Streitfrage angesehen werden, denn welche Seite auch immer Recht haben mag, das Ergebnis des Disputs hat enorme Implikationen für die Erkenntnistheorie im allgemeinen. Denn wie wir die gesamte Reichweite anderer fundamentaler Problemkreise [...] verstehen und was als ein Erfolg bei der Lösung derselben gilt, hängt zu einem erheblichen Ausmaß von der Lösung der Relativismus/Absolutismus-Frage ab. [...]

---

[3] Siehe in diesem Zusammenhang etwa den letzten Satz der Definition von Jürgen Osterhammel: »*Kolonialismus* ist eine Herrschaftsbeziehung zwischen Kollektiven, bei welcher die fundamentalen Entscheidungen über die Lebensführung der Kolonisierten durch eine kulturell andersartige und kaum anpassungswillige Minderheit von Kolonialherren unter vorrangiger Berücksichtigung externer Interessen getroffen und tatsächlich durchgesetzt werden. Damit verbinden sich in der Neuzeit in der Regel sendungsideologische Rechtfertigungsdoktrinen, die auf der Überzeugung der Kolonialherren von ihrer eigenen kulturellen Höherwertigkeit beruhen.« (Osterhammel 2006: 21).

[4] Manche Autoren sprechen statt vom »epistemischen« vom »epistemologischen Relativismus« (Vgl. z. B.: Siegel 2004). Aus verschiedenen Gründen ist die Bezeichnung »epistemischer Relativismus« vorzuziehen.

[5] Diese Definition wird im Folgenden keine Rolle mehr spielen, da sie unzureichend ist: Es macht einen großen Unterschied, ob der epistemische Relativismus die mehrdeutige These, dass das, *was als Wissen zählt*, relativ ist, oder die These, dass das, *was Wissen ist*, relativ ist, beinhaltet. Die obige Definition Siegels scheint beide Thesen nicht zu unterscheiden (vgl. Hibberd 2005: 39).

In diesem Sinne ist die Relativismusfrage so fundamental wie keine andere in der Erkenntnistheorie.« (Siegel 2004: 770, Übersetzung M.S.). Es ist dieser fundamentale Charakter der Frage um den epistemischen Relativismus, der eine Lösung sowohl dringlich, aber eben auch besonders schwierig macht.

2. Was ist (epistemischer) Relativismus?

Der epistemische Relativismus ist ein *lokaler* Relativismus. Ein *globaler* Relativismus, d. h. die These, dass wirklich *alles* relativ ist, wird von den wenigsten Philosophen ernsthaft vertreten, bei verschiedenen Spielarten lokaler Relativismen sieht das dagegen ganz anders aus. Zu den bekanntesten lokalen Relativismen zählen wohl Formen des *moralischen* oder *ethischen* Relativismus, der Relativismus bzgl. *Rationalität*, der *Begriffs*relativismus und eben der *epistemische* Relativismus.[6] Da es sich bei diesen Formen um lokale Relativismen handelt, ist es prinzipiell möglich, z. B. den moralischen Relativismus zu akzeptieren, aber den Begriffsrelativismus abzulehnen. Allerdings gibt es durchaus inhaltliche Zusammenhänge zwischen einigen lokalen Relativismen – so etwa zwischen dem Relativismus bzgl. Rationalität und dem epistemischen Relativismus.

Es scheint unstrittig zu sein, dass der epistemische Relativist die These vertritt, dass *Wissen* relativ ist. Dabei kann die Kernüberzeugung des epistemischen Relativisten knapp folgendermaßen formuliert werden:

> **Relativistische Kernüberzeugung**
> Person P hat die Überzeugung, dass p und Person Q hat die Überzeugung, dass nicht-p und es ist möglich, dass beide Überzeugungen wahr oder gerechtfertigt sind (vgl. dazu: Pritchard 2009: 397).

Anhand dieser kurzen Formulierung werden bereits zwei entscheidende Merkmale des epistemischen Relativismus deutlich. Zum einen wird durch die Formulierung die *Motivation* und der *Ursprung* relativistischer Thesen betont: Der Relativismus beginnt mit der Beobachtung, dass verschiedene Personen verschiedene und zum Teil einander widersprechende Überzeugungen haben. Allerdings führt die bloße Beobachtung der Verschiedenheit in Überzeugungen nur zu einem *deskriptiven Relativismus*, der – zumindest prinzipiell – kaum problematisch sein dürfte: *Dass* Personen einander widersprechende Überzeugungen haben, ist wohl kaum zu bestreiten. Die Formulierung geht aber zum zweiten über die bloße Beobachtung der Verschiedenheit hinaus. Denn in ihr findet sich eine These über die *Bewertung* und damit den *epistemischen Status* der verschiedenen Überzeugungen: Es sei nicht ausgeschlossen, dass die sich widersprechenden Überzeugungen beide wahr oder beide gerechtfertigt seien. Der *normative Relativismus* begründet dies mit der Relativität derartiger Bewertungen, denn Überzeugungen seien wahr oder falsch, korrekt oder inkorrekt, gerechtfertigt oder ungerechtfertigt etc. nur *relativ* zu dem Begriffssystem, den (epistemischen) Normen oder den Schlussprinzipien einer spezifischen Kultur, Gesellschaft oder Person – kurz: zu dem was man das *epistemische System* der Kultur, Gesellschaft oder Person nennen kann. Stimmt dies, dann können die sich widersprechenden Überzeugungen der Personen P und Q tatsächlich beide wahr oder gerechtfertigt sein: Wahr-für-P und wahr-für-Q bzw. gerechtfertigt-für-P und gerechtfertigt-für-Q.[7]

Um zu einer genaueren Bestimmung des epistemischen Relativismus zu gelangen, sollten wir von der sog. Standardanalyse des Wissens ausgehen. Demnach gilt:

Eine Person P *weiß*, dass p genau dann, wenn
a) P *glaubt*, dass p, und
b) P in ihrem Glauben, dass p, *gerechtfertigt* ist, und
c) p *wahr* ist.

Kurz: Wissen ist wahre, gerechtfertigte Meinung. In der Standardanalyse des Wissens tritt deutlich zu Tage – und dies haben wir bereits implizit bei der Formulierung der relativistischen Kernüberzeugung angenommen –, dass der Relativismus bzgl. *Rechtfertigung* und der *alethische* Relativismus (von aletheia, griech. = Wahrheit) als zwei Formen des epistemischen Relativismus angesehen werden können (vgl. Siegel 2004: 747).[8] Sollten die Wahrheit

---

[6] Bei einigen Formen des Relativismus ist es strittig, ob es sich dabei um eine lokale oder doch um eine globale Form des Relativismus handelt. Zu nennen sind in diesem Zusammenhang etwa der Wahrheitsrelativismus und einige Spielarten des ontologischen Relativismus.

[7] Man spricht in diesem Zusammenhang auch davon, dass der Relativismus die Möglichkeit *fehlerloser* oder *rationaler Meinungsverschiedenheiten* zulasse.

[8] Siegel stellt korrekt fest, dass eine mögliche dritte Form des epistemischen Relativismus, die sich aus der Standardanalyse ergeben könnte, nämlich der Relativismus der Meinungen, wohl ein trivialer Bestandteil des epistemischen Relativismus ist (vgl. Siegel 2004: 771).

von Wissensansprüchen oder die Standards der Rechtfertigung derselben nur relativ zu verschiedenen Kulturen, Gesellschaften oder Personen sein, dann könnten die Wissensansprüche auch nicht absolut gültig sein.

Allerdings sollte man sich davor hüten, zu meinen, dass mit diesen beiden möglichen Formen das gesamte Spektrum von Positionen epistemischer Relativisten erfassend ausgeschöpft sei. So finden etwa viele Autoren bei Thomas Kuhn einen epistemischen Relativismus,[9] der – in bestimmten Lesarten der sogenannten *Inkommensurabilitätsthese* – die Form eines Begriffsrelativismus annimmt. Und im expliziten epistemischen Relativismus der Wissenschaftssoziologen Barry Barnes und David Bloor wird bereits die Standardanalyse des Wissens nicht akzeptiert: Für den Soziologen sei die angemessene Definition nicht die Standardanalyse, sondern er definiere Wissen als das, was für Wissen gehalten wird (Bloor 1991: 5) bzw. als kollektiv akzeptierte Überzeugung (Barnes/Bloor 1982: 22 Fn. 5).

Entsprechend gibt es viele verschiedene Formulierungen des epistemischen Relativismus und bereits die genaue Formulierung der Position ist der Ausgangspunkt der Diskussion um die Haltbarkeit der Position. In den nachfolgenden Kästen werden zwei Definitionen des epistemischen Relativismus angeführt; eine dieser Definitionen ist von einem expliziten Anti-Relativisten (Siegel), die andere ist von einem expliziten Relativisten (Kusch) aufgestellt.

Auch wenn sich diese Definitionen in entscheidenden Hinsichten unterscheiden, da es z. B. bei Martin Kusch im Gegensatz zu Siegel nicht um den alethischen Relativismus geht, finden sich doch in beiden Formulierungen zwei Aspekte, die für den epistemischen Relativismus kennzeichnend sind: Zum einen die These, dass eine epistemische Bewertung von Überzeugungen immer nur bezogen auf oder innerhalb eines bestimmten epistemischen Systems vorgenommen werden kann. Diese Idee findet sich im ersten Teil der Definition bei Siegel sowie bei Kusch in (1). Zum zweiten findet sich bei beiden die These, dass keines der möglicherweise verschiedenen epistemischen Systeme, auf das eine epistemische Bewertung bezogen ist, einen ausgezeichneten epistemischen Status hat. Diese Idee findet sich in der Verneinung eines

---

[9] Kuhn selbst hat sich stets gegen den Vorwurf des Relativismus zur Wehr gesetzt und einige seiner Interpreten sind ihm darin gefolgt. Es ist weiter umstritten, ob Kuhn ein Relativist ist oder nicht. Allerdings kann sicher behauptet werden, dass die Arbeiten Kuhns für viele relativistische Autoren den Ausgangspunkt bilden.

Siegels Formulierung des epistemischen Relativismus

Für jeden Wissensanspruch p gilt, dass p nur gemäß (bezügl.) der einen oder anderen Menge von Hintergrundprinzipien oder Bewertungsstandards $s_1, ..., s_n$ bewertet (beurteilt, nachgewiesen etc.) werden kann; und, wenn es eine andere Menge (oder andere Mengen) von Hintergrundprinzipien oder Bewertungsstandards $s'_1, ..., s'_n$ gibt, dann gibt es keinen neutralen (das heißt, neutral hinsichtlich der zwei oder mehr alternativen Mengen von Prinzipien oder Standards) Weg zwischen den zwei (oder mehr) Mengen bei der Bewertung der Wahrheit oder rationalen Rechtfertigung von p zu wählen. p's Wahrheit und rationale Rechtfertigbarkeit sind relativ zu den Standards, die bei der Bewertung von p verwendet werden. (Siegel 1987: 6; Übersetzung M.S.)

Kuschs Formulierung des epistemischen Relativismus

Der epistemische Relativist glaubt, dass Personen, die verschiedene epistemische Systeme (bestehend aus epistemischen Standards) verwenden, eine ›fehlerlose Meinungsverschiedenheit‹ bezüglich der Frage, ob eine bestimmte Überzeugung epistemisch gerechtfertigt ist oder nicht, haben können. Fehlerlose Meinungsverschiedenheit ist in einem solchen Szenario möglich, weil (1) Überzeugungen nur innerhalb epistemischer Systeme gerechtfertigt werden können; (2) es viele radikal verschiedene epistemische Systeme gibt und gab; und (3) es unmöglich ist, durch rationale Argumente zu zeigen, dass das eigene epistemische System allen oder den meisten anderen Systemen überlegen ist. (Kusch 2010: 226; Übersetzung M.S.)

neutralen Weges der Entscheidung zwischen alternativen Systemen bei Siegel und bei Kusch in (3). Die Definition mit der wir im Folgenden arbeiten wollen, besteht deshalb aus zwei Teilen:

Definition Epistemischer Relativismus

a) Die Bewertung des epistemischen Status einer Überzeugung kann immer nur in Bezug auf ein epistemisches System vorgenommen werden bzw. ist nur so sinnvoll.
b) Wenn es mehrere alternative epistemische Systeme gibt, dann hat keines dieser epistemischen Systeme einen ausgezeichneten epistemischen Status.

Trotz ihrer Kürze und der Unklarheit einiger Begriffe hat diese Definition drei Vorteile: Zum ersten genügt sie der relativistischen Kernüberzeugung. Zum zweiten ist mit ihr sowohl der Relativismus bzgl. Rechtfertigung als auch der alethische Relativismus vereinbar. Und zum dritten legt sie sich nicht auf die Standardanalyse des Wissens fest und kann so Relativisten, die diese ablehnen, gerecht werden.

3. Argumente für den epistemischen Relativismus

Obwohl der Relativismus eines der ältesten Themen der Philosophie ist – als erster Relativist gilt Protagoras, wie er von Platon im *Theätet* dargestellt und attackiert wird –, haben doch gerade seit etwa der Mitte des vergangenen Jahrhunderts relativistische Thesen auch außerhalb der philosophischen Spezialdiskussion enorme Popularität erlangt. Die Gründe dafür sind vielschichtig, allerdings werden im Zusammenhang der Diskussion in der Philosophie häufig zwei außerordentlich prominente Autoren genannt, die von relativistischer Seite als Gewährsmänner dienen sollen: Ludwig Wittgenstein (1889–1951) und Thomas S. Kuhn (1922–1996). Wittgenstein hat bereits mit seiner 1921 erschienenen *Logisch-Philosophischen Abhandlung* enormen Einfluss auf die Philosophie – vor allem auf die Vertreter des sogenannten *logischen Empirismus* – gehabt; für die relativistische Argumentation von Bedeutung sind jedoch die posthum erschienenen *Philosophischen Untersuchungen*, in denen Wittgenstein sich von vielen Thesen seines Frühwerks distanziert (beide Werke sind gemeinsam in Wittgenstein 1984 veröffentlicht). Thomas S. Kuhns (auch über die philosophische und wissenschaftstheoretische Diskussion hinaus) populär gewordenes Buch *Die Struktur wissenschaftlicher Revolutionen* (Kuhn 1976) läutete 1962 – um eine Wendung von Kuhn selbst zu verwenden – einen Paradigmenwechsel auf dem Gebiet der Wissenschaftstheorie ein: Kuhns mit vielen Beispielen aus der Wissenschaftsgeschichte gespickte Argumentation führte zu einer stärkeren Betonung historischer und soziologischer Untersuchungen der tatsächlichen Wissenschaftspraxis.

Obwohl es weiterhin umstritten ist, ob und, wenn ja, inwiefern Wittgensteins und Kuhns Argumentationen den epistemischen Relativismus stützen können (vgl. z. B. Kusch 2010, Siegel 1987: Teil II, Williams 2007), werden gerade von relativistischer Seite die meisten der nun folgenden Argumente auf den einen oder anderen der Autoren zurückgeführt.

3.1 Das Argument aus der Normenzirkularität

Kommen wir zurück zum Beispiel der Azande. Wir haben gesehen, dass die Azande mindestens eine epistemische Norm verwenden, die sich von unseren epistemischen Normen deutlich unterscheidet. Diese Norm lautet in etwa:[10]

(Orakel) Für bestimmte Überzeugungen, z. B. bezüglich der Frage, wer für ein Unglück verantwortlich zu machen ist, gilt, dass wir vorläufig gerechtfertigt sind, diese Überzeugungen zu glauben, wenn das Hühnerorakel entsprechend ausfällt.

Wir dagegen akzeptieren diese epistemische Norm nicht, sondern verlassen uns auch in Fragen von Unglücken auf andere epistemische Normen, wie z. B.:

(Beobachtung) Für Überzeugungen mit Beobachtungsanteil gilt, dass wenn eine Person P beobachtet, dass p, und die Beobachtungsumstände günstig sind (z. B., dass die Person nicht unter dem Einfluss halluzinogener Drogen steht, dass die Sicht gut ist usw.), dann ist P vorläufig gerechtfertigt zu glauben, dass p.

Und:

(Induktion) Wenn eine Person P oft genug beobachtet hat, dass einem Ereignis der Art B ein Ereignis der Art A vorausgegangen ist, dann ist P vorläufig gerechtfertigt zu glauben, dass allen Ereignissen der Art B ein Ereignis der Art A vorausgeht.

Obwohl unsere tatsächliche Erklärung selbstverständlich weitaus komplizierter ist, beruht auch unsere Rechtfertigung für die Erklärung von Unglücken unter anderem auf diesen epistemischen Normen: Wenn wir unsere Überzeugung rechtfertigen wollen, dass z. B. ein Zug deshalb verunglückt ist, weil ein Radreifen gebrochen ist, dann werden wir Beobachtungsergebnisse und induktiv gewonnene Naturgesetze anführen – ein Huhn zu vergiften käme uns nicht in den Sinn.

Wie aber kommen wir von der Tatsache, dass die Azande ein von unserem verschiedenes epistemisches System verwenden, zum Relativismus?

Wir kommen einer Antwort näher, wenn wir uns die Frage stellen, ob wir unser eigenes epistemisches System, unseren eigenen Standpunkt überschreiten oder abstreifen

---

[10] Vgl. für das Folgende Boghossian 2006: Kapitel 5 und Seidel 2014: Kapitel 3.

können. Ist es uns möglich einen ›Blick von Nirgendwo‹, einen Standpunkt, der perspektivenlos ist, einzunehmen (vgl. Nagel 1992)? Die Antwort scheint »Nein« zu sein, denn eine scheinbar perspektivenlose Perspektive ist eben auch nichts anderes als eine Perspektive. Die Bewertung und Untersuchung einer Überzeugung muss Bezug nehmen auf Bewertungs- und Untersuchungsregeln, denn sonst ist es überhaupt gar keine Bewertung oder Untersuchung. Diesen Punkt bringt Willard van Orman Quine (1908–2000) zum Ausdruck: »Die Aufgabe des Philosophen unterscheidet sich von der anderer demnach in ihren Einzelheiten – aber nicht so drastisch, wie diejenigen annehmen, die sich vorstellen, der Philosoph nehme außerhalb des Begriffsschemas, das er in seine Obhut nimmt, eine überlegene Stellung ein. Ein solches kosmisches Exil gibt es nicht. Das grundlegende Begriffsschema der Wissenschaft und des Common sense kann der Philosoph nicht untersuchen, ohne selbst über ein Begriffsschema zu verfügen, das seinerseits – ob es dasselbe ist oder ein anderes – der philosophischen Überprüfung bedarf.« (Quine 1980: 474f.). Die Verneinung der Möglichkeit, ein solches ›kosmisches Exil‹ zu erreichen, ist aber nun der Teil a) unserer Minimaldefinition des epistemischen Relativismus: Wenn eine perspektivenlose Bewertung des epistemischen Status von Überzeugungen unmöglich ist, dann müssen wir uns bei dieser Bewertung immer auf ein epistemisches System beziehen.

Dies kann der Anti-Relativist noch akzeptieren, denn er kann zwar zugestehen, dass wir uns zur Bewertung von Überzeugungen immer auf ein epistemisches System berufen müssen. Aber er kann darauf bestehen, dass es ein objektives, ausgezeichnetes epistemisches System gibt, auf das wir uns berufen sollten: Wir sollten uns auf das System berufen, das epistemische Normen wie (Beobachtung) und (Induktion) zur Rechtfertigung verwendet, und nicht auf das System, das solch abstruse epistemische Normen wie (Orakel) enthält.

Die Argumentation des Relativisten geht jedoch weiter: Da wir zur Rechtfertigung von Überzeugungen keinen ›Blick von Nirgendwo‹ haben können, sondern immer unter Bezugnahme auf ein epistemisches System rechtfertigen müssen, gilt dies auch für die Überzeugungen, die den epistemischen Status der Normen unseres epistemischen Systems, also (Beobachtung) und (Induktion) *selbst* betreffen. Wenn wir unser epistemisches System vor dem epistemischen System der Azande epistemisch auszeichnen wollen, dann besteht nach a) keine Möglichkeit, dies ohne Verwendung eines epistemischen Systems zu tun. Entsprechend müssen wir für die Begründung des ausgezeichneten epistemischen Status unseres eigenen epistemischen Systems eben genau die Normen dieses Systems verwenden.[11] Doch eine Rechtfertigung des ausgezeichneten Status epistemischer Normen, die die erst zu rechtfertigenden Normen voraussetzen muss, ist – so der Relativist – keine echte Rechtfertigung mehr: Die Rechtfertigung ist *normenzirkulär* und damit keine Rechtfertigung des ausgezeichneten epistemischen Status unseres epistemischen Systems.[12] Wie es Barnes und Bloor ausdrücken: »Der grundlegende Punkt ist, dass Rechtfertigungen der Deduktion selbst die Deduktion voraussetzen. Sie sind zirkulär, weil sie sich auf genau die Schlussprinzipien berufen, die gerade in Frage stehen. In dieser Hinsicht ist die Rechtfertigung der Deduktion in derselben Lage wie die Rechtfertigungen der Induktion, die stillschweigend induktive Schritte machen, wenn sie sich auf die Tatsache berufen, dass die Induktion ›funktioniert‹. Unsere zwei grundlegenden Modi des Schließens sind bezüglich ihrer rationalen Begründung in einem gleichermaßen hoffnungslosen Zustand.« (Barnes/Bloor 1982: 41; Übersetzung M.S.). Dasselbe gilt nun auch für die Azande: Schließlich könnten die Azande ebenso ihr epistemisches System stetig unter Bezugnahme auf ihre epistemischen Normen wie (Orakel) rechtfertigen. Es scheint nichts dagegen zu sprechen, dass die Azande, wenn wir sie auffordern, ihr epistemisches System zu rechtfertigen, dies mit Bezug auf das Hühnerorakel tun.[13] Auch ihre grundlegenden Modi des Schließens sind daher bezüglich ihrer rationalen Begründung in einem *gleichermaßen* hoffnungslosen Zustand, denn auch sie können uns nicht von dem ausgezeichneten Status ihres epistemischen Systems dadurch überzeugen, dass sie

---

[11] Dass wir zur Rechtfertigung des ausgezeichneten Status unserer epistemischen Normen nicht die epistemischen Normen eines alternativen epistemischen Systems verwenden dürfen, scheint klar zu sein: Würden wir durch Verwendung des Orakels rechtfertigen wollen, dass wir anderen Normen als (Orakel) vertrauen sollten, dann wäre dies wenig überzeugend.

[12] Letztlich bedient sich der epistemische Relativist an dieser Stelle einer Variante des Arguments des Pyrrhonischen Skeptikers, das als Agrippas Trilemma bekannt geworden ist (→ Skeptizismus; → Fundamentalismus und Kohärenztheorie). Es ist umstritten, ob der epistemische Relativist sich tatsächlich so einfach der Argumentation des Pyrrhonischen Skeptikers bedienen kann (vgl. dazu Sankey 2012, Sankey 2013, Seidel 2013a, Seidel 2013b).

[13] Es sei darauf hingewiesen, dass die Azande dies nicht tun. Im Prinzip scheint es jedoch keinen Grund zu geben, warum die Azande (Orakel) nicht deutlich weiter anwenden könnten.

das Hühnerorakel befragen. Wenn es, so der Relativist, also zwei fundamental verschiedene epistemische Systeme gibt, dann hat keines dieser epistemischen Systeme einen ausgezeichneten epistemischen Status. Das aber ist Teil b) der Minimaldefinition des epistemischen Relativismus, und damit folgt aus der Verneinung der Möglichkeit eines ›Blickes von Nirgendwo‹ und der Anerkennung der Normenzirkularität der epistemische Relativismus.

3.2 Argumente aus der Wissenschaftstheorie

Das Argument aus der Normenzirkularität ist anwendbar auf all unsere epistemischen Normen und unseren gesamten Wissenskorpus. Der epistemische Relativismus hat im vergangenen Jahrhundert jedoch viele seiner Argumente aus Überlegungen speziell über *wissenschaftliche* Überzeugungen gewonnen und ein großer Teil der Diskussion um den epistemischen Relativismus ist tatsächlich eine Diskussion um den Relativismus bzgl. wissenschaftlichen Wissens. Dies ist nicht verwunderlich, da gerade das wissenschaftliche Wissen sowie die Methoden, die dazu führen sollen, innerhalb unseres Wissens- und Methodenkorpus den ausgezeichneten Status beansprucht, den der Relativist verneint, und sich die These des Relativisten deshalb gerade an diesem Korpus bewähren muss.

3.2.1 Unterbestimmtheit der Theorie durch die Daten

Die These der Unterbestimmtheit der Theorie durch die Daten wurde prominent von Willard V. O. Quine in seinem Aufsatz *Two Dogmas of Empiricism* vertreten (Quine 1961), und Quines Argumente und Thesen wurden dazu verwendet, die These des epistemischen Relativismus zu stärken.[14] Für den Kontext der Diskussion um den epistemischen Relativismus ist an dieser Stelle weniger Quines Argumentation gegen die von ihm identifizierten Dogmen, sondern vielmehr seine Bemerkungen zu einem konstruktiven Gegenvorschlag wichtig: Quine verteidigt einen *Holismus der Bestätigung*; die These, dass »unsere Behauptungen über die Außenwelt dem Tribunal der Sinneserfahrung nicht einzeln, sondern als verbundene Gesamtheit« (Quine 1961: 41; Übersetzung M.S.) gegenüberstehen. In diesem Zusammenhang sagt Quine: »Die Gesamtheit unseres sogenannten Wissens oder Glaubens [...] ist ein von Menschen geflochtenes Netz, das nur an seinen Rändern mit der Erfahrung in Berührung steht. Oder, um ein anderes Bild zu nehmen, die Gesamtwissenschaft ist ein Kraftfeld, dessen Randbedingungen Erfahrung sind. Ein Konflikt mit der Erfahrung an der Peripherie führt zu Anpassungen im Inneren des Feldes. [...] Doch das gesamte Feld ist so sehr durch seine Randbedingungen, durch die Erfahrung, unterbestimmt, dass wir eine breite Auswahl haben, welche Aussagen wir angesichts einer beliebigen individuellen, dem System zuwiderlaufenden, Erfahrung neu bewerten wollen. [...] Jede Aussage kann als wahr aufrecht erhalten werden, was da auch kommen mag, wenn wir nur anderweitig in dem System ausreichend drastische Anpassungen vornehmen.« (Quine 1961: 42f.; Übersetzung M.S.).

Unsere Überzeugungen hängen nach Quine auf vielfältige Weise wie in einem Netz miteinander zusammen: Einige Überzeugungen rechtfertigen andere Überzeugungen in diesem Netz und nur einige Überzeugungen am Rande dieses Netzes stehen mit der Erfahrung direkt im Zusammenhang. Wenn es nun zu unseren Überzeugungen widersprechenden Erfahrungen kommt, müssen wir aufgrund des netzartigen Zusammenhanges einige Überzeugungen auch im Inneren des Netzes ändern. Im Prinzip, so Quines Unterbestimmtheitsthese, haben wir jedoch stets mehrere, einander sogar widersprechende Möglichkeiten unser Überzeugungsnetz an die widersprechende Erfahrung anzupassen. Wir können unsere Überzeugungen am Rande des Überzeugungsnetzes anpassen, aber prinzipiell schließt die Erfahrung nicht aus, dass wir – wie es Quine selbst sagt – drastische Anpassungen wie etwa die Ablehnung grundlegender logischer Gesetze vornehmen, um unser Überzeugungsnetz der widersprechenden Erfahrung anzugleichen. Die Erfahrung selbst – und dies ist für die relativistische Argumentation entscheidend – kann uns nicht dazu bringen, nur eine Theorie als ›besser zu der Erfahrung passend‹ auszuzeichnen. Was uns im Endeffekt dazu bringt, eine Theorie zu akzeptieren, so der Relativist, sei eben nicht

---
[14] Ob die folgende Argumentation der Quineschen Unterbestimmtheitsthese gerecht wird, muss an dieser Stelle eine offene Frage bleiben. Für Kritik an starken Lesarten der Unterbestimmtheitsthese vgl. z. B. Boghossian 2006: 126f. Klar ist, dass sich viele Relativisten und auch Thomas Kuhn auf die Unterbestimmtheitsthese berufen: »Wissenschaftstheoretiker haben wiederholt demonstriert, daß auf eine gegebene Sammlung von Daten immer mehr als eine theoretische Konstruktion paßt. Die Geschichte der Wissenschaft zeigt, daß es, besonders in den frühen Entwicklungsstadien eines neuen Paradigmas, nicht einmal sehr schwierig ist, solche Alternativen zu erfinden.« (Kuhn 1976: 89). In Seidel 2014: Kapitel 2 wird ausführlich zwischen verschiedenen Arten der Unterbestimmtheitsthese und darauf aufbauenden Argumentationsstrategien für den epistemischen Relativismus unterschieden.

allein die Erfahrung, sondern gerade soziale, kulturelle und persönliche Ursachen spielten für die Theoriewahl eine entscheidende Rolle (vgl. zu dieser Argumentation Boghossian 2006: 125 f.).

Um ein Beispiel anzuführen: Im Jahre 1650 berechnete der anglikanische Bischof James Ussher das Alter der Erde allein unter Berufung auf Bibelstellen. Das von ihm errechnete Datum ist der 23. Oktober 4004 v. Chr., an dem der Schöpfungsakt stattgefunden haben müsse. Ussher verwendete zur Berechnung des Alters der Erde offensichtlich eine andere epistemische Norm als die meisten von uns: Zur Rechtfertigung seiner Überzeugung verließ er sich auf Bibelexegese. Wenn wir uns nun auf die umfassenden Daten, die gegen Usshers Hypothese sprechen (also etwa Fossilien), berufen, um damit zu begründen, dass Usshers epistemische Norm, die Bibelexegese zur Rechtfertigung von Theorien anzuführen, zu der Erfahrung widersprechenden Theorien führt, dann, so der Relativist, beachten wir die Unterbestimmtheit der Theorie durch die Daten nicht ausreichend: Die Daten, die wir zur Verfügung haben, sind vollkommen damit vereinbar, dass die Erde *mitsamt aller Fossilien* am 23. Oktober 4004 v. Chr. durch einen Schöpfungsakt entstanden ist. Die Existenz von Fossilien ist sowohl mit unserer Theorie, dass die Erde etwa 4,55 Milliarden Jahre alt ist, als auch mit Usshers Theorie, dass die Erde 4004 v. Chr. in einem Zustand geschaffen wurde, der auf ein deutlich höheres Alter hindeutet, vereinbar. Natürlich zwingt uns diese Argumentation keineswegs dazu, Usshers Theorie zu akzeptieren. Aber, so der Relativist, wir können unser epistemisches System gegenüber Usshers System nicht anhand der Erfahrungsadäquatheit der Theorien, die wir mit Hilfe unserer epistemischen Normen erhalten, auszeichnen, denn auch Usshers Theorie sei erfahrungsangemessen.

3.2.2 Theoriebeladenheit der Beobachtung

In Kombination mit der These der Unterbestimmtheit der Theorie durch die Daten wird von epistemischen Relativisten oftmals die These von der *Theoriebeladenheit der Beobachtung* ins Feld geführt. Beide Thesen befassen sich im weiten Sinne mit dem Verhältnis der empirischen Belege zu den darauf beruhenden Theorien und kritisieren das – nach relativistischer Auffassung – allzu naive Bild dieser Beziehung, welches der Anti-Relativist zeichnet.

Wichtige Vertreter des in der ersten Hälfte des vergangenen Jahrhunderts einflussreichen sog. *Logischen Empirismus*, z. B. Rudolf Carnap (1891–1970), gingen von der Möglichkeit einer strikten Trennung zwischen sog. Beobachtungstermen und theoretischen Termen aus. Eine solche Unterscheidung eröffnete die Möglichkeit, dass es eine theorieneutrale Beobachtungssprache gebe, in der theorieneutrale Beschreibungen der Beobachtungen angegeben werden können. Wäre das tatsächlich so, dann hätte der Anti-Relativist ein starkes Argument gegen die Unmöglichkeit, ein bestimmtes epistemisches System vor alternativen epistemischen Systemen auszuzeichnen (Teil b der Definition), gefunden: Anhand der neutralen Beschreibungen kann dann die Adäquatheit verschiedener epistemischer Normen bewertet werden.

Die Idee einer theorieneutralen Beobachtung(ssprache) wurde bereits früh von dem Mediziner und Wissenschaftshistoriker Ludwik Fleck (1896–1961), der nach der Aussage von Thomas Kuhn viele seiner späteren Gedanken vorweggenommen hat, angegriffen: »Wo ist denn jene reine, vorurteilsfreie Beobachtung? Die ›gute‹ Beobachtung, gültig ein für allemal und für alle, unabhängig von der Umgebung, ihrer Tradition und von der Epoche? Sie gibt es nirgends, weder in der Geschichte noch im gegenwärtigen Moment, unmöglich ist sie auch als Ideal, an das man sich durch Analyse oder Kritik annähern könnte [...].« (Fleck 1983: 81). Prominent und in der wissenschaftstheoretischen Diskussion einflussreich wurde diese Kritik allerdings vor allem durch Norwood R. Hanson (Hanson 1958), Thomas S. Kuhn (Kuhn 1976) und Paul Feyerabend (Feyerabend 1983).

Anhand eines Beispiels kann die Idee, die hinter der Theoriebeladenheit der Beobachtung steckt, verdeutlicht werden:

Hase oder Ente? Was wir im Bild sehen, so Vertreter der Theoriebeladenheit, hängt von unseren Begriffen und Theorien ab. (Das Bild ist Wittgenstein 1984: 520 entnommen).

Wenn wir die obige Abbildung, die als Hase-Ente-Kopf bekannt geworden ist, betrachten, dann können wir in ihr sowohl einen Hasen- als auch einen Entenkopf erkennen: Je nachdem, worauf wir unsere Aufmerksamkeit richten, sehen wir einmal das eine, einmal das andere. Und es ist nicht ausgeschlossen, dass es eine Kultur gibt, die nur das eine und nicht das andere darin zu sehen vermag: Wenn man nicht weiß, dass es überhaupt Hasen gibt, dann kann man schwerlich einen Hasen in der Abbildung erkennen.

Der Relativist argumentiert nun folgendermaßen: Beispiele dieser Art zeigten, dass das, was wir erkennen, wahrnehmen oder beobachten, nicht einfach nur von dem uns in der Wahrnehmung gegebenen Gegenstand abhänge, sondern auch davon, welche Theorien und welches Wissen wir über den entsprechenden Gegenstand hätten. Im Falle des Hase-Ente-Kopf verwendeten wir bei der Wahrnehmung bereits sozusagen ›hasen- und ententheoretische‹ Annahmen, da wir ohne solche eben keinen Hasen und keine Ente erkennen könnten. Die Notwendigkeit, bereits theoretische Annahmen bei der Wahrnehmung und Beobachtung zu machen, um überhaupt etwas erkennen zu können, bestehe aber generell. Es gebe demnach keine theorieneutrale Beobachtung und damit auch keinen Weg, ein bestimmtes epistemisches System ›neutral‹ anhand der durch die Beobachtung legitimierten Theorien zu überprüfen. Wenn bereits in der Beobachtung selbst Begriffe, Theorien und Kategorien notwendig eine Rolle spielen, dann sei es unmöglich, z.B. unser epistemisches System gegenüber dem epistemischen System der Azande, das andere Begriffe, Theorien und Kategorien verwendet, durch die Beobachtung auszuzeichnen. Es sei nicht so, dass die Azande und wir etwa bei einem Unglück zwar dasselbe sehen, dies aber anders interpretieren. Die Azande sähen *tatsächlich* Hexen am Werk, wo wir natürliche Ursachen sehen.

Argumente dieser Art sind durch schillernde Bemerkungen Kuhns befeuert worden, der davon sprach, dass Wissenschaftler nach einem Paradigmenwechsel, der dem Gestaltwandel im Falle des Hase-Ente-Kopf ähnelt, *in einer anderen Welt* leben oder arbeiten (vgl. Kuhn 1976: 129f., 133).[15] Kuhn schreibt: »Als einfachste Modelle für solche Veränderungen der Welt des Wissenschaftlers erweisen sich die bekannten Darstellungen eines visuellen Gestaltwandels als sehr lehrreich. Was in der Welt des Wissenschaftlers vor der Revolution Ente[n] waren, sind nachher Kaninchen. [...] Beim Blick auf ein Blasenkammerphoto sieht der Studierende verworrene und unterbrochene Linien, der Physiker aber sieht die Aufzeichnung eines bekannten subnuklearen Vorgangs. Erst nach einer Anzahl solcher Umwandlungen des Sehbildes wird der Studierende ein Bewohner der Welt des Wissenschaftlers, der sieht, was der Wissenschaftler sieht, und reagiert, wie es der Wissenschaftler tut. Die Welt, in die der Studierende dann eintritt, ist jedoch nicht ein für alle Mal durch die Natur seiner Umwelt einerseits und der Wissenschaft andererseits festgelegt. Sie wird vielmehr gemeinsam von der Umwelt und der bestimmten normal-wissenschaftlichen Tradition, der zu folgen der Studierende angehalten wurde, bestimmt.« (Kuhn 1976: 123f.). Wenn tatsächlich die Welt des Wissenschaftlers, oder wenigstens die Wahrnehmung derselben, nicht ein für alle Mal festgelegt ist und – zumindest zu einem Teil – von der Tradition bestimmt wird, wie sollen wir dann ein bestimmtes epistemisches System mit einer bestimmten Tradition vor einem anderen epistemischen System mit einer anderen Tradition auszeichnen können?

3.2.3 Inkommensurabilität

Kuhns These von den Wissenschaftlern, die die Dinge nach einem Paradigmenwechsel anders sehen, ist ein Aspekt dessen, was in den Diskussionen um den epistemischen Relativismus als *Inkommensurabilitätsthese* bekannt geworden ist, und sie hat – wie gesehen – zu relativistischen Interpretationen und Argumentationen Anlass gegeben. Neben der Kuhnschen These über den *perzeptuellen* Aspekt der Inkommensurabilität spielen jedoch zwei weitere Aspekte der sog. Inkommensurabilitätsthese eine wichtige Rolle in Argumenten für den epistemischen Relativismus und in der Begründung der Verschiedene-Welten-These: *Semantische* Inkommensurabilität und *methodologische* Inkommensurabilität.[16] Zwar hängen alle diese Aspekte in verschiedenen Hinsichten miteinander zusammen, aber es ist hilfreich, sie getrennt zu behandeln.

---

[15] Gegen radikale, konstruktivistische Lesarten dieser These wendet sich die Interpretation Paul Hoyningen-Huenes, nach der Kuhn nur einen Wandel der *phänomenalen* Welt, nicht aber der *Welt an sich*, intendiert habe (vgl. Hoyningen-Huene 1989: Kap. 2 und 3). Siehe auch Harré/Krausz 1996: 82f., die in der These dramatisierende Rhetorik vermuten.

[16] Diese drei Aspekte – semantische, methodologische und perzeptuelle Inkommensurabilität – werden von Paul Feyerabend zur Abgrenzung seines Begriffs von Inkommensurabilität vom Kuhnschen Begriff genannt (vgl. Feyerabend 1978: 66–68). Feyerabend gilt neben Kuhn als Urheber der Rede von »Inkommensurabilität« in der Wissenschaftstheorie; er hat aber nur die These semantischer Inkommensurabilität vertreten. Auch Sankey und Hoyningen-Huene (Hoyningen-Huene/Sankey 2001: ix) sehen bei Kuhn 1976 methodologische, semantische und perzeptuelle Komponenten des Inkommensurabilitätsbegriffs. Später hat sich Kuhn allerdings vor allem auf die Diskussion semantischer Inkommensurabilität im Sinne der *Unübersetzbarkeit* von Theorien beschränkt.

Die Etymologie des Begriffs »Inkommensurabilität« verweist auf eine Unmöglichkeit oder Unfähigkeit. Nach der Inkommensurabilitätsthese ist es der *Vergleich* des Gehaltes wissenschaftlicher Theorien, der nach einem Paradigmenwechsel unmöglich sein soll (siehe Sankey 1994: 2).[17] Es scheint klar zu sein, wie eine solche These den epistemischen Relativismus stützen kann: Wenn es unmöglich ist, zwischen den Gehalten inkommensurabler Theorien zu vergleichen, dann können wir auch keiner dieser Theorien – und entsprechend keinem der epistemischen Systeme, die zu ihnen geführt haben – einen ausgezeichneten Status zuschreiben. Die verschiedenen Varianten der Inkommensurabilitätsthese sollen angeben, warum ein solcher Vergleich unmöglich sein soll.

Nach der These der *semantischen* Inkommensurabilität ist der Vergleich aufgrund gravierender begrifflicher Unterschiede zwischen den Theorien unmöglich. Dies kann zum einen dadurch geschehen, dass eine neue Theorie ganz neue Begriffe verwendet, die in der alten Theorie keine Entsprechung finden, bzw. alte Begriffe nicht mehr benutzt, die in der alten Theorie eine bedeutende Rolle spielten. So verwendete man – um ein Beispiel Kuhns zu nehmen – den Begriff »Phlogiston« in der Chemie der ersten Hälfte des 18. Jahrhunderts, um Verbrennungsvorgänge zu erklären. Demnach entweicht bei der Verbrennung ein gewisses Prinzip, eben das Phlogiston, aus der verbrannten Substanz. Die Oxidationstheorie, die zuerst von Antoine Lavoisier entwickelt wurde, hat keine Entsprechung des Begriffs »Phlogiston«. Zum zweiten kann es gravierende begriffliche Unterschiede geben, weil die neue Theorie die Begriffe der alte Theorie in einer anderen Bedeutung verwendet. So änderte sich – um wieder ein Beispiel Kuhns zu bemühen – die Bedeutung des Ausdrucks »Planet« in der kopernikanischen Revolution: Während nach der Ptolemäischen Theorie auch die Sonne ein Planet ist, klassifiziert die Kopernikanische Theorie die Sonne als Stern, so dass die Aussage, dass sich Planeten um die Sonne drehen, überhaupt erst in der Kopernikanischen Theorie korrekt sein kann. Die Phlogistontheorie und die Oxidationstheorie sowie die Ptolemäische Theorie und die Kopernikanische Theorie sind, so der Vertreter der semantischen Inkommensurabilitätsthese, wechselseitig *unübersetzbar*. Denn es gibt in den Theorien keine Entsprechungen der relevanten Begriffe. Wie – so die relativistische Frage – soll dann ein Vergleich zwischen den Theorien, der einer der Theorien einen ausgezeichneten epistemischen Status zuweist, überhaupt möglich sein?

Nach der *methodologischen* Inkommensurabilitätsthese ist der Vergleich des Gehaltes inkommensurabler Theorien aufgrund der Abwesenheit gemeinsamer Standards der Bewertung der Theorien unmöglich. Viele Formulierungen der These der methodologischen Inkommensurabilität liefern weniger ein *Argument* für den epistemischen Relativismus, wie wir ihn definiert haben, sondern scheinen eher schlicht eine *Reformulierung* dieser Position zu sein. So schreibt etwa Maria Baghramian zur – von ihr so genannten – epistemischen Inkommensurabilität: »Epistemische Inkommensurabilität betont die Divergenz zwischen verschiedenen Denkstilen und Rechtfertigungsmethoden. Es wird argumentiert, dass verschiedene Paradigmen, Gesellschaften oder Kulturen verschiedene Denkarten, Standards und Kriterien der Rationalität haben, und wir nicht in einer Position sind, sie zu bewerten oder zwischen ihnen zu wählen.« (Baghramian 2004: 195).[18] Worum es bei der Frage methodologischer Inkommensurabilität geht, ist die Frage nach sog. rationalen Theoriewahlkriterien: Gibt es einheitliche, feststehende Kriterien, nach denen gute Wissenschaftler zwischen rivalisierenden Theorien wählen, oder sind die Kriterien selbst abhängig vom gesellschaftlichen Konsens? Kuhn entscheidet sich klarerweise für die letzte Option: »Wie bei politischen Revolutionen gibt es auch bei der Wahl eines Paradigmas keine höhere Norm als die Billigung durch die jeweilige Gemeinschaft.« (Kuhn 1976: 106) Seine Argumentation dafür ist uns schon bekannt, denn sie entspricht dem Argu-

---

[17] Es ist strittig, ob die Inkommensurabilitätsthese tatsächlich die These der Unmöglichkeit eines Vergleichs des Gehaltes wissenschaftlicher Theorien ist. Kuhn etwa hat beharrlich bestritten, dass seine Inkommensurabilitätsthese eine These der Unvergleichbarkeit impliziert (vgl. etwa Kuhn 1982). Diese Debatte kann hier nicht nachvollzogen werden.

[18] Siehe auch die Formulierung von Harré/Krausz 1996: 79: »Nach Kuhn sind zwei Theorien inkommensurabel, wenn es keine gemeinsame Tatsache gibt, durch die eine Entscheidung, welche der beiden Theorien glaubwürdiger als die andere sei, rational begründet werden kann.« Entsprechend halten auch Sankey und Hoyningen-Huene fest, dass die methodologische Version zu einem durchgängigen epistemischen Relativismus zu führen scheine, nach dem Wissenschaftler konfligierende Theorien auf der Basis alternativer Mengen methodologischer Standards rational akzeptieren können (vgl. Sankey/Hoyningen-Huene 2001: xiv).

ment aus der Normenzirkularität: »Wie die Wahl zwischen konkurrierenden politischen Institutionen erweist sich die zwischen konkurrierenden Paradigmata als eine Wahl zwischen unvereinbaren Lebensweisen der Gemeinschaft. Da sie diesen Charakter hat, kann die Wahl nicht nur von den Bewertungsverfahren, die für die normale Wissenschaft charakteristisch sind, bestimmt werden – und wird es auch nicht –, denn jene Verfahren hängen zum Teil von einem bestimmten Paradigma ab, und dieses Paradigma ist strittig. Wenn Paradigmata in eine Diskussion über die Wahl von Paradigmata eingehen – und sie müssen es ja –, dann ist ihre Rolle notwendigerweise zirkulär. Jede Gruppe verwendet ihr eigenes Paradigma zur Verteidigung eben dieses Paradigmas.« (Kuhn 1976: 106). Methodologische Inkommensurabilität scheint also entweder nur eine Reformulierung der relativistischen Position oder kein über das Argument aus der Normenzirkularität hinausgehendes Argument für den epistemischen Relativismus zu liefern.

4. Argumente gegen den epistemischen Relativismus

Die oben angeführten Argumente für den Relativismus sind in der Diskussion um den epistemischen Relativismus selbstverständlich nicht unkritisch akzeptiert worden. Von Seiten der Gegner ist auf verschiedene Schwächen hingewiesen worden, zumeist jedoch derart, dass eingewendet wurde, in den obigen Argumenten folge aus den Prämissen nicht der epistemische Relativismus. So argumentiert etwa Boghossian dafür, dass »das Argument aus der Normenzirkularität den epistemischen Relativismus nicht stützt« (Boghossian 2006: 95). Siegel verdeutlicht, dass die Unmöglichkeit *keine* Perspektive einzunehmen, nicht bedeutet, dass man *eine bestimmte* Perspektive nicht erweitern oder überschreiten kann, und dass der epistemische Relativismus daher nicht folge: »Epistemisch Handelnde urteilen immer aus der einen oder anderen Perspektive, aber es gibt keinen Grund zu glauben, dass sie in ihren Perspektiven derart gefangen oder gebunden seien, dass sie sie kritischer Überprüfung nicht unterziehen könnten. In diesem Sinne *können* wir unsere Perspektiven ›transzendieren‹; und dieser Sinn ist hinreichend, um das Argument für den Relativismus, das wir betrachtet haben, abzulehnen« (Siegel 2004: 755; Übersetzung M.S.).[19] Und gegen die Argumente aus der Wissenschaftstheorie wird in Anschlag gebracht, dass sie die Thesen, auf denen sie beruhen, überschätzen. So ist Quines prinzipieller Punkt bei der These der Unterbestimmtheit der Theorie durch die Daten ein rein *logischer* (vgl. Boghossian 2006: 127, Kitcher 1998: 40). Ebenfalls wird – neben grundsätzlicher Kritik (vgl. Schantz 2000) – auch bei der These der Theoriebeladenheit der Beobachtung vor einer Überinterpretation gewarnt (vgl. Kitcher 1998: 38–40). Es könnte zudem gar nicht unmöglich sein, den Grundgedanken der relativistischen Kernüberzeugung zu akzeptieren und dennoch den epistemischen Relativismus abzulehnen (vgl. Goldman 2012, Seidel 2014: Kap. 4).

Der in der Diskussion um den Relativismus jedoch prominenteste Einwand besteht darin, dass der Relativismus – in der einen oder anderen Form – *inkohärent*, *selbstwidersprüchlich* oder *selbstwiderlegend* sei.[20] Zum Abschluss sollen zwei Varianten des Selbstwiderspruchsvorwurfs am Beispiel des Relativismus der Wahrheit kurz vorgestellt werden.[21]

4.1 Logischer Selbstwiderspruch

Nehmen wir an, der Wahrheits-Relativismus sei wahr. Nun sind Relativismus und Absolutismus zumindest konträre Gegensätze, d. h. dass, wenn der Relativismus wahr ist, der Absolutismus nicht wahr ist. Daher gilt:

(1) Wenn der Relativismus wahr ist, dann ist der Absolutismus nicht wahr.

Gehen wir aber weiterhin von der Annahme aus, dass der Relativismus wahr ist. Nun ist es so, dass der Relativismus nicht von allen für wahr gehalten wird, denn sonst gäbe es ja gar keine Debatte um den Relativismus. Wenn

---

[19] Siehe für Siegels Kritik an diesem von ihm sogenannten ›no transcendence, therefore relativism‹-Argument auch: Siegel 2011.
[20] Dieser Vorwurf wird auch im Zusammenhang mit der These der Inkommensurabilität von Theorien von Hilary Putnam 1981 und Donald Davidson 1984 gemacht: Wenn die Begriffe zweier Theorien tatsächlich wechselseitig *unübersetzbar* sein sollen, dann stellt sich die Frage, wie man überhaupt angeben kann, was diejenigen, die andere Begriffe verwenden, geglaubt haben. Wie es Putnam kurz ausdrückt: »Uns zu sagen, dass Galileo ›inkommensurable‹ Begriffe hatte, *und sie dann ausgiebig zu beschreiben* ist vollkommen inkohärent« (Putnam 1981: 115). Vgl. zu den Grundlagen dieses Vorwurfs auch Seidel 2008.
[21] Ob diese Vorwürfe auch auf einen epistemischen Relativismus, der nicht behauptet, dass Wahrheit sondern nur Rechtfertigung relativ ist, übertragbar sind, ist umstritten.

dem aber so ist, dann gilt nach der These des Relativisten jedoch, dass für alle Absolutisten der Absolutismus wahr ist: Genauso wie der Relativismus wahr-für-den-Relativisten ist, muss der Relativist zugestehen, dass der Absolutismus wahr-für-den-Absolutisten ist. Und – so die Argumentation für den logischen Selbstwiderspruch – da für den Relativisten Wahrheit immer Wahrheit-für-x ist, ist der Absolutismus wahr und es folgt:

(2) Wenn der Relativismus wahr ist, dann ist der Absolutismus wahr.

Dann aber gilt nach (1) und (2) natürlich:

(3) Wenn der Relativismus wahr ist, dann ist der Absolutismus wahr und nicht wahr.

Eine Aussage, die aber eine (andere) Aussage und die Negation dieser Aussage logisch impliziert, ist logisch selbstwidersprüchlich. Also folgt, dass die These des Relativismus logisch selbstwidersprüchlich ist.

Diese Form des Arguments, die auf die Argumentation Platons gegen Protagoras zurückgeführt werden kann (Vgl. Platon *Theätet*), ist in der oben dargelegten Form nicht überzeugend. Der Grund ist folgender: Ein Argument, das die *Selbst*widersprüchlichkeit einer Position zeigen will, darf an den für das Argument entscheidenden Stellen nur von den Prämissen dieser Position *selbst* ausgehen. Aber das obige Argument geht in seinem zweiten Schritt stillschweigend vom Wahrheitsbegriff des Relativisten zum Wahrheitsbegriff des Absolutisten über (vgl. zu diesem Vorwurf: Burnyeat 1976: 174 f.). Um dies zu zeigen, sollte man die Aussagen (1) und (2) umformulieren und an den entscheidenden Stellen den Wahrheitsbegriff des Relativisten einsetzen. Es ergibt sich:

(1*) Wenn der Relativismus wahr-für-den-Relativisten ist, dann ist der Absolutismus nicht wahr-für-den-Relativisten.

Erläuterung von (1*): Da Relativismus und Absolutismus zumindest konträr sind, gilt, dass der Absolutismus *für den Relativisten* nicht wahr ist.

(2*) Wenn der Relativismus wahr-für-den-Relativisten ist, dann ist der Absolutismus wahr-für-den-Absolutisten.

Erläuterung von (2*): Der Relativist, für den der Relativismus wahr ist, muss die Konsequenz seiner These akzeptieren, dass der Absolutismus *für den Absolutisten* wahr ist.

Und aus (1*) und (2*) folgt nur:

(3*) Wenn der Relativismus wahr-für-den-Relativisten ist, dann ist der Absolutismus wahr-für-den-Absolutisten und nicht wahr-für-den-Relativisten.

Nun ist aber die These, dass der Absolutismus nicht wahr-für-den-Relativisten ist, nicht die Negation der These, dass der Absolutismus wahr-für-den-Absolutisten ist. Demnach ist der Relativismus – nach dem obigen Argument – nicht logisch selbstwidersprüchlich.

4.2 Pragmatischer Selbstwiderspruch/Dilemma für den Relativisten

Im Alltag wird häufig in verschiedenen Zusammenhängen von Dilemmata gesprochen, etwa im Allgemeinen, wenn man vor einer außerordentlich schwierigen Entscheidung steht. In der Logik hingegen hat ein Dilemma eine spezifische Form:

Dilemma

(1) Entweder p oder q.
(2) Wenn p, dann r.
(3) Wenn q, dann s.

Also:

(K) Entweder r oder s.

Kerngedanke des Dilemma-Arguments gegen den Relativisten ist, diesen vor die Frage zu stellen, welchen (epistemischen) Status seine eigene Position hat, und die für ihn unverdaulichen Konsequenzen einer jeden Antwort auf die Frage aufzuzeigen. Es ist möglich, die von den Gegnern des Relativismus vorgebrachten Dilemma-Argumente grob anhand dieser unverdaulichen Konsequenzen zu unterscheiden: Eine Form des Arguments führt dazu, dass der Relativist selbst nicht *glauben*, *akzeptieren*, *fürwahrhalten* oder *behaupten* kann, dass der Relativismus wahr ist (vgl. Boghossian 2001: 17). Nach einer anderen Form des Arguments ist es dem Relativisten unmöglich, jemand anderen von seiner Position zu *überzeugen* oder *gute Gründe* für seine Position anzugeben (vgl. Nagel 1999: 24 f.). In beiden Varianten wird das Dilemma-Argument oft mit dem Vorwurf des pragmatischen oder performativen Selbstwiderspruchs verknüpft: Indem der Relativist *behauptet* oder *uns davon überzeugen will*, dass der Relativismus wahr ist, widerspricht seine Handlung, nämlich z. B. das Behaupten, dem Inhalt seiner Behauptung (vgl. Boghossian 2001: 17).[22]

Der Ausgangspunkt des Dilemma-Arguments gegen den Relativisten ist die Frage nach dem Status seiner eigenen Position: Entweder ist die Behauptung, dass alle Aussagen nur relativ wahr sind, selbst absolut oder relativ wahr. Dies führt uns zu – wie man sagt – zwei Hörnern des Dilemmas:

(1. Horn) Betrachten wir den Fall, in dem die Behauptung des Relativisten selbst absolut wahr sein soll. Dann ist sie entweder logisch selbstwidersprüchlich, da es dann (mindestens) eine Aussage gibt, die absolut wahr ist, so dass nicht *alle* Aussagen nur relativ wahr sind. Oder der Relativist muss seine These einschränken, z. B. indem er sagt, dass alle Aussagen – außer die relativistische Aussage selbst – relativ wahr sind, und begründen, warum seine eigene Behauptung eine Ausnahme von der allumfassenden relativistischen These sein soll. Es erscheint aber aussichtslos, eine Begründung für eine solche Ausnahme zu liefern, die weder ad hoc wirkt noch die absolute Wahrheit weiterer Aussagen begründet.[23]

(2. Horn) Betrachten wir den Fall, in dem die Behauptung des Relativisten selbst auch nur relativ wahr sein soll, d. h. den Fall, in dem man die These des Relativisten *reflexiv* auf sich selbst anwendet (vgl. für diese Strategie Bloor 1991: 7). Wenn aber die These des Relativisten *für den Relativisten* wahr sein soll, dann gilt, dass der Relativist akzeptieren muss, dass die These des Anti-Relativisten *für den Anti-Relativisten* wahr ist. Nun ist die These des Anti-Relativisten eben der Anti-Relativismus, also muss der Relativist akzeptieren, dass die These des Relativismus *für den Anti-Relativisten* falsch ist. Wie aber soll der Anti-Relativist von der These des Relativisten dann überzeugt werden? Denn *für ihn* ist und bleibt der Relativismus falsch. Wie Siegel schreibt: »Die *Behauptung und Verteidigung* des Relativismus' nötigt dazu, neutrale Standards, anhand derer die umstrittenen Behauptungen bewertet werden können, vorauszusetzen; aber der Relativismus verneint die Möglichkeit der Bewertung anhand solcher neutraler Standards. [...] Der Relativismus ist daher *ohnmächtig* – unfähig, sich selbst zu verteidigen – und scheitert an dieser fundamentalen reflexiven Schwierigkeit. [...] Den Relativismus relativistisch zu ›verteidigen‹ heißt nicht, ihn zu *verteidigen;* also überhaupt einen Grund dafür zu liefern, dass man glaubt, er sei in irgendeiner Weise dem Nicht-Relativismus epistemisch überlegen.« (Siegel 2004: 748; Übersetzung M.S.)

Damit ergibt sich als Dilemma für den Relativisten: Entweder der Relativismus ist selbst-widersprüchlich oder er kann nicht begründet behauptet bzw. verteidigt werden. Einige Relativisten haben tatsächlich diese letzte Konsequenz gezogen und die Hoffnung auf die epistemische Begründung ihrer Ansichten aufgegeben. Wie es Nelson Goodman ausdrückt: »Grob gesagt, was in solchen Fällen erforderlich ist, gleicht weniger dem Argumentieren als dem Verkaufen.« (Goodman 1984: 157, vgl. auch Rorty 1989: 30 f.). Es sei dahingestellt, ob der Anti-Relativist auf eine solche Strategie überhaupt irgendetwas antworten muss, denn schließlich ging es ihm in der Debatte um *Argumente* für oder wider den epistemischen Relativismus.

---

[22] Ein anderes Beispiel eines pragmatischen Selbstwiderspruchs ist etwa der Fall, dass jemand sagt: »Ich sage jetzt nichts.«: Die Handlung des Sagens widerspricht hier dem Inhalt des Gesagten.

[23] Ein weiteres Problem dieser Strategie besteht darin, dass der Relativist, wenn er für seine eigene These eine Ausnahme von der Regel einführt, offensichtlich von seiner ursprünglichen, auch *politischen*, Motivation, keine Überzeugungssysteme und Kulturen als *überlegen* auszuzeichnen, abweicht: Schließlich ist nun seine eigene Position absolut wahr.

Kontrollfragen

1. Was ist die relativistische Kernüberzeugung?
2. Was ist der Unterschied zwischen deskriptivem und normativem Relativismus?
3. Was bedeutet es, eine normenzirkuläre Begründung zu geben, und wie argumentiert der Relativist auf der Grundlage dieser Überlegung für seine Position?
4. Wie kann man auf der Grundlage der These der Unterbestimmtheit der Theorie durch die Daten auf relativistische Ideen kommen?
5. Wie könnte die These der Theoriebeladenheit der Beobachtung dazu führen, dass man der Auffassung ist, die Azande sähen *wirklich* Hexen, und was trägt diese Argumentation für die Diskussion um den epistemischen Relativismus aus?
6. Was genau ist Inkommensurabilität und welche Aspekte von Inkommensurabilität sollten unterschieden werden?
7. Wie genau funktioniert der Vorwurf der logischen Selbstwidersprüchlichkeit des Relativismus, und was wendet der Relativist dagegen ein?
8. Vor welches Dilemma kann man den Relativisten stellen?
9. Wieso könnte der Relativismus ohnmächtig sein, und welche Konsequenz ziehen einige Relativisten daraus?

Kommentierte Auswahlbibliographie

Baghramian, Maria (2004): *Relativism*. New York: Routledge.
Ausführliche Einführung in relativistische Positionen sowohl aus historischer als auch systematischer Sicht. Vor allem die Kap. 4–6 sind für die Diskussion um den epistemischen Relativismus interessant.

Bloor, David (1991): *Knowledge and Social Imagery*. Chicago/London: The University of Chicago Press.
Viel kritisierte Gründungsurkunde des sogenannten ›Strong Programme‹ in der Wissenssoziologie. Bloor argumentiert explizit relativistisch und behauptet – anders als viele Wissenssoziologen davor –, dass auch die Gehalte wissenschaftlicher Theorien sozial bestimmt sind.

Boghossian, Paul A. (2006): *Fear of Knowledge. Against Relativism and Constructivism*. Oxford: Clarendon Press. (Deutsch: Boghossian, Paul A. 2013: *Angst vor der Wahrheit. Ein Plädoyer gegen Relativismus und Konstruktivismus*. Frankfurt a. M.: Suhrkamp Verlag).
Boghossian argumentiert gegen verschiedene Formen des epistemischen Konstruktivismus und epistemischen Relativismus. Die Kapitel 5–9 behandeln und kritisieren die oben angeführten Argumente. In Kap. 7 stellt Boghossian seinen Einwand gegen das Argument aus der Normenzirkularität vor.

Feyerabend, Paul (1983): *Wider den Methodenzwang*. Frankfurt a. M.: Suhrkamp Verlag.
Anders als Thomas Kuhn begrüßt Paul Feyerabend die relativistischen Konsequenzen seiner Position – als wissenschaftstheoretischer Anarchist gilt für ihn: »Anything goes.« Diese Auffassung in der Wissenschaftstheorie hat für ihn auch befreiende und demokratisierende Wirkung.

Hacking, Ian (1999): *Was heißt ›soziale Konstruktion‹? Zur Konjunktur einer Kampfvokabel in den Wissenschaften*. Frankfurt a. M.: Fischer Taschenbuch.
In einigen Bereichen der Geistes- und Sozialwissenschaften werden relativistische Positionen durch den Begriff der ›sozialen Konstruktion‹ erläutert. Hacking untersucht sinnvolle und weniger sinnvolle Versionen dieser Redeweise.

Kuhn, Thomas S. (1976): *Die Struktur wissenschaftlicher Revolutionen*. Zweite revidierte und um das Postskriptum von 1969 ergänzte Auflage. Frankfurt a. M.: Suhrkamp Verlag.
Enorm einflussreicher Klassiker in der Wissenschaftstheorie. Viele der oben angeführten Argumente für den Relativismus können bei Kuhn gefunden werden. Im Nachwort diskutiert Kuhn auch die Frage relativistischer Implikationen seiner Ansichten.

Sankey, Howard (1994): *The Incommensurability Thesis*. Aldershot: Avebury.
Sankey diskutiert verschiedene Einwände gegen die Inkommensurabilitätsthese und verteidigt die Idee, dass inkommensurable Theorien unübersetzbar sein können, aber in ihrem Gehalt dennoch vergleichbar.

Siegel, Harvey (1987): *Relativism Refuted. A Critique of Contemporary Epistemological Relativism*. Dordrecht: D. Reidel Publishing Company.
Siegel verteidigt die Auffassung, dass der epistemische Relativismus inkohärent ist. Der zweite Teil des Buches setzt sich intensiv mit der Frage auseinander, ob Thomas Kuhns Position relativistisch ist.

Wittgenstein, Ludwig (1984): Philosophische Untersuchungen. In: Ders.: *Tractatus logico-philosophicus*. Werkausgabe Band 1. Frankfurt a. M.: Suhrkamp Verlag.
Für viele Diskussionen in der Philosophie (z. B. in der Sprachphilosophie) wichtig. Wittgensteins zum Teil apho-

ristische Bemerkungen etwa zu »Sprachspielen« und »Lebensformen« haben Anlass zu relativistischen Interpretationen gegeben.

Weitere Literatur

Barnes, Barry und David Bloor (1982): Relativism, Rationalism and the Sociology of Knowledge. In: Hollis, M./Lukes, S. (Hg.): *Rationality and Relativism*. Cambridge (Mass.): The MIT Press. 21–47.

Burnyeat, Miles F. (1976): »Protagoras and Self-Refutation in Plato's Theaetetus.« In: *The Philosophical Review*. Vol. 85.2. 172–195.

Boghossian, Paul A. (2001): »How Are Objective Epistemic Reasons Possible?« In: *Philosophical Studies: An International Journal for Philosophy in the Analytic Tradition*. Vol. 106. 1–40.

Davidson, Donald (1984): On the Very Idea of a Conceptual Scheme. In: Ders: *Inquiries Into Truth and Interpretation*. Oxford: Clarendon Press. 183–198.

Evans-Pritchard, Edward E. (1937): *Witchcraft, Oracles and Magic among the Azande*. Oxford: Clarendon Free Press. Deutsch: Evans-Pritchard, Edward E. 1978: *Hexerei, Orakel und Magie bei den Zande*. Frankfurt a. M.: Suhrkamp Verlag.

Feyerabend, Paul (1978): *Science in a Free Society*. London: New Left Books.

Fleck, Ludwik (1983): Über die wissenschaftliche Beobachtung und die Wahrnehmung im allgemeinen. In: Ders.: *Erfahrung und Tatsache. Gesammelte Aufsätze*. Mit einer Einleitung herausgegeben von L. Schäfer und Th. Schnelle. Frankfurt a. M.: Suhrkamp Verlag. 59–83.

Goldman, Alvin I. (2012): Epistemic Relativism and Reasonable Disagreement. In: Ders.: *Reliabilism and Contemporary Epistemology*. New York: Oxford University Press. 197–220.

Goodman, Nelson (1984): *Weisen der Welterzeugung*. Frankfurt a. M.: Suhrkamp Verlag.

Hanson, Norwood Russell (1958): *Patterns of Discovery*. Cambridge: Cambridge University Press.

Harré, Rom und Michael Krausz (1996): *Varieties of Relativism*. Oxford: Blackwell.

Hibberd, Fiona J. (2005): *Unfolding Social Constructionism*. New York: Springer.

Hoyningen-Huene, Paul (1989): *Die Wissenschaftsphilosophie Thomas S. Kuhns. Rekonstruktion und Grundlagenprobleme*. Braunschweig: Vieweg.

Kitcher, Philip (1998): A Plea for Science Studies. In: Noretta Koertge (Hg.): *A House Built on Sand. Exposing Postmodernist Myths About Science*. New York/Oxford: Oxford University Press. 31–56.

Kuhn, Thomas S. (1982): »Commensurability, Comparability, Communicability.« In: *PSA: Proceedings of the Biennial Meeting of the Philosophy of Science Association*. Vol. 1982: 2. 669–688.

Kusch, Martin (2010): Kripke's Wittgenstein, *On Certainty*, and Epistemic Relativism. In: Daniel Whiting (Hg.): *The Later Wittgenstein on Language*. Basingstoke: Palgrave Macmillan. 213–237.

Nagel, Thomas (1992): *Der Blick von Nirgendwo*. Frankfurt a. M.: Suhrkamp Verlag.

Nagel, Thomas (1999): *Das letzte Wort*. Stuttgart: Philipp Reclam Verlag.

Osterhammel, Jürgen (2006): *Kolonialismus. Geschichte, Formen, Folgen*. München: Verlag C.H. Beck.

Platon (2004): *Theätet*. In: Platon: *Sämtliche Dialoge. Band IV*. Hamburg: Felix Meiner Verlag.

Pritchard, Duncan (2009): »Defusing Epistemic Relativism.« In: *Synthese*. Vol. 166. 397–412.

Putnam, Hilary (1981): *Reason, Truth and History*. Cambridge: Cambridge University Press.

Quine, Willard van Orman (1961): Two Dogmas of Empiricism. In: Ders. (Hg.): *From a Logical Point of View. Nine Logico-Philosophical Essays*. New York: Harper & Row Publishers. 20–46.

Quine, Willard van Orman (1980): *Wort und Gegenstand (Word and Object)*. Stuttgart: Philipp Reclam jun. Verlag.

Rorty, Richard (1987): *Der Spiegel der Natur. Eine Kritik der Philosophie*. Frankfurt a. M.: Suhrkamp.

Rorty, Richard (1989): *Kontingenz, Ironie und Solidarität*. Frankfurt a. M.: Suhrkamp.

Sankey, Howard (2012): »Scepticism, relativism and the argument from the criterion.« In: *Studies in History and Philosophy of Science A*. Vol. 43.1. 182–190.

Sankey, Howard (2013): »How the epistemic relativist may use the sceptic's strategy: A reply to Markus Seidel.« In: *Studies in History and Philosophy of Science A*. Vol. 44.1. 140–144.

Sankey, Howard und Hoyningen-Huene, Paul (2001): *Introduction*. In: Dies. (Hg.): *Incommensurability and Related Matters*. Dordrecht: Kluwer. S. vii–xxxiv.

Schantz, Richard (2000): »Wie plastisch ist die sinnliche Wahrnehmung?« In: *Philosophia Naturalis*. Vol. 37. 59–76.

Seidel, Markus (2008): »Von Wahrheit über Bedeutung zum Anti-Begriffsrelativismus? Davidsons Argumentation gegen den Begriffsrelativismus.« In: *Facta Philosophica*. Vol. 10. 39–66.

Seidel, Markus (2013a): »Why the epistemic relativist cannot use the sceptic's strategy. A comment on Sankey.« In: *Studies in History and Philosophy of Science A*. Vol. 44.1. 134–139.

Seidel, Markus (2013b): »Scylla and Charybdis of the epistemic relativist: Why the epistemic relativist still cannot use the sceptic's strategy.« In: *Studies in History and Philosophy of Science A*. Vol. 44.1. 145–149.

Seidel, Markus (2014): *Epistemic Relativism. A Constructive Critique*. Basingstoke: Palgrave Macmillan.

Siegel, Harvey (2004): Relativism. In: Niiniluoto, I./Sintonen, M. und J. Wolenski (Hg.): *Handbook of Epistemology*. Dordrecht: Kluwer Academic Publishers. 747–780.

Siegel, Harvey (2011): Relativism, Incoherence, and the Strong Programme. In: Schantz, R./Seidel, M. (Hg.): *The Problem of Relativism in the Sociology of (Scientific) Knowledge*. Frankfurt: Ontos. 41–64.

Triplett, Timm (1994): »Is There Anthropological Evidence that Logic Is Culturally Relative? Remarks on Bloor, Jennings, and Evans-Pritchard.« In: *The British Journal for the Philosophy of Science*. Vol. 45.2. 749–760.

Williams, Michael (2007): »Why (Wittgensteinian) Contextualism is not Relativism.« In: *Episteme: A Journal for Social Epistemology*. Vol. 4. 93–114.

TRANSZENDENTAL-PHILOSOPHIE

Peter Rohs

1. Kant
   1.1 Synthetische Urteile a priori
   1.2 Der transzendentale Idealismus
   1.3 Die Spontaneität des Erkennens
   1.4 Kants Theorie von Raum und Zeit
2. Kant-Transformationen
3. Husserl
   3.1 Husserls Begriff transzendentaler Phänomenologie
   3.2 Die Analyse von Intentionalität
4. Analytische Philosophie
   4.1 Transzendentale Argumente
   4.2 BonJours Verteidigung der reinen Vernunft

1. Kant

Mit dem Ausdruck »Transzendentalphilosophie« bezeichnet Immanuel Kant (1724–1804) eine von ihm entwickelte Version der Erkenntnistheorie. Der Ausdruck wird seitdem verwendet für erkenntnistheoretische Ansätze, die zumindest in wesentlichen Aspekten an die kantischen Überlegungen anknüpfen. Zwei Thesen stehen dabei im Mittelpunkt:

> **Zwei Thesen, die in Kants transzendentalphilosophischem Ansatz im Mittelpunkt stehen**
>
> 1. Eine Rechtfertigung von Erfahrungswissen ist nur möglich, wenn synthetische Urteile a priori vorausgesetzt werden können.
> 2. Die Objektivität und die Intersubjektivität aller Erkenntnisse beruhen auf subjektiven Leistungen. Solche mentalen Leistungen bezeichnet Kant als »Spontaneität« und schreibt sie in unterschiedlichen Formen der Einbildungskraft und dem Verstand zu.

Aufgrund der Abhängigkeit von dem kantischen Muster ist der Begriff der Transzendentalphilosophie zwar ein historischer Begriff, er kann aber mit Hilfe der grundlegenden Thesen auch systematisch charakterisiert werden. Ich werde im Folgenden zunächst die kantische Konzeption vorstellen und dann auf einige Versuche eingehen, sie fortzuentwickeln. Diese Fortbildungen haben stets über das kantische Vorbild hinausgeführt. Selbst die Neukantianer des späten 19. Jahrhunderts haben häufig betont, dass sie nicht die Absicht haben, einen »orthodoxen Kantianismus« zu vertreten, ja dass sie einen solchen Anspruch für wenig sinnvoll halten. Die kantische Philosophie ist so vor allem durch ihr enormes Anregungspotential wirksam geworden.

1.1 Synthetische Urteile a priori

Kommen wir zunächst zu den synthetischen Urteilen a priori. Dieser Begriff ist von zentraler Bedeutung für die Transzendentalphilosophie.

Von manchen Autoren (z. B. von Willard v. O. Quine) ist bestritten worden, dass sich beide Urteilsformen präzise voneinander abgrenzen lassen, man kann aber zumindest beide Typen durch klare Beispiele charakterisieren, auch wenn es zweifelhafte Grenzfälle geben mag. Wenn Prädikate überhaupt eine Bedeutung haben, muss es auch Sätze geben, die allein aufgrund der Bedeutungen der in ihnen vorkommenden Prädikate wahr sind.

> **Die Unterscheidung zwischen analytischen und synthetischen Urteilen**
>
> Ein Urteil ist genau dann analytisch, wenn sich aufgrund formallogischer Regeln oder der Bedeutung der in ihm enthaltenen Prädikate feststellen lässt, dass es wahr ist (z. B. Tautologien oder Sätze wie »Kugeln sind rund«). Andernfalls ist ein Urteil synthetisch. Nur synthetische Urteile enthalten sachhaltige Informationen über die Wirklichkeit.

Analytische Urteile sind stets a priori. Dass Kugeln rund sind, weiß man, wenn man weiß, was die Worte »Kugel« und »rund« bedeuten. Eine zusätzliche Überprüfung an einer bestimmten Kugel ist nicht mehr erforderlich. Synthetische Urteile a priori sind dagegen solche, die etwas Gehaltvolles über die Wirklichkeit sagen, trotzdem aber als wahr erkannt werden können, ohne dass man das an einzelnen Gegenständen überprüfen muss.

Kant unterscheidet drei Formen von synthetischen Urteilen a priori:

1. Mathematische Sätze. Kant ist (anders als die meisten modernen Theoretiker der Mathematik) der Überzeugung, dass mathematische Sätze nicht mit ausschließlich formallogischen Mitteln als wahr erkannt werden können, sondern dass es dafür zusätzlich anschaulicher Einsichten bedarf. Sie sind also nicht analytisch. Sie sind aber auch nicht empirisch, denn sie gelten für unendliche Gegenstandsbereiche (alle Zahlen, alle Dreiecke) allgemein und notwendig. Ein derartiges Wissen kann nicht der Erfahrung entstammen. Eine »transzendentale Erörterung« des mathematischen Wissens hat deswegen zu zeigen, dass es Anschauungen gibt, die alle Eigenarten dieses Wissens

> **Die Unterscheidung zwischen Urteilen a priori und Urteilen a posteriori**
>
> Ein Urteil wird als »a priori« bezeichnet, wenn es sich als wahr erweisen lässt, ohne dass dies direkt oder indirekt von einer konkreten Erfahrung, etwa einer Wahrnehmung wirklicher Gegenstände abhängt. Andernfalls wird ein Urteil als »a posteriori« oder »empirisch« bezeichnet.

zu verstehen erlauben. Kant spricht von »reinen Anschauungen«, weil sie nicht auf materielle Gegenstände in Raum und Zeit gerichtet sein können. In derartigen Anschauungen konstruieren wir die Gegenstände, von denen die Mathematik handelt (Zahlen, geometrische Figuren); aufgrund dieser Konstruktionen können wir allgemeingültiges Wissen von diesen Gegenständen erwerben.

2. Die metaphysischen Sätze der traditionellen Philosophie sind synthetisch, und mindestens mit einigen von ihnen wurde der Anspruch verbunden, sie unabhängig von Erfahrung, also a priori, rechtfertigen zu können. Schon bei Platon wird versucht, so die Existenz Gottes und die Unsterblichkeit der Seele zu beweisen. Solche Versuche sind bis in die Zeit Kants (und sogar bis heute) wiederholt worden. Kants »kritische« Überprüfung unserer Erkenntniskompetenzen will zeigen, dass diese Versuche keinen Erfolg haben können, dass solche Sätze über eine transzendente Wirklichkeit weder empirisch noch a priori ausgewiesen werden können. Ein wesentliches Ziel der kantischen Transzendentalphilosophie ist zu zeigen, dass unserem Erkennen feste Grenzen gesetzt sind, die es nicht überschreiten kann, ohne sich in dialektischen Schein zu verlieren. Für Kant bedeuten »transzendent« und »transzendental« nicht dasselbe. Wir machen von unserem Erkenntnisvermögen einen transzendenten Gebrauch, wenn wir diese Grenze zu überschreiten und zu erkennen versuchen, was außerhalb unserer Kompetenzen liegt. Wir machen einen transzendentalen Gebrauch von ihm, wenn wir zwar das überschreiten, was uns empirisch gegeben werden kann, uns dabei aber auf das beschränken, was für Erfahrungswissen erforderlich ist, und zwar auf Urteile der folgenden Art.

3. Synthetische Urteile a priori als Bedingungen der Möglichkeit von Erfahrung. Kant will gegen den Skeptizismus von David Hume (1711–1776) nachweisen, dass es ausweisbares Erfahrungswissen gibt, und dass dazu auch das

Wissen von gesetzmäßigen Zusammenhängen und von Kausalverhältnissen in der Natur gehört. Beide Zielsetzungen – der antiskeptische Nachweis, dass wir Wissen haben können, und die kritische Begrenzung des Bereichs, für den das möglich ist – gehören für Kant wie die beiden Seiten einer Medaille zusammen.

Als »Empirismus« bezeichnet man die These, dass unser gesamtes Wissen entweder logisch-analytisch oder empirisch ist; dass es also keine beweisbaren synthetischen Urteile a priori gibt. Kant möchte zeigen, dass ein solcher Empirismus, wenn er konsequent vertreten wird, folgerichtig zum Skeptizismus führt. Er demonstriert das an dem von Hume vorgegebenen Problem der Kausalität. Beide vertreten eine »nomologische Konzeption von Kausalität«, was besagt, dass ein Kausalurteil wie »a ist die Ursache von b« eine notwendige Verknüpfung behauptet und deswegen implizit eine Gesetzesaussage enthält. Wenn a die Ursache von b ist, dann musste b geschehen, weil a geschehen ist, und es gibt ein Gesetz, das besagt: Immer wenn etwas wie a geschieht, muss etwas wie b geschehen. Sinnliche Wahrnehmungen können nun zwar angeben, was der Fall ist, aber nicht, dass etwas der Fall sein muss. Gesetzesaussagen sind allgemeine Aussagen, die nicht mit einzelnen Wahrnehmungen zureichend begründet werden können. Zu Kants Zeit war noch keine Induktionslogik entwickelt, wie sie heute vorliegt (z. B. Carnap 1959). (→ Induktion und der Schluss auf die beste Erklärung) Kant unterstellt aber – in der Sache sicher mit Recht – dass die Allgemeinheit von Gesetzen nicht induktiv gerechtfertigt werden kann: »Die strenge Allgemeinheit der Regel ist auch gar keine Eigenschaft empirischer Regeln, die durch Induktion keine andere als komparative Allgemeinheit, d. i. ausgebreitete Brauchbarkeit bekommen können.« (KrV B 124) Es gibt also keinen Weg einer Rechtfertigung, der bündig von einzelnen Wahrnehmungen zu einem Wissen von Gesetzesaussagen und Kausalverhältnissen führt. Unter empiristischen Prämissen bleibt also nur der Skeptizismus bezüglich solcher Aussagen, wie ihn Hume vertritt. Will man ihn vermeiden, bleibt nur ein Weg: Es müssen zusätzlich zu den Feststellungen einzelner Fakten auch synthetische Urteile a priori als Mittel der Rechtfertigung zur Verfügung stehen. Es kann ja sein, dass ein Satz c mit den beiden Prämissen a und b gerechtfertigt werden kann, jedoch weder mit a allein noch mit b allein. In diesem Sinn müssen nach Kant für die Rechtfertigung von empirischen Gesetzesaussagen einzelne Beobachtungen und synthetische Urteile a priori zusammenwirken. Wenn a priori feststeht, dass jede Abfolge von Ereignissen in einem System, in das nichts von außen hineinwirkt, eine durch ein strenges Gesetz determinierte Abfolge ist, dann kann man schließen, dass eine konkrete, empirisch beobachtete Abfolge einem solchen Gesetz folgt, wenn die Voraussetzung der Abgeschlossenheit erfüllt ist. In Experimenten versucht man, dies durch eine möglichst perfekte Abschirmung sicherzustellen. Das synthetische Urteil a priori, das in diesem Schluss als Prämisse fungiert, möchte Kant dadurch beweisen, dass er zeigt, dass es eine »Bedingung der Möglichkeit von Erfahrung« ist, dass also, wenn es nicht gültig wäre, Erfahrung unmöglich wäre, wobei für Kant Erfahrung immer das Wissen von gesetzmäßigen Zusammenhängen in der raumzeitlichen Wirklichkeit einschließt. Die grundlegenden synthetischen Urteile a priori mit dieser Funktion bezeichnet Kant als »Grundsätze des reinen Verstandes«. In der systematisch orientierten Kantforschung ist umstritten, ob diese Beweise im Einzelnen korrekt sind.

Das von Kant angenommene System dieser Grundsätze wird von ihm hergeleitet aus der Tafel der Kategorien. Nach Kant gibt es Begriffe von zweierlei Art: solche, die wir aus der Erfahrung erwerben, und solche, bei denen das nicht möglich ist. Einen Begriff wie »Katze« lernen wir dadurch verwenden, dass wir einzelne Katzen wahrnehmen. Bei einem Begriff wie »Ursache« liegt der Fall anders, man kann ihn nicht auf dieselbe Weise anhand einzelner Erfahrungen erlernen, weil man ihn in die Erfahrungen, die man machen will, schon investieren muss. Kant entwickelt (im Anschluss an logische Theorien seiner Zeit) ein System von zwölf solchen Kategorien, also grundlegenden, nicht mehr durch andere definierbaren Begriffen, über die wir verfügen müssen, um überhaupt Erfahrungen machen zu können, die wir also nicht aus der Erfahrung erlernen können, sondern für sie schon mitbringen müssen. Als »reine Verstandesbegriffe« müssen sie in jeder auf Gegenstände bezogenen Erkenntnis verwendet werden. Kant beansprucht, die »Tafel« dieser Grundbegriffe nach einem Prinzip vollständig angegeben zu haben. Ob dies geleistet worden ist, wird bis heute kontrovers diskutiert.

1.2 Der transzendentale Idealismus

Die Annahme synthetischer Urteile a priori und reiner Verstandesbegriffe ist für Kant mit idealistischen Konsequenzen verbunden. Es soll gelten: »Wir können von den Dingen nur das a priori erkennen, was wir selbst in sie legen.« (KrV B XVIII) Die grundlegenden formalen Strukturen der Gegenstände müssen subjektiven Ursprungs sein. Indem wir Erfahrungen machen, legen wir sie in die Dinge hinein. Die Transzendentalphilosophie ist so mit einer bestimmten Form von Idealismus verbunden, dem »transzendentalen Idealismus«. Kant charakterisiert diesen Zusammenhang mit dem Bild der »kopernikanischen Wende«: Man habe bisher angenommen, die Erkenntnis müsste sich nach den Gegenständen richten. So sei aber unverständlich, wie wir a priori, also bevor uns die Gegenstände gegeben sind, etwas von ihnen wissen können. Man versuche es darum einmal mit der entgegengesetzten Hypothese, dass sich, was die apriorische Erkenntnis betrifft, die Gegenstände nach der Erkenntnis richten müssen. So lasse sich schon eher einsehen, dass wir etwas a priori von ihnen wissen können (KrV B XVI).

> **Kants »kopernikanische Wende«**
>
> Bisher nahm man an, alle unsere Erkenntnis müsse sich nach den Gegenständen richten; aber alle Versuche über sie a priori etwas durch Begriffe auszumachen, wodurch unsere Erkenntnis erweitert würde, gingen unter dieser Voraussetzung zunichte. Man versuche es daher einmal, ob wir nicht in den Aufgaben der Metaphysik damit besser fortkommen, daß wir annehmen, die Gegenstände müssen sich nach unserem Erkenntnis richten, welches so schon besser mit der verlangten Möglichkeit einer Erkenntnis derselben a priori zusammenstimmt, die über Gegenstände, ehe sie uns gegeben werden, etwas festsetzen soll. (KrV B XVI)

Dass wir unabhängig von empirischen Beobachtungen, also a priori etwas über die Bedingungen der Möglichkeit von Erfahrungen ausmachen können, hat jedoch für sich keine idealistischen Konsequenzen. Gegenstände müssen bestimmte Eigenschaften haben und vor allem in bestimmten Verbindungen stehen, wenn Erfahrung von ihnen möglich sein soll. Es muss aber nicht gelten, dass wir diese Eigenschaften und diese Verbindungen selbst in sie hineinlegen. Dass wir das Vorliegen dieser Eigenschaften und das Bestehen der Zusammenhänge a priori feststellen können, liegt daran, dass wir voraussetzen, dass Erfahrung möglich ist. Kant selbst betont die Unentbehrlichkeit dieser Prämisse; er bezeichnet sie zugleich als etwas »ganz Zufälliges« (KrV B 765). Wir können dann untersuchen, was daraus für die Gegenstände folgt. Auf diesem Wege ergeben sich keine idealistischen Konsequenzen.

1.3 Die Spontaneität des Erkennens

Aber auch unabhängig von dem »Hineinlegen« sind für Kant die spontanen Leistungen des erkennenden Subjekts von entscheidender Bedeutung für alles Erkennen. Er nimmt an, dass erst diese Leistungen aus den gegebenen Daten (Kant spricht gern von dem »Mannigfaltigen«) Sinngebilde schaffen, die eine objektive Bedeutung haben und die Möglichkeit für eine Überprüfung von Erkenntnisansprüchen bieten, indem sie in Sinnbeziehungen zu anderen solchen Gebilden treten können. Ottfried Höffe hat dafür die Formel »Objektivität durch Subjektivität« verwendet (Höffe 2003: 42); man könnte auch von »Intersubjektivität durch Subjektivität« oder »Sinn durch Subjektivität« sprechen.

Was gemeint ist, lässt sich mit einer Formulierung erläutern, die später Gottlob Frege (1848–1925) verwendet: »Das Haben von Gesichtseindrücken ist zwar nötig zum Sehen der Dinge, aber nicht hinreichend. Was noch hinzukommen muss, ist nichts Sinnliches. Und dieses ist es doch gerade, was uns die Außenwelt aufschließt; denn ohne dieses Nichtsinnliche bliebe jeder in seiner Innenwelt eingeschlossen.« (Frege 1990: 360) Für Kant ist das, was Frege hier als das Nichtsinnliche den Gesichtseindrücken gegenüberstellt, ein Produkt spontaner Leistungen, in denen Sinngebilde wie Begriffe oder Urteile geschaffen werden. Der Analyse dieser Leistungen sind die schwierigsten Teile der »Kritik der reinen Vernunft« gewidmet. Kant schreibt sie einer elementaren Form des Selbstbewusstseins zu, die er als »transzendentale Apperzeption« bezeichnet. Durch diese Leistungen wird nicht ausgeschlossen, dass sinnliche Anschauungen täuschen können, aber sie erlauben, anschaulich gegebene Sachverhalte anhand anderer solcher Sachverhalte zu kontrollieren und gegebenenfalls zu korrigieren. Anschauungen liefern darum in der Regel nur Prima-facie-Rechtfertigungen, d. h. solche, die fehlbar und noch mit Unsicherheit behaftet sind und darum der Bewährung durch Verbindung mit anderen Anschauungen bedürfen. Was uns aus unserer Innenwelt herausführt und die Außenwelt aufschließt, ermöglicht zugleich, dass Erkenntnisse intuitiv gerechtfertigt werden und dass verschiedenen Personen dieselben Sachverhalte gegeben sein können. Dies gilt gerade auch für empirische Erkenntnisse; es hat mit einem »Hineinlegen« dessen, was wir a priori erkennen, nichts zu tun. Begriffe oder Urteile zu bilden bedeutet nicht, etwas in die Dinge, auf die diese Begriffe zutreffen bzw. von denen die Urteile handeln, hineinzulegen. Für Transzendentalphilosophie charakteristisch ist, die Aufmerksamkeit auf das zu lenken, was die erkennenden Wesen selbst zu ihren Erkenntnissen beitragen. »Spontaneität« ist so einer ihrer Grundbegriffe. Damit wird nicht die Notwendigkeit von Rezeptivität, eines passiven Hinnehmens von Eindrücken bestritten, aber betont, dass durch diese allein keine Erkenntnis zustande kommt. Um die Worte Freges zu wiederholen: Ohne das Nichtsinnliche (also das, was in den rezeptiv gegebenen Daten nicht enthalten sein kann) bliebe jeder in seiner Innenwelt eingeschlossen. Man darf diesen Satz (neben dem von der Unentbehrlichkeit der synthetischen Urteile a priori) als die zweite Grundthese von Transzendentalphilosophie ansehen. Kant hat sich bemüht zu zeigen, wie beide Thesen miteinander zusammenhängen. Diese Betonung der Rolle, die die Spontaneität für unser Erkennen spielt, hat insofern idealistische Konsequenzen, als sie die Art bestimmt, wie die Gegenstände für uns da sind, nämlich in wahren Urteilen (Propositionen). Das Nichtsinnliche, das uns die Außenwelt aufschließt, wird nicht in die Dinge hineingelegt, aber es bildet die formalen Strukturen, in denen wir unsere Erfahrungen machen.

1.4 Kants Theorie von Raum und Zeit

Die eigentliche Begründung seines transzendentalen Idealismus entwickelt Kant in der »transzendentalen Ästhetik«, seiner Theorie von Raum und Zeit. Er möchte dort zeigen, dass die Erfahrung von ihnen (die ja selbst nichts Materielles sind) sich nur verstehen lässt, wenn wir sie als Formen unserer Anschauung deuten, und zwar die Zeit als Form der inneren, auf uns selbst gerichteten Anschauung, den Raum als Form der äußeren Anschauung. Ein Argument für diese Konzeption ist, dass sich nur so der Status des mathematischen Wissens erklären lässt. Wie schon bemerkt, besteht für Kant die Mathematik aus synthetischen Urteilen a priori, die sich auf in reiner Anschauung konstruierte Gegenstände beziehen. Die Formen der Anschauung bestimmen primär die sinnlich gegebene materielle Wirklichkeit; sie können aber von dieser Beziehung gelöst werden und bilden dann reine Anschauungen, wie sie die Mathematik benötigt. Dreiecke etwa sind zwar räumliche Objekte, sie existieren aber nicht so im Raum wie materielle Dinge. Sie lassen sich nicht im realen Raum an irgendeiner Stelle lokalisieren. Für Kant heißt das, dass sie in reiner Anschauung gegeben werden müssen und dort nach bestimmten Regeln von uns konstruiert werden. Die Erkenntnistheorie des mathematischen Wissens dient so als eine Bestätigung des transzendentalen Idealismus.

Die Bestätigung des transzendentalen Idealismus durch die Erkenntnistheorie des mathematischen Wissens nach Kant

Mathematisches Wissen bedarf reiner Anschauungen des Raumes und (in der Arithmetik) der Zeit. Da es reine Anschauungen irgendwelcher Gegenstände, die unabhängig von unseren epistemischen Leistungen »an sich« existieren, nicht geben kann, können Raum und Zeit nicht solche Gegenstände sein. Es gibt sie nur relativ zu unserem Erkennen.

Im 19. Jahrhundert hat sich die Vorstellung davon, wie die Mathematik zu verfahren hat, insofern stark gewandelt, als jede Inanspruchnahme anschaulicher Evidenzen aus ihrer Methode eliminiert worden ist. Mathematik ist zu einer Sache ausschließlich des Verstandes geworden. Will man dieser Entwicklung im Rahmen von Transzendentalphilosophie Rechnung tragen, dann muss die kantische Konzeption des Verstandes in einem Punkt ergänzt werden. Für Kant können alle Handlungen des Verstandes auf das Urteilen zurückgeführt werden, sodass der Verstand als ein Vermögen zu urteilen bestimmt werden kann (KrV B 94). In Hinblick auf die gegenwärtige Mathematik muss man eine weitere vom Urteilen unabhängige Art der »Verstandestätigkeit« annehmen: das Bilden von Mengen. Mengen sind etwas anderes als Begriffe oder Urteile. Es soll sie auch nicht nur als Umfänge von Begriffen geben (wie etwa die Menge der Pferde zum Begriff »Pferd«), sondern unabhängig von einer solchen Beziehung auf vorausgehende Begriffe. Nimmt man zusätzlich eine solche Verstandestätigkeit an, lässt sich eine konstruktive Mengenlehre entwickeln, die den Annahmen der Transzendentalphilosophie entspricht, aber auch als Grundlage von Mathematik geeignet ist. Eine solche konstruktive Mengenlehre wird bei von Kutschera genauer dargestellt (von Kutschera 2009: 109–133).

Für Kant selbst war freilich die Lehre von der Idealität des Raumes und der Zeit die Grundlage seiner Philosophie, die, wie er sich in der »Preisschrift über die Fortschritte der Metaphysik« von 1793 ausdrückt, »eine Angel«, um die die Vernunftkritik sich dreht (AA 20: 311) – die andere ist die Realität des Freiheitsbegriffs. Aus dieser

> **Die Unterscheidung von Erscheinungen (Phänomena) und Dingen an sich (Noumena)**
>
> Die Gegenstände in Raum und Zeit sind Erscheinungen, die einschließlich ihrer gesetzlichen Verknüpfungen vollständig und objektiv gültig erkannt werden können. Sie sind aber nur Erscheinungen, weil der Raum und die Zeit selbst nur Anschauungsformen sind und keine von unserem Erkennen unabhängige Wirklichkeit haben. Diese Konzeption nötigt zu der Annahme, dass es »Noumena« gibt, also nicht sinnlich erfassbare Gegenstände, die, weil sie nicht in den Bereich unserer sinnlichen Anschauung und deren Form fallen, auch nicht in Raum und Zeit existieren.

Lehre ergibt sich die Grundthese seines »transzendentalen Idealismus«, die Unterscheidung von Erscheinungen (Phänomena) und Dingen an sich (Noumena).

Dass solche Noumena das »wahrhaft Seiende« sind, war die Lehre der traditionellen an Platon orientierten Metaphysik (einschließlich der christlichen Theologie; Gott sollte ein Wesen außer Raum und Zeit sein). Kant liefert eine neue Rechtfertigung für diesen Dualismus. Allerdings unterscheiden sich Noumena im Sinne Kants (Dinge an sich) nicht unerheblich von Noumena im Sinne Platons (Ideen). Nach Platon sind die sinnlichen Dinge durch die Beziehung der Teilhabe auf die Ideen bezogen. Ideen sind allgemein; viele sinnliche Dinge können an derselben Idee teilhaben. Diese Beziehung der Teilhabe kann im Erkennen erfasst werden, besteht aber unabhängig davon, dass sie erkannt wird. Ein kantisches Ding an sich ist dadurch auf eine Erscheinung bezogen, dass es ein menschliches Erkenntnisorgan affiziert und dadurch zur Bildung einer Erscheinung veranlasst. Die Beziehung zwischen Ding an sich und Erscheinung ist also notwendig epistemisch vermittelt; zu einer Erscheinung gehört nur ein Ding an sich. Kant spricht auch von dem »intelligiblen Substrat« dieser Erscheinung. Der wohl wichtigste Unterschied aber ist, dass für Platon die Noumena, nicht aber die veränderlichen Phänomena die eigentlichen Gegenstände von wirklichem Wissen sind, während wir nach Kant kein Wissen von diesen Gegenständen außerhalb von Raum und Zeit haben können. Dazu wäre eine anschauliche Bezugnahme auf sie erforderlich, denn unser Wissen hängt stets direkt oder indirekt davon ab, dass wir uns anschaulich auf seine Gegenstände beziehen können. Wir verfügen jedoch über keine Anschauung, die an Raum und Zeit »vorbeisehen« könnte. Unsere Anschauungen sind an ihre Formen gebunden und können sich daher nur auf Gegenstände in Raum und Zeit beziehen. Auch indirekte, von Erfahrungsgegebenheiten ausgehende Schlüsse auf etwas, das jenseits aller Erfahrung liegt, sind nicht möglich. Wir können zwar auf unbeobachtbare »theoretische Entitäten« schließen, aber nur auf solche, die mit den beobachtbaren in demselben Raum und in derselben Zeit existieren, die also lokalisierbar und deren Zustände datierbar sind. Die transzendentalphilosophische Sicherung des Erfahrungswissens hat also zugleich das Resultat, dass es zwar eine »übersinnliche Welt« geben muss, wir aber von dem, was sich in ihr befindet, nichts wissen können. Den Ausdruck »Idee« verwendet Kant nicht wie Platon für einen noumenalen oder intelligiblen Gegenstand, sondern für spezielle Begriffe, die er der Vernunft zuweist – Begriffe für unbedingte Totalitäten.

Auf dieser unlöslichen Verknüpfung von Wissensrechtfertigung und Wissensbegrenzung beruht die enorme weltanschauliche Wirkung, die die kantische Philosophie seit ihrem Erscheinen ausgeübt hat. Sie kann wohl nur mit derjenigen verglichen werden, die die platonische Metaphysik gehabt hat. Der Dualismus von Erkennbarem und Unerkennbarem ist unvereinbar mit jedem dogmatischen Naturalismus; er eröffnet außerdem Möglichkeiten, die einer Verankerung außerhalb der raumzeitlichen Wirklichkeit bedürfen. Ein Zentrum von Kants Philosophie (die »zweite Angel« seiner Vernunftkritik) besteht in der »Lehre von der Realität des Freiheitsbegriffs«, denn eine notwendige Voraussetzung auch jeder Moral ist, dass wir auf eine solche Weise frei sind, dass wir uns selbst bestimmen können. Innerhalb der raumzeitlichen Wirklichkeit aber könnte es eine solche Freiheit nicht geben. Für diesen Bereich ist das Kausalprinzip (der Satz, dass jedes Ereignis eine ihm vorausgehende Ursache hat) ein ausnahmslos geltendes synthetische Urteil a priori, so dass hier alles, was geschieht, determiniert ist durch das, was früher geschehen ist. Zu dem Zeitpunkt, zu dem wir handeln, gibt es nicht mehr die Möglichkeit, so oder anders zu handeln. Was wir tun, ist bestimmt durch das, was längst vergangen ist. Dem Schluss, dass es folglich keine Freiheit (und damit auch keine sinnvolle, Verantwortung voraussetzende Moral) geben kann, möchte Kant entgehen durch den Hinweis auf die noumenale Sphäre: Für sie gilt das Kausalprinzip nicht, durch sie kann es geben, was bei einer Beschränkung auf die raumzeitliche Wirklichkeit unmöglich wäre, Freiheit. Wie diese noumenale Sphäre Freiheit ermöglicht, können wir nicht wissen, da wir keine Einsicht in sie erlangen können. Wir können aber sehr wohl wissen, dass es ohne sie Freiheit auf keinen Fall geben könnte. Hinsichtlich ihrer unser Wissen begrenzenden Seite zeigt die Transzendentalphilosophie also nur, dass zufolge des noumenalen Aspekts unserer selbst, unserer Existenz außer Raum und Zeit Freiheit möglich ist. Dass wir wirklich frei sind, können wir nur aufgrund der Geltung des Sittengesetzes schließen. In ähnlicher Form wird dieser Dualismus von Erkennbarem und Unerkennbarem auch für die Religionsphilosophie ausgebeutet. Aus ihm folgt, dass weder der Theist noch der Atheist ihre Überzeugungen mit theoretischen Argumenten rechtfertigen können, da, wie Kant mit der Tradition annahm, Gott außerhalb von Raum und Zeit in einer »übersinnlichen Welt« existiert. Wieder gilt nach Kant, dass moralische Überlegungen zugunsten des Theismus entscheiden.

Trotz dieser Bedeutung gehört der Dualismus von Phänomena und Noumena jedoch zu den umstrittensten Lehrstücken dieser Version von Transzendentalphilosophie. In der Folgezeit hat man sich wiederholt bemüht, ohne ihn zurechtzukommen. Vor allem gegen die ihm zugrundeliegende Theorie von Raum und Zeit sind seit dem Erscheinen der »Kritik der reinen Vernunft« immer wieder Einwände vorgebracht worden.

2. Kant-Transformationen

In der deutschen Philosophie des 19. und frühen 20. Jahrhunderts hat es zahlreiche Versuche gegeben, die erkenntnistheoretischen Potenziale der kantischen »Revolution der Denkart« auszuschöpfen, dabei aber Unzulänglichkeiten auszumerzen, die man in dieser oder jener Form in dieser ersten Version von Transzendentalphilosophie zu erkennen meinte. In systematischer Hinsicht sind diese »Kant-Transformationen« in recht unterschiedliche Richtungen gegangen. Hier kann nur auf Weniges hingewiesen werden.

Ein wichtiger Gegenstand der Kritik ist schon früh geworden, dass Kant annimmt, dass die Dinge an sich uns »affizieren«, d. h. unsere Sinnesorgane kausal beeinflussen. Dies scheint der These zu widersprechen, dass die Kategorie der Kausalität nur auf Erscheinungen anwendbar ist. In Reaktion auf diesen Vorwurf haben Johann Gottlieb Fichte (1762–1814) und Arthur Schopenhauer (1788–1860) die idealistischen Tendenzen der kantischen Theorie noch erheblich verstärkt und so originelle Systeme von bedeutender historischer Wirkung geschaffen.

Ein anderer Vorwurf hat sich gegen die methodologische Irreflexivität der kantischen Theorie gerichtet. In ihr wird nur wenig Allgemeines darüber gesagt, wie die von ihr behaupteten Thesen selbst ausgewiesen werden sollen. Eine Reaktion hierauf war eine Psychologisierung und Naturalisierung der Transzendentalphilosophie. Kant schreibt den einzelnen Erkenntnisvermögen (Sinnlichkeit, Einbildungskraft, Verstand, Urteilskraft usw.) spezifische Leistungen zu. Das hat zu der Meinung geführt, derartige Aussagen müssten mit den Mitteln der empirischen Psychologie gerechtfertigt werden. Johann Jacob Fries (1773–1843) hat schon bald nach Kants Tod eine erste empirische Version von Transzendentalphilosophie vorgelegt (Fries, Neue oder anthropologische Kritik der Vernunft, 1807). Im 20. Jahrhundert hat Konrad Lorenz sogar eine biologische Grundlegung vorgeschlagen (Lorenz, Kants Lehre vom Apriorischen im Lichte der gegenwärtigen Biologie, 1941): der »Weltbildapparat« einer jeden Tierart (einschließlich des Menschen) habe sich aufgrund evolutionärer Anpassung entwickelt. Dabei seien Erkenntnisformen ausgebildet worden, die relativ für das einzelne Lebewesen a priori gelten, die es also immer schon mitbringt, wenn es »die Welt abbildet«. Bei dieser empiristischen Transformation der Transzendentalphilosophie muss freilich der Anspruch aufgegeben werden, das Erfahrungswissen zirkelfrei zu rechtfertigen. Es spricht sogar einiges dafür, dass auf diesem Wege überhaupt keine Rechtfertigung von Wissen gelingen kann.

Ein weiteres Thema ist die inhaltliche Erweiterung des kantischen Programms gewesen. Für Kant besteht die Erfahrung vor allem in der Erkenntnis der physikalischen Gesetze. Im 19. Jahrhundert haben sich Wilhelm Dilthey (1833–1911) und andere bemüht, den kantischen Ansatz auch für eine Grundlegung der Geistes- und Kulturwissenschaften fruchtbar zu machen. Für die Neukantianer (Hermann Cohen, 1842–1918) war es das »Faktum der Wissenschaft«, das eine transzendentalphilosophische Grundlegung erfordert. Dass wissenschaftliches Wissen möglich ist, sei nicht ohne synthetische Urteile a priori zu rechtfertigen. Auch dabei sollte die Wissenschaft in ihrer ganzen Breite (bis hin zu Kunstwissenschaft und Religionswissenschaft) in den Blick kommen. Ernst Cassirer (1874–1945) hat in seiner »Philosophie der symbolischen Formen« (1923–29) Kants kritischen Idealismus auf alles Sinnverstehen ausgedehnt. Die Kritik der Vernunft wird so zu einer »Kritik der Kultur«. Den verschiedenen Kulturbereichen liegen jeweils irreduzible »symbolische Formen« zugrunde, die ihn konstituieren und die Art des jeweiligen Sinnverstehens definieren. Solche Formen sind z. B. die Sprache, der Mythos, das Erkennen. Es handelt sich um eine Weiterentwicklung von Kants Konzeption der Spontaneität, bei der allerdings die methodische Strenge der kantischen Transzendentalphilosophie großenteils verloren geht.

3. Husserl

Eine eigenständige Version von Transzendentalphilosophie ist von Edmund Husserl (1859–1938) entwickelt worden: die »transzendentale Phänomenologie«. Sie wird von ihm charakterisiert als »Wesenslehre des transzendental gereinigten Bewusstseins« (Hua III, 1, 128).

> **Husserls Charakterisierung der transzendentalen Phänomenologie**
>
> Transzendentale Phänomenologie ist die Wesenslehre des transzendental gereinigten Bewusstseins.

Was Husserl im Sinn hat, lässt sich anhand dieser Definition erläutern.

3.1 Husserls Begriff transzendentaler Phänomenologie

Ausgangspunkt ist, dass eine »originär gebende Anschauung« die »Urquelle« aller »rechtausweisenden Begründung« von Erkenntnis sein muss. Die Rechtfertigung einer Erkenntnis muss sich zuletzt stets auf eine intuitive Evidenz stützen, in der der Gegenstand, um den es geht, unmittelbar präsent ist. Ableitungsbeziehungen allein rechtfertigen nichts, wenn nicht am Anfang solcher Ketten anschauliche Gewissheiten stehen.

Weiter nimmt Husserl an, dass es »Wesen« gibt, die ihrerseits anschaulich gegeben sein können. Gegenstände haben stets zahlreiche zufällige Eigenschaften, aber derartige Eigenschaften setzen immer etwas Notwendiges voraus – Eigenschaften, die etwas haben muss, um überhaupt ein Gegenstand eines bestimmten Typs zu sein. Zahlen unterscheiden sich z. B. durch ihr Wesen von materiellen Dingen, Farben von Tönen usw. Ein körperlicher Gegenstand hat stets »Abschattungen«; aus verschiedenen Richtungen und bei unterschiedlichen Lichtverhältnissen gesehen sieht er stets ein wenig anders aus. Bei Zahlen gibt es nichts Vergleichbares. Dass körperliche Dinge solche Abschattungen haben und Zahlen nicht, gehört wieder zu ihrem jeweiligen Wesen. Solche Wesen lassen sich nach Husserl in Allgemeinheit und vor allem prädikativen Denken intuitiv erfassen. Derartige »Wesenserschauungen« bilden das Fundament nicht nur für die Philosophie, sondern auch für andere Disziplinen wie Logik und Mathematik.

Wie alles, so hat auch das Bewusstsein ein Wesen, das anschaulich erfasst werden kann. Aufgabe der Phänomenologie ist es, das Wesen des Bewusstseins möglichst genau zu beschreiben. Das Bewusstsein ist ein sich in der Zeit erstreckender Strom von Erlebnissen, und auch jedes Erlebnis hat ein bestimmtes für seinen Typ charakteristisches Wesen, das mit Evidenz erfasst werden kann. Wichtige Wesenseigenschaften von Erlebnissen sind z. B. die Intentionalität (dass in einem Erlebnis sich ein Ich auf etwas richtet), das Zeitbewusstsein (jedes Erlebnis steht in eigentümlichen Relationen zu vorhergehenden und nachfolgenden Erlebnissen, was Husserl am Hören von Melodien analysiert), eine bestimmte Modalität (etwas steht im Zentrum der Aufmerksamkeit, anderes bildet nur einen Hintergrund). »Es wird dann evident, dass jedes Erlebnis des Stromes, das der reflektierende Blick zu treffen vermag, ein eigenes, intuitiv zu erfassendes Wesen hat, einen ›Inhalt‹, der sich in seiner Eigentümlichkeit für sich betrachten lässt.« (Hua III, 1, 70)

Schließlich wird in der eingangs zitierten Definition noch das methodische Vorgehen der »Bewusstseinsreinigung« erwähnt. Die Wesensmerkmale des Bewusstseins und seiner Erlebnisse können nach Husserl erst dann angemessen erfasst werden, wenn jede Beziehung auf ein »transzendentes«, d. h. außerhalb des Bewusstseins gelegenes reales Sein »eingeklammert« wird. Der Ausdruck »transzendent« wird von ihm also anders verwendet als von Kant, nämlich für die Realität außerhalb des Bewusstseins. Der Gegenbegriff ist »immanent«; er steht für das, was innerhalb des Bewusstseins liegt. Mit diesem methodischen Kunstgriff knüpft Husserl an einen Gedanken von René Descartes (1596–1650) an: Die gesamte Außenwelt lässt sich ihrer Existenz und Beschaffenheit nach bezweifeln, das »cogito«, das »ich denke« aber widersetzt sich jedem Zweifel. Die von Husserl geforderte »Reinigung« geht ähnlich vor. Sie verlangt zwar nicht, dass ich die Realität der Außenwelt bezweifele, ich soll aber alle sie betreffenden Urteile »außer Aktion setzen«, von ihnen keinen Gebrauch machen. Die Überlegungen von Descartes beweisen, dass eine solche Konzentration auf den »Blick nach innen« möglich ist. Was für ihn übrig bleibt, ist das »transzendental gereinigte Bewusstsein«. Abhängigkeiten von einer Realität außerhalb des Bewusstseins werden nicht bestritten, doch werden sie für die Analyse des Bewusstseins irrelevant. Das Bewusstsein ist sich selbst in Evidenz gegeben, ohne dass eine Natur, ein Leib, ein Gehirn in den Blick kommen müssen. Die »immanente Seinssphäre«, der Erlebnisstrom erweist aufgrund dieses methodischen Verfahrens ihre Selbständigkeit, ihr »Eigenwesen« tritt hervor.

> Also kein reales Sein, kein solches, das sich bewusstseinsmäßig durch Erscheinungen darstellt und ausweist, ist für das Sein des Bewusstseins selbst (im weiteren Sinne des Erlebnisstromes) notwendig. Das immanente Sein ist also zweifellos in dem Sinn absolutes Sein, dass es prinzipiell nulla ›re‹ indiget ad existendum. Andererseits ist die Welt der transzendenten ›res‹ durchaus auf Bewusstsein, und zwar nicht auf logisch erdachtes, sondern aktuelles angewiesen. (Hua III, 1, 104)

Die Wendung »nulla re indiget ad existendum« (bedarf keiner anderen Sache zur Existenz) greift die cartesische Definition von »Substanz« auf. Husserl lehnt aber ausdrücklich ab, wie Descartes das Bewusstsein selbst als Substanz, als »res« zu interpretieren (deswegen die Anführungszeichen innerhalb des Zitates). Es wird auch nicht behauptet, dass es ein Denken ohne Gehirn gibt, sondern nur gesagt, dass es das Gehirn nur für einen Blick von außen gibt und dass seine Existenz somit nicht im Denken selbst enthalten ist. Nach Descartes kann ich die Existenz des Gehirns bezweifeln; ich kann aber nicht bezweifeln, dass ich denke, und auch nicht, was darin an Wesenseigentümlichkeiten enthalten ist. In der Untersuchung des »transzendental gereinigten Bewusstseins« wird jeder Blick auf das »Bezweifelbare« ausgeblendet.

Dass es Widersprüche geben kann zwischen dem, was der Blick nach innen auf das Bewusstsein und der Blick von außen auf es (etwa in Gestalt einer empirischen Wissenschaft) lehren, kann bei dieser Vorgehensweise nicht in den Blick kommen. Das Freiheitsproblem z. B. (zweifellos eines der wichtigsten Probleme der Philosophie) besteht gerade in der Möglichkeit eines solchen Widerspruchs. Mein Selbstbewusstsein lehrt mich, dass ich mich frei entscheiden kann, eine deterministische Physik behauptet, dass es freie Handlungen (spontan durch ein Ich begonnene Vorgänge in Raum und Zeit) nicht geben kann. Die transzendentale Phänomenologie stellt sich aufgrund ihrer Methode solchen Problemen nicht, sie kann den Blick von außen auf das Bewusstsein nicht in Betracht ziehen. Kein Wunder also, dass in dem jüngst erschienenen Husserl-Lexikon (Gander 2010) das Stichwort »Freiheit« nicht vorkommt. Aus der Perspektive des transzendental gereinigten Bewusstseins gibt es kein Freiheitsproblem, aber das zeigt nur, wie begrenzt diese Perspektive ist.

3.2 Die Analyse von Intentionalität

Husserl folgt Descartes auch darin, dass sich nur durch dieses Vorgehen ein systematisch streng gesichertes Fundament für beliebiges Wissen gewinnen lässt. Bei dieser Grundlegung darf nichts herangezogen werden, was sich bezweifeln lässt, was also unsicher ist. Vor allem die Analyse des Wesens von Intentionalität soll zeigen, was der Sinn von Gegenständlichkeit ist. Intentionalität kann in vielen Formen auftreten. Ich sehe etwas, ich erinnere etwas, ich stelle mir etwas in der Fantasie vor, ich schätze etwas usw. In jedem Fall liegt eine Form von Gegenständlichkeit vor, und die diese Formen konstituierenden Leistungen müssen in ihren Eigentümlichkeiten beschrieben werden. »Die objektive Welt, die für mich ist, die für mich je war und sein wird, mit allen ihren Objekten, schöpft ... ihren ganzen Sinn und ihre Seinsgeltung, die sie jeweils für mich hat, aus mir selbst, aus mir als dem transzendentalen Ich.« (Hua I, 65) Husserls Analysen von Intentionalität sind eine Weiterentwicklung von Kants Konzeption der Spontaneität unserer Erkenntnisvermögen. Auch die Frage, wie objektiv gültiges Wissen möglich ist, soll durch phänomenologische Analysen beantwortet werden, denn nur so – und nicht mit den Methoden der empirischen Wissenschaften – kann das »aus letzter Begründung« und zirkelfrei geschehen. Wenn ich empirisches Wissen in Anspruch nehme, um zu zeigen, wie empirisches Wissen möglich ist, drehe ich mich im Kreise. Auf diese Weise kommt keine Rechtfertigung zustande. »Ähnlich wie schon bei Kant ist die Meinung nicht die, dass die Evidenz der positiv-wissenschaftlichen Methode eine Täuschung und ihre Leistungen nur Scheinleistungen seien, sondern dass diese Evidenz selbst ein Problem ist; dass die objektiv-wissenschaftliche Methode auf einem nie befragten, tief verborgenen subjektiven Grunde ruhe, dessen philosophische Erleuchtung erst den wahren Sinn der Leistungen positiver Wissenschaft und korrelativ den wahren Seinssinn der objektiven Welt herausstelle – eben als einen transzendental-subjektiven.« (Hua VI, 103) Transzendentalphilosophie im Sinne Husserls ist also eine »kritische« Erkenntnistheorie, in der nicht naiv unterstellt wird, dass uns reale Dinge gegeben sind, die von den empirischen Wissenschaften korrekt und zuverlässig erforscht werden. Sie bestreitet nicht, dass dies so ist, sondern sieht es als ihre Aufgabe an, die subjektiven Leistungen zu erforschen, die dafür sorgen, dass es so sein kann. Und für eine erfolgreiche Lösung dieser Aufgabe kann es, so Husserl, nur einen Ausgangspunkt geben: die Wesensanalyse des transzendental gereinigten Bewusstseins. Jeder andere Ansatz muss etwas als erwiesen voraussetzen, was noch nicht erwiesen ist. Die Analyse von Intentionalität wird so zu einer Grunddisziplin von Erkenntnistheorie.

4. Analytische Philosophie

4.1 Transzendentale Argumente

In die analytische Philosophie haben transzendentalphilosophische Überlegungen dadurch Eingang gefunden, dass Peter F. Strawson ein bestimmtes, von ihm gegen den Skeptizismus entwickeltes Argument als ein »transzendentales« bezeichnet hat. Die antiskeptische Zielrichtung ist seit Kants Kritik an Hume ein wichtiges Merkmal von Transzendentalphilosophie geblieben.

> **Strawsons transzendentales Argument gegen den Skeptizismus**
>
> Um sein Problem zu formulieren, muss der Skeptiker ein Begriffssystem benutzen, er verwirft aber zugleich eine der Bedingungen für dessen Anwendung (Strawson 1959: 35 u. 40; dt. 1972: 44 u. 50).
> Ein Beispiel: der Skeptiker verwendet ein Begriffssystem, das voraussetzt, dass man individuelle Körper identifizieren kann, bestreitet aber, dass eine solche Identifikation möglich ist. Seine Zweifel sind so keine wirklichen Zweifel, weil sie der Ablehnung des Begriffssystems gleichkommen, innerhalb dessen solche Zweifel allein sinnvoll sind.

Die Analogie zu den kantischen Argumenten liegt auf der Hand. Es geht allerdings nicht um Bedingungen der Möglichkeit von Erfahrung, sondern um Bedingungen der Möglichkeit dafür, über ein bestimmtes Begriffssystem zu verfügen. Aus der Feststellung dieser Bedingungen ergibt sich die Lösung des aufgeworfenen Problems. Durch die Entdeckung der philosophischen Bedeutung von Argumenten dieses Typs ist Strawson zu einer intensiven Beschäftigung mit der kantischen Philosophie angeregt worden (Strawson 1966; dt. 1992).

In der Folgezeit ist die Leistungsfähigkeit dieses Argumenttyps intensiv diskutiert worden. Sind derartige Argumente geeignet, den Skeptiker endgültig zu widerlegen? Barry Stroud hat zu zeigen versucht, dass das nicht der Fall ist, dass sie wirkungslos sind (Stroud 1968). Sei S ein Satz, der eine Bedingung dafür zum Ausdruck bringt, dass ein bestimmtes Begriffssystem anwendbar ist (z. B. »es gibt eine reale Außenwelt« oder »es ist möglich, materielle Gegenstände zu identifizieren«). Der Skeptiker könne sein Problem formulieren, wenn gelte, dass normalerweise alle Menschen davon überzeugt sind, dass S wahr ist. Daraus folge aber nicht, dass S auch wirklich wahr ist. Das Funktionieren eines Begriffssystems setze zwar voraus, dass gewisse Überzeugungen allgemein vertreten werden, aber nicht, dass sie wahr sind. Um die Lücke zwischen »wird allgemein für wahr gehalten« und »ist wahr« zu schließen, müsse man zusätzlich annehmen, dass ein Satz nur dann einen bestimmten Sinn hat und folglich vertreten werden kann, wenn es möglich ist, über seinen Wahrheitswert zu entscheiden. Die Annahme, dass nur solche Sätze als sinnvoll gelten können, die diese Bedingung erfüllen, bezeichnet man als »Verifikationsprinzip«. Nach Stroud ist ein transzendentales Argument in der von Strawson vorgeschlagenen Form also nur dann gültig, wenn man zusätzlich dieses Prinzip als Prämisse verwendet. Dabei handelt es sich jedoch um eine wenig plausible Prämisse, die der Skeptiker leicht zurückweisen kann. Außerdem würde dies Prinzip, wenn man es trotz seiner Unplausibilität voraussetzt, für sich zur Widerlegung des Skeptizismus ausreichen. Stroud schließt also, dass ohne Voraussetzung dieses Prinzips transzendentale Argumente nicht gültig sind, mit ihr aber überflüssig. In der anschließenden Diskussion sind einige Vorschläge entwickelt worden, wie sich die Argumente gegen diese Kritik verteidigen lassen (Stern 1999). Dabei ist wiederholt die Strategie eingeschlagen worden, dies dadurch zu erreichen, dass man die mit ihnen verbundenen Ansprüche abschwächt. Auch Strawson selbst hat diesen Weg eingeschlagen (Strawson 1985). Es ist aber fraglich, ob die Argumente dann noch von großem Wert sind.

4.2 BonJours Verteidigung der reinen Vernunft

Auch unabhängig von der speziellen Debatte um die transzendentalen Argumente ist der Gedanke aufgegriffen worden, dass eine Widerlegung skeptischer Positionen nur unter Rückgriff auf synthetische Urteile a priori möglich ist. Als Beispiel sei Laurence BonJour genannt. In seinem Buch »In Defense of Pure Reason« (1998) möchte er zeigen, dass der Empirismus, wenn er wirklich konsequent durchgehalten wird, zu einem radikalen Skeptizismus führt. Er demonstriert das am Fall der von W. V. O. Quine entwickelten Version einer strikt empiristischen Erkenntnistheorie. Sein Fazit:

> Thus the skepticism that seemed almost total from our earlier perspective turns out to be utterly complete: from a Quinean perspective, there is not only no reason for thinking that any non-observational belief is true, but also no reason why we cannot accept or retain any set of non-observational sentences at all, no matter how seemingly contradictory or incoherent it may be and no matter what sentences seemingly expressing epistemic or logical standards it may contain. Any such set is as justified by Quinean standards as any other, which means of course that none is justified at all. (BonJour 1998: 95 f.)

Diese Konsequenz ergebe sich, wenn ausgeschlossen werde, dass manche Sachverhalte eben schlicht als vernünftig eingesehen werden können.

> **BonJours Auffassung von synthetischen Urteilen a priori**
>
> Synthetische Urteile a priori müssen (entgegen der traditionellen Auffassung) nicht mit dem Anspruch verbunden werden, dass sie ein unerschütterliches Fundament bilden. Es genügt, wenn sie so etwas wie eine Prima-facie-Rechtfertigung von Urteilen liefern. Wir haben gute Gründe, etwas, das als vernünftig einzusehen ist, für wahr zu halten, obwohl es geschehen kann, dass wir ein solches Urteil revidieren müssen, wenn sich Widersprüche zu anderen vernünftigen Einsichten ergeben. Primafacie-Rechtfertigungen bedürfen der Zusammenfügung mit anderen solchen Einsichten, um größere und vielleicht schließlich sogar endgültige Sicherheit zu geben. Sie müssen durch die Perspektive der Kohärenz ergänzt werden. Dem Skeptizismus kann aber nur begründet entgegengetreten werden, wenn es intuitive Einsichten gibt, die genutzt werden können, um überhaupt etwas zu rechtfertigen.

BonJour legt aber Wert auf einen wichtigen Unterschied zur traditionellen Konzeption synthetischer Urteile a priori. Für Kant sollten sie mit apodiktischer Gewissheit gelten. Husserl hat mindestens die Einsichten in das Wesen des eigenen Bewusstseins für evident und untrüglich gehalten. Von synthetischen Urteilen a priori wurde erwartet, dass sie ein unerschütterliches Fundament liefern. Es ist aber nicht erforderlich, sie mit solchen Ansprüchen zu verbinden.

Wie bemerkt, war für Husserl die Anschauung die Urquelle jeder Rechtfertigung. Intuitionen sind nicht infallibel, aber ohne sie kommt gar nichts in Gang. Dies gilt für Vernunfteinsichten wie für sinnliche Anschauungen, also auch für synthetische Urteile a priori, die wir ihrer Vernünftigkeit wegen akzeptieren.

Am Ende mag also festgehalten werden, dass sowohl die These, dass eine Rechtfertigung empirischer Erkenntnis ohne synthetische Urteile a priori nicht möglich ist, als auch die, dass Objektivität eine Leistung subjektiver Spontaneität ist, zumindest insoweit als vernünftig gelten dürfen, dass die Transzendentalphilosophie noch immer eine aktuelle Version von Erkenntnistheorie ist, an der weiterzuarbeiten sich lohnt.

Kontrollfragen

1. Was sind synthetische Urteile a priori?
2. Was unterscheidet die Transzendentalphilosophie vom Empirismus?
3. Wie möchte Kant mathematisches Wissen rechtfertigen?
4. Was sind reine Anschauungen?
5. Was ist der Unterschied zwischen »transzendent« und »transzendental«?
6. Was ist nach Husserl das Wesen einer Sache?
7. Was bedeutet »transzendentale Bewusstseinsreinigung«, weshalb hält Husserl sie für notwendig?
8. Was ist ein transzendentales Argument?
9. Was besagt das Verifikationsprinzip?
10. Was ist eine Prima-facie-Rechtfertigung?

Kommentierte Auswahlbibliographie

BonJour, Laurence (1998): *In Defense of Pure Reason. A Rationalist Account of A Priori Justification.* Cambridge: Cambridge University Press.
Eine bemerkenswerte neuere Verteidigung der These, dass ohne die Möglichkeit, Sätze a priori zu rechtfertigen, dem Skeptizismus kaum etwas entgegenzusetzen ist.

Kant, Immanuel (1781): *Kritik der reinen Vernunft.*
An Kants klassisches Werk hat noch immer jede Form von Transzendentalphilosophie anzuknüpfen. Es wird üblicherweise zitiert mit der Abkürzung »KrV« sowie den Buchstaben »A« für die erste Auflage von 1781 und »B« für die zweite von 1787.

Kant, Immanuel (1793): Welches sind die wirklichen Fortschritte, die die Metaphysik seit Leibnizens und Wolffs Zeiten in Deutschland gemacht hat? In: *Gesammelte Schriften*, Akademieausgabe. 20. 255–351.
Kants 1793 entworfene Preisschrift, sein letztes Wort zu den Problemen der theoretischen Metaphysik, ist leider unvollendet geblieben und 1804 von einem Schüler herausgegeben worden.

Carnap, Rudolf (1959): *Induktive Logik und Wahrscheinlichkeit* (bearbeitet von Wolfgang Stegmüller). Wien: Springer-Verlag.
Eine klassische Darstellung der modernen Induktionslogik.

Höffe, Otfried (2003): *Kants Kritik der reinen Vernunft. Die Grundlegung der modernen Philosophie.* München: C.H. Beck.
Eine empfehlenswerte Einführung in Kants Werk.

Frege. Gottlob (1990): *Kleine Schriften.* 2. Auflage. Hildesheim/Zürich/New York: Georg Olms Verlag.
Frege hat entscheidend zur Entwicklung der modernen Logik beigetragen. In seiner Philosophie knüpft er in vielen Hinsichten an Kant an. Der Aufsatz, aus dem das Zitat stammt, trägt den Titel »Der Gedanke. Eine logische Untersuchung« und ist 1918 erschienen in den Beiträgen zur Philosophie des deutschen Idealismus.

Kutschera, Franz von (2009): *Philosophie des Geistes.* Paderborn: mentis.
Diese Darstellung der Philosophie des Geistes steht durch ihre Betonung seiner konstruktiven Leistungen, etwa in Sprache und Mathematik, aber auch durch ihre Kritik an materialistischen Theorien transzendentalphilosophischen Ansätzen recht nahe.

Husserl, Edmund (1950ff.): *Gesammelte Werke* (Husserliana) in 40 Bänden. Den Haag: Martinus Nijhoff Publishers; Dordrecht: Kluwer Academic Publishers.
Die Ausgabe wird üblicherweise zitiert mit »Hua« sowie Band- und Seitenzahl.
Besonders wichtig:

I: *Cartesianische Meditationen und Pariser Vorträge;*

III, 1: *Ideen zu einer reinen Phänomenologie und phänomenologischen Philosophie.* Erstes Buch: Allgemeine Einführung in die reine Phänomenologie.
Dieses Werk ist die grundlegende, von Husserl selbst veröffentlichte Einführung in seine Phänomenologie.

VI: *Die Krisis der europäischen Wissenschaften und die transzendentale Phänomenologie.*
Dieses Alterswerk versucht, als Ursache der Krisis der modernen Wissenschaften eine fehlgeleitete Tendenz zu einer das Phänomen der Subjektivität verfehlenden Naturalisierung namhaft zu machen.

Gander, Hans-Helmuth (2010): *Husserl-Lexikon.* Darmstadt: Wissenschaftliche Buchgesellschaft.
Die einzelnen Artikel erläutern die Grundbegriffe von Husserls Phänomenologie. Für das vorliegende Thema besonders wichtig die über Intentionalität (153–157) und Transzendentalphilosophie (285–287).

Strawson, Peter Frederick (1959): *Individuals. An Essay in Descriptive Metaphysics.* London: Methuen. Dt.: *Einzelding und logisches Subjekt.* Stuttgart 1972, Reclam.
Ein grundlegender Text der Analytischen Philosophie, in dem vor allem die Bedeutung der Möglichkeit, auf individuelle materielle Dinge zu referieren, für unser Erkennen herausgestellt wird.

Strawson, Peter Frederick (1966): *The Bounds of Sense. An Essay on Kant's Critique of Pure Reason.* London: Methuen. Dt.: *Die Grenzen des Sinns.* Königstein 1992, Athenäum.
Eine wichtige, systematisch orientierte Interpretation von Kants Hauptwerk, in dem die Leistungsfähigkeit von Transzendentalphilosophie kritisch untersucht wird. Vor allem dem Idealismus gegenüber macht Strawson erhebliche Vorbehalte geltend.

Strawson, Peter Frederick (1985): *Skepticism and Naturalism. Some Varieties.* New York: Columbia Press.
Sehr kurze, sehr gut geschriebene Auseinandersetzung Strawsons mit dem Skeptizismus.

Stroud, Barry (1968): »Transcendental Arguments.« In: Journal of Philosophy 65. 241–256. *Dieser Aufsatz hat die Diskussion um die transzendentalen Argumente in Gang gebracht.*

Stern, Robert, Ed. (1999): *Transcendental Arguments. Problems and Prospects.* Oxford: Clarendon Press.
Enthält wichtige Beiträge zur Diskussion um die transzendentalen Argumente.

IV
ERKENNTNISQUELLEN

SINNESWAHRNEHMUNG

Richard Schantz

1. Einführung
2. Die Sinnesdatentheorie
    2.1 Das Argument aus der Sinnestäuschung
    2.2 Die metaphysische Natur von Sinnesdaten
3. Erkenntnistheoretische Konsequenzen der Sinnesdatentheorie
    3.1 Repräsentationaler Realismus
    3.2 Phänomenalismus
4. Eine erste Variante des Direkten Realismus: Glaubenstheorien der Wahrnehmung
5. Eine wichtige Unterscheidung: Sinnliche und doxastische Repräsentationen
6. Erkenntnistheoretischer Kohärentismus
7. Epistemische Rechtfertigung durch begrifflich strukturierte Erfahrungen
8. Epistemische Rechtfertigung durch nichtbegriffliche Erfahrungen

1. Einführung

Die Natur der sinnlichen Erfahrung und ihre Rolle im Erwerb und in der Rechtfertigung von Überzeugungen und Wissen über die Existenz und die Eigenschaften der physischen Welt faszinieren die Philosophen seit vielen Jahrhunderten. Dafür gibt es einen guten Grund. Denn man kann schwerlich bestreiten, dass der größte Teil unserer Überzeugungen und unseres Wissens auf der sinnlichen Wahrnehmung beruht. Ich mag gerechtfertigt sein zu glauben, dass dort drüben eine Katze sitzt, weil ich sie sehe, und dass Salz in meiner Suppe ist, weil ich es schmecke. Und ganz ähnlich verhält es sich mit den anderen sinnlichen Modalitäten. Die Verfechter des Empirismus behaupten sogar, dass unser gesamtes Wissen und alle unsere Begriffe, als die Elemente der Erkenntnis, letztlich auf dem Gebrauch der verschiedenen Sinne beruhen.

Eine der grundlegenden Fragen über die Wahrnehmung war schon immer die Frage, was die direkten oder unmittelbaren Objekte des Bewusstseins sind, wenn wir wahrnehmen. Die wichtigsten Theorien, die in der Philosophie der Wahrnehmung vertreten werden, beantworten diese Frage auf unterschiedliche Weisen. Der Direkte Realismus behauptet, dass das direkte Objekt der Wahrnehmung immer ein physisches Objekt ist, ein Objekt, dessen Existenz und Natur logisch unabhängig von unserer Wahrnehmung von ihm ist. Und tatsächlich scheint es, von einem intuitiven Standpunkt aus betrachtet, so, dass sich die physischen Gegenstände selbst unmittelbar unserem sinnlichen Bewusstsein präsentieren, dass wir direkt mit ihnen konfrontiert sind. Der Direkte Realismus stellt mithin die Common Sense-Konzeption der Wahrnehmung und der Außenwelt dar. Denn die meisten von uns – wenigstens, wenn wir nicht über die Wahrnehmung theoretisieren – scheinen anzunehmen, dass die Welt größtenteils aus physischen Gegenständen in Raum und Zeit besteht, die kontinuierlich und unabhängig davon existieren, ob sie wahrgenommen werden oder nicht; die durch Veränderungen der Bedingungen, unter denen sie wahrgenommen werden, nicht beeinflusst werden; und die die vertrauten wahrnehmbaren Eigenschaften der Farbe, der Form, des Gewichts, der Größe etc. haben. Und wir scheinen auch anzunehmen, dass wir diese Gegenstände direkt wahrnehmen, dass nichts zwischen unserem Bewusstsein und den Gegenständen steht, die wir wahrnehmen, und dass wir aufgrund der direkten Wahrnehmung nichtinferentielles Wissen über sie und einige ihrer Eigenschaften erwerben können.

2. Die Sinnesdatentheorie

Im Gegensatz dazu machen der Repräsentationale oder Indirekte Realismus und der Phänomenalismus geltend, dass das direkte Objekt der Wahrnehmung immer ein nichtphysisches oder phänomenales Objekt ist, ein Objekt, dessen Existenz logisch von unserem Bewusstsein von ihm abhängig ist. Diese phänomenalen Entitäten wurden unterschiedlich als »Sinnesdaten«, »Sensa«, »Sinneseindrücke« oder »Perzepte« etc. bezeichnet. Der Repräsentationale Realismus und der Phänomenalismus vertreten jedoch bezüglich der Natur der physischen Welt ganz verschiedene Meinungen. Der Repräsentationale Realismus behauptet, dass, obwohl wir direkt immer nur Sinnesdaten wahrnehmen, nichtsdestotrotz physische Gegenstände existieren, die ontologisch von den Sinnesdaten ganz verschieden und für deren Existenz kausal verantwortlich sind. Demgegenüber beharrt der Phänomenalismus darauf, dass physische Gegenstände nichts anderes als Gruppen oder Komplexe von Sinnesdaten sind, und impliziert somit, dass physische Gegenstände nicht unabhängig von unserer Wahrnehmung existieren können.

2.1 Das Argument aus der Sinnestäuschung

Natürlich drängt sich die Frage auf, warum so viele renommierte Philosophen zu der Auffassung gelangt sind, dass das direkte Objekt der Wahrnehmung immer ein Sinnesdatum sein muss. Es gibt ganz verschiedene Tatsachen über die Wahrnehmung – Tatsachen etwa, die den ziemlich komplexen Kausalprozess von dem einwirkenden Objekt auf das Gehirn des wahrnehmenden Subjekts betreffen –, von denen die Philosophen geglaubt haben, dass sie nur durch die Einführung von Sinnesdaten angemessen erklärt werden können. In erster Linie jedoch war es die vertraute Tatsache, dass die Dinge manchmal anders aussehen oder anders erscheinen, als sie wirklich sind, die zum Ausgangspunkt des klassischen Arguments für die Einführung von Sinnesdaten wurde, des »Arguments aus der Sinnestäuschung«, das in vielen Schriften von berühmten Philosophen von der Antike bis zur Gegenwart zu finden ist. Da es für die Triftigkeit des Arguments eigentlich irrelevant ist, ob das wahrnehmende Subjekt tatsächlich getäuscht wird oder nicht, wird das Argument heute häufig auch das »Argument aus der Relativität der Wahrnehmung« genannt.

Das Argument lautet, in meiner eigenen Rekonstruktion, folgendermaßen (vgl. Schantz 1990: 17–24):

1) Unter gewissen ungewöhnlichen Bedingungen der Wahrnehmung sehen die Dinge anders aus, als sie wirklich sind. Zum Beispiel sieht ein gerades Ruder, das mit einem Ende ins Wasser eingetaucht wird, gekrümmt aus.
2) Die unter diesen Bedingungen direkt wahrgenommenen Eigenschaften sind Eigenschaften von etwas. In unserem Beispiel muss etwas gekrümmt sein, denn dem sinnlichen Bewusstsein des Subjekts ist ein Fall von Gekrümmtheit unmittelbar gegeben. Und Gekrümmtheit ist unvorstellbar ohne etwas, das gekrümmt ist.
3) Aber, *ex hypothesi*, können die Dinge, die die direkt wahrgenommenen Eigenschaften haben, nicht mit den jeweiligen physischen Gegenständen identisch sein. In unserem Beispiel kann es nicht das Ruder sein, das gekrümmt ist, denn wir haben vorausgesetzt, dass es gerade ist.
4) Deshalb müssen die Eigenschaften, die unter ungewöhnlichen Bedingungen direkt wahrgenommen werden, Eigenschaften von nichtphysischen oder phänomenalen Objekten sein, das heißt von Sinnesdaten.
5) Wenn es der Fall wäre, dass wir unter ungewöhnlichen Bedingungen Sinnesdaten, unter normalen Bedingungen jedoch physische Gegenstände wahrnähmen, dann müsste es eine feststellbare qualitative Differenz zwischen diesen beiden Arten der Wahrnehmung geben, die den unterschiedlichen ontologischen Status ihrer jeweiligen Gegenstände anzeigt.
6) Es gibt keine feststellbare qualitative Differenz zwischen der Wahrnehmung unter normalen und unter ungewöhnlichen Bedingungen. Im Gegenteil gehen ungewöhnliche Bedingungen unmerklich in Normalbedingungen über.
7) Deshalb nehmen wir immer nur Sinnesdaten direkt wahr – sowohl unter ungewöhnlichen als auch unter normalen Bedingungen.

Das Argument hat die logische Struktur einer *reductio ad absurdum*. Es beruht auf der geläufigen Annahme, dass wir zumindest manchmal äußere physische Gegenstände direkt wahrnehmen, und leitet dann, mithilfe gewisser zusätzlicher Prämissen, die Kontradiktion dieser Annahme her.

Das Argument versucht in einem ersten Schritt die Annahme plausibel zu machen, dass wir uns in Sinnestäuschungen immer nur Sinnesdaten bewusst sind. Der nächste Schritt stützt sich auf die phänomenale Ununterscheidbarkeit von Episoden genuiner sinnlicher Wahrnehmung und Episoden trügerischer Erfahrung. Aus dieser Ununterscheidbarkeit wird gefolgert, dass Wahrnehmung und Sinnestäuschung einen gemeinsamen Faktor, einen gemeinsamen mentalen Zustand, teilen müssen. Da, wenn der erste Schritt korrekt ist, dieser zugrunde liegende mentale Zustand nur aus dem Bewusstsein eines Sinnesdatums bestehen kann, scheint das Prinzip des gemeinsamen Faktors den Übergang zur Konklusion zu begründen, dass wir uns auch in Fällen genuiner, wahrheitsgetreuer Wahrnehmung immer nur Sinnesdaten direkt bewusst sind.

Die Widersacher der Sinnesdatentheorie haben insbesondere Prämisse (2) als die Crux des Arguments angegriffen. Aus dem Umstand, dass ein physisches Objekt unter bestimmten Bedingungen anders aussieht, als es wirklich ist, folgt keineswegs, dass es ein nichtphysisches Objekt gibt, das die Eigenschaft tatsächlich hat, die das physische Objekt bloß zu haben scheint. Viel plausibler ist die Annahme, dass wir, wenn wir in unserem Beispiel das Ruder ins Wasser eintauchen, weiterhin das Ruder direkt wahrnehmen, das nun jedoch aufgrund bekannter physikalischer Fakten gekrümmt erscheint, obwohl es wirklich gerade ist. Warum, so fragen die Kritiker des Arguments, sollten wir annehmen, dass die direkten Objekte der Wahrnehmung genau die Eigenschaften haben müssen, die sie im phänomenalen Sinn zu haben scheinen?

Das »Argument aus der Halluzination« stellt in einem bestimmten Sinn eine Verschärfung des Arguments aus der Sinnestäuschung dar. Im Fall einer Halluzination hat eine Person eine idiosynkratische sinnliche Erfahrung, die von einer genuinen Wahrnehmung qualitativ ununterscheidbar sein kann, obwohl es in einem solchen Fall per definitionem keinen Gegenstand in der physischen Welt gibt, den sie wahrnimmt. Da es gar nichts Objektives gibt, das der phänomenologischen Struktur ihrer subjektiven Erfahrung entspricht, muss, so folgern die Anhänger von Sinnesdaten, die zweifelsfrei gegebene sinnliche Mannigfaltigkeit, deren sich die Person unter diesen besonderen Umständen direkt bewusst ist, ein Sinnesdatum oder eine Menge von Sinnesdaten sein.

2.2 Die metaphysische Natur von Sinnesdaten

Was für eine Art von Dingen sollen diese Sinnesdaten eigentlich sein? Man kann sie als mentale oder phänomenale Gegenstände definieren, und das heißt als Gegenstände, die dann und nur dann existieren, wenn sie wahrgenommen werden. Ein frei schwebendes Sinnesdatum ist eine begriffliche Unmöglichkeit; für sie gilt das Prinzip »esse est percipi«, Sein ist Wahrgenommenwerden. Sinnesdaten sind somit eine von im realistischen Sinn verstandenen physischen Gegenständen ontologisch verschiedene Art von Gegenständen, denn es gehört zu unserem Begriff eines physischen Gegenstandes, dass seine Existenz und Natur von der Tatsache, dass er wahrgenommen wird, logisch unabhängig sind. Physische Gegenstände, so glauben wir gewöhnlich, sind zwar Gegenstände, die wir wahrnehmen oder wahrnehmen können, nicht aber Gegenstände, die durch unsere Wahrnehmung konstituiert werden; ihr Sein besteht keineswegs darin, wahrgenommen zu werden. Und diese Abhängigkeit von Sinnesdaten von einem Beobachter, der sie wahrnimmt, hat die weitere wichtige Konsequenz, dass sie private Objekte sind. Weil Sinnesdaten, wie dies häufig ausgedrückt wird, »nur im Geist eines bestimmten Beobachters existieren«, ist es unmöglich, dass verschiedene Beobachter numerisch dasselbe Sinnesdatum wahrnehmen können.

Allerdings lässt die Definition von Sinnesdaten als mentale oder phänomenale Objekte noch viele Fragen über ihren präziseren metaphysischen Status offen. Sinnesdaten sollen die Eigenschaften haben, deren wir uns sinnlich bewusst sind. Daraus folgt, dass visuelle Sinnesdaten unter anderem gewisse Formen und Größen haben. Wenn dies so ist, dann müssen sie Raum einnehmen. Aber wo im Raum existieren sie eigentlich? Bertrand Russell (1872–1970) behauptete einmal, dass Sinnesdaten buchstäblich in unserem Kopf existieren und setzte sie ganz konsequent mit Gehirnzuständen gleich (Russell 1927: 383). Das Problem mit dieser Auffassung ist, dass einige unserer Sinnesdaten z. B. rot und dreieckig sind, dass aber kein Gehirnphänomen rot und dreieckig ist. Zudem ist die Annahme äußerst unplausibel, dass uns unsere Gehirnzustände unter gewöhnlichen Bedingungen sinnlich gegeben sind; unser Gehirn ist in dem einfachen Sinn gewöhnlich nicht wahrnehmbar, dass es unsere sinnlichen Rezeptoren nicht stimuliert.

Ein anderer Vorschlag könnte lauten, dass Sinnesdaten dort zu lokalisieren sind, wo sich die physischen Gegenstände befinden, die sie in uns hervorrufen. Denn schließlich scheint es uns den Sinnesdatentheoretikern zufolge oft so, als ob unsere visuellen Sinnesdaten in verschiedenen Entfernungen von uns und in verschiedenen Winkeln zu unserer Sehlinie im physischen Raum existierten. Aber nicht nur steht dieser Vorschlag vor dem Problem, mit denjenigen Sinnesdaten zu Rande zu kommen, die angeblich in Halluzinationen vorkommen. Schon die Behauptung, dass Sinnesdaten im physischen Raum existieren, hat – weil Sinnesdaten mentale Objekte sein sollen – die Aura des Mysteriösen. Aber was verbleibt dann noch als Alternative? Wenn Sinnesdaten weder in uns, im Innenraum unseres Schädels, noch im äußeren physischen Raum existieren, dann bleibt offenbar nur noch ein besonderer privater und phänomenaler Raum als letztes Refugium für sie übrig. Dieser Vorschlag wirft jedoch nicht nur Fragen über den ontologischen Status eines separaten phänomenalen Raumes auf, sondern auch Fragen darüber, wie Ereignisse im physischen Raum mit Ereignissen im phänomenalen Raum interagieren können. Metaphysisch gesehen, davon sind mittlerweile viele Philosophen überzeugt, sind wir ohne Sinnesdaten besser dran.

3. Erkenntnistheoretische Konsequenzen der Sinnesdatentheorie

Sicherlich vermag die Sinnesdatentheorie der phänomenalen Ununterscheidbarkeit von genuinen Wahrnehmungen und Sinnestäuschungen oder Halluzinationen Rechnung zu tragen. In ihrem rückhaltlosen Beharren auf der Phänomenologie der sinnlichen Erfahrung liegt die eigentliche Stärke der Sinnesdatentheorie, welche von den Verfechtern der Philosophie der normalen Sprache (Ordinary Language Philosophy), die heftige, auf der sorgfältigen Analyse der normalen, nichtphilosophischen Redeweisen über die Wahrnehmung beruhende Attacken gegen sie geritten haben, zumeist nicht gebührend gewürdigt wurde (vgl. Austin: 1962). Aber für ihre philosophischen Vorzüge zahlt die Sinnesdatentheorie letztlich doch einen sehr hohen Preis: Sie führt zu erkenntnistheoretisch problematischen Konsequenzen. Sobald ihre zentrale These, dass die direkten Gegenstände des Bewusstseins in der Wahrnehmung immer Sinnesdaten, nie aber äußere, physische Gegenstände sind, einmal akzeptiert wird, sind im Wesentlichen nur noch zwei Theorien der Wahrnehmung und der Außenwelt möglich: der Repräsentationale bzw. Indirekte Realismus und der Phänomenalismus.

Beide Positionen sind Varianten des traditionellen erkenntnistheoretischen Fundamentalismus, dem zufolge das System aller unserer Überzeugungen in zwei Teile zergliedert werden kann: diejenigen, die der Stützung durch andere bedürfen, und diejenigen, die andere stützen können, aber selbst keiner Stützung durch andere bedürfen (→ Fundamentalismus und Kohärenztheorie). Die letzten sind die Fundamente, die ersten der Überbau, der auf diesen Fundamenten errichtet ist. Die zentrale These des Fundamentalismus besagt, dass alle abgeleiteten oder mittelbar gerechtfertigten Überzeugungen ihre Rechtfertigung letztlich unmittelbar gerechtfertigten und in diesem Sinn basalen Überzeugungen verdanken. Basale Überzeugungen wiederum sind dadurch gerechtfertigt, dass sie auf sinnlichen Erfahrungen beruhen – so behauptet zumindest der empiristische Fundamentalist.

3.1 Repräsentationaler Realismus

Die Verfechter des Repräsentationalen oder Indirekten Realismus, dessen prominentester und einflussreichster Befürworter, historisch gesehen, sicherlich John Locke (1632–1704) war, behaupten, dass es eine Welt äußerer, physischer Gegenstände wirklich gibt und dass wir über diese Welt auch Wissen erwerben können. Aber wir erwerben dieses Wissen nur auf eine indirekte Weise – mittels der direkten oder unmittelbaren Wahrnehmung der Sinnesdaten (Locke spricht von »ideas«), die die äußeren Gegenstände infolge einer kausalen Interaktion in unserem Bewusstsein hervorrufen. Unser gesamtes Wissen von der objektiven Realität beruht letztlich auf dem direkten Wissen von Sinnesdaten. Unser epistemischer Kontakt mit der physischen Welt ist sonach immer theoriebeladen, das heißt, beladen mit der Theorie, dass es eine regelmäßige Korrelation gibt zwischen den Weisen, in denen die Dinge uns erscheinen, und den Weisen, wie sie wirklich sind. Der Glaube an die Existenz der Außenwelt ist dem zufolge durch einen so genannten abduktiven Schluss, einen »Schluss auf die beste Erklärung« gerechtfertigt, weil die Hypothese, dass es eine Welt stabiler, auf unsere Sinne einwirkender physischer Gegenstände gibt, die Konstanz und Kohärenz, die wir in unseren unwillentlich oder spontan auftretenden sinnlichen Erfahrungen vorfinden, angeblich am besten zu erklären vermag. (→ Induktion und der Schluss auf die beste Erklärung)

Aber ist der Schluss auf die Existenz einer Außenwelt, diese Frage haben viele Philosophen gestellt, wirklich die beste Erklärung für die systematische Ordnung, die unsere sinnlichen Erfahrungen aufweisen? Warum sollte nicht anderen möglichen Hypothesen der Vorzug gegeben werden? Denn, wenn wir immer nur Sinnesdaten, nie aber die physischen Gegenstände und Ereignisse in unserer Umgebung direkt wahrnehmen können, dann stellt sich geradezu zwangsläufig die Frage, wie wir wissen können, welche Eigenschaften physische Gegenstände haben, ja, wie wir sicher sein können, dass sie überhaupt existieren. Die Sinnesdaten fungieren diesem Einwand zufolge als ein Schleier, der unseren perzeptiven und kognitiven Zugang zur Außenwelt blockiert. Die Sinnesdatentheorie reißt eine logische Kluft zwischen inneren Objekten, den Sinnesdaten, und der äußeren, physischen Realität auf, eine Kluft, die weder durch deduktive noch durch induktive oder abduktive Schlüsse jemals überbrückt werden kann. Wir sind gewissermaßen in der Welt unserer Sinnesdaten eingesperrt. Kein triftiges Argument, sondern allenfalls eine Form von Magie vermag uns von der hellen auf die dunkle Seite des Schleiers der Wahrnehmung zu führen. Der erkenntnistheoretische Skeptizismus scheint die unvermeidliche Konsequenz des Repräsentationalen Realismus zu sein. (→ Skeptizismus)

3.2 Phänomenalismus

Die Antwort des Phänomenalismus, den George Berkeley (1685–1753) als erster entfaltet und den John Stuart Mill (1806–1873) dann in wesentlichen Punkten weiterentwickelt hat, auf das Problem des erkenntnistheoretischen Skeptizismus ist verblüffend einfach. Seine Befürworter glauben, es durch eine ontologische Reduktion lösen zu können. Wenn die Wurzel des Skeptizismus in der Unterscheidung zwischen physischen Gegenständen und unseren Sinnesdaten liegt, dann brauchen wir diese physischen Gegenstände nur mit den Sinnesdaten gleichzusetzen, um den Skeptizismus zu untergraben. Der Phänomenalismus stellt die radikale Behauptung auf, dass unsere gesamte Rede über die physische Welt im Grunde nur eine Abkürzung für logisch komplexe Aussagen über unsere sinnlichen Erfahrungen ist, d. h., über die Sinnesdaten, die wir wahrnehmen oder unter verschiedenen Bedingungen wahrnehmen würden. Ein physischer Gegenstand in Raum und Zeit ist dieser metaphysisch revisionären Sichtweise zufolge letztlich nichts anderes als ein Komplex oder eine »logische Konstruktion« aus wirklichen und möglichen Sinnesdaten.

Das Problem mit diesem kühnen theoretischen Programm ist nur, dass es offensichtlich bislang niemandem gelungen ist, auch nur eine einzige Aussage über die Außenwelt in eine Konjunktion von Aussagen über die sinnliche Erfahrung zu übersetzen und dass auch keine begründete Hoffnung besteht, dass dies irgendjemandem irgendwann gelingen könnte. Dafür gibt es einen guten Grund: Keine isolierte Aussage über einen physischen Gegenstand hat irgendwelche Konsequenzen für die sinnliche Erfahrung. Eine einzige Aussage über meinen Schreibtisch impliziert nichts bezüglich meiner Erfahrungen, wenn ich nicht zusätzliche Annahmen über die Position meines Körpers, über meine verschiedenen Sinnesorgane und über die physische Umgebung, in der ich mich gerade befinde, mache, – etwa, dass ich in meinem Büro bin, meinem Schreibtisch zugewandt, meine Augen geöffnet habe, nicht unter dem Einfluss von Drogen stehe etc. Die Bezugnahme auf äußere Gegenstände und Sachverhalte kann, so scheint es, einfach nicht eliminiert werden. Der epistemologische Atomismus, dem der Phänomenalismus verpflichtet ist, ignoriert die zentrale Einsicht des Holismus, die Einsicht nämlich, dass unsere Aussagen über die Welt nur als eine Gesamtheit oder als Elemente einer hinreichend umfänglichen Menge solcher Aussagen Konsequenzen für unsere sinnlichen Erfahrungen haben (vgl. Quine 1953).

Das eigentliche Problem mit dem Phänomenalismus ist, dass er die objektive Welt, die wir teilen, in der wir interagieren und auf die unsere kognitiven Bestrebungen abzielen, gänzlich verliert. Der Phänomenalismus steht in scharfem Konflikt zur realistischen Metaphysik des Common Sense. Die Welt ist diesem Standpunkt zufolge nicht einfach das, was wir wahrnehmen oder, wenn gewisse Bedingungen erfüllt wären, wahrnehmen würden. Die Welt war schon da, bevor wir da waren, und wird vermutlich auch noch da sein, wenn wir nicht mehr da sind. Der Phänomenalismus ist eine Form von Antirealismus oder Idealismus, der Auffassung mithin, dass die gesamte Außenwelt irgendwie von Tatsachen über unseren Geist abhängig ist. Die Tugend des Phänomenalismus, so betonen seine Vertreter, liegt darin, dass er dem erkenntnistheoretischen Skeptiker eine triftige Antwort zu geben vermag. Aber wie triftig ist seine Antwort wirklich? Der Skeptizismus macht geltend, dass wir Wissen nur von unseren subjektiven sinnlichen Erfahrungen haben können, nicht von der Existenz und Natur einer angeblich

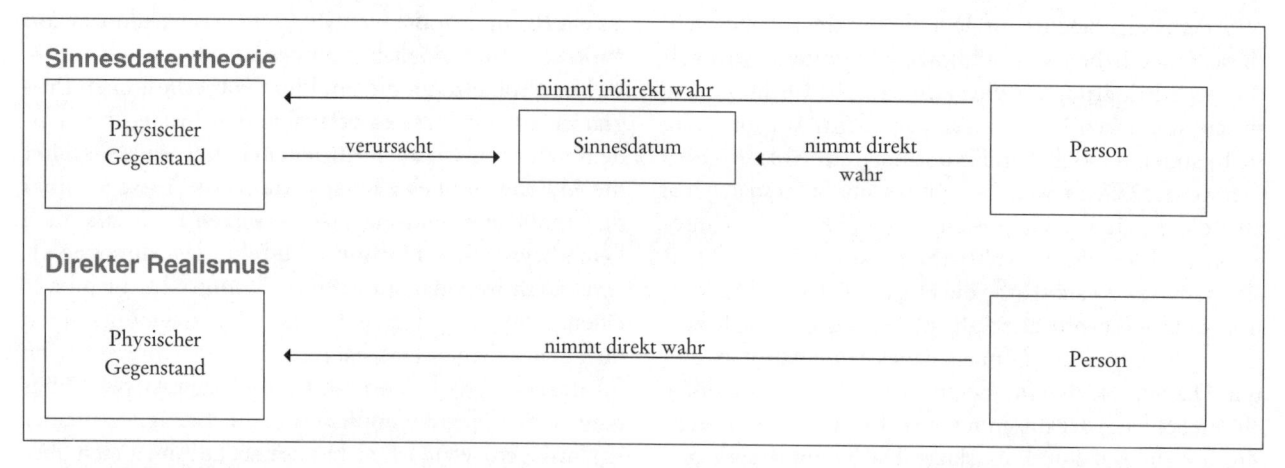

Sinnesdatentheorie

Physischer Gegenstand —verursacht→ Sinnesdatum ←nimmt direkt wahr— Person
←——————— nimmt indirekt wahr ———————

Direkter Realismus

Physischer Gegenstand ←——— nimmt direkt wahr ——— Person

objektiven Welt jenseits des Bereichs der Erfahrung. Die Antwort des Phänomenalismus lautet, dass unser Wissen von unseren Sinnesdaten zugleich Wissen von äußeren Gegenständen ist, weil diese Gegenstände nichts anderes als Komplexe oder Muster von Sinnesdaten sind. Wissen über die physische Umgebung durch die Erfahrung ist also letzten Endes nichts anderes als Wissen über die Erfahrung durch die Erfahrung. Es fällt nicht ganz leicht, diese Antwort auf die skeptische Herausforderung von der Position des Skeptizismus selbst zu unterscheiden.

Durch ein Diagramm kann der Unterschied zwischen der Sinnesdatentheorie und der nun diskutierten Position des Direkten Realismus gut veranschaulicht werden (siehe Grafik).

4. Eine erste Variante des Direkten Realismus: Glaubenstheorien der Wahrnehmung

Die gravierenden Schwierigkeiten des Repräsentationalen Realismus und des Phänomenalismus waren für viele Philosophen der Beweggrund, die zentrale These dieser beiden Theorien über Bord zu werfen: die These, dass wir immer nur Sinnesdaten direkt wahrnehmen. Sie entschieden sich im Gegenzug für eine Spielart des Direkten Realismus. Diese Auffassung ist eine Form von Realismus, weil ihr zufolge physische Gegenstände unabhängig davon existieren, dass sie wahrgenommen werden. Und sie ist eine direkte Form des Realismus, weil behauptet wird, dass wir gewöhnlich physische Gegenstände direkt oder unmittelbar wahrnehmen, ohne die epistemische Vermittlung von besonderen mentalen Bindegliedern. Wir brauchen unser Wissen von der Außenwelt nicht durch problematische Schlüsse aus einer rein subjektiven Basis herzuleiten. Aber mit dieser Behauptung kann es der Direkte Realismus nicht bewenden lassen. Er muss zudem eine plausible Form der sinnlichen Erfahrung entwickeln, die in der Lage ist, mit solchen Phänomenen wie Sinnestäuschungen und Halluzinationen zu Rande zu kommen, die nach der Meinung so vieler traditioneller Philosophen nur durch die Einführung von Sinnesdaten angemessen erklärt werden können.

Schauen wir uns zunächst diejenige Version des Direkten Realismus an, die die Verfechter der Glaubenstheorie der sinnlichen Wahrnehmung, allen voran David Armstrong, George Pitcher, aber auch Daniel Dennett befürworten (Armstrong: 1961 und 1968; Pitcher: 1971; Dennett: 1991). Diese Autoren sind davon überzeugt, dass eine plausible Theorie der Erfahrung formuliert werden kann, die als ihren zentralen Begriff den Begriff des Glaubens oder der Überzeugung verwendet. Sie zeichnen uns das folgende Bild von der sinnlichen Wahrnehmung: Physische Gegenstände und Ereignisse stimulieren unsere Sinnesorgane und als ein kausales Produkt dieser Prozesse erwerben wir direktes, unmittelbares Wissen von ihrer Existenz und ihren Eigenschaften. Der Erwerb dieses Wissens *ist* die sinnliche Wahrnehmung. Dieses Wissen lässt sich wiederum nach der Standardanalyse des Wissensbegriffs durch wahre, gerechtfertigte Überzeugungen explizieren.

Was aber wird aus den Sinnesdaten, dem Herzstück des traditionellen Nachdenkens über die Erfahrung, im begrifflichen Rahmen der Glaubenstheorien? Armstrongs Standpunkt ist klar. Er identifiziert Sinnesdaten oder, wie er lieber sagt, »Sinneseindrücke« kurzerhand mit dem Erwerb von Überzeugungen oder Neigungen zu solchen Überzeugungen über die physische Realität. So sagt er:

> To speak of our sense-impressions, therefore, will be to speak of our conscious acquirings of immediate beliefs or inclinations to believe in particular propositions about the physical world, by means of our senses, without considering whether these propositions are true or false. (Armstrong 1961: 128)

Auf den ersten Blick ist diese Position nicht sonderlich plausibel. Sie scheint der Phänomenologie der Wahrnehmung nicht gerecht zu werden. Der Einwand liegt nahe, dass Sinneseindrücke nicht mit Überzeugungen gleichgesetzt werden können, sondern dass die Überzeugungen auf den Sinneseindrücken beruhen, dass die Sinneseindrücke uns mit Gründen für die entsprechenden Überzeugungen versehen. Es ist kein unerklärbares Faktum, dass sich eine bestimmte Wahrnehmungsüberzeugung einstellt; sie stellt sich ein, weil ihr ein Sinneseindruck zugrunde liegt. Betrachten wir eine Situation, in der eine weiße Rose mit rotem Licht beleuchtet wird und in der eine Person infolgedessen die falsche Meinung erwirbt, eine rote Rose zu sehen. Besteht der sinnliche Gehalt ihrer Erfahrung einzig und allein aus dieser Meinung? Ist nicht darüber hinaus in dieser Situation irgendetwas in ihrem visuellen Feld irgendwie rot? Ist ihr etwas Rotes nicht anders denn als ein Objekt einer Meinung gegeben? Wenn nicht irgendetwas in dieser Situation irgendwie rot wäre, wie könnten wir uns dann verständlich machen, dass jeder normale Beobachter in dieser Situation die Meinung erwirbt, dass die Rose rot aussieht und nicht etwa gelb oder grün oder lila?

Und zudem, wenn die Person darüber in Kenntnis gesetzt wird, dass sie in Wirklichkeit eine weiße Rose wahrnimmt, die unter den besonderen Beleuchtungsverhältnissen nur rot aussieht, dann verändert sich das phänomenale Aussehen der Rose keineswegs; sie wird unter unveränderten Bedingungen weiterhin rot aussehen und weiterhin die Überzeugung, dass sie rot *aussieht*, wenn nun auch nicht mehr die Überzeugung, dass sie rot *ist*, verursachen. Wie aber soll es der Glaubenstheorie zufolge möglich sein, dass die Röte, die die Rose zu haben scheint, auch dann ein konstantes phänomenales Datum bleibt, wenn sich die entsprechenden kognitiven Einstellungen in allen möglichen Weisen verändern können? Das rote Aussehen einer Rose für eine Person ist verträglich mit ihrer Überzeugung, dass sie tatsächlich rot ist, mit ihrer Überzeugung, dass sie nicht rot ist, und mit ihrer Ungewissheit, ob sie rot ist oder nicht. Das phänomenale Aussehen eines Gegenstandes scheint mithin gegen alle relevanten doxastischen Variationen immun zu sein. Wie soll dann aber der qualitative Inhalt der Erfahrung dennoch durch das begriffliche Repertoire der Glaubenstheorie erfasst werden können?

George Pitcher ist davon überzeugt, mit solchen Einwänden durch eine komplexere glaubenstheoretische Analyse zu Rande kommen zu können (Pitcher 1971: 86–96). Er untergliedert zu diesem Zweck seine Analyse phänomenalen Aussehens in drei Fälle. Die ersten Fälle sind Standardsituationen der Wahrnehmung, in denen wir, wenn etwas soundso für uns aussieht, auch die Überzeugung erwerben, dass es soundso ist. Wenn wir ein am Ufer liegendes Ruder bei hellem Tageslicht betrachten, und es sieht gerade aus, dann erwerben wir wahrscheinlich auch die Überzeugung, dass es gerade ist. Für die mittleren Fälle hingegen gilt, dass, wenn etwas soundso für uns aussieht, wir eine gewisse Neigung oder Disposition erwerben, zu glauben, dass es soundso ist. Ein Beispiel soll veranschaulichen, was Pitcher und zuvor schon Armstrong mit dieser Rede von einer »Neigung, zu glauben« meinen. Angenommen, ich befinde mich in einem Eilzug auf der Strecke zwischen Berlin und Hamburg. Plötzlich, während ich aus dem Fenster schaue, taucht in meinem visuellen Feld für einen kurzen Augenblick eine tigerähnliche Gestalt auf. Ich kann in dieser Situation weder sicher sein, dass ich wirklich einen Tiger gesehen habe, denn in unseren Regionen sind Tiger sehr selten in freier Landschaft anzutreffen. Noch kann ich sicher sein, dass ich durch meinen Gesichtssinn getäuscht wurde, denn möglicherweise handelte es sich hier um einen aus einem Zoo ausgebrochenen Tiger. In dieser Situation erwerbe ich den Glaubenstheoretikern zufolge eine Neigung zu glauben, dass ich einen Tiger sehe oder gesehen habe. Charakteristisch für diese mittleren Fälle ist, dass das Zeugnis der Sinne und unabhängige Informationen in einen gewissen Konflikt miteinander geraten.

Aber die schwierigsten Fälle, die dritten, lassen sich damit immer noch nicht befriedigend behandeln. Dies sind die Fälle, in denen die Dinge anders aussehen als sie sind, in denen der Beobachter jedoch weiß, dass dies so ist. Wenn wir doch wissen, dass das zur Hälfte ins Wasser eingetauchte Ruder in Wirklichkeit gerade ist, dann werden wir wohl kaum geneigt sein, zu glauben, dass das gekrümmt aussehende Ruder tatsächlich gekrümmt ist. Pitcher versucht, diese letzten Fälle durch den Begriff einer »unterdrückten Neigung zu glauben« zu neutralisieren:

> I think that in Last Cases, the perceiver may plausibly be said to causally receive an inclination to believe [...] but it is an inclination that, for one reason or another, he resists and indeed overcomes, one that he quashes or sharply suppresses, so that it is an attenuated inclination. (Pitcher 1971: 92–93)

Aber beschreibt Pitcher diese Situationen wirklich richtig? Wenn das ins Wasser eingetauchte, gerade Ruder gekrümmt aussieht, wir jedoch wissen, dass es in Wirklichkeit gerade ist, haben wir, so könnte man argumentieren, nicht die geringste Neigung zu glauben, dass es gekrümmt ist. Vor allem aber haben wir keine Neigung, die wir allererst unterdrücken oder überwinden müssten. So wie die Rede von einem unterdrückten Streik suggeriert, dass es zunächst einen Streik gab, der dann unterdrückt wurde, so suggeriert auch die Rede von einer unterdrückten Neigung, dass diese Neigung zuvor nicht unterdrückt war. Aber in unserem Beispiel gibt es keine Neigung zu glauben, die wir dann unterdrücken müssten. Vielmehr sollten wir sagen, dass die Neigung zu glauben durch unser zusätzliches Wissen, dass das Ruder gerade ist, verhindert wurde. Und so wie die Rede von einem verhinderten Streik suggeriert, dass dieser Streik gar nicht erst ausgebrochen ist, so suggeriert auch die Rede von einer verhinderten Neigung, dass sich diese Neigung gar nicht erst ausgebildet hat.

Pitcher geht sogar so weit, zu behaupten, dass in einer solchen Situation die Neigung zu glauben, dass das Ruder gekrümmt ist, gar nicht vollständig unterdrückt werden kann; sie kann nur »teilweise« oder »weitgehend« unterdrückt werden (Ibid.: 93). Dem kann man entgegenhalten, dass wir aufgrund unseres gut bestätigten empirischen Wissens ziemlich sicher sein können, dass das Ruder infolge der Tatsache, dass es ins Wasser eingetaucht wird, nicht seine Eigenschaft, gerade zu sein, verliert und stattdessen die Eigenschaft, gekrümmt zu sein, annimmt.

5. Eine wichtige Unterscheidung: Sinnliche und doxastische Repräsentationen

Vermutlich schwebte Pitcher ein ganz anderer Punkt vor, den er nicht angemessen zu analysieren vermochte. Denn was sich in dieser Situation anscheinend nicht völlig unterdrücken oder überwinden lässt, auch wenn wir noch soviel über die physische Realität wissen, ist die phänomenale Präsenz eines gekrümmt aussehenden Ruders. Sinnliche Prozesse sind nicht im gleichen Maße reversibel wie kognitive Prozesse. Wir können durch kontinuierliches Lernen und Forschen unsere Überzeugungen über die Gegenstände unserer Wahrnehmung verändern. Aber wir können auf diese Weise nicht die phänomenalen Erscheinungen verändern, die die Gegenstände in uns hervorrufen, den qualitativen Gehalt der sinnlichen Erfahrung. Erfahrungen sind modular in dem von Jerry Fodor herausgearbeiteten Sinn (Fodor: 1983). Sie bilden einen relativ autonomen Teil unserer mentalen Architektur; ihr Informationsgehalt ist abgekapselt, weitgehend unempfänglich für Überzeugungen und Erwartungen. Unsere sensorischen Systeme haben keinen Zugang zu den Hintergrundinformationen, die den Subjekten der Erfahrung zur Verfügung stehen. Die Information, dass das Ruder gerade ist, steht uns, den Subjekten der Erfahrung, zur Verfügung, aber unsere visuellen Mechanismen haben keinen Zugang zu ihr. Deswegen bleibt eine Sinnestäuschung auch dann bestehen, wenn wir explizit wissen, dass es eine Täuschung ist.

Der tiefere evolutionäre Grund dafür liegt darin, dass der Inhalt von Erfahrungen im Unterschied zum Inhalt von Überzeugungen phylogenetisch bestimmt ist, nicht ontogenetisch. Daher ist schwer zu sehen, wie die Glaubenstheorie mit ihrer Begrifflichkeit des Glaubens, der Neigung zu glauben und der unterdrückten Neigung zu glauben eine befriedigende Theorie der sinnlichen Erfahrung sein kann. In diesem theoretischen Ansatz scheint der qualitative Charakter der Erfahrung ausgeklammert zu werden. Sinnliche Erfahrungen und Überzeugungen sind beide innere mentale Repräsentationen von äußeren Sachverhalten, aber sie unterscheiden sich ihrer Art nach. Der Fehler der Glaubenstheorien besteht darin, diesem wichtigen Unterschied nicht gebührend Rechnung zu tragen und mithin sinnliche Repräsentationen an begriffliche oder doxastische Repräsentationen zu assimilieren.

Um den Unterschied zwischen sinnlichen und doxastischen Repräsentationen zu verdeutlichen, ist es hilfreich, von dem vertrauten Kontrast zwischen der analogen und der digitalen Codierung von Information Gebrauch zu machen (Vgl. Dretske 1981:135–141). Eine Repräsentation trägt die Information, dass ein Gegenstand a die Eigenschaft F besitzt, in digitaler Form genau dann, wenn die Repräsentation keine zusätzliche Information über a trägt, keine Information, die nicht schon darin enthalten ist, dass a F ist. Wenn hingegen die Repräsentation zusätzliche Information über a trägt, Information, die nicht darin enthalten ist, dass *a* F ist, dann trägt die Repräsentation die Information in analoger Form. Wenn eine Repräsentation die Information, dass *a* F ist, in analoger Form trägt, dann trägt sie spezifischere Information über *a*, als dass *a* F ist.

Der Unterschied zwischen analoger und digitaler Codierung von Information, und mithin zwischen sinnlicher und doxastischer Repräsentation, kann mithilfe des Unterschieds zwischen einem Bild von einem Sachverhalt und einer Aussage über diesen Sachverhalt illustriert werden. Angenommen ich sehe einen Apfel auf einem Tisch, und ich treffe die Aussage, dass ein Apfel auf dem Tisch liegt, um Ihnen mitzuteilen, dass dies der Fall ist. Sie erhalten dadurch keine spezifischeren Informationen über den Apfel und den Tisch, als dass der Apfel auf dem Tisch liegt. Sie erfahren nichts über die Eigenschaften des Apfels – über seine Farbe, seine Form und seine Größe etc. Und ebenso wenig erfahren Sie über die entsprechenden Eigenschaften des Tisches. Wenn ich hingegen die Szene photographiere und ihnen das Bild zeige, dann erhalten Sie zwar auch die Information, dass der Apfel auf dem Tisch liegt. Aber diese Information ist eingebettet in reichere Informationen über die verschiedenen Eigenschaften des Apfels und des Tisches und über die präziseren räumlichen Relationen, in denen sie zueinander stehen – ob der Apfel etwa in der Mitte des Tisches liegt oder an der Kante, etc. Ein Bild, so weiß der Volksmund, ist tausend Worte wert. Viele Bilder besitzen einen Reichtum an Details, dem keine noch so komplexe Überzeugung oder Aussage jemals gerecht werden kann. Die Überzeugung, dass der Apfel auf dem Tisch liegt, abstrahiert von der Konkretheit der sinnlichen Repräsentation, von ihrer phänomenalen Mannigfaltigkeit. Das Bild und die Überzeugung repräsentieren beide denselben Sachverhalt, aber das Bild repräsentiert ihn in analoger, die Überzeugung dagegen in digitaler Form.

Wenn ich sage, dass sinnliche Erfahrungen Information so ähnlich codieren wie Bilder, dann will ich damit natürlich nicht sagen, dass wir, wenn wir wahrnehmen, irgendwie kleine Bilder im Kopf haben. Was wir im Kopf haben, sind vielmehr Repräsentationen, mentale Zustände, die Informationen über Äpfel und Tische und dergleichen Dinge tragen. Diese inneren sinnlichen Repräsentationen sind nicht die Gegenstände unserer Wahrnehmung. Dies anzunehmen hieße, einen ähnlichen Fehler zu begehen wie die Sinnesdatentheorie. Die Gegenstände unserer Wahrnehmung sind vielmehr die äußeren Dinge, die durch die inneren Repräsentationen repräsentiert werden, die Dinge, über die die Repräsentationen Information tragen.

Die biologische Funktion der Wahrnehmung ist es, den kognitiven Mechanismen eines Organismus Informationen zu liefern, die er zur Kontrolle und Regulation seines Verhaltens selektiv benutzen kann. Der erfolgreiche Übergang von der sinnlichen zur begrifflichen und doxastischen Repräsentation ist der Kern unserer kognitiven Tätigkeit. Ein Organismus, dem es nicht gelingt, die ankommende sinnliche Information in eine begriffliche Form zu verwandeln, mag ein *a* wahrgenommen haben, das F ist, aber er hat nicht wahrgenommen, dass *a* F ist, und weiß mithin nicht, dass *a* F ist. Der Übergang von der sinnlichen zur begrifflichen Ebene besteht im Wesentlichen darin, Unterschiede zu ignorieren, vom Konkreten zum Abstrakten überzugehen, und das heißt, Elemente der Information zu eliminieren, um *eine* Information herauszustellen, die Information etwa, dass es ein Apfel ist. Kognitive Tätigkeit – Identifikation, Klassifikation und Wiedererkennung – setzt die Elimination von überflüssiger Information voraus. Solange es uns nicht gelingt, auf diese Weise Informationen aus der sinnlichen Repräsentation herauszuziehen, solange kein Prozess der Digitalisierung stattfindet, können wir die Dinge in unserer Umgebung zwar wahrnehmen, aber wir können keine Überzeugungen über sie erwerben.

6. Erkenntnistheoretischer Kohärentismus

Die sinnliche Erfahrung ist also keine Form einer Überzeugung. Kann aber eine nichtdoxastische Erfahrung überhaupt epistemisch relevant sein? Zahlreiche Philosophen leugnen dies emphatisch. Zu ihnen gehört auch Donald Davidson. Er befürwortet im Wesentlichen einen kohärentistischen Zugang zu Wissen und epistemischer Rechtfertigung und bestreitet demnach hartnäckig, dass das, was sich an unseren Sinnesorganen abspielt, irgendetwas mit Rechtfertigung oder Evidenz zu tun hat (vgl. Davidson 1986). Die Rechtfertigung von empirischen Überzeugungen hängt nicht von ihren Beziehungen zu sinnlichen Erfahrungen ab, sondern von den inferentiellen Beziehungen, in denen sie zu anderen Überzeugungen in einem kohärenten System stehen. So verkündet er, in guter kohärentistischer Manier, dass nichts als ein Grund für eine Überzeugung fungieren kann außer einer anderen Überzeugung (Ibid.: 310). (→ Fundamentalismus und Kohärenztheorie)

Daher attackiert Davidson den Dualismus von Begriffsschema und empirischem Inhalt als ein weiteres Dogma des Empirismus (Davidson 1984). Zu dem, was er mit »empirischem Inhalt« meint, gehören Sinnesdaten, sinnliche Erfahrungen, Stimulationsmuster und dergleichen. Diese sinnlichen Entitäten werden laut Davidson in empiristischen Theorien als der neutrale, außerhalb aller Begriffsschemata gelegene und somit uninterpretierte Inhalt aufgefasst, der nur darauf wartet, durch ein Schema interpretiert oder gedeutet zu werden. Das Dogma eines Dualismus von Schema und unorganisiertem Inhalt führt, so argumentiert Davidson, zum begrifflichen Relativismus, zur Relativierung von objektiver Wahrheit und objektiver Realität auf ein Begriffsschema. Die Idee eines Begriffsschemas und mit ihr die Idee des begrifflichen Relativismus hält er jedoch für unverständlich.

Davidson macht geltend, dass der Empirismus aufgegeben werden muss, weil sein Leitgedanke, dass Wissen und Bedeutung auf einer sinnlichen Evidenzquelle beruhen, nicht aufrechterhalten werden kann. Die verschiedenen Versuche des erkenntnistheoretischen Fundamentalismus, eine epistemische Basis für Rechtfertigung und Wissen außerhalb unserer Überzeugungen zu finden, in anderen Worten, Rechtfertigung letztlich auf das Zeugnis der Sinne zu gründen, hält er alle für vergeblich. Die Idee, dass Rechtfertigung etwas anderes als eine Beziehung einzig und allein zwischen Überzeugungen sein könnte, beruht laut Davidson auf einer Verwechslung von Rechtfertigung und Kausalität. So sagt er an einer Schlüsselstelle:

> The relation between a sensation and a belief cannot be logical, since sensations are not beliefs or other propositional attitudes. What then is the relation? The answer is, I think, obvious: the relation is causal. Sensations cause some beliefs and in *this* sense are the basis or ground of those beliefs. But a causal explanation of a belief does not show how or why a belief is justified. (Davidson 1986: 311)

Sinnliche Erfahrungen spielen eine kausale Rolle; sie sind kausale Vermittler zwischen äußeren Gegenständen und Ereignissen und unseren Meinungen über sie. Aber die Dimension der Erfahrung ist in Davidsons Kohärentismus epistemisch irrelevant. Eine Erfahrung kann nicht als Grund für eine Überzeugung fungieren und hat mithin keinen Einfluss auf die Frage, ob eine Überzeugung gerechtfertigt ist oder nicht. Rechtfertigung ist für ihn ausschließlich eine logische Angelegenheit. Einer Erfahrung eine epistemische Rolle zuzuschreiben, kann laut Davidson nur heißen, sie als epistemische Vermittler zwischen unseren Überzeugungen und der objektiven Realität aufzufassen. Und er ist fest davon überzeugt, dass eine solche Sichtweise zum Skeptizismus führen muss, weil wir nicht sicher sein können, dass solche Vermittler uns verlässliche Informationen über die Welt verschaffen. Solange wir an der alten fundamentalistischen Idee festhalten, dass der Erwerb von Wissen über die Welt einen epistemischen Schritt vom Bereich des Subjektiven zum Bereich des Objektiven erfordert, bleiben wir für skeptische Attacken anfällig. Durch die Aufgabe eines solchen Schritts, durch den Verzicht auf besondere epistemische Bindeglieder, hofft Davidson, den unmittelbaren Kontakt mit den vertrauten Gegenständen wiederherzustellen, die unsere Aussagen und Überzeugungen wahr oder falsch machen (Davidson 1984: 198).

7. Epistemische Rechtfertigung durch begrifflich strukturierte Erfahrungen

John McDowell hat den Einwand erhoben, dass Davidsons kohärentistische Position, da sie nur kausale Beziehungen zwischen unserem Denken und unseren Erfahrungen erlaubt, den Bezug unseres Denkens auf die objektive Realität zu verlieren droht (McDowell 1994). In Davidsons Bild werden, wie McDowell sich ausdrückt, »rationale Einschränkungen« von der Welt her auf das sich entwickelnde Netz unserer Überzeugungen preisgegeben. Die Tätigkeit des Rechtfertigens empirischer Überzeugungen ist kein selbstständiges, in sich geschlossenes Spiel, sondern muss dem Zeugnis der Sinne verantwortlich sein. Wenn wir verstehen wollen, wie der Gebrauch von Begriffen zu gerechtfertigten empirischen Überzeugungen über die äußere Realität führen soll, dann müssen wir laut McDowell rationale Beziehungen zwischen Erfahrungen und Überzeugungen anerkennen, das heißt, wir müssen Raum schaffen für die Idee, dass unsere Erfahrungen in Rechtfertigungsbeziehungen zu unseren Überzeugungen stehen können, dass Erfahrungen als Gründe und nicht nur als Ursachen für Überzeugungen dienen können.

McDowell hegt die Befürchtung, dass Davidsons Standpunkt, da er die epistemische Relevanz der Erfahrung leugnet, einen Rückfall in den von Wilfrid Sellars so bezeichneten »Mythos des Gegebenen« hervorrufen wird. Sellars beharrt in seiner klassischen Kritik am Gegebenen darauf, dass epistemische Begriffe normative Begriffe sind, Begriffe, die für den logischen Raum der Gründe konstitutiv sind, und dass folglich die Erkenntnistheorie nicht dem naturalistischen Fehlschluss anheim fallen darf, die Ordnung der Natur mit dem Bereich des Normativen zu verwechseln (Sellars 1963). Der Mythos des Gegebenen beruht auf dem naturalistischen Fehlschluss, denn er verkörpert die Ansicht, dass der Raum der Gründe und Rechtfertigungen sich in dem Sinn weiter erstreckt als der Raum der Begriffe, dass rohe, nichtbegriffliche Gegebenheiten das Fundament unserer empirischen Überzeugungen bilden sollen. Die zugrunde liegende Idee ist, dass wir durch Bezugnahme auf ein gegebenes Element – etwas, das wir in der Erfahrung ohne die Beteiligung der Spontaneität unseres Denkens einfach empfangen – die erforderliche rationale Einschränkung von außerhalb des Bereichs unseres Denkens und Urteilens sicherstellen können.

McDowell teilt Davidsons Ansicht, dass der Mythos des Gegebenen unhaltbar ist, weil wir die Beziehungen, aufgrund deren eine Überzeugung gerechtfertigt ist, nur als Beziehungen zwischen begrifflich organisierten Entitäten verstehen können. Sie halten den Versuch, den Raum der Gründe so weit auszudehnen, dass er nichtbegriffliche Entitäten einschließt, für aussichtslos. Alle echten Gründe müssen, so insistiert McDowell, wenigstens minimal artikulierbar sein (McDowell 1994: 165). Wenn Erfahrungen als nichtbegrifflich verstanden werden, dann können sie keine rationale Basis, keine Quelle der Rechtfertigung, für unsere Überzeugungen sein. Rohe Sinneseindrücke können nicht als Tribunal der Erfahrung fungieren. Soweit stimmt McDowell mit Davidson überein. Aber er kann Davidsons uneingeschränkten Kohärentismus nicht akzeptieren.

Um dem ständigen Schwanken zwischen dem Kohärentismus einerseits und dem Mythos des Gegebenen andererseits zu entkommen, ist McDowell bestrebt, eine neue Konzeption der Erfahrung zu entwickeln, deren wesentlicher Vorzug darin bestehen soll, dass sie als einzige einen rationalen Zusammenhang zwischen Erfahrung und Denken, zwischen Sinnlichkeit und Verstand, einräumen kann. Ihre zentrale Idee ist, dass Erfahrungen passive Zustände sind, Produkte der Rezeptivität, und gleichwohl schon begrifflichen Inhalt besitzen. Begriffliche Fähigkeiten werden nicht *an* einer nichtbegrifflichen Gegebenheit ausgeübt, sondern schon *in* der Rezeptivität in Anspruch genommen (Ibid.: 9–13). Es verhält sich nicht so, dass Begriffe erst in Überzeugungen ins Spiel kommen, die auf der Erfahrung beruhen; sie sind schon in den Erfahrungen selbst am Werk. Unsere Erfahrungen repräsentieren die Dinge als soundso. In einer nichttrügerischen Erfahrung werden wir gewahr, dass die Dinge soundso sind. Dass die Dinge soundso sind, ist der begriffliche Inhalt einer Erfahrung. Ein Wahrnehmungsurteil akzeptiert einfach den begrifflichen Inhalt, den die Erfahrung schon besitzt. Wie uns die Dinge erscheinen, ist nicht unter unserer Kontrolle, aber es ist an uns, zu entscheiden, ob wir glauben sollen oder nicht, dass die Dinge so sind, wie sie die Erscheinungen repräsentieren. Erfahrungen sind also McDowell zufolge begrifflich und propositional, aber nichtdoxastisch. Erfahrungen, die er als Zustände der »Offenheit für die Beschaffenheit der Realität« charakterisiert, sollen es der unabhängigen Realität selbst ermöglichen, einen rationalen Einfluss auf das sich entwickelnde Netz unserer Überzeugungen auszuüben (Ibid.: 26). Auf diese Weise hofft er verständlich zu machen, wie Erfahrungen in rationalen, und nicht bloß in kausalen, Beziehungen zu Überzeugungen stehen können.

8. Epistemische Rechtfertigung durch nichtbegriffliche Erfahrungen

Viele Philosophen glauben, dass McDowells Sichtweise, weil sie die epistemische Signifikanz der sinnlichen Erfahrung anerkennt, Davidsons Kohärentismus vorzuziehen ist. Aber einige von ihnen behaupten auch, dass wir noch einen Schritt weitergehen müssen (vgl. Peacocke 1992: 61–98; Tye 1990: 133–144; Schantz 2001). Sie verteidigen just eine Version der Auffassung, die McDowell als einen Mythos brandmarkt, der Auffassung, dass es ein gegebenes Element in der Erfahrung gibt, das unabhängig vom Denken ist und das einen charakteristischen nichtpropositionalen und sogar nichtbegrifflichen Inhalt besitzt. Das Gegebene ist ihnen zufolge kein Mythos. Vielmehr versuchen sie zu zeigen, dass dieses gegebene Element tatsächlich geeignet ist, eine wichtige evidentielle Rolle zu spielen.

In der Kritik an Glaubenstheorien der Wahrnehmung haben wir bereits gesehen, dass die Erfahrung wesentlich nichtdoxastisch ist (vgl. auch Dretske 1969: 4–77). Für unser sinnliches Bewusstsein sind keine Überzeugungen erforderlich. Alles, was für unsere Wahrnehmung eines Gegenstandes notwendig ist, ist, dass er uns phänomenal in einer gewissen Weise erscheint. Gewiss, etwas als einen Samowar zu erkennen, oder zu sehen, dass es ein Samowar ist, heißt, die Überzeugung zu bilden, dass es ein Samowar ist, und wie alle Überzeugungen erfordert dies die Anwendung von Begriffen. Aber nicht jede Wahrnehmung ist eine Wahrnehmung-*als* oder eine Wahrnehmung-*dass*. Es scheint offenkundig zu sein, dass wir einen Samowar sehen können, obwohl wir ihn nicht als solchen erkennen und obwohl wir nicht einmal den Begriff eines Samowars oder einen verwandten Begriff besitzen. Das Sehen eines Samowars besteht aus gewissen visuellen Erfahrungen, gewissen Weisen, in denen der Samowar für uns aussieht, und diese Erfahrungen erfordern keine Konzeptualisierung, kein Verständnis, was für eine Art Gegenstand ein Samowar ist.

Man mag einräumen, dass es ein solches Phänomen wie nichtbegriffliches sinnliches Bewusstsein durchaus geben mag, aber im Gegenzug behaupten, dass dieses Bewusstsein, da es *ex hypothesi* nichtpropositional und nichtbegrifflich ist, epistemisch völlig wertlos ist. Dieser Einwand beruht auf der vertrauten Annahme, dass die Rechtfertigung einer propositionalen Entität nur von geeigneten Beziehungen zu anderen propositionalen Entitäten abhängen kann. Wie, so liegt es nahe zu fragen, können nichtpropositionale Erfahrungen propositionalen Überzeugungen über die Welt Rechtfertigung verleihen? Erfahrungen selbst besitzen keine Rechtfertigung; sie sind keine Entitäten, die für eine Rechtfertigung auch nur empfänglich sind. Und doch sollen sie in der Lage sein, Überzeugungen Rechtfertigung zu verleihen. Zahlreiche Philosophen haben behauptet, dass dies alles ziemlich mysteriös ist.

Nichtsdestotrotz haben einige Philosophen dafür argumentiert, dass subjektive Erfahrungen als Rechtfertiger für unsere empirischen Überzeugungen fungieren können. Wenn uns unter normalen Bedingungen ein Gegenstand rot erscheint, sind wir dann nicht mehr gerechtfertigt zu glauben, dass er rot ist, als dass er blau oder gelb ist? In der Tat scheint es recht plausibel zu sein, zu sagen, dass wir in der Weise, in der der Gegenstand für uns aussieht, einen Grund für die Überzeugung haben, dass er rot ist. Wenn gesagt wird, dass ein Subjekt S in der Weise, in der ihm ein Gegenstand x erscheint, einen Grund für die Überzeugung hat, dass $x F$ ist, dann soll damit nicht behauptet werden, dass S durch einen Prozess des Schließens oder Ableitens zu seiner Überzeugung gelangt sein muss. S muss nicht die Weise, in der ihm x erscheint, als einen Grund, als eine Prämisse für den Schluss, dass $x F$ ist, benutzen. Kein bewusster diskursiver Prozess braucht zwischen dem Umstand, dass $x F$ für S erscheint, und der daraus hervorgehenden Überzeugung, dass $x F$ ist, zu vermitteln. Die resultierende Überzeugung zeichnet sich vielmehr durch ihre psychische Unmittelbarkeit aus.

Für die Rechtfertigung unserer gewöhnlichen Wahrnehmungsüberzeugungen ist es nicht erforderlich, dass wir glauben, dass uns die Dinge soundso erscheinen. Es sind die Erfahrungen selbst, die Weisen, in denen uns die Dinge erscheinen, nicht unsere Überzeugungen über sie, von der die Rechtfertigung abhängig ist. Wir haben selten Überzeugungen über phänomenale Erscheinungen. Unsere Wahrnehmungsüberzeugungen beziehen sich gewöhnlich auf äußere Gegenstände und Ereignisse – nicht auf innere, sinnliche Repräsentationen von ihnen. Deshalb ist diese Position eine Form von Direktem Realismus. Wir erwerben durch die Sinne normalerweise direktes Wissen über physische Gegenstände und Ereignisse. Der Erwerb dieses Wissens ist direkt, weil er nicht auf anderem Wissen oder anderen Überzeugungen beruht.

Epistemische Rechtfertigung ist diesem Standpunkt zufolge nicht allein eine Funktion unserer Überzeugungen und ihrer wechselseitigen Beziehungen. Sowohl Überzeugungen als auch Erfahrungen – sowohl doxastische als auch sinnliche Repräsentationen – sind relevant für die Rechtfertigung unserer Überzeugungen über die Welt. Diese Position ist weder fundamentalistisch noch kohärentistisch (vgl. Schantz 1999). Einer ihrer integralen Bestandteile ist die Unterscheidung zwischen dem Haben von Gründen und dem Geben von Gründen oder, anders ausgedrückt, zwischen dem Zustand des Gerechtfertigtseins, eine Überzeugung zu hegen, und der Tätigkeit, die Überzeugung zu rechtfertigen, zu zeigen, dass sie gerechtfertigt ist. Es ist klar, dass diese Argumentation primär den Zustand des Gerechtfertigtseins betrifft, nicht den Prozess des Zeigens oder Gebens einer Rechtfertigung. Viele einflussreiche Einwände gegen nichtpropositionale Rechtfertiger scheinen letztlich auf einer Verwechslung zwischen dem Zustand des Gerechtfertigtseins und der Tätigkeit des Rechtfertigens zu beruhen. Wenn man diese wichtige Unterscheidung übersieht, dann wird man geneigt sein, zu glauben, dass gerechtfertigt zu sein, die Fähigkeit impliziert, zu zeigen, dass man gerechtfertigt ist, das heißt, ein rechtfertigendes Argument zu schmieden. Natürlich müssen wir, um diese

Tätigkeit des Rechtfertigens erfolgreich auszuführen, auf andere Überzeugungen Bezug nehmen, die wir hegen. Aber aus dem Umstand, dass wir eine Überzeugung nur rechtfertigen können, indem wir zeigen, dass sie in angemessenen Beziehungen zu anderen Überzeugungen steht, folgt nicht, dass eine Überzeugung nur durch ihre Beziehungen zu anderen Überzeugungen gerechtfertigt sein kann.

Wir hätten nur recht wenige gerechtfertigte Überzeugungen, wenn ihre Rechtfertigung davon abhinge, dass wir erfolgreich die Tätigkeit ausgeführt hätten, ihren positiven epistemischen Status nachzuweisen. Für die Rechtfertigung einer Überzeugung scheint es nicht einmal notwendig zu sein, die Fähigkeit zu besitzen, eine solche Aktivität auszuführen. Vielen Subjekten fehlen schlicht die intellektuellen und sprachlichen Fähigkeiten, die erforderlich sind, um ihre Gründe zu artikulieren. So mag ein Subjekt in der Weise, in der ihm ein Tier erscheint, einen adäquaten Grund haben, zu glauben, dass es ein Krokodil ist, ohne in der Lage zu sein, die Weise, in der das Tier ihm erscheint, zu beschreiben, und folglich ohne in der Lage zu sein, ein rechtfertigendes Argument zu formulieren. Unsere Unfähigkeit, die signifikanten Aspekte unserer Erfahrung eines Gegenstandes zu spezifizieren, hindert uns jedoch nicht daran, in der Weise, in der er uns erscheint, einen Grund für die Überzeugung zu haben, dass er soundso ist.

Kontrollfragen

1. Was ist das Beweisziel des Arguments aus der Sinnestäuschung? Und wie soll dieses Ziel erreicht werden?
2. Was für eine Art von Entitäten sind Sinnesdaten eigentlich?
3. Was ist die Hauptthese des Direkten Realismus?
3. Was ist die Hauptthese des Repräsentationalen Realismus?
4. Was ist die Hauptthese des Phänomenalismus?
5. Wie versuchen die Glaubenstheorien die sinnliche Erfahrung zu analysieren?
6. Was ist der Kohärentismus und wogegen richtet er sich in erster Linie?
7. Worin besteht der Unterschied zwischen sinnlichen und doxastischen Repräsentationen?
8. Was spricht dafür, begrifflich strukturierte Erfahrungen als Gründe für empirische Urteile aufzufassen?
9. Gibt es nichtbegriffliche Erfahrungen und wenn ja, sind sie epistemisch relevant?

Kommentierte Auswahlbibliographie

Ayer, Alfred (1940): *The Foundations of Empirical Knowledge*. London: Macmillan.
Ein Klassiker, mit dem Ayer eine neue Phase der phänomenalistischen Bewegung einläutete, den vorwiegend an der Sprache orientierten »Analytischen Phänomenalismus«.

Cornman, James (1975): *Perception, Common Sense, and Science*. New Haven: Yale University Press.
Eine umsichtige Verteidigung des Direkten Realismus gegen seine Widersacher, mit der insbesondere auch eine Versöhnung der Common Sense-Konzeption der Wahrnehmung und der Außenwelt mit dem wissenschaftlichen Weltbild angestrebt wird.

Chisholm, Roderick (1957): *Perceiving. A Philosophical Study*. Ithaca: Cornell University Press.
Eine klassische Studie, in der Chisholm die Grundzüge einer fundamentalistischen Erkenntnistheorie entfaltet, nichtepistemische und epistemische Verwendungen von Wahrnehmungswörtern unterscheidet und die Beziehungen untersucht, in denen die Wahrnehmung zu den Weisen steht, in denen uns die Dinge erscheinen.

Hirst, R.J. (1959): *The Problems of Perception*. London: Allen and Unwin.
Eine gute traditionelle Einführung in die Hauptprobleme der Philosophie der Wahrnehmung.

Jackson, Frank (1977): *Perception: A Representative Theory*. Cambridge: Cambridge University Press.
Eine intelligente Entwicklung und Verteidigung des Repräsentationalen Realismus, die der Unterscheidung zwischen den unmittelbaren und den mittelbaren Objekten der Wahrnehmung besonderes Gewicht beimisst.

Price, H.H. (1932): *Perception*. London: Methuen.
Eine klassische Verteidigung der Sinnesdatentheorie, die Price selbst »sensory core theory« nennt.

Robinson, Howard (1994): *Perception*. London: Routledge.
Eine gut informierte moderne Verteidigung der Sinnesdatentheorie.

Sammelbände

Crane, Tim (Hg.) (1992): *The Contents of Experience: Essays on Perception.* Cambridge: Cambridge University Press.
Eine Anthologie von ausgezeichneten Aufsätzen, in denen sowohl die traditionellen Probleme der Philosophie der Wahrnehmung diskutiert als auch neuere Ansätze berücksichtigt werden, die vornehmlich auf Forschungen über mentalen Inhalt und Repräsentationen beruhen.

Dancy, Jonathan (Hg.) (1988): *Perceptual Knowledge.* Oxford: Oxford University Press.
Eine Sammlung erstklassiger Aufsätze von renommierten zeitgenössischen Autoren, die sich mit den wesentlichen Problemen befassen, die von einer befriedigenden Theorie des Wahrnehmungswissens bewältigt werden müssen.

Gendler, Tamar Szabo und Hawthorne, John (Hg.) (2006): *Perceptual Experience.* Oxford: Clarendon Press.
Eine vorzügliche Sammlung von Texten, die sich mit dem Inhalt und der Funktion von perzeptiven Erfahrungen befassen.

Swartz, Robert (Hg.) (1965): *Perceiving, Sensing, and Knowing.* Berkeley: Anchor Books.
Eine umfangreiche, gut strukturierte Anthologie von Aufsätzen, in denen die verschiedenen Varianten der Sinnesdatentheorie und deren erkenntnistheoretische und metaphysische Konsequenzen kontrovers diskutiert werden.

Psychologie der Wahrnehmung

Goldstein, Bruce (Hg.) (2001): *Blackwell Handbook of Perception.* Oxford: Blackwell.
Dieses Handbuch, mit Beiträgen der in ihren jeweiligen Bereichen führenden Forscher, bietet einen hervorragenden Überblick über das weite Feld der Wahrnehmungspsychologie. Die Funktion der Wahrnehmung für das Handeln in unserem Lebensraum wird hervorgehoben.

Dennett, Daniel (1991): *Consciousness Explained.* Boston: Little, Brown and Company.

Dretske, Fred (1969): *Seeing and Knowing.* London: Routledge.

Dretske, Fred (1981): *Knowledge and the Flow of Information.* Oxford: Basil Blackwell.

Fodor, Jerry (1983): *The Modularity of Mind.* Cambridge, MA: MIT Press.

McDowell, John (1994): *Mind and World.* Cambridge, MA: Harvard University Press.

Peacocke, Christopher (1992): *A Study of Concepts.* Cambridge, MA: MIT Press.

Pitcher, George (1971): *A Theory of Perception.* Princeton: Princeton University Press.

Quine, Willard Van (1953): Two Dogmas of Empiricism. In: *From a Logical Point of View.* Cambridge, MA: Harvard University Press. S. 20–46.

Russell, Bertrand (1927): *The Analysis of Matter.* New York: Harcourt, Brace.

Schantz, Richard (1990): *Der sinnliche Gehalt der Wahrnehmung.* München: Philosophia.

Schantz, Richard (1999): »The role of sensory experience in epistemic justification: A problem for coherentism.« In: *Erkenntnis.* 50. S. 177–191.

Schantz, Richard (2001): »The Given Regained. Reflections on the Sensuous Content of Experience.« In: *Philosophy and Phenomenological Research.* 62. S. 167–180.

Sellars, Wilfrid (1963): Empiricism and the Philosophy of Mind. In: *Science, Perception and Reality.* London: Routledge & Paul. S. 127–196.

Tye, Michael (1995): *Ten Problems of Consciousness. A Representational Theory of the Phenomenal Mind.* Cambridge, MA: MIT Press.

Weitere Literatur

Armstrong, David (1961): *Perception and the Physical World.* London: Routledge.

Armstrong, David (1968): *A Materialist Theory of the Mind.* London: Routledge.

Austin, John L. (1962): *Sense and Sensibilia.* Oxford: Clarendon Press.

Davidson, Donald (1986): A Coherence Theory of Truth and Knowledge. In: LePore, Ernest (Hg.): *Truth and Interpretation. Perspectives on the Philosophy of Donald Davidson.* Oxford: Blackwell. S. 307–19.

Davidson, Donald (1984): On the very Idea of a Conceptual Scheme. In: *Inquiries into Truth and Interpretation.* Oxford: Clarendon Press. S. 183–198.

VERNUNFT/VERSTAND

Nikola Kompa

1. Einleitung
2. Was ist Vernunft?
   2.1 Varianten des Vernunftbegriffs
   2.2 Vernunft und Erfahrung
   2.3 Vernunft und Verstand
   2.4 Rationalismus und Empirismus
3. René Descartes
   3.1 Gewissheit und methodischer Zweifel
   3.2 Intuition und Deduktion
4. Immanuel Kant
   4.1 A priori/a posteriori
   4.2 Analytische und synthetische Urteile
   4.3 Synthetische Urteile a priori
5. Die aktuelle Debatte
   5.1 Erfahrungsunabhängigkeit
   5.2 Ein neuer Rationalismus
   5.3 Unverzichtbarkeit
   5.4 Fallibilismus

1. Einleitung

Betrachten wir die Menge dessen, was wir wissen oder zu wissen glauben, so fällt auf, dass sich darin recht Unterschiedliches findet. Wir wissen, dass heute die Sonne scheint (oder eben nicht), dass wir gerade ein Buch lesen, dass 2 + 5 = 7 ist, dass Hunde nicht fliegen können – um nur ein paar Beispiele zu nennen. Unter diesen und ähnlichen Beispielen für Wissen gibt es nicht nur interessante Unterschiede im *Inhalt* sondern auch in der *Art und Weise*, in der wir es gewinnen. Um zu wissen, dass heute die Sonne scheint, müssen wir einen Blick nach draussen geworfen haben oder die Wärme der Sonnenstrahlen auf unserer Haut gefühlt haben. Wir müssen unsere Sinne benutzt, bestimmte *Sinneserfahrungen* gemacht haben. Anders scheint es im Falle unseres Wissens darüber zu sein, dass 2 + 5 = 7. Um das zu wissen, müssen wir weder nach draussen noch sonst irgendwohin geschaut haben. Wir müssen keine entsprechenden Erfahrungen sammeln.

Wir können es allein durch Nachdenken herausfinden – allein mit Hilfe unserer *Vernunft* (bzw. unseres *Verstandes*; auf etwaige Unterschiede zwischen beiden kommen wir in Abschnitt 2.3 zu sprechen). Als paradigmatische Beispiele für etwas, das mit der Vernunft eingesehen werden kann, gelten gemeinhin logische und mathematische Wahrheiten; durch die Sinne erhalten wir dagegen Kenntnis von der wahrnehmbaren Welt. Wir haben demnach offensichtlich mindestens zwei unterschiedliche Erkenntnisquellen: Die Sinneswahrnehmung einerseits und die Vernunft andererseits.

Ich werde im folgenden Abschnitt 2 zunächst den Vernunftbegriff näher zu bestimmen versuchen. In den Abschnitten 3 und 4 werden wir zwei philosophiegeschichtlich ausgesprochen einflussreiche Überlegungen zu dieser Erkenntnisquelle kennenlernen. René Descartes (1596–1650) suchte nach Regeln für den richtigen Vernunftgebrauch und zielführenden Methoden für den Erkenntnisgewinn. Immanuel Kant (1724–1804) frug nach der Möglichkeit einer von der Erfahrung unabhängigen Erkenntnis. Er betonte zudem, dass eine Kritik der Vernunft nötig aber zugleich nur von ihr selbst zu bewerkstelligen sei, weil es kein anderes Vermögen gebe, das dies an ihrer statt leisten könnte. In Abschnitt 5 schliesslich werde ich auf einige Aspekte der aktuellen Debatte zur Vernunft näher eingehen.

2. Was ist Vernunft?

2.1 Varianten des Vernunftbegriffs

Zunächst sollten wir uns allerdings klar machen, dass der Vernunftbegriff in vielfältiger Weise benutzt wird. Ich möchte deshalb in gröbsten Strichen eine Landkarte skizzieren, auf der sich einige seiner Verwendung verorten lassen (vgl. zum Folgenden Schnädelbach 1991). Lange Zeit hindurch galt die Vernunft als ein objektives Merkmal der Wirklichkeit; als ein unabhängig von uns existierendes kosmologisches Prinzip, ein in der Welt wirkender *logos*. Heute dürfte uns die Idee einer *objektiven Vernunft* als eines Prinzips der Weltordnung weitgehend abhanden gekommen sein. Wir glauben kaum mehr an die Vernünftigkeit der Welt. Vertrauter ist uns die Idee der Vernunft als eines menschlichen Vermögens; als etwas »was erst in die Welt zu bringen ist und was wir erst in die Welt bringen müssen, damit es in ihr sei.« (Schnädelbach 1991: 80) Die Idee einer subjektiven Vernunft gilt es demnach von der Idee einer objektiven Vernunft zu unterscheiden. Erstere ist insofern subjektiv als sie ein Vermögen menschlicher Subjekte darstellt. Genauer gesagt wurde sie traditionell als *das* spezifisch menschliche Erkenntnisvermögen betrachtet: der Mensch wurde gekennzeichnet als das *animal rationale*, als das vernünftige Tier, oder als das *zoon logon echon*, als das Lebewesen, das den *logos* hat; und das sich dadurch vom Tier unterscheidet. (Das Wort »logos« kann allerdings Vielerlei bedeuten, etwa: Wort oder Rede, auch Behauptung oder Lehrsatz, aber eben auch so etwas wie Rechenschaft, Rechnung oder Vernunft.) Rainer Specht spricht von der

Privilegbedeutung von »Vernunft«: »Vernunft gilt meist als etwas, das den Menschen vorteilhaft vom Tier unterscheidet, sei es graduell oder qualitativ.« (Specht 1984: 72; vgl. auch Scholz (Im Erscheinen))

Innerhalb der subjektiven Vernunft wird weiter zwischen einer *theoretischen* und einer *praktischen Vernunft*

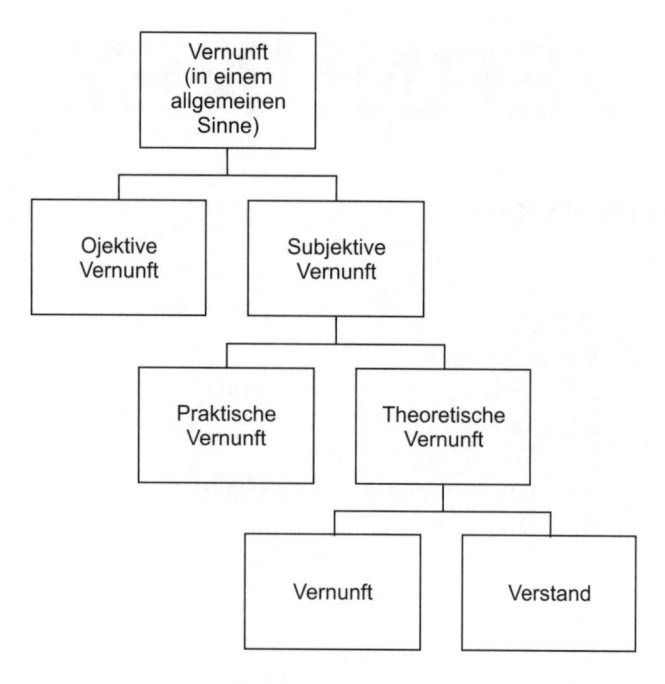

unterschieden. Grob gesagt soll die theoretische Vernunft uns sagen, welche Überzeugungen wir haben sollen; die praktische Vernunft dagegen soll uns sagen, wie wir handeln sollen. Es stellt sich die Frage, ob wir es dabei mit zwei unterschiedlichen oder mit ein und demselben Vermögen zu tun haben, welches lediglich unterschiedliche Betätigungsfelder kennt. Nur von der subjektiven, theoretischen Vernunft handelt der vorliegende Text. Hier lässt sich noch einmal zwischen Vernunft und Verstand unterscheiden (dazu mehr in Abschnitt 2.3).

2.2 Vernunft und Erfahrung

Wir haben alle vermutlich schon öfters festgestellt, dass z. B. zwei Bücher und fünf Bücher sieben Bücher ergeben; oder dass zwei Äpfel und fünf Äpfel sieben Äpfel ergeben. Aber unser Wissen, dass 2 + 5 = 7, geht darüber hinaus. Wir sehen vielmehr – mit der *Vernunft* – ein, dass es nicht nur bisher zufälligerweise so war, dass 2 Äpfel + 5 Äpfel = 7 Äpfel ergab, sondern dass es gar nicht anders sein kann; dass es also *notwendigerweise* so ist. Es sieht demnach so aus, als ermögliche uns die Vernunft – und *die Vernunft allein* – Kenntnis von der notwendigen Beschaffenheit der Wirklichkeit. Im Hintergrund dieser Überlegung steht die Idee, dass das Geschehen in der Welt bestimmten mit Notwendigkeit geltenden Regeln, Gesetzen oder Prinzipien gehorcht. Die Erfahrung aber liefert uns keine Einsicht in Notwendigkeit. Die Sinne können uns zwar zu der Erkenntnis verhelfen, dass z. B. Anna tatsächlich grösser ist als Maria, aber sie verschaffen uns keine Einsicht in notwendige Wahrheiten. Wir können wahrnehmen, dass etwas so und so beschaffen ist, aber nicht, dass es so beschaffen sein *muss*. Traditionell ging man zudem davon aus, dass wir auch Kenntnis von der Existenz Gottes oder der Unsterblichkeit der Seele, wenn überhaupt, nur mit Hilfe der Vernunft erlangen könnten; denn beobachten lässt sich dergleichen wohl nicht.

Aber nicht alle Sachverhalte bestehen notwendigerweise. Viele bestehen nur *kontingenterweise*. Hier scheint uns die Vernunft allein nicht weiterzubringen. Wir müssen erst *in Erfahrung* bringen, wie das Wetter heute ist, wie Äpfel schmecken, ob die Rosen in Nachbars Garten duften und ob sein Hund schon wieder bellt. Wir müssen unsere Sinne gebrauchen: sehen, schmecken, riechen und hören. Kurz: Durch die Vernunft erlangen wir, so scheint es, Kenntnis von der nicht-kontingenten, notwendigen Beschaffenheit der Wirklichkeit. Durch die Sinneswahrnehmung erlangen wir Kenntnis von ihrer kontingenten Beschaffenheit.

Glaubte man zudem, dass die Vernunft zur Erkenntnis notwendiger Wahrheiten bestmöglich ausgestattet sei (dazu vielleicht sogar von einem gütigen Gott z. B. eingerichtet worden sei), so könnte sie uns nicht nur mit diesen Einsichten versorgen sondern täte dies auch noch mit höchster Gewissheit und Unfehlbarkeit. Bei einer Betrachtung traditioneller Beispiele für Vernunftwahrheiten wie z. B. »Nicht zugleich P und nicht-P« (wobei »P« hier der Name eines beliebigen Sachverhalts sein kann) oder »Alles, was geschieht, hat eine Ursache« kann man sich des Eindrucks der Gewissheit oder Unbezweifelbarkeit wohl auch kaum erwehren (auf die Unfehlbarkeit kommen wir in Abschnitt 5.4 zurück). Fassen wir zusammen: Mit Hilfe der Vernunft hoffen wir:

(a) besonders *sichere*, *unbezweifelbare* Erkenntnis wie etwa mathematische oder logische Erkenntnis auf (vielleicht sogar) *unfehlbare* Weise zu gewinnen.

Und sie soll uns einen eigenen Gegenstandsbereich erschließen, indem sie uns:

(b) Erkenntnisse verschaffen soll, die uns die Sinne nicht bereitstellen können; Wissen von *unveränderlichen, notwendigen* Wahrheiten. Sie soll uns erlauben, über das unmittelbar Wahrgenommene hinausgehend *allgemein gültige* Prinzipien zu erkennen.

> **Infokasten Notwendigkeit und Kontingenz**
>
> Ein notwendigerweise bestehender Sachverhalt ist ein Sachverhalt, der bestehen *muss* – der nicht nicht bestehen kann. Ein kontingenterweise bestehender Sachverhalt muss nicht bestehen: Es ist möglich, dass er besteht, und es ist möglich, dass er nicht besteht. Ähnlich wie von notwendigerweise bestehenden Sachverhalten spricht man auch von *notwendigerweise wahren* Meinungen oder Aussagen: Sie können nicht falsch sein.
>
> In der neueren Debatte ist, wenn es um Notwendigkeit und Möglichkeit geht, die Redeweise von möglichen Welten sehr beliebt – wenn auch nicht ganz unumstritten. Eine mögliche Welt ist, grob gesagt, eine Art und Weise, wie die Welt sein könnte. Eine Überzeugung, so sagt man, ist genau dann notwendigerweise wahr, wenn sie in allen möglichen Welten wahr ist. Ein notwendigerweise bestehender Sachverhalt ist entsprechend ein Sachverhalt, der in allen möglichen Welten besteht. Allerdings lassen sich verschiedene Begriffe von Notwendigkeit (und Möglichkeit) unterscheiden. Man kann einem Sachverhalt logische, begriffliche, metaphysische, physikalische, epistemische etc. Notwendigkeit zusprechen, je nachdem, ob sein Nichtbestehen durch die Gesetze der Logik, der Sprache/Begriffe, der Metaphysik (wenn es denn metaphysische Gesetze gibt), der Physik oder durch das, was ein epistemisches Subjekt glaubt, ausgeschlossen wird.

Beide Versprechen der Vernunft schienen verheissungsvoll, wie wir noch sehen werden.

2.3 Vernunft und Verstand

Allerdings wäre es nicht genug, wenn wir nur die grundlegenden Gesetze oder Prinzipien einsehen würden. Erkenntnis dieser Prinzipien allein würde uns noch nicht viel helfen. Angenommen, wir sehen ein, dass nicht zugleich P und nicht-P der Fall sein kann. Das hilft uns nur, wenn wir dieses Prinzip auch anwenden können, um z. B. zu erkennen, dass es nicht zugleich sein kann, dass heute Montag ist und dass nicht Montag ist. Und zudem wollen wir daraus gewisse Schlüsse ziehen; wir wollen etwa schließen, dass, da heute Montag ist, heute also nicht nicht Montag, etwa Dienstag sein kann. Wir wollen von diesen Prinzipien ausgehend weitere Erkenntnis gewinnen, indem wir Schlüsse ziehen, die uns Beweise ermöglichen, Erklärungen liefern, Vorhersagen machen lassen. Wir brauchen folglich sowohl ein Vermögen zur Einsicht in die grundlegenden Wahrheiten als auch ein

Vermögen zu schließen. Diese Unterscheidung wurde traditionell durch das Begriffspaar Vernunft/Verstand eingefangen.[1]

> **Infokasten Vernunft und Verstand**
>
> Die Unterscheidung zwischen Vernunft und Verstand findet sich z. B. im Englischen als Unterscheidung zwischen *reason* und *understanding* und im Französischen als Unterscheidung zwischen *raison* und *entendement* wieder, in deren Verwendung und Verständnis sich die einzelnen Autoren teils unterscheiden. Diese Begriffe gehen zurück auf die lateinischen Begriffe *ratio* und *intellectus*. Die lateinischen Begriffe gehen ihrerseits wieder auf griechische Begriffe wie *logos* (λόγος), *nous* (νοῦς), *phronesis* (φρόνησις), *diánoia* (διάνοια) zurück. Die griechischen Begriffe für das Erkennen waren oft dem Begriffsfeld »sehen« entnommen (das machen wir auch heute noch gern so; wir sehen z. B. gelegentlich etwas ein); Platon spricht vom *nous* als dem Auge der Seele. *Dianoiesthai* dagegen bezeichnet eher das schrittweise Durchdenken einer Sache. Das *noetische* Denken wurde im Lateineischen dem *intellectus*, das *dianoetische* der *ratio* zugeschlagen. Später wird das allerdings gelegentlich vertauscht (vgl. hierzu Schnädelbach 1991 und 2007; Scholz 2013; Specht 1984 und den Beitrag »Vernunft; Verstand« aus dem *Historischen Wörterbuch der Philosophie*; Band 11: 748–863, vor allem die Abschnitte I und II von Rapp und Horn sowie Abschnitt V von Metz).

In der Literatur finden sich unterschiedliche, teils sogar gegenläufige nähere Bestimmungen der beiden Vermögen (siehe Infokasten). Sucht man nach einer begriffsgeschichtlich immer wiederkehrenden Differenz, so bietet sich am ehesten die Differenz zwischen einem diskursiven, schlussfolgerndem Denkvermögen einerseits und einem intuitiven, unmittelbar-erfassendem Denkvermögen andererseits an. Das diskursive Vermögen wurde traditionell gern (aber keineswegs immer) als Vernunft, das intuitive Vermögen zumeist als Verstand bezeichnet.

1. Vernunft (gelegentlich auch Verstand) als das *Vermögen zu schliessen;* als das Vermögen zum Diskurs, zum Gründe geben (vgl. Specht 1984 und Scholz 2013).
2. Verstand (gelegentlich auch Vernunft) als das *Vermögen der unmittelbaren Einsicht* in grundlegende Prinzipien und notwendige Wahrheiten (vgl. Schnädelbach 1991: 86 ff.).

2.4 Rationalismus und Empirismus

Um die richtige Konzeption von Verstand/Vernunft, damit zusammenhängend aber auch um die Rolle von Sinnlichkeit und Verstand/Vernunft beim Erkenntnisgewinn, geht der Streit zwischen Rationalisten und Empiristen. Man kann die Begriffe *Empirismus* und *Rationalismus* zur Charakterisierung unterschiedlicher philosophischer Systeme verwenden. Man kann sie aber auch als historische Epochenbegriffe für Strömungen des 17. und 18. Jahrhunderts verwenden. Einem britischen Empirismus wird gern ein kontinentaler Rationalismus gegenübergestellt. Als Vertreter des Ersten gelten z. B. Francis Bacon (1561–1626), Thomas Hobbes (1588–1679), John Locke (1632–1704), George Berkeley (1685–1753) und David Hume (1711–1776). Als Vertreter des Zweiten gelten z. B. René Descartes (1596–1650), Baruch Spinoza (1632–1677), Gottfried Wilhelm Leibniz (1646–1716) und Christian Wolff (1679–1754). Diese Bezeichnung ist allerdings ein Anachronismus. Zwar sprach man schon viel von Ratio und Empirie; die Philosophen hätten sich selbst aber nicht als Rationalisten oder Empiristen etikettiert. Als Richtungsbezeichnungen hat erst Kant diese Begriffe in Mode gebracht (siehe hierzu und zum Folgenden Engfer 1996: Kap. 1).

Der Rationalist wird gern dargestellt als einer, der allein dem Verstand als Erkenntnisquelle traut, der Empirist als einer, der allein den Sinnen als Erkenntnisquelle traut. Allerdings ist dieses Klassifikationsschema mit Vorsicht zu geniessen. Es verschleiert die Komplexität der tatsächlich vertretenen Positionen. Kaum ein Rationalist wird behaupten, dass die Sinne keinerlei Rolle beim Erkenntnisgewinn spielen. Und kaum ein Empirist wird behaupten, dass der Verstand keinerlei Rolle beim Erkenntnisgewinn spielt. Der Empirismus und der Rationalismus unterscheiden sich darin, wie sie die beiden Erkenntnisvermögen *gewichten*. Verschiedene Spielarten beider Positionen unterscheiden sich aber auch noch darin, welchen Beitrag sie von der Erfahrung bzw. dem Verstand im Erkenntnisprozess geleistet sehen.

Denn man muss zwischen (a) einem Empirismus bzw. Rationalismus der *Ideen* (oder Inhalte) und (b) einem Empirismus bzw. Rationalismus der *Aussagen* (oder Urteile/Meinungen) unterscheiden (siehe etwa Krüger 1973: 15–18). Ein Empirist der Ideen würde behaupten, dass

---
[1] Die Begriffe Verstand und Vernunft werden allerdings manchmal auch synonym gebraucht. Die Vernunft (Verstand) wird als geistiges Erkenntnisvermögen dem »bloß« sinnlichen Vermögen der Sinneswahrnehmung gegenübergestellt.

> **Infokasten Rationalität**
>
> In dem Maße, in dem die Vorstellung einer Vernünftigkeit der Welt abhanden kam, wurde ein zunehmend instrumentelles Verständnis der Welt populär. Solange die Welt vernünftig, und das heisst wohl auch zweckmässig eingerichtet schien, gab es wenig Platz für individuelle Zwecke, die sich bedenkenlos verfolgen lassen konnten. Mit dem Einbruch der Kontingenz ändert sich dies: »Der instrumentelle Zugriff auf die Natur wurde erst sinnvoll in einer ideengeschichtlichen Situation, in der die Welt als kontingente Faktizität ohne objektive Vernunftstrukturen erscheinen und dadurch zum blossen Material der Naturbeherrschung herabgesetzt werden konnte.« (Schnädelbach 2007: 72/73). Die Vernunft wurde in den Dienst der Naturbeherrschung (Francis Bacon) bzw. dann auch in den Dienst des Überlebens (Charles Darwin) gestellt. Sie schien plötzlich ein Merkmal unter vielen, dessen adaptiven Nutzen es zu klären galt. Seit Max Webers wegweisender Unterscheidung zwischen Zweckrationalität und Wertrationalität löste zudem der Begriff der Rationalität den Begriff der Vernunft vielerorts ab (vgl. auch Schnädelbach 2007: 130ff):
> »Rein wertrational handelt, wer ohne Rücksicht auf die vorauszusehenden Folgen handelt im Dienste seiner Überzeugung von dem was Pflicht, Würde, Schönheit, religiöse Weisung, Pietät oder die Wichtigkeit der ›Sache‹ gleichviel welcher Art ihm zu gebieten scheinen.« (Weber ⁵1972:12)
> »Zweckrational handelt, wer sein Handeln nach Zweck, Mitteln und Nebenfolgen orientiert, und dabei sowohl die Mittel gegen die Zwecke, wie die Zwecke gegen die Nebenfolgen, wie endlich auch die verschiedenen möglichen Zwecke gegeneinander rational abwägt....« (Weber ⁵1972:13)
> Seitdem ist das Bemühen groß, verschiedene Typen von Rationalität zu unterscheiden. Auch die Frage nach den Grenzen der Rationalität bzw. einer begrenzten Rationalität werden weiter diskutiert. (→ Wie Denken wirklich funktioniert) Die Entmachtung der Vernunft geht sogar so weit, dass die Frage gestellt wird, warum man der Vernunft überhaupt folgen sollte. Wer dies fragt, sollte allerdings Folgendes beherzigen: »(W)enn wir die Vernunft verlassen, haben wir keinen besseren Ort, wo wir (rationalerweise) hingehen könnten.« (Rescher 1993: 45)

alle (einfachen) Ideen unmittelbar der Erfahrung entstammen. Ein Rationalist der Ideen würde behaupten, dass es darüber hinaus auch erfahrungsunabhängige Ideen gibt. Die Vernunft verbürgt sich für bestimmte Inhalte (vgl. Specht 1984). In diesem Streit geht es demnach um die *Genese* der Ideen; um ihre Herkunft. Im Streit zwischen Rationalisten bzw. Empiristen der Aussagen steht eine andere Frage jedoch im Vordergrund: die Frage nach der *Geltung* von Aussagen. Denn die Frage, wie eine bestimmte Aussage oder Meinung entstanden ist, ist von der Frage, welche Geltung diese Aussage oder Meinung beanspruchen darf und wie ihr Geltungsanspruch begründet werden kann (ob man in ihr also gerechtfertigt ist), zu trennen. Ein Rationalist der Aussagen würde üblicherweise darauf bestehen, dass es Aussagen gibt, deren Geltung nicht von der Erfahrung abhängt. Ein Empirist der Aussagen würde üblicherweise betonen, dass die Geltung aller grundlegenden Aussagen von der Erfahrung abhängt (bis auf diejenigen wohl, die analytisch sind – siehe unten).

Die Unterscheidung zwischen Geltung und Genese wird durch die Rede von Erkenntnisquellen allerdings etwas verschleiert; denn diese Redeweise legt nahe, dass bestimmte Arten der Entstehung allein schon Wissen bzw. Erkenntnis garantieren. Diese Annahme wäre höchstens dann unproblematisch, wenn wir es mit einer Quelle zu tun hätten, die tatsächlich mit 100%iger Verlässlichkeit wahre Meinungen erzeugen würde (damit wären die aus ihr geschöpften Überzeugungen zumindest im externalistischen Sinne gerechtfertigt; → Internalismus und Externalismus der Rechtfertigung). Die Vernunft galt machen als eine solche Quelle. Bei genauerer Betrachtung erweist sich diese Annahme jedoch als unhaltbar. Insofern ist auch bei dieser Quelle die Frage nach ihrer Verlässlichkeit zu stellen (siehe hierzu Abschnitt 5.4). Zudem würde die Verlässlichkeit der Quelle aber auch noch keine Rechtfertigung im internalistischen Sinne liefern. Insofern ist auch bei Überzeugungen, die aus dieser Quelle gespeist werden, die Frage nach ihrer Rechtfertigung (im internalistischen Sinn) berechtigt.

3. René Descartes

3.1 Gewissheit und methodischer Zweifel

René Descartes (1596–1650) lebte in einer Epoche des radikalen Umbruchs. Fast sein ganzes Erwachsenenleben hindurch tobte der Dreißigjährige Krieg in Europa. Vieles von dem vormals für wahr Befundenen war durch die Reformation und die aufkommenden modernen Wissenschaften unsicher und zweifelhaft geworden. Deshalb wollte er etwas finden, das unbezweifelbar, unumstösslich gewiss ist, um auf diesem Fundament das Gebäude der Wissenschaft, der Erkenntnis errichten zu können. Ihm ging es demnach wesentlich um das erste (der beiden oben thematisierten) Versprechen, das die Vernunft uns macht: Besonders sichere, gewisse Erkenntnis zu liefern. Sein berühmtestes Beispiel einer solchen Gewißheit ist die Einsicht in die eigene Existenz, das *cogito ergo sum*.[2] Aber wie findet man das, was gewiss, was absolut verlässlich ist? Es bedurfte eines Tests, einer Methode, mit deren Hilfe sich unsichere, zweifelhafte Meinungen von sicherer, unbezweifelbarer Gewissheit unterscheiden ließen. Und Descartes fand eine Methode: die Methode des Zweifels.

In der ersten seiner sechs *Meditationes de prima philosophia* zweifelt Descartes; und je länger er nachdenkt, desto mehr Gründe zu zweifeln findet er. Schließlich erwägt er sogar die Möglichkeit eines verschlagenen aber zugleich sehr mächtigen Wesens, eines bösen Dämons, der es darauf anlegt, ihn in allem zu täuschen. (→ Skeptizismus) Diese Möglichkeit legt Descartes nun einem Testverfahren zugrunde, das sicher und unbezweifelbar Erkanntes von unsicherer Meinung trennen soll. Eine echte Erkenntnis nämlich muss unbezweifelbar gewiss sein; d. h. selbst ein böser Dämon darf uns darüber nicht täuschen können. Das Ergebnis dieses Testverfahrens ist allerdings ernüchternd. Alle Meinungen, die der Sinneswahrnehmung zu verdanken sind, bestehen den Test nicht. Denn der Dämon könnte bewerkstelligen, dass all das, was man wahrzunehmen vermeint, in Wirklichkeit gar nicht da ist. Ich meine, vor mir einen Tisch zu sehen. Aber der böse Dämon könnte es einfach so eingerichtet haben, dass ich das zwar glaube, es aber in Wirklichkeit gar nicht der Fall ist. Sichere Erkenntnis ist durch die Sinne nicht zu gewinnen.

Sichere Erkenntnis ist Descartes zufolge allein durch das geistige Erkenntnisvermögen zu gewinnen, etwa die Erkenntnis der eigenen Existenz, des eigenen Wesens, der Existenz Gottes und des Wesens der materiellen Dinge. Nur diese Erkenntnis besteht den Test (allerdings wohl nur unter Zuhilfenahme einer weiteren Annahme: der Annahme vom nichtbetrügerischen Charakter Gottes).

Wie aber sieht eine solche geistige Erkenntnis im Detail aus? Und wie geht es von hier aus weiter?

3.2 Intuition und Deduktion

Zur Beantwortung dieser Fragen hatte Descartes versucht, ein allgemeines Verfahren zum Erkenntnisgewinn zu erarbeiten. Er sucht nach Regeln, die uns dabei anleiten können. Eine dieser Regeln verlangt, man solle bei einem gegebenen Untersuchungsgegenstand nicht danach fragen, was andere dazu gemeint hätten oder was wir selbst mutmaßten, sondern allein danach, was wir in klarer Intuition einsähen oder daraus deduzieren könnten. Descartes erläutert, was er unter einer Intuition (*intuitus*) versteht:

> Unter Intuition verstehe ich nicht das schwankende Zeugnis der sinnlichen Wahrnehmung oder das trügerische Urteil der verkehrt verbindenden Einbildungskraft (imaginatio), sondern ein so müheloses und deutlich bestimmtes Begreifen des reinen und aufmerksamen Geistes, dass über das, was wir erkennen, gar kein Zweifel zurückbleibt, oder, was dasselbe ist: eines reinen und aufmerksamen Geistes unzweifelbares Begreifen, welches allein dem Lichte der Vernunft entspringt und das, weil einfacher, deshalb zuverlässiger ist als selbst die Deduktion, die doch auch [...] vom Menschen nicht verkehrt gemacht werden kann. (R 3.5)

Unmittelbar im Anschluss an diese Textstelle erwähnt Descartes, jeder könne intuitiv mit dem Verstand sehen, dass er existiert, dass er denkt, dass ein Dreieck von nur drei Linien begrenzt ist und Ähnliches mehr. Die Einsicht in die eigene Existenz und das eigene Denken ist also insofern eine rein geistige Erkenntnis, als sie das unbezweifelbare Begreifen eines reinen und aufmerksamen Geistes ist. (Dennoch gibt es unter Descartes-Gelehrten einen Streit darüber, ob die Erkenntnis der eigenen Existenz wirklich eine Intuition oder nicht doch eine Deduktion ist – es gibt einander widersprechende Textstellen. Siehe hierzu auch → Selbstwissen und Introspektion.)

Diese Intuition als ein unbezweifelbares Begreifen des reinen Geistes ist aber nicht der einzige Weg zu sicherer Erkenntnis. Denn wir sähen nicht nur manches unmittelbar mit dem Verstand ein; wir folgerten auch aus derart eingesehenen Dingen anderes. Neben der Intuition gibt es also noch eine andere Möglichkeit des Erkenntnisgewinns, »die durch Deduktion geschieht, worunter wir all das verstehen, was aus etwas anderem sicher Erkanntem mit Notwendigkeit erschlossen wird« (R 3.8). Hier fin-

---

[2] Allerdings verwendet Descartes zu diesem Beweis in der zweiten Meditation ein Wahrheitskriterium, demzufolge alles was er klar und deutlich einsieht, wahr ist, auf dessen Gültigkeit er sich erst verlassen kann, wenn er bewiesen hat, dass Gott ihn nicht täuschen möchte. Dieser Beweis ist aber erst Gegenstand der dritten Meditation.

den wir die oben thematisierte Unterscheidung zwischen einem intuitiven, unmittelbarem Erfassen des Geistes und einem diskursivem Folgern oder Erschließen wieder.

Halten wir fest: Descartes sucht Gewißheit. Zu diesem Zweck entwickelt er einen Test, mit dem sich zweifelhafte, unsichere Meinung von unbezweifelbarer, sicherer Erkenntnis unterscheiden lässt. Sichere Erkenntnis, so das Ergebnis, lässt sich nicht mit Hilfe der Sinne sondern nur mit Hilfe des geistigen Erkenntnisvermögens gewinnen. Wir gewinnen sie einerseits dadurch, dass wir etwas unmittelbar mit dem Geist begreifen, andererseits dadurch, dass wir etwas anderes aus derart Erkanntem ableiten (auch wenn, wie Descartes anmerkt, die Intuition noch zuverlässiger ist als die Deduktion).

4. Immanuel Kant

4.1 A priori/a posteriori

Immanuel Kant (1724–1804) war unzufrieden mit dem, was bisher als Vernunfterkenntnis ausgegeben worden war. Er gab der Frage nach derartiger Erkenntnis eine neue Form: »Wie sind synthetische Urteile a priori möglich?« Wie diese Frage zu verstehen ist – wie vor allem die Ausdrücke »synthetisch« und »a priori« zu verstehen sind – und was es mit ihr auf sich hat, soll im Folgenden kurz erläutert werden. (Für weitere Aspekte des Kantischen Programms siehe → Transzendentalphilosophie).

Kant möchte prüfen, was die Vernunft leisten kann. Besonders interessiert ihn dabei das zweite (am Ende von Abschnitt 2.2 thematisierte) Versprechen der Vernunft: Einsicht in Notwendigkeit und allgemeine Prinzipien (und auch z. B. in die Existenz Gottes). Um darüber Klarheit zu erhalten, wirft er die Frage auf, ob es eine von der Erfahrung, von allen Sinneseindrücken unabhängige Erkenntnis geben könne. Eine solche von der Erfahrung unabhängige reine Verstandeserkenntnis wäre eine Erkenntnis *a priori*:

> Wir werden also im Verfolg unter Erkenntnissen a priori nicht solche verstehen, die von dieser oder jener, sondern die schlechterdings von aller Erfahrung unabhängig stattfinden. Ihnen sind empirische Erkenntnisse, oder solche, die nur a posteriori, d. i. durch Erfahrung, möglich sind, entgegengesetzt. (KrV B 3)

Das ist lediglich eine negative Bestimmung von Erkenntnis a priori: Sie ist *un*abhängig von der Erfahrung. Diese Bestimmung ist insofern unvollständig, als unterbestimmt bleibt, *inwiefern* Erkenntnis a priori unabhängig von der Erfahrung sein muss. An anderer Stelle findet sich eine positive Bestimmung von Erkenntnis a priori als einer Erkenntnis *aus reinem Verstand und reiner Vernunft* (vgl. Prol § 1).[3] Als Paradigma einer Erkenntnis a priori galten Kant mathematische Erkenntnisse, etwa die Erkenntnis, dass $5 + 7 = 12$, oder die Erkenntnis, dass die Winkelinnensumme eines Dreiecks 180° ist. Dies sehen wir mit dem Verstand ein – ohne dabei auf die Erfahrung (zum Zwecke der Rechtfertigung) zurückgreifen zu müssen. Zudem werden noch zwei »sichere Kennzeichen« einer Erkenntnis a priori angegeben, anhand derer Erkenntnis a priori von Erkenntnis a posteriori zu unterscheiden sein sollte:

– *Notwendigkeit*
– *strenge Allgemeinheit* (KrV B 3/4)

Denn, wird ein Urteil in strenger Allgemeinheit gedacht, und das heisst so, dass keine Ausnahme möglich scheint, so kann es nicht von der Erfahrung abgeleitet sein. Aus der Erfahrung gewinnen wir nur empirische Allgemeinheit auf der Basis induktiver Schlüsse. (→ Induktion und der Schluss auf die beste Erklärung) Halten wir ein Urteil für streng allgemein, so können wir es demnach nicht aus der Erfahrung gewonnen haben. Und wenn wir etwas für notwendig wahr halten, so kann dieses Urteil ebenfalls nicht der Erfahrung entstammen: »Erfahrung lehrt uns zwar, dass etwas so oder so beschaffen sei, aber nicht, dass es nicht anders sein könne.« (KrV B 3) Schon vor Kant macht z. B. Gottfried Wilhelm Leibniz (1646–1716) eine ganz ähnliche Beobachtung, wenn er in seinen *Nouveaux essais sur l'entendement humain* (den *Neuen Abhandlungen über den menschlichen Verstand*) schreibt:

> Die Sinne sind zwar für alle unsere wirklichen Erkenntnisse notwendig, aber doch nicht hinreichend, um uns diese Erkenntnisse in ihrer Gesamtheit zu geben, weil sie stets nur Beispiele, d. h. besondere oder individuelle Wahrheiten geben. Nun genügen aber alle Beispiele, die eine allgemeine Wahrheit bestätigen, mögen sie noch so zahlreich sein, nicht, um die allgemeine Notwendigkeit eben dieser Wahrheit darzutun, denn es folgt nicht, dass das, was geschehen ist, immer ebenso geschehen werde. (NE Vorrede: 5)

---

[3] Kant unterscheidet zwischen Verstand und Vernunft, und insbesondere zwischen den Verstandesbegriffen, den sogenannten Kategorien, und den Vernunftideen. Diese Unterscheidung muss uns aber an dieser Stelle der kantischen Überlegungen nicht beschäftigen.

Da Kant Notwendigkeit (bzw. das Für-Notwendig-Wahr-Halten) für ein sicheres Kennzeichen einer Erkenntnis a priori hielt, glaubte er auch leicht den Nachweis der Existenz von Erkenntnis a priori erbringen zu können. Es musste lediglich ein Beispiel für ein Urteil beigebracht werden, das »zugleich mit seiner Notwendigkeit gedacht wird« (KrV B 3). Das schien ihm leicht zu bewerkstelligen: Man betrachte nur die Urteile der Mathematik.

4.2 Analytische und synthetische Urteile

Kant trifft noch eine weitere Unterscheidung, die für ihn in diesem Zusammenhang relevant ist (auch wenn er wiederum nicht der erste war, dem aufgefallen ist, dass es hier etwas zu unterscheiden gibt): die Unterscheidung zwischen analytischen und synthetischen Urteilen bzw. Sätzen. Man vergleiche die beiden folgenden Sätze:

(i) »Annas Tante ist weiblich.«
(ii) »Annas Tante ist fürsorglich.«

Betrachtet man Satz (i), so stellt man fest, dass man die Wahrheit dieses Satzes schon dann einsieht, wenn man nichts weiter kennt als die Bedeutung der verwendeten Ausdrücke. Das allein genügt, um einzusehen, dass der Satz *wahr sein muss*. Satz (i) ist analytisch in Kants Sinn. In einem analytischen Satz sei das Prädikat schon versteckt im Subjektbegriff enthalten, so Kant (KrV A6/B10). In Satz (i) z. B. ist das Prädikat »ist weiblich« schon im Subjektbegriff »Annas Tante« enthalten. Entsprechend kann man das Prädikat nicht ohne Widerspruch vom Subjekt verneinen (vgl. Prol § 2 b). So kann man beispielsweise nicht ohne Widerspruch verneinen, dass Annas Tante weiblich ist. Da man in einem analytischen Urteil lediglich Begriffe zergliedert, ist es nicht wirklich erkenntniserweiternd. Man lernt nichts Neues, wenn man erkennt, das Satz (i) wahr ist; man versteht höchstens seine eigenen Begriffe besser.

Betrachtet man Satz (ii), so stellt man fest, dass es, um die Wahrheit dieses Satzes einzusehen, keineswegs genügt, die Bedeutung der verwendeten Ausdrücke zu kennen. Um zu wissen, dass Annas Tante tatsächlich fürsorglich ist, müsste man *sie selbst* kennen oder Entsprechendes von anderen in Erfahrung gebracht haben. Satz (ii) ist synthetisch in Kants Sinn. Erfährt man, dass Satz (ii) wahr ist, so lernt man etwas Neues. In diesen Fällen fügt das Prädikat dem Subjektbegriff etwas Neues hinzu. In wahren synthetischen Urteilen erweitern wir demnach unsere Erkenntnis.

> **Infokasten Analytizität**
>
> In der neueren Debatte sind die folgenden beiden Erläuterungen besonders beliebt: (i) ein Satz ist analytisch, wenn er allein aufgrund der Bedeutung der involvierten Ausdrücke wahr ist (vgl. z. B. Quine 1951: 21). (ii) Ein Satz ist analytisch, wenn er in eine logische Wahrheit umgewandelt werden kann, indem man Synonyme füreinander ersetzt (vgl. Frege 1961: § 3).

4.3 Synthetische Urteile a priori

Wieso traf Kant die analytisch/synthetisch-Unterscheidung? Ist sie für die Frage nach der Möglichkeit von Vernunft- bzw. Verstandeserkenntnis wichtig? Ja, insofern es Kant um den Nachweis einer besonderen Form derartiger Erkenntnis ging – um *synthetische Urteile a priori*. Anhand der beiden Gegensatzpaare a priori/a posteriori und analytisch/synthetisch kann man die Menge möglicher Urteile folgendermaßen einteilen:

	Analytisch	Synthetisch
A priori	Analytische Urteile a priori	Synthetische Urteile a priori
A posteriori	Analytische Urteile a posteriori	Synthetische Urteile a posteriori

Beispiele eines *analytischen Urteils a priori* scheint man nicht lange suchen zu müssen. Alle analytischen Urteile können a priori eingesehen werden, denn Kenntnis der Bedeutung der verwendeten Ausdrücke genügt, um das Urteil als wahr zu erkennen. Kein Blick in die Welt, keinerlei Erfahrung scheint nötig; außer der Erfahrung, der es bedarf, um die involvierten Begriffe zu erwerben; das aber betrifft die Genese des Urteils, nicht seine Geltung. Das obige Beispiel (i) »Annas Tante ist weiblich« kann als analytisch und a priori erkennbar gelten.

Synthetische Urteile a posteriori muss man ebenfalls nicht lange suchen; alle Erfahrungsurteile wie z. B. das obige Beispiel (ii) »Annas Tante ist fürsorglich« sind von dieser Art. Es bedarf der Erfahrung, um diese Urteile als wahr erkennen zu können.

Wie steht es dagegen mit *analytischen Urteilen a posteriori*? Kein Beispiel kommt in den Sinn. Das sollte auch nicht verwundern, denn es müsste ein Urteil sein, das wahr ist aufgrund seiner Bedeutung, und dennoch der Erfahrung, des Blickes in die Welt bedarf, um als wahr erkannt zu werden. Das wäre ungereimt, wie Kant befindet (vgl. KrV B 11). Solche Urteile kann es nicht geben.

Der für Kant wichtigste und zugleich der strittigste Fall sind die *synthetischen Urteile a priori*. Ein solches Urteil sollte unsere Erkenntnis erweitern und dennoch ein reines Vernunfturteil sein, welches unabhängig von aller Erfahrung begründet werden kann. Wir würden also etwas Neues lernen und müssten dazu dennoch keine Erfahrung machen. Wie aber kann man bei einem Urteil einem Subjektbegriff zurecht ein Prädikat beilegen, das nicht schon in ihm enthalten ist, ohne sich dabei auf die Erfahrung zu stützen? Worauf stützt man sich denn dann? Bei mathematischen Urteilen, die Kant zufolge synthetisch a priori sind, ist es für ihn klar – es ist die (reine) Anschauung, auf die man sich stützt. Und Kant dachte auch, dass wir a priori etwas über die Bedingungen herausfinden können, denen die Gegenstände genügen müssen, um überhaupt Gegenstände möglicher Erfahrung für uns sein zu können. Denn wir bringen in den Erkenntnisprozess selbst etwas mit. Das, und nur das, was wir dabei selbst in die Dinge legen, können wir von ihnen a priori erkennen. (→ Transzendentalphilosophie)

Aber auch viele Urteile der Metaphysik, Urteile etwa darüber, wie viele oder welcher Art Substanzen es gibt, sollten traditionell von dieser Art sein. Kant hielt Skepsis hier für angebracht. Metaphysik war, so Kant, zu oft dogmatisch, ohne eine gründliche Prüfung des Vernunftvermögens betrieben worden. Andererseits konnte die Quelle einer metaphysischen Erkenntnis auch keine empirische sein, denn sie soll ja nicht physische sondern metaphysische, jenseits der Erfahrung liegende Erkenntnis sein (vgl. Prol § 1). Die Quelle einer solchen Erkenntnis, wenn es sie denn gibt, müsste also in der Vernunft liegen. So kann Kant nun behaupten: »Die eigentliche [...] Aufgabe, auf die alles ankommt, ist also: Wie sind synthetische Sätze a priori möglich?« (Prol § 5). Die Antwort auf diese Frage werde auch darüber entscheiden, ob Metaphysik (als Wissenschaft, deren Urteile wie die Urteile einer jeglichen Wissenschaft nach Kant mit apodiktischer Gewissheit gelten müssten) möglich sei.

Halten wir fest: Kant unterscheidet zwischen Erkenntnis a priori und Erkenntnis a posteriori. Als Kennzeichen einer Erkenntnis a priori galten ihm Notwendigkeit und strenge Allgemeinheit. Erkenntnis a priori kann in zweierlei Form vorliegen: (i) In Form von analytischen Urteilen a priori; diese fand Kant weitgehend unproblematisch. (ii) In Form von synthetischen Urteilen a priori; deren Nachweis galt es zu erbringen.

5. Die aktuelle Debatte

5.1 Erfahrungsunabhängigkeit

Die kantischen Erläuterungen zu Erkenntnis a priori prägen die erkenntnistheoretische Debatte bis heute. Am strittigsten ist nach wie vor die Idee der synthetischen Urteile a priori. Die Möglichkeit solcher Urteile schien vor allem empiristisch gesinnten Philosophen suspekt.[4] Sie haben – mit besonderem Eifer zu Beginn des 20. Jahrhunderts – entsprechend versucht, Erkenntnis a priori auf Einsicht in die Wahrheit analytischer Sätze und damit im Wesentlichen auf Begriffskompetenz zu reduzieren. Da aber zugleich der a priori Charakter mathematischer Erkenntnis unbestreitbar scheint, versuchte man, auch sie als analytisch auszuweisen. (Gottlob Frege hatte es noch mit einem Kompromiss versucht: die Geometrie sei synthetisch, die Arithmetik analytisch – siehe Frege 1961.)

Auch in der neueren Debatte wird die *Erfahrungsunabhängigkeit* als Kennzeichen von Erkenntnis a priori in den Vordergrund gerückt. Des Öfteren wird dabei die Rede von Wissen/Erkenntnis a priori zugunsten der Rede von *Rechtfertigung a priori* aufgegeben. Denn weitgehend einig ist man sich darin, dass die *Unabhängigkeit* von Erfahrung bedeutet, dass die Erfahrung lediglich bei der Rechtfertigung, d. h. bei der Frage nach dem Geltungsanspruch der jeweiligen Meinung keine Rolle spielen darf, wohl aber bei der Genese derselben. Wie von vielen Seiten angemerkt wurde, scheint Erfahrung bei der Genese unserer Meinungen insofern immer erforderlich zu sein, als der Spracherwerb bereits Erfahrung voraussetzt.

Uneins ist man allerdings darüber, ob die *Unabhängigkeit* auch bedeutet, dass eine a priori gerechtfertigte Meinung nicht durch empirische Befunde *widerlegbar*

---

[4] Man könnte im Lichte der kantischen Unterscheidungen den Streit zwischen Empiristen und Rationalisten auch als Streit um die Existenz (oder zumindest die Möglichkeit) synthetischer Erkenntnis a priori beschreiben. Die Rationalisten würden behaupten, es gäbe synthetische Erkenntnis a priori. Die Empiristen würden dies bestreiten.

> **Infokasten A Priori/notwendig/analytisch**
>
> Spätestens seit den Arbeiten von Saul Kripke ist die enge Verknüpfung von Erkenntnis a priori und Notwendigkeit strittig (Kripke 1972). Weitgehend einig ist man sich darüber, dass die notwendig/kontingent-Unterscheidung eine metaphysische Unterscheidung ist, während die a priori/a posteriori-Unterscheidung eine erkenntnistheoretische Unterscheidung ist. Die Unterscheidung zwischen analytischen Urteilen/Sätzen und synthetischen Urteilen/Sätzen schliesslich fällt in den Gegenstandsbereich der Sprachphilosophie, genauer der Semantik; der Begriff der Wahrheit ebenso wie der Begriff der sprachlicher Bedeutung gelten als semantische Grundbegriffe. Könnte es aber nicht dennoch sein, dass die drei Unterscheidungen – auch wenn sie verschiedenen philosophischen Bereichen zugehören – dasselbe einfangen, dass man also nur von notwendigerweise bestehenden Sachverhalten a priori Wissen haben könnte und dass ein solches immer in analytischen Urteilen ausgedrückt werden müsste? Überlegungen wie die Folgenden wecken daran Zweifel. Es scheint notwendige Wahrheiten zu geben, etwa dass Wasser H_2O ist, die zu glauben man kaum a priori gerechtfertigt ist. Und geht man davon aus, dass Definitionen analytisch sind und dass »Wasser ist H_2O« eine wissenschaftliche Definition ist, so wäre sie analytisch, obgleich man wohl kaum a priori gerechtfertigt ist zu glauben, dass Wasser H_2O ist. Zudem mag ich a priori gerechtfertigt sein, den Satz »Ich existiere« für wahr zu halten; aber er drückt sicherlich keine notwendige Wahrheit aus. Nichts an meiner Existenz ist notwendig.

sein darf, ob also eine schwache These oder eine starke These der Erfahrungsunabhängigkeit vertreten werden sollte:

> **Schwache und starke These**
>
> *Schwache These*: Eine Meinung ist genau dann a priori gerechtfertigt, wenn sie unabhängig von Erfahrung gerechtfertigt ist.
> *Starke These*: Eine Meinung ist genau dann a priori gerechtfertigt, wenn sie unabhängig von Erfahrung gerechtfertigt ist und nicht durch Erfahrung widerlegt werden kann. (Vgl. Casullo 2003: 33)

Ebenfalls strittig ist, was eigentlich unter *Erfahrung* zu verstehen ist. Zum einen ist nicht klar, ob Erinnerung oder Introspektion als Formen der Erfahrung zu klassifizieren sind. (→ Erinnerung, → Selbstwissen und Introspektion)

Zum anderen sprechen Rationalisten oft davon, dass man bei dieser Art der Erkenntnis etwas unmittelbar (mit dem Verstand) einsieht, dass man eine *rationale Einsicht* hat oder etwas zweifelsfrei begriffen. Man beschreibt apriorische Erkenntnis in Analogie zur Sinneswahrnehmung. Dann stellt sich aber natürlich die Frage, ob dieses apriorische »Sehen« oder »Begreifen« nicht doch auch eine Form der Erfahrung ist. Wo genau liegt der Unterschied? Und wie sähe eine nicht-metaphorische Beschreibung dieses Vermögens zur rationalen Einsicht, zum apriorischen Begreifen, aus? Was heisst es, etwas unmittelbar mit dem Verstand oder Geist zu erfassen oder einzusehen? Gibt es überhaupt eine genuine Erkenntnisquelle, die uns diese und nur diese Art erfahrungsunabhängiger Erkenntnis (oder Rechtfertigung) liefert? Und differenziert man dieses Vermögen weiter in eine Fähigkeit zu Schließen und eine Fähigkeit zur Intuition, so stellt sich die Frage, ob diese Aufteilung alles erfasst. Wie steht es mit dem Abwägen, dem Urteilen[5], dem Problemlösen oder dem Nachdenken über etwas? Eine detaillierte Landkarte der verschiedenen kognitiven Vermögen und ihrer vielfältigen Beziehungen zueinander gilt es erst noch zu erstellen.

5.2 Ein neuer Rationalismus

Ungeachtet dieser Schwierigkeiten, den Begriff der reinen Vernunft-/Verstandeseinsicht zufriedenstellend zu erläutern, lässt sich in der neueren erkenntnistheoretischen und metaphilosophischen Diskussion ein Wiedererstarken rationalistischer Tendenzen verzeichnen.

Verteidiger einer reinen Vernunfteinsicht stehen allerdings vor dem Problem, weder ein apriorisches Argument für ihre rationalistische Position geben zu können, denn das wäre zirkulär, noch ein aposteriorisches, d. h. empirisches Argument, denn wie sollte die behauptete Wahrheit des Rationalismus beobachtet werden können? Stattdessen wird versucht, anhand von Beispielen die intuitive Plausibilität des Rationalismus aufzuzeigen und die Unverzichtbarkeit apriorischer Erkenntnis nachzuweisen.

In der Wahl ihrer Beispiele unterscheiden sich zeitgenössische Ansätze von ihren traditionellen Vorgängern.

---

[5] Natürlich hat man sich zu einigen dieser Vermögen schon früher Gedanken gemacht. Die Urteilskraft etwa (die der aristotelischen *phronesis* nahe steht) wird von Kant erläutert als »ein besonderes Talent [...], welches gar nicht belehrt, sondern nur geübt sein will. [...] Ein Mangel an Urteilskraft ist eigentlich das, was man Dummheit nennt, und einem solchen Gebrechen ist gar nicht abzuhelfen.« (KrV A132–133/B171–172)

> **Infokasten Apriorität und Metaphilosophie**
>
> Fragen zu Möglichkeit und Umfang von Erkenntnis a priori führen zu metaphilosophischen Fragen, insofern der Apriori-Status philosophischer Erkenntnis selbst neuerdings zur Debatte steht. Es werden Fragen gestellt nach der philosophischen Methodologie und danach, ob wir in der Philosophie Erkenntnis a priori gewinnen können (– empirisch scheint man hier jedenfalls eher selten vorzugehen). Zu den philosophischen Methoden gehören der Austausch von Argumenten, das Klären von Begriffen und begrifflichen Zusammenhängen sowie das Abrufen von Intuitionen, gern auch mit Hilfe von Gedankenexperimenten. Fragen nach der philosophischen Methodologie und ihres (angeblich) apriorischen Charakters führen demnach zu Fragen wie den Folgenden: Wie lassen sich die logischen Schlussregeln rechtfertigen und wie sehen wir logische Wahrheiten ein? Was sind Begriffe und was ist die epistemische Grundlage unserer Begriffskompetenz? Welche Rolle spielen Intuitionen in der Philosophie? Haben wir Einsicht in die notwendigen Zusammenhänge der Realität? Und wie verlässlich sind unsere modalen Intuitionen darüber, was möglich ist?

Unter den Beispielen für a priori einsehbare Aussagen finden sich seltener starke metaphysische Thesen etwa über die Zahl der Substanzen oder die Unsterblichkeit der Seele. Diskutiert werden eher Beispiele wie die folgenden (vgl. BonJour 1999: 125–128):

> 1. Nichts kann zugleich zur Gänze rot und zur Gänze grün sein.
> 2. Wenn Anna größer ist als Maria, und Maria größer als Fritz, dann ist Anna auch grösser als Fritz.
> 3. Es gibt keine runden Quadrate.
> 4. 2 + 5 = 7
> 5. Entweder hat David das letzte Stück Kuchen gegessen oder Jens, und da Jens es nicht war, war es also David.

Nach Laurence BonJour, einem zeitgenössischen Verfechter apriorischer Erkenntnis, hat man in solchen und ähnlichen Fällen eine rationale Einsicht oder Intuition (siehe z. B. BonJour 1999). (→ Transzendentalphilosophie) Das Verständnis des Satzes genügt in diesen Fällen, um uns unmittelbar einsehen zu lassen, dass das, was der Satz ausdrückt (sein Inhalt), wahr sein muss.[6] BonJour zufolge hat man sogar eine Einsicht in den notwendigen Charakter der Realität. Man sieht, einfach indem man den Satz und das, was er ausdrückt, versteht, ein, dass das, was er ausdrückt, notwendig, d. h. in allen möglichen Welten, wahr ist. Man erfasst, dass die Realität in dieser Hinsicht so sein muss! Zum Verständnis der verwendeten Begriffe mag natürlich Erfahrung notwendig sein. Aber hat man die Begriffe einmal verstanden, dann sieht man die (notwendige) Wahrheit des jeweils ausgedrückten Inhalts rational ein.

BonJour betont zudem den direkten, nicht-abgeleiteten Charakter einer solchen Einsicht. Man sehe die fragliche Wahrheit unmittelbar ein, ohne sie aus etwas anderem erschlossen zu haben. Dennoch ist diese Einsicht rational, d. h. vernunftgeleitet und nicht willkürlich. Der Inhalt der obigen Sätze etwa gibt dem, der ihn erfasst, einen unmittelbar zugänglichen Grund zu denken, sie seien wahr. Diese rationale Einsicht liefert somit eine epistemische Rechtfertigung für die Überzeugung, dass der fragliche Satz wahr ist (– eine *prima facie* Rechtfertigung, denn rationale Einsicht ist BonJour zufolge fehlbar; dazu gleich mehr).

5.3 Unverzichtbarkeit

Während Kritiker eine solche rationale Einsicht als mysteriös ablehnen, betonen Verteidiger ihre *Unverzichtbarkeit*: (i) Zum einen wird – wieder einmal in der Philosophiegeschichte – betont, dass wir ausschliesslich auf apriorische Weise Einsicht in allgemeine und notwendige Zusammenhänge der Welt haben können; denn eine solche Einsicht kann, so die nun schon bekannte Überlegung, nicht aus der Sinneserfahrung gewonnen werden. (ii) Zum anderen wird die Unverzichtbarkeit einer solchen unmittelbaren Einsicht in ihrer Funktion als »Regressstopper« betont. Zwar mag man von bestimmten Prämissen ausgehend durch Schlüsse verschiedener Art gewisse Konklusionen rechtfertigen können. Aber diese Vorgehensweise setzt ihrerseits voraus, dass die Prämissen sowie die verwendeten Schlussregeln selbst wieder gerechtfertigt sind. Wollen wir einem Rechtfer-

---

[6] Diese Idee ist wahrlich nicht neu, wie uns schon Leibniz versichert: »Sie werden an die hundert Stellen finden, dass die Scholastiker von diesen Sätzen [gemeint sind Sätze, welche als selbstevidente Axiome gelten (N.K.)] gesagt haben, die seien *ex terminis* evident, sobald man die Termini, d. h. die Ausdrücke versteht, so dass sie also überzeugt waren, dass ihre Überzeugungskraft in dem Verständnis der Termini, d. h. in der Verknüpfung zwischen den zu diesen gehörigen Ideen gegründet sei.« (NE 4.VII.§1)

tigungsregress entgehen, so müssen wir irgendwann zu Prämissen und Schlussregeln kommen, die nicht wieder mit Rückgriff auf anderes gerechtfertigt werden müssen, sondern unmittelbar und nicht-abgeleitet gerechtfertigt sind, weil sie durch eine rationale Einsicht als selbstevident erkannt werden. Eine solche Konzeption einer Rechtfertigung a priori legt demnach eine fundamentalistische Struktur epistemischer Rechtfertigung nahe. (→ Fundamentalismus und Kohärenztheorie)

Diese Konzeption gewinnt eine gewisse Plausibilität aus der Schwierigkeit, in die man gerät, wenn man versucht, grundlegende logische Schlussregeln zu rechtfertigen. Mehr als eine (regel)zirkuläre Rechtfertigung, in deren Verlauf man also die Regel selbst wieder anwendet, scheint nicht zur Hand. Und dieses Problem stellt sich nicht nur für induktive sondern auch für deduktive Schlussregeln. (Auch eine nicht-zirkuläre Rechtfertigung von *Modus Ponens* »p; wenn p, dann q; also q« ist nicht in Sicht; → Epistemischer Relativismus.) Zudem wenden sich solche Schlussregeln ja nicht selbst an; man muss sie anwenden, d. h. man muss ›sehen‹, dass sie anwendbar sind. Und dieses ›Sehen‹ muss – so der Verteidiger dieser Konzeption – selbst wieder eine rationale Einsicht sein.

Dennoch ist die rationalistische Argumentation nicht unproblematisch. Sie geht davon aus, dass wir unsere grundlegendsten Annahmen und Schlussregeln nicht wieder durch Rückgriff auf andere Annahmen und Schlussprinzipien als wahr bzw. gültig erweisen können – deshalb sind es ja unsere *grundlegenden* Annahmen. Sind sie dann aber überhaupt gerechtfertigt? Es stellt sich die Frage, ob eine solche direkte, nicht-abgeleitete rationale Einsicht in die Wahrheit eines Satzes uns tatsächlich eine *epistemische* Rechtfertigung dafür geben kann, den fraglichen Satz für wahr zu halten. Zwar mag eine solche Einsicht psychologisch zwingend sein, insofern wir uns des Eindrucks der Wahrheit einfach nicht erwehren können. Aber liefert sie uns damit schon eine epistemische Rechtfertigung im Sinne eines guten Grundes, an die Wahrheit des fraglichen Satzes zu glauben? Wie kann eine Einsicht als rational gelten, wenn sie nicht durch einen nachvollziehbaren Prozess und auf der Basis von Gründen gewonnen wurde, sondern nur eine – wenn vielleicht auch psychologisch zwingende – Intuition ist? Inwiefern ist eine solche Intuition rational, vernünftig?

5.4 Fallibilismus

Einige neuere rationalistische Konzeptionen unterscheiden sich – neben der etwas weniger ambitionierten Wahl der Beispiele – auch noch in einer anderen Hinsicht von ihren Vorgängern. Während Rechtfertigung a priori traditionell als wahrheits*garantierend* galt, sehen einige zeitgenössische Verteidiger des Apriori das anders. Traditionellerweise ging man davon aus, dass eine Annahme, die a priori gerechtfertigt sei, nicht falsch sein könne. A priori Rechtfertigung sei unfehlbar (infallibel). Nur so konnte man glauben, durch solche Vernunftwahrheiten ein sicheres, d. h. unbezweifelbares, unkorrigierbares und unfehlbares Fundament der Erkenntnis legen zu können.

Heutzutage haben Vertreter dieser Unfehlbarkeitsthese einen schweren Stand. Es gibt einfach zu viele Fälle, in denen man glaubte, über eine Erkenntnis (und damit auch Rechtfertigung) a priori zu verfügen, in denen sich die fraglichen Annahmen dann doch als falsch herausstellten. Ein nicht ganz unstrittiges Beispiel liefert die Euklidische Geometrie bzw. das Aufkommen nicht-euklidischer Geometrien. Denn damit stellte sich plötzlich die Frage, ob Euklids Axiome (insbesondere das Parallelenaxiom[7]) als Aussage über den physikalischen Raum nicht doch falsch sind. Dachte man aber nicht, ihre Wahrheit a priori erkannt zu haben? Letztlich genügt es aber, um Zweifel an der Unfehlbarkeitsthese zu wecken, Fälle zu finden, in denen sich eine Annahme, deren Wahrheit jemand glaubte a priori erkannt zu haben, als unvereinbar mit einer anderen Annahme herausstellte, deren Wahrheit ein anderer glaubte a priori erkannt zu haben, so dass eine der beiden vermeintlichen Erkenntnisse falsch sein muss. Beispiele hierfür finden sich wohl in Behauptungen der rationalistischen Metaphysik, etwa über die Anzahl der Substanzen oder über Gottes Existenz. Beispiele findet man aber auch in der Mathematik und in der Logik, denn auch hier werden miteinander unverträgliche Behauptungen mit dem Anspruch auf Wahrheit aufgestellt, etwa wenn ein Vertreter einer dreiwertigen Logik das Prinzip vom ausgeschlossenen Dritten »p oder non-p« bestreitet, das ein Vertreter der klassischen (im Logikgrundkurs gelehrten) Logik für unbezweifelbar wahr ansieht. Eine mögliche Reaktion auf solche Fälle bestünde darin zu

---

[7] In einer bekannten Formulierung besagt es: Zu jeder Geraden g und jedem außerhalb von g liegenden Punkt P gibt es genau ein Gerade h durch P, die zu g parallel ist.

behaupten, dass in all diesen Fällen – dem Anschein zum Trotz – keine *echte* rationale Einsicht vorliege (bzw. nur auf einer Seite im Streit). In Ermangelung eines Kriteriums jedoch, das zu entscheiden hilft, wann wir es tatsächlich mit einer rationalen Einsicht zu tun haben und wann nicht, ist dieses Insistieren auf der Unfehlbarkeit nicht viel mehr als blanker Dogmatismus.

Die Preisgabe der Unfehlbarkeit allerdings – so sehr uns eine solche Position durch ihre epistemische Bescheidenheit auch für sich einnehmen mag – wirft ebenfalls ein schwerwiegendes Problem auf. Solange man davon ausgehen konnte, dass eine rationale Einsicht unfehlbar ist, stellte sich die Frage nach der Verlässlichkeit dieser besonderen Erkenntnisquelle nicht – sie schien ja 100% verlässlich. Hat man aber erst einmal eingeräumt, dass eine rationale Einsicht trügen kann, so stellt sich die Frage nach der Verlässlichkeit dieser Erkenntnisquelle mit einer gewissen Dringlichkeit. Wir benötigen plötzlich ein Kriterium, um echte (wahre) von bloss scheinbarer (sich später als falsch herausstellender) rationaler Einsicht zu unterscheiden. Aber nicht nur ist ein solches Kriterium nicht in Sicht. Es müsste zudem seinerseits gerechtfertigt sein. Aber das ginge weder empirisch, denn dann lieferte rationale Einsicht keine Rechtfertigung a priori mehr; noch ginge es a priori, denn das wäre zirkulär.

In Ermangelung eines solchen Kriteriums aber scheint die Forderung nach einer *Metarechtfertigung* legitim. Denn kann eine rationale Einsicht uns täuschen, und kann uns das zudem entgehen (wir können ja nicht unterscheiden, da uns ein Unterscheidungskriterium fehlt), scheint die Frage berechtigt, wieso wir einer solchen Einsicht überhaupt trauen sollten. Wir brauchen jetzt einen Grund für die Annahme, dass solcherlei Einsichten zumindest wahrscheinlich wahr sind, d. h., dass dieses Vermögen zur rationalen Einsicht hinlänglich verlässlich ist (Verlässlichkeit verlangt keine Trefferquote von 100%). Eine solche Metarechtfertigung jedoch scheint schwer zu erbringen zu sein.

Halten wir fest: Die Idee einer unmittelbaren, rationalen Einsicht verspricht uns (i) Einsicht in den notwendigen Charakter der Wirklichkeit. Da diese Einsicht selbst nicht weiter zu rechtfertigen ist, verspricht sie zudem (ii) den sonst drohenden Rechtfertigungsregress zu stoppen. Es muss aber geklärt werden, inwiefern eine solche unmittelbare, nicht-abgeleitete Einsicht dennoch rational ist. Und gibt man ihre Fehlbarkeit zu, so muss – in Ermangelung eines Unterscheidungskriteriums zwischen echter und irreführender rationaler Einsicht – erläutert werden, welchen Grund wir haben, sie dennoch für verlässlich zu halten.[8]

Kontrollfragen

1. Worüber streiten Rationalisten und Empiristen? Überlegen Sie sich Argumente für die eine und für die andere Seite!
2. Welchen Test entwickelt Descartes in der ersten Meditation und welchem Zweck dient er?
3. Was ist nach Kant Erkenntnis a priori? Welche zwei Kennzeichen einer solchen Erkenntnis gibt er an und wie begründet er das?
4. Welche der verschiedenen Erläuterungen zur Analytizität erscheint Ihnen am besten? Wo sehen Sie Probleme?
5. Gibt es Ihrer Meinung nach synthetische Erkenntnis a priori? Was spricht dafür, was dagegen?
6. Ist philosophische Erkenntnis Ihrer Meinung nach Erkenntnis a priori?
7. Ist Erkenntnis/Rechtfertigung a priori unverzichtbar? Wägen Sie die Argumente dafür und dagegen ab!
8. Ist rationale Einsicht wirklich fehlbar?

Kommentierte Auswahlbibliographie

Wichtige Primärtexte

BonJour, Laurence (1998): *In Defense of Pure Reason. A Rationalist Account of A Priori Justification*. Cambridge: Cambridge University Press.
BonJours bedenkenswerte rationalistische Verteidigung der Unverzichtbarkeit von Erkenntnis a priori.

Descartes, René (1993): *Meditationen über die Grundlagen der Philosophie*. Herausgegeben von Lüdger Gäbe. Hamburg: Felix Meiner Verlag.
Descartes macht sich daran, den Skeptizismus zu überwinden, die eigene und Gottes Existenz zu beweisen und schließlich noch ein Argument für die substantielle Verschiedenheit von Körper und Geist zu geben; ein Muss!

---

[8] Ich danke ganz besonders Kurt Bayertz, Pascale Anna Lötscher, Sebastian Schmoranzer und Oliver R. Scholz für hilfreiche Kommentare und Diskussionen.

Kant, Immanuel (1990): *Kritik der reinen Vernunft*. Hamburg: Felix Meiner Verlag.
Kants Versuch, die Frage »Wie sind synthetische Urteile a priori möglich?« zu beantworten. Daran kommt keiner vorbei, der sich mit dem Thema Vernunft/Verstand beschäftigt.

Leibniz, Gottfried Wilhelm (1996): *NE/Neue Abhandlungen über den menschlichen Verstand*. Übersetzt, mit Einleitung und Anmerkungen versehen von Ernst Cassirer. Hamburg: Felix Meiner Verlag.
Leibniz' Auseinandersetzung mit John Lockes theoretischem Hauptwerk, Lockes Versuch über den menschlichen Verstand.

Empfohlene Überblicksdarstellungen

Baumann, Peter (2006): Empirismus und Apriorismus: Woher unser Wissen stammt. In: Peter Baumann: *Erkenntnistheorie*. Stuttgart: Verlag J. B. Metzler. 225–252.
Eine sehr gute, klar geschriebene Einführung zum Thema.

Casullo, Albert (2003): *A Priori Justification*. Oxford: Oxford University Press.
Eine umfassende Untersuchung zu Wissen und Rechtfertigung a priori; sehr ausführlich in der Darstellung und sorgfältig in der Argumentation; stellenweise aber recht mühselig zu lesen.

Schnädelbach, Herbert (2007): *Vernunft*. Stuttgart: Reclam (Grundwissen Philosophie).
Eine sehr gute Einführung in das Thema, die begriffsgeschichtlich weit ausholt und die Geschichte des Vernunftbegriffs als eine Geschichte der Vernunftkritik erzählt.

Scholz, Oliver R. (Im Erscheinen): Vernunft (lat. Ratio, frz. Raison; engl. reason). Erscheint in: Heinz Thoma (Hg.): *Aufklärung. Begriffe – Konzepte – Gegenwart. Ein interdisziplinäres Handbuch*. Stuttgart: Metzler und Poeschel.
Eine ausgesprochen kenntnisreiche Überblicksdarstellung unterschiedlicher Vernunftkonzeptionen und Modelle der Vernunftkritik mit besonderem Blick auf die Epoche der Aufklärung.

Specht, Rainer (1984): Die Vernunft des Rationalismus. In Herbert Schnädelbach (Hg.): *Rationalität – Philosophische Beiträge*. Frankfurt/Main: Suhrkamp: 70–93.
Eine sehr schöne und konzise Gegenüberstellung der rationalistischen und empiristischen Vernunftkonzeption.

Weiterführende Literatur

Boghossian, Paul und Peacocke, Christopher (Hg.) (2000): *News Essays on the A Priori*. Oxford: Clarendon Press.
Sammlung wichtiger neuerer Aufsätze zum Thema »Erkenntnis a priori«; sehr voraussetzungsreich.

Casullo, Albert (Hg.) (1999): *A Priori Knowledge*, Dartmouth: Ashgate.
Sammlung wichtiger Beiträge zum Thema; enthält auch zwei Aufsätze von Laurence BonJour, in denen dieser den Empirismus angreift und seinen Rationalismus verteidigt.

Engfer, Hans-Jürgen (1996): *Empirismus versus Rationalismus: Kritik eines philosophie-historischen Schemas*. Paderborn: Schöningh.
Eine kritische Betrachtung dieses sehr beliebten Klassifikationsschemas.

Kompa, Nikola, Nimtz, Christian und Suhm, Christian (Hg.) (2009): *The A Priori and its Role in Philosophy*. Paderborn: mentis.
Versammelt aktuelle Arbeiten zu Erkenntnis a priori und zur Frage nach der Rolle einer solchen Erkenntnis in der Philosophie.

Kripke, Saul (1972): *Naming and Necessity*. Oxford: Basil Blackwell.
Kripkes bahnbrechende Überlegungen zur Namenstheorie. Unter anderem argumentiert Kripke dafür, dass einerseits manche kontingenten Wahrheiten dennoch a priori eingesehen werden können und dass andererseits bestimmte notwendige Wahrheiten nur a posteriori eingesehen werden können.

Rescher, Nicholas (1993): Rationalität. Würzburg: Königshausen und Neumann.
Eine gut zu lesende Abhandlung zum Thema Rationalität im allgemeinen; es werden auch Fragen der praktischen Rationalität und der Rationalität von Zwecken angesprochen.

Weitere Literatur

BonJour, Laurence (1999): Toward a Moderate Rationalism. In: Albert Casullo (Hg.) (1999): *A Priori Knowledge*. Dartmouth: Ashgate. 47–154.

Descartes, René (1973): *Regulae ad directionem ingenii/Regeln zur Ausrichtung der Erkenntniskraft*. Kritisch revidiert, übersetzt und herausgegeben von Heinrich Springmeyer, Lüder Gäbe und Hans Günter Zekl. Hamburg: Felix Meiner Verlag.

Frege, Gottlob (1961): *Die Grundlagen der Arithmetik: eine logisch-mathematische Untersuchung über den Begriff der Zahl*. Darmstadt: Wissenschaftliche Buchgesellschaft.

Kant, Immanuel (2001): *Prol/Prolegomena zu einer jeden künftigen Metaphysik, die als Wissenschaft wird auftreten können*. Hamburg: Felix Meiner Verlag.

Krüger, Lorenz (1973): *Der Begriff des Empirismus*. Berlin: de Gruyter.

Quine, Willard Van Orman (1951): »Two Dogmas of Empircism«. In: *Philosophical Review* 60: 20–43. Wiederabgedruckt in W. V. O. Quine 1953 (^{2}1961): *From a logical point of view.* Cambridge Mass.: Harvard University Press. Zitiert nach Quine 1953.

Schnädelbach, Herbert (Hg.) (1984): *Rationalität – Philosophische Beiträge.* Frankfurt/Main: Suhrkamp.

Schnädelbach, Herbert (1991): Vernunft. In: Ekkhard Martens und Herbert Schnädelbach (Hg) (1991): *Philosophie: Ein Grundkurs* (Band 1). Reinbeck bei Hamburg: Rowohlt Taschenbuch Verlag GmbH. 77–115.

Ritter, Joachim, Gründer, Karlfried und Gabriel, Gottfried (Hg.) (2001): *Historisches Wörterbuch der Philosophie*, Band 11. Basel: Schwabe und Co.

Weber, Max (^{5}1972): Wirtschaft und Gesellschaft. Tübingen: J. C. B. Mohr (Paul Siebeck).

ERINNERUNG

Mark Siebel

1. Einleitung
2. Arten der Erinnerung
3. Erinnerung und Vergangenheit
4. Erinnerung und Repräsentation
5. Erinnerung und Einbildung
6. Erinnerung und Wissensabruf
7. Erinnerung und Erkenntnisgewinn

1. Einleitung

»Hallöchen!« ruft es von draußen. Ich sage leicht genervt zu unseren Gästen: »Das muss Eva sein, wie immer zu spät.« Zu dieser Erkenntnis bringt mich in erster Linie der charakteristische Klang von Evas Stimme. Was hat dieses Beispiel also mit der Erinnerung zu tun? Mehr als man denkt. Wenn ich vergessen hätte, welche Gäste schon gekommen sind, dass wir auch Eva eingeladen haben oder wie sich Evas Stimme anhört, könnte ich schwerlich zu dem Wissen gelangen, dass Eva vor der Tür steht. Meine Erkenntnis verdankt sich somit nicht nur der Wahrnehmung, sondern auch der Erinnerung.

Man kann sich schnell klarmachen, dass dies keineswegs ein außergewöhnliches Beispiel ist. Eine Unmenge unseres Wissens fußt auf der Erinnerung, auch wenn uns dies selten bewusst ist. Hätten wir kein Gedächtnis, dann müssten wir der Wahrnehmung nicht nur in jedem Moment wieder ein neues Bild unserer Umgebung abringen, es wäre uns auch nicht möglich, dieses Bild mit Fakten zu verbinden, die uns schon länger bekannt sind, um daraus weitere Informationen zu ziehen. Die Erinnerung ist ein zentrales Element unseres Lebens. Wie Beschreibungen von Demenzkranken zeigen, kommt einem schon ein Leben mit eingeschränkter Erinnerung ausgesprochen fremd vor. Ein Grund dafür mag sein, dass die Erinnerung nicht nur ein unerlässliches Fundament unserer Erkenntnistätigkeit ist, sondern auch ganz wesentlich für unsere Identität als Person (siehe Infokasten).

In den Abschnitten 2 bis 5 des vorliegenden Beitrages wird der Begriff der Erinnerung einer genaueren Untersuchung unterzogen. Die Abschnitte 6 und 7 gehen anschließend der Frage nach, inwieweit die Erinnerung als Erkenntnisquelle dienen kann.

2. Arten der Erinnerung

Zuerst einmal müssen wir zwischen der Erinnerung als einem *Ereignis* und der Erinnerung als einem *Vermögen* unterscheiden. Wenn Marcel sich, ausgelöst durch den Geschmack von Tee und Gebäck, unversehens an den Ort seiner Kindheit erinnert, dann findet hier ein Ereignis, ein Vorgang statt. Es passiert etwas in Marcels Geist: Er hat bestimmte Bilder vor Augen und Geräusche im Ohr. Philosophen verwenden in so einem Fall auch gern das Wort »Akt« statt »Ereignis«.

Nun sprechen wir aber nicht nur dann davon, dass sich eine Person an etwas erinnert, wenn ihr gerade etwas durch den Kopf geht. Auch wenn Großvater traumlos schläft, kann man wahrheitsgemäß über ihn sagen, er erinnere sich noch an seine Hochzeit vor 50 Jahren. Hier wird Großvater kein mentaler Akt zugeschrieben, weil ja in seinem Geist momentan nichts vor sich geht. Wir sprechen ihm vielmehr eine Fähigkeit zu, die in einem entsprechenden Akt ausgeübt werden könnte. Dass Großvater sich an seine Hochzeit erinnert, heißt hier nicht, dass ihm gerade seine Hochzeit durch den Kopf geht, sondern nur, dass er dazu in der Lage ist, sich die Hochzeit in Erinnerung zu

> ### Personale Identität durch Erinnerung
>
> John Locke (1632–1704)
>
> Vor mir liegt ein Foto von einem Jugendlichen mit schwarz-blond gefärbten Haaren. Ich zeige auf das Foto und behaupte, dass ich das bin. Warum trifft meine Behauptung zu? Was sorgt dafür, dass wir es mit derselben Person zu tun haben?
> Philosophen wie John Locke behaupten, dass die Identität der Person nicht aus irgendeiner *physischen* Kontinuität erwächst, also beispielsweise daraus, dass sich mein Körper aus dem Körper des Jungen entwickelt hat. Sie plädieren vielmehr dafür, dass eine *geistige* Kontinuität den Jungen und mich zu einer Person verbindet. Die Ausgangsidee ist, dass jeder Mensch sich nur diejenigen Erlebnisse in Erinnerung rufen kann, die er selbst gehabt hat. Wenn es um andere geht, mag man sich an die Tatsache erinnern, dass sie bestimmte Erlebnisse hatten, oder auch an die äußeren Begleitumstände. Die Erlebnisse selbst sind einem jedoch nicht zugänglich (siehe dazu Abschnitt 3). Da ich mich gut an das Gefühl der Erhabenheit erinnern kann, das der Junge beim ersten Hören des *Stranglers*-Albums »No More Heroes« empfunden hat, bin ich mit ihm identisch. Denn die Erinnerung an dieses Erlebnis kann nur diejenige Person im Gedächtnis aufbewahrt haben, zu der der Junge geworden ist (vgl. Locke 1694: Buch II, Kap. 27.9–16).
>
> Diese Auffassung der personalen Identität ist zwei klassischen Einwänden ausgesetzt. Erstens sieht es so aus, als könnte man die Erinnerung nicht als *Kriterium* für die Identität der Person nehmen, weil sie die Identität der Person *voraussetzt*. Am Beispiel erläutert: Ich behaupte, dass der Junge mit den gefärbten Haaren ich bin. Auf die Frage, wie ich darauf komme, antworte ich unter Berufung auf Locke, dass ich mich an Erlebnisse dieses Jungen erinnere. Nun ist aber klar, dass wir uns manchmal aus den Erinnerungen anderer etwas zusammenbasteln, das wir fälschlicherweise für eine persönliche Erinnerung halten. Die Erinnerung an Erlebnisse des Jungen ist nur dann eine eigene Erinnerung, wenn ich dieselbe Person bin wie er. Will ich also zeigen, dass der Junge und ich eins sind, indem ich darauf verweise, dass ich entsprechende Erinnerungen habe, setze ich dabei voraus, dass der Junge und ich eins sind. Zum Vergleich: Ein Kriterium für Säuren ist, dass sie Lackmuspapier rot färben. Wenn man nun aber nicht ermitteln könnte, ob sich das Lackmuspapier in der Flüssigkeit rot gefärbt hat, ohne zuvor zu ermitteln, ob es sich bei der Flüssigkeit um eine Säure handelt, dann hätten wir es nicht mit einem Kriterium zu tun.
> Der zweite klassische Einwand lautet, dass Lockes Auffassung an Erinnerungslücken scheitert. Nehmen wir an, der Jugendliche mit den gefärbten Haaren erinnere sich noch an einige Erlebnisse als Dreijähriger, während ich diese Phase vollkommen vergessen habe. Dann scheint die skizzierte Theorie in einen Widerspruch zu führen: Ich bin zwar dieselbe Person wie der Jugendliche und der Jugendliche ist dieselbe Person wie der Dreijährige, ich bin aber nicht dieselbe Person wie der Dreijährige. Das wäre so abwegig wie die Behauptung, A habe dieselbe Haarfarbe wie B und B dieselbe Haarfarbe wie C, A habe aber nicht dieselbe Haarfarbe wie C.

rufen. Terminologisch unterscheidet man diesen Sinn von »erinnern« als den *dispositionalen* Sinn vom vorherigen, dem *episodischen* Sinn. Sich im dispositionalen Sinn an etwas zu erinnern, bedeutet soviel wie, es im Gedächtnis zu *haben*. Im episodischen Sinn erinnert man sich dagegen, wenn etwas aus dem Gedächtnis *hervorgeholt* wird.

Ob dispositional oder episodisch, für die Zuschreibung von Erinnerungen stehen uns mannigfaltige Satzkonstruktionen zur Verfügung. Hier nur ein paar Beispiele:

– Großvater erinnert sich an sein erstes Auto.
– Großvater erinnert sich an den Unfall mit seinem ersten Auto.
– Großvater erinnert sich daran, dass sein erstes Auto rot war.
– Großvater erinnert sich daran, wie man ein Auto lackiert.

Gemeinsam ist diesen Zuschreibungen, dass nicht nur ein Erinnerungs*subjekt* benannt wird, d. h. jemand, der sich erinnert, sondern auch ein Erinnerungs*objekt*, d. h.

etwas, woran das Subjekt sich erinnert. Der Gegenstand der Erinnerung kann dabei alles Mögliche sein:

– ein *Ding* in einem weiteren Sinn (ein Auto, eine Blume, eine Person),
– ein *Ereignis* (ein Unfall, eine Hochzeit, ein persönliches Erlebnis),
– eine *Tatsache* (dass Großvaters erstes Auto rot war, dass 7027 eine Primzahl ist),
– eine *Tätigkeit* (das Lackieren eines Autos, das Mischen eines Cocktails).

Man spricht demgemäß von *Ding*-Erinnerungen, *Ereignis*-Erinnerungen, *Tatsachen*-Erinnerungen und *Tätigkeits*-Erinnerungen. Unter Psychologen und Neurowissenschaftlern findet man eine ähnliche Unterteilung in Gedächtnissysteme. Sie würden Ereignis- und Ding-Erinnerungen dem *episodischen* Gedächtnis zuordnen, Tatsachen-Erinnerungen dem *semantischen* Gedächtnis und Tätigkeits-Erinnerungen, sofern es sich um automatische Abläufe handelt, dem *prozeduralen* Gedächtnis (vgl. Tulving 1985).

In einer an die formale Logik angelehnten Schreibweise lassen sich die verschiedenen Erinnerungstypen in folgende sprachliche Formen gießen:

– *S* erinnert sich an *m*.
– *S* erinnert sich daran, dass *p*.
– *S* erinnert sich daran, wie man φ-*t*.

»*S*« steht für das Erinnerungssubjekt. Der Buchstabe »*m*« vertritt das Ding oder Ereignis, an das sich *S* erinnert; »*p*« ist ein Platzhalter für einen Aussagesatz, der den Inhalt der fraglichen Tatsachen-Erinnerung spezifiziert; und »φ-*t*« ist eine Leerstelle für ein Verb, das die erinnerte Tätigkeit benennt. Da der Inhalt einer Tatsachen-Erinnerung immer eine sogenannte Proposition ist, d. h. der Inhalt einer wahren oder falschen Aussage, werden Tatsachen-Erinnerungen auch *propositionale* Erinnerungen genannt.

Wenn das Erinnerungssubjekt *S* sich an gewisse Tatsachen erinnert, die das Ding oder Ereignis *m* betreffen, dann lässt sich das verkürzt auch so beschreiben, dass *S* sich an *m* erinnert. Das darf jedoch nicht darüber hinwegtäuschen, dass es eine engere Bedeutung der Formulierung »*S* erinnert sich an *m*« gibt, laut der propositionale Erinnerungen keinesfalls immer mit den zugehörigen Ding- oder Ereignis-Erinnerungen verbunden sind. Besonders klar tritt diese Bedeutung zutage, wenn es um Personen oder Ereignisse der ferneren Vergangenheit geht. Ich erinnere mich daran, dass Julius Cäsar in Rom geboren wurde; ich erinnere mich aber nicht an Cäsar. Ich erinnere mich daran, dass die Völkerschlacht bei Leipzig 1813 stattgefunden hat, ohne mich deshalb an die Völkerschlacht zu erinnern. Wie es hierzu kommt, wird am Ende des nächsten Abschnitts aufgezeigt.

3. Erinnerung und Vergangenheit

Was für den einen eine Erinnerung ist, ist für den anderen eine Wahrnehmung und für den dritten eine Erwartung. Genauer gesagt: Erinnerungen, Wahrnehmungen und Erwartungen können denselben Inhalt haben. Manfred sieht, dass das Europapokalspiel gut läuft; Horst hat gestern schon erwartet, dass es gut laufen wird; und Felix erinnert sich morgen daran, dass es gut lief. Wie also unterscheidet sich die Erinnerung von der Wahrnehmung und der Erwartung? Aristoteles (384–322 v. Chr.) hat darauf folgende Antwort gegeben:

> Wir müssen uns zuerst über die Objekte der Erinnerung klar werden […]. Man kann sich weder an das Kommende erinnern […], noch gibt es eine Erinnerung des Gegenwärtigen, sondern nur Wahrnehmung. Denn durch die letztere erkennen wir weder das Kommende noch das Vergangene, sondern nur das Gegenwärtige. Gedächtnis hingegen bezieht sich auf das Vergangene. […] Wie schon beobachtet gibt es an das Gegenwärtige in der Gegenwart keine Erinnerung; denn das Gegenwärtige ist nur ein Objekt der Wahrnehmung, das Kommende der Erwartung, während das Objekt der Erinnerung das Vergangene ist. (Aristoteles: *De Memoria et Reminiscentia*, 449b)

Aristoteles' Idee scheint zu sein, dass der Unterschied in der zeitlichen Einordnung der jeweiligen *Objekte* begründet ist, also dessen, was wahrgenommen, erwartet oder erinnert wird. Wahrnehmen lassen sich nur Objekte, die gegenwärtig sind; erwarten lässt sich nur, was in der Zukunft liegt; und erinnern kann man sich nur an Vergangenes. So kann ich mich an meinen alten Atari 1040 ST zwar noch erinnern, wahrnehmen kann ich ihn aber nicht mehr, weil er längst verschrottet wurde. Der Computer, den ich in zehn Jahren besitzen werde, ist dagegen weder meiner Wahrnehmung noch meiner Erinnerung zugänglich, weil es ihn noch gar nicht gibt. Als Ding der Zukunft kann er nur ein Objekt der Erwartung sein.

So einleuchtend sich diese Verschränkung von Erinnerung und Vergangenheit auch anhört, ein genauerer Blick auf die verschiedenen Arten der Erinnerung zeigt, dass sie mit Vorsicht zu genießen ist. Auf Ereignis-Erinnerungen trifft sie zu, denn ein Ereignis muss abgeschlossen sein, damit man sich an es erinnern kann. Wenn die zweite Halbzeit des Fußballspiels gerade erst begonnen hat, kann sich der Zuschauer zwar die erste Halbzeit, aber eben noch nicht die zweite ins Gedächtnis rufen. Anders sieht es bei Erinnerungen an Dinge aus. Es ist hier nicht erforderlich, dass das Objekt der Erinnerung insofern vergangen ist, als es nicht mehr existiert. Sonst wäre es nicht möglich, sich an Computer zu erinnern, die noch *nicht* verschrottet wurden. Und auch die Erinnerung an Tatsachen muss nicht eine Erinnerung an Tatsachen der Vergangenheit sein. Wer sich etwa an mathematische Lehrsätze erinnert, der ruft sich überzeitliche Fakten ins Bewusstsein.

Dennoch scheint es offensichtlich, dass Erinnerung und Vergangenheit aufs engste zusammengehören. Aber wie? Die Antwort ist: Es ist nicht wesentlich, dass das *Objekt* der Erinnerung etwas Vergangenes ist, sondern dass in der Vergangenheit ein *kognitiver Kontakt* zum Objekt aufgenommen wurde (vgl. Malcolm 1977: 15, 25). Um sich an etwas zu erinnern, muss man in der Vergangenheit mit diesem Etwas »geistig in Berührung« gekommen sein. Schließlich muss es ja irgendwie Einzug ins Gedächtnis gefunden haben. Je nach Art der Erinnerung kann der Kontakt unterschiedlich ausfallen. Geht es um Ding-Erinnerungen, so lässt sich wohl festhalten, dass er in einer Wahrnehmung besteht. An ein Ding kann man sich nur dann erinnern, wenn es irgendwann in der Vergangenheit einen sinnlichen Eindruck hinterlassen hat, ob man es nun gesehen, gehört, gerochen, geschmeckt oder betastet hat. So kann ich mich an Julio Cesar, nicht aber an Julius Cäsar erinnern, weil der Fußballer im Gegensatz zum Kaiser meiner Wahrnehmung zugänglich war.

Was die Erinnerung an Tatsachen angeht, so kommen neben der Wahrnehmung auch andere Erkenntnisquellen in Frage. Ich kann mich daran erinnern, dass Julio Cesar manchmal etwas leichtsinnig spielte, weil ich es gesehen habe. Aber ich erinnere mich auch daran, dass Julius Cäsar in Rom geboren wurde, und das habe ich nicht mit den eigenen Augen wahrgenommen, sondern durch das Zeugnis anderer erfahren. Ebenso kann man sich an Tatsachen erinnern, die man durch Schlussfolgerungen oder Introspektion ermittelt hat. Diese größere Bandbreite des kognitiven Kontakts erklärt, warum eine Erinnerung an Tatsachen ohne eine Erinnerung an die zugehörigen Dinge möglich ist. Auch wenn ich mich nicht an Cäsar persönlich erinnere, habe ich in Erinnerung, dass er in Rom geboren wurde, weil ich Cäsar nicht wahrnehmen muss, um zu lernen, wo er geboren wurde.

4. Erinnerung und Repräsentation

Die Erinnerung an Dinge scheint die Wahrnehmung dieser Dinge nicht nur vorauszusetzen, sondern auch einige Gemeinsamkeiten mit ihr zu haben. Wie man zu einer Skulptur in einem Museum hingehen und sie sich ansehen kann, so erlaubt es einem das Gedächtnis später, die Skulptur noch einmal geistig in Augenschein zu nehmen. Doch Vorsicht! Wenn ich die Skulptur im Museum betrachte, dann stehe ich in einem direkten Kontakt zu ihr. Erinnere ich mich jedoch einige Tage später an sie, dann fehlt diese Unmittelbarkeit. Die Skulptur ist kein Teil meines Wahrnehmungsfeldes mehr, und es kann sogar sein, dass sie nicht einmal mehr existiert, weil sie über Nacht eingeschmolzen wurde. Mir bleibt dann nur die Vorstellung von ihr, die mir mein Gedächtnis andient.

Aus diesem Grund haben einige Philosophen angenommen, dass einem in der Erinnerung nicht die Objekte selbst erscheinen, sondern Abbilder von ihnen – modern gesprochen: *Repräsentationen*. Erinnern wäre demnach eine Art inneres Kino, wobei der Verstand von den Bildern, die ihm dort geboten werden, auf die eigentlichen Objekte schließt. Diese Auffassung nennt man die *repräsentationalistische* Theorie der Erinnerung. Man findet sie bei klassischen Empiristen wie John Locke (1632–1704) und David Hume (1711–1776).

Ausdrücke wie »Bild« oder »Abbild« dürfen hier nicht wörtlich genommen werden. Was man da im Geiste hat, muss ja keine *bildliche*, also *visuelle* Vorstellung sein. Zum einen kann man sich beispielsweise auch Geräusche und Gerüche ins Bewusstsein rufen. Zum anderen gibt es Fälle, in denen alle Arten sinnlicher Vorstellung ausscheiden. So habe ich weder ein Bild noch ein Geräusch noch etwas anderes Sinnliches im Kopf, wenn ich mich an das Einstein-Gesetz »$E = mc^2$« erinnere. (→ Naturalisierung und Kognitionspsychologie)

Aber auch wenn man dies beachtet, bleiben Fragen. Thomas Reid (1710–1796) war die Rede von Vorstellungen, die man im Geiste betrachtet und aus denen man seine Schlüsse zieht, grundsätzlich suspekt. Als Vertreter der Common-Sense-Philosophie brachte er in seinen *Essays on the Intellectual Powers of Man* den gesunden Menschenverstand und die mit ihm verknüpfte Normalsprache gegen derartige Auffassungen in Stellung. Die Erinnerung, so Reid (Reid 1785: Essay III, Kap. 1), bietet ein *unmittelbares* Wissen über die entsprechenden Objekte. Nur ein Philosoph, dem der gesunde Menschenverstand abhanden gekommen ist, kann behaupten, dass man in der Erinnerung stets irgendwelche Abbilder betrachtet und ihnen Informationen über die abgebildeten Objekte entnimmt. Wenn ich mich an eine Skulptur erinnere, dann richte ich meine Aufmerksamkeit nicht auf eine Vorstellung der Skulptur, sondern ganz simpel auf die Skulptur (vgl. Bernecker 2008: Kap. 5 f.).

Natürlich ist der Gedanke verlockend, ich würde während des Erinnerns eine Repräsentation in Augenschein nehmen. Schließlich scheint es ja so, dass mir nicht, wie zuvor in der Wahrnehmung, die Skulptur selbst präsent ist, sondern nur die Vorstellung, die ich mir von ihr bilde. Doch eine genauere Betrachtung zeigt, dass in dieser Argumentation unsauber mit dem Ausdruck »präsent« umgegangen wird. Erstens ist die Skulptur zwar nicht in dem physischen Sinn präsent, in dem sie präsent sein muss, um über die äußeren Sinne wahrgenommen zu werden. Anders gesagt: Sie befindet sich nicht in meinem Wahrnehmungsfeld. Ich habe sie aber im Bewusstsein, und insofern ist mir die *Skulptur*, und nicht nur ein Abbild von ihr, in einem geistigen Sinn gegenwärtig. Zweitens mag sich dieses geistige Zugegensein auch so beschreiben lassen, dass mir eine *Vorstellung* der Skulptur präsent ist. Aber diese Redeweise zieht keineswegs nach sich, dass ich eine solche Vorstellung *betrachte*, sondern nur, dass ich sie *habe*. Kurz: Ich stelle mir die Skulptur vor.

Thomas Reid (1710–1796)

Erinnerung und Repräsentation sind auch nach dieser Auffassung untrennbar miteinander verbunden. Der Grund dafür ist aber nicht, dass in Erinnerungsakten Vorstellungen *wahrgenommen* würden. Der Grund ist vielmehr, dass Erinnerungsakte Vorstellungen – oder genauer: Akte des Vorstellens – *sind*. Sie sind insofern Vorstellungsakte, als einem die zugehörigen Objekte in der Erinnerung auf eine gewisse Art und Weise erscheinen. Wenn ich mir etwa die Skulptur ins Gedächtnis rufe, dann stellt sie sich mir ca. zwei Meter hoch, bronzefarben und etwas verkitscht dar. Sich die Skulptur in diesem Sinn vorzustellen, ist etwas anderes, als seine Aufmerksamkeit auf eine Vorstellung der Skulptur zu richten. Das macht man bestenfalls, wenn man sich nicht die Skulptur selbst in Erinnerung ruft, sondern die Wahrnehmungserlebnisse, die man bei ihrer Betrachtung hatte.

5. Erinnerung und Einbildung

Der Repräsentationscharakter ist kein Alleinstellungsmerkmal von Erinnerungen. Schließlich können wir uns eine Menge vorstellen, nicht nur Wirkliches, sondern auch Erfundenes; und manchmal ist nicht klar, von welcher Art die Vorstellung ist. So mag es sein, dass das Bild, das ich von der Skulptur habe, nur teilweise aus dem Gedächtnis stammt und mit allerlei Phantasievorstellungen vermischt ist. In so einem Fall kann bestenfalls von einer partiellen Erinnerung die Rede sein. Sowohl Anhänger wie auch Gegner einer repräsentationalistischen Theorie müssen sich deshalb der Frage stellen, wie sich Erinnerungen von Einbildungen unterscheiden.

David Hume vertrat in seinem *Treatise of Human Nature* die Auffassung, Erinnerungsvorstellungen hätten gewisse innere Merkmale, anhand derer man sie von Imaginationsvorstellungen abgrenzen kann:

> Es ist unmittelbar einleuchtend, dass die Vorstellungen der Erinnerung viel lebhafter und kräftiger sind als die der Einbildungskraft und dass die erstere Fähigkeit ihre Gegenstände in deutlicheren Farben malt als die letztere. Wenn wir uns an ein vergangenes Ereignis erinnern, dann dringt seine Vorstellung in einer ungestümen Weise in den Geist ein, während in der Einbildung die Perzeption undeutlich und schwach ist und vom Geist nicht ohne Schwierigkeiten über längere Zeit hinweg konstant und gleichförmig aufrechterhalten werden kann. (Hume 1739: Buch I, Teil I, Abschnitt 3; vgl. auch Teil III, Abschnitt 5)

Hume behauptet hier, dass die Erinnerung lebhaftere, kräftigere und robustere Ideen produziere als die Imagination. Dem steht entgegen, dass es sowohl blasse, schwache und flüchtige Erinnerungen wie auch äußerst lebendige, starke und langlebige Halluzinationen gibt. Es mag sein, dass die von Hume genannten Merkmale häufig bei Erinnerungsvorstellungen anzutreffen sind. Da es aber Ausnahmen gibt, taugen sie nicht für eine eindeutige Abgrenzung der Erinnerung von der Einbildungskraft.

David Hume (1711–1776)

Mehr verspricht eine Überlegung, die man bei John Locke (Locke 1694: Buch II, Kap. 10.2), William James (James 1890: Bd. I, 648–652) und Bertrand Russell (Russell 1921: 175 f.) findet: Die Erinnerung mag gelegentlich recht farblos sein, aber auch dann kommt einem das, was man im Geiste hat, bekannt vor und besitzt deshalb eine gewisse Glaubwürdigkeit. Wenn ich mich an meinen letzten Strandbesuch erinnere, dann entsteht ein Eindruck der Vertrautheit, der mir die Sicherheit gibt, dass es sich um eine reale Szenerie handelt. Male ich mir dagegen aus, wie ich in zwei Monaten am Strand sitzen werde, dann ist das nicht mit dem Eindruck verbunden, ich hätte dies so erlebt.

Doch wie soll man diesen Bekanntheits- oder Vertrautheitseindruck genauer fassen? Locke geht davon aus, dass in der Erinnerung Vorstellungen »wiederbelebt« werden, die einem die Wahrnehmung zuvor beschafft hat. Entsprechend besteht der fragliche Bekanntheitseindruck für Locke in der Erkenntnis, dass man die gleiche Vorstellung schon einmal hatte. Erinnere ich mich etwa an meinen letzten Strandbesuch, so habe ich nicht nur eine Szenerie aus meiner Vergangenheit vor Augen, sondern erkenne auch, dass diese Szenerie nicht neu für mich ist.

Doch Lockes Erläuterung ist von Thomas Reid (Reid 1785: Essay III, Kap. 7) als zirkulär gerügt worden, d. h. als eine Erläuterung, die das voraussetzt, was sie eigentlich erklären soll. Wie soll man erkennen, dass man gleiche Vorstellungen schon einmal hatte, ohne sich an seine vergangenen Vorstellungen zu *erinnern*? Dann aber wäre das, was in den Augen Lockes so besonders an Erinnerungsvorstellungen ist, letztlich nichts anderes als ... die Erinnerung.

James und Russell führen die Vertrautheit nicht auf ein Wissen, sondern auf ein *Gefühl* zurück. Zum Erinnern gehöre eine spezifische Empfindung, die sich eben nicht bei Phantasievorstellungen einstelle. Ludwig Wittgenstein (1889–1951) fand solche Überlegungen, gelinde gesagt, fragwürdig. Er gesteht zu, dass Erinnerungsakte vielfach von Empfindungen *begleitet* werden. So können sentimentale Gefühle entstehen, Trauer, Angst usw. Das heißt aber noch lange nicht, dass es eine charakteristische Empfindung gibt, die einen wesentlichen Bestandteil jeglicher Erinnerung bildet. Was sollte das auch für eine Empfindung sein? Wie soll man sie beschreiben (vgl. Wittgenstein 1946–49: Abschn. xiii; 1947–48: §§ 118–123)?

Zu guter Letzt steht sowohl Lockes wie auch James' und Russells Auffassung die Tatsache entgegen, dass wir Erinnerungen nicht immer als solche erkennen. Manchmal erinnern wir uns an etwas, ohne uns dessen, beispielsweise durch eine entsprechende Empfindung, bewusst zu sein. Man stelle sich vor, Ariane werde nach dem Aussehen von John Lydon gefragt, woraufhin ihr ein bestimmtes Gesicht vor Augen schwebt. Ihr erscheint es so, als würde es sich um ein Phantasieprodukt handeln, weil ihr das Gesicht überhaupt nicht vertraut vorkommt. Tatsächlich aber hat sie sich in grauer Vorzeit bei einem Konzert von *Public Image Ltd.* das Aussehen aller Bandmitglieder eingeprägt. Wenn dies der Grund dafür ist, dass Ariane nun dieses Gesicht vor Augen hat, dann erinnert sie sich an John Lydon, ohne jedoch die Anforderungen zu erfüllen, die Locke, James und Russell an Erinnerungen stellen. Wären Erinnerungen immer vertraut, dann würden sie einen unübersehbaren Stempel mit der Aufschrift »Erinnerung« tragen und könnten so z. B. nicht für Ergebnisse der Einbildungskraft gehalten werden.

Was aber zeichnet Erinnerungen dann vor anderen Vorstellungen aus? In Abschnitt 3 wurde festgestellt, dass man sich nur Objekte in Erinnerung rufen kann, zu denen man zuvor in einen kognitiven Kontakt getreten ist. Hätte ich Julio Cesar niemals wahrgenommen, wäre es mir auch nicht vergönnt, mich an ihn zu erinnern. Entscheidend ist aber nicht allein, dass der Kontakt *vorhanden* war. Folgendes Beispiel macht deutlich, dass außerdem eine enge *Beziehung* zwischen diesem Kontakt und den jetzigen Vorgängen bestehen muss.

John Lydon (geb. 1956)

Lilo ist im Kindergarten Walter Ulbricht begegnet. Wenn sie heute detailliert vom Aussehen und der Stimme des Staatsratsvorsitzenden erzählt, dann ist das zwar ein guter Grund für die Annahme, sie erinnere sich noch an ihn, zwingend ist dieser Schluss aber nicht. Ebenso gut könnte es sein, dass Lilo diese Person spätestens mit Beginn ihrer Jugend aus dem Gedächtnis getilgt hat und nur das wiedergibt, was ihr später von ihren Eltern berichtet wurde. Sie ruft sich dann zwar Tatsachen ins Gedächtnis, die Ulbricht betreffen, aber es handelt sich in einem strengen Sinn nicht um eine Erinnerung an Ulbricht.

Woran liegt es, dass man nicht sagen würde, Lilo erinnere sich an den Staatsratsvorsitzenden, obwohl sie so viel über ihn zu erzählen weiß? Es liegt daran, dass ihre Begegnung mit Ulbricht keine Rolle für ihr jetziges Verhalten spielt. Ihre detaillierte Schilderung verdankt sich nicht ihren damaligen Wahrnehmungen, sondern den Erzählungen ihrer Eltern. Lilo erinnert sich deshalb zwar an die Tatsachen, von denen ihre Eltern berichtet haben, nicht aber an Ulbricht selbst. C. B. Martin und Max Deutscher (Martin und Deutscher 1966: Abschn. V) postulieren entsprechend eine *kausale* Verbindung, d. h. einen Ursache-Wirkungs-Zusammenhang: Wenn sich jemand an ein Objekt erinnert, dann liegt im früheren Kontakt eine zentrale Ursache für den Erinnerungsakt. Es mag dann auch gegenwärtige Ereignisse geben, die die Erinnerung auslösen, aber sie bilden nicht die alleinige Ursache. Als weiterer kausaler Faktor kommt der damalige Kontakt hinzu.

Wenn das Besondere an Erinnerungen in einer derartigen Kausalverbindung besteht, dann lässt sich damit erklären, warum man Erinnerungen zuweilen mit Einbildungen verwechselt. Man erkennt dann nicht, woher die Gedanken rühren, die einem durch den Kopf schießen. Es erscheint einem beispielsweise so, als wären sie bloß Ergebnisse einer regen Phantasie, während sie tatsächlich durch frühere Wahrnehmungen hervorgerufen wurden und demnach Erinnerungen darstellen.

Die kausale Bedingung zieht allerdings ein Problem nach sich: Wie soll ein Ereignis, das Tage, Jahre oder gar Jahrzehnte her ist, ein momentanes Ereignis hervorrufen können? Ist so eine zeitliche Fernwirkung annehmbar? Bertrand Russell (Russell 1921: Kap. IV) argumentiert, wir hätten es hier eben mit einer besonderen Sorte von Verursachung zu tun, die über die Zeit hinweg greife: mit der *mnemischen* Kausalität (»mneme«: altgriechisch für *Gedächtnis*). Wer denkt, dass Fernwirkungen prinzipiell inakzeptabel sind, der kann auf die uralte Idee von *Gedächtnisspuren* zurückgreifen. Schon Platon (ca. 428–348 v. Chr.) hat in seinem Dialog *Theaitetos* (Theaitetos: 191c–e) das Gedächtnis mit einer Wachsplatte verglichen, in der die Wahrnehmung Eindrücke hinterlässt. Diese Spuren können mit der Zeit schwächer werden, so dass dann auch die Erinnerungen an die zugehörigen Objekte verblassen. So lange sie aber nicht vollkommen verschwunden sind, ermöglichen sie es einem, sich die Objekte in Erinnerung zu rufen.

Heutzutage kommen einem vermutlich schnell die Neurowissenschaften in den Sinn, wenn von Gedächtnisspuren die Rede ist. Man denkt dann an synaptische Verbindungen im Gehirn, d. h. an Verknüpfungen zwischen Nervenzellen. Um das Problem der zeitlichen Fernwirkung zu lösen, muss man sich jedoch nicht auf derart konkrete Annahmen über Gedächtnisspuren festlegen. Dafür reicht es aus, wenn man davon ausgeht, dass durch den kognitiven Kontakt irgendwelche Spuren im Gedächtnis hinterlassen werden, wie auch immer sie aus naturwissenschaftlicher Perspektive beschaffen sein mögen (vgl. Rosen 1975). Der damalige Kontakt bewirkt das heutige Erinnern dann nicht direkt, so dass nicht von einer Fernwirkung ausgegangen werden muss. Gedächtnisspuren bieten vielmehr ein *kausales Bindeglied*, das die Zeitspanne überbrückt: Sie sind damals erzeugt worden und verursachen nun z. B., dass man sich eine Person vor Augen führt und Fragen zu ihr beantwortet (vgl. Siebel 2000: Kap. 2.8–2.11; Bernecker 2008: Kap. 2f.; 2010: Kap. 4f.).

6. Erinnerung und Wissensabruf

Im vorliegenden *Grundkurs Erkenntnistheorie* wird die Erinnerung unter dem Titel »Erkenntnisquellen« behandelt. Aber ist sie das überhaupt? Geht es um die Wahrnehmung, dann zweifeln allenfalls philosophische Skeptiker an, dass sich aus ihr Erkenntnisse schöpfen lassen.

(→ Skeptizismus, Sinneswahrnehmung) Anders im Falle der Erinnerung. Eine beträchtliche Anzahl an Philosophen hat ganz unabhängig von irgendwelchen skeptischen Erwägungen bestritten, dass die Erinnerung eine Erkenntnisquelle ist. Diese Philosophen behaupten nicht, dass die Erinnerung zu unzuverlässig sei, um Wissen hervorzubringen (dazu mehr im nächsten Abschnitt). Entscheidend ist vielmehr, dass sie das Gedächtnis als Wissens*speicher* betrachten, also nicht als etwas, aus dem Wissen *geschöpft* wird, sondern als etwas, in dem Wissen *aufbewahrt* wird. Diese Auffassung bezeichnet man als die *epistemische* Theorie der Erinnerung – vom altgriechischen Wort für *Wissen*: »episteme«. Zu den Anhängern dieser Theorie zählen neben unzähligen anderen William James (James 1890: Bd. I, 648), Norman Malcolm (Malcolm 1977: 198) und Michael Dummett (Dummett 1993: 420f.).

William James (1842–1910)

Sich an etwas im dispositionalen Sinn zu erinnern, heißt nach der epistemischen Theorie, dass man durch den kognitiven Kontakt mit dem fraglichen Objekt Wissen gewonnen und über die Zeit hinweg im Gedächtnis aufbewahrt hat. Kurzum: Gedächtnisspuren sind Wissenszustände. Dieses Wissen wird dann, wenn es zu einer Erinnerung im episodischen Sinn kommt, ins Bewusstsein gerufen. Wenn ich etwa gefragt werde, welche Farbe mein erstes Fahrrad hatte, und mich daran erinnere, dass es gelb war, dann bedeutet dies: Ich habe irgendwann in der Vergangenheit das Wissen erworben, dass dieses Fahrrad gelb ist, besitze dieses Wissen immer noch und nutze es nun für die Beantwortung der Frage. Wenn ich die Farbe dagegen vergessen habe, dann heißt das: Ich weiß nicht mehr, welche Farbe das Fahrrad hatte. Erinnern ist Noch-Wissen, Vergessen ist Nicht-mehr-Wissen.

Wenn das Gedächtnis aber ein Wissensspeicher ist, dann kann die Erinnerung keine Erkenntnisquelle im eigentlichen Sinn sein. In der Einleitung wurde darauf verwiesen, dass sich unsere Erkenntnisse in beträchtlichem Ausmaß der Erinnerung verdanken. Gemeint war damit aber nur, dass wir häufig zu neuem Wissen gelangen, indem wir Fakten, von denen wir aktuell Kenntnis erlangen, mit Fakten verbinden, die uns das Gedächtnis bietet, um daraus Schlüsse zu ziehen. Das Gedächtnis liefert hier die Vorlage für einen Wissenszuwachs, und in diesem weiten Sinn mag man es als Erkenntnisquelle bezeichnen. Viel spannender ist jedoch die Frage, ob man bereits das, was vor der Schlussfolgerung stattfindet, also den Gedächtnisabruf für sich genommen, als ein Erkennen einstufen kann. Ist die Erinnerung auch insofern eine Erkenntnisquelle, als sie nicht nur Material für Schlüsse bereitstellt, sondern eigenständig Wissen produziert? Kann man durch sie also unmittelbar etwas Neues erfahren?

Für Vertreter der epistemischen Theorie ist die Antwort ein klares Nein. Wenn Nelson gefragt wird, welche Farbe Smaragde haben, und er sich daran erinnert, dass sie grün sind, dann *gewinnt* er kein Wissen, sondern *nutzt* es. Er erfährt keine Neuigkeit, sondern holt etwas Altbekanntes ins Bewusstsein. Das Gedächtnis fungiert hier nicht als Erkenntnisquelle. Die Quelle von Nelsons Wissen ist vielmehr im früheren kognitiven Kontakt zur entsprechenden Tatsache zu suchen, also beispielsweise in der Lektüre eines Buches. Dies wäre dann der Brunnen, aus dem Nelson sein Wissen um die Farbe von Smaragden geschöpft hat, nicht der spätere Erinnerungsakt, in dem er dieses Wissen nur noch abruft.

Akzeptiert man die epistemische Theorie, dann ist die Erinnerung kein eigenständiger Lieferant für Wissen. Aber muss man sie akzeptieren? Wenn man den Wissensbegriff genauer untersucht, zeigt es sich, dass die epistemische Theorie einige fragwürdige Annahmen enthält. Gemäß dieser Theorie gilt nämlich: Wenn S sich daran erinnert, dass p, dann weiß S, dass p. Dieser logische Zusammenhang kann jedoch nur dann bestehen, wenn alles, was wesentlich für Wissen ist, auch wesentlich für die propositionale Erinnerung ist. Gibt es irgendetwas, das aus »S weiß, dass p« folgt, nicht aber aus »S erinnert sich daran, dass p«, dann zieht »S erinnert sich daran, dass p« nicht notgedrungen »S weiß, dass p« nach sich. Es kann dann Tatsachen-Erinnerungen ohne ein Wissen um diese Tatsachen geben. Die epistemische Theorie der Erinnerung wäre also falsch.

Werfen wir einen detaillierteren Blick auf den Wissensbegriff, indem wir uns an der traditionellen Analyse orientieren. (→ Analyse Epistemischer Begriffe, das Gettier-Problem) Gemäß dieser Analyse gibt es drei notwendige (und zusammengenommen hinreichende) Bedingungen für Wissen:

S weiß genau dann, dass p, wenn
1. S glaubt, dass p,
2 S in der Meinung, dass p, gerechtfertigt ist,
3. es wahr ist, dass p.

Die Bedingungen 1 und 2 verlangen von einem Wissenssubjekt nicht nur, dass es das, was es weiß, für wahr hält, sondern auch, dass es in dieser Auffassung gerechtfertigt ist. Sollte Leonhard gar nicht der Überzeugung sein, dass 7027 eine Primzahl ist, dann weiß er dies auch nicht, weil er dieses Faktum nicht als solches anerkennt. Kurz: Wissen setzt Glauben voraus. Das allein macht aber noch kein Wissen aus. Denn wenn Leonhard es zwar für wahr hält, dass 7027 eine Primzahl ist, aber nur deshalb, weil ihm diese Zahl in einer Kristallkugel erschienen ist, dann liegt zwar die erforderliche Meinung vor, Leonhard ist in ihr aber nicht gerechtfertigt. Obwohl er hier (mit viel Glück) auf eine Wahrheit gestoßen ist, hat er kein Wissen gewonnen, weil seine Meinung nicht gut genug belegt ist. Kurz: Wissen setzt Rechtfertigung voraus. Bedingung 3 fügt dem hinzu, dass im Falle eines Wissens die entsprechende Behauptung nicht nur für wahr *gehalten* wird, sondern auch wahr *ist*. Demnach kann Leonhard zwar wissen, dass 7027 eine Primzahl ist, nicht aber, dass 8587 eine Primzahl ist, weil Letzteres nun einmal falsch ist. Kurz: Wissen setzt Wahrheit voraus.

Wie steht es nun um die propositionale Erinnerung? Erfüllt sie ebenfalls diese drei Bedingungen? Bedingung 3 ist relativ unproblematisch. Ein Beispiel: Wir befinden uns in einem Restaurant, dem das Brot ausgegangen ist. Wenn die Bedienung unsere Frage, ob wir noch Brot bekommen können, bejaht, dann kann man dies so beschreiben, dass sie sich daran zu erinnern *meint*, dass noch Brot da ist. Aber *erinnert* sie sich wirklich daran? Wir arbeiten häufig mit einem strengen Sinn von »erinnern«, nach dem genau deshalb keine Erinnerung vorliegt, weil es keine Übereinstimmung mit der Wirklichkeit gibt. Eine Erinnerung an eine Tatsache setzt voraus, dass es sich um eine Tatsache handelt und nicht um eine Fiktion. In dieser Bedeutung erfüllt die Erinnerung Bedingung 3, weil aus »S erinnert sich daran, dass p« »Es ist wahr, dass p« folgt.

Mit den anderen beiden Bedingungen sieht es nicht so gut aus. Träfe Bedingung 1 zu, dann würde sich aus »S erinnert sich daran, dass p« »S glaubt, dass p« ergeben. Dem widerspricht jedoch ein Phänomen, auf das schon in Abschnitt 5 verwiesen wurde: dass eine Erinnerung nämlich nicht immer als solche erkannt wird. Wenn ich mich nicht nur daran erinnere, dass Immanuel Kant ledig war, sondern auch erkenne, dass ich es mit einer Erinnerung zu tun habe, dann glaube ich zweifelsohne, dass Kant ledig war. Was ist aber, wenn mir zwar der Gedanke durch den Kopf schießt, dass Kant ledig war, ich mir aber nicht im Klaren darüber bin, dass es sich um eine Erinnerung handelt? Was ist beispielsweise, wenn ich meine Erinnerung als bloßes Raten abtue? Dann werde ich *nicht* glauben, dass Kant ledig war, sondern mich eines Urteils enthalten. Im Gegensatz zu einem Wissen zieht eine Erinnerung keine Überzeugung nach sich: Eine Person kann sich an eine Tatsache erinnern, ohne zu glauben, dass es sich um eine Tatsache handelt.

Und auch Bedingung 2 des Wissens ist für Erinnerungen zu streng, weil aus »S erinnert sich daran, dass p« nicht notwendigerweise »S ist in der Meinung, dass p, gerechtfertigt« folgt. Man stelle sich vor, Luise habe eine Zwillingsschwester mit Namen Lotte, der sie seit dem dritten Lebensjahr nicht mehr begegnet ist. Ab und zu tauchen aus den Tiefen von Luises Gedächtnis Erinnerungen an Lotte auf. Sie sieht dann ein Mädchen mit streng geflochtenen Zöpfen vor sich. Da ihr gesamtes Umfeld aber immer behauptet hat, sie sei ein Einzelkind, tut sie diese Bilder als Hirngespinste ab. Würde Luise dennoch auf der Basis dieser vermeintlichen Hirngespinste zu der Meinung kommen, dass sie eine Schwester hatte, die Zöpfe trug, wäre sie hierin nicht gerechtfertigt. Es spricht aus ihrer Perspektive einfach zu viel dagegen, um behaupten zu können, ihre Meinung sei wohlbegründet.

Zusammengefasst: Während es kein Wissen ohne Glauben und Rechtfertigung gibt, gibt es Erinnerung ohne Glauben und Rechtfertigung. Aus »S erinnert sich daran, dass p« ergibt sich somit nicht notgedrungen »S weiß, dass p«, womit die Idee vom Gedächtnis als Wissensspeicher als zu eingeschränkt erwiesen ist. Es mag sein, dass die Eindrücke, die im Gedächtnis hinterlassen werden, oftmals als Wissen deklariert werden können. Wer aber behauptet, dass es sich *immer* um Wissen handelt, der liegt falsch. Gedächtnisspuren müssen keine Wissenszustände sein. Manchmal beinhalten sie Informationen, die vom Erinnerungssubjekt nicht akzeptiert werden, weil es nicht merkt, woher sie stammen. In so einem Fall wird im Erinnerungsakt kein Wissen abgerufen (vgl. Siebel 2000: Kap. 3f.; Bernecker 2001; 2008: Kap. 3).

Damit gewinnt die Ansicht, die Erinnerung sei eine Erkenntnisquelle, wieder an Attraktivität. Der Vertreter der epistemischen Theorie hatte behauptet, diese Auffassung sei falsch, weil das Gedächtnis als Wissensspeicher angesehen werden müsse. Doch dieses Argument überzeugt nicht, weil es selbst von einer falschen Annahme ausgeht.

7. Erinnerung und Erkenntnisgewinn

Die Kritik an der epistemischen Theorie wird längst nicht alle Philosophen zu der Auffassung bringen, dass das Gedächtnis eine Erkenntnisquelle ist. Sie werden argumentieren, dass es einerlei sei, ob Gedächtnisspuren Wissenszustände oder etwas anderes sind. Entscheidend sei, dass das Gedächtnis nichts weiter als ein *Speicher* ist und deshalb kein Wissen *erzeugen* kann. Aus einem Speicher kann man nur herausholen, was man hineingesteckt hat. Gibt man Wissen hinein, bekommt man Wissen heraus. Die Erkenntnisquelle ist dann aber nicht die Erinnerung, sondern das, was einen ursprünglich zum Wissen gebracht hat, also beispielsweise die Wahrnehmung (vgl. Ryle 1949: Kap. 8.7). Wird kein Wissen eingelagert, lässt sich auch kein Wissen herausziehen, so dass die Erinnerung hier ebenfalls nicht als Erkenntnisquelle fungiert (vgl. Audi 1997: 410).

Entwickelt man die Analogie vom Speicher jedoch weiter, dann fallen einem schnell Aufbewahrungsorte ein, aus denen man nicht immer genau das herausholt, was man hineingesteckt hat. So ändert sich der Inhalt von Wertpapierdepots regelmäßig in seinem Wert. In diese Richtung argumentiert auch Jennifer Lackey. Sie behauptet, dass die Erinnerung Wissen zu generieren vermag, weil Gedächtnisspuren an Wert gewinnen können, indem sie sich von Nicht-Wissen in Wissen verwandeln (vgl. Lackey 2005; Bernecker 2010: Kap. 3.6). Hier ist eines von Lackeys Beispielen:

Arthur wird von einem Insider darüber informiert, dass der Bürgermeister seiner Stadt bestochen wurde. Da der Bürgermeister aber beste Beziehungen zu den Medien hat, wird zugleich über alle Nachrichtenorgane erfolgreich verbreitet, es handele sich nur um ein Gerücht, das ein Widersacher in die Welt gesetzt habe. Erst zwei Monate später fliegt dieser Vertuschungsversuch auf, und die Wahrheit gelangt an die Öffentlichkeit. Arthur bekommt von beiden Kampagnen nichts mit, weil er äußerst zurückgezogen lebt. Seine Überzeugung, dass der Bürgermeister bestochen wurde, wird weder durch die Desinformation erschüttert noch durch die spätere Klarstellung gefestigt.

Arthur hat demnach zwar aus einer verlässlichen Quelle von einer Tatsache erfahren; solange aber die Vertuschungskampagne läuft, fällt es schwer, ihm ein Wissen zuzugestehen, weil zu viel gegen seine Meinung spricht. Arthur erfüllt dann nicht Bedingung 2 der traditionellen Wissensanalyse: Er ist in seiner Meinung nicht gerechtfertigt, weil er starke Gegengründe unbeachtet lässt, von denen er leicht Kenntnis erlangen könnte. Erst nach zwei Monaten, wenn sich die Meldungen als falsch herausgestellt haben, verlieren die Gegengründe ihre Kraft. Es bleibt dann die Frage, wie zuverlässig Arthurs Informant war; und da es in dieser Hinsicht nichts zu deuten gibt, darf man nun von einem Wissen sprechen. Aus einer wahren Überzeugung wird so ein Wissen. Da Arthur dieses Wissen nicht besitzen würde, wenn er nicht im Gedächtnis behalten hätte, dass der Bürgermeister bestochen wurde, diagnostiziert Lackey, dass die Erinnerung dieses Wissen erzeugt.

Aber ist das wirklich so? Es soll nicht bestritten werden, dass sich in diesem Beispiel eine wahre Überzeugung in ein Wissen verwandelt und dass dies nicht geschehen wäre, wenn Arthurs Gedächtnis ihn im Stich gelassen hätte. Aber das heißt nicht, dass die Erinnerung das Wissen *hervorgerufen* hat und somit als Quelle genannt werden kann. Arthurs Erinnerungsvermögen sorgt nur dafür, dass die Überzeugung nicht verloren geht; die eigentliche Arbeit wird ohne sein Zutun außerhalb geleistet, indem die Gegengründe ausgeschaltet werden. Warum also sollte man Arthurs Erinnerung als Quelle des Erkenntniszuwachses ansehen?

Lackey präsentiert noch ein zweites Argument, das überzeugender ist, weil hier die fragliche Überzeugung erst mit dem Erinnerungsakt entsteht. Auf dem Weg zur Arbeit komme ich an einer neuen Baustelle vorbei, ohne sie bewusst zu registrieren. Später werde ich gefragt, ob die Bauarbeiten an der zugehörigen Kreuzung schon begonnen haben. Ich weiß zuerst nicht, was ich sagen soll. Dann aber führe ich mir die Szenerie vor Augen, die sich mir an der Kreuzung geboten hat, und erinnere mich schlagartig daran, dass dort tatsächlich eine Baustelle war.

Im Unterschied zum vorigen Beispiel kann hier schwerlich von Beginn an eine Überzeugung attestiert werden. Auf dem Weg zur Arbeit ist in meinem Gedächtnis zwar die Information abgespeichert worden, dass sich an der Kreuzung eine Baustelle befindet, aber ich habe keine Meinung dieses Inhalts gewonnen (vgl. Siebel 2000: Kap. 4.2 und 4.4). Ich glaube dies erst, nachdem ich auf die Frage hin mein Gedächtnis zu Rate ziehe. Dann rückt die Information in mein Bewusstsein, und es entsteht eine Überzeugung. Da es sich um eine wahre Überzeugung handelt, an deren Rechtfertigung es nichts auszusetzen gibt, kommt es zu einem Wissenszuwachs. Offenbar dient die Erinnerung hier also als Erkenntnisquelle. Ähnlich wie die Sinne scheint das Gedächtnis gelegentlich Rohmaterial anzubieten, aus dem sich eine Erkenntnis formen lässt (siehe auch den Infokasten).

Die Erinnerung leistet in diesem Beispiel einen gewichtigen Beitrag zum Erkenntnisgewinn, weil durch sie die Überzeugung erst entsteht. Dennoch ist strittig, ob dieser Beitrag ausreicht, um die Erinnerung als *Quelle* der Erkenntnis zu bezeichnen. Woher weiß ich, dass an der Kreuzung eine Baustelle ist? Weil ich mich an sie erinnere? Oder weil ich sie wahrgenommen habe? Es ist keineswegs abwegig, auf die zweite Antwort zu setzen. Zum einen hat das Gedächtnis die ursprüngliche Information, aus der später die Überzeugung erwächst, nicht erzeugt, sondern nur aufbewahrt. Die Information stammt vielmehr aus der Wahrnehmung. Zum anderen liegt in der Wahrnehmung auch die Rechtfertigung der neuen Überzeugung: Ich bin in der Meinung gerechtfertigt, dass an der Kreuzung eine Baustelle ist, weil ich die Baustelle gesehen habe.

Vielleicht haben wir es hier gar nicht mehr mit einer Sachfrage zu tun, sondern mit einem Streit um Worte. Es kommt eben darauf an, was man unter einer »Erkenntnisquelle« verstehen möchte. In einem engen Sinn liefert sie nicht nur eine Meinung, sondern zugleich deren Rechtfertigung. In diesem Verständnis wäre die Erinnerung wohl keine Erkenntnisquelle. In einer weiteren Bedeutung reicht es aber, wenn die Quelle ursächlich verantwortlich für die Meinung ist – unabhängig davon, ob die Rechtfertigung ebenfalls aus ihr stammt. In diesem Sinn lässt sich die Erinnerung schon eher als Erkenntnisquelle einordnen.

Wer darüber nachdenkt, ob die Erinnerung eine Erkenntnisquelle ist, stößt schnell auf eine Problematik die sich immer ergibt, wenn es um Erkenntnisquellen geht. Ob wir es mit einem Wissenslieferanten zu tun haben, hängt ganz wesentlich von seiner *Verlässlichkeit* ab. (→ Internalismus und Externalismus der Rechtfertigung) *Meinungen* lassen sich aus allen möglichen Quellen

Platons Anamnesis-Konzeption

Platon (428/427–348/347 v. Chr.)

Platon war ein Schüler von Sokrates (469–399 v. Chr.). Er gründete in Athen die Platonische Akademie, eine Schule für Philosophen, der auch Aristoteles (384–322 v. Chr.) angehörte. Platon stellte seine philosophischen Überlegungen in Form von Dialogen dar, deren Hauptfigur fast ausschließlich Sokrates ist. Die Anamnesis-Konzeption wurde zuerst im Dialog *Menon* (80a–86c) präsentiert. »Anamnesis« ist der altgriechische Ausdruck für *Erinnerung*.

Platon ging davon aus, dass die Seele, bevor sie in einem neuen Körper wiedergeboren wird, Einblick in alle notwendigen Wahrheiten bekommt, so dass z. B. mathematisches Wissen angeboren ist. Es handelt sich zwar um ein unbewusstes (implizites) Wissen, weil es sich in entlegenen Winkeln des Gedächtnisses verbirgt. Durch geschicktes Fragen kann es aber bewusst (explizit) gemacht werden. Sokrates versucht dies zu demonstrieren, indem er einen geometrisch unbeleckten Sklaven durch seine Fragen dazu bringt, eine Variante des Satzes von Pythagoras anzuerkennen. Der Sklave, so Sokrates, lernt hier nichts, was gänzlich neu für ihn wäre. Er ruft sich vielmehr eine Wahrheit ins Bewusstsein, von der seine Seele Kenntnis erlangt hat, bevor sie in den Körper eingetreten ist.

Die Parallelen zum Beispiel mit der Baustelle sind unübersehbar. Wenn Sokrates recht hat, sorgt die Erinnerung im Falle des Sklaven insofern für einen Erkenntnisgewinn, als sie bislang nur unbewusst vorhandene Informationen in den Stand eines bewussten Wissens erhebt. Die Anamnesis-Konzeption kann dann so gelesen werden, dass die Erinnerung die Quelle für die Erkenntnis mathematischer und anderer notwendiger Wahrheiten ist.

schöpfen – auch aus Vorurteilen und dem Kaffeesatz. Dass der Kaffeesatz keine *Erkenntnis*quelle ist, liegt daran, dass es ihm an Zuverlässigkeit mangelt. Er führt nicht mit einer einigermaßen großen Wahrscheinlichkeit zu Wahrheiten; es ist vielmehr Glück, wenn man mit seiner Hilfe ins Schwarze trifft. Die Wahrnehmung dagegen scheint die nötige Zuverlässigkeit zu bieten.

Wie steht es nun aber um die Erinnerung? Ist sie verlässlich? Im vorigen Abschnitt wurde auf den strikten Sinn von »erinnern« verwiesen, der nach einer Übereinstimmung mit der Wirklichkeit verlangt. Wenn ich niemals bei einem Auftritt von *The Jam* war, dann kann ich noch so fest glauben, einen solchen Auftritt erlebt zu haben, es handelt sich nicht um eine Erinnerung im strikten Sinn. Setzt man dieses Verständnis voraus, ist unsere Frage schnell beantwortet. Die Erinnerung ist dann hundertprozentig verlässlich, weil sie schon dem Begriff nach stets der Wahrheit entspricht. Sollte das, was jemandem durch den Kopf geht, falsch sein, dann ist damit *per definitionem* ausgeschlossen, dass es sich um eine Erinnerung handelt. Biss bekommt die Frage nach der Verlässlichkeit erst, wenn man das Wörtchen »Erinnerung« so weit auslegt, dass auch Verformungen und komplette Fehleinschätzungen im Boot sind. Die Frage lässt sich dann so stellen: Wie stark können wir uns darauf verlassen, dass das, was uns als eine Erinnerung und damit als ein Faktum erscheint, auch tatsächlich eine Erinnerung ist?

Offensichtlich muss die Erinnerung im Vergleich mit der Wahrnehmung schlechter abschneiden, weil eine weitere Fehlerquelle ins Spiel kommt. Wenn ich unmittelbar auf der Basis sinnlicher Eindrücke zu einem Urteil komme, dann können mich allein meine Sinne täuschen. Wenn ich mir die Situation dagegen Jahre später noch einmal in Erinnerung rufe, dann kann mich zusätzlich noch mein Gedächtnis in die Irre führen.

Psychologen und Neurowissenschaftler betonen in jüngster Zeit verstärkt die aktive Rolle des Gedächtnisses und die damit einhergehenden Unzulänglichkeiten. Sie sehen das Gedächtnis keineswegs als einen bloßen Speicher an, sondern als ein Organ, das seine Inhalte aufgrund äußerer und innerer Einflüsse beständig umformt und neu zusammensetzt, ohne sich dabei immer nach der Realität zu richten. Eine Vorkämpferin dieser Bewegung ist die Psychologin und Kriminologin Elizabeth Loftus, die in einer Vielzahl von Experimenten untersucht hat, wie leicht sich Pseudoerinnerungen erzeugen lassen (vgl. Loftus 1979). So legte sie ihren Versuchspersonen Fotomontagen vor, auf denen sie im Korb eines Heißluftballons zu sehen waren. Die Hälfte von ihnen glaubte sich an diese Situation zu erinnern, obwohl auch diese Personen faktisch nie mit einem Ballon geflogen sind. Oder sie ließ die Probanden einen Autounfall beobachten, zu dem sie später Fragen beantworten mussten. Je nachdem, ob die Personen nach der Geschwindigkeit gefragt wurden, mit der die Autos »zusammen*krachten*«, oder nach der Geschwindigkeit, mit der sie »zusammen*stießen*«, fielen die Beurteilungen deutlich unterschiedlich aus.

Loftus hat aus ihren Untersuchungen geschlossen, dass der Erinnerung nicht das Vertrauen entgegengebracht werden sollte, das sie beispielsweise in Gerichtsprozessen genießt. Ein Problem von noch größerer Tragweite stellt die folgende Überlegung dar, weil sie die Verlässlichkeit der Erinnerung ganz grundsätzlich in Zweifel zieht.

Wie ließe sich zeigen, dass die Erinnerung zuverlässig ist? Anscheinend geht dies nicht, ohne dabei irgendwelche *Erfahrungen* einfließen zu lassen, also Beobachtungen oder gar Experimente. Denn wenn sich etwas – wie in der Mathematik – *a priori* beweisen lässt, d. h. ohne Rückgriff auf die Erfahrung, dann kann es nicht von unserer Erfahrungswelt abhängen. Es muss dann notwendigerweise gelten, also auch unter allen anderen denkbaren Umständen. Da es aber durchaus denkbar erscheint, dass einen die Erinnerung häufiger täuscht als ins Schwarze treffen lässt, ist die Behauptung, die Erinnerung sei zuverlässig, keine notwendige Wahrheit. Sie kann deshalb nicht unabhängig von der Erfahrung als wahr erwiesen werden.

So bliebe nur ein Nachweis *a posteriori*, d. h. mit Hilfe der Erfahrung. Aber wie soll man so einen Nachweis führen, ohne dabei schon vorauszusetzen, dass die Erinnerung verlässlich ist? Nehmen wir einen Psychologen, der seinen Versuchspersonen Fotos mit Gesichtern zeigt. Einige Zeit später werden ihnen erneut Fotos vorgelegt, und sie müssen nun sagen, ob sie die Gesichter wiedererkennen. Unser Psychologe kommt zum Ergebnis, dass die Probanden zu 90 Prozent korrekte Antworten geben, und vermerkt folglich, dass ihr Gedächtnis zufriedenstellend arbeitet. In dieser Annahme ist er jedoch nur dann gerechtfertigt, wenn sein eigenes Gedächtnis vertrauenswürdig ist. So muss er sicherstellen, dass die Versuchspersonen dieselben sind, und dafür muss er sich an irgendeiner Stelle auf sein Gedächtnis verlassen. Wenn er also die Erinnerung seiner *Versuchspersonen* als verlässlich erweisen will, muss er von der Verlässlichkeit *seiner* Erinnerung ausgehen. Doch warum sollte ihm das erlaubt sein?

Derartige Schwierigkeiten scheinen sich immer zu ergeben, sobald man *a posteriori* nachzuweisen versucht, dass die Erinnerung vertrauenswürdig ist. Wenn man dies aber weder mit noch ohne Hilfe der Erfahrung zeigen kann, dann kann man es gar nicht zeigen. Und wenn man keinen Verlässlichkeitsnachweis hat, dann sieht es so aus, als dürfte man sich auch nicht auf die Erinnerung verlassen. So landen wir bei dem Ergebnis, dass wir nicht dazu berechtigt sind, unserer Erinnerung zu trauen. Und zu diesem Ergebnis kommen wir, ohne dass wir dafür irgendwelche Experimente à la Loftus benötigt hätten.

Wenn dem aber so ist, wird unser Erkenntnisgebäude mächtig erschüttert, weil zahlreiche Teile auf dem Gedächtnis aufbauen. Um den Bogen zur Einleitung zu schlagen: Evas »Hallöchen!« brächte mich dann vielleicht zur wahren Meinung, nicht aber zum Wissen, dass Eva kommt. Schließlich verdankt sich diese Annahme auch der Erinnerung und wäre somit nicht gerechtfertigt. Mehr noch: Es scheint, dass *alle* grundlegenden Meinungsbildungsprozesse einem Begründungszirkel ausgesetzt sind (vgl. Alston 1986). Wie sollte man z. B. die Verlässlichkeit der Wahrnehmung nachweisen, ohne sie dabei vorauszusetzen?

Zum Abschluss soll ein Lösungsversuch skizziert werden. Die Grundidee ist, durch eine Unschuldsvermutung die Beweislast umzukehren. (→ Default-Konzeptionen der Rechtfertigung) Sehen wir uns dafür noch einmal das vorherige Argument an:

> Prämisse 1: Es lässt sich nicht a priori zeigen, dass die Erinnerung zuverlässig ist.
> Prämisse 2: Es lässt sich nicht a posteriori zeigen, dass die Erinnerung zuverlässig ist.
> Konklusion 1: Also lässt sich gar nicht zeigen, dass die Erinnerung zuverlässig ist.
> Konklusion 2: Also sind wir nicht in der Annahme gerechtfertigt, dass die Erinnerung zuverlässig ist.

Den Übergang von den beiden Prämissen zur ersten Konklusion kann man akzeptieren, ohne dass man zugleich den Schluss von der ersten auf die zweite Konklusion schlucken müsste. Hinter diesem Schluss steckt die Idee, dass man erst dann auf die Erinnerung setzen darf, wenn bewiesen wurde, dass sie verlässlich ist. Aber warum sollte das so sein? Es geht hier schließlich nicht um irgendeinen Nebenaspekt des menschlichen Lebens, sondern um eines seiner wesentlichen Elemente. Wer von mir verlangt, die Erinnerung zu ignorieren, der verlangt, dass ich meiner menschlichen Natur zuwider handele. Und so ein Ansinnen bedarf einer stichhaltigen Begründung. Es ist also nicht erst dann *erlaubt*, die Erinnerung einzusetzen, wenn sie als *verlässlich* erwiesen wurde. Ihr Einsatz ist vielmehr erst dann *verboten*, wenn bewiesen wurde, dass sie *unzuverlässig* ist. Wir brauchen keinen Erfolgsnachweis; es reicht, wenn es keinen Nachweis des Misserfolgs gibt. Auf den Punkt gebracht: Die Beweislast hat nicht der Verteidiger, sondern der Ankläger. Die Angeklagte ist deshalb als unschuldig zu betrachten, solange ihr keine Schuld nachgewiesen wurde.

Kontrollfragen

1. Wie unterscheidet sich der episodische Sinn von »erinnern« vom dispositionalen Sinn?
2. Machen Sie anhand von eigenen Beispielen klar, was Ding-, Ereignis-, Tatsachen- und Tätigkeits-Erinnerungen sind.
3. Wie hängen Erinnerung und Vergangenheit zusammen? Kann man sich nur an Vergangenes erinnern?
4. Was besagt die repräsentationalistische Theorie der Erinnerung? Was spricht für und was gegen sie?
5. Wie wollen Hume, Locke und Russell jeweils Erinnerungen von Einbildungen abgrenzen? Was spricht für und was gegen ihre Auffassungen?
6. Was besagt die kausale Theorie der Erinnerung? Warum führt sie zu Gedächtnisspuren hin?
7. Was besagt die epistemische Theorie der Erinnerung? Was spricht für und was gegen sie? Warum ist laut ihr die Erinnerung keine Erkenntnisquelle?
8. Mit was für Beispielen will Lackey zeigen, dass die Erinnerung eine Erkenntnisquelle ist? Was spricht für und was gegen ihre Argumentation?
9. Warum kann man anscheinend weder a priori noch a posteriori zeigen, dass die Erinnerung verlässlich ist? Und warum heißt das nicht unbedingt, dass man der Erinnerung nicht trauen darf?

Kommentierte Auswahlbibliographie

Aristoteles: *De Memoria et Reminiscentia*. In: *Werke in deutscher Übersetzung* 14. Berlin 2004: Akademie.
Eine Analyse der Erinnerung, die zeigen soll, dass sie nicht zum höheren Denkvermögen, sondern zum Vorstellungsvermögen gehört.

Bernecker, Sven (2001): »Impliziert Erinnerung Wissen?«. In: Thomas Grundmann (Hg.): *Erkenntnistheorie. Positionen zwischen Tradition und Gegenwart*. Paderborn: mentis. 145–164.

Bernecker, Sven (2008): *The Metaphysics of Memory*. Berlin: Springer.

Bernecker, Sven (2010): *Memory. A Philosophical Study*. Oxford: Oxford University Press.
Alle drei Texte kritisieren die epistemische Theorie der Erinnerung. In den Büchern wird überdies eine kausale Theorie verteidigt und die repräsentationalistische Theorie kritisiert.

Lackey, Jennifer (2005): »Memory as a Generative Epistemic Source«. *Philosophy and Phenomenological Research* 70. 636–358.
Enthält Argumente dafür, dass das Gedächtnis nicht nur Wissen bewahrt, sondern auch erzeugt.

Locke, Don (1971): *Memory*. London: Macmillan.
Einführung in philosophische Theorien der Erinnerung. Geht in den Kapiteln 9–12 der Frage nach, inwieweit die Erinnerung eine Erkenntnisquelle ist.

Locke, John (1694): *An Essay concerning Human Understanding*. 2. Aufl. (1. Aufl. 1689, auf dem Titel 1690). Oxford 1975: Clarendon Press. Dt. Übers.: *Versuch über den menschlichen Verstand*. Hamburg 1981: Meiner.
Klassische Quelle für die repräsentationalistische Theorie der Erinnerung und die Analyse der personalen Identität durch die Erinnerung.

Loftus, Elizabeth (1979): *Eyewitness Testimony*. Cambridge/Mass.: Harvard University Press.
Prominente psychologische Untersuchung zur Unzuverlässigkeit der Erinnerung.

Malcolm, Norman (1977): *Memory and Mind*. Ithaca: Cornell University Press.
Attackiert im zweiten Teil psychologische und neurowissenschaftliche Konzeptionen von Gedächtnisspuren.

Martin, C. B. und Deutscher, Max (1966): »Remembering«. *Philosophical Review* 75. 161–196.
Oft zitierte Verteidigung einer kausalen Theorie der Erinnerung.

Reid, Thomas (1785): *Essays on the Intellectual Powers of Man*. Edinburgh 2002: Edinburgh University Press.
Essay III bietet einige klassische Einwände gegen die Auffassungen von Locke und Hume.

Rosen, Deborah (1975): »An Argument for the Logical Notion of a Memory Trace«. *Philosophy of Science* 42. 1–10.
Spricht sich für Gedächtnisspuren in einem anspruchslosen Sinn aus, der z. B. keine neurophysiologischen Annahmen enthält.

Siebel, Mark (2000): *Erinnerung, Wahrnehmung, Wissen*. Paderborn: mentis.
Die Kapitel 2–4 enthalten eine ausführliche Diskussion vieler der hier angesprochenen Punkte.

Warnock, Mary (1987): *Memory*. London: Faber.
Führt in den ersten Kapiteln in philosophische Theorien der Erinnerung ein und beschäftigt sich dabei insbesondere mit Kausalität und personaler Identität.

Weitere Literatur

Alston, William (1986): »Epistemic Circularity«. *Philosophy and Phenomenological Research* 47. 1–30.

Audi, Robert (1997): »The Place of Testimony in the Fabric of Knowledge and Justification«. *American Philosophical Quarterly* 34. 405–422.

Dummett, Michael (1993): »Testimony and Memory«. In: *The Seas of Language*. Oxford: Oxford University Press. 411–428.

Hume, David (1739): *A Treatise of Human Nature*. Dt. Übers.: *Ein Traktat über die menschliche Natur*. Hamburg 1973: Meiner.

James, William (1890): *The Principles of Psychology*. New York: Holt.

Platon: *Menon*. In: *Werke* 2. Darmstadt 2005: Wissenschaftliche Buchgesellschaft.

Platon: *Theaitetos*. In: *Werke* 6. Darmstadt 2005: Wissenschaftliche Buchgesellschaft.

Russell, Bertrand (1921): *The Analysis of Mind*. London: Allen und Unwin Limited.

Ryle, Gilbert (1949): *The Concept of Mind*. Harmondsworth: Penguin. Dt. Übers.: *Der Begriff des Geistes*. Stuttgart 1969: Reclam.

Tulving, Endel (1985): »How Many Memory Systems Are There?«. *American Psychologist* 40. 385–398.

Wittgenstein, Ludwig (1946–49): Philosophische Untersuchungen II. In: *Werkausgabe* 1. Frankfurt/M. 1984: Suhrkamp.

Wittgenstein, Ludwig (1947–48): Bemerkungen über die Philosophie der Psychologie. In: *Werkausgabe* 7. Frankfurt/M. 1984: Suhrkamp.

SELBSTWISSEN UND INTROSPEKTION

Johannes Haag

1. Einleitung
2. Was mit Selbstwissen gemeint ist – und was nicht
    2.1   Phänomenologie des Selbstwissens
    2.2   Erklärungsversuche
3. Eigenschaften des Selbstwissens
    3.1   Die starke Transparenzthese
    3.2   Abschwächung der starken Transparenzthese
    3.3   Die schwache These der Selbstmitteilung
4. Wie wir Selbstwissen erwerben
    4.1   Introspektion als innere Wahrnehmung
    4.2   Kritik an der Analogie zur Wahrnehmung
5. Alternativen
    5.1   Selbstpräsentierende geistige Zustände
    5.2   Verschobene Wahrnehmung
    5.3   Durchsichtigkeitsmodelle

1. Einleitung

Selbstwissen ist das Wissen, das wir von unseren eigenen geistigen Zuständen haben und das nicht auf eine Weise gewonnen wurde, die prinzipiell auch anderen Personen zur Verfügung stünde. Dieses Wissen hat Charakteristika, die es von anderen Wissensformen klar abgrenzen. Diese Besonderheiten scheinen die Annahme einer besonderen Erkenntnisquelle zu erfordern, die – weil es sich um das Wissen von inneren Zuständen handelt – als *Introspektion* bezeichnet wird.

Im Folgenden wird nach einer kurzen Einführung die Phänomenologie des Selbstwissens kurz umrissen. Anschließend werden die dort thematisierten Eigenschaften des Selbstwissens einer philosophischen Diskussion unterzogen. Dabei wird unter der Bezeichnung *starke Transparenzthese* zunächst eine extreme Konzeption dieser Wissensform thematisiert und Punkt für Punkt einer abschwächenden Kritik unterzogen. Die so entstehende *schwache Transparenzthese* wird um eine philosophische Behauptung über den Zusammenhang zwischen der Fähigkeit zu Selbstwissen und Rationalität zu einer *schwachen These der Selbstmitteilung* erweitert.

Anschließend wird eine Konzeption der Quelle des Selbstwissens skizziert, der gemäß Introspektion in Analogie zur Wahrnehmung verstanden werden kann. Diese Konzeption wird anschließend einer Kritik auf der Basis der schwachen These der Selbstmitteilung unterzogen.

Abschließend werden in aller Kürze einige Alternativen zur Wahrnehmungsanalogie angesprochen, die sich allerdings ihrerseits als problematisch erweisen.

2. Was mit Selbstwissen gemeint ist – und was nicht

Wenn in der zeitgenössischen Philosophie von Selbstwissen die Rede ist, dann meinen wir meist nicht Selbsterkenntnis in einem anspruchsvollen Sinne, wie sie vom platonischen Sokrates einst zur eigentlichen Aufgabe des Philosophen erklärt wurde.

> Ich kann noch immer nicht nach dem Delphischen Spruch [»Erkenne dich selbst!«; JH.] mich selbst erkennen. Lächerlich also kommt es mir vor, solange ich hierin noch unwissend bin, an andere Dinge zu denken. (Platon *Phaidros*: 229e)

Das Thema ist scheinbar einfacher, die Ziele sind bescheidener geworden: Denn Selbsterkenntnis setzt Selbstwissen voraus, das eigentümliche Wissen von den eigenen geistigen Zuständen, das wir üblicherweise jedem rationalen Subjekt zuschreiben.

> Ich bin ein Ding, das denkt, d. h. zweifelt, bejaht, verneint, einiges wenige erkennt, vieles nicht weiß, will und nicht will, auch bildlich vorstellt und empfindet. Obwohl nämlich das, was ich sinnlich erfahre oder mir bildlich vorstelle, außerhalb meiner vielleicht nichts ist, so sind doch … jene Zustände des Denkens, die ich Sinneserfahrungen und Einbildungen nenne, insofern sie lediglich Zustände des Denkens sind, zweifellos in mir. (Descartes *3. Meditation*: AT VII 34/5)

Sofern wir als Personen auch und gerade durch unsere Überzeugungen, Gedanken, Wünsche, Gefühle und Empfindungen charakterisiert sind, ist das Wissen von diesen geistigen Zuständen eine notwendige Bedingung für das sokratische Ziel der Selbsterkenntnis.[1]

Warum aber verdient diese Form des Wissens überhaupt unsere Aufmerksamkeit? Deckt nicht das, was wir über andere Wissensformen sagen können, auch das Wissen von unseren eigenen geistigen Zuständen ab? Dass diese Form des Wissens einige Eigenschaften zu haben scheint, die es von anderen Wissensformen im Allgemeinen und dem Wissen, das wir von den geistigen Zuständen anderer Personen haben im Besonderen, gravierend unterscheiden, macht Selbstwissen philosophisch so interessant.

2.1 Phänomenologie des Selbstwissens

Dass das Wissen von unseren eigenen geistigen Zuständen einige Besonderheiten gegenüber dem Wissen über die geistigen Zustände anderer Personen aufweist, können wir uns durch eine einfache Beobachtung klar machen: Wenn wir etwas über die geistigen Zustände anderer Personen erfahren möchten – wenn wir also beispielsweise wissen möchten, was sie denken, wünschen oder fühlen –, dann müssen wir ihr Verhalten beobachten, ihre sprachlichen Äußerungen interpretieren und uns über die Umstände im Klaren sein, die den Rahmen für dieses Verhalten darstellen.

Wenn wir hingegen etwas über unsere eigenen Gedanken, Wünsche oder Gefühle erfahren möchten, müssen wir, so scheint es, häufig nichts dergleichen tun. Wir wissen im Allgemeinen über unsere eigenen geistigen Zustände mit großer Zuverlässigkeit Bescheid, ohne sie aus der Beobachtung unseres Verhaltens abzuleiten.

In Bezug auf manche dieser Zustände scheinen wir uns nicht irren zu können – etwa darüber, woran wir gerade denken oder welche körperliche Empfindung wir gerade haben. Wir sind mit Bezug auf sie gleichsam *unfehlbar*, sofern wir uns ihrer bewusst sind – wenn sie auch möglicherweise nicht *transparent* sind, d. h. uns solche Zustände bisweilen nicht bewusst sind.[2]

Und auch in Bezug auf die meisten anderen geistigen Zustände – etwa unsere Wünsche, Hoffnungen, Motive – sind wir in der Regel immer noch in einer sehr viel besseren Position als ein externer Beobachter. Denn dieser hat keinen anderen Zugang zu diesen Zuständen als einen durch Beobachtung vermittelten. Während ein externer Beobachter also nur einen *indirekten*, *vermittelten* Zugang zu unseren geistigen Zuständen hat, haben wir selbst einen *direkten*, *unvermittelten* Zugang zu ihnen, den so keine andere Person haben kann. Unser Zugang ist in diesem Sinne *privilegiert*.

---

[1] Es hängt vom Begriff des *geistigen Zustands* ab, ob Gefühle und Empfindungen darunter fallen. Ich werde im Weiteren den Begriff so weit verwenden, dass er auch solche Zustände umfasst.

[2] Neben unbewussten Wünschen, Hoffnungen o. ä. werden hier als Beispiele häufig auch unbewusste Wahrnehmungen angeführt, wie jeder sie aus eigener Erfahrung kennt: wenn wir etwa beim Autofahren für kurze Zeit die bewusste Konzentration auf die Strecke vernachlässigen und über andere Dinge nachdenken, dennoch aber offenbar dazu in der Lage sind, angemessen auf die Verkehrssituation zu reagieren. Auch unbewusste Empfindungen werden in diesem Zusammenhang immer wieder genannt: beispielsweise die Schmerzen des Fußballspielers, der trotz einer normalerweise schmerzhaften Verletzung die damit verbundenen Schmerzen im Eifer des Gefechts nicht bewusst wahrnimmt.

> **Direktheit**
>
> Der Begriff der Direktheit ist, wie John Austin einmal formuliert hat, »ein großer Liebling unter den Philosophen – aber tatsächlich eine der weniger augenfälligen Schlangen in der sprachlichen Steppe« (Austin 1962: 15). Wenigstens drei Begriffe sind im Hinblick auf den Wissensbegriff zu unterscheiden:
>
> 1. Wissen ist direkt, wenn es nicht aus anderen gerechtfertigten, wahren Überzeugungen abgeleitet ist.
> 2. Wissen ist direkt, wenn wir uns über seinen Inhalt nicht täuschen können.
> 3. Wissen ist direkt, wenn es nur durch rein kausale Vermittlung mit seinem Gegenstand verbunden ist.

Im Folgenden spreche ich von Direktheit, wenn es keine anderen als kausale Mittler zwischen dem Gegenstand des Wissens und der Überzeugung des erkennenden Subjekts gibt. Auf den direkten Zugang wird häufig verwiesen, wenn erklärt werden soll, weshalb die Selbstzuschreibung geistiger Zustände, anders als die Fremdzuschreibung, aber auch anders als andere Arten von epistemischen Zuständen, scheinbar keiner weiteren Rechtfertigung bedarf: Selbstzuschreibung geistiger Zustände ist, anders als Fremdzuschreibung, *selbstrechtfertigend*. Dieser Umstand scheint der Selbstzuschreibung geistiger Zustände eine besondere Autorität zu verleihen, die man, da diese Autorität eng mit der eigentümlichen Perspektive der ersten Person verknüpft scheint, gewöhnlich als *Autorität der ersten Person* bezeichnet. (Der Zusammenhang zwischen Direktheit und epistemischer Autorität ist offenbar problematisch und wird in der Debatte um Fundamentalismus und Anti-Fundamentalismus in der Erkenntnistheorie deshalb häufig kritisch thematisiert (→ Fundamentalismus und Kohärenztheorie)

Einen vergleichbaren privilegierten Zugang oder eine vergleichbare Autorität gibt es hinsichtlich der Fremdzuschreibungen geistiger Zustände nicht – und ebenso wenig hinsichtlich anderer Gegenstände unseres Wissens: Das *Zeugnis anderer* (→ Das Zeugnis anderer) und die *Erinnerung* (→ Erinnerung) sind, wie man leicht einsieht, nicht einmal im erforderlichen Sinne direkt. Im *Wahrnehmungswissen* andererseits haben wir zwar vermutlich[3]

auch einen direkten Zugang zu den Gegenständen dieses Wissens, den wahrgenommenen Objekten. Doch ist dieser Zugang nicht privilegiert: Erkenntnissubjekte werden, sofern sie mit denselben Wahrnehmungsorganen ausgestattet sind, unter denselben Wahrnehmungsbedingungen prinzipiell dasselbe über das wahrgenommene Objekt erfahren. Ähnliches gilt für die *Verstandeserkenntnis*: Zwar kann man dafür argumentieren, dass dieses Wissen, anders als Wahrnehmungswissen, selbstrechtfertigend ist und daher über eine besondere Autorität verfügt. Sofern wir jedoch über Verstandeswissen verfügen, sollte dieses nicht abhängig davon sein, dass es aus der Perspektive der ersten Person gewonnen wird, sondern jedem Erkenntnissubjekt zugänglich sein, das uns in relevanter Hinsicht ähnlich ist. (→ Vernunft und Verstand) Die besondere Autorität wäre also auch in diesem Fall keine Autorität der ersten Person. Diese scheint Selbstwissen tatsächlich von allen anderen Wissensformen zu unterscheiden.

2.2 Erklärungsversuche

Die Erklärung dieser *Asymmetrie* zwischen unserem Wissen um unsere eigenen geistigen Zustände und dem Wissen, das wir über andere Erkenntnisgegenstände – darunter die geistigen Zustände anderer Personen – haben, hat sich zu einem der wichtigsten und meistdiskutierten Themen der analytischen Philosophie des Geistes entwickelt.

Die klassische Antwort auf die Frage, wie diese Asymmetrie zu erklären sei, ist die Behauptung, dass die Asymmetrie daraus resultiert, dass es in diesem Fall eine besondere Quelle des Wissens gibt: die *Introspektion*. Viel hängt davon ab, wie man diese Quelle charakterisiert. Eine traditionsreiche, mittlerweile allerdings extrem umstrittene Antwort konzipiert Introspektion als *eine Form der inneren Wahrnehmung*.

Der entscheidende Unterschied zu den anderen Wissensformen besteht dieser Auffassung gemäß darin, dass wir unsere eigenen Zustände direkt *beobachten* können. Wenn die Rede von der Beobachtung dieser Zustände mehr sein soll als eine problematische Metapher, setzt sie allerdings voraus, dass es einen Beobachtungs*vorgang* gibt. Dieser Vorgang wird nun seinerseits in Analogie zur *Wahrnehmung* verstanden: Wenn wir unsere eigenen geistigen Zustände, vielleicht vermittels einer Art *inneren Sinnes*, beobachten, dann richten wir gleichsam unseren Blick nach innen und werden auf diese Weise unserer geistigen Zustände direkt gewahr. Da diese Art der di-

---

[3] In manchen Wahrnehmungstheorien wird Wahrnehmungen diese Form der Direktheit abgesprochen, etwa in manchen Versionen der Sinnesdatentheorie. (→ Sinneswahrnehmung)

rekten Wahrnehmung trivialerweise nur dem Subjekt zur Verfügung steht, das sich im jeweiligen geistigen Zustand befindet, wäre die Asymmetrie erklärt.

Dass dieser Lösungsvorschlag zumindest nicht ohne eigene Probleme ist, macht man sich leicht klar, indem man sich vergegenwärtigt, dass die Analogie zur Wahrnehmung zwar die Asymmetrie zwischen Selbst- und Fremdzuschreibung verständlich macht, nicht aber ohne Weiteres die Asymmetrie zwischen Selbstwissen und anderen Formen des Wissens. Insbesondere die zumindest auf den ersten Blick bestehenden Differenzen zwischen Selbstwissen und Wahrnehmungswissen werden nicht adressiert: Wenn Selbstwissen aus innerer Wahrnehmung resultiert und Wahrnehmungswissen nicht selbstrechtfertigend ist, bedarf dann nicht auch Selbstwissen der Rechtfertigung? Und gehört es zu den Gegenständen des Selbstwissens, also unseren geistigen Zuständen, anders als zu den Gegenständen des Wahrnehmungswissens, nicht wesentlich, dass sie Gegenstand dieses Wissens sind oder zumindest sein können?

Dafür, dass die Einebnung solcher Unterschiede charakteristische Eigenschaften dieses Wissens vernachlässigt und deshalb unseren philosophisch informierten Begriff des Selbstwissens verletzt, sind in jüngerer Zeit schwerwiegende Argumente vorgebracht worden. Mit einem dieser Argumente, das von Sidney Shoemaker vorgebracht wurde, werden wir uns weiter unten beschäftigen. Zunächst aber müssen wir uns genauer über die charakteristischen Eigenschaften von Selbstwissen verständigen (3.). Anschließend werden wir uns kurz der Introspektionstheorie zuwenden (4.1), bevor wir uns dann mit ihrer Kritik (4.2) und möglichen Alternativen beschäftigen (5.).

3. Eigenschaften des Selbstwissens

Die Frage, welche Eigenschaften Selbstwissen charakterisieren, ist selbst umstritten. Die Antwort auf diese Frage hat sehr unterschiedliche, zum Teil einander widersprechende Formen angenommen, die sich gut differenzieren lassen gemäß ihrer mehr oder minder starken Abgrenzung von einer extremen Position, die im Weiteren vereinfachend die *cartesianische* Position heißen soll.

3.1 Die starke Transparenzthese

Unser cartesianischer Strohmann vertritt eine extrem starke *These von der Transparenz des Geistigen*:

> Der Geist ist sich notwendig selbst transparent, d. h., es gehört zum Wesen mentaler Entitäten, *bewusst* zu sein in dem Sinne, dass sie ihrem Besitzer ihre Existenz und ihre Natur auf unmittelbare Weise mitteilen.

Gemäß dieser These sind geistige Zustände, wie Gilbert Ryle (1900–1976) es ausgedrückt hat, *selbst-mitteilend (self-intimating)*: Wenn ein geistiger Zustand auftritt, führt dies automatisch dazu, dass das Subjekt dieses Zustandes auch weiß, dass es sich in genau diesem Zustand befindet.

Diese Transparenzthese formuliert eine extrem starke Position bezüglich der Privilegien, die wir hinsichtlich des Zugangs zu unseren eigenen geistigen Zuständen genießen. Die meisten Autoren der Gegenwart halten sie für unplausibel. Andererseits handelt es sich bei der Behauptung, dass es einen besonderen, in gewisser Weise *privilegierten Zugang* zu unseren eigenen geistigen Zuständen gibt, um einen phänomenologischen Befund, dem auch diejenigen Philosophen Beachtung schenken, die

---

Selbstwissen vs. Wissen vom Selbst

Eine andere Form des Wissens, von der Selbstwissen im hier diskutierten Sinn abgegrenzt werden muss, auch wenn es davon nicht unabhängig ist, ist das Wissen von uns selbst als Personen oder das Wissen vom Selbst. Die Frage nach dem Zugang zu unseren eigenen geistigen Zuständen ist von der Humeschen Frage nach der Beobachtbarkeit eines ›Selbst‹ zu trennen, wie aus David Humes (1711–1776) Formulierung der Frage ja bereits deutlich wird:

»Was mich angeht, so stolpere ich, sobald ich mich ganz auf das konzentriere, was ich mein Selbst nenne [when I enter most intimately into what I call myself], immer über die ein oder andere Wahrnehmung [perception] von Hitze oder Kälte, Licht oder Schatten, Liebe oder Hass, Schmerz oder Vergnügen. Ich erwische mich selbst niemals ohne eine Wahrnehmung, und kann nie etwas anderes beobachten als diese Wahrnehmung.« (Hume *Treatise*: 252)

Natürlich gibt es Verbindungen zu unserem Thema: So hatten wir bereits in Descartes' Zitat aus der *3. Meditation* einen impliziten Schluss vom Haben geistiger Zustände auf das Sein eines Selbst als denkendes Ding, der vor dem Hintergrund der Hume'schen Überlegung problematisch erscheinen muss. Interessante Diskussionen (auch in Hinblick auf die Beziehung zu unserem Problem) finden sich in Chisholm 1969, Shoemaker 1986 und Sellars 1972.

mit dieser radikalen Transparenzthese nichts anfangen können. Um ihre Position von der Transparenzthese klar abgrenzen zu können, muss man letztere genauer ausführen.

In der starken Transparenzthese schreibt man den Überzeugungen bezüglich unserer eigenen geistigen Zustände und Ereignisse bzw. den Subjekten, die diese Überzeugungen haben, folgende Eigenschaften zu:

1. *Adäquatheit*: Wenn ein Subjekt A sich einen geistigen Zustand zuschreibt, dann kennt es alle (wesentlichen) Eigenschaften dieses Zustandes.

Die Vorstellung hinter dieser Adäquatheitsforderung ist folgende: Ich entnehme sozusagen die kategoriale Struktur, genau wie alle anderen Eigenschaften, den Gegenständen des Selbstwissens selbst. Sie haben alle (wesentlichen) Eigenschaften, die ich ihnen zuschreibe, und keine (wesentlichen) Eigenschaften, die ich ihnen nicht zuschreibe. Allerdings lässt die Bedingung der Adäquatheit zu, dass ich einige meiner geistigen Zustände nicht kenne, und sie ist auch damit verträglich, dass ich mir geistige Zustände zuschreibe, in denen ich mich gar nicht befinde. Diese Möglichkeiten widersprechen der starken Transparenzthese und werden deshalb durch die beiden folgenden Eigenschaften ausgeschlossen.

2. *Allwissenheit*: Wenn Subjekt A sich in einem bestimmten geistigen Zustand befindet, weiß A, dass es sich in diesem Zustand befindet.
3. *Unfehlbarkeit*: Ein Subjekt A kann sich hinsichtlich seiner eigenen gegenwärtigen geistigen Zustände nicht täuschen.

Die Behauptung der Unfehlbarkeit läuft darauf hinaus, dass jede Überzeugung bezüglich unserer eigenen mentalen Zustände bereits dadurch, dass wir sie haben, eine wahre und gerechtfertigte Überzeugung, mithin Wissen, ist. Die Unfehlbarkeit allein garantiert also bereits, dass unsere Überzeugungen bezüglich unserer eigenen geistigen Zustände *selbstrechtfertigend* sind.

Wie verhalten sich diese drei Eigenschaften zueinander? Zunächst können wir beobachten, dass Unfehlbarkeit Allwissenheit nicht einschließt: Mit der Tatsache, dass ein Subjekt immer dann Wissen von seinen geistigen Zuständen hat, wenn es glaubt, diese Zustände zu haben, ist der Umstand völlig verträglich, dass es gleichzeitig eine Menge von geistigen Zuständen eben dieses Subjekts gibt, an die es keinen Gedanken verschwendet, oder die ihm vielleicht sogar prinzipiell nicht zugänglich sind (oder nicht ohne große Mühen zugänglich sind) – Zustände, von denen das Subjekt mithin *nicht* weiß, dass es sich in ihnen befindet.

Ebenso wenig impliziert Unfehlbarkeit Adäquatheit: Denn daraus, dass ein Erkenntnissubjekt sich bezüglich der Zustände (und ihrer Eigenschaften), die es sich tatsächlich zuschreibt, nicht täuschen kann, folgt natürlich nicht, dass es diesen Zuständen *alle* ihre (wesentlichen) Eigenschaften zuschreiben kann.

Umgekehrt impliziert Adäquatheit nicht die Unfehlbarkeit: Denn Adäquatheit ist verträglich damit, dass wir uns geistige Zustände zuschreiben, in denen wir uns de facto nicht befinden.

Aus demselben Grund schließt auch Allwissenheit Unfehlbarkeit nicht ein. Denn ein Subjekt wäre auch dann im genannten Sinne allwissend, wenn es sich manchmal geistige Zustände zuschreiben würde, die es tatsächlich nicht hat, sich also bezüglich der Zuschreibung dieser Zustände irren würde – solange das Subjekt nur immer bezüglich der Zustände, die es tatsächlich hat, glauben würde, dass es sie hat.

Und schließlich gilt für das Verhältnis von Allwissenheit und Adäquatheit, dass wir einerseits Wissen von der Existenz aller unserer geistigen Zuständen besitzen könnten, ohne sie deshalb adäquat zu erfassen, uns andererseits aber nicht alle geistigen Zustände zuschreiben müssten, in denen wir uns tatsächlich befinden, obwohl wir sie gegebenenfalls adäquat erfassen.

Die Eigenschaften der Adäquatheit, Allwissenheit und Unfehlbarkeit sind also wechselseitig unabhängig voneinander. Nur gemeinsam garantieren sie die vollständige *Transparenz* unserer geistigen Zustände, wie sie von der *starken Transparenzthese* gefordert wird.

Für unsere Zwecke ist es hilfreich, die Konsequenzen für die epistemische Autorität, die sich aus der starken Transparenz ergeben, explizit zu machen. Sie werden in den beiden folgenden Eigenschaften deutlich:

4. *Unbezweifelbarkeit*: Wenn Subjekt A glaubt, dass es sich in einem bestimmten geistigen Zustand befindet, dann kann niemand (auch A selbst nicht) bezweifeln, dass es sich in diesem Zustand befindet.
5. *Nicht-Korrigierbarkeit*: Wenn Subjekt A glaubt, dass es sich in einem bestimmten geistigen Zustand befindet, dann kann niemand (auch A selbst nicht) nachweisen, dass es sich nicht in diesem Zustand befindet.

Die Eigenschaft der Unbezweifelbarkeit ist offenbar die stärkere Eigenschaft, weil die Möglichkeit der Angabe von Zweifelsgründen einen Angriff auf die Wahrheit einer Behauptung darstellt, der anders als der explizite Nachweis der Falschheit, von dem in der Eigenschaft der Nicht-Korrigierbarkeit die Rede ist, jederzeit ohne Weiteres durchführbar ist. Wenn eine Behauptung *unbezweifelbar* ist, heißt das, dass sich noch nicht einmal Gründe dafür denken lassen, dass diese Behauptung falsch ist; wenn sie *nicht korrigierbar* ist, lassen sich keine Gründe finden, die eine zwingende Argumentation für ihre Falschheit ergeben würden. Die These von der Unbezweifelbarkeit von Aussagen über die eigenen geistigen Zustände impliziert demnach die Nicht-Korrigierbarkeit, aber nicht umgekehrt. Dennoch ist es für die weiteren Überlegungen nützlich, die beiden Eigenschaften schon hier zu unterscheiden.

3.2 Abschwächung der starken Transparenzthese

Dass die starke Transparenzthese mit der Phänomenologie des Selbstwissens nur schwer in Einklang zu bringen ist, haben wir bereits bemerkt. Die meisten Philosophen würden sie, wie wir sehen werden, nicht nur aus diesem Grund heute weit von sich weisen.

Dennoch wollen viele von ihnen das Wissen von unseren eigenen geistigen Zuständen mit wenigstens einigen der genannten Eigenschaften vor anderem Wissen auszeichnen. Man kann für dieses Vorgehen zwei unterschiedliche Strategien wählen, die meist gemeinsam angewandt werden. Man kann zum einen die *Klasse der geistigen Zustände einschränken*, die dem Erkenntnissubjekt auf diese privilegierte Weise zugänglich sind. Zum anderen kann man die Transparenzthese abschwächen, indem man *einzelne Eigenschaften abschwächt*, um so ein realistischeres Bild von unserem Zugang zu unseren geistigen Zuständen zu erhalten.

Zunächst kurz zur ersten Strategie: Aufgrund des weitverbreiteten Phänomens der *Selbsttäuschung* – nicht nur im Sinne der Psychoanalyse, sondern auch im vielleicht weniger umstrittenen Sinne der zeitgenössischen philosophischen Diskussion dieses Themas[4] – sollten wir wohl den meisten Überzeugungen bezüglich unseres eigenen Wünschens, Hoffens und Trachtens diesen hohen Grad an Transparenz auf keinen Fall zubilligen. Es scheint also nicht-transparente geistige Zustände zu geben.

Als weiteres Beispiel für die Strategie der Einschränkung der Klasse der transparenten geistigen Zustände kann auch der Umgang mit dem Phänomen der *Blind-Sight* angeführt werden[5], bei dem Versuchspersonen mit bestimmten Gehirndefekten glaubhaft versichern, dass sie in einem bestimmten Teil ihres Gesichtsfeldes nichts sehen können, aber – auf die Bitte hin zu raten, ob ein bestimmter Gegenstand in diesem Bereich anwesend ist oder nicht, – mit ihren Schätzungen wesentlich häufiger richtig liegen, als es eine bloße Zufallsverteilung erlauben würde. Dieses Ergebnis wird häufig so interpretiert, dass die Versuchspersonen etwas sehen, aber nicht *wissen*, dass sie etwas sehen. Auch wenn man mit solchen Interpretationen sehr vorsichtig sein sollte, haben wir hier doch zumindest ein weiteres Indiz für die Existenz nicht-transparenter geistiger Zustände.

Vermutlich lässt sich auch bei anderen geistigen Zuständen dafür argumentieren, dass sie mit der starken Transparenzthese (und auch mit einigen andernfalls interessanten Abschwächungen) nicht in Einklang zu bringen sind. Doch man kann sich diese Mühe sparen, wenn man die Transparenzthese nicht als eine These auffasst, die über *alle* geistigen Zustande spricht, sondern als These, die auf eine *wichtige Teilklasse* dieser Zustände zutrifft.

Diese Teilklasse muss wenigstens diejenigen geistigen Zustände umfassen, die die intuitive Grundlage für die Transparenzthese gebildet haben. Das waren insbesondere unproblematische und harmlose Überzeugungen, Wünsche und Hoffnungen wie »Ich glaube, dass es regnet«, »Ich wünsche mir Sonnenschein« und »Ich hoffe, dass das Wetter gut wird«. Dazu kommen alle Gedanken wie z. B. »Es regnet«, »Ich habe Schmerzen« usw. Außerdem gehören dazu Berichte darüber, wie etwas für uns aussieht, unabhängig von dessen Existenz und wahrer Qualität, d. h. Berichte über Wahrnehmungserlebnisse (oder Halluzinationen): »Es sieht für mich so aus, als wäre der Eiswürfel rosarot« und »Es sieht für mich so aus, als wäre dort ein rosaroter Eiswürfel«. Zu guter Letzt sind natürlich noch Empfindungen wie Schmerzen, Lust etc. zu nennen. Ich werde im folgenden solche geistigen Zustände oder Episoden als *harmlose* geistige Zustände bezeichnen.

Wie sieht es nun mit der Transparenzthese bezüglich dieser eingeschränkten Klasse von geistigen Zuständen aus? Sehen wir uns zu diesem Zweck die Bestimmungen der starken Transparenzthese der Reihe nach an:

---

[4] Vgl. z. B. Talbott 1995.

[5] Vgl. dazu Dennett 1991: 322–333.

(1) *Adäquatheit*: Was die *Adäquatheit* von Selbstwissen angeht, so hängt viel davon ab, was man für die eigentliche Natur mentaler Zustände hält und ob dazu z. B. auch ihre materielle Manifestation gehört.[6] Wenn diese Manifestation zu ihren wesentlichen Eigenschaften gehören sollte, dann haben wir natürlich kein im definierten Sinne adäquates Wissen von diesen Zuständen. Andererseits kann man (funktionalistisch) dafür argumentieren, dass die Art der Manifestation nicht zu den wesentlichen Eigenschaften geistiger Zustände gehört, da diese vollständig und adäquat beschrieben sind, wenn ihre Rolle im Gesamtsystem mentaler Zustände beschrieben ist. Und dazu könnte bereits die Fähigkeit zur Kategorisierung der Zustände als Gedanke, Wunsch, Überzeugung etc. hinreichen, die jeder normale kompetente Sprecher unserer Sprache beherrscht. Für die Frage der Abschwächung der Transparenzthese ist es deshalb am besten, die Adäquatheitsforderung zunächst auszuklammern: Ob man sie für plausibel hält, hängt wesentlich damit zusammen, welche anderen Positionen man in der Philosophie des Geistes vertritt.

(2) *Allwissenheit:* Bezüglich der eingeschränkten Klasse der harmlosen geistigen Zustände ist die Eigenschaft der Allwissenheit nicht besonders problematisch. Sie kann in einer abgeschwächten Version der Transparenzthese übernommen werden.

(3) *Unfehlbarkeit*: Auch die Eigenschaft der *Unfehlbarkeit* scheint nicht bedroht: Wenn wir uns einen harmlosen Zustand zuschreiben – so wird man wohl zugeben –, dann haben wir ihn auch.

(4) *Unbezweifelbarkeit*: Wie steht es mit der *Unbezweifelbarkeit* von Aussagen, die Selbstwissen bezüglich solcher harmlosen Zustände zum Ausdruck bringen? Unbezweifelbarkeit ist, wie wir gesehen haben, eine sehr starke These. Irgendwelche Zweifelsgründe, so hat uns nicht zuletzt Descartes in der ersten seiner *Meditationen* selbst gezeigt, lassen sich fast immer finden.

(5) *Nicht-Korrigierbarkeit*: Die *Nicht-Korrigierbarkeit* drückt im Zusammenhang mit Wissen am ehesten die Art von besonderer epistemischer Autorität solcher Äußerungen aus, die die Phänomenologie des Selbstwissens charakterisiert. In der abgeschwächten Form der Transparenzthese sollte sie dementsprechend die stärkere Behauptung der Unbezweifelbarkeit ersetzen.

> **Schwache Transparenzthese**
>
> Die *schwache Transparenzthese* besagt also: Wenigstens zu den harmlosen geistigen Zuständen, die unser alltägliches Handeln begleiten und strukturieren, haben wir eine Art des privilegierten Zugangs, die uns bezüglich dieser Zustände *allwissend* und damit auch *unfehlbar* macht (wobei die letzte Eigenschaft für die weitere Argumentation wichtiger ist). Außerdem sind unsere Aussagen, die Selbstwissen zum Ausdruck bringen, bezüglich solcher Zustände *nicht-korrigierbar*, da sie ihre epistemische Autorität einfach dadurch erhalten, dass sie ein kompetenter Sprecher in normalen Umständen aufrichtig äußert.[7]

3.3 Die schwache These der Selbstmitteilung

In dieser Formulierung sagt die schwache Transparenzthese nichts darüber aus, ob es begrifflich *notwendig* ist, dass wir Wissen von unseren geistigen Zuständen besitzen, das diese Eigenschaften hat. Es könnte sich, nach allem, was wir bisher erfahren haben, um eine *kontingente* Eigenschaft von uns als denkenden und handelnden Personen handeln, genau wie es offensichtlich eine kontingente Eigenschaft der so gewussten geistigen Zustände selbst ist, in diesem schwachen Sinne *transparent* zu sein – nämlich eine Eigenschaft, die nur die harmlosen Zustände besitzen.

Dennoch ist es natürlich möglich, dass – wenn schon nicht *jeder* geistige Zustand notwendig transparent und damit die Fähigkeit zum Selbstwissen von allen Zuständen keine notwendige Eigenschaft von Personen ist – Personen wenigstens notwendig Selbstwissen von einigen oder einer großen Anzahl dieser Zustände haben.

Sidney Shoemaker argumentiert dafür, dass dieser notwendige Zusammenhang besteht. Er behauptet, dass es eine begriffliche, konstitutive Verbindung zwischen bestimmten geistigen Zuständen und ihrer Zugänglichkeit für Selbstwissen gibt (vgl. Shoemaker 1994: 272). Der Begriff des geistigen Zustands steht seinerseits in engem

---

[6] Diese Frage stellt sich so natürlich nur in dem im weiten Sinne materialistischen Rahmen, den wir hier voraussetzen. Descartes selbst hätte diese Frage selbstverständlich keine Kopfschmerzen bereitet.

Zusammenhang mit dem der Person[8]: Wir kennen gar keinen anderen Begriff des geistigen Zustands als den, der vor dem Hintergrund des Begriffs des geistigen Zustands einer Person gebildet wird. Wenn Shoemakers Behauptung richtig ist, dann können wir mithin aus begrifflichen Gründen einem Subjekt, das keinen introspektiven Zugang zu seinen angeblich geistigen Zuständen besitzt, überhaupt keine geistigen Zustände zuschreiben – und dieses Subjekt damit auch nicht als rationale Person betrachten.

Nennen wir die These (im Anschluss an Shoemaker), die aus der Verknüpfung von schwacher Transparenzthese und der Behauptung entsteht, dass die Fähigkeit zu Selbstwissen eine notwendige Eigenschaft rationaler Personen ist, die *These der schwachen Selbstmitteilung*.

> **These der schwachen Selbstmitteilung (weak self-intimation)**
>
> Es gibt eine Art begrifflicher, konstitutiver Verbindung zwischen der Existenz gewisser Arten mentaler Entitäten und ihrer introspektiven Zugänglichkeit. Wir würden einem Subjekt keine geistigen Zustände zuschreiben – und es damit nicht als rationale Person behandeln –, das keinen introspektiven Zugang zu diesen Zuständen hat, auch wenn diese ansonsten dieselbe Funktion erfüllen wie unsere geistigen Zustände.

Shoemakers These ist deshalb so interessant, weil er auf der Basis dieser abgeschwächten Transparenzthese gegen die Konzeption der Quelle dieses Wissens argumentiert, die Introspektion in Analogie zur Wahrnehmung konzipiert. Die These der schwachen Selbstmitteilung, so argumentiert er, sei *nicht* mit dieser Auffassung von Introspektion vereinbar. Um diesen Zusammenhang zu verstehen, müssen wir uns nun der Theorie der Introspektion als einer Form der inneren Wahrnehmung zuwenden.

4. Wie wir Selbstwissen erwerben

4.1 Introspektion als innere Wahrnehmung

Die Theorie der Introspektion, gegen die Shoemaker sich wendet, ist die klassische Auffassung von Introspektion als einer Art innerer Wahrnehmung. Traditionell wird diese Auffassung als Theorie des inneren Sinnes bezeichnet. Aus Gründen, die im Weiteren deutlich werden, nenne ich sie stattdessen die *introspektive Wahrnehmungsthese*.

> **Introspektive Wahrnehmungsthese (abgekürzt als IW)**
>
> Wir werden uns unserer eigenen geistigen Zustände mittels eines Prozesses gewahr, der der direkten Wahrnehmung externer, öffentlich beobachtbarer Objekte in wesentlicher Hinsicht ähnlich ist.

Die Ursprünge der IW lassen sich bis zu Aristoteles (384–322 v. Chr.) zurückverfolgen, der die Introspektion unter den Begriff der Wahrnehmung subsumiert hat.[9] John Locke (1632–1704) wird üblicherweise an den Beginn der neuzeitlichen Wiederbelebung dieser Auffassung gestellt. Er schreibt in einem berühmten Abschnitt seines *Essay Concerning Human Understanding*:

> Die andere Quelle, aus der die Erfahrung den Verstand mit Ideen versorgt, ist die *Wahrnehmung der Operationen unseres eigenen Geistes* in uns, so wie sie auf die Ideen angewendet wird, die er hat. ... Diese Quelle der Ideen hat jeder Mensch ganz und gar in sich selbst: Und obwohl sie kein Sinn (sense) ist, weil sie nichts mit externen Objekten zu tun hat, ist sie ihm doch sehr ähnlich, und kann billiger Weise innerer Sinn (internal sense) genannt werden. ... Ich nenne diesen Sinn Reflexion (reflection). Die Ideen, die er uns liefert, sind allein solche, die der Geist erhält, indem er seine eigenen Operationen in sich selbst reflektiert (reflecting on its own operations within itself). (Locke *Essay*: Book II, ch. I, sec. 4)

Immanuel Kant (1724–1804) hat Lockes Begrifflichkeit aufgegriffen: Vermittels des inneren Sinns schaut »... das Gemüt sich selbst, oder seinen inneren Zustand [an]« (Kant *KrV*: A 23/B 37).

---

[8] Shoemaker spricht immer von *rationalen* Personen. Das allerdings klingt redundant: Unser Begriff der Person schließt üblicherweise die Rationalität mit ein. Zudem wird der Begriff der rationalen Person von Shoemaker selbst und in der an ihn anschließenden Diskussion der Transparenzthese sehr vage verwendet. Eigentlich ist nicht mehr gemeint als eine Person, die wir als eine von uns betrachten würden.

[9] Vgl. Aristoteles *De Anima:* 425 b 12. Diese Passage aus *De Anima* führte in der Scholastik zur Theorie von vier *sensus interiores*, die fünf *sensus exteriores* gegenübergestellt wurden. Vgl. Kneale 1949–50: 6.

Im 19. Jahrhundert ist es dann wieder stiller um die Wahrnehmungsthese geworden. Erst Franz Brentano (1838–1917) bemühte sich in der zweiten Hälfte des Jahrhunderts im Rahmen seiner Philosophie der Psychologie um eine Rehabilitation.[10] Nachdem die innere Wahrnehmung in der anglo-amerikanischen Philosophie der ersten Hälfte des 20. Jahrhunderts in der Sinnesdatentheorie wieder zu einer vorherrschenden Vorstellung wurde, erlebte sie danach einen Niedergang. (→ Sinneswahrnehmung).

In der zeitgenössischen analytischen Philosophie des Geistes bilden explizite Befürworter der IW eindeutig eine Minderheit. Die prominentesten Vertreter sind David Armstrong und William Lycan. So beginnt Armstrong seinen Aufsatz »Is Introspective Knowledge Incorrigible?« von 1963 mit den Worten:

> Durch Sinneswahrnehmung werden wir uns des gegenwärtigen Zustandes unserer physischen Umwelt einschließlich unseres Körpers bewusst. Es ist sehr natürlich zu behaupten, dass wir uns – auf ähnliche Weise – der gegenwärtigen Ereignisse in unserem Geist bewusst werden. Statt sich nach außen zu wenden, zu physikalischen Ereignissen, wendet sich der Geist nach innen, also sich selbst zu, und nimmt einen Ablauf geistiger Ereignisse wahr. ... Ich glaube, dass diese traditionelle Sichtweise richtig ist. (Armstrong 1963: 417; Übersetzung J.H.)[11]

4.2 Kritik an der Analogie zur Wahrnehmung

Von den meisten zeitgenössischen analytischen Philosophen wird die IW allerdings abgelehnt. Die Vorstellung, dass wir für die begründete Selbstzuschreibung geistiger Zustände diese Zustände in einem zur sinnlichen Wahrnehmung analogen Sinne wahrnehmen müssten (oder auch nur könnten), erscheint ihnen absurd.

So wird beispielsweise darauf verwiesen, dass es, nach allem was wir wissen, kein Wahrnehmungsorgan gibt, das die Funktion übernehmen könnte, die in der gewöhnlichen Wahrnehmung den Sinnesorganen zukommt. Wie kann es, so fragen sie, eine innere *Wahrnehmung* ohne inneren *Sinn* geben? Was käme denn als inneres Sinnesorgan in Frage?

Auch ist fraglich, ob uns unsere geistigen Zustände in bestimmter Weise ›erscheinen‹, so wie uns die wahrgenommenen Objekte in bestimmter Weise erscheinen. Gibt es so etwas wie ein ›inneres Wahrnehmungserlebnis‹? Viele geistige Zustände, die wir sicherlich zu den harmlosen Objekten von Selbstwissen zählen sollten (wie etwa die meisten unserer Gedanken), haben, zumindest auf den ersten Blick, keine unserem Erleben in der Wahrnehmung vergleichbaren qualitativen Eigenschaften. (Man vergleiche die visuelle Wahrnehmung eines rosaroten Eiswürfels mit dem Gedanken, dass Eiswürfel schmelzen können.)[12] Um dieses Problem zu lösen, scheint ein Verteidiger der IW gezwungen zu behaupten, dass entgegen dem Anschein auch unser Wissen von unseren eigenen Zuständen diese in ähnlicher Weise ›bereichert‹ wie das Wahrnehmungserlebnis – was zumindest nicht einfach zu sehen ist.[13]

Und schließlich sollten wir uns fragen, ob wir uns in ähnlicher Weise über geistige Zustände täuschen können wie über externe Objekte. Denn diese Täuschungsmöglichkeit scheint unsere Wahrnehmung wesentlich zu charakterisieren – und sie scheint, umgekehrt, mit unserer Konzeption des Selbstwissens von geistigen Zuständen, die im oben skizzierten Sinne harmlos sind, nicht gut verträglich.

Solche Fragen gründen sich auf einer Überzeugung, die ein früher analytischer Kritiker der IW, William Kneale, einmal so formuliert hat: Die Vertreter einer IW

> ... vertrauen ernsthaft auf eine Analogie zwischen Introspektion und Wahrnehmung, die nur *so lange plausibel ist, wie die Wahrnehmung keiner Analyse unterzogen wird.* (Kneale 1949–50; Hervorhebung J.H.)

Die IW kann man dementsprechend nur verteidigen, indem man die Analogie zwischen Introspektion und Wahrnehmung explizit macht, ohne dass diese Analogie deshalb zusammenbricht. Die genannten Fragen machen deutlich, dass dieses Unterfangen mit ernsten philosophischen Problemen konfrontiert ist.

Eines der wichtigsten Probleme für die IW taucht in diesen Fragen außerdem noch gar nicht auf: Es ist das Problem, das sich ergibt, wenn man Shoemakers zumindest

---

[10] Vgl. dazu Rutte 1987.
[11] Für eine andere Formulierung vgl. Lycan 1987: 72. Armstrong und Lycan haben die IW in weiteren Publikationen verteidigt. Vgl. Armstrong 1968: 323–338, Armstrong/Malcolm 1984: 108–136, Lycan 1996.
[12] Christopher S. Hills Argumentationsstrategie gegen die IW basiert beispielsweise auf der Betonung des Fehlens dieser Eigenschaft bei der Introspektion (vgl. Hill 1991: Kap. 5). Diese scheinbare Differenz zwischen Wahrnehmungswissen und Selbstwissen ist in jüngerer Zeit problematisiert worden (vgl. Siewert 1998).
[13] Vgl. Lycan 1996: 29.

prima facie plausible *schwache These der Selbstmitteilung* unterschreibt. Denn diese These unterminiert die angebliche Analogie zwischen Introspektion und Wahrnehmung so stark, dass die Analogie unter dieser Voraussetzung nicht mehr informativ ist.[14]

Die schwache These der Selbstmitteilung verträgt sich nämlich nicht mit einer Eigenschaft, die der Wahrnehmung in fast allen philosophischen Wahrnehmungstheorien zugesprochen wird. Shoemaker bezeichnet sie als *Unabhängigkeitsbedingung*:

> **Unabhängigkeitsbedingung**
>
> Die Objekte und Sachverhalte, die Gegenstand der Wahrnehmung sind, existieren unabhängig davon, ob es Subjekte gibt, die diese Objekte und Sachverhalte wahrnehmen oder sich ihrer bewusst sein können.[15]

Shoemaker argumentiert nun, entsprechend seiner Selbstmitteilungsthese, dass die Gegenstände unseres Selbstwissens *nicht* in analoger Weise davon unabhängig sind, dass wir uns ihrer bewusst sind.

Dabei setzt er die Wahrheit der Selbstmitteilungsthese nicht einfach voraus, sondern versucht zu *zeigen*, dass es tatsächlich eine begriffliche, konstitutive Verbindung zwischen unseren geistigen Zuständen und unserem Selbstwissen von diesen Zuständen gibt. Um das zu zeigen, verwendet er ein Argument, das ich als *Argument der Selbstblindheit* bezeichnen möchte.

Ausgangspunkt von Shoemakers Argumentation ist die Beobachtung, dass die Selbstmitteilungsthese gefährdet ist durch eine Position, die zwar einräumt, dass es tatsächlich so sein mag, dass wir verlässlichen introspektiven Zugang wenigstens zu vielen unserer eigenen mentalen Zustände haben, gleichzeitig aber darauf besteht, dass der Besitz dieser Fähigkeit eine *kontingente* Eigenschaft rationaler Personen ist, und keine *notwendige* Eigenschaft, wie das die Selbstmitteilungsthese behauptet.[16]

Shoemakers Gegner muss also behaupten, dass es zumindest (begrifflich) *möglich* ist, dass es rationale Personen gibt, die *introspektiv selbstblind* sind. Introspektive Selbstblindheit ist dabei wie folgt definiert:

> **Introspektive Selbstblindheit**
>
> Ein Subjekt A ist *selbstblind* bezüglich einer bestimmten Art von mentalen Tatsachen *genau dann, wenn*
>
> (1) A keinen introspektiven Zugang zu diesen Tatsachen hat,
> (2) A die Fähigkeit hat, sich die fraglichen Tatsachen auf eine Weise zugänglich zu machen, die prinzipiell auch anderen Lebewesen bezüglich der geistigen Tatsachen von A zur Verfügung stehen,
> (3) A alle (oder alle wesentlichen) begrifflichen Fähigkeiten hat, die sein Verhalten zu rationalem Verhalten machen.

Die dritte Bedingung ist von entscheidender Bedeutung für Shoemakers Argument: A muss diese Fähigkeiten wirklich besitzen, d. h. seine (rationalen) *Fähigkeiten* dürfen durch Selbstblindheit *nicht eingeschränkt* werden.[17]

Shoemakers Strategie besteht nun darin, die Selbstmitteilungsthese *gegen* die Behauptung, dass eine solche Art der Selbstblindheit begrifflich möglich sei, für verschiedene Arten mentaler Phänomene zu verteidigen. Seine argumentative Taktik besteht darin, jeweils von unserer Fähigkeit zum (in einem weiten Sinne) rationalen Handeln ausgehend zu zeigen, dass eine Selbstblindheit bezüglich der jeweiligen Phänomene diese Fähigkeit so einschränken würde, dass es uns *nicht mehr möglich wäre, bestimmte Teile unseres Verhaltens rational zu erklären*.[18] (Wichtig ist dabei immer, dass wir nur zu der Teilklasse unserer mentalen Zustände keinen introspektiven Zugang haben, um die es gerade geht.) Die Unabhängigkeitsbedingung wäre für die jeweilige Teilklasse geistiger Zustände also verletzt: Solche Zustände würden gerade nicht existieren, wenn wir uns ihrer nicht bewusst sein könnten.

---

[14] Shoemaker führt in seiner umfassenden Argumentation gegen die IW noch zahlreiche andere philosophisch relevante Aspekte an, hinsichtlich derer die Introspektion sich seiner Ansicht nach von der Wahrnehmung unterscheidet. Ich habe an anderer Stelle argumentiert, dass diese vermeintlichen Disanalogien auf einem falschen Bild davon beruhen, wie eine überzeugende philosophische Wahrnehmungstheorie aussehen sollte. Vgl. Haag 2001: 197–206.

[16] Vgl. Shoemaker 1994: 272 f.

[17] Die zweite Bedingung schließt alle Arten des Zugangs aus der Perspektive der dritten Person ein, also z. B. Beobachtung des Verhaltens oder neurophysiologische Untersuchungen. Vgl. Shoemaker 1994: ebd.

[18] So argumentiert er beispielsweise hinsichtlich unseres Wissens von unseren Überzeugungen und Wünschen, dass Selbstblindheit bezüglich dieser mentalen Zustände einen wesentlichen Aspekt unseres rationalen Verhaltens unerklärt ließe: die Fähigkeit nämlich, unser System von Überzeugungen und Wünschen im Lichte neuer Informationen zu korrigieren bzw. weiterzuentwickeln.

Wie müsste eine Verteidigung der IW gegen diese Argumentation aussehen? Nun, sie müsste eine rationale Person überzeugend schildern, die die Bedingungen der Selbstblindheit erfüllt – *ohne dabei ihren Status als rationale Person zu verlieren*. Denn damit wäre Shoemakers Strategie, die ja gerade die begriffliche Unmöglichkeit so einer Person etablieren soll, gescheitert. Nur so könnte eine überzeugende Erwiderung auf Shoemakers Argument aussehen, das ansonsten für die IW fatal wäre, weil es sich gegen eine der Grundfesten der Wahrnehmungsanalogie richtet: Die Möglichkeit der unabhängigen Existenz des Wahrgenommenen von der Wahrnehmung.[19]

5. Alternativen

Bereits bei der Einführung des Begriffs der Introspektion habe ich darauf hingewiesen, dass es sich bei der IW keineswegs um den einzigen Vorschlag handelt, die Quelle unseres Selbstwissens zu charakterisieren und damit die Asymmetrie zwischen Selbstwissen und anderen Wissensformen zu erklären. Da sich die IW als problematisch erwiesen hat, müssen wir nun abschließend einen kurzen Blick auf alternative Lösungsvorschläge werfen.

5.1 Selbstpräsentierende geistige Zustände

Eine klassische Alternative zum Wahrnehmungsmodell wie wir es bisher kennengelernt haben, ist die Vorstellung von Introspektion als *Selbstpräsentation* der geistigen Zustände: Unsere geistigen Zustände, so die Grundidee, werden nicht vermittels eines inneren Sinnes wahrgenommen, sondern sind unserem Bewusstsein unmittelbar gegenwärtig oder werden unmittelbar erfasst.

Historisch stellt dieses Modell gleichsam den cartesischen Gegenentwurf zu Lockes Theorie des inneren Sinnes dar:

> Das Wort ›Gedanke‹ (cogitatio) schließt alles ein, was in uns existiert, insofern wir uns dessen unmittelbar bewusst sind. (Descartes *Meditationes*: AT VII, 160)

Geistige Zustände sind dieser Auffassung gemäß von der Art, dass sie sich unserem Bewusstsein gleichsam aufdrängen: Sie sind, wie Roderick Chisholm formuliert, selbstpräsentierend (self-presenting; Chisholm 1989: Kap. 3).[20]

Problematisch ist dieses Modell unter anderem deshalb, weil wir hier eine so enge Verbindung zwischen dem geistigen Zustand und dem Bewusstsein dieses Zustands haben, dass nicht mehr recht verständlich wird, wie es sich hier noch um zwei verschiedene geistige Akte handeln soll, von denen einer (der geistige Zustand) vorkommen kann, ohne dass der andere (das Bewusstsein dieses Zustands) auftritt.[21] Descartes' quasidefinitorische Gleichsetzung erscheint hier nur konsequent – wenn auch der Phänomenologie des Selbstwissens nicht angemessen: Wir scheinen bereit zu sein, geistige Zustände zu akzeptieren, derer wir uns nicht bewusst sind.

5.2 Verschobene Wahrnehmung

Wenn unser Selbstwissen weder das Produkt eines Prozesses der inneren Wahrnehmung noch die Äußerung selbstpräsentierender geistiger Zustände ist, wie können wir seine Besonderheiten dann erklären? Eine interessante Alternative hat Fred I. Dretske vorgeschlagen. Dretske hat die Analogie zur direkten Wahrnehmung, wie sie in der IW formuliert ist, nicht deshalb kritisiert, weil sie begrifflich nicht kohärent ist, sondern weil er eine *alternative Analogie zur Wahrnehmung* für sehr viel überzeugender hält, die, so meint er, die Fehler der traditionellen IW vermeidet und unseren vortheoretischen Intuitionen dennoch gerecht wird. Dretske akzeptiert Shoemakers Argumentation[22], glaubt aber offenbar, dass seine Version der IW gut mit einem solchen Argument vereinbar ist. Denn Introspektion, so behauptet er, ist nicht etwa analog zur *direkten*, sondern zur *verschobenen* Wahrnehmung.

---

[19] Für eine Verteidigung einer Version der IW gegen Shoemakers Argumentation vgl. Haag 2001, Kap. 7 und 10.

[20] Andere Vertreter dieser Konzeption von Selbstwissen sind Richard Fumerton und Laurence BonJour. Sie teilen die fundamentalistische Grundhaltung Chisholms. Vgl. Fumerton, 2005 und BonJour 2003. Diese Sichtweise lässt sich in naheliegender Weise mit einer fundamentalistischen Epistemologie verknüpfen. Denn diese selbstpräsentierenden geistigen Zustände scheinen das paradigmatische unmittelbar Gegebene zu sein, das Fundamentalisten für ihre Konzeption von Erkenntnis benötigen. (→ Fundamentalismus und Kohärenztheorie)

[21] Hier gibt es eine gewisse Verwandtschaft mit dem *expressivistischen* Modell der Introspektion. Vgl. Bar-On und Long 2001. Allerdings verweigert das expressivistische Modell, demgemäß Selbstwissen (oder genauer: Selbstzuschreibung) eine andere Form (des Ausdrucks) desselben geistigen Zustands ist, diesem einen besonderen epistemischen Wert. Dieses Modell ist daher nicht fundamentalistisch motiviert.

[22] Vgl. Dretske 1995: 173 Fn. 1.

Was heißt das? Was verschobene Wahrnehmung ist, kann man sich leicht an folgendem Beispiel klar machen: Ein Hund bellt dann und nur dann, wenn der Postbote die Post bringt. Das Bellen des Hundes sagt demjenigen, der das weiß – sofern er das Bellen hört –, dass der Postbote da ist. Indem er das Bellen hört, nimmt er verschoben die Ankunft des Postboten wahr.[23] Ganz analog funktioniert nach Dretske nun die introspektive Wahrnehmung unserer geistigen Zustände. Wir müssen dazu nicht in uns hineinblicken. Das Selbstwissen bezüglich eines geistigen Zustands ist das Ergebnis einer (automatisierten) Inferenz von einem geistigen Zustand mit einem bestimmten Inhalt – etwa der Wahrnehmung eines rosaroten Eiswürfels – auf diesen Zustand selbst. Wenn wir also einen rosaroten Eiswürfel wahrnehmen, dann dürfen wir daraus schließen, das wir uns gegenwärtig in einem Wahrnehmungszustand befinden, der die Wahrnehmung eines rosaroten Eiswürfels ist.

Doch leider ist die Hoffnung auf eine Rettung der Analogie vor Shoemakers Argumentation vergebens, wenn nicht gleichzeitig auch die direkte IW zu retten ist. Das entscheidende Problem für Dretskes *Analogie* besteht darin, dass auch diese Analogie die *Unabhängigkeitsbedingung* erfüllt, und damit durch Shoemakers Argument der Selbstblindheit angreifbar ist. Unabhängig im erforderlichen Sinne ist die Existenz der Gegenstände der Wahrnehmung, also der Sinneseindrücke oder sensorischen Repräsentationen, von der Tatsache, dass wir sie wahrnehmen bzw. dass wir begriffliche Repräsentationen von ihnen haben: Repräsentierende Systeme ohne introspektive Fähigkeiten – beispielsweise wenig entwickelte Tierarten – haben notwendig alle erforderlichen Informationen, um sich dieser sensorischen Repräsentationen bewusst zu werden. Aber sie haben eben nicht die erforderlichen begrifflichen Fähigkeiten, um aus dem Inhalt ihrer sensorischen Repräsentationen auf das Vorhandensein der Repräsentationen selbst zurückzuschließen. Die Information ist also da, sie wird durch die hinzukommenden begrifflichen Fähigkeiten nicht verändert, sondern auf zusätzliche Weise nutzbar gemacht.

Es gibt also guten Grund anzunehmen, dass die unabhängige Existenz des Wahrgenommenen von der Wahrnehmung auch in Dretskes Modell der verschobenen Wahrnehmung gewährleistet ist. Damit ist die Analogie zur verschobenen Wahrnehmung genauso von Shoemakers Argumentation betroffen wie die Analogie zur direkten Wahrnehmung. Sie hat also alle Nachteile der direkten IW. Darüber hinaus ist sie auch in wenigstens einer Hinsicht noch unverträglich mit der Phänomenologie des Selbstwissens, weil sie introspektives Wissen zu *abgeleitetem* Wissen macht. Deshalb ist die Analogie zur direkten Wahrnehmung, wie immer *ceteris paribus*, vorzuziehen.

5.3 Durchsichtigkeitsmodelle

Zwar wird introspektives Wissen bei Dretske zu abgeleitetem, nicht mehr direktem Wissen, was unserer phänomenologischen Beschreibung weiter oben zu widersprechen scheint. Andererseits wird er aber einer interessanten phänomenologischen Tatsache, die wir bisher vernachlässigt haben, gerecht: Um zu wissen, was wir z. B. für Wahrnehmungszustände haben, müssen wir wissen, was wir wahrnehmen – und dazu müssen wir ›in die Welt‹ schauen und nicht in uns hinein. Die Wahrnehmungszustände sind in diesem (speziellen) Sinne durchsichtig (engl. transparent).

Gareth Evans hat darauf hingewiesen, dass auch unser Wissen von unseren eigenen Überzeugungen in diesem Sinne durchsichtig zu sein scheint, da wir, um zu wissen, ob wir eine bestimmte Überzeugung haben, in der Regel nicht uns selbst prüfen müssen, sondern die Belege, die wir für p haben (oder nicht haben). Um Selbstwissen von unseren Überzeugungen zu erwerben, müssen wir, mit anderen Worten, in die Welt schauen, nicht in uns.[24]

Diese Beobachtung ist wichtig, lässt sich allerdings nicht ohne Weiteres für unser Selbstwissen von beliebigen geistigen Zuständen verallgemeinern. Denn gerade unser Selbstwissen bezüglich unserer Gefühle und Empfindungen scheint nicht durchsichtig in diesem Sinne zu sein, sondern vielmehr einen Blick nach innen zu erfordern.

---

[23] Vgl. Dretske 1995: 60f. Kritisch dazu Kemmerling 1999. Dazu auch Haag 2001: Kap. 8.

[24] Vgl. Evans 1982: 225. Dretskes Modell wird so, bei näherer Betrachtung, zu einem Spezialfall eines Durchsichtigkeitsmodells. Vgl. Gertler 2008.

Kontrollfragen

1. Wieso stellt Selbstwissen ein philosophisches Problem dar?
2. Welche Eigenschaften charakterisieren Selbstwissen nach der starken Transparenzthese?
3. Was ist von der Forderung der Nicht-Korrigierbarkeit zu halten?
4. Wie hängen die schwache Transparenzthese und die schwache These der Selbstmitteilung geistiger Zustände zusammen?
5. Worauf antwortet die IW-These?
6. Wie verhält sich die IW zur schwachen These der Selbstmitteilung?
7. Welche Rolle spielt der Begriff der Selbstblindheit in Shoemakers Argument gegen die IW?
8. Wie verhält sich Dretkes Theorie der Introspektion als verschobener Wahrnehmung zur IW? Und welche Rolle spielt dabei die Eigenschaft der ›Durchsichtigkeit‹ bestimmter geistiger Zustände?
9. Hat die cartesische Theorie der Selbstpräsentation geistiger Zustände Vorteile gegenüber der IW? Ist sie insbesondere Shoemakers Kritik ausgesetzt?
10. Welche der Alternativen zur IW erscheint Ihnen am vielversprechendsten? Warum?

Kommentierte Auswahlbibliographie

Armstrong, D.M. (1963): »Is Introspective Knowledge Incorrigible?« *Philosophical Review.* 72. 417–432.
Eine einflussreiche Kritik an der These der Nicht-Korrigierbarkeit von einem führenden Vertreter des Wahrnehmungsmodells der Introspektion.

Chisholm, R. (1976): *Person and Object. A Metaphysical Study.* La Salle: Open Court Publishing Company.
Kapitel I (»The Direct Awareness of the Self«) bietet eine Zusammenfassung von Chisholms wegweisenden Vorstellungen zum Thema Selbstwissen, Autorität der ersten Person und Introspektion.

Descartes, René (1897–1910): *Meditationes de Prima Philosophia.* (1642); Adam, C. und Thannery, P. (hrsg.) *Oeuvres de Descartes.* BD. VII. Paris: J.Vrin .
Insbesondere die 2. und 3. Meditation enthalten klassische Formulierungen der These der Transparenz geistiger Zustände und der darauf aufbauenden fundamentalistischen Erkenntnistheorie.

Dretske, Fred I. (1995): *Naturalizing the Mind.* Cambridge, MA.: Bradford Books, The MIT Press
In Kapitel 2 entwickelt Dretske erstmals seine Theorie von Introspektion als verschobener Wahrnehmung.

Dretske, Fred I. (1999): »The Mind's Awareness of Itself«. In: *Philosophical Studies.* 95. 103–124.
In diesem Beitrag modifiziert Dretske seine ursprüngliche Theorie der Introspektion in erhellender Weise.

Gertler, B. (2008): »Self-Knowledge«. In: Edward N. Zalta (Hrsg.): *The Stanford Encyclopedia of Philosophy* (Spring 2011 Edition), URL =http://plato.stanford.edu/archives/spr2011/entries/self-knowledge/.
Hilfreicher Überblicksartikel mit weiteren aktuellen Literaturhinweisen.

Haag, Johannes (2001): *Der Blick nach innen. Introspektion und Wahrnehmung.* Paderborn: mentis.
Umfangreiche Diskussion des Wahrnehmungsmodells der Introspektion.

Locke, John (1975): *An Essay Concerning Human Understanding.* (1689) Hrsg.: Nidditch, P.H.; Oxford: Clarendon Press.
Buch II dieses Klassikers des Empirismus enthält Lockes Theorie des inneren Sinnes.

Kneale, W. (1949–50): »Experience and Introspection«. In: *Proceedings of the Aristotelian Society.* 50. 1–28.
Ein Beitrag zur kritischen Diskussion des Wahrnehmungsmodells der Introspektion, der die Diskussion in der ersten Hälfte des 20. Jahrhunderts beleuchtet und die weitere Diskussion stark beeinflusst hat.

Lycan, W. (1987): *Conciousness.* Cambridge MA.: Bradford Books, The MIT Press.
In Kapitel 6 stellt Lycan seine Theorie der Introspektion als innerer Wahrnehmung vor.

Lycan, W. (1996): *Consciousness and Experience.* Cambridge MA.: Bradford Books, The MIT Press.
Lycan reagiert in Kapitel 2 auf die Kritik an seinem Wahrnehmungsmodell der Introspektion.

Newen, A. und Vosgerau, G. (Hrsg.) (2005): *Den eigenen Geist kennen. Selbstwissen, privilegierter Zugang und die Autorität der ersten Person.* Paderborn: mentis.
Eine Auswahl von Aufsätzen zum Thema mit einigen wichtigen Übersetzungen und interessanten Beiträgen deutschsprachiger PhilosophInnen.

Rosenberg, J. (2000): »Perception vs. Inner-Sense: A Problem about Direct Awareness«. In: *Philosophical Studies.* 101. 143–160.
Eine kritische Darstellung der Konzeption von Selbstwissen, die der amerikanische Philosoph Wilfrid Sellars entwickelt hat.

Shoemaker, S. (1994): »Self-Knowledge and ›Inner-Sense‹«. In: *Philosophy and Phenomenological Research.* 54. 249–314.

Shoemaker kritisiert in dieser Vorlesungsreihe das Wahrnehmungsmodell der Introspektion auf der Basis seiner einflußreichen Arbeiten zum Selbstwissen.

Siewert, C. (2003): »Self-Knowledge and Rationality: Shoemaker on Self-Blindness«. In: B. Gertler (ed.): *Privileged Access: Philosophical Accounts of Self-Knowledge*, Aldershot: Ashgate Publishing.
Eine Kritik an Shomakers Argumentation gegen das Wahrnehmungsmodell.

Smythies, D. und Stoljar, D. (Hrsg.) (2012): *Introspection and Consciousness*. Oxford: Oxford University Press.
Eine Auswahl neuer Beiträge, die die Thematik des Selbstwissens und der Introspektion mit der Bewusstseinsdebatte der Philosophie des Geistes verbinden.

Weitere Literatur

Aristoteles (1956): *De Anima*. Herausgegeben von Ross, W. D.; Oxford: Clarendon Press.

Armstrong, D.M. (1968): *A Materialist Theory of Mind*. London: Routledge und Kegan Paul.

Armstrong, D.M. und Malcolm, N. (1984): *Consciousness and Causality. A Debate on the Nature of Mind*. Oxford: Basil Blackwell.

Austin, J. (1962): *Sense and Sensibilia*. Oxford: Oxford University Press.

Bar-On, D. und Long, D. (2001): ›Avowals and First-Person Privilege‹. In: *Philosophy and Phenomenological Research*. 62. 311–335.

Berkeley, G. (1713)/(1948–57): *Three Dialogues between Hylas and Philonous*. In: Arthur .A. Luce und Thomas E. Jessop (eds.): *The Works of George Berkeley, Bishop of Cloyne*, Bd. 2. London: Thomas Nelson and Sons. 163–263.

Berkeley, G. (1710)/(1948–57): *Treatise Concerning the Principles of Human Knowledge: Part 1*. In: Arthur A. Luce und Thomas E. Jessop (eds.): *The Works of George Berkeley, Bishop of Cloyne*. Bd. 2. London: Thomas Nelson and Sons. 41–113.

Brentano, Franz (1955): *Psychologie vom empirischen Standpunkte*. Herausgegeben von Kraus, O.; Hamburg: Meiner.

Chisholm, R.M. (1969): »On the Observability of the Self«. In: *Philosophy and Phenomenological Research*. 30. 7–21.

Chisholm, R. M. (1989[3]): *Theory of Knowledge*. Englewood Cliffs, NJ: Prentice-Hall.

Dennett, D.C. (1991): *Consciousness Explained*. Boston: Little, Brown und Co.

Evans, G. (1982): *Varieties of Reference*. Oxford: Oxford University Press.

Hill, C.S. (1991): *Sensations. A Defense of Type Materialism*. Cambridge: Cambridge University Press.

Hume, David (1739–40)/(1978): *A Treatise of Human Nature*. Herausgegeben von Selby-Bigge, L.A. und Nidditch, P.H.; Oxford: Clarendon Press.

Kemmerling, Andreas (1999): »How Self-Knowledge Can't Be Naturalized. (Some Remarks on a Proposal by Dretske)«. In: *Philosophical Studies*. 95. 311–328.

Lycan, W. (1999): »Dretske on the Mind's Awareness of Itself«. In: *Philosophical Studies*. 95. 125–133.

Platon (1981): *Phaidros* in: ders. *Werke*. Bd. 7. Herausgegeben von G. Eigler. Übersetzt von. F. Schleiermacher. Darmstadt: Wissenschaftliche Buchgesellschaft. 1–193.

Rutte, H. (1987): »On the Problem of Inner Perception«. In: *Topoi*. 6. 19–23.

Siewert, C. (1998): *The Significance of Consciousness*. Princeton: Princeton University Press.

Talbott, W.J. (1995): »Intentional Self-Deception in a Single Coherent Self«. In: *Philosophy and Phenomenological Research*. 55. 27–74.

DAS ZEUGNIS ANDERER

Axel Gelfert

1. Das Wort anderer als Wissensquelle
   1.1 Was wir von anderen erfahren haben
   1.2 Der Zeugnisbegriff
2. Zeugnis und Sinneswahrnehmung im Vergleich: »Indirekte« vs. »direkte« Erkenntnisquelle?
3. Reduktionismus und Antireduktionismus
   3.1 Reids Credulismus als Antireduktionismus
   3.2 Globaler Reduktionismus
   3.3 Lokaler Reduktionismus (Exkurs: Wie reduktionistisch war Hume?)
4. Kann Zeugnis neues Wissen generieren?

1. Das Wort anderer als Wissensquelle

Eine Fülle dessen, was wir wissen, stammt von anderen. Was wir wissen, haben wir zum großen Teil von anderen erfahren: durch Mitteilungen, Aussagen und Nachrichten, die wir seinerzeit als glaubwürdig akzeptiert haben. Man denke nur kurz darüber nach, auf welcher Grundlage wir unser Wissen um geschichtliche Ereignisse, geographische Fakten, gesellschaftliche Verhältnisse, ja sogar Aspekte unserer eigenen Person – von unserem Geburtsdatum bis hin zum eigenen Namen – erworben haben. In all diesen Fällen sind wir, wenigstens zum Teil, auf andere als Wissensquelle angewiesen. In der Erkenntnistheorie hat es sich eingebürgert, in diesem Zusammenhang vom Zeugnis anderer (engl. *testimony*) als Wissensquelle zu sprechen. Die Ausdrücke »Zeuge« und »Zeugnis« haben ihren angestammten Platz im rechtlichen und religiösen Umfeld, und es wird später zu klären sein, inwieweit die damit einhergehenden Konnotationen auch auf den philosophischen Sprachgebrauch und die erkenntnistheoretische Theoriebildung abgefärbt haben. Jedoch herrscht in der Erkenntnistheorie weitgehend Einigkeit darüber, den Ausdruck »Zeugnis« als Oberbegriff für das Wort anderer als Wissensquelle zu verwenden. In diesem Sinne ist die mündliche Aussage eines Augenzeugen erkenntnistheoretisch ebenso ein »Zeugnis« wie der wissenschaftliche Aufsatz einer Forschergruppe oder die schriftliche Verlautbarung einer Pressemitteilung.

Der Rest dieses Abschnitts widmet sich der Charakterisierung des zu beschreibenden Phänomens, d. h. unserer epistemischen Abhängigkeit vom Zeugnis anderer, sowie der Präzisierung des Zeugnisbegriffs, der sich als überraschend vielschichtig erweisen wird. Im zweiten Abschnitt wird das Zeugnis anderer als Wissensquelle mit der Sinneswahrnehmung verglichen; dabei nimmt insbesondere die Frage nach der Rolle von Schlüssen in der Erkenntnisbildung, d. h. nach dem inferentiellen Status von Wissen, einen wichtigen Platz ein. Abschnitt 3 diskutiert den vielleicht zentralsten Streitpunkt, nämlich die Frage, ob sich die epistemische Rechtfertigung testimonialer Überzeugungen unabhängig begründen lässt oder ob sie sich lediglich so von anderen Erkenntnisquelle ableitet, dass sie auf diese reduktionistisch zurückgeführt werden kann. Im letzten Abschnitt schließlich wird die Frage erörtert, ob das Zeugnis anderer lediglich das Wissen anderer *vermitteln* kann oder ob es in der Lage ist, genuin neues

Wissen zu generieren. Die Erkenntnistheorie des Zeugnisbegriffs ist in den letzten Jahren zu einem weiten Feld geworden; Literaturhinweise zu hier aus Platzgründen ausgelassenen Teildebatten finden sich im Anhang zu diesem Kapitel.

1.1 Was wir von anderen erfahren haben

Unter den traditionell in der Philosophie diskutierten Erkenntnisquellen nehmen Verstandesausübung und Sinneswahrnehmung die ersten Plätze ein – so auch im vorliegenden Grundkurs. Historisch und didaktisch wird diese Hierarchie oft dadurch gerechtfertigt, dass auf den Gegensatz zwischen Rationalismus und Empirismus verwiesen wird. Während der Rationalismus nur solches Wissen als gesichert akzeptiert, das introspektiv durch reine Verstandesausübung erworben wurde und über jeden Zweifel erhaben ist, legt der Empirismus unserem Wissen die Sinneswahrnehmung als eigentliche Quelle zu Grunde. In der Tat orientieren wir uns in unserer Umwelt mit Hilfe unserer fünf Sinne überaus erfolgreich, so dass es legitim erscheint, wahrnehmungsbasierte Überzeugungen als (wenigstens im Regelfall) gerechtfertigt zu betrachten. Einerseits erweitert der Empirismus im Vergleich zum Rationalismus die Reichweite unserer Erkenntnis ganz erheblich – nämlich um genau jene Sachverhalte, die sich nur empirisch klären lassen – andererseits stößt ein individualistisch konzipierter Empirismus seinerseits schnell an enge Grenzen. Könnte ich mich tatsächlich nur auf das berufen, was ich mit eigenen Augen gesehen (oder anderweitig wahrgenommen) habe, wäre mein Wissen auf jenen engen raumzeitlichen Bereich beschränkt, der mir durch meine fünf Sinne zugänglich ist. Selbst wenn man Erinnerungen an frühere Sinneswahrnehmungen sowie einfache Schlüsse auf deren Basis hinzunähme, bliebe die so generierte Wissensbasis weit hinter dem zurück, was ich gemeinhin zu wissen meine. Geschichtliche Ereignisse, naturwissenschaftliche Befunde, geographische Fakten, ja sogar die Frage, was es beim versäumten Brunch zu essen gab, lassen sich allein nicht klären. In all diesen Fällen, deren Liste sich beliebig verlängern ließe, bin ich auf das Zeugnis anderer als Erkenntnisquelle angewiesen.

Im Deutschen verweist die Doppeldeutigkeit des Wortes »Erfahrung« in gelungener Weise auf die Kontinuität zwischen empirischer, auf eigener Sinneswahrnehmung beruhender Erfahrung und dem, was wir von anderen erfahren haben. Zwar ist mit »Erfahrungswissen« in der Regel Wissen auf der Basis handelnd-erlebender Erfahrung – mithin Wissen »aus erster Hand« – gemeint, doch zumindest in der Verbform »erfahren« bezeichnet der Erfahrungsbegriff auch und gerade jenes Wissen, das auf den Mitteilungen und Zeugnissen anderer beruht. Schon die Gebrüder Grimm weisen in ihrem *Deutschen Wörterbuch* auf die weite Verbreitung dieses Gebrauchs von »erfahren« hin: »am meisten ab von der ursprünglichen Bedeutung des Erfahrens liegt die heute gangbarste des bloßen Gewahrens und Vernehmens der Dinge, ohne dass ein Fahren und Forschen vorausging« (Grimm: 1854–1960, III: Sp. 790; Rechtschreibung modernisiert). Um zu erfahren, wie es um einen bestimmten Sachverhalt bestellt ist, muss man diesem Sprachgebrauch zufolge die Dinge nicht mit eigenen Augen inspiziert haben, sondern es reicht, sich auf das verlässliche Zeugnis anderer zu stützen.

Diese vorläufigen Überlegungen zeigen, dass das Zeugnis anderer als Wissensquelle aus unseren epistemischen Alltagspraktiken kaum wegzudenken ist. Wie tief unsere epistemische Abhängigkeit von anderen reicht, lässt sich jedoch durch ein einfaches Gedankenexperiment noch eindrucksvoller demonstrieren. Stellen wir uns vor, wir machen auf der Basis unserer eigenen Erfahrung eine alltägliche Beobachtung – etwa, dass uns bei einem Spaziergang im Stadtpark eine Frau entgegenkommt, die mit ihrem Dalmatiner Gassi geht. Sinneswahrnehmung spielt bei der Bildung der entsprechenden Überzeugung offensichtlich eine zentrale Rolle: ich sehe Frau und Hund klar und deutlich vor mir. Wie bei fast allen Beobachtungen gehen jedoch auch Hintergrundannahmen in die Überzeugungsbildung ein – so etwa, dass es sich bei der Frau um die legitime Halterin handelt, die mit ihrem Hund Gassi geht, und nicht um eine Hundefängerin, die einen gerade eingefangenen Hund abführt. Doch woher weiß ich überhaupt, dass es sich bei dem Hund um einen Dalmatiner handelt? Die gepunktete Musterung des Fells ist offensichtlich das augenfälligste Merkmal, doch dass es sich dabei um ein Charakteristikum von Dalmatinern handelt, weiß ich nur auf der Grundlage dessen, was mir andere über Hunderassen und ihre Merkmale mitgeteilt haben. Gleiches gilt für die meisten Begriffe, die wir zur Beschreibung und Klassifizierung unserer Erfahrungen gebrauchen. So bemerkt C. A. J. Coady: »many (some would say, all) of the concepts in terms of which we make perceptual judgments are socially provided« (Coady 1989: 241).

Das alltägliche Geben und Empfangen von Mitteilungen aller Art ist eng verbunden mit sozialen Praktiken, die von Trudy Govier treffend als »social practices of *asking questions* and *telling people answers*« (Govier 1993: 20) umschrieben werden. Der beste – wenn auch notwendigerweise fehlbare – Weg, Wissen zu erlangen, besteht oft darin, andere zu fragen. *Dass* man durch Zeugnis Wissen erlangen kann, ist in der zeitgenössischen Debatte nahezu unumstritten; Uneinigkeit herrscht jedoch darüber, welche Bedingungen vorliegen müssen, damit auf dem Zeugnis anderer beruhende Überzeugungen hinreichend gerechtfertigt sind, um als Wissen gelten zu können, und aus welcher Quelle die so erworbenen Überzeugungen ihre epistemische Rechtfertigung beziehen.

1.2 Der Zeugnisbegriff

Auf die Ursprünge des Zeugnisbegriffs in formellen – etwa rechtlichen und religiösen – Zusammenhängen wurde bereits eingangs hingewiesen. Auch wenn der Begriff in der Erkenntnistheorie zum Sammelbegriff für das Wort anderer als Wissensquelle erweitert wurde, so hat sein förmlicher Ursprung in der philosophischen Diskussion merkliche Spuren hinterlassen. Zum einen wird oft zwischen *formalen* und *natürlichen Zeugnissen* unterschieden. Erstere haben ihren angestammten Ort im gerichtlichen Kontext, der besondere Anforderungen an den Charakter der Zeugenaussage stellt. So sind in vielen Rechtssystemen solche Aussagen unzulässig, die sich auf bloßes Hörensagen stützen; formal wäre demnach zwischen (»echtem«) Zeugnis, das Wissen aus erster Hand präsentiert, und (unzulässigem) Hörensagen zu unterscheiden. Im alltäglichen Informationsaustausch, d. h. im Hinblick auf *natürliche Zeugnisse*, wäre eine solche Einschränkung jedoch wenig hilfreich. Wenn ein vertrauenswürdiger Gesprächspartner seiner Mitteilung dadurch Ausdruck verleiht, dass er uns versichert, er habe den behaupteten Sachverhalt mit eigenen Augen gesehen, mag uns dies in unserer entsprechenden Überzeugung bestärken, doch meist geht der von uns empfangenen Mitteilung eine Kette von Zeugen voraus. Insofern dem Zeugnis anderer oft nur eine *wissensvermittelnde* Rolle zugeschrieben wird – eine geläufige Annahme, die jedoch in Abschnitt 4 auf den Prüfstand gestellt werden wird –, ist es plausibel zu verlangen, dass am Anfang der Zeugenkette eine direkt erlebte Erfahrung stehen muss. Solange dies der Fall ist, können jedoch beliebig viele verlässliche Zeugen als Bindeglieder »zwischengeschaltet« werden,

ohne dass dadurch die erfolgreiche Wissensvermittlung in Mitleidenschaft gezogen werden muss. (Gelegentlich wird diese Bedingung enger gefasst, etwa wenn Sybille Krämer zwischen dem [Augen-]Zeugen und dem Sachverständigen unterscheidet: »*Eine Wahrnehmung gehabt zu haben, bildet die conditio sine qua non der Zeugenschaft*«; Krämer 2008: 230.)

Wie lässt sich die Kategorie des natürlichen Zeugnisses sinnvoll von benachbarten Phänomenen abgrenzen? In der erkenntnistheoretischen Literatur gibt es dazu verschiedene Definitionsversuche. Oft werden unter den Begriff des »Zeugnisses anderer« schlicht Mitteilungen aller Art subsumiert, »ohne Einschränkungen hinsichtlich des Themas oder hinsichtlich der epistemischen Beziehung, in der der Sprecher zum Thema steht« (Fricker 1995: 396–397). Ernest Sosa spricht in diesem Zusammenhang von »Zeugnis im weiten Sinne«, das lediglich erfordert »dass es die Äußerung der Gedanken oder Überzeugungen von jemandem sei, welche an die Allgemeinheit und damit an niemanden im besonderen gerichtet sein können« (Sosa 1991: 219). Dies führt zur folgenden *weiten Definition* des Zeugnisbegriffs:

> **Weite Definition**
>
> Ein Sprecher legt dann und nur dann ein Zeugnis (dass *p*) ab, wenn die entsprechende Äußerung den Gedanken (dass *p*) des Sprechers ausdrückt. (Nach Lackey 2008: 20)

Indem lediglich gefordert wird, dass der Sprecher seinen Gedankeninhalt – nicht notwendigerweise seine ehrliche Überzeugung! – mitteilt, zählen der weiten Definition zufolge zum Beispiel auch bewusste Falschaussagen zum Zeugnis anderer. Dies ist insofern plausibel, als solche Aussagen tatsächlich – etwa im juristischen Kontext – als Zeugnis behandelt werden. Allerdings schießt die weite Definition in anderer Hinsicht über das Ziel hinaus, indem sie auch solche Äußerungen mit einschließt, die – wie etwa der Bühnendialog zwischen zwei Schauspielern – zwar Bewusstseinsinhalte ausdrücken, die jedoch weder Überzeugungen ausdrücken, noch das Publikum in die Irre führen sollen, sondern schlicht in einem fiktionalen Kontext geäußert werden.

Ein möglicher theoretischer Schachzug besteht darin, durch zusätzliche Bedingungen die zunächst weite Definition immer weiter einzuschränken. Dies führt zu der folgenden, von C. A. J. Coady vorgeschlagenen *engen Definition* des Zeugnisbegriffs:

> **Enge Definition**
>
> Ein Sprecher *S* legt dann und nur dann durch seine Äußerung (dass *p*) Zeugnis ab, wenn:
>
> (1) seine Festellung (dass *p*) einen Beleg für *p* darstellt und sie als solch ein Beleg vorgebracht wird,
> (2) *S* über die relevante Kompetenz, Autorität oder Qualifikationen verfügt, um *p* wahrheitsgemäß zu äußern,
> (3) die Feststellung (dass *p*) des Sprechers für eine strittige oder klärungsbedürftige Frage (zum Beispiel ob es der Fall ist, dass *p*) relevant ist, und sie sich an eine Hörerschaft richtet, die für die Klärung der Frage nach Belegen sucht. (Nach Coady 1992: 42)

Obwohl diese eng gefasste Definition Coady zufolge den Bereich natürlicher Zeugnisse abdecken soll, so bleibt sie dennoch dem Ursprung des Zeugnisbegriffs in formalen Zusammenhängen verhaftet. Die der Klausel (1) zugrunde liegende Idee, dass eine bloß verbale Feststellung selbst objektiven Belegcharakter haben kann, erinnert stark an die juristische Form des Zeugenbeweises, ebenso wie der in Klausel (3) postulierte Klärungsbedarf seitens anderer. Der Bühnendialog zweier Schauspieler beispielsweise dient nicht ernsthaft der Klärung strittiger Fragen und stellt demnach kein Zeugnis im engen Sinne dar. So plausibel diese Einengung des Zeugnisbegriffs erscheinen mag, führt sie ihrerseits zu Problemen, was den Begriffsumfang angeht. Stellen wir uns etwa vor, im Nachlass einer berühmten Persönlichkeit wird ein Tagebuch gefunden, das von Ereignissen im Leben des Verfassers in schonungsloser Offenheit berichtet. Selbst wenn bekannt ist, dass der Verfasser diese Aufzeichnungen nach seinem Tode von anderen ungelesen vernichten lassen wollte – er sie also zeitlebens nie als Beleg für bestimmte Sachverhalte präsentiert hat (geschweige denn an ein um Klärung bemühtes Publikum zu richten beabsichtigte) –, so wird man ihnen wohl kaum den Zeugnischarakter absprechen wollen.

Sowohl die weite als auch die enge Definition haben demnach Schwierigkeiten, den Umfang des Zeugnisbegriffs adäquat abzustecken. Man könnte natürlich versuchen, durch immer neue Bedingungen und Ausnahmeregelungen den Begriffsumfang so zuzuschneiden, dass er unseren Intuitionen darüber, was als Zeugnis gelten soll, in so vielen Fällen wie möglich gerecht wird. Doch liegt es nahe, dass ein solches Vorgehen schnell an Plausibilitätsgrenzen stößt: Wenn das Zeugnis anderer tatsächlich eine zentrale, womöglich fundamentale Erkenntnisquelle darstellt, sollte man erwarten, dass es sich in seinen Grundzügen ohne allzu große Begriffsverrenkungen charakterisieren lässt. Ein alternativer Vorschlag wäre, die Suche nach einem *einheitlichen* Zeugnisbegriff aufzugeben und stattdessen anzuerkennen, dass, was vom Publikum legitim als Zeugnis verwendet werden kann, vom Urheber durchaus nicht als solches intendiert worden sein muss. Ob eine Äußerung als Zeugnis gilt, hinge damit maßgeblich davon ab, ob man den Standpunkt des Sprechers oder den des Hörers voraussetzt. Jennifer Lackey unterscheidet demgemäß zwischen *S*-Zeugnissen (»Sprecher-Zeugnis«, engl. *speaker testimony*) und *H*-Zeugnissen (Hörer-Zeugnis, engl. *hearer testimony*):

> **S-Zeugnis**
>
> Ein Sprecher *S* legt dann und nur dann ein Sprecher-Zeugnis (dass *p*) ab, wenn *S* durch Ausübung eines kommunikativen Akts *a* in angemessener Weise beabsichtigt, die Information, dass *p* der Fall ist, mittels des *a* innewohnenden Kommunikationsinhalts weiterzugeben.
>
> **H-Zeugnis**
>
> Ein Sprecher *S* legt dann und nur dann ein Hörer-Zeugnis (dass *p*) ab, wenn durch *S*s Ausübung eines kommunikativen Akts *a* die Hörerschaft diesen Akt in angemessener Weise so auffasst, dass dadurch die Information, dass *p* der Fall ist, durch den *a* innewohnenden Kommunikationsinhalt weitergegeben wird. (Nach Lackey 2008: 30/32)

In beiden Fällen haben wir es mit ein und demselben kommunikativen Akt *a* des Sprecher *S* zu tun. Dadurch jedoch, dass systematisch zwischen der Perspektive des Sprechers und jener der Hörerschaft unterschieden wird, kann es je nach Situation passieren, dass, was als *S*-Zeugnis beabsichtigt war, nicht als *H*-Zeugnis erfolgreich ist, und umgekehrt. Nehmen wir einmal an, ein Schauspieler unterbricht mitten in einer Theateraufführung seinen Monolog, um das Publikum vor einem sich ausbreitenden Feuer zu warnen, während das Publikum seine Äußerung fälschlich als einen leicht exzentrischen dramaturgischen Einfall missversteht. In diesem Fall würde die Mitteilung des Schauspielers als *S*-Zeugnis, jedoch nicht als *H*-Zeugnis gelten. Im Gegensatz dazu wären die schriftlichen Aufzeichnungen im Fall des nachgelassenen (und ursprünglich zur Vernichtung bestimmten) Tagebuchs als

H-Zeugnis anzusehen, obwohl sie vom Verfasser nie als *S*-Zeugnis intendiert waren.

Eine präzise und allgemein anerkannte Definition des erkenntnistheoretischen Zeugnisbegriffs steht nach wie vor aus. Solange weitgehende Übereinstimmung über das Grundphänomen – unsere epistemische Angewiesenheit auf das Wort anderer als Wissensquelle – herrscht, tut dies der erkenntnistheoretischen Diskussion jedoch keinen Abbruch. Welche Definition man am Ende auch immer vorzieht, die Frage nach der epistemischen Rechtfertigung unserer »mitteilungsbasierten Überzeugungen« (Wilholt 2007) lässt sich letzten Endes nicht durch definitorische Übereinkünfte beantworten, sondern entscheidet sich anhand anderer Faktoren.

2. Zeugnis und Sinneswahrnehmung im Vergleich: »Indirekte« vs. »direkte« Erkenntnisquelle?

In kausaler Hinsicht ist das Zeugnis anderer offenkundig von unserer Sinneswahrnehmung abhängig: Um die mündliche Mitteilung eines Zeugen zu verstehen, muss ich zunächst einmal in der Lage sein, die von ihm geäußerten Laute wahrzunehmen. Zudem muss ich über eine hinreichende sprachliche, soziale und kommunikative Kompetenz verfügen, um sie als Sprache – und die kommunikative Handlung des Sprechers als Zeugnisakt – zu interpretieren. Gleiches gilt für die Wahrnehmung von schriftlichen Zeugnissen. Angesichts dieser unbestreitbaren *kausalen* Abhängigkeit von unserer Sinneswahrnehmung stellt sich die Frage, inwiefern das von uns wahrgenommene Zeugnis anderer als unabhängige *Erkenntnisquelle* gelten kann. Aus diesem Grund ist es instruktiv, Zeugnis und Sinneswahrnehmung einem Vergleich in ihrer Funktion als Erkenntnisquellen zu unterziehen.

Von Interesse ist in diesem Zusammenhang die Position des schottischen Philosophen Thomas Reid (1710–1769), der als Vertreter der Philosophie des Commonsense und als Kontrahent David Humes (1711–1776) gilt. (Humes Ansichten zum Zeugnis anderer als Wissensquelle werden im nächsten Abschnitt gesondert diskutiert.) Reid zufolge überwiegen die Parallelen zwischen der Erkenntnisgewinnung durch das Zeugnis anderer und der eigenen Sinneswahrnehmung:

> There is much greater similitude than is commonly imagined, between the testimony of nature given by our senses, and the testimony of men given by language. The credit we give to both is at first the effect of instinct only. When we grow up, and begin to reason about them, the credit given to human testimony is restrained and weakened, by the experience we have of deceit. But the credit given to the testimony of our senses, is established and confirmed by the uniformity and constancy of the laws of nature. (Reid 1983: 87)

Worauf gründet sich Reid zufolge diese Ähnlichkeit (*similitude*)? In beiden Fällen, so Reid, haben wir es mit der Interpretation von *Zeichen* zu tun: natürlichen Zeichen, bei deren Interpretation wir uns auf angeborene Fähigkeiten wie unsere Sinneswahrnehmung stützen können, und sprachlichen Zeichen, deren Bedeutung und Konventionen wir erst erlernen müssen, die aber, einmal erlernt, uns die bezeichneten Dinge und die Bewusstseinsinhalte anderer direkt vermitteln können. Der Übergang von (sinnlich erfahrbaren) natürlichen Zeichen zu der ihnen entprechenden Überzeugung (etwa, dass mir im Stadtpark eine Frau mit ihrem Dalmatiner begegnet) ist nicht prinzipiell »direkter« als der Übergang vom Zeugnis eines anderen (etwa des Berichts, dass im Stadtpark gelegentlich eine Frau ihren Dalmatiner spazieren führt) zu derselben Überzeugung.

Reid ist natürlich klar, dass Sprache erst durch Erfahrung erworben werden muss und, im Gegensatz zu den Gesetzmäßigkeiten unserer Sinneswahrnehmung, auf Konvention und die Kooperation anderer angewiesen ist: »In artificial language, the signs are articulate sounds, whose connection with the things signified by them is established by the will of men: and in learning our mother-tongue, we discover this connection by experience« (Reid: 1872: 195). Deswegen stellt sich für Reid die Frage, wie es möglich ist, dass die Menschen konsistent die gleichen sprachlichen Zeichen für die Bezeichnung der gleichen Dinge verwenden. Hierzu beruft sich Reid auf »allgemeine Prinzipien der menschlichen Natur« (*general principles of the human constitution*), die sicherstellen, dass einmal erlernte semantische Beziehungen zwischen Ding und Wort – gleich in welcher Sprache – von den Menschen in der Regel wahrheitsgemäß nach bestem Wissen angewendet werden. Konkret postuliert Reid zwei zueinander komplementäre Prinzipien: das der *Wahrhaftigkeit* (›veracity‹), demzufolge wir dazu neigen, die Wahrheit zu sagen (was sich schon darin ausdrückt, dass es Mühe macht zu lügen), und das Prinzip der *Gutgläubigkeit* (›credulity‹), demzufolge wir der Wahrhaftigkeit unserer Mitmenschen vertrauen und in der Regel glauben, was sie uns mitteilen. Das Zusammenspiel beider Prinzipien ermöglicht die unproblematische Wissensvermittlung und den Erkenntnisgewinn durch das Zeugnis anderer. Der Wissenserwerb auf der Grundlage des Zeugnisses anderer steht damit gewissermaßen »auf eigenen Füßen« und bezieht seine Rechtfertigung nicht aus anderen epistemischen Quellen – auf die er, wie etwa im Fall der sinnlichen Wahrnehmung von Zeugnisakten, bloß als Hilfsmittel angewiesen ist – sondern aus ihm eigenen Prinzipien. Damit steht Reids Theorie im Gegensatz zu den im nächsten Abschnitt diskutierten *reduktionistischen* Modellen, die die Rechtfertigung unserer testimonialen Überzeugungen auf jene anderen epistemischen Quellen zurückzuführen suchen.

In der modernen Diskussion wird die Frage, inwieweit Zeugnis und Sinneswahrnehmung sich ihrer Struktur nach ähneln bzw. unterscheiden oft unter dem – nicht immer hilfreichen – Stichwort des *Inferentialismus* geführt. Dabei steht oft der phänomenologische Aspekt der zeugnisbasierten Überzeugungsbildung im Mittelpunkt, d. h. die Frage, was in uns vorgeht, wenn wir das Zeugnis eines anderen als vertrauenswürdig einstufen und seine Behauptung glauben. Diejenigen, die ein »direktes« Modell des Wissenserwerbs durch das Zeugnis anderer favorisieren, weisen darauf hin, dass wir in der Regel nicht erst langwierige Überlegungen anstellen müssen, ehe wir einer Mitteilung Glauben schenken. Coady illustriert dies anhand eines Beispiels:

> **Telefonrechnung**
>
> Ich rufe bei meiner Telefongesellschaft an, da ich meine Rechnung nicht finden kann, und werde von einer anonymen Stimme darüber informiert, dass ich 165 Dollar schulde und der Betrag am 15. Juni fällig ist. Es kommt mir nicht in den Sinn, die Wahrhaftigkeit und Zuverlässigkeit des Zeugen zu überprüfen, zumal der Gesamtbetrag sich im normalen Rahmen bewegt und mein anonymer Gesprächspartner bei seiner Auskunft weder zögert noch anderweitig verdächtig reagiert. (Nach Coady 1992: 143)

Coady zufolge belegt das Beispiel, dass das, was in uns vorgeht, wenn wir das Zeugnis eines anderen akzeptieren, mit der Phänomenologie inferentieller Gedankengänge in der Regel nichts gemein hat. Es ist eben gerade nicht der Fall, dass ich auf der Basis des erhaltenen Zeugnis erst eine Hypothese formuliere, die ich dann durch Nachdenken über ihre Konsequenzen und bewusstes Sammeln empirischer Anhaltspunkte entweder erfolgreich bestätige oder aber verwerfe; vielmehr ist es so, dass ich meinem Gesprächspartner – und sei es eine anonyme Stimme am anderen Ende der Leitung – schlicht *glaube* und so unmittelbar in den Besitz der entsprechenden Überzeugung komme.

Dem halten Vertreter des *Inferentialismus* entgegen, dass wir zu unseren mitteilungsbasierten Überzeugungen längst nicht immer auf so direktem Wege gelangen und dass es auch gar nicht wünschenswert wäre, auf jegliche Prüfung und aktive Beurteilung des Zeugnisses anderer zu verzichten. So argumentiert Elizabeth Fricker: »Wir wissen zu viel über die Natur des Menschen, um irgend jemandem unkritisch zu glauben – und schon gar nicht jedermann.« (Fricker 1995: 400)[1] Ein epistemisch verantwortungsbewusster Hörer, so Fricker, wird seinen Gesprächspartner »im Laufe der Unterhaltung ständig im Licht der ihm zur Verfügung stehenden empirischen Belege oder Anhaltspunkte auf seine Vertrauenswürdigkeit hin überprüfen« (Fricker 1994: 150). Coady selbst, so Fricker, gesteht dies implizit zu, wenn er am Ende seines Telefonrechnungsbeispiels darauf hinweist, dass der Gesamtbetrag sich ja »im normalen Rahmen« bewege und der Gesprächspartner sich weder zögerlich »noch anderweitig verdächtig« benommen habe. Dies alles, so Fricker, weise schließlich auf die Notwendigkeit von ständig im Hintergrund ablaufenden mentalen Prozessen hin, mittels derer der Hörer den Sprecher ständig auf »Anzeichen eines Mangels von Ehrlichkeit und Kompetenz« (Fricker 1995: 405) hin überprüfe. Mit dem Postulat solcher Hintergrundprozesse verbindet sich, wie im nächsten Abschnitt zu diskutieren sein wird, auch die Hoffnung, durch sie eine Basis für die – vom Reduktionismus geforderte – Rückführung testimonialer Rechtfertigung auf nichttestimoniale Quellen zu gewinnen.

Manche Kommentatoren halten die Debatte darüber, ob Testimonialüberzeugungen nun »inferentiell« sind oder nicht, für eine »Quelle der Verwirrung« (Scholz 2000: 52). Sofern man eine nichttriviale Unterscheidung zwischen »inferentiellem« (etwa testimonialem) Wissen und »direktem« Wissen (z. B. auf der Basis direkter Sinneswahrnehmung) verteidigen will, muss man in der Tat

---

[1] Sofern nicht anders angegeben, stammen alle Übersetzungen englischer Originaltexte vom Verfasser (A. G.).

wenigstens zeigen, dass es zwischen beiden Fällen wesentliche Unterschiede in der Art der Informationsverarbeitung gibt. Allerdings sind nun einigen Theorien zufolge bereits an der Sinneswahrnehmung diverse (meist unbewusste) inferentielle Prozesse beteiligt – jenen »Hintergrundprozessen« nicht unähnlich, die Inferentialisten wie Fricker als Alleinstellungsmerkmal testimonialen Wissens postulieren. Ein wesentlicher Unterschied zwischen Sinneswahrnehmung und Testimonialerkenntnis bestünde also nur dann, wenn uns die an der Überzeugungsbildung beteiligten Schlüsse im Zeugnisfall bewusst wären. Jedoch ist fragwürdig, ob die Überzeugungsbildung auf der Basis des Zeugnisses anderer überhaupt einen phänomenologisch eigenständigen Charakter hat. Martin Kusch schreibt dazu: »There is no determinate phenomenology of testimony over and above imagined talk. And what little phenomenology there is fails to distinguish perception from testimony.« (Kusch 2002a: 25) Vielversprechender als nach Unterschieden in der Phänomenologie des Wissenserwerbs zu suchen, ist es deshalb, sich der Struktur der epistemischen Rechtfertigung unserer Testimonialüberzeugungen zuzuwenden.

3. Reduktionismus und Antireduktionismus

Über die Bedeutung des Zeugnisses anderer als Wissensquelle herrscht, wie eingangs erwähnt, in der erkenntnistheoretischen Debatte weitestgehend Einigkeit. Je nachdem, ob man das Zeugnis anderer für eine *fundamentale* Erkenntnisquelle hält (die, wie im vorigen Abschnitt beschrieben, auf andere Erkenntnisquellen lediglich aus kausalen Gründen angewiesen ist) oder ob man es als eine bloß *abgeleitete* Erkenntnisquelle betrachtet, gehen jedoch die Meinungen über den Ursprung der epistemischen Rechtfertigung unserer Testimonialüberzeugungen weit auseinander. Während *Antireduktionisten* nach Prinzipien suchen, die das Zeugnis anderer als eigenständige Quelle epistemischer Rechtfertigung etablieren sollen, setzen *Reduktionisten* auf eine Rückführung testimonialer Rechtfertigung auf die für grundlegender befundenen Erkenntnisquellen der Wahrnehmung, der Erinnerung, und des Schließens. Selbst dort, wo Einigkeit besteht – d. h. über die Tatsache, dass Zeugnis Wissen liefern kann – werden diese unterschiedliche Schwerpunktsetzungen deutlich. So betont John McDowell, dass »im Zentrum einer guten allgemeinen Zeugnistheorie« folgendes Prinzip stehen solle: »Wenn ein sachkundiger Sprecher seinem Wissen auf verständliche Weise Ausdruck verleiht, wird es jenen, die verstehen, was der Sprecher sagt, aus zweiter Hand verfügbar« (McDowell 1994: 198). Dahinter steht die (antireduktionistische) Vorstellung, dass sich ein Hörer durch bloßes Verstehen dessen, was ein glaubwürdiger Sprecher ausdrückt, Wissen aneignen kann – ohne, dass dafür eine zusätzliche Rechtfertigung vonnöten wäre. Dagegen formuliert Fricker ihre Anerkennung des Status von Zeugnis als Wissensquelle weit vorsichtiger, wenn sie von der »Commonsense-Bedingung« (*commonsense constraint*, CC) spricht, »dass das Zeugnis anderer, *wenigstens gelegentlich*, eine Wissensquelle« (Fricker 1995: 394; Hervorhebung nicht im Original) darstellt. Fricker, die – wie in Abschnitt 3.3. auszuführen sein wird – eine reduktionistische Position vertritt, hält sich damit offen, an den erfolgreichen Wissenserwerb durch das Zeugnis anderer eine Reihe von Bedingungen zu knüpfen, deren Erfülltsein der Hörer erst überprüfen muss, ehe er dem Zeugnis anderer Glauben schenken kann.

3.1 Reids Credulismus als Antireduktionismus

Auch wenn sich der Begriff »Antireduktionismus« (engl. *anti-reductionism* or *non-reductionism*) vom Gegenbegriff des »Reduktionismus« ableitet, so ist eine antireduktionistische Haltung, was die epistemische Rechtfertigung unserer Testimonialüberzeugungen angeht, in mancher Hinsicht die grundlegendere Position. Schließlich erklärt der testimoniale Antireduktionismus die – unbestreitbar zentrale – Funktion des Zeugnisses anderer als Wissensquelle zum Prinzip und scheint dadurch erklären zu können, wie es möglich ist, dass wir durch das Zeugnis anderer völlig unterschiedliche Arten von Wissensansprüchen erlangen können: von dem, was Augenzeugen uns berichten, bis hin zu wissenschaftlichen Resultaten, über die in der Presse berichtet wird. Wenn sich das Zeugnis anderer in der Tat »global« als eigenständige Quelle epistemischer Rechtfertigung etablieren ließe, wäre es nur natürlich, all diese – bisweilen sehr verschiedenen – mitteilungsbasierten Überzeugungen als gleichermaßen gerechtfertigt anzusehen.

Eine erste antireduktionistische Position haben wir bereits in Abschnitt 2 kennengelernt, in Form der von Thomas Reid favorisierten Parallele zwischen Sinneswahrnehmung und dem Zeugnis anderer. Wie beschrieben, postuliert Reid zwei der menschlichen Natur vom »wise and beneficent Author of Nature« eingepflanzte

Prinzipien: das Prinzip der *Wahrhaftigkeit* (›veracity‹) und das der *Gutgläubigkeit* (›credulity‹). Wenn es denn tatsächlich der Fall wäre, dass die Menschen nur mit großer Mühe die Unwahrheit sagen und dass wir im Gegenzug nicht anders können, als ihnen zu glauben, hätte sich das Problem der Rechtfertigung unserer testimonialen Überzeugungen gewissermaßen entschärft. Denn zusammengenommen würden die beiden Prinzipien – die, wie betont werden muss, speziell für den Zeugnisfall konzipiert sind und also das Zeugnis anderer als *eigenständige* Erkenntnisquelle begründen – zur Folge haben, dass das Sich-Verlassen auf das Zeugnis anderer eine objektiv verlässliche Art der Erkenntnisgewinnung wäre. Das Zusammenspiel beider Prinzipien rechtfertigt damit folgende These, derzufolge wir als Empfänger ein präsumtives Recht (engl. *presumptive right*) haben, dem Zeugnis anderer zu vertrauen:

> **PR-These**
>
> Der Empfänger eines beliebigen Zeugnisses hat solange das epistemische Anrecht, den Sprecher ohne weitere empirische Anhaltspunkte für vertrauenswürdig zu halten – d. h. das, was er sagt, als wahr zu akzeptieren – bis besondere Umstände diese Präsumtion annullieren.

Insoweit andere dazu disponiert sind, uns die Dinge so mitzuteilen, wie sie ihnen erscheinen, und insofern wir keinen Grund haben anzunehmen, dass ihre Sinneswahrnehmungen, Erinnerungen etc. den unsrigen systematisch unterlegen sind, steht das Zeugnis anderer nicht nur auf einer Ebene mit den anderen Erkenntnisquellen, sondern dank der ihm eigenen, ineinandergreifenden Prinzipien auch gewissermaßen »auf eigenen Füßen«. (→ Default-Konzeptionen der Rechtfertigung)

Wie erwähnt ist sich Reid der Möglichkeit des absichtlichen Täuschens durch unsere Mitmenschen bewusst, weswegen er konzediert, dass uns solche Erfahrungen vorsichtiger machen. Doch handelt es sich hierbei um einen *nachträglichen* Prozess, durch den wir Ausnahmen vom Regelfall des wahrheitsgemäßen Zeugnisses zu erkennen und zu vermeiden versuchen. In der Regel ist unser Vertrauen auf das Wort anderer gerechtfertigt, ohne dass dafür zusätzliche Gründe erforderlich wären. Es ist diese Grundhaltung, die Reids Position den oft abschätzigen Beinamen des »Credulismus« eingebracht hat.

3.2 Globaler Reduktionismus

Allen Formen des testimonialen Reduktionismus ist die Ablehnung der im vorigen Abschnitt formulierten (anti-reduktionistischen) PR-These gemein, derzufolge wir ein präsumtives Anrecht darauf haben, das Zeugnis anderer für vertrauenswürdig zu halten, solange keine Belege für das Gegenteil vorliegen. Die bloße Tatsache, dass jemand uns etwas mitzuteilen scheint, kann dem Reduktionismus zufolge eine auf der Basis dieser Mitteilung gebildete Überzeugung nicht hinreichend rechtfertigen: es sind dafür immer *zusätzliche* (nicht-testimoniale) Gründe erforderlich. Das Sich-Stützen auf das Wort anderer ist also nur mittelbar gerechtfertigt, insoweit seine Richtigkeit durch individuelle Wahrnehmungen und Erinnerungen sowie durch die auf deren Basis angestellten logischen oder induktiven Folgerungen gestützt werden kann.

> **R-Nec**
>
> Insoweit wir im Besitz epistemischer Rechtfertigung für unsere testimonialen Überzeugungen sind, muss diese auf die grundlegenderen Erkenntnisquellen der Sinneswahrnehmung, der Erinnerung und des Schließen reduzierbar sein.

Reduktionisten ziehen in der Regel den Nutzen und die tatsächliche Rechtfertigung vieler unserer Testimonialüberzeugungen nicht in Zweifel. Sie operieren damit im Rahmen der »Commonsense-Bedingung« (CC), dass das Zeugnis anderer in der Regel Wissen liefern kann. Damit der Vertreter des Reduktionismus konsistent sowohl die Annahme (CC) als auch die Forderung (R-Nec) vertreten kann, ist er notwendigerweise an die weitere These (R-Poss) gebunden:

> **R-Poss**
>
> Es ist möglich, den epistemischen Status von durch Zeugnis erlangten Überzeugungen auf andere epistemischen Quellen wie Sinneswahrnehmung, Erinnerung und Schließen zurückzuführen. (Insole 2000: 34)

Wer eine Reduktion testimonialer Rechtfertigung auf nichttestimoniale Quellen fordert (also R-Nec zustimmt), deren Erfolg jedoch zugleich für nicht möglich hält (also R-Poss ablehnt), kann natürlich unmöglich erwarten, dass unsere Testimonialüberzeugungen sich dennoch als gerechtfertigt erweisen (wie es CC behauptet). Das Unmögliche zu fordern, hieße hier, nicht dem

Reduktionismus das Wort zu reden, sondern einem rigorosen testimonialen Skeptizismus Vorschub zu leisten.

Wie lässt sich die Reduktion testimonialer Rechtfertigung auf die als elementarer angesehenen Erkenntnisquellen bewerkstelligen? Dem *globalen Reduktionismus* zufolge lässt sich das Zeugnis anderer als Wissensquelle nur induktiv – durch systematische Überprüfung des Wahrheitsgehalts einer hinreichend großen Zahl von Zeugnissen – begründen:

> Wenn man feststellt, dass Berichte zu bestimmten Themen oder in bestimmten Situationen oder von bestimmten Arten von Gesprächspartnern dazu tendieren, stets mit den entsprechenden Tatsachen übereinzustimmen, wenn man letztere selbst untersucht, könnte man sodann vernünftigerweise dazu übergehen, sich auf solche Arten von Zeugnissen zu verlassen. (Stevenson 1993: 430)

Es ist also nicht die bloße Tatsache, dass es sich bei einer Äußerung um ein Zeugnis handelt, welche diese als Grundlage einer testimonialen Überzeugung rechtfertigt, sondern die Tatsache, dass die entsprechende Mitteilung von einer Art ist, die sich in der Vergangenheit bei eigenen Nachforschungen als verlässlich erwiesen hat. Um das Zeugnis anderer *global* als Wissensquelle induktiv für sich zu rechtfertigen, müsste man also eine hinreichend große Zahl von Zeugnis*typen* auf ihre Verlässlichkeit hin überprüfen. Dies allerdings stößt auf prinzipielle Schwierigkeiten: Einerseits lässt sich bezweifeln, ob sich eine hinreichend große Zahl von Berichten und Mitteilungstypen überhaupt eigenhändig überprüfen lässt – wie etwa würde man versuchen, geschichtliche Zeugnisse auf eigene Erfahrungen zurückzuführen? – andererseits ist mitnichten klar, wie sich Berichte und Mitteilungen überhaupt in handhabbare Typen klassifizieren lassen sollen. Coady illustriert diese Schwierigkeit anhand folgender simplen Mitteilung: »Im Stadtzoo von Sydney gibt es einen kranken Löwen.« (Vgl. Coady 1992: 84) Fällt diese Mitteilung unter die Klasse veterinärmedizinischer oder geographischer Berichte, oder handelt es sich ganz allgemein um eine empirische Feststellung oder, ein wenig spezifischer, um eine Existenzbehauptung (»es gibt...«)?

Solange der globale Reduktionismus auf diese Fragen keine überzeugenden Antworten parat hat, muss man davon ausgehen, dass die für erforderlich erklärte eigenhändige Überprüfung der diversen Zeugnistypen eine Sisyphusaufgabe darstellt, die von einem einzelnen schlicht nicht bewältigt werden kann. (Und auf die Mitteilungen anderer darf sich eine globalreduktionische Rechtfertigung natürlich nicht berufen!) Wer den reduktionistischen Grundgedanken bewahren will, muss also eine moderatere Position entwickeln – zum Beispiel den im nächsten Unterabschnitt zu diskutierenden lokalen Reduktionismus.

3.3 Lokaler Reduktionismus

Selbst wenn sich das Projekt des globalen Reduktionismus als nicht zu bewältigende Sisyphusaufgabe erweist, so folgt daraus nicht, dass das Zeugnis anderer, wie vom Antireduktionismus behauptet, als eigenständige Wissensquelle rehabilitiert wäre. Vielmehr könnte man sich auf den Standpunkt stellen, dass der globale Reduktionismus in seinem Streben, alle testimonialen Überzeugungen *zugleich* auf die für elementarer gehaltenen Erkenntnisquellen zu reduzieren, schlicht zu ambitioniert war, jedoch eine Reduktion *im Einzelfall* – womöglich unter Zuhilfenahme von bereits als Wissen vorausgesetzten Überzeugungen – nach wie vor erforderlich (und möglich) ist. Fricker hat eben diesen Argumentationsweg eingeschlagen und auf dessen Basis ihre Position des »lokalen Reduktionismus« (*local reductionism*) entwickelt. Dessen zentrale These lässt sich so formulieren:

> **R-Poss-Local**
>
> Einem mündigen Empfänger eines Zeugnisses ist es möglich, den epistemischen Status von durch Zeugnis erlangten Überzeugungen auf andere epistemischen Quellen wie Sinneswahrnehmung, Erinnerung und Schließen zurückzuführen.

Die These (R-Poss-Local) unterscheidet sich von (R-Poss) durch die Beschränkung auf »mündige« Zeugnisempfänger (engl. *mature reasoners*), so dass insbesondere Kinder, die sich noch im epistemischen Entwicklungsstadium (*developmental phase*) befinden, von der Forderung, jedes erhaltene Zeugnis einer genauen Untersuchung erster Hand zu unterziehen, befreit sind. Durch die Lockerung dieser Forderung erweitert der lokale Reduktionismus im Vergleich zum globalen Reduktionismus seine Reduktionsbasis – d. h. die Gesamtheit aller einem Individuum zu Begründungszwecken zur Verfügung stehenden Überzeugungen – ganz erheblich, umfasst sie nun doch auch zeugnisbasierte Überzeugungen, die etwa im Kindesalter oder in der Schule erworben wurden. Damit entschärft sich zum Beispiel das in Abschnitt 1.1. erwähnte Problem, dass unser sprachliches und begriff-

> **Wie reduktionistisch war Hume?**
>
> In erkenntnistheoretischen Diskussionen des Zeugnisbegriffs hält sich hartnäckig der Mythos, dass David Hume der Urheber des globalen Reduktionismus sei. So nützlich diese Interpretation für didaktische Zwecke auch sein mag – erlaubt sie es doch, Hume dem Anti-Reduktionisten Reid gegenüberzustellen – historisch ist sie nicht korrekt. Als Beleg wird in der Regel folgende Textstelle aus Humes *Untersuchung über den menschlichen Verstand* zitiert:
>
>> Der Grund, warum wir Zeugnissen und Geschichtsschreibern Glauben schenken, ist von keiner *a priori* wahrgenommenen *Verknüpfung* zwischen Zeugnis und Wirklichkeit hergeleitet, sondern von unserer Gewöhnung an eine Übereinstimmung zwischen ihnen. (*EHU* 10.8)
>
> Diese Bemerkung suggeriert, man müsse – getreu dem globalen Reduktionismus – den Wahrheitsgehalt erhaltener Zeugnisse empirisch prüfen, ehe man sich auf das Zeugnis anderer allgemein verlassen kann. In der Tat ist Hume der Ansicht, die Rechtfertigung testimonialen Wissens beruhe auf eigener Erfahrung und sei nicht – wie Reid es vorschlägt – von *a priori* voraussetzbaren Prinzipien abgeleitet. Insofern dies eine reduktionistische Grundhaltung widerspiegelt, richtet Hume allerdings genau die gleiche Forderung an unsere Sinneswahrnehmung. Wenn wir zum Beispiel meinen, anhand von eigenen Beobachtungen Kausalzusammenhänge auszumachen, sind wir jedes Mal auf folgende Maxime angewiesen: »Keine Gegenstände haben irgendeine sichtbare Verknüpfung miteinander, und alle Folgerungen, die wir von dem einen auf den anderen ziehen können, beruhen nur auf unserer Erfahrung von ihrer beständigen und regelmäßigen Verbindung« (*EHU* 10.5). Was das Zeugnis anderer angeht, so fordert Hume lediglich »dass wir von dieser Maxime keine Ausnahme zugunsten des menschlichen Zeugnisses machen sollen« (ibid.). Jedoch fordert Hume keineswegs, dass wir im Einklang mit dem globalen Reduktionismus eigenhändig überprüfen müssen, ob die diversen Zeugnistypen in der Regel mit der Wirklichkeit übereinstimmen. Stattdessen können wir auf einen reichhaltigen Erfahrungsschatz zurückgreifen, der etwa indirekt erworbenes Wissen um soziale Konventionen und um die (an unserer eigenen Person überprüfbaren) Prinzipien der menschlichen Natur umfasst: »Wäre das Gedächtnis nicht bis zu einem gewissen Grade treu; hätten die Menschen nicht gewöhnlich eine Neigung zur Wahrheit und ein Prinzip der Redlichkeit; hätten sie nicht Gefühl für Scham, wenn auf Unwahrheit ertappt; würde sich dies, sage ich, nicht durch *Erfahrung* als Qualitäten, die der menschlichen Natur innewohnen, verraten: so würden wir menschlichem Zeugnis niemals das geringste Zutrauen schenken.« (Ibid.) Da wir aber aus eigener Erfahrung all diese, der menschlichen Natur innewohnenden Prinzipien kennen, können wir uns auf das Zeugnis anderer auch ohne Überprüfung aller *Einzel*behauptungen verlassen – weswegen Hume, ohne sich dabei selbst zu widersprechen, sagen kann, »dass es keine gewöhnlichere, nützlichere und selbst für das menschliche Leben notwendigere Schlussart gibt als die, welche von dem Zeugnis der Menschen und den Berichten der Augenzeugen und Zuschauer hergeleitet ist« (ibid.). (Hierzu siehe auch Gelfert 2010.)

liches Wissen fast durchweg durch das Zeugnis anderer erworben wird: Solch grundlegendes, in der Regel in der Frühphase unserer epistemischen Entwicklung erworbenes Wissen ist dem lokalen Reduktionismus zufolge unproblematisch. Der lokale Reduktionismus erkennt damit unsere »allgemeine und untilgbare Schuld gegenüber dem in der Vergangenheit liegenden Zeugnis anderer« an, hält jedoch für *mündige* Zeugnisempfänger an der Forderung fest, man solle »dem, was einem mitgeteilt wird, nur glauben, wenn man adäquate Belege für die Vertrauenswürdigkeit des Sprechers hat« (Fricker 2004: 126).

Trotz seiner Aufgeschlossenheit gegenüber früh erworbenem Zeugnis präsentiert sich der lokale Reduktionismus in erster Linie als ein Appell an die Autonomie und das Kritikvermögen des individuellen Zeugnisempfängers. So lautet der Titel eines zentralen Aufsatzes ›Against Gullibility‹ (»Wider die Gutgläubigkeit«), und Fricker fordert, unsere Gesprächspartner ständig nach ihrer Vertrauenswürdigkeit hin zu mustern (Fricker 1995: 400). Dagegen spricht jedoch, wie in Abschnitt 2 diskutiert, dass wir in den wenigsten Fällen das Gefühl haben, im Gespräch mit anderen aktiv nach Anzeichen möglicher Inkompetenz und Unehrlichkeit zu suchen. Um diesem Einwand zu begegnen, postuliert Fricker, dass es sich bei den an der Evaluierung unserer Gesprächspartner und deren Zeugnis beteiligten Mechanismen in der Regel um unbewusste Hintergrundprozesse handelt, deren Resultate nur »auf einer unwiederbringlich subpersonalen Ebene registriert und verarbeitet werden« (Fricker 1994: 150). Allerdings lässt sich argumentieren, dass man angesichts des subpersonalen Charakters der postulierten Prozesse schwerlich von einer »kritischen Beurteilung« (*critical assessment*) des Zeugnisses anderer sprechen könnte. Diese wäre uns schließlich genauso wenig zugänglich wie etwa die an unserer Sinneswahrnehmung beteiligten neuronalen Schaltkreise in unserem Großhirn. Deswegen fallen die von Fricker als Beispiel dafür, wie sich die subpersonalen Prozesse in unserem Bewusstsein niederschlagen, angeführten Urteile – »Mir gefällt seine Visage nicht«, »Nun, er sah völlig normal aus« (ibid.) – bemerkenswert pauschal und unkritisch aus. (Hierzu siehe auch Gelfert 2009.)

Ebenfalls unklar ist, wie sich die Phase der Entwicklung systematisch vom Endzustand der »Mündigkeit« abgrenzen lässt. Am biologischen Alter oder am Stand der Sprachentwicklung allein lässt sich kaum ablesen, ob jemand in der Lage ist, erhaltenes Zeugnis erfolgreich auf Wissen aus erster Hand zurückzuführen – zumal selbst mündige Zeugnisempfänger sich jederzeit in einem neuen Entwicklungsstadium wiederfinden können, etwa wenn sie eine neue Sprache lernen, sich in eine neue Kultur mit anderen Konventionen einleben müssen oder sich schlicht in ein neues Spezialgebiet einarbeiten müssen. Solange der lokale Reduktionismus Antworten auf diese Fragen schuldig bleibt, muss er zumindest als unvollendet gelten. Hinzu kommt, dass der lokale Reduktionismus eher eine Art »Scheinreduktionismus« darstellt. So schreibt Duncan Pritchard mit Hinblick auf die vom lokalen Reduktionismus anerkannte »untilgbare Schuld« gegenüber dem früheren (im Entwicklungsstadium erworbenen) Zeugnis anderer: »local developmental reductionism is not really a form of reductionism at all but a species of credulism« (Pritchard 2004: 332). Bei genauerer Betrachtung gibt es tatsächlich verblüffende Parallelen zwischen dem lokalen Reduktionismus Frickers und Reids antireduktionistischem Projekt, das gleichfalls eine Unterscheidung zwischen der Phase der Entwicklung und dem Stadium der Mündigkeit (*maturity*) vorsieht. So schreibt Reid:

> Reason hath likewise her infancy, when [...] she leans entirely upon authority, by natural instinct [...]. When brought to maturity by proper culture [...] she learns to suspect testimony in some cases, and to disbelieve it in others; and sets bounds to that authority to which she was at first entirely subject. (Reid 1983: 96)

Entsprechend ist fragwürdig, ob man den lokalen Reduktionismus überhaupt als eine Form des testimonialen Reduktionismus gelten lassen will.

4. Kann Zeugnis neues Wissen generieren?

Ein wichtiger Streitpunkt in der Erkenntnistheorie des Zeugnisbegriffs ist die Frage, ob Zeugnis das Wissen anderer bloß *vermitteln* kann oder ob es in der Lage ist, neues Wissen zu *generieren*. Im ersten Fall würde der Empfänger durch das Akzeptieren dessen, was ein Zeuge ihm mitteilt, in den Besitz von Wissen kommen, das lediglich für ihn selbst neu ist, jedoch bereits zuvor auf Seiten des Zeugen existierte. Im zweiten Fall wäre dagegen zu fordern, dass durch den Zeugnisakt genuin neues Wissen generiert wird, das nicht schon vorher vorlag – insbesondere nicht auf Seiten des Zeugen. Was zunächst paradox anmuten mag – der Wissenserwerb auf der Basis von Zeugnis, dessen Urheber selbst nicht über das erworbene Wissen verfügt – lässt sich anhand verschiedener Fälle plausibel machen, die stellvertretend für mögliche Mechanismen der Wissensgenerierung stehen.

Vorher lohnt es sich jedoch, kurz zu untersuchen, weswegen dem Zeugnis anderer traditionell eine bloß vermittelnde Rolle zugeschrieben wurde. Da ist zum einen die einflußreiche Grundhaltung (siehe Abschnitt 2), dass wir nicht *mehr* durch das Zeugnis lernen können, als der Zeuge zuvor selbst gesehen hat. (Dies schließt natürlich nicht aus, dass wir auf der Basis unseres – dem Zeugen überlegenen – Hintergrundwissens mehr *erschließen* können, als dieser weiß.) Zum anderen wird das Zeugnis anderer als Wissensquelle oft mit der Erinnerung verglichen, der gern eine unsere Bewusstseinsinhalte und unser Wissen lediglich bewahrende Rolle zugeschrieben wird (→ Erinnerung). Überspitzt formuliert liefe diese Parallele darauf hinaus, deklarative Erinnerungen, die sich meinem Bewusstseins hier und jetzt präsentieren, gewissermaßen als Zeugnisse meines früheren Ich zu betrachten. Selbst wenn man diese Überlegung für plausibel hält, folgt daraus natürlich noch nicht, dass wir die Zeugnisse *anderer* als unseren eigenen Erinnerungen gleichwertig ansehen. Dennoch ist gelegentlich versucht worden, die bestehenden Parallelen zwischen beiden Wissensquellen – insbesondere deren postulierte *inhaltsbewahrende* Funktion – zur Basis einer (vergleichsweise schwachen) Präsumtionsregel auszubauen, derzufolge wir *a priori* dazu berechtigt sind, das, was uns durch unsere Erinnerung oder durch das Zeugnis anderer als wahr präsentiert wird, als wahr zu akzeptieren, sofern wir keinen stärkeren Anhaltspunkte für das Gegenteil haben. So hält etwa Tyler Burge die bloße Intelligibilität einer Nachricht bereits für ein Anzeichen dafür, dass sie rationalen Ursprungs ist und sie damit auf die Wahrheit abzielt. (Siehe Burge 1993)

Wie steht es um die *generative* Funktion eines Zeugnisses als Wissensquelle? Erinnern wir uns, dass dafür nötig ist, dass der Empfänger Wissen *auf der Basis* des erhaltenen Zeugnisses (also nicht nur – etwa durch Zuhilfenahme seines Hintergrundwissens – neu erschlossenes Wissen) erwirbt, das dem Zeugen ursprünglich fehlt. Der Rest dieses Abschnitts widmet sich drei vorgeschlagenen Mechanismen, wie es zu einer solchen Situation kommen kann. Während die ersten beiden Mechanismen sich im Rahmen der etablierten analytischen Erkenntnistheorie bewegen, geht der dritte Vorschlag über diesen Rahmen hinaus und verweist auf das Projekt einer ›kommunitaristischen‹ sozialen Erkenntnistheorie.

Die erste Möglichkeit der Generierung neuen Wissens im Zeugnisempfänger beruht darauf, dass jeder Zeugnisakt nur einen Teil und nicht die Gesamtheit aller Überzeugungen eines Zeugen kommuniziert. Lackey hat darauf hingewiesen, dass dies die Möglichkeit eröffnet, dass ein Zeuge zwar eine objektiv gerechtfertigte Mitteilung macht, aber zum Beispiel private Vorbehalte, die ihn davon abhalten, den mitgeteilten Sachverhalt selbst zu glauben, für sich behält. Dahinter muss keineswegs die Absicht des Zeugen stehen, sein Publikum in die Irre zu führen. Man stelle sich etwa folgenden hypothetischen Fall vor (Lackey 1999: 484): Jane wird plötzlich von heftigen skeptischen Zweifeln heimgesucht, die so stark sind, dass sie die meisten ihrer bis dato erworbenen Überzeugungen – z. B. alles, was sie bis gestern über die Außenwelt und ihre unmittelbare Umgebung zu wissen meinte – unterminieren. Ihr plötzlicher Skeptizismus unterminiert ihre Alltagsüberzeugungen. Auf der Straße wird Jane von Jim nach dem Weg zu einem nahegelegenen Café gefragt: Jane, die Stammkundin in dem Café ist, antwortet korrekt und ohne zu zögern, unterlässt es aber, Jim von ihren skeptischen Zweifeln zu erzählen. Soll man Jim das neu erworbene Wissen um den genauen Ort des Cafés absprechen, nur weil Jane von skeptischen Zweifeln geplagt ist? Wer diese Frage negativ beantwortet, gesteht damit zu, dass unter bestimmten Bedingungen ein objektiv verlässliches, vom Zeugen allerdings selbst nicht geglaubtes Zeugnis nichtsdestotrotz als Wissensquelle für den Empfänger dienen kann.

Im zweiten zu diskutierenden Beispiel ist es die epistemische Umgebung, die dem Zeugnis eines Nichtwissenden seine wissensgenerierende Funktion ermöglicht. Die Grundidee hierbei ist, dass ein Zeuge aufgrund unvollständiger Kenntnis der Sachverhalte eine – von ihm für gerechtfertigt gehaltene, jedoch bloß zufällig wahre – Überzeugung kommuniziert. Selbst wenn die durch das Akzeptieren des Zeugnisses gebildete Überzeugung auf Seiten des Empfängers wahr ist, würde man normalerweise nicht geneigt sein, ihm (oder dem Zeugen) Wissen zuzusprechen. Allerdings sind Situationen denkbar, in denen die Umgebung – zum Beispiel anwesende Dritte, die im Besitz eines vollständigeren Gesamtbildes der Situation sind – das epistemische Manko, mit dem die Mitteilung des Zeugen behaftet ist, genau so *kompensiert*, dass sie für den Empfänger als verlässliche Wissensquelle fungieren kann. Sandy Goldberg hat dazu folgenden – leicht skurrilen, aber instruktiven – hypothetischen Fall betrachtet:

Das rituelle Milchopfer

Franz ist ein Schriftsteller, der täglich den ganzen Morgen am Küchentisch verbringt und dabei einem exzentrischen Ritual nachgeht. Nachdem er zum Frühstück Müsli gegessen hat, gießt er den Rest der Milch weg und stellt den leeren Milchkarton zurück in den Kühlschrank, bis er ihn um Punkt zwölf Uhr Mittag zusammen mit anderem Abfall zum Müll bringt. Heute sind ausnahmsweise Franks Schwester Martha und sein Neffe Gustav zu Besuch, die am späten Vormittag etwas verschlafen hinzustoßen, um zu frühstücken. Martha sieht im Kühlschrank den Milchkanister, nimmt an, dass er voll sei, und teilt Gustav mit, es sei Milch im Kühlschrank. Wie es der Zufall will, ist in der Tat Milch vorhanden, denn Franz hat heute ausnahmsweise sein rituelles »Milchopfer« vergessen. Als er hört, was Martha seinem Neffen sagt, erinnert er sich an sein Versäumnis (und weiß damit, dass Gustav von seiner Mutter korrekt informiert wird); Gustav, der seiner Mutter glaubt, kommt im selben Moment zu der Überzeugung, es sei Milch im Kühlschrank. Hätte Franz sein Ritual wie üblich ausgeführt, hätte er Martha sofort korrigiert und seine Besucher darüber informiert, dass der Milchkarton in Wirklichkeit leer ist. (Nach Goldberg 2005: 302)

Marthas Überzeugung, im Kühlschrank sei Milch – obwohl wahr und gerechtfertigt – ist kein Wissen, da sie die an Wissen geknüpfte Sicherheitsbedingung (→ Modale Wissenskonzeptionen) nicht erfüllt, denn an jedem anderen Morgen wäre sie beim Blick in den Kühlschrank zu derselben – dann allerdings falschen – Überzeugung gelangt. Entsprechend hat auch ihr Zeugnis *unsicheren* Charakter. Obwohl Martha selbst nicht über Wissen verfügt, kann ihr Zeugnis, so Goldberg, dennoch als Wissensquelle für Gustav fungieren, d. h. Gustav kann Wissen erwerben, das Martha fehlt. Der Grund besteht in der »stummen Überwachung« (*silent monitoring*) durch Franz: Denn obwohl die Aussage von Gustavs Mutter an jedem anderen Tag falsch gewesen wäre, so hätte Gustavs Onkel Franz sie in all diesen Szenarien sofort korrigiert, und Gustav hätte seiner Mutter – der sein besser informierter Onkel unmittelbar widersprochen hätte – nicht geglaubt. Gustavs Überzeugung – anders als die seiner Mutter – erfüllt demnach die Sicherheitsbedingung und stellt, Goldberg zufolge, Wissen dar. Faktoren in der epistemischen Umgebung – hier die Präsenz des Onkels und sein *silent monitoring* – ermöglichen demnach ›testimonial knowledge through unsafe testimony‹ (so der Titel von Goldbergs Aufsatz).

Ein drittes Argument für den generativen Charakter von Zeugnissen als Wissensquelle bezieht seine Motivation aus kommunitaristischen Ansätzen in der Erkenntnistheorie. (Siehe Welbourne 1986 und Kusch 2002a.) Im Gegensatz zur traditionellen Erkenntnistheorie, die den Wissensbegriff anhand von Bedingungen analysiert, die an die Überzeugungen eines einzelnen Individuums gestellt werden, stellt der erkenntnistheoretische Kommunitarismus die soziale Funktion des Wissensbegriffs in den Mittelpunkt. Wissen, so die Grundidee, ist – anders als individuelle Meinungen und Überzeugungen – ein Gemeingut, an dem einzelne teilhaben können; indem wir anderen Menschen Wissen zuschreiben, sagen wir weniger über deren spezifische Gründe als über deren Mitgliedschaft in einer Wissensgemeinschaft (*community of knowledge*; Welbourne 1986). Wissen selbst ist nicht mehr allein durch seine Mitteilbarkeit an Zeugnis geknüpft, sondern wird durch die in der Gemeinschaft ablaufenden Zeugnisakte ständig aufs Neue performativ konstituiert. Die zentrale Denkfigur ist die der performativen Sprachhandlung, bei der die Aussage des Sprechers – etwa der Satz des Standesbeamten »Hiermit erkläre ich Euch zu Mann und Frau« – erst die entsprechende Tatsache (hier: die Eheschließung) herbeiführt. Scheinbar feststellende Sprechakte der Art, wie sie in der traditionellen Erkenntnistheorie des Zeugnisses hauptsächlich behandelt werden, sind der kommunitaristischen Erkenntnistheorie zufolge in Wirklichkeit immer zum Teil performativ, indem sie Begriffssysteme, Klassifikationen und Standards korrekter Anwendung bekräftigen: »All testimony is *in part* performative; thus all testimony is generative of knowledge« (Kusch 2002b: 349). So kontrovers kommunitaristische Ansätze in der Erkenntnistheorie auch sein mögen, sie verweisen zumindest auf eine Einsicht, die sich etwa in Goldbergs Beispiel des *silent monitoring* als Garant testimonialen Wissens nur andeutet: Dass wir oft in unserem Wissen weit tiefgreifender auf unsere epistemische Umwelt angewiesen sind, als wir uns dies in der Regel klarmachen (→ Soziale Erkenntnistheorie).

Kontrollfragen

1. Welche Art von Wissen lässt sich ohne das Zeugnis anderer erwerben? Könnte jemand, der systematisch das Wort anderer bezweifelt, ein normales Leben führen?
2. Welche Vor- und Nachteile hat es, den Begriff der Zeugenschaft auch auf das Hörensagen auszuweiten?
3. Inwieweit ist Coadys enge Definition des Zeugnisbegriffs zu restriktiv? Wie könnte man die einzelnen Bedingungen abschwächen, um sie dem Alltagsbegriff besser anzupassen?
4. Ist Coadys Beispiel [TELEFONRECHNUNG] ein Beispiel direkten Wissenserwerbs durch das anonyme Zeugnis eines anderen oder verbirgt sich dahinter eine inferentialistische Komponente der testimonialen Urteilsbildung?
5. Ist das Zeugnis anderer lediglich ein Spezialfall empirischen Wissens, oder unterscheidet sich testimoniale Rechtfertigung qualitativ von der epistemischen Rechtfertigung, die wir durch empirische Belege erhalten?
6. Wie lässt sich Frickers lokaler Reduktionismus modifizieren, um einige der genannten Kritikpunkte zu entschärfen? Sind solch modifizierte Varianten tragfähig und bleiben sie der reduktionistischen Grundhaltung treu?
7. In der Beschreibung von [DAS RITUELLE MILCHOPFER] heißt es, dass Gustav »im selben Moment« Wissen erwirbt, in dem seinem Onkel Franz klar wird, dass er sein tägliches Ritual vergessen hat (und dass Martha die Wahrheit sagt). Man könnte aber Goldbergs Argument, dass auf diesem Wege testimoniales Wissen auf der Basis von unsicherem Zeugnis generiert wird, widersprechen, indem man annimmt, Gustav erwerbe zunächst für einen kur-

zen Zeitraum eine unsichere Überzeugung, die erst in der Folge – durch das Schweigen seines Onkels – zu Wissen wird. Wie wirkt sich die genaue zeitliche Abfolge – von Marthas Blick in den Kühlschrank bis zu Gustavs Urteilsbildung – auf den epistemischen Status der entsprechenden Überzeugungen aus? (Eine mögliche Antwort hierzu findet sich bei Lackey 2008: 82.)

Kommentierte Auswahlbibliographie

Gesamtdarstellungen

Coady, C. A. J. (1992): *Testimony. A Philosophical Study.* Oxford: Oxford University Press.
Coadys Buch kann man mit Fug und Recht als modernen Klassiker bezeichnen, da es maßgeblich zur Ausweitung der Zeugnisdebatte in der analytischen Erkenntnistheorie beigetragen hat. Zwar halten viele von Coadys Argumenten einer genaueren Überprüfung nicht stand, doch lohnt sich die Lektüre dennoch, zumal der Band den Zeugnisbegriff auch in seiner Anwendung – etwa im juristischen Bereich – diskutiert.

Gelfert, Axel (2014): *A Critical Introduction to Testimony.* London: Bloomsbury.
Eine umfassende Gesamtdarstellung, die die Debatte der letzten zwanzig Jahre resümiert und zu ordnen versucht. Alle Hauptstränge der Zeugnisdebatte werden einer detaillierten Analyse unterzogen; zusätzlich wird der Versuch unternommen, eine »hybride« Position zu entwickeln, die Elemente sowohl des Reduktionismus als auch des Antireduktionismus vereint. Abgerundet wird der Band durch Kapitel zum Expertenzeugnis, zu Pathologien des Zeugnisbegriffs (z. B. Gerüchte), und zu Verbindungen zwischen der Zeugnisdebatte und der Debatte über den Wert des Wissens.

Sammelbände und Primärtexte

Lackey, Jennifer und Sosa, Ernest (Hg.) (2006): *The Epistemology of Testimony.* Oxford: Oxford University Press.
Zwar ist der Titel dieses Sammelbandes insofern irreführend, als er nicht den Versuch unternimmt, die Erkenntnistheorie des Zeugnisbegriffs in seiner Breite abzudecken, dennoch vermitteln die versammelten Beiträge eine Momentaufnahme der analytischen Debatte anno 2006.

Matilal, Bimal Krishna and Chakrabarti, Arindam (Hg.) (1994): *Knowing From Words. Western and Indian Philosophical Analysis of Understanding and Testimony.* Dordrecht: Kluwer.
Neben Coady (1992) eines der einflußreichsten Bücher am Anfang der jüngsten Expansionsphase der philosophischen Debatte zum Zeugnisbegriff. Neben hochkarätigen Beiträgen aus der analytischen Erkenntnistheorie versammelt der Band auch Analysen, die sich der zentralen Rolle des Zeugnisbegriffs z. B. in der indischen Philosophie widmen.

Faulkner, Paul (2011): *Knowledge on Trust.* Oxford: Oxford University Press.
Faulkner entwickelt in seiner Monographie eine durchdachte und hochkomplexe Theorie testimonialer Rechtfertigung, derzufolge der Zeugnisempfänger – sofern er konkrete Anhaltspunkte dafür hat, dass der Zeuge vertrauenswürdig ist – die »erweiterte Rechtfertigung« für das, was bezeugt worden ist, erhält.

Kusch, Martin (2002a): *Knowledge by Agreement. The Programme of Communitarian Epistemology.* Oxford: Oxford University Press.
Kuschs programmatisch angelegte Monographie skizziert die Grundzüge einer kommunitaristischen Erkenntnistheorie und diskutiert dabei insbesondere das theoretische Patt, in das sich seiner Ansicht nach Reduktionisten und Antireduktionisten verstrickt haben. Der kommunitaristische Lösungsvorschlag besteht darin, Wissen als sozialen Status zu betrachten; das Zeugnis anderer dient dazu, Wissensgemeinschaften zu bekräftigen.

Lackey, Jennifer (2008): *Learning from Words. Testimony as a Source of Knowledge.* Oxford: Oxford University Press.
Zum Großteil basierend auf ihren zahlreichen Einzelbeiträgen entwickelt Lackey in ihrer Monographie ein reliabilistisches Modell, demzufolge die Quelle testimonialer Rechtfertigung nichts anderes als die objektive Verlässlichkeit der Äußerung selbst ist. Der Zeuge als Person tritt damit hinter das verlässliche Wort als Wissensquelle zurück.

Weiterführende Spezialliteratur

Moran, Richard (2005): »Getting told and being believed.« In: *Philosophers' Imprint.* 5. 1–29.
Moran argumentiert, ausgehend von Ross (1986), dass das Zeugnis eines anderen dem Zeugnisempfänger dadurch epistemische Rechtfertigung liefert, dass der Zeuge durch seinen Sprechakt Verantwortung für die Wahrheit dessen übernimmt, was er dem Zeugnisempfänger mitteilt. Das Zeugnis anderer hat damit eine genuin interpersonale Dimension, die den anderen Wissensquellen fehlt.

Mößner, Nicola (2010): *Wissen aus dem Zeugnis anderer. Der Sonderfall medialer Berichterstattung.* Paderborn: Mentis.
Mößner diskutiert das Zeugnis als Wissensquelle anhand des Sonderfalls medialer Berichterstattung und trägt damit zum wachsenden Zweig der angewandten sozialen Erkenntnistheorie bei.

Weitere Literatur

Burge, Tyler (1993): »Content preservation.« In: *The Philosophical Review.* 102. 457–488.

Coady, C. A. J. (1989): Reid on memory. In: Melvin Dalgarno and Eric Matthews (Hg.): *The Philosophy of Thomas Reid.* Dordrecht: Kluwer. 225–246.

Fricker, Elizabeth (1994): Against gullibility. In: Bimal Krishna Matilal and Arindam Chakrabarti (Hg.): *Knowing From Words. Western and Indian Philosophical Analysis of Understanding and Testimony.* Dordrecht: Kluwer. 125–161.

Fricker, Elizabeth (1995): »Telling and trusting. Reductionism and anti-reductionism in the epistemology of testimony.« In: *Mind.* 104. 393–411.

Fricker, Elizabeth (2004): Testimony. Knowing through being told. In: Ilkka Niiniluoto, Matti Sintonen and Jan Woleński (Hg.): *Handbook of Epistemology.* Dordrecht: Kluwer. 109–130.

Gelfert, Axel (2009): »Indefensible middle ground for local reductionism about testimony.« In: *Ratio.* 22. 170–190.

Gelfert, Axel (2010): »Hume on testimony revisited.« In: *Philosophiegeschichte und logische Analyse.* 13. 60–75.

Goldberg, Sanford (2005): »Testimonial knowledge through unsafe testimony.« In: *Analysis.* 65. 302–311.

Govier, Trudy (1993): Needing each other for knowledge. Reflections on trust and testimony. In: Eric Krabbe, Renée Dalitz and Pier Smit (Hg.): *Empirical Logic and Public Debate. Essays in Honour of Else M. Barth.* Amsterdam: Rodopi. 13–26.

Grimm, Jacob und Wilhelm (1854–1960): *Deutsches Wörterbuch.* 16 Bde. Leipzig: S. Hirzel.

Hume, David (1999): *An Enquiry Concerning Human Understanding.* (Hg.) Tom L. Beauchamp. Oxford: Clarendon Press.

Insole, Christopher (2000): »Seeing off the local threat to irreducible knowledge by testimony.« In: *The Philosophical Quarterly.* 50. 44–56.

Krämer, Sybille (2008): *Medium, Bote, Übertragung. Kleine Metaphysik der Medialität.* Frankfurt/Main: Suhrkamp.

Kusch, Martin (2002b): »Testimony in communitarian epistemology.« In: *Studies in History and Philosophy of Science.* 33. 335–354.

Lackey, Jennifer (1999): »Testimonial knowledge and transmission.« In: *The Philosophical Quarterly.* 49. 471–490.

McDowell, John (1994): Knowledge by hearsay. In: Bimal Krishna Matilal and Arindam Chakrabarti (Hg.): *Knowing From Words. Western and Indian Philosophical Analysis of Understanding and Testimony.* Dordrecht: Kluwer. 195–224.

Pritchard, Duncan (2004): »The epistemology of testimony.« In: *Philosophical Issues.* 14. 326–348.

Reid, Thomas (1872): *The Works of Thomas Reid* (Bd. 1, hg. v. William Hamilton). Edinburgh: Maclachlan und Stewart.

Reid, Thomas (1983): *Inquiry and Essays* (hg. v. Ronald E. Beanblossom and Keith Lehrer). Indianapolis: Hackett.

Ross, Angus (1986): »Why do we believe what we are told?« In: *Ratio.* 28. 69–88.

Scholz, Oliver Robert (2000): »…die Erfahrungen anderer… adoptieren…«. Zum erkenntnistheoretischen Status des Zeugnisses anderer. In: Michael Hampe und Maria-Sybille Lotter (Hg.): »*Die Erfahrungen, die wir machen, sprechen gegen die Erfahrungen, die wir haben*«. *Über Formen der Erfahrung in den Wissenschaften.* Berlin: Duncker und Humblot. 41–63.

Sosa, Ernest (1991): Testimony and coherence. In ders.: *Knowledge in Perspective. Selected Essays in Epistemology.* Cambridge: Cambridge University Press. 215–222.

Welbourne, Michael (1986): *The Community of Knowledge.* Aberdeen: Aberdeen University Press.

Wilholt, Torsten (2007): »Soziale Erkenntnistheorie. Die individualistische Tradition der Erkenntnistheorie.« *Information Philosophie.* Nr. 5/2007. Online unter http://www.information-philosophie.de/?a=1&t=700&n=2&y=1&c=2.

INDUKTION UND DER SCHLUSS AUF DIE BESTE ERKLÄRUNG

Thomas Bartelborth

1. Einleitung
2. Die konservative Induktion
3. Humes Problem der Induktion
4. Andere Formen induktiven Schließens
    4.1 Poppers Falsifikationismus
    4.2 Eliminative Induktion
    4.3 Die deduktiv-hypothetische Theorienbestätigung
    4.4 Der Bayesianismus
5. Der Schluss auf die beste Erklärung
    5.1 Das Grundschema der Abduktion
    5.2 Erklärungsstärke und Kohärenz
    5.3 Kreative Formen der Abduktion
6. Induktion und Metaphysik
7. Das Rabenparadox

1. Einleitung

Ein Grundproblem der Erkenntnistheorie ist die Frage, wann wir über eine gute Begründung für eine Meinung verfügen, d. h., was gute Hinweise auf die Wahrheit einer bestimmten Überzeugung sind. Das ist eine ebenso zentrale Frage für die Annahme wissenschaftlicher Theorien bzw. Hypothesen. Sie sollten gut begründet sein und dürfen keinesfalls willkürlich akzeptiert werden. Eine Begründung wissenschaftlicher Theorien kann anhand von empirischen Daten geschehen oder sich auf andere schon etablierte Theorien und weiteres Hintergrundwissen stützen. Für die Ableitung oder Begründung wissenschaftlicher Theorien spricht man in der Wissenschaftstheorie in der Regel von *Induktion* oder *Induktionsschlüssen*. Dabei betrachten wir die Frage der Datenerhebung meist schon als geklärt und fragen uns nur noch, welche Daten im Lichte unseres Hintergrundwissens in welchem Maß für welche Theorien sprechen. Dabei meine ich mit Daten hier Rohdaten, die direkt unsere Beobachtungen wiedergeben. Davon abgeleitete Daten setzen selbst bereits gewisse Induktionsschlüsse voraus.

Wir grenzen induktive Rechtfertigungen außerdem von *deduktiven* Schlüssen bzw. deduktiven Begründungen ab. Deduktive Begründungen sind irrtumssichere Begründungen, sobald ihre Prämissen als wahr betrachtet werden dürfen. Wenn wir also schon sicher wissen, dass *alle* Raben schwarz sind, dann können wir ebenso sicher sein, dass der nächste Rabe, den wir sehen werden, schwarz ist. Der Schluss selbst ist hier deduktiver Natur. Wenn unsere Ausgangsannahmen wahr sind, dann muss genauso unsere Schlussfolgerung wahr sein. Doch in der

Wissenschaft sind wir oft nicht in einer so komfortablen Situation. Wissenschaftliche Aussagen sind häufig schwer nachweisbare Allbehauptungen. Es geht uns z. B. darum, zunächst die Aussage zu begründen, dass tatsächlich *alle* Raben schwarz sind. Doch schon eine so kleine Theorie wie unsere Rabentheorie lässt keine *sicheren* empirischen Begründungen zu. Selbst wenn wir sehr viele Raben auf ihre Farbe hin untersuchen, können wir nicht völlig ausschließen, dass irgendwann noch ein weißer Rabe geboren wird und unsere Rabentheorie umstößt. Der Schluss von vielen beobachteten schwarzen Raben auf unsere Rabentheorie ist daher nur ein *induktiver Schluss* bzw. die Rabentheorie wird durch unsere Daten nur *induktiv* begründet. Sogar wenn wir uns bei den Daten ganz sicher sind, können wir nicht mit entsprechender Sicherheit auf die *Rabentheorie* schließen. Wissenschaftliche Behauptungen sind vielfach noch erheblich riskanter und besagen etwa, dass alle Materie aus unsichtbar kleinen Teilchen zusammengesetzt ist, die sich nach den seltsamen Gesetzen der Quantenmechanik richten. Hier ist die epistemische Kluft zwischen den Daten und den entsprechenden Theorien noch einmal deutlich größer. Es handelt sich also ganz klar um *induktive Begründungen*. Die folgenden Beispiele beleuchten noch weiter, was hier unter *Induktion* verstanden werden soll.

Von besonderer Bedeutung sind in der Wissenschaft *kausale Behauptungen*, und die sind außerordentlich schwer zu begründen. So behaupten Wissenschaftler etwa: »Papilloma-Viren verursachen Gebärmutterhalskrebs« oder »Senkungen der Leitzinsen beleben die Wirtschaft.« Hierbei geht es nicht nur darum zu zeigen, dass Ereignisse der genannten Art auftreten, sondern vor allem darum nachzuweisen, dass die ersteren tatsächlich die zweiteren herbeigeführt haben. Das verlangt nach ganz speziellen Daten. Allgemein ist allerdings die Frage schwer zu beantworten, welche Daten für oder gegen bestimmte Theorien sprechen und wie stark diese Bestätigungen jeweils sind.

Eine erste einfache Regel (genannt *Nicods Kriterium*: NK) besagt, dass zumindest die einzelnen *Instanzen* einer wissenschaftlichen Allaussage diese Aussage ein Stück weit begründen. Für unsere Rabenhypothese H: »Alle Raben sind schwarz« wären demnach alle schwarzen Raben, die wir finden, eine erste induktive Bestätigung (und Raben, die sich nicht als schwarz erweisen, eine Widerlegung). Doch selbst die simple Regel (NK) ist nicht unumstritten. Betrachten wir z. B. die Hypothese H*: »Alle Menschen sind kleiner als 2,50 m.« Stoßen wir nun auf Menschen in Sibirien, die bereits die Größe von 2,48 m erreicht haben, so handelt es sich zwar noch um Instanzen von H*, aber wir würden intuitiv nicht sagen, dass H* dadurch gestärkt würde. Im Gegenteil, wir würden vermutlich eher annehmen, dass es dann bald auch Menschen mit 2,50 m Größe geben wird.

Damit haben wir das erste Problem der Induktion beschrieben, nämlich genauer anzugeben, nach welchen Regeln man induktive Schlüsse oder induktive Begründungen vollziehen sollte. Dabei wird in diesem Text der *Schluss auf die beste Erklärung* im Mittelpunkt stehen. Das zweite Problem ist, diese Regeln gegen einen *Induktionsskeptiker* zu verteidigen. David Hume hat generelle Argumente dafür vorgetragen, dass kein Induktionsverfahren selbst wieder in rationaler Weise gerechtfertigt werden kann. Zur ersten Frage werde ich zunächst die einfachste Form der Induktion (die konservative Induktion) schildern und danach kurz zur zweiten Frage das Rechtfertigungsdilemma beschreiben, in dem wir uns befinden. Danach werde ich mich wieder der ersten Frage zuwenden und den unterschiedlichen Ansätzen der Induktion widmen und insbesondere zeigen, wie der Schluss auf die beste Erklärung dort hineingehört.

2. Die konservative Induktion

Typischerweise extrapolieren wir im Alltag aus unseren bisherigen Erfahrungen auf zukünftige Ereignisse. Wenn wir bisher immer wieder Kopfschmerzen nach heftigem Rotweingenuss bekamen, werden wir das beim nächsten Mal ebenfalls erwarten. Wenn unsere Treppe uns immer gut getragen hat, betreten wir sie und ähnliche Treppen immer wieder ohne ungute Gefühle. Auch in der Wissenschaft extrapolieren wir so. Wenn sich bisher immer alle Metalle, die wir erhitzt haben, daraufhin ausdehnten, so erwarten wir das genauso für den nächsten Fall oder schließen sogar: Alle Metalle, die erhitzt werden, dehnen sich aus. Das nennt man die *konservative Induktion*. Sie ist die einfachste Art des induktiven Schließens und heißt konservativ, weil wir dabei nur auf solche Vorhersagen oder Aussagen schließen, die *dieselben Begriffe* benützen, wie die, die wir schon zur Beschreibung unserer Daten eingesetzt haben. Wir schließen hier also nicht auf unbeobachtbare Dinge hinter den Phänomenen, sondern nehmen nur eine einfache Extrapolation vor, nach dem Motto »more of the same« bzw. »weiter so«.

Das Verfahren kommt in recht unterschiedlichen Varianten vor. Als universeller Schluss wie oben in dem

Beispiel oder auch – weit weniger anspruchsvoll – als *spezielle Inferenz*, in der wir nur darauf schließen, dass das nächste Stück Metall, das wir untersuchen, sich auch ausdehnen wird, wenn es erhitzt wird. Das kann noch mit dem Ausdruck »wahrscheinlich« qualifiziert werden. Überhaupt gehören auch *einfache Wahrscheinlichkeitsschlüsse* hierhin. Etwa: Wenn bisher 15 % aller Patienten mit Lassa-Fieber daran gestorben sind, so schreiben wir dem nächsten Lassa-Fieber Infizierten eine 15 %-Chance zu sterben zu, oder wir schließen gleich universeller, dass ca. 15 % aller von Lassa-Fieber Betroffenen sterben.

Hierbei handelt es sich jeweils um *Verallgemeinerungsschlüsse* von Stichproben auf größere Gesamtheiten, bei denen u. a. die Frage ist, wie *repräsentativ* die Stichproben sind. Sind sie in den untersuchten Hinsichten ähnlich zur Grundgesamtheit, die wir im Auge haben? Nur dann können wir von Eigenschaften der Stichprobe auf entsprechende Eigenschaften der Gesamtheit schließen. Hier deutet sich schon an, wie *Hintergrundwissen* in unsere Induktionsüberlegungen eingeht. Typischerweise sind wir auf die zusätzliche Annahme angewiesen, dass die Grundgesamtheiten relativ homogen bezüglich der untersuchten Merkmale sind, damit die Stichproben repräsentativ ausfallen.

Aber auch der umgekehrte Fall, der sogenannte *statistische Syllogismus*, stellt einen konservativen Induktionsschluss dar. Wir schließen dabei aus Kenntnissen über die Grundgesamtheit auf Einzelfälle. Wenn wir bereits wissen, dass die allgemeine Sterblichkeit bei Lassa-Fieber 15 % beträgt, so können wir für einen neuen Fall von Lassa-Fieber vorhersagen, dass er mit 15 % Wahrscheinlichkeit zum Tode führen wird. Doch auch dieser sehr wichtige Schluss (auf den wir uns an vielen Stellen in der klassischen Statistik stützen müssen) ist nicht unproblematisch. Er ist nur dann wirklich statthaft, wenn die Grundgesamtheit eine *geeignete Referenzklasse* für unseren Einzelfall darstellt, d. h., wenn die Elemente der Grundgesamtheit, die wir heranziehen, im Wesentlichen dieselben für den Tod relevanten Begleitfaktoren aufweisen, die unser Einzelfall aufweist. Handelt es sich etwa um eine schwangere Frau, liegt die Sterblichkeit von Lassa-Fieber wesentlich höher als 15 %. Unsere bisherige Grundgesamtheit wäre dafür also keine geeignete Referenzklasse, sondern vielmehr die Menge der schwangeren Frauen mit Lassa-Fieber. Aber vielleicht gibt es sogar noch weitere relevante Faktoren, die wir berücksichtigen müssen.

3. Humes Problem der Induktion

Doch selbst die einfache konservative Induktion ist nicht leicht zu rechtfertigen. David Hume (1711–1776) hat ein allgemeines Argument gegen jede Form von Rechtfertigung eines Induktionsprinzips (IP) vorgetragen (Hume 1888: I.III–VI). Nehmen wir an, wir hätten beobachtet, dass die Objekte a, b und c jeweils die Eigenschaft P haben und schließen mit (IP) darauf, dass auch unser nächstes Objekt d wieder P aufweisen wird. Um (IP) nun selbst zu rechtfertigen, müssten wir eine *Begründung* für die Annahme von (IP) finden. Diese kann nur deduktiv oder induktiv sein. Gäbe es eine deduktive Begründung für (IP), so gäbe es damit auch eine deduktive Begründung für unser Argumentationsziel P(d) aus unseren Daten. Doch das wäre ein gehaltserweiternder Schluss und solche können nicht deduktiv sein. Also kann es nur eine induktive Begründung für (IP) geben. Doch wie soll die aussehen? Hier droht ein Rechtfertigungszirkel, jedenfalls wenn wir etwa argumentieren, dass wir (IP) deshalb für wahrheitsförderlich halten, weil es sich in vielen Fällen in der Vergangenheit bewährt hat. Dann würden wir in unserer Begründung wiederum (IP) anwenden und so mit Hilfe von (IP) gerade (IP) selbst rechtfertigen, obwohl wir doch erst wissen wollen, ob wir (IP) tatsächlich anwenden dürfen. Man könnte natürlich stattdessen ein anderes Induktionsprinzip (IP*) verwenden, um (IP) zu rechtfertigen. Doch dann müssten wir zuerst (IP*) rechtfertigen und dort wiederholt sich unser ursprüngliches Problem. Das wäre also kein Ausweg. Ist es aber tatsächlich ein bedenklicher Zirkel, dasselbe Prinzip zur Rechtfertigung heranzuziehen, das man erst rechtfertigen möchte? Ja, denn damit stützen wir uns bereits auf das, was erst zu begründen wäre. Da jedes Argument höchstens so stark ist wie die schwächste Prämisse, haben wir damit noch nichts gewonnen für die Frage, wie gut nun (IP) begründet wurde. (→ Skeptizismus)

Und es kommt sogar noch schlimmer. Auch ein Vertreter der sogenannten »*revolutionären Induktion*« könnte sein Verfahren in entsprechender Weise begründen. Der Vertreter der revolutionären Induktion (RI) sagt im Unterschied zur konservativen Induktion: »It's time for a change.« Wenn bisher alle Objekte P aufwiesen, so wird das nächste wohl nicht mehr P sein. Wir kennen dieses Verfahren aus dem sogenannten *Fehlschluss des Spielers*. Wenn bisher 10-mal Rot kam, so schließen wir gern (aber fälschlicherweise), dass dann wohl als Nächstes

Schwarz kommen wird. Im Normalfall ist uns jedoch klar, dass (RI) ein unsinniges Schlussverfahren darstellt. Leider kann sein Vertreter ganz ähnlich argumentieren, wie die Verteidiger von (IP) oben. Er wird sagen, dass man mit (RI) in der Vergangenheit fast immer schlecht gefahren ist, also (und hier wendet er (RI) auf der Metaebene an) ist zu erwarten, dass (RI) bei der nächsten Anwendung erfolgreich ist. Das Ganze beweist nur, dass wir es dem Verteidiger von (RI) zu einfach gemacht haben. Niemand sollte sich in der Rechtfertigung eines Induktionsverfahrens bereits auf das Verfahren selbst stützen dürfen. Dann allerdings verfügen wir auch über keine Begründung von (IP) mehr. Neuere Antworten auf den Skeptiker bemühen u. a. spieltheoretische Argumente oder gehen andere Wege (vgl. Schurz 2008a; Bartelborth 2001).

4. Andere Formen induktiven Schließens

4.1 Poppers Falsifikationismus

Karl R. Popper (1902–1994) hielt Humes skeptische Überlegungen für stichhaltig und suchte daher nach einem neuen Weg, mit dem Induktionsproblem umzugehen (Popper 1984). Seiner Ansicht nach gibt es *keine induktive Bestätigung* einer Hypothese, sondern nur *deduktive* Schlüsse aus einer Hypothese und darauf aufbauende *Falsifikationen* der Hypothese. Theorien stellen für ihn zunächst eine Allbehauptung auf wie (G): »Alle Gegenstände aus Metall dehnen sich aus, wenn sie erhitzt werden.« Da das ebenso für die Zukunft wie für die Vergangenheit gelten soll, ist es ausgeschlossen, dass wir eine solche Behauptung jemals vollständig überprüfen und verifizieren können. Wir haben immer nur einen kleinen Teil der Instanzen der Aussage (G) überprüft. Aus der Behauptung können wir aber einzelne deduktive Schlussfolgerungen ziehen. Die Theorie sagt z. B. voraus, dass das nächste Stück Metall, das wir erhitzen, sich ebenfalls ausdehnen wird. Jede dieser Vorhersagen stellt einen *Test* für die Theorie dar, bei dem sie scheitern könnte; das heißt, wenn er fehlschlägt, könnten wir sie definitiv als falsch nachweisen. Das war Poppers Ansatzpunkt: Eine wissenschaftliche Theorie ist zwar nicht *verifizierbar*, aber zumindest *falsifizierbar*. Wenn sie ernsthafte Falsifikationsversuche unbeschadet übersteht, so hat sie sich für Popper *bewährt* und wir können uns in unseren Entscheidungen weiter auf sie stützen.

Allerdings dürfen wir seiner Meinung nach diese *Bewährung* nicht mit einer Form induktiver Bestätigung einer Theorie verwechseln, denn sonst würden wir wieder in das Humesche Problem der Induktion zurückfallen. Kritiker haben bemängelt, dass damit unklar bleibt, was die Bewährung über eine Theorie überhaupt aussagen kann, wenn sie keine positive Auszeichnung darstellt, die wir als Indiz für die Wahrheit der Theorie auffassen dürfen. All unsere Falsifikationen lassen schließlich unendlich viele Theorien als nicht falsifiziert zurück. Warum sollten wir eine von denen hervorheben? Popper und seine Anhänger konnten darauf keine überzeugende Antwort finden.

Eine andere Kritik an Popper stammt vom Wissenschaftshistoriker Thomas S. Kuhn (1922–1996), der an Beispielen aus der Wissenschaftsgeschichte nachweisen möchte, dass Wissenschaftler keinesfalls darum bemüht sind, falsifizierende Anwendungen ihrer Theorien zu finden (Kuhn 1976). Wenn sie doch auf eine solche stoßen, versuchen sie, ihre Theorien durch Zusatzannahmen zu retten. Popper weist solche Hilfsannahmen als *Ad-hoc-Hypothesen* zurück, jedenfalls in dem Fall, in dem sie nur dem Zweck dienen, eine Theorie vor der Falsifizierung zu bewahren. Doch solche Zusatzannahmen haben sich in der Geschichte der Wissenschaften oft bewährt. Sie sind daher nicht so leicht von vornherein als falsch einzustufen.

Schema für die Falsifikation einer Theorie

1. Aus einer Theorie T und bestimmten begründeten Hilfsannahmen $A_1,\ldots,A_n$ folgt deduktiv ein Beobachtungssatz B.
2. Wir beobachten, dass B falsch ist.
3. Schlussfolgerung: Also wird T als falsifiziert verworfen, da die Hilfsannahmen gut begründet sind und vermutlich nicht zu dem Versagen der Theorie geführt haben.

4.2 Eliminative Induktion

Um Poppers Verfahren zu verbessern, können wir es zur sogenannten *eliminativen Induktion* ergänzen, die für die tatsächlichen Vorgehensweisen in der Wissenschaft eine große Bedeutung besitzt. Sie ist übrigens auch das Schlussverfahren, das Sherlock Holmes gegenüber Dr. Watson propagiert. Oft befinden wir uns in der Wissenschaft in der günstigen Situation, dass nur eine kleine

Anzahl von Theorien $T_1,\ldots,T_n$ als mögliche Kandidaten für die korrekte Beschreibung eines bestimmten Anwendungsbereichs in Frage kommen. Das heißt, wir nehmen an, dass sich die wahre Theorie zu diesem Bereich in unserer Liste befindet. Wenn es uns dann gelingt, alle Theorien bis auf eine durch Falsifikationen zu eliminieren, so haben wir die richtige Theorie gefunden bzw. Sherlock Holmes hat den wahren Täter ermittelt.

In der Wissenschaft findet sich das Verfahren in ähnlicher Form in kontrollierten Experimenten, die wir oft mit *Signifikanztests* auswerten. Wenn wir eine einfache Hypothese H bestätigen möchten (nach der etwa U den Effekt E verursacht; es ist z. B. U die Gabe eines Medikaments und E die Heilung), versuchen wir dazu eine Gegenhypothese H_0 aufzustellen und diese probabilistisch zu falsifizieren. Weitere denkbare Konkurrenzhypothesen sollen meist anhand des Versuchsaufbaus falsifiziert werden. Zu diesem Zweck betrachten wir etwa eine Versuchs- und eine Kontrollgruppe, die so zusammengestellt wurden (z. B. per Zufallsauswahl), dass vermutlich alle relevanten Faktoren bis auf U auf beide Gruppen gleich verteilt sind. U sollte hingegen möglichst nur in der Versuchsgruppe auftreten. Finden wir nun den Effekt E ebenfalls nur in der Versuchsgruppe und nicht in der Kontrollgruppe, haben wir Grund zu der Annahme, dass U den Effekt E verursacht hat, da die möglichen anderen Faktoren als Ursache für diesen Unterschied ausgeschlossen werden können, weil sie in beiden Gruppen in gleicher Weise vorliegen.[1] Damit sind viele mögliche Hypothesen auf einen Schlag falsifiziert worden.

Allerdings handelt es sich in der Medizin oder den Sozialwissenschaften oft nur um *probabilistische Effekte*, d. h., in der Versuchsgruppe tritt etwas häufiger E auf als in der Kontrollgruppe, aber eben nicht immer. Dann bleibt eine weitere Gegenhypothese übrig, die es noch zu falsifizieren gilt. Das ist die Nullhypothese H_0, dass es sich bei unserem Versuchsergebnis bloß um eine *Zufallsschwankung* handelt und U in Wahrheit überhaupt keinen Einfluss auf E hat. Schon Popper erkannte allerdings, dass wir uns hier aufs Glatteis begeben, denn für probabilistische Hypothesen sind keine strikten Falsifikationen mehr möglich. Daher muss eine *probabilistische Falsifikation* her, nämlich die sogenannten Signifikanztests, die jedoch unter Wissenschaftstheoretikern recht umstritten sind (vgl. Howson/Urbach 1989).

Dabei wird zu H_0 ein *Zurückweisungsbereich* Z festgelegt. Sollte das experimentelle Ergebnis in den Bereich Z fallen, gilt H_0 als falsifiziert und damit H als indirekt gestützt. Dabei wird Z meist so festgelegt, dass bei Zutreffen der Hypothese H_0 es nur eine Wahrscheinlichkeit von höchstens 5 % gibt, dass das Resultat in den Bereich Z fallen wird. Das heißt, wenn ein Ergebnis beobachtet wird, das zu Z gehört, also ein Ergebnis auftritt, das bei Annahme von H_0 als sehr unwahrscheinlich gelten muss, dann gilt H_0 als *probabilistisch falsifiziert*. Das ist eine wichtige Anwendung einer neueren Variante der eliminativen Induktion. Fehlgeschlagene Signifikanztests (also Tests ohne signifikantes, d. h. falsifizierendes Ergebnis) können demnach eigentlich nicht weiter interpretiert werden. Sie sprechen jedenfalls nicht sogleich gegen H, sondern das Verfahren ist praktisch im Sande verlaufen, weil es uns nicht gelungen ist, alle Hypothesen bis auf eine zu falsifizieren. Das ist typisch für die eliminative Induktion.

Schema für einen Signifikanztest mit Experiment beschrieben als eliminative Induktion

1. Vermutlich ist eine der Theorien H, H_0, $H_1,\ldots,H_n$ eine wahre Beschreibung der Ursachen eines Phänomens E.
2. Durch den Vergleich von geeigneter Versuchs- und Kontrollgruppe im Experiment wissen wir, dass die Theorien $H_1,\ldots,H_n$ keine wahre Beschreibung der Ursachen von E darstellen.
3. Eine probabilistische Falsifikation der Nullhypothese H_0 durch ein signifikantes Ergebnis in unserem Experiment schaltet daneben auch noch H_0 aus.
4. Schlussfolgerung: Unsere Theorie H ist vermutlich eine wahre Beschreibung der Ursachen von E.

4.3 Die deduktiv-hypothetische Theorienbestätigung

Wenn es uns nicht gelingt, alle Konkurrenztheorien zu falsifizieren, zeigt sich ein Problem der eliminativen Induktion. Sie wird den positiven Aspekten nicht gerecht, die sich aus dem *Eintreffen der Vorhersage* einer Theorie ergeben können. Wir müssen eine Theorie nicht unbedingt indirekt bestätigen, indem wir ihre Konkurrenten schwächen oder eliminieren. Aus der allgemeinen Relati-

---

[1] Insbesondere wird man bei Medikamententests auch in der Kontrollgruppe nach Möglichkeit einen »Placebo« verabreichen, um zu verhindern, dass der Placeboeffekt den Unterschied ausmacht.

vitätstheorie folgte z. B. die überraschende Vorhersage, dass das Licht im Schwerefeld der Sonne eine Ablenkung erfährt. Das konnte einige Jahre später im Rahmen einer Sonnenfinsternis tatsächlich bestätigt werden und wurde als wichtiges Indiz für die Richtigkeit der Relativitätstheorie eingestuft. Das ist die Grundidee des *deduktiv-hypothetischen Bestätigungskonzeptes*. Danach wird eine Theorie durch ihre (deduktiv abgeleiteten) Vorhersagen bestätigt, wenn diese sich als wahr erweisen.

Allerdings müssen wir in der Regel zusätzlich zur Theorie weitere *Hilfsannahmen* hinzunehmen, um aus einer Theorie deduktive Schlüsse auf Beobachtbares ziehen zu können. Aus der Gravitationstheorie allein können wir nicht erschließen, wann die nächste Sonnenfinsternis stattfinden wird. Wir benötigen zumindest zusätzliches Wissen darüber, welche Planeten mit welchen Massen und Impulsen es gibt. Diese Hilfsannahmen sollten ihrerseits bereits induktiv gut gestützt sein. Das zeigt schon, wieso wir die Grundidee noch ergänzen müssen. Popper könnte sonst einwenden, dass wir z. B. mit entsprechenden Ad-hoc-Annahmen Vielerlei ableiten können, das nicht wirklich Auskunft über unsere Theorie gibt.

Problematisch ist an dem deduktiv-hypothetischen Bestätigungsverfahren, dass die Ableitung von Vorhersagen noch keinen relevanten Zusammenhang zwischen Theorie und Daten herstellen muss. Wenn E aus T herleitbar ist, so ist es ebenso aus der Konjunktion T&H mit beliebigem H deduzierbar. Die würde daher ebenso durch E bestätigt. Also würde ein beliebiges H durch E zumindest mitbestätigt. Das sollte eigentlich nur der Fall sein, wenn ein bestimmter relevanter Zusammenhang zwischen H und E besteht. Im Schluss auf die beste Erklärung bzw. der Abduktion wird zu diesem Zweck gefordert, dass die bestätigte Theorie H das Datum E *erklären* muss, um durch E bestätigt zu werden. Die Abduktion, die wir im nächsten Kapitel vorstellen, vereint zudem alle Ideen der zuletzt genannten Induktionsverfahren.

4.4 Der Bayesianismus

Eine echte Alternative zu den bisher genannten Induktionsverfahren finden wir vor allem im klassischen *Bayesianismus*, der sich aus der *induktiven Logik* entwickelt hat. Danach werden alle Hypothesen, die wir erwägen, mit einer *subjektiven Wahrscheinlichkeit* versehen, die angibt, für wie plausibel wir die jeweilige Hypothese H halten. Gewinnen wir schließlich neue Daten E, wird diese Wahrscheinlichkeit nach der sogenannten *Konditionali-sierungsregel* »upgedatet«: $P_{nachher}(H) = P_{vorher}(H|E)$. Das heißt, sobald das Datum E auftritt, wählen wir $P_{nachher}(H)$ als neue Wahrscheinlichkeit für eine Hypothese H, als die Wahrscheinlichkeit, die wir vorher als die bedingte Wahrscheinlichkeit betrachtet haben, die wir akzeptieren würden, wenn E wahr wäre. Die letztere Wahrscheinlichkeit ermitteln wir meist mit Hilfe des Bayesschen Theorems, das besagt: $P(H|E) = P(H) \cdot P(E|H) / P(E)$. Daher stammt der Name des Ansatzes. Die Updateregel lässt sich als Rationalitätsforderung an die subjektiven Wahrscheinlichkeiten verstehen. Insgesamt werden Daten, die die Wahrscheinlichkeit einer Hypothese erhöhen (erniedrigen), als bestätigende (schwächende) Daten betrachtet. Der Vorteil ist, dass hier der Zusammenhang zwischen Bestätigung und induktiver Beziehung scheinbar sehr intuitiv ausfällt.

Aber trotzdem kennt der Bayesianismus viele Probleme, von denen ich nur drei nennen möchte: Erstens sind die *Ausgangswahrscheinlichkeiten subjektiv* bestimmt und können von Person zu Person nahezu beliebig variieren. Das hat etwa dazu geführt, dass der Bayesianismus im Rahmen der klassischen Statistik keine große Rolle mehr spielt. Außerdem ist der Zusammenhang zu den erkenntnistheoretischen Fragestellungen z. B. nach dem Akzeptieren einer Theorie weiterhin unklar. Bayesianer können immer nur von *Glaubensgraden* in Form von Wahrscheinlichkeiten sprechen und sagen uns nicht, wann wir eine Theorie *akzeptieren* sollten. Drittens scheinen wir gemäß dem Bayesianismus immer die *logisch schwächeren Theorien* zu bevorzugen, da aus den Wahrscheinlichkeitsaxiomen folgt, dass die schwächeren Behauptungen höhere Wahrscheinlichkeiten aufweisen als die stärkeren Behauptungen, aus denen sie ableitbar sind. Darauf hat schon Popper hingewiesen, für den die Erklärungsstärke einer Theorie und ihr Gehalt wichtige positive Kriterien der Theorienwahl sind. Auch das wird vom Schluss auf die beste Erklärung besser berücksichtigt (vgl. Earman 1992).

5. Der Schluss auf die beste Erklärung

Der *Schluss auf die beste Erklärung* oder auch das *abduktive Schließen* [2] stellt eine Weiterentwicklung der deduktiv-hypothetischen Theorienbestätigung und der eliminativen Induktion dar und vereint so die bestätigenden und falsifizierenden Aspekte einer Theorienwahl in einem Verfahren. Sehen wir vor uns Fußabdrücke im Schnee, so schließen wir sogleich, dass dort ein Mensch entlang gegangen sein muss. Dieser Schluss lässt sich am besten als Schluss auf die beste Erklärung rekonstruieren. Bei normalem Hintergrundwissen verfügen wir kaum über eine andere Erklärung für die beobachteten Spuren. Derartige Schlüsse finden wir an vielen Stellen unseres Alltags. Kommt jemand nass von draußen herein, nehmen wir sogleich an, dass es draußen regnet, denn das wäre wohl die beste Erklärung für seine Nässe. Allerdings fallen einem auch noch andere Erklärungen ein.

Schon Lipton (2004) identifizierte einige Stufen der Abduktion. Speziell für Detektive können wir sie einfach nachvollziehen. Wenn Sherlock Holmes etwa anhand von Indizien (dazu sollen auch Augenzeugenberichte gezählt werden) nach dem Mörder von Fritz sucht, so stellt er in einem *ersten* Schritt eine Liste der potentiellen Täter zusammen. Das sind etwa diejenigen, die über ein Motiv und die Gelegenheit verfügten, Fritz zu töten. Vorsichtshalber sollte man diese Liste eher größer halten und vielleicht alle aus dem Umfeld des Ermordeten hinzunehmen, die über kein Alibi verfügen, auch wenn wir noch kein Motiv erkennen können. Jeder Verdächtige führt zu einer entsprechenden Hypothese über die Ursachen der Tat. In einem *zweiten* Schritt versucht Holmes dann möglichst viele dieser Hypothesen zu eliminieren. Gegenüber Watson stellt er das manchmal so dar, als ob es sich um ein deduktives Verfahren handeln würde: Eliminiere alle Verdächtigen bis auf einen, dann ist der der Täter, ganz gleich wie unwahrscheinlich das auch ist.

Diese Darstellung ist jedoch nicht ganz richtig: Erstens ist das Verfahren nicht deduktiv. Es bleibt bei der Auswahl der Verdächtigen und ebenso in der Elimination immer ein Irrtumsrisiko. Wir können etwa einen Verdächtigen übersehen haben. Zweitens muss der Übrigbleibende bzw. die entsprechende Hypothese tatsächlich die Indizien gut *erklären* können. Wenn etwa Fingerabdrücke auf der vermutlichen Tatwaffe gefunden wurden, die nicht von ihm stammen, sollten wir das zumindest gut erklären können. Drittens kann natürlich leicht mehr als ein Verdächtiger übrig bleiben und wir müssen trotzdem nach einer Entscheidung suchen. Das geschieht typischerweise so, dass wir in einem *dritten* Schritt die verbleibenden Kandidaten daraufhin vergleichen, wer am besten zu einer Erklärung der Indizien beiträgt. Das ist typisch für Abduktionen. Wir hatten außerdem schon gesehen, wie schwierig strikte Falsifikationen von Hypothesen sind. Daher ist es wohl besser, etwas vorsichtiger zu formulieren, dass eine Hypothese bestimmte Daten nicht gut oder überhaupt nicht erklären kann und wegen solcher Erklärungsanomalien zurückgewiesen wird. Das passt so eher in das Abduktionsverfahren.

Auch in der Wissenschaft verfahren wir normalerweise abduktiv. Für die Entstehung von Gastritis und Magengeschwüren gab es zu Beginn der 1980er Jahre nur eine Theorie, nach der sie durch Stress entstehen. Dann kam die Hypothese hinzu, dass sie durch das Bakterium Helicobacter-Pylori verursacht werden. Die neue Hypothese konnte u. a. erklären, wieso eine Neu-Infektion mit dem Bakterium zu entsprechenden Magenbeschwerden führte (Selbstversuch der Ärzte), wieso eine Antibiotikabehandlung so erfolgreich gegen die Erkrankung war und weshalb die bisherigen Behandlungen mit säurebindenden Substanzen nur kurzfristige Erfolge zeitigten. Allerdings gab es auch weiterhin große Erklärungslücken, wie etwa, dass viele Träger des Bakteriums keine Beschwerden aufweisen. Aufgrund der größeren Erklärungskraft setzte sich aber die Bakterienhypothese durch (vgl. Thagard 1999). Die Stresshypothese konnte die genannten Phänomene kaum oder nur mit gewagten Hilfsannahmen erklären. Sie wurde nicht im strengen Sinne deduktiv falsifiziert, aber sie wies zu viele Erklärungsanomalien auf. Trotzdem müssen wir natürlich immer wieder die Frage stellen, ob es nicht doch andere Erklärungen gibt (also andere erklärende Hypothesen oder Theorien) und ob unser Auswahlkandidat tatsächlich eine zufriedenstellende Erklärung für alle bekannten Phänomene aufweist. Damit haben wir das grobe Schema des Schlusses auf die beste Erklärung am Beispiel kennengelernt.

---

[2] Ich unterscheide hier der Einfachheit halber nicht weiter zwischen induktiven Schlüssen und induktiven Rechtfertigungen und gehe außerdem davon aus, dass alle Abduktionen auch Schlüsse auf die beste Erklärung sind. Andere Abduktionen werden hier nicht betrachtet. Für ein mögliches Beispiel dazu Gabbay/Woods 2005, § 2.

5.1 Das Grundschema der Abduktion

Der Schluss auf die beste Erklärung besteht demnach schematisch zunächst aus zwei Schritten ähnlich der eliminativen Induktion. Im ersten Schritt versuchen wir, eine *Liste von potentiellen Erklärungshypothesen* aufzustellen. Diese sollte zum einen nicht zu groß sein, sondern noch übersichtlich bleiben, zum anderen sollte sie keine relevanten Möglichkeiten übersehen. Unser Hintergrundwissen erlaubt es uns häufig, solche Auswahllisten zu erstellen. Das belegen schon die genannten Beispiele und ebenso die folgenden. Im zweiten Schritt versucht man, eine *Auswahl* möglichst nur einer Theorie vorzunehmen: zunächst durch Elimination bestimmter Hypothesen und dann durch Vergleich der restlichen Hypothesen im Hinblick auf ihre Erklärungsstärke für die vorliegenden Daten. Die Elimination muss keineswegs eine strikte deduktive Falsifikation sein, sondern es genügt oft schon, wenn eine Hypothese eine Reihe von *Erklärungsanomalien* aufweist, während mindestens eine Konkurrenzhypothese deutlich mehr Phänomene erklären kann.

Gerhard Schurz (2008) hat eine hilfreiche Typologie abduktiver Schlüsse aufgestellt, die sich vor allem daran orientiert, welche Art von Konklusion wir erzielen möchten und welche Art von Hintergrundwissen wir dabei voraussetzen.[3] Wenn wir bereits wissen, dass Alkoholgenuss zu Kopfschmerzen führt, können wir unter bestimmten Umständen aus vorliegenden Kopfschmerzen auf die singuläre Tatsache *zurückschließen*, dass vermutlich ein Alkoholgenuss vorausgegangen ist. Wir können aber auch aus mehreren Episoden von Alkoholkonsum und darauf folgendem Kopfschmerz auf die *allgemeine Regel* schließen, dass Alkohol zu Kopfschmerzen führt. Das Zweite sind für die Wissenschaft normalerweise die spannenderen Schlüsse. Schurz unterscheidet vor allem zwischen rein *selektiven* Schlüssen und *kreativen* Formen der Abduktion. In den rein selektiven Fällen wählen wir nur noch in einer gegebenen Auswahlliste den besten Kandidaten. Man könnte sagen, der erste Schritt der Abduktion wird hier bereits durch unser Hintergrundwissen vorgegeben. In den kreativen Abduktionen führen wir dagegen sogar *neue Begriffe* und damit neue Hypothesen ein. Allerdings kann man sagen, dass auch der Schritt zu ganz neuen Hypothesen (wenn auch mit den alten Begriffen) bereits eine Form von Kreativität ist. Wir können also von *begrifflicher Kreativität* und bloßer *Hypothesenkreativität* sprechen. Allerdings zeigen Fallstudien, dass abduktives Schließen oft ein längerer Prozess ist, in dem beide Elemente (die bloße Auswahl und kreative Aspekte) eng miteinander verwoben sind.

Selbst in der Wissenschaft befinden wir uns häufiger in der Situation, dass eine Auswahl ganz bestimmter Hypothesen bereits »vorgegeben« ist. Wenn wir heutzutage in der Medizin nach der Ursache einer neuen Krankheit suchen, haben wir schon eine Liste von möglichen Ursachentypen, die nicht besonders lang ist und etwa Folgendes umfasst: Infektionskrankheiten, Erbkrankheiten, Mangelernährung, Vergiftungen, Erkrankungen des Immunsystems etc.. Innerhalb der einzelnen Typen von Krankheiten sind allerdings wiederum einige Untertypen zu unterscheiden. Infektionskrankheiten beinhalten solche durch Bakterien, Viren, Amöben etc. Bei der Untersuchung von Rinderwahnsinn war man schnell zu der Überzeugung gekommen, dass es sich um eine Infektionskrankheit handelt: Wenn man das Fleisch infizierter Tiere verfütterte, konnte man nämlich dadurch die Krankheit auslösen. Das können die anderen Hypothesen praktisch nicht *erklären* und so konnten sie eliminiert werden. Da aber antivirale und antibakterielle Mittel das Fleisch nicht desinfizieren konnten (so wurden wieder bestimmte Hypothesen eliminiert), erfolgte ein kreativer Schritt (begrifflich und Hypothesenkreativität). Um 1982 wurde durch Prusiner die Prionenhypothese entwickelt. So führte eine zunächst selektive Abduktion in eine Situation, in der keine gute erklärende Hypothese mehr übrig blieb, und so schließlich zu einer wichtigen wissenschaftlichen Entdeckung. Der kreative Prozess wurde hier durch die eliminative Abduktion vorbereitet (man wusste schon, in welchem Hypothesenbereich die Lösung liegen sollte: Infektionskrankheit), aber der kreative Schritt selbst ist nicht durch ein spezielles Schlussverfahren als Entdeckungsverfahren zu erreichen. Die Abduktion diente vielmehr der nachträglichen Rechtfertigung der Prionenhypothese als der besten verfügbaren Erklärung für die bekannten Fakten. Je genauer sie die Details der Krankheit zu erklären weiß, um so besser wird sie dadurch bestätigt.

Welche Faktoren unseres Hintergrundwissens die Auswahlliste bestimmen, ist von Fall zu Fall verschieden. In der Basisdisziplin Physik nehmen wir an, die vier Grundkräfte unserer Welt zu kennen. Daran drohen etwa astrologische Erklärungen zu scheitern, weil sie nicht er-

---

[3] Vgl. auch Aliseda 2006 und Gabbay/Woods 2005 für Vorschläge, wie die formale Struktur von Abduktionen beschrieben werden kann; doch auf solche formalen Ansätze werde ich hier nicht eingehen.

klären können, wie der Einfluss der Gestirne bei unserer Geburt auf unsere Charaktereigenschaften vonstattengegangen sein soll. Die Liste eines Detektivs wird von einfachen ersten Überlegungen zu Motiv und Gelegenheit bestimmt. Man könnte den ersten Schritt in diesem Fall als ersten groben Eliminationsschritt bezeichnen. Von allen möglichen Hypothesen bleiben nur noch die übrig, die zum einen gemäß unserem Hintergrundwissen eine Erklärung erbringen könnten und zum anderen nicht als zu utopisch (d. h. nicht kohärent in unser Hintergrundwissen passend) sofort ausgeschlossen werden. Natürlich ist dieser Schritt irrtumsgefährdet, aber er ist auch immer wieder aufrollbar. Prusiner hat seine neue Hypothese erst entwickelt, als die anderen Hypothesen schon versagt hatten. Die Schritte sind also nicht als endgültige Verfahrensschritte in einer bestimmten Reihenfolge zu denken. Der erste ist nur ein grober Kohärenzfilter mit kreativen Anteilen, während dem zweiten die Feinarbeit überlassen bleibt, konkurrierende Erklärungen genau miteinander zu vergleichen.

Im zweiten Schritt starten wir also die Detailarbeit anhand einer Liste von Hypothesen $\{H_1,\ldots,H_n\}$ mit ihren jeweiligen Erklärungen möglichst vieler unserer Daten $\{d_1,\ldots,d_m\}$. Zunächst suchen wir nach Hypothesen bzw. ihren zugeordneten Erklärungsansätzen, bei denen einige der Daten nicht erklärt werden können, obwohl die Theorien diese Daten oder Phänomene erklären können sollten. Wenn eine Gravitationstheorie bestimmte Planetenbewegungen nicht erklären kann, so ist das eine *Erklärungsanomalie* der Theorie. Deswegen muss sie nicht sogleich eliminiert werden, wenn es keine klar besseren Konkurrenten gibt. Die Newtonsche Gravitationstheorie war in ihrer Anfangszeit in dieser Situation. Da sie sehr viele Phänomene erklären konnte und keine ernstzunehmenden Konkurrenten besaß, wurde sie richtigerweise beibehalten. Sollte eine Theorie allerdings viele Erklärungsanomalien aufweisen und es erkennbar bessere Konkurrenten geben, sollte sie *eliminiert* werden.

Diese Eliminationen und weitere Erklärungsvergleiche verlangen letztlich einen komplizierten Vergleich der Hypothesen im Kontext unseres weiteren Hintergrundwissens (s. u.). Insbesondere müssen wir dabei die positiven Erklärungsleistungen der Konkurrenten berücksichtigen. Damit gehen wir über den ersten Schritt hinaus. Es beginnt ein kleinteiliger Vergleich der einzelnen Erklärungsleistungen. Ein großer Vorteil der Stufen-Konzeption ist dabei, dass wir uns auf dieser Stufe auf paarweise Vergleiche zwischen endlich vielen potentiellen Erklärungen beschränken können. Das ist oft sehr viel einfacher, als eine absolute Erklärungsstärke bestimmen zu wollen. Vor allem Paul Thagard (2000) und seine Mitstreiter haben in zahlreichen Fallstudien aus der Wissenschaft, aber auch über Gerichtsverfahren, gezeigt, wie ein solcher Vergleich vorgenommen werden kann. In der Wissenschaft müssen wir abwägen, welche Theorie mehr Phänomene mit weniger Hilfsannahmen mindestens gleich gut erklären kann, um unseren Favoriten zu bestimmen. Ob wir diese Theorie dann akzeptieren, hängt noch davon ab, wie groß der Vorsprung zu den Konkurrenten ist und für wie gut wir die Erklärungsleistung der Theorie insgesamt erachten. Hier müssen wir also Sherlock Holmes widersprechen, der meinte, man müsse den nach der Elimination übrigbleibenden Kandidaten akzeptieren, ganz gleich wie unwahrscheinlich er sei (für eine kritische Darstellung s. Klärner 2003, Bartelborth 2005). Die Erklärungsleistung der besten Hypothese muss jedoch noch einen deutlich positiven Beitrag zur Gesamtkohärenz unseres Meinungssystems bieten, sonst sollten wir lieber Agnostiker bleiben und uns eines Urteils enthalten.

> **Grundschema des abduktiven Schließens**
> 1. Wir beobachten bestimmte Phänomene $d_1,\ldots,d_m$ aus einem Bereich.
> 2. Wir wählen eine umfassende Liste von potentiell erklärenden Hypothesen $H_1,\ldots,H_n$ dazu aus.
> 3. Wir eliminieren die Hypothesen, die einige der Daten nicht erklären können (Erklärungsanomalien).
> 4. Wir vergleichen die verbleibenden Hypothesen im Hinblick auf ihre Erklärungsqualität für möglichst viele der Phänomene $d_1,\ldots,d_m$.
> 5. Schlussfolgerung: Falls eine Hypothese alles in allem deutlich die beste Erklärung liefert, akzeptieren wir diese Hypothese als vermutlich wahr.

5.2 Erklärungsstärke und Kohärenz

Doch was sollen wir unter einer (wissenschaftlichen) Erklärung verstehen, und wie lassen sich Erklärungsstärken bestimmen? Dazu habe ich an anderer Stelle (Bartelborth 2007) für einen Vorschlag argumentiert, den ich in seinen Grundideen kurz vorstellen möchte. Man kann ihn stark vereinfacht als eine Ergänzung und Abwandlung des bekannten Hempelschen Schemas der *deduktiv-nomologischen Erklärung* verstehen. Nach Hempels DN-Schema wird ein Ereignis E dadurch erklärt, dass wir es aus wahren Naturgesetzen G und vorliegenden Rand- oder Anfangsbedingungen A deduktiv ableiten können. Das Schema soll zeigen, wie sich aus bestimmten Umständen A heraus zwangsläufig E entwickelt hat. Die Gesetze, die diesen Übergang beschreiben, müssen in der Erklärung explizit angegeben werden. Leider kann die Hempelsche Forderung der Deduktion des zu erklärenden Ereignisses E (dem Explanandumereignis) aus den erklärenden Bedingungen (dem Explanans) G&A diese Idee nicht korrekt umsetzen.

Ein einfaches Beispiel von Peter Achinstein (1983) zeigt die Defizite auf. Nehmen wir an, dass (A) jemand ein Pfund Arsen zu sich genommen hat, und es gilt das Gesetz (G), dass man stirbt, wenn man eine entsprechende Menge Arsen zu sich genommen hat. Stirbt er nun tatsächlich (E), so lässt sich das aus A und G ableiten. Aber ist das in jedem Fall auch die *richtige Erklärung* von E? Nehmen wir zusätzlich an, dass unsere Person vom Bus überfahren wurde, ehe das Arsen zu wirken begann. Dann ist der Busunfall die richtige Erklärung für sein Ableben und nicht der Arsenkonsum. Wie können wir das DN-Schema nun verbessern, um diesen Zusammenhang korrekt zu erfassen? Ein einfacher Verbesserungsvorschlag besagt, dass eine der angeführten Anfangsbedingungen A die *tatsächliche Ursache von E* sein muss und unser Gesetz G ein *Kausalgesetz*, das beschreibt, wie der Übergang von A zu E vonstattengeht. Damit können wir derartige Irrelevanzbeispiele ausschalten, in denen wir E zwar ableiten können, das Explanans aber nicht wirklich relevant für das Explanandum E ist.

Außerdem hat sich in vielen Beispielen gezeigt, dass die Forderung nach *strikten* Naturgesetzen zu stark ist. Wir erklären in vielen Bereichen der Wissenschaft wie der Biologie, der Medizin oder den Sozialwissenschaften auch mit etwas schwächeren Gesetzen (etwa Gesetzen mit starken Ceteris-paribus-Klauseln bzw. Normalfallannahmen) wie: »In Ländern mit niedrigem Bruttosozialprodukt gibt es *im Normalfall* eine hohe Säuglingssterblichkeit« (s. dazu Little 1998, Woodward 2000). Solche Ceteris-paribus-Generalisierungen, die durchaus Ausnahmen zulassen, bezeichne ich als *nomische Muster*, wenn sie dadurch gekennzeichnet sind, dass sie zumindest eine gewisse Invarianz oder *Stabilität* unter Änderungen bestimmter Randbedingungen aufweisen. Wir erwarten von derartigen Mustern also, dass sie für einen möglichst großen Wertebereich gelten. Außerdem sollen sie auch auf andere Objekte zutreffen als nur das eine, um das es in unserer Erklärung geht. Diese *Invarianzbedingungen* sind wichtig, denn sie bestimmen wesentlich mit über die Stärke der Erklärung (vgl. Bartelborth 2008). Wenn unser nomisches Muster G auf mehr Objekte zutrifft als ein Muster G* und das in einem größeren Wertebereich (mit unterschiedlichen Anfangsbedingungen) der Fall ist, dann ist G ein grundlegenderes Muster in unserer Welt und liefert auch intuitiv die tiefergehenden Erklärungen. Es trägt dann mehr zur Vereinheitlichung unserer Sicht auf die betreffenden Phänomene bei. Damit haben wir einen wichtigen Parameter für die Erklärungsstärke identifiziert.

Allerdings gibt es zumindest noch einen weiteren Parameter, den wir berücksichtigen müssen, nämlich den des *Informationsgehalts der Erklärung* durch eine spezielle Theorie. Die Erklärung für die Beschleunigung eines Autos kann darin bestehen, dass das Gaspedal getreten wurde und das im Allgemeinen (bei laufendem Motor und eingelegtem Gang etc.) zu einer Beschleunigung führt. Die Erklärung kann aber auch deutlich tiefer gehen und zuverlässiger über das Zusammenspiel der Komponenten des Motors Auskunft geben. Überhaupt kann eine Theorie wenig über das Auftreten eines Ereignisses sagen und dieses z. B. nur als zu 60 % wahrscheinlich erweisen oder mehr darüber sagen und es als sehr wahrscheinlich ausweisen. Als ein erstes Maß für Erklärungsstärke können wir daher die bedingte Wahrscheinlichkeit P(E|H&K) betrachten, die angibt, in welchem Maße wir aufgrund von H und unserem weiteren Hintergrundwissen K nun E zu erwarten haben, bzw. wie stark alternative Ergebnisse zu E durch H ausgeschlossen werden. Hinzu kommen noch bestimmte Anforderungen an die Einheitlichkeit der Theorie selbst. So sollte die Vereinheitlichung durch die Theorie nicht auf triviale Weise etwa durch eine bloße Konjunktion zustande kommen (vgl. Bartelborth 2008).

Außerdem müssen wir noch eine *umfassendere Bewertung* von Erklärungen vornehmen, die die erklärende Theorie daraufhin anschaut, inwieweit sie zu unseren anderen Theorien über die Welt passt. Die Evolutionstheorie stand zum Beispiel früher in Konflikt mit unseren Theorien über die Verbrennungsvorgänge auf der Sonne. Als die Kernfusion noch nicht entdeckt war, nahm man an, dass die Sonne erst seit 3000 Jahren strahlen würde, und das war viel zu kurz für die vermuteten Evolutionsvorgänge. Das würde natürlich die evolutionären Erklärungen untergraben. Dämonentheorien oder die Astrologie stehen typischerweise in Konflikt mit unseren Theorien darüber, welche Kräfte in unserer Welt wirken. Daher werden wir Erklärungen anhand von Dämonen nicht sehr ernst nehmen, weil wir bereits andere Gründe zu der Annahme haben, dass die zugrundeliegende Theorie nicht wahr ist und sie daher auch nicht den richtigen Mechanismus beschreibt, der zum Explanandum E geführt hat. Eine gute Erklärung sollte also immer auch einen Beitrag zur Gesamtkohärenz unseres Überzeugungssystems leisten, der größer ist als der von Konkurrenztheorien. Eine solche ganzheitliche Bewertung gehört zum abduktiven Schließen dazu.

5.3 Kreative Formen der Abduktion

Abduktive Schlüsse nehmen viele Formen an und unterscheiden sich vor allem darin, worauf wir schließen (vgl. Schurz 2008). Zu einer Erklärung gehören jeweils die einzelnen Randbedingungen und Hilfsannahmen sowie die nomischen Muster. Die Randbedingungen sowie die nomischen Muster selbst (und sogar bestimmte Hilfsannahmen) können alle Ziele des Schlusses auf die beste Erklärung sein. Im Falle des nassen Gastes schließen wir auf Regen. Hier sind uns einige Rahmenbedingungen und die Gesetze längst bekannt, und nur das einzelne Faktum, dass es draußen regnet, wird von uns abduktiv erschlossen. Aber wir können abduktiv sogar auf noch *gänzlich unbekannte Objekte* schließen. Im Falle des Rinderwahnsinns waren uns die vorliegenden Mechanismen der Ansteckung durchaus vertraut, nur das infizierende Agens war neu und dazu sogar unbeobachtbar.

Wir können aber ebenso die *Gesetze* erschließen, die hinter bestimmten Phänomenen stehen. Als der Londoner Arzt John Snow im 17. Jahrhundert die Ursachen der Cholera erforschte, waren Infektionskrankheiten noch weitgehend unbekannt. Daher musste er neue Entitäten postulieren und zugleich neue Hypothesen darüber aufstellen, welche Gesetzmäßigkeiten sich hinter den Erscheinungen der Cholera verbargen. Seine Beschreibung der Mechanismen unterschied sich somit stark von der der Konkurrenztheorie, der Miasma-Theorie, die das Ganze als eine Art von Vergiftung auf schlechte Luft zurückführte. Snow musste auf eine komplett neue Theorie schließen, die viele Phänomene erstmals erklären konnte. Auch Newton führte zur Erklärung der Bewegung von Planeten, Pendeln, Kanonenkugeln, des Mondes und einer Reihe anderer Phänomene seine Gravitationstheorie ein. Er erschloss zugleich eine neue Entität (nämlich die Gravitationskraft) und ein neues Gesetz dafür.

Diese doppelt kreativen Abduktionen sind offensichtlich besonders riskant. Wie gut sind unsere Gründe für die Annahme dieser neuen Entitäten bzw. ihrer Eigenschaften jeweils? Nach Schurz (2008) sollten wir nur solchen kreativen Abduktionen zustimmen, in denen eine *kausale Vereinheitlichung* vorgenommen wird, d. h., in denen unterschiedliche Phänomene auf eine neue grundlegende Eigenschaft zurückgeführt werden. Das scheint mir allerdings eine etwas zu eingeschränkte Sichtweise der kreativen Abduktion zu sein, die jedoch besonders gut zu seinen Beispielen aus der Chemie passt. Christopher Hitchcock und James Woodward (2003) halten dagegen diese Art der *Vereinheitlichung mehrerer Phänomene* für nicht bedeutsam für die Erklärungsstärke und setzen stattdessen ganz auf die *funktionale Invarianz* als lokale Vereinheitlichung im Einzelfall. Dabei geht es darum, dass eine bestimmte funktionale Abhängigkeit zweier Größen auch unter Änderungen dieser Größen invariant im konkreten Anwendungsfall erhalten bleibt. Diese Art von Invarianz eines funktionalen Zusammenhangs deutet für Woodward/Hitchcock bereits auf einen kausalen Zusammenhang zwischen zwei Größen hin und kann als Indiz für genuine Erklärungskraft im Unterschied zu Pseudoerklärungen dienen. In Bartelborth (2008) plädiere ich dafür, dass beide Formen der Vereinheitlichung zu berücksichtigen sind.

Im Falle der Prionen schließen wir sinnvollerweise auf neue Entitäten, obwohl diese zunächst nur einen relativ einheitlichen Phänomenenbereich erklären können. Michael Faradays Einführung von Kraftlinien diente dagegen dazu, recht unterschiedliche elektromagnetische Phänomene zu vereinheitlichen und uns zu erklären, wie elektrisch geladene Körper oder Magnete auf andere Körper einwirken können. Sie wurde jedoch kaum beachtet, weil sie keine sehr große Erklärungskraft besaß, da die Stärke seiner Größen nur geometrisch durch eine höhere Dichte der Kraftlinien angezeigt wurde und die funktionale Invarianz seiner Theorie zunächst unerkannt blieb. Erst James Clerk Maxwell gelang es, mit seinen Gleichungen eine gehaltvolle Theorie zu formulieren und entsprechende invariante Generalisierungen anzugeben, die gute Gründe für die Existenz eines *elektromagnetischen Feldes* darstellen. Sie beschreiben dessen Erzeugung und Interaktionen exakt und in nachprüfbarer Weise. Die Rezeption verzögerte sich zwar noch, weil Maxwell und andere damit zunächst ein seltsames mechanisches Äthermodell verknüpften. Aber nachdem Heinrich Hertz sie davon befreit hatte, stand der Annahme eines Feldes nichts mehr im Wege. Was sind demnach unsere Kriterien für die Einführung neuer Größen? Zum einen müssen die resultierenden Erklärungen eine möglichst große *Erklärungsstärke* (in den genannten Hinsichten) aufweisen, zum anderen sollte ein deutlicher Vorsprung in der Erklärungsstärke gegenüber den Konkurrenztheorien vorliegen. Im Idealfall können wir uns das Phänomen E nur noch erklären, indem wir bestimmte Randbedingungen A und ein Gesetz G annehmen, dann spricht das für A und G.

Darunter können allerdings auch Dämonenerklärungen fallen (die Schurz warnend anspricht), wenn tatsächlich keine Konkurrenzerklärungen denkbar sind. So wurden Wunder m. E. zu Recht als (schwache?) Hinweise auf das Wirken übernatürlicher Wesen angesehen, solange wir uns keine anderen Erklärungen dafür denken konnten. Sie haben heute nicht mehr diese epistemische Kraft, weil wir sie nicht mehr für echte Wunder halten, d. h., weil uns inzwischen andere Erklärungen dafür einfallen. Wie gut solche Begründungen für Übernatürliches sind, hängt natürlich von weiteren Annahmen über die Welt ab. Denn wir hatten bereits gesehen, dass die Beurteilung von Erklärungen letztlich eine holistische Angelegenheit darstellt und solche Abduktionen nur zulässig sind, wenn sie die Gesamtkohärenz unseres Überzeugungssystems vergrößern.

Zu den wichtigen Formen von kreativer Abduktion in der Wissenschaft gehören sicher die *Mikroabduktionen*. Wir erklären bestimmte Makrophänomene wie Festigkeit, Wasserlöslichkeit oder elektrische Leitfähigkeit unter Hinweis auf eine unbeobachtbare Mikrostruktur, die wir so abduktiv erschließen. Das ist schon eine recht alte Strategie kreativen Schließens, die allerdings wiederum die Gefahren dieses Verfahrens aufdeckt. So waren die Vorstellungen der antiken Atomisten sicher noch sehr weit entfernt von unseren durch die Quantenmechanik geprägten Vorstellungen von der Mikrostruktur der Materie, aber auch bei Ihnen handelte es sich um typische Abduktionsschlüsse.

Eine schwierigere Frage ist dagegen, inwiefern auch *Analogieschlüsse* abduktiven Charakter haben können. Paul Thagard (2000) und Gerhard Schurz (2008) gehen beide davon aus. Eine Idee ist, dass dabei jeweils eine bestimmte *Strukturtheorie*, die verschiedenen Phänomenen zugrunde liegt, abduktiv erschlossen wird. Schließen wir etwa von unserer Kenntnis von Wasserwellen darauf, dass auch Schall aus Wellen besteht, dann identifizieren wir eine *allgemeine Wellentheorie*. Die erklärt bestimmte Phänomene durch Überlagerung und Auslöschung von Wellen. Finden wir diese Phänomene im Schallbereich wieder, können wir unsere Wellentheorie auch dort in Analogie zum Ausgangsbereich zum Einsatz bringen. Letztlich zählt wieder die Erklärungsleistung im Unterschied zur Konkurrenz für die Frage, wie gut unsere Gründe nun sind, daran zu glauben, dass es sich beim Schall um ein Wellenphänomen handelt. Das belegt erneut die Vielgestaltigkeit und Allgegenwart abduktiven Schließens.

6. Induktion und Metaphysik

Bayesianer und logische Induktivisten betonen immer wieder, dass das induktive Schließen bzw. Rechtfertigen keine Beziehungen zu unserer Metaphysik, also zu unseren sehr allgemeinen Annahmen darüber, wie die Welt funktioniert, aufweise. Es ginge wie in der deduktiven Logik schlicht um eine Frage von inferentiellen Beziehungen zwischen Aussagen. Schwächen ihrer Konzeption versuchen sie sogar manchmal so zu kaschieren. Wie in der deduktiven Logik sei der Bayesianismus nur ein neutraler Schiedsrichter für die Beziehung zwischen Prämissen und Konklusion. Man könne daher nicht zu viel von ihm erwarten. Die Schlüsse könnten nur so gut sein wie die Prämissen. Doch von einer *wissenschaftlichen Methodologie* erwarten wir in der Regel mehr. Sie soll konkretere Hinweise geben, wo genuine Begründungen unserer Theorien vorliegen und wo die Begründungen weniger überzeugend sind. Außerdem geht unser Hintergrundwissen in das induktive Schließen mit ein, wie wir oben bereits gesehen haben.

Über das Hintergrundwissen fließt schließlich auch unsere Metaphysik in unsere Schlüsse mit ein. Wenn wir in der Vergangenheit immer wieder beobachten konnten, dass nach dem Genuss von Schokolade ein Migräneanfall folgte, so dürften wir wohl zunächst schließen: Nach dem nächsten Schokoladengenuss wird uns wieder die Migräne erwischen. Doch wie gut begründet diese Annahme tatsächlich ist, hängt eigentlich von weiteren Annahmen unseres Hintergrundwissens ab. Implizit beruht sie auf der Vermutung, dass es sich um einen kausalen Zusammenhang handelt, nach dem Schokolade Migräneanfälle *auslöst*. Sollte diese kausale Annahme falsch sein, steht unsere Vermutung auf tönernen Füßen. Handelt es sich etwa um ein rein zufälliges Zusammentreffen dieser zwei Ereignistypen, dann spricht eine weitere Aufnahme von Schokolade nicht dafür, dass abermals ein Migräneanfall eintritt. Oder, wenn die Medizin Recht hat, dass im Vorfeld der Migräne als erste Vorstufe des Anfalls ein Heißhunger auf Schokolade auftritt, dann ist unser Induktionsschluss ebenfalls nicht unbedingt gerechtfertigt. Esse ich etwa nur, weil mir jemand eine besonders schmackhafte Schokolade anbietet, ist kein folgender Migräneanfall zu erwarten. Esse ich hingegen, weil ich gerade einen Drang zu Schokolade verspüre, so habe ich einen guten Grund, einen folgenden Migräneanfall zu befürchten. Man sieht die komplexe Abhängigkeit von *kausalen Hintergrundannahmen*. Unsere Induktionsüberlegungen lassen sich etwas ausführlicher so beschreiben: Wenn in der Vergangenheit B immer auf A folgte und wir anhand unseres Hintergrundwissens Grund zu der Annahme haben, dass es sich dabei um einen stabilen Zusammenhang, eine Art von nomischen Muster zwischen A und B handelt, dann liefert uns ein weiteres Auftreten von A einen Grund, an ein weiteres Auftreten von B zu glauben (man sagt auch: A ist projektierbar in Bezug auf B). Anderenfalls ist das nicht der Fall.

Zwei Dinge haben wir nun gelernt. Erstens ist das induktive Schließen oder auch das induktive Begründen *dreistellig* (Daten, Hypothese und Hintergrundwissen). Wir stützen uns auf weiteres Hintergrundwissen, das unter anderem aus Hypothesen über kausale und gesetzesartige Beziehungen besteht. Genau das wird vom Schluss auf die beste Erklärung berücksichtigt. Zweitens wird eine Hypothese der Form »A führt zu B« nur dann durch entsprechende Daten bestätigt, wenn die Hypothese die Daten *erklärt*. Nur für solche Fälle dürfen wir auch vom Vorliegen von A auf ein Vorkommnis von B schließen. Für Erklärungen sind im Normalfall gesetzesartige Kausalbeziehungen erforderlich. Die nächste Frage ist dann natürlich, wann wir spezielle Hinweise dafür haben, dass eine solche Kausalbeziehung vorliegt. Das geht jedoch über den vorliegenden Rahmen hinaus.

7. Das Rabenparadox

Wir haben in der Einleitung schon Nicods Kriterium (NK) kennengelernt, das eine Grundform induktiven Schließens zu sein scheint. Einzelne positive Instanzen bestätigen demnach eine Aussage über eine größere Gruppe. Allerdings haben wir inzwischen erfahren, dass Rechtfertigung dreistellig ist, und das gilt auch für (NK). Es geht unser weiteres Hintergrundwissen ein. Dazu haben sich verschiedene Autoren Beispiele für Hintergrundwissen ausgedacht, sodass das einfache (NK) nicht mehr plausibel erscheint. Es sei wiederum unsere Hypothese H gegeben: »Alle Raben sind schwarz.« Man brachte dagegen folgende Situation ins Spiel: Wir wissen schon, dass es entweder (i) nur insgesamt 100 schwarze Raben gibt oder (ii) eine Million schwarze Raben und 10 weiße. Nur im ersten Fall ist unsere Hypothese wahr. Aber wenn ich überhaupt einen oder mehrere schwarze Raben finde, dann spricht das eher dafür, dass der zweite Fall vorliegt. Also gilt (NK) nicht für jedes Hintergrundwissen, sondern nur für bestimmte Fälle von »normalem« Hintergrundwissen. Wir sehen diesen Zusammenhang zu weiterem Hintergrundwissen auch in anderen Fällen. Ist unsere Hypothese, dass zwei Philosophieprofessoren im Raum sind, und wir erfahren, dass Professor Wittgenstein im Raum ist, so muss das nicht unbedingt unsere Hypothese stützen. Wissen wir z. B., dass Professor Wittgenstein keine anderen Philosophieprofessoren mag und sofort den Raum verlässt, sollte einer von Ihnen dazukommen, so spricht unser Datum gegen unsere Hypothese.

Viele weitere Beispiele zeigen, dass (NK) nicht ganz so harmlos ist, wie es auf den ersten Blick scheint. Trotzdem wird es sicher häufig sinnvoll anzuwenden sein. Es führt uns allerdings manchmal sogar in Paradoxien. Da ist vor allem das sogenannte *Rabenparadox* zu nennen, welches auch die meisten anderen induktiven Schlussformen plagt. Es gehe wieder um unsere Rabentheorie R. Aber diesmal betrachten wir noch eine dazu *logisch äquivalente Theorie* K: »Alle nicht-schwarzen Dinge sind nicht-Raben.« Das ist logisch gesehen die *Kontraposition der Rabentheorie* und daher logisch mit dieser äquivalent. Es ist nun eine naheliegende und kaum bestrittene Forderung, dass logisch äquivalente Aussagen durch dieselben Daten bestätigt werden. Nehmen wir jedoch (NK) hinzu, geraten wir sogleich in Schwierigkeiten. Sehe ich eine weiße Küchenmaschine (E), so handelt es sich dabei um einen nicht-schwarzen nicht-Raben. Also wird nach (NK) unsere kontraponierte Rabentheorie K durch E bestätigt. Die ist logisch äquivalent zur Rabentheorie R, also sollte auch diese durch E bestätigt werden. Damit bestätigt die weiße Küchenmaschine unsere Vermutung, dass alle Raben schwarz sind. Doch dieses Ergebnis ist kaum plausibel. Carl Gustav Hempel (1945), der eine Form der Instanzenbestätigung vertrat, war schließlich bereit, dieses unangenehme Resultat zu schlucken. Auch die modernen bayesianischen Ansätze (s. Fitelson/Hawthorne 2009), die ebenso davon betroffen sind, haben sich letztlich dazu bekannt. Sie beweisen mit Hilfe einer Reihe von empirischen Zusatzannahmen wie der, dass es viel mehr nicht-schwarze Dinge als Raben gibt, dass allerdings der Grad der Bestätigung durch einen schwarzen Raben für R deutlich höher ist, als der durch die weiße Küchenmaschine. Das ist ihre »Lösung« des paradoxen Resultats.

Das kommt mir nicht wirklich akzeptabel vor. Man stelle sich vor, ein Biologe möchte unsere Rabentheorie weiter stützen und sagt dazu, dass er nun *besonders viele* nicht-schwarze Dinge in irgendwelchen Küchen daraufhin untersuchen möchte, ob sie zugleich nicht-Raben sind. Da das jeweils nur eine schwache Bestätigung der Rabentheorie bietet, möchte er das durch größere Anzahlen wettmachen. Untersucht er nur genügend nicht-schwarze Dinge, käme er so zu einer guten Bestätigung der Rabentheorie. Wir könnten über diesen Ansatz wohl nur lachen, denn er untersucht vermutlich niemals Raben dabei und daher erfährt er auch nichts über deren Farbe. Wir sollten darauf beharren, dass die weißen Küchenmaschinen uns keine Informationen über Raben liefern, gleichgültig wie viele es davon gibt. Der Forschungsantrag des Biologen gehört also abgeschmettert.

Wie können wir aber dann dem Rabenparadox entkommen? Wir müssen auf eine Lösung zurückgreifen, die schon durch das letzte Kapitel nahegelegt wurde und z. B. auch bei W. V. O. Quine (1969) zu finden ist. Wir müssen (NK) auf die Fälle beschränken, in denen unsere fragliche Hypothese gesetzesartigen Charakter hat. Die Prädikate unserer Theorie müssen sich auf *natürliche Arten* beziehen und die Hypothese muss eine (kausale) gesetzesartige Behauptung (ein nomisches Muster mit Erklärungswert) darstellen. Die sind nicht leicht zu erkennen und man benötigt weiteres Hintergrundwissen dazu (vgl. Bartelborth 2007). Das kann ich an dieser Stelle nicht ausführen, ich hoffe aber, dass man damit auch ein gewisses intuitives Verständnis verbinden kann. Das ist jedenfalls der Lösungsvorschlag des Schlusses auf die beste Erklärung. Demnach gilt (NK) nur in den Fällen, in denen die Theorie die Instanzen auch *erklärt*. Dazu benötigen wir mehr, als dass das Datum eine bloße Instanz ist. Insbesondere kommt es auf unser weiteres Hintergrundwissen über die Art der vorliegenden Zusammenhänge an. Die Beispiele des letzten Abschnitts legen diese neue Art von Instanzenbestätigung nahe.

Das wirft allerdings die Frage auf, ob unsere ursprüngliche Rabentheorie überhaupt auf diese einfache Weise bestätigt werden kann. Das hängt davon ab, wie die Theorie genau zu verstehen ist. Ich habe sie hier immer schon so verstanden, dass ein bestimmter gesetzesartiger Zusammenhang vorliegt. Es gehört demnach zur genetischen Ausstattung von Raben dazu, dass sie schwarz sind. Wird das durch unsere biologischen Erkenntnisse gestützt, können schwarze Raben unsere Rabenhypothese stützen.

Kontrollfragen

1. Was ist der Unterschied zwischen deduktiven und induktiven Schlüssen?
2. Zu welchen Problemen führt Nicods Kriterium?
3. Was ist eine geeignete Referenzklasse beim statistischen Syllogismus?
4. Welche Rolle spielt die revolutionäre Induktion für Humes Argumentation?
5. Inwiefern bietet Poppers Falsifikationismus eine Lösung für Humes Induktionsproblem?
6. Erläutern Sie anhand eines Beispiels die Probleme der hypothetisch-deduktiven Bestätigungstheorie.
7. Welchen Problemen sieht sich der Bayesianismus gegenüber?
8. Zeigen Sie die einzelnen Schritte einer Abduktion an einem Beispiel auf.
9. Welche Rolle spielen Erklärungsanomalien im Rahmen des abduktiven Schließens?
10. Wann sollten wir gemäß dem Schluss auf die beste Erklärung eine Hypothese schließlich akzeptieren?
11. Inwiefern ist das induktive Schließen dreistellig?

Kommentierte Auswahlbibliographie

Aliseda, Atocha (2006): *Abductive Reasoning: Logical Investigations into the Processes of Discovery and Explanation.* Synthese Library. Kluwer Academic Publishers. Dordrecht.
Hier wird das abduktive Schließen formal als Rückschlüsse in einem Tableau-Kalkül dargestellt.

Bartelborth, Thomas (2005): »Is the Best Explaining Theory the Most Probable one?« In: *Grazer Philosophische Studien.* 70. 1–23.
Gibt eine Antwort auf Bas van Frassens Einwand, dass eine erklärungsstarke Theorie keineswegs wahrscheinlich sein muss.

Earman, John (1992): *Bayes or Bust? A Critical Examination of Bayesian Confirmation Theory.* Cambridge, MA: MIT Press.
Gibt eine anspruchsvolle und kritische Einführung in die bayesianische Methodologie.

Gabbay, D.,/Woods, J. (2005): *The Reach of Abduction: Insight and Trial* (A Practical Logic of Cognitive Systems Vol. 2). Amsterdam: North-Holland.
Gibt die Sicht der künstlichen Intelligenzforschung auf das abduktive Schließen an und entwickelt dazu formale Schlussverfahren.

Klärner, Holger (2003): *Der Schluss auf die beste Erklärung.* Berlin: deGruyter.
Stellt das Verfahren des Schlusses auf die beste Erklärung vor und referiert van Fraassens Kritik dazu.

Kuhn, Thomas S. (1976): *Die Struktur wissenschaftlicher Revolutionen.* Originaltitel: The Structure of Scientific Revolutions. Chicago: University of Chicago Press 1962.
Ein Wissenschaftshistoriker liefert viele Fallstudien zum Begründen von Theorien.

Lipton, Peter (2004) (erste Auflage 1991): *Inference to the Best Explanation.* London: Routledge.
Ein klassischer Text zum abduktiven Schließen.

Popper, Karl, R. (1984): *Die Logik der Forschung.* Tübingen: Mohr. Original: 1934.
Poppers Hauptwerk, in dem er seinen Falsifikationismus vorstellt.

Thagard, Paul (1999): *How Scientists Explain Disease.* Princeton: Princeton University Press.
Insbesondere am Beispiel der Helicobacter-Pylori-Hypothese für Magengeschwüre wird gezeigt, wie wir in der medizinischen Forschung abduktive Ursachenforschung betreiben.

Thagard, Paul (2000): *Coherence in Thought and Action.* Cambridge/Mass.: MIT Press.
Verschiedene Kohärenzkonzeptionen werden diskutiert und aufgezeigt, wie sie in unterschiedlichen Gebieten zum Einsatz kommen.

Weitere Literatur

Achinstein, Peter (1983): *The Nature of Explanation.* Oxford: Oxford University Press.

Bartelborth, Thomas (2001): A-priori-Rechtfertigung und Skeptizismus. In: Thomas Grundmann (Hrsg.), *Erkenntnistheorie.* Paderborn: Mentis. 109–124.

Bartelborth, Thomas (2007): *Erklären.* Berlin-New York: Walter de Gruyter.

Bartelborth, Thomas (2008): »Dimensionen der Erklärungsstärke in modernen Erklärungstheorien«. In: *Philosophia Naturalis.* Bd. 45, Heft 2. 139–166.

Fitelson, Brandon/Hawthorne, James (2009): How Bayesian Confirmation Theory Handles the Paradox of the Ravens. Erscheint in: Eells and Fetzer (Hg): *Probability in Science*, Boston Studies in the Philosophy of Science. http://fitelson.org/ravens.pdf

Hempel, Carl Gustav (1945): »Studies in the Logic of Confirmation«. *Mind* 54. 1–26. 97–121.

Hitchcock, Christopher/Woodward, James (2003): »Explanatory Generalizations, Part 2: Plumbing Explanatory Depth«. In: *Nous* 37. 181–99.

Howson, Colin/Urbach, Peter (1989): *Scientific Reasoning: The Bayesian Approach.* 2rd ed. La Salle, IL: Open Court.

Hume, David (1888): *Hume's Treatise of Human Nature.* Herausgegeben von L. A. Selby Bigge. Oxford: Clarendon Press. Originally published 1739–40.

Little, Daniel (1998): *Microfoundations, Method, and Causation Essays in the Philosophy of the Social Sciences.* Piscataway, NJ:Transaction Publishers.

Quine, Willard V.Orman (1969): Natural Kinds. In: *Ontological Relativity and other Essays.* New York: Columbia University Press. 114–138.

Schurz, Gerhard (2008): »Patterns of Abduction« In: *Synthese* 164. 201–234.

Schurz, Gerhard (2008a): »The Meta-Inductivist's Winning Strategy in the Prediction Game: A New Approach to Hume's Problem.« *Philosophy of Science* 75. 278–305.

Woodward, James (2000): Explanation and Invariance in the Special Sciences. In: *The British Journal for the Philosophy of Science* 51. 197–254.

V NEUERE ENTWICKLUNGEN

SOZIALE ERKENNTNISTHEORIE

Oliver R. Scholz

1. Die Idee einer sozialen Erkenntnistheorie
2. Fragen und Aufgaben
3. Historische Anmerkungen
4. Soziale Bedingungen (Exkurs zur Sozialontologie)
5. Themen und Anwendungen
6. Ein Beispiel angewandter sozialer Erkenntnistheorie: Das Laie-Experte-Problem

1. Die Idee einer sozialen Erkenntnistheorie

In diesem Grundkurs war bisher zumeist von einzelnen Erkenntnissubjekten die Rede: von individuellen Personen, die etwas wahrnehmen, denen ihre eigenen gegenwärtigen geistigen Zustände bewusst sind, die sich an etwas erinnern, die nachdenken, überlegen und Schlüsse ziehen, die Überzeugungen bilden und revidieren. Das zeigte sich schon in den Begriffsexplikationen; das Explicandum lautete typischerweise »S weiß, dass p«, »S erinnert sich daran, dass p« o. ä. (Eine Ausnahme bildet das Kapitel zum Zeugnis anderer (→ Zeugnis anderer); auf diese soziale Erkenntnisquelle kommen wir zurück.)

Menschen sind aber nicht nur Individuen, sie sind auch und genauso charakteristisch soziale und politische Wesen. Sie leben mit anderen Menschen zusammen, sie knüpfen soziale Beziehungen, sie handeln gemeinschaftlich und gehen wechselseitig Verpflichtungen ein. Ihr Verhalten unterliegt nicht nur Naturgesetzen, sondern auch sozialen Normen. Wie es um uns bestellt ist und was wir tun und leiden, hängt im allgemeinen nicht nur von uns selbst, sondern auch noch von vielen anderen Personen ab. Diese Abhängigkeit von anderen Menschen zeigt sich auch bei unseren Erkenntnisbemühungen. Unsere Muttersprache, das erste Faktenwissen und die elementaren Methoden der Erkenntnissuche müssen wir von anderen (unseren Eltern, Geschwistern, Lehrern etc.) lernen. Und auch wenn wir erwachsen sind, bleiben wir immer auf Mitteilungen und Berichte anderer Menschen angewiesen. Wir lesen Zeitungen und Bücher, schauen Fernsehnachrichten und informieren uns aus Internetquellen. Wir berücksichtigen die Meinungen anderer Personen und konsultieren, wo uns die Kompetenz fehlt, Experten.

Mit allen diesen sozialen Voraussetzungen und Aspekten der menschlichen Kognition beschäftigt sich die *soziale Erkenntnistheorie*. Sie ist trotz einzelner bedeutender Vorläufer und Pioniere (vgl. Schmitt/Scholz 2010) noch ein recht junger Zweig der Erkenntnistheorie. Wie die Bezeichnung andeutet, untersucht sie die sozialen Bedingungen von Erkenntnis. Etwas genauer: Sie untersucht die sozialen Bedingungen (1) von wahren und falschen Überzeugungen, von epistemischer Rechtfertigung, Wissen und anderen kognitiven Gütern (Irrtumsvermeidung etc.) sowie (2) von den Zielen und Normen alltäglicher Erkenntnissuche und wissenschaftlicher Forschung. Darüber hinaus fragt sie, (3) ob auch Gruppen, soziale Systeme oder Institutionen Träger von epistemischen Zuständen (Überzeugungen, Wissen o. ä.) sein können.

Während die *Wissenssoziologie* als Teildisziplin der Soziologie die faktischen Wechselbeziehungen zwischen sozialen Faktoren (sozialer Standort, Klassenzugehörigkeit, Berufsgruppen, Interessen, Gender, Generation, Institution u. a.) und kognitiven Inhalten jeder Art und Komplexität (Begriffe, Überzeugungen, Theorien, Wertvorstellungen, Religionen, Ideologien) mit soziologischen Methoden untersucht, wendet die *soziale Erkenntnistheorie* primär *philosophische Methoden* an und konzentriert sich auf die *begrifflichen* und *normativen* Aspekte der sozialen Erkenntnisbedingungen. (Sie tut aber gut daran, einschlägige empirische Untersuchungen zur Kenntnis zu nehmen und in ihre Überlegungen einzubeziehen.)

Die traditionelle Erkenntnistheorie war vorwiegend individualistisch ausgerichtet, d. h. an dem einzelnen, isoliert betrachteten Subjekt orientiert. Erinnern Sie sich etwa an den Denker in René Descartes' *Meditationen*, der einsam am Kamin sitzt und an allem zweifelt, woran man zweifeln kann, um dann aus eigener Kraft den Zweifel zu zerstören und das Wissen wiederzugewinnen. (Ohne nachhaltigen Erfolg, wie wir leider feststellen müssen.) Neuere Erkenntnistheoretiker stellen sich gerne Denker vor, die im Lehnstuhl oder am Schreibtisch sitzen, Aufsätze und Bücher schreiben und die wirkliche Existenz dieser für Philosophen so eminent wichtigen Möbel zu beweisen versuchen.

Im Gegenzug plädieren die Vertreter der sozialen Erkenntnistheorie für eine Neuorientierung der Erkenntnistheorie. Das Programm lautet »Socializing Epistemology«, wie es ein Buchtitel auf eine kurze Formel gebracht hat (vgl. Schmitt 1994). Dabei müssen unterschiedlich radikale Projekte auseinandergehalten werden:

(A) Konservative und gemäßigt expansive Ansätze der sozialen Erkenntnistheorie ergänzen die Untersuchung der individuellen Bedingungen von Wissen und Rechtfertigung um die Untersuchung der sozialen Faktoren, um zu einer inhaltlich adäquateren Erkenntnistheorie zu gelangen. Die Betonung liegt dabei auf dem Wort »ergänzen«. Insofern als an der Konzeption objektivierbarer epistemischer Desiderate (wie Wahrheit, Rechtfertigung oder Rationalität) festgehalten wird, setzen diese Bemühungen die traditionelle Erkenntnistheorie und die moderne Analytische Erkenntnistheorie unter einer um die soziale Dimension erweiterten Perspektive fort. Je nach dem, ob eher das Festhalten an den traditionellen Desideraten oder die Erweiterung der Agenda betont wird, kann man von konservativer (»preservationist«) oder expansiver (»expansionist«) sozialer Erkenntnistheorie sprechen (vgl. Goldman 2010: 2). Zu den wichtigsten Vertretern einer so verstandenen sozialen Erkenntnistheorie gehören Alvin I. Goldman, Frederick F. Schmitt, C. A. J. Coady, Michael Welbourne, Elizabeth Fricker und Philip Kitcher.

(B) Revisionistische Ansätze stellen dagegen zentrale Projekte, Begriffe und Unterscheidungen der traditionellen wie auch der Analytischen Erkenntnistheorie grundsätzlich in Frage. Während Steve Fuller ebenfalls den Terminus »social epistemology« benutzt (Fuller 1988), bevorzugen andere Revisionisten die alte Bezeichnung »sociology of knowledge«, also: Wissenssoziologie. Martin Kusch spricht in Anspielung auf den Kommunitarismus in der Politischen Philosophie von »communitarian epistemology« (Kusch 2002). Insoweit als in dem revisionistischen Programm, genau genommen, die soziale Bedingtheit der Bildung, Aufrechterhaltung und Verbreitung von *Meinungen* erforscht wird, könnte man treffender von *sozialer Doxologie* (Goldman 1999, 7) bzw., soweit soziologische Methoden angewandt werden, von *Meinungssoziologie* reden. Prominente Vertreter eines revisionistischen Programms sind u. a. Barry Barnes, David Bloor, Steve Fuller und Martin Kusch. Das am besten ausgearbeitete Programm dieser Art ist das »Strong Programme in the Sociology of Knowledge«. In der feministischen Erkenntnistheorie, die überwiegend mit revisionistischem Anspruch auftritt (Lorraine Code, Miranda Fricker, Sandra Harding, Helen Longino u. a.), kommt Fragen der sozialen Erkenntnistheorie ein zentraler Stellenwert zu.

2. Fragen und Aufgaben

Zu den Fragen, die im Rahmen einer sozialen Erkenntnistheorie zu untersuchen sind, gehören: (1) Welchen sozialen Bedingungen unterliegen individuelle Rechtfertigung und individuelles Wissen? (2) Gibt es neben den individuellen Erkenntnisquellen (Wahrnehmung, Introspektion, Erinnerung, Verstand etc.) auch soziale Quellen der Rechtfertigung und des Wissens? (3) Können neben Individuen auch Gruppen oder Institutionen Träger von Überzeugungen, Rechtfertigung und Wissen sein? (4) Gibt es Experten in einem objektiven Sinne? Wie kann ein Laie erkennen, wer ein Experte ist, und wie kann er vernünftig beurteilen, welchem von zwei einander widersprechenden Experten mehr Glauben zu schenken ist? (5) Wie sollten Informationen in einer Gesellschaft verbreitet werden? (6) Wie sollte die kognitive Arbeit –

insbesondere in den »scientific communities« – organisiert werden, damit optimale Ergebnisse (gemessen an bestimmten Standards) erzielt werden? (7) Welche Eigenschaften von Demokratien haben positive Auswirkungen auf bestimmte epistemische Desiderate?

Antworten auf diese und verwandte Fragen besitzen eine beträchtliche *theoretische* Bedeutung, da sie zur Erweiterung oder sogar zur Revision der traditionellen Erkenntnistheorie führen können. Die soziale Erkenntnistheorie gewinnt insofern eine eminente *praktische* Bedeutung, als sie konkrete Verbesserungen epistemisch relevanter sozialer Praxen und Institutionen empfehlen kann (vgl. Goldman 1999). Man kann in diesem Zusammenhang auch von *angewandter sozialer Erkenntnistheorie* sprechen.

3. Historische Anmerkungen

Der Terminus »social epistemology« wurde in den 50er Jahren des 20. Jahrhunderts von soziologisch interessierten Bibliothekswissenschaftlern eingeführt. Sie forderten eine Untersuchung derjenigen Prozesse, »by which society as a whole seeks to achieve a perceptive or understanding relation to the total environment – physical, psychological, and intellectual. [...] Social epistemology merely lifts the discipline from the intellectual life of the individual to that of the society, nation, or culture.« (Egan/Shera 1952: 132; vgl. Shera 1970)

In der Philosophie hat sich seit Ende der 1970er Jahre ein Forschungsprogramm namens »Sozial-Epistemik« (Goldman 1978: 509) bzw. »soziale Erkenntnistheorie« entwickelt (vgl. Goldman 1986: 5–8; ders. 1992; Schmitt 1987; Haddock et al. 2010; Goldman/Whitcomb 2011). Der Terminus »social epistemology« meinte dabei die Ergänzung der individualistischen Erkenntnistheorie um soziale Aspekte, Komponenten oder Dimensionen. Diese Tendenz zur »Sozialisierung der Erkenntnistheorie« (Schmitt 1994) reagiert zum einen kritisch auf den vorherrschenden Individualismus in der traditionellen Erkenntnistheorie (Quinton 1971; Coady 1992), durch den die sozialen Bedingungen der Kognition unbeachtet blieben; zum anderen bildet sie einen Teil einer breiteren anti-individualistischen oder externalistischen Strömung, die sich zunächst in der Sprachphilosophie und in der Philosophie des Geistes zeigte und schließlich auch die Erkenntnistheorie erfasste (vgl. Schantz 2004, Goldberg 2007).

In den Kognitionswissenschaften verfolgt man seit den 1980er Jahren unter den Bezeichnungen »social cognition« und »distributed cognition« neuartige Forschungsprogramme, die in ihrer Ablehnung der exklusiven Verortung von Kognition im isolierten Individuum übereinstimmen. Die Verwandtschaft mit dem Projekt einer sozialen Erkenntnistheorie sollte deutlich sein. Die Untersuchungseinheit der Kognitionswissenschaften ist, so die Grundidee, nicht auf die individuelle Psyche zu begrenzen. Anders gesagt: Die Forschungsprogramme der sozialen und verteilten Kognition beziehen kognitive Prozesse und Mechanismen ein, die nicht von dem Schädel oder der Haut eines Individuums umschlossen werden. Die Grundannahme besagt, dass die komplexen sozialen und verteilten Systeme kognitive Prozesse ermöglichen, deren Eigenschaften sich von denen individueller kognitiver Systeme unterscheiden. Die Hoffnung geht dahin, dass die kognitiven Eigenschaften der erweiterten Systeme in verschiedenen Hinsichten besser sein können als die der isoliert betrachteten individuellen Systeme. Die Erweiterung der kognitionswissenschaftlichen Analyseeinheit betrifft im einzelnen (a) andere Personen als Mitglieder einer sozialen Gruppe, (b) kognitive Artefakte sowie schließlich (c) hybride soziotechnische Systeme, die sich aus interagierenden Akteuren, Artefakten sowie internen und externen Repräsentationen zusammensetzen. Im einfachsten Fall besteht ein verteiltes kognitives System aus der Koppelung einer Person mit einem Artefakt; die meisten verteilten kognitiven Systeme beruhen freilich auf der Interaktion von mehreren Personen, sind also zugleich Beispiele für soziale Kognition. (Anders als in der Sozialpsychologie sind damit nicht die auf andere Personen gerichteten Verstehensversuche gemeint, sondern die auf mehrere Personen verteilte Kognition.)

Obwohl systematische Untersuchungen zu den sozialen Bedingungen von Erkenntnis bzw. zu sozial verteilter Kognition noch recht neu sind, setzten elementare Überlegungen zu den sozialen Dimensionen von Erkenntnis viel früher ein (vgl. Schmitt/Scholz 2010). So spielt echtes und bloß angemaßtes Expertentum in den sokratischen Dialogen Platons eine zentrale Rolle. Dass es einen objektiven Unterschied zwischen Sachverständigen und Laien in einem bestimmten Gebiet gibt, führt Sokrates im *Theaitetos* als eines der Argumente gegen den Wahrheitsrelativismus des Protagoras an. Und im *Charmides* wird bereits die Frage aufgeworfen: Woran erkennt ein Laie, ob ein Fachmann auf einem bestimmten Gebiet ein guter Fachmann ist? Augustinus (354 v. Chr.–430 n. Chr.) bringt dieses Problem später auf die griffige Formel: Wie können wir Narren den Weisen finden? (Siehe unten.) Auch die soziale Erkenntnisquelle des Zeugnisses anderer wurde seit der Antike immer wieder einmal thematisiert (Scholz 2005).

Als Pionier der modernen sozialen Erkenntnistheorie gilt der schottische Philosoph Thomas Reid (1710–1796). Er lenkte die Aufmerksamkeit explizit auf die »social operations of the mind« (Reid 1895: 194), zu denen er das Zeugnis anderer rechnete. Auch Charles Sanders Peirce (1839–1914), Ludwig Wittgenstein (1889–1951) und John L. Austin (1911–1960) wiesen wiederholt auf den sozialen Charakter des Wissens hin. Dem Mediziner und Wissenschaftshistoriker Ludwik Fleck (1896–1961) zufolge ist das Erkennen sogar »die am stärksten sozialbedingte Tätigkeit des Menschen« (Fleck 1980: 58, vgl. 53–58, 121).

In neuerer Zeit haben dann C. A. J. Coady, Frederick F. Schmitt und Alvin I. Goldman wegweisende Untersuchungen zur sozialen Erkenntnistheorie vorgelegt. Goldman forderte bereits 1978 eine Sozial-Epistemik (»social epistemics«), deren Gegenstand die interpersonalen und institutionellen Prozesse seien, »that affect the creation, transmission, and reception of information, misinformation and partial information« (Goldman 1978: 509). Mit seinem 1999 erschienenen Buch *Knowledge in a Social World* hat er den bislang detailliertesten Entwurf zu einer sozialen Erkenntnistheorie vorgelegt. Inzwischen widmen sich dieser Thematik mehrere Sammelbände (Schmitt 1994; Haddock et al. 2010; Goldman/Whitcomb 2011) und zwei eigene Fachzeitschriften: »Social Epistemology« (seit 1987) und »EPISTEME. A Journal for Social Epistemology« (seit 2004).

4. Soziale Bedingungen (Exkurs zur Sozialontologie)

Jede soziale Erkenntnistheorie muss klären, was genau unter »sozial« und unter »sozialen Bedingungen (Faktoren, Determinanten etc.)« verstanden werden soll.

In der marxistischen Tradition, in der frühen Wissenssoziologie und in der Kritischen Theorie der Gesellschaft (Frankfurter Schule) wurden als soziale Faktoren vor allem außer-epistemische Interessen und Voreingenommenheiten, insbesondere ökonomische Basisfaktoren und politische Machtinteressen, berücksichtigt. Für die soziale Erkenntnistheorie empfiehlt es sich, einen umfassenderen und im Hinblick auf Wertungen neutraleren Begriff von sozialen Bedingungen zugrunde zu legen.

Eine Bedingung ist *sozial in einem minimalen Sinn*, wenn sie impliziert, dass mehr als eine Person, d. h. eine Gruppe von Personen, wesentlich an ihr beteiligt ist. Eine Bedingung ist *sozial in einem stärkeren Sinn*, wenn sie impliziert, dass intentionale Relationen (wie z. B. wechselseitige Erwartungen, geteilte Überzeugungen und Absichten, Beziehungen der Anerkennung) zwischen mehreren Personen eine wesentliche Rolle spielen (vgl. Schmitt 1999: 379).

Was die Größe und Komplexität der beteiligten sozialen Entitäten angeht, kann man Gruppen oder Kollektive auf der einen Seite (Regierungen, Kommissionen, Jurys etc.) und soziale Systeme auf der anderen Seite (Erziehungssysteme, Rechtssysteme, Demokratien etc.) unterscheiden. In den Kognitionswissenschaften werden, wie oben erläutert, unter dem Stichwort »verteilte Kognition« (»distributed cognition«) hybride sozio-technische Systeme untersucht, in denen zahlreiche Personen und Artefakte (etwa technische Instrumente) zusammenwirken, beispielsweise bei der Navigation eines Schiffes oder der Zusammenarbeit in einem Forscherteam. In diesem Kontext werden vor allem zwei Fragen kontrovers diskutiert: (i) Können wir Gruppen zurecht epistemische Eigenschaften zuschreiben, etwa: dass sie Aussageinhalte (Propositionen) als wahr oder falsch beurteilen? Wenn ja, dann kann man sinnvoll untersuchen, ob und in welchem Maße solche Beurteilungen gerechtfertigt sind. (ii) Welchen Einfluss haben soziale Systeme und ihre Praktiken auf die epistemischen Ergebnisse von Individuen und Gruppen? Wenn man solche Einflüsse einräumt, kann man im Sinne einer *meliorativen sozialen Erkenntnistheorie* an der Verbesserung der fraglichen sozialen Systeme in epistemischer Hinsicht arbeiten.

Da in der sozialen Erkenntnistheorie auf soziale Entitäten Bezug genommen wird, muss sie sich um die Analyse des Aufbaus der sozialen Wirklichkeit bemühen. Zu einer sozialen Erkenntnistheorie gehört als metaphysische Hintergrundtheorie eine *Sozialontologie*. Neben den physischen und individuell-geistigen Entitäten gibt es augenscheinlich soziale Entitäten: soziale Eigenschaften und Beziehungen (Kooperation, Kommunikation, Machtbeziehungen etc.), soziale Aggregate und Systeme (Familien, Gruppen, Staaten etc.), gemeinschaftliche Handlungen und soziale Tatsachen. Die Sozialontologie untersucht die Seinsweise und den Aufbau der sozialen Wirklichkeit sowie ihre Fundierung in basaleren Wirklichkeiten. Sie analysiert die kategoriale Struktur der sozialen Interaktion und Aggregation sowie ihre Relationen zur physischen, biologischen und zur individuell-geistigen Wirklichkeit. Zu den grundlegenden Fragen der Sozialontologie gehören: Aus welchen Bausteinen besteht die soziale Wirklichkeit? Müssen zur Beschreibung und Erklärung der sozialen Wirklichkeit zusätzliche ontologische Kategorien eingeführt werden? Sind soziale Eigenschaften kausal wirksam? Gibt es Gesetze der sozialen Wirklichkeit, die nicht auf Gesetze der Individualpsychologie zurückgeführt werden können? In welchen Beziehungen stehen soziale zu physischen und biologischen Eigenschaften? In welchen Beziehungen stehen soziale Eigenschaften zu den individuellen menschlichen Subjekten und ihren geistigen Eigenschaften? Bei der Beantwortung aller dieser Fragen kann man sich entweder an einer Commonsense-Soziologie oder an wissenschaftlichen soziologischen Theorien orientieren. (Eine gute Einführung in die Sozialphilosophie bietet Tuomela 2007.)

5. Themen und Anwendungen

Die soziale Erkenntnistheorie stellt sich die Aufgabe, alle erkenntnisbezogenen sozialen Praktiken und alle ihre Anwendungsfelder zu untersuchen (vgl. Goldman 1999). Im Blick auf die Beispielanalyse in Abschnitt 6 möchte ich drei Themen exemplarisch nennen:

a. *Das Zeugnis anderer als soziale Erkenntnisquelle*. Der mittlerweile am besten untersuchte Gegenstand der sozialen Erkenntnistheorie ist das Zeugnis anderer (engl. *testimony*). Das Zeugnis anderer ist eine für die menschliche Erkenntnis wesentliche Quelle. Ohne sie sähe das, was wir summarisch »unser Wissen« nennen, völlig anders aus. Für empirische Wissensinhalte, die außerhalb der räumlichen oder zeitlichen Reichweite der eigenen Wahrnehmung und Erinnerung liegen, ist jeder von uns auf Auskünfte anderer Personen angewiesen; und auch bei dem, was wir selbst wahrnehmen konnten, tun wir gut daran, bestätigende oder korrigierende Zeugnisse zu berücksichtigen. Dies gilt für alle Lebensbereiche – von Alltagssituationen bis zur avanciertesten wissenschaftlichen Forschung. Gleichwohl spielte das Zeugnis anderer innerhalb der Hauptströmungen der traditionellen Erkenntnistheorie eine eher untergeordnete Rolle. Zwar war immer unbestreitbar, dass es den sozialen Vorgang der Weitergabe von Informationen gibt. Gleichwohl hat sich die traditionelle westliche Erkenntnistheorie mit der Würdigung der sozialen Erkenntnisquelle des Zeugnisses anderer schwer getan. Auf der einen Seite war unübersehbar, dass Menschen in zahllosen Angelegenheiten darauf angewiesen sind, von anderen zu lernen, indem sie glauben, was andere berichten. Auf der anderen Seite wurden zumeist Bedingungen für Wissen postuliert (Gewissheit; Erkenntnis von etwas Allgemeinem, Notwendigem, Unveränderlichem), die es nicht erlaubten, das durch andere Erfahrene zum Wissen zu rechnen. Erst im Zuge der gegenwärtigen Bemühungen um eine soziale Erkenntnistheorie hat es seine verdiente Beachtung gefunden. (→ Das Zeugnis anderer)

b. *Epistemische Arbeitsteilung*. Aufgrund ihrer Ausrichtung auf das einzelne Subjekt hat die traditionelle Erkenntnistheorie es versäumt, die Frage zu stellen, wie mehrere Personen ihre Forschungen organisieren und koordinieren können, um die Aussichten auf Wissen zu verbessern. Die soziale Erkenntnistheorie untersucht deshalb Fragen wie: Wie ist die Forschungsarbeit sozial so zu organisieren, dass die Erfüllung bestimmter epistemischer Desiderate optimiert wird? (Kitcher 1990, 1993; Thagard 1997) Wie können erkenntnisbezogene soziale Institutionen (z. B.: Wissenschaftseinrichtungen) verändert werden, um bestimmte epistemische Ziele besser zu erreichen? (Goldman 1999: Kap. 8) Die Untersuchung dieser Fragen steckt zwar noch in den Anfängen; aber sie verspricht schon jetzt eine wesentliche Bereicherung der Erkenntnistheorie und ihrer praktischen Anwendungen.

c. *Das Laie-Experte-Problem*. Das dritte Thema knüpft unmittelbar an die ersten beiden an. Unter den Zeugnissen anderer Personen, auf die wir angewiesen sind, haben Expertenurteile eine besondere Bedeutung. Und die Verteilung der Arbeit zwischen Experten und Laien ist eine zentrale Form von epistemischer und kognitiver Arbeitsteilung. Allerdings ergibt sich sofort eine Schwierigkeit: Woran kann ein Laie erkennen, dass jemand ein Experte für ein bestimmtes Gebiet ist? Wie kann ein Laie insbesondere rational entscheiden, was er in Bezug auf eine bestimmte Frage q glauben soll, wenn zwei (oder mehr) Experten sich bezüglich q widersprechen? Mit dieser Schwierigkeit wollen wir uns im Folgenden etwas näher befassen.

6. Ein Beispiel angewandter sozialer Erkenntnistheorie: Das Laie-Experte-Problem

In unserer Beispielanalyse geht es zunächst um die folgenden Fragen: Was sind Experten? Gibt es Experten in einem objektiven Sinne? Und schließlich um die bereits erwähnte Schwierigkeit: Wie können Laien Experten erkennen?

Das Phänomen Expertise ist ein spezieller Fall des allgemeineren sozialen Phänomens, dass jeder von uns in vielerlei Hinsicht auf andere angewiesen ist, »daß keiner von uns sich selbst genug ist, sondern vieler Helfer bedarf« (Der Staat 369b; zitiert nach der Ausgabe Platon 1961: 64). Insbesondere sind wir auch in *epistemischer* Hinsicht auf andere angewiesen. Diese asymmetrische epistemische Abhängigkeit begegnet uns im Alltag und in den Wissenschaften in vielen Formen: Experte-Laie (z. B. Handwerker-Kunde; Arzt-Patient; Anwalt-Mandant) oder Experte-Neuling (z. B. Lehrer-Schüler; Professor-Student; erfahrener Wissenschaftler-Nachwuchswissenschaftler).

Die epistemische Abhängigkeit von Experten ist in unserer Zeit, die durch einen extrem hohen Grad von Spezialisierung und Arbeitsteilung in allen Lebensbereichen gekennzeichnet ist, offenkundig. Das Phänomen Expertenabhängigkeit reicht freilich historisch sehr weit zurück. Sobald in einem sozialen System ein beträchtlicher Grad der Arbeitsteilung erreicht ist, treten Experten auf – und in ihrem Schatten natürlich auch Personen, die sich den Anschein von Expertise geben wollen, ohne sie wirklich zu besitzen. (Schließlich ist Expertise prestigeträchtig; und Expertise vorzugeben, ist in der Regel billiger als eine Expertise zu erwerben.) Dieser Punkt der Ausdifferenzierung war sicherlich bereits seit den frühen Hochkulturen erreicht. Es verwundert deshalb nicht, dass Natur und Wert von Expertise schon in der antiken Philosophie reflektiert und erörtert werden. Besonders Platons frühe und mittlere Dialoge können uns in unser Thema und manche seiner Tücken einführen. In diesen Dialogen treten ständig Experten auf oder jedenfalls Menschen, die von anderen und/oder von sich selbst dafür gehalten werden. Darüber hinaus ist die echte oder scheinbare Expertise immer wieder auch das heimliche Thema. (Dies gilt beispielsweise für die Frühdialoge, aber auch für den berühmten *Theaitetos*.) Im *Charmides* wird das Problem thematisiert, ob und wie Laien Experten erkennen können (170d ff.). Wenn wir uns vor Platon verbeugen wollten, könnten wir es also (in Analogie zu dem bekannteren Menon-Problem) das *Charmides-Problem* nennen. Aber vielleicht wäre das zu viel der Ehre; denn jedem von uns ist es aus dem Alltag vertraut, und das dürfte auch zu Platons Zeiten so gewesen sein. Nennen wir es also einfach das *Laie-Experte-Problem*.

Beginnen wir mit der Frage: Was ist ein Experte? Der Logiker I. M. Bochenski hat 1974 in seinem Büchlein *Autorität* eine Einführung in die Logik der Autorität vorgelegt, von der einige Unterscheidungen und Lehrsätze für unser Thema von Interesse sind. (Die Nummerierung übernehme ich aus Bochenski 1974, nachgedruckt in: ders. 1988.) Offenkundig gilt:

> (1.1) Die Autorität ist eine Relation. Genauer:
> (1.2) Die Autorität ist eine dreistellige Relation zwischen einem Träger der Autorität (T), einem Anerkennungssubjekt (S) und einem Gebiet (G).

Die überaus wichtige Beschränkung der Autorität auf ein bestimmtes wohleingegrenztes Gebiet wurde schon früh betont. Sie war schon bei Platon deutlich: Ein Experte muss ihm zufolge ein wohldefiniertes Thema in seinem ganzen Umfang verstehen. Vom Mittelalter bis ins 17. Jahrhundert war mit dem Topos der Autorität, dem »locus ab auctoritate«, die Maxime verbunden: »unicuique experto in sua scientia credendum est«, d. h.: Jedem Sachkundigen ist in seiner Wissenschaft zu glauben. Betrachten wir als nächstes die Definition von »Autorität«, die Bochenski vorgeschlagen hat:

> (1.3) T ist genau dann eine Autorität für S auf dem Gebiet G, wenn S prinzipiell alles anerkennt, was ihm von T aus dem Gebiet G mit behauptender Kraft mitgeteilt wird.

Was Bochenski hier definiert, ist augenscheinlich ein subjektiver Begriff von Autorität. Wir benötigen darüber hinaus jedoch auch einen objektiven Begriff von Autorität. Dieser Aufgabe werden wir uns gleich zuwenden.

Von grundlegender Bedeutung ist die von Bochenski hervorgehobene Unterscheidung von zwei Arten der Autorität: (a) epistemische Autorität und (b) deontische Autorität. Das Anwendungsgebiet der epistemischen Autorität ist eine Klasse von Gedanken- oder Satzinhalten (Propositionen), das Gebiet der deontischen Autorität eine Klasse von Sollensinhalten. In unserem Zusammenhang geht es um Experten im Sinne von epistemischen Autoritäten.

Kommen wir zunächst noch einmal auf Bochenskis Satz 1.3 zurück. Was Bochenski dort expliziert hat, könnte man »Autorität als Anerkennungsbegriff« bezeichnen. Dieser Begriff von Autorität ist, wie bereits erwähnt, in einem klaren Sinne ein *subjektiver* Autoritätsbegriff, wie sich daran zeigt, dass in der Explikation von »Autorität für S« und von »anerkennen« die Rede ist. Neben diesem subjektiven Autoritätsbegriff, der für soziologische Beschreibungen und Analysen grundlegend ist, benötigen wir für manche Zwecke auch einen *objektiven* Autoritätsbegriff, insbesondere gilt dies für die im folgenden zu behandelnde Frage, ob und wie ein Laie einen Experten erkennen kann. Das Problem besteht nämlich nicht darin, ob und wie ein Laie erkennen kann, ob jemand von anderen als Autorität anerkannt wird (dafür gibt es ja in der Regel gute soziologische Indikatoren), sondern darin, ob und wie ein Laie erkennen kann, ob jemand ein Experte im objektiven Sinne ist.

Alvin I. Goldman hat in seinem Buch *Knowledge in a Social World* (1999) in einem ersten Anlauf die folgende Explikation von *objektiver Autorität* vorgeschlagen:

> Goldman 1999: Person A is an authority in subject S if and only if A knows more propositions in S, or has a higher degree of knowledge of propositions in S, than almost anybody else. (Goldman 1999: 268)

Andernorts hat er seinen Vorschlag teils ergänzt, teils auch modifiziert: »Expertise is not all a matter of possessing accurate information. It includes a capacity or disposition to deploy or exploit this fund of information to form beliefs in true answers to new questions that may be posed in the domain. This arises from some set of skills or techniques that constitute part of what it is to be an expert.« (Goldman 2001: 91) Mit anderen Worten: Expertise ist eine produktive, auf neue Anwendungsfälle hin projizierbare Fertigkeit. Die offizielle Definition von objektiver Expertise lautet jetzt entsprechend:

> Goldman 2001: [...] an expert [...] in domain D is someone who possesses an extensive fund of knowledge (true belief) and a set of skills or methods for apt and successful deployment of this knowledge to new questions in the domain. (Goldman 2001: 92)

Fasst man die Kerngedanken aus diesen Zitaten zusammen, erhält man die folgende Explikation:

> **Experte**$_{objektiv}$ **[nach Alvin I. Goldman]**
> E ist genau dann ein Experte auf einem Gebiet G, wenn gilt: (1) E besitzt auf diesem Gebiet deutlich mehr wahre und deutlich weniger falsche Überzeugungen als die große Mehrheit der Leute; und (2) E besitzt eine Menge von Fertigkeiten und Methoden, sein Wissen adäquat und in hohem Grade erfolgreich auf neue Fragen aus dem Gebiet G anzuwenden.

Goldmans Explikation ist ausdrücklich an nur einem epistemischen Desiderat orientiert. Er hat seine Theorie der Expertise in dem wahrheitsorientierten Rahmen entwickelt, der seinem Buch *Knowledge in a Social World* zugrunde liegt. In diesem »veritistischen« Ansatz zu einer individuellen und sozialen Erkenntnistheorie orientiert sich Goldman einzig und allein an dem Gut der Wahrheit; um Wissen geht es nur in dem schwachen Sinne von »wahrer Überzeugung« – im Kontrast zu Irrtum (falscher Überzeugung) einerseits und Nichtwissen (Fehlen wahrer Überzeugung) andererseits.

Obwohl ich große Sympathien mit Goldmans Angriffen gegen radikale Formen von Wahrheitsrelativismus und epistemischem Relativismus habe (dazu Goldman 1999: Kap. 1 und Boghossian 2006), glaube ich, dass eine einseitige Konzentration auf das Gut der Wahrheit ungebührlich restriktiv und in manchen Hinsichten inadäquat ist:

(1) Das Grundproblem lässt sich folgendermaßen darstellen: Während der Laie möglicherweise nur sehr wenige und sehr grobe Überzeugungen über das Gebiet G hat, hegt ein Experte typischerweise Tausende von sehr speziellen und differenzierten Überzeugungen über G. Aus diesem Grunde geht der Experte ein viel größeres Risiko ein, falsche Überzeugungen zu besitzen als der Laie. Im Extremfall kann sich also die folgende missliche Situation ergeben: *Ein Laie L mag weniger falsche Überzeugungen über G haben als der Experte E*. Wenn sich E jedoch in dem Gebiet G besser auskennt als L, mehr inferentielle und explanatorische Zusammenhänge in G erkennt, während L nur isolierte und vollkommen triviale Wahrheiten über G parat hat, würden wir gleichwohl an unserem ursprünglichen Urteil festhalten, dass E bezüglich G kompetenter ist als L. Die Anzahl der wahren und falschen Überzeugungen in dem Gebiet der Expertise G kann also kaum der alleinige Maßstab des Grades der Expertise sein. (Da es kein konsensfähiges Kriterium zur Individuierung

von Überzeugungen bzw. geglaubten Propositionen gibt, können wir Überzeugungen auch nicht wirklich zählen. Goldmans Kriterium »knows more propositions in S« ist deshalb strenggenommen gar nicht anwendbar; in Bezug auf den Wissensfundus von Experten und Laien können wir allenfalls intuitive Größenvergleiche anstellen.)

(2) Der von Goldman später gemachte Zusatz »and a set of skills or methods for apt and successful deployment of this knowledge to new questions in the domain« (Goldman 2001, 92) weist zwar in die richtige Richtung. Aber es erhebt sich die Frage: Ist die Explikation von Expertise dann noch rein veritistisch, wie Goldman offenbar intendiert hatte? Es hat den Anschein, dass Goldman unter der Hand ein zusätzliches epistemisches Desiderat eingeschmuggelt hat.

(3) Dies bringt uns zu einem Verbesserungsvorschlag: In einer Theorie der Expertise sollte man alle epistemischen Werte und Desiderate berücksichtigen: neben Wahrheit und anderen wahrheitsförderlichen Desiderata (wie Rechtfertigung oder theoretische Rationalität), besonders bestimmte positive Eigenschaften von Überzeugungssystemen (wie Erklärungskohärenz und die Optimierung des Verstehens).

Wie können Laien oder Novizen nun die Experten erkennen? Dieses Problem wurde schon früh gesehen: etwa, wie oben dargelegt, bei Platon (428/427–348/347 v. Chr.) im *Charmides* oder bei Aristoteles (384–322 v. Chr.), der ausdrücklich fragte: Wie erkennt man den moralischen Experten, den Phronimos? Augustinus spricht in seiner Schrift *De utilitate credendi* von einer äußerst schwierigen Frage, die er auf die einprägsame Formel bringt: Wie können wir Narren den Weisen finden? (De utilitate credendi 28; Augustinus 1992: 160f.) Genaugenommen gibt es mehrere Probleme, die man auseinanderhalten sollte:

(I) *Das Laie-Experte-Problem:* Woran kann ein Laie erkennen, dass jemand ein Experte für ein bestimmtes Gebiet ist?
(II) *Das Laie-2 Experten-Problem:* Wie kann ein Laie rational entscheiden, was er in Bezug auf eine bestimmte Frage q glauben soll, wenn zwei Experten, E_1 und E_2, sich bezüglich q widersprechen?

Vor diesen Problemen steht jeder von uns laufend. Sie werden oft so beschrieben, als seien sie prinzipiell unlösbar. Schon Augustinus meinte: »Wenn der Unwissende nun fragt, wer dies denn sei [der Weise; ORS], so sehe ich überhaupt keine Möglichkeit, wie er ihn klar unterscheiden und erkennen kann. [...] Solange jemand unwissend ist, kann er nicht mit völlig sicherer Erkenntnis den Weisen finden, um ihm zu gehorchen und so von diesem schweren Übel der Unwissenheit befreit zu werden.« (Augustinus 1992: 163.) Aber auch in neuerer Zeit hat man die Lage des Laien als aussichtslos beschrieben. So gelangt John Hardwig in seiner vielzitierten Untersuchung zur epistemischen Abhängigkeit zu einem niederschmetternden Ergebnis: »[...] if I am not in a position to know what the expert's good reasons for believing that *p* are and why these are good reasons, what stance should I take in relation to the expert? If I do not know these things, I am in no position to determine whether the person really is an expert. By asking the right questions, I might be able to spot a few quacks, phonies, or incompetents, but only the more obvious ones. For example, I may suspect that my doctor is incompetent, but generally I would have to know what doctors know in order to confirm or dispel my suspicion. Thus, we must face the implications of the fact that laymen do not fully understand what constitutes good reasons in the domain of expert opinion.« (Hardwig 1985: 340f.)

Die besondere Schwierigkeit des Laie-Experte-Problems wird im Vergleich mit einem anders gelagerten Problem deutlich: dem Experte-Experte-Problem (vgl. Kitcher 1992: 249f.; 1993: 314–322; Goldman 2001: 89f.). Wie kann ein Experte auf dem Gebiet G die epistemische Autorität oder Glaubwürdigkeit eines anderen Experten auf demselben Gebiet beurteilen? In diesem Falle ist eine sogenannte direkte Kalibrierung möglich: Der eine Experte kann seine eigenen Expertenüberzeugungen über G wie ein Messinstrument zur Bewertung der epistemischen Autorität des anderen Experten benutzen. Innerhalb des Laie-Experte-Szenarios (und speziell des Laie-2 Experten-Szenarios) ist eine entsprechende direkte Kalibrierung dagegen nicht möglich. Der Laie hat entweder gar keine Überzeugungen über G oder, wo er doch welche haben sollte, verbindet er sie mit zu wenig Zuversicht, um sie zur Bewertung der Expertenüberzeugungen verwenden zu können. So fühlen sich viele zu einer skeptischen Antwort auf unser Problem gedrängt (siehe Kasten oben):

Die Konsequenzen eines solchen Skeptizismus wären freilich dramatisch: Man müsste auf eine rationale Nutzung dieser wichtigen Erkenntnisquelle ganz verzichten. Es bliebe nur blindes Vertrauen oder, was oft

> **Skeptische Antwort auf das Laie-Experte-Problem**
>
> Es ist für einen Laien (auf dem Gebiet G) unmöglich, zu wissen, wer ein Experte (auf dem Gebiet G) ist.
>
> **Skeptische Antwort auf das Laie-2 Experten-Problem**
>
> Es ist für einen Laien (auf dem Gebiet G) unmöglich, zu wissen, welchem von zwei einander widersprechenden Experten (auf dem Gebiet G), E_1 und E_2, Glauben zu schenken ist.

unterschlagen wird, ebenso blindes Misstrauen. Grund genug, zu versuchen, eine optimistischere Einschätzung zu verteidigen:

> **Moderater epistemischer Optimismus bezüglich des Laie-Experte-Problems**
>
> Es ist für einen Laien (auf dem Gebiet G) *prinzipiell* möglich, zu wissen, wer ein Experte (auf dem Gebiet G) ist.
>
> **Moderater epistemischer Optimismus bezüglich des Laie-2 Experten-Problems**
>
> Es ist für einen Laien (auf dem Gebiet G) *prinzipiell* möglich, zu wissen, welchem von zwei einander widersprechenden Experten (auf dem Gebiet G), E_1 und E_2, Glauben zu schenken ist.

Ein entscheidender Schritt zur Lösung des Laie-Experte-Problems besteht darin, dem Problem eine zeitliche Dimension zu geben. Alvin I. Goldman hat diese Strategie ausgearbeitet; dabei geht er von folgendem Beispiel aus: »Consider a judge, *J*, who wishes to determine (directly) whether a candidate authority, *A*, really is an authority in a given subject. Assume that judge *J* himself is not an authority, but wishes to determine whether *A* is. If *A* is an authority, he will know things – perhaps many things – that *J* does not know. If *J* himself does not know them, however, how can he tell that *A* does? Suppose *A* claims to know proposition *P*, and does not (antecedently) believe *P*. Should *J* credit *A* with knowledge of *P*? If *J* does not already believe *P*, there are two possibilities (restricting ourselves to categorical belief rather than degrees of belief): either *J* believes not-*P*, or he has no opinion. In either case, why would *J* credit *A* with knowing *P*? If *J* believes not-*P*, he should certainly not credit *A* with knowing *P*. If he has no opinion about *P*, he could credit *A* with knowledge on the basis of pure faith, but this would hardly count as *determining* that *A* knows that *P*. Although he could place blind trust in *A*, this would not be a reliable way of determining authority. Moreover, he cannot follow this policy systematically. If two people, *A* and *A'*, each claims to be an authority, and *A* claims to know *P*, while *A'* claims to know not-*P*, how is *J* to decide between them when he himself has no opinion?« (Goldman 1999: 268) Hoffnung in dieser Frage bietet, wie gesagt, die zeitliche Perspektive: »The first crucial step in solving the problem is to give it a *temporal* dimension. Although *J* cannot credit *A* with knowing something *now* that *J* does not know now, he can certainly credit *A* with knowing things *before* he, *J*, knew them.« (Goldman 1999: 268)

Vor diesem Hintergrund kann man fragen, ob es Szenarien gibt, in denen es für den Laien möglich ist, empirisch zu bestimmen, ob epistemische Autorität (in einem objektiven Sinne) vorlag oder nicht: In welchen Szenarien ist eine empirische Überprüfung der Expertenantwort durch den Laien möglich? (Vgl. Goldman 1999: 269f.) Tatsächlich gibt es keine ganze Reihe vertrauter Szenarien, in denen dies möglich erscheint. Goldman nennt vier einfache Szenarien, die ich kurz erläutere:

(a) Den ersten Typ könnte man als *Auskunft- und Vorhersagesszenarien* bezeichnen; allgemeiner handelt es sich um Szenarien, in denen *J* die Aussagen des Experten *A* im Nachhinein durch eigene Beobachtungen selbst verifizieren oder falsifizieren kann. Goldmans Beispiel ist dem Bereich der Geographie entnommen: *A* behauptet zum Zeitpunkt *t*, dass St. Paul die Hauptstadt von Minnesota ist. *J* weiß zu *t* nicht, ob diese Proposition wahr ist, sei es, dass er keine Meinung dazu hat, sei es, dass er sie bestreitet oder bezweifelt (Goldman 1999: 269). *J* kann diese Behauptung jedoch auf verschiedene Weisen selbst nachprüfen: Er kann die Reise nach Minnesota antreten oder eine verlässliche Enzyklopädie bzw. einen anerkannten Atlas konsultieren. Zu einem späteren Zeitpunkt *t'* weiß *J* dann auch, dass St. Paul die Hauptstadt von Minnesota ist. Vor allem kann er jetzt einsehen und zugestehen, dass *A* dies vor ihm wusste. Auf diese Weise gewinnt *J* einen ersten kleinen Anhaltspunkt dafür, dass *A* eine größere Autorität auf dem Gebiet der nordamerikanischen Geographie ist als er selbst.

(b) Ein wenig komplexer sind *System-Reparatur-Szenarien*, die uns ebenfalls aus dem Alltag bestens vertraut sind. Die vom Experten geäußerte Meinung bezieht sich in diesen Fällen auf die Reparatur oder anderweitige Behandlung von nicht oder schlecht funktionierenden Systemen im weitesten Sinne. Dabei mag es sich um Maschinen, technische Geräte (Fernseher; Computer etc.), Wirtschaftssysteme oder auch Organismen handeln. In jedem solchen Falle kann J zunächst einmal selbst verifizieren, dass das System nicht oder nur schlecht funktioniert. Es stellt sich die Frage: Wie kann das System repariert werden? J hat keine Ahnung; zumindest hat er keine Antwort parat, in die er ein nennenswertes Vertrauen setzt. Im Unterschied dazu, behauptet A, dass das System innerhalb einer bestimmten Zeitspanne wieder normal funktionieren wird, wenn man ihm die Behandlung B angedeihen lässt. Wenn J diesen Vorschlag hört, hat er keine Meinung dazu oder bezweifelt vielleicht sogar, dass die Behandlungsart B Erfolg haben wird. B wird nun auf das System angewandt (was J wiederum selbst verifiziert) und, siehe da, zu einem späteren Zeitpunkt innerhalb des Zeitintervalls funktioniert das System wieder (wovon sich J ebenfalls mit eigenen Augen überzeugt). J muss einräumen, dass A die einschlägige Proposition gewusst hat, bevor er selbst sie wusste. Das gibt ihm einen Anhaltspunkt dafür, dass A auf dem betreffenden Gebiet größere epistemische Autorität besitzt.

In den Szenarien des Typs (a) und (b) kann J die Wahrheit von A's Behauptung durch eigene Beobachtungen verifizieren und so im Nachhinein empirische Belege für A's Expertise erhalten. Einen anderen Weg bieten (c) *Argumentationen*: Zum Zeitpunkt t behauptet A, dass p, und J bestreitet dies. A führt nun Prämissen an, die p stützen. Wenn J nun diesen Prämissen zustimmt oder sich einzeln von ihrer Wahrheit überzeugt hat und keine Anhaltspunkte hat, die A's Argumentation zugunsten von p zunichte machen, dann wird J zu einem Zeitpunkt t' von der Wahrheit von p überzeugt. J ist dann gerechtfertigt zu glauben, dass A etwas (nämlich p) wusste, bevor er selbst es wusste. Wiederholt sich dies bei anderen Gelegenheiten, während der umgekehrte Fall nicht eintritt, dann hat J gute Anhaltspunkte für A's größere epistemische Autorität.

(d) Schließlich gibt es noch die *Expertenkonflikt-Szenarien* (vgl. Goldman 1999: 269–271). Auch in diesen Szenarien kann sich J entweder auf Bestätigung durch eigene Beobachtung oder Anhaltspunkte aus der Argumentation stützen. In letzterem Fall hört sich J die einander gegenüberstehenden Argumente an und entscheidet, welches das stärkste ist bzw. wer von den Kontrahenten beim Argumentieren, Widerlegen und Erwidern die bessere Figur macht. Erfolgreiche Argumentation ist zwar kein unfehlbarer, aber doch ein brauchbarer Wahrheitsindikator.

Grundlegender als die Frage nach den Szenarien, ja entscheidend, ist die nach den Arten von Belegen: Welche Erkenntnisquellen, welche empirischen Anhaltspunkte stehen dem Laien überhaupt zur Verfügung? Goldman zählt fünf Typen von Anhaltspunkten auf. Schauen wir sie uns kurz an.

(A) Die Argumente, die von den konkurrierenden Experten E_1 und E_2 präsentiert werden, um ihre eigene Auffassung zu stützen und die ihres Rivalen zu kritisieren.

Bedauerlicherweise behaupten Experten ihre jeweiligen Auffassungen bisweilen nur, ohne ihre Belege und Argumente anzuführen. Manche Experten veröffentlichen ihre Gründe zwar in Fachzeitschriften oder tragen sie auf Fachkongressen vor. Aber auch in dieser Form erreichen sie den Laien zumeist nicht: In der Regel wird er nicht einmal auf sie aufmerksam; und wo dies doch einmal geschieht, könnte er sie wohl nicht oder nur zu einem geringen Teil verstehen. Allenfalls kommt er in den populären Medien in den (oft zweifelhaften) Genuß einer Darstellung der Belege und Argumente aus zweiter Hand, bei der vieles weggelassen und das Übrige stark vereinfacht wird. So verhält es sich in der Regel; aber natürlich ist ein besseres Szenario des Typs (A) durchaus möglich: Der Laie wird Zeuge einer eingehenden und gründlichen Debatte zwischen den Experten oder liest eine detaillierte Dokumentation. Leider kommt dies noch viel zu selten vor; in diesem Bereich können unsere Praxis, unsere Institutionen und Medien stark verbessert werden.

Es empfiehlt sich, bei den Expertenaussagen zwischen epistemisch esoterischen und exoterischen zu unterscheiden (vgl. Goldman 2001: 94, 106f.). Die *esoterischen* Aussagen fallen in das Gebiet G der Expertise; der Laie kann ihren Wahrheitswert bzw. ihren Rechtfertigungsgrad nicht beurteilen. (Von *semantisch esoterischen* Aussagen kann man reden, wenn ein Laie sie schon deshalb nicht beurteilen kann, weil er sie nicht versteht.) Der epistemische Status der *exoterischen* Aussagen des Experten ist dem Laien dagegen zugänglich; ob sie wahr sind bzw. ob sie gerechtfertigt sind, kann er entweder zum Zeitpunkt der Äußerung oder zumindest zu einem späteren Zeitpunkt erkennen. Die esoterischen Aussagen machen die eigentliche Schwierigkeit aus. Der Laie müsste (a) die Aussagen des Experten verstehen, (b) sie auf ihren Wahrheitswert oder zumindest den Grad ihrer Rechtfertigung beurteilen, (c) die Stützungsrelation zwischen den angeführten empirischen Belegen und der Schlussfolgerung beurteilen.

Eine *direkte* Rechtfertigung aufgrund der vorgetragenen Argumente läge vor, wenn der Laie dadurch gerechtfertigt wäre, die Konklusion des Experten zu akzeptieren, dass er gerechtfertigt ist, die Prämissen und die Stützungsrelation zu glauben. Eher möglich ist in vielen Fällen eine *indirekte* Rechtfertigung. Es gibt eine Reihe dem Laien zugänglicher plausibler Indikatoren dafür, dass einer der Experten (E_1 oder E_2) größere Expertise besitzt: dialektische Überlegenheit, sicheres Auftreten, Promptheit und Vollständigkeit der Antworten etc. Viele dieser Indikatoren sind jedoch problematisch, da beispielsweise ein bestimmtes Auftreten trainierbar ist, auch wenn die Expertise nicht vorhanden ist. In Zeiten, in denen ein großer Markt für das entsprechende Training besteht, ist das sichere und gewandte Auftreten ein wenig verlässlicher Indikator (vgl. Brewer 1998: 1622–1624 und Goldman 2001: 95 f.).

Insgesamt kann man festhalten: Daten des Typs (A) können zwar prinzipiell vorhanden sein; sie sind aber für den Laien oft nicht in ausreichendem Maße verfügbar und nicht in jedem Fall verlässlich.

(B) Die Übereinstimmung von Seiten zusätzlicher mutmaßlicher Experten auf dem Gebiet G.

Hier geht es darum, wie weitere mutmaßliche Experten die konkurrierenden Aussagen von E_1 und E_2 beurteilen. Wie groß ist der Anteil der Experten, die mit E_1 übereinstimmen, wie groß der Anteil derer, die mit E_2 übereinstimmen?

(C) Bewertungen der Expertise der Experten durch mutmaßliche Meta-Experten.

Bei (C) geht es auch um weitere Experten, aber etwas anderer Art. Es geht nicht um zusätzliche Experten, die sich direkt zu dem Gebiet G äußern, sondern um Meta-Experten, welche die jeweilige Expertise von E_1 und E_2 beurteilen. Derlei Beurteilungen sind im Unterrichts- und Forschungsbetrieb auf vielerlei Weise institutionalisiert: in Form von Benotungen, Referenzen, Zeugnissen, Gutachten etc.

Der wichtigste Punkt, der zu (B) und (C) anzumerken ist, besteht in einer Warnung: Die größere Anzahl derer, die eine Expertenmeinung favorisieren, ist nicht immer ein verlässlicher Indikator für die Wahrheit oder den Rechtfertigungsgrad dieser Expertenmeinung. Anders gesagt: Es gibt Szenarien, bei denen die Größe des Konsenses wenig oder nichts über den epistemischen Wert der fraglichen Expertenaussage besagt: (1) Denken Sie etwa an einen Guru, der Hunderte von kritiklosen Anhängern hat. (2) Oder denken Sie an den Fall eines umlaufenden Gerüchtes. In beiden Fällen wächst die Glaubwürdigkeit nicht einfach mit der Zahl der Zeugen (vgl. Goldman 2001: 99 ff.).

(D) Belege für die Interessen und Voreingenommenheiten der Experten bezüglich des fraglichen Themas.

Wenn der Laie gute Gründe hat zu glauben, dass die Behauptungen eines der Experten durch Interessen oder Voreingenommenheiten beeinträchtigt sind, während bei dem anderen keine solchen Verdachtsgründe vorliegen, dann ist er gerechtfertigt, größeres Vertrauen in die Behauptungen des unvoreingenommenen Experten zu setzen. Manchmal nehmen Experten es aufgrund von eigenen (z. B. ökonomischen) Interessen mit der Wahrheit nicht so genau. Deutlicher gesagt: Sie lügen aus Eigeninteresse. Ein Beispiel wären etwa Forschungen über die Wirkung von Arzneimitteln, die von den produzierenden Pharmazie-Konzernen selbst finanziert worden sind (im Kontrast zu Forschungen, die von nicht-kommerziellen Organisationen gefördert wurden). Ähnlich gelagerte Fälle sind sicher keine Seltenheit. Allerdings können Laien oft durchaus an relevante Informationen über solche Interessen kommen.

Gefährlicher – weil für den Laien zumeist sehr viel schwerer erkennbar – sind Voreingenommenheiten, denen eine gesamte Disziplin oder Forschergemeinschaft unterliegt. Wenn alle oder die meisten Mitglieder einer bestimmten Disziplin von demselben Vorurteil befallen sind, wird es für Laien äußerst schwierig, den Wert unterstützender Aussagen von anderen Experten oder Meta-Experten zu beurteilen (Goldman 2001, 107). Ein Beispiel liefern verwandte tiefenpsychologische und psychotherapeutische Schulen, deren Mitglieder sich wechselseitig Expertise bescheinigen.

(E) Daten zu der epistemischen Erfolgsbilanz der Experten in der Vergangenheit.

Eine überaus wichtige und im günstigen Falle ausschlaggebende Quelle von empirischen Informationen, die für die Beurteilung konkurrierender Expertenaussagen relevant ist, sind die Daten über die jeweilige Erfolgsbilanz der Experten in der Vergangenheit, ihr »track record«, wie die griffige englische Formulierung lautet. »What's his track record?« heißt soviel wie: Welche Erfolge hat er vorzuweisen? In unserem Zusammenhang geht es darum, welche epistemische oder kognitive Erfolgsbilanz jemand vorzuweisen hat.

Auch hier könnte die Lage des Laien zunächst aussichtslos erscheinen. Ein Laie wird ja zu Aussagen auf dem Gebiet G der Expertise entweder gar keine Meinungen haben oder jedenfalls nur solche, bei denen der Grad der Zuversicht sehr gering ist. Wie soll er dann begründete Meinungen über die epistemische Erfolgsbilanz eines Experten auf dem Gebiet G haben?

Hier hilft es jedoch, sich an die Unterscheidung zwischen *esoterischen* und *exoterischen* Aussagen zu erinnern. Man könnte zunächst meinen, es handle sich dabei um einen kategorischen Unterschied: eine Aussage ist entweder eine esoterische oder eine exoterische. Dies wäre jedoch zu einfach gedacht: Eine gegebene Aussage ist esoterisch oder exoterisch relativ zu einer epistemischen Position (zu einem bestimmten Zeitpunkt). Ein Beispiel kann dies verdeutlichen: Betrachten Sie die Aussage »Am 21. März 2020 wird in Münster eine absolute Sonnenfinsternis zu beobachten sein«. Gegenwärtig handelt es sich um eine esoterische Aussage; astronomische Laien können – im Unterschied zu den Experten auf diesem Gebiet – nicht beurteilen, ob die Aussage zutrifft oder nicht. Aber, wenn der 21. März 2020 einmal gekommen ist, können natürlich auch Laien die Frage korrekt beantworten. (Sie werden dann feststellen, dass keine Sonnenfinsternis zu sehen ist und statt dessen mein 60. Geburtstag gefeiert wird.) Der Status der Aussage hat sich geändert: Es handelt sich jetzt um eine exoterische Aussage.

Das Beispiel steht natürlich für viele andere. Expertenaussagen sind oder implizieren häufig Prognosen. Das brauchen keine theoretischen Aussagen der Form zu sein: »Zu dem zukünftigen Zeitpunkt t_i wird sich Ereignis e zutragen«. Mindestens ebenso häufig sind praktische Aussagen der Art »Wenn Du das System S in der Art und Weise W behandelst, wird es wieder funktionieren« oder »Wenn Du das Medikament M einnimmst, wirst Du in einer Woche wieder gesund sein«. Vor der durchgeführten Behandlung ist die Aussage eine esoterische, danach eine exoterische, kann also von da an auch von dem Laien beurteilt werden.

Es ist also für Laien prinzipiell möglich, vergangene Expertenaussagen rückblickend zu beurteilen und so den »track record« eines Experten zu verfolgen. Die Möglichkeit, die Expertise einiger weniger Experten in dieser Weise direkt zu bestimmen, macht es darüber hinaus möglich, plausible induktive Schlüsse bezüglich zukünftiger Urteile des Experten und bezüglich größerer Expertengruppen zu ziehen. Wenn ein Laie L beispielsweise gute Belege dafür hat, dass E_1 große Expertise auf dem Gebiet G besitzt, und außerdem weiß, dass E_1 viele Jahre lang bestimmte Personen in den für G einschlägigen Kenntnissen und Methoden ausgebildet hat, hat er gute induktive Gründe dafür, auch diesen Personen Expertise auf dem Gebiet G zuzuschreiben. Insoweit als der Laie die schon bewährten Experten als Meta-Experten zur Beurteilung weiterer Kandidaten heranziehen kann, kann er ebenfalls plausibel auf die Expertise weiterer Leute schließen.

Wir können jetzt die pessimistische Haltung bezüglich des Laie-Experte-Problems beurteilen, die sich bei Augustinus, Hardwig und vielen anderen fand. Wie Sie sich erinnern, behauptete Hardwig: »[...] if I am not in a position to know what the expert's good reasons for believing that *p* are and why these are good reasons, what stance should I take in relation to the expert? If I do not know these things, I am in no position to determine whether the person really is an expert.« (Hardwig 1985: 340) Hardwig hat zwar recht, wenn er sagt, dass einem Laien typischerweise die Gründe des Experten, *p* zu glauben, nicht zugänglich sein werden. Aber er geht fehl, wenn er daraus schließt: »If I do not know these things, I am in *no* position to determine whether the person really is an expert.« (Hardwig 1985: 340; meine Hervorhebung) Der Laie mag durchaus verlässliche Anhaltspunkte dafür haben, *dass* der fragliche Experte gute Gründe hat, *p* zu glauben; und er kann Zugang zu verlässlichen Indikatoren dafür haben, *dass* ein Experte *bessere Gründe* hat, eine Proposition zu glauben, als sein Konkurrent. Ähnlich wie man wissen kann, *dass* ein Messinstrument verlässlich ist, ohne zu wissen, *wie* es funktioniert, kann man auch wissen, *dass* jemand ein Experte ist, ohne zu wissen, *wie* oder *warum* er seine Expertise besitzt (Goldman 1999: 270).

Experten zu identifizieren und zu vergleichen, ist also prinzipiell möglich. In vielen konkreten Fällen bleibt es gleichwohl schwierig. Aus den unübersehbaren Schwierigkeiten einer Beurteilung der Expertise ergeben sich praktische Konsequenzen. Zwar haben wir gesehen, dass es für einen Laien auf dem Gebiet G prinzipiell möglich ist, zu wissen, wer ein Experte auf diesem Gebiet ist. Aber in konkreten Entscheidungssituationen bleibt die Lage für den Laien häufig intransparent; die erforderlichen empirischen Anhaltspunkte sind oft nur schwer zugänglich oder in zu geringem Umfang verfügbar. Allgemein ist deshalb zu fordern, dass die Rahmenbedingungen so verändert werden, dass den Laien die Beurteilung der Expertise erleichtert wird. Daraus ergeben sich zum einen konkrete Pflichten für die Experten, die Träger epistemischer Autorität. Z. B.: Man soll sich nicht als Experte für Gebiete ausgeben, für die man kein Experte ist. Wird einem von anderen Expertise für Gebiete zugeschrieben, für die man kein Experte ist, soll man dies richtigstellen. Der Experte soll seine Expertenaussagen so allgemeinverständlich wie möglich ausdrücken. Interessen, welche die Expertenzeugnisse beeinflussen könnten, müssen offengelegt werden usw. Es ergeben sich zum anderen Aufgaben für die Informationsmedien, den Wissenschaftsjournalismus u.ä.: Von großem Nutzen wäre es etwa, die epistemische Erfolgsbilanz von einflussreichen mutmaßlichen Experten aufzuzeichnen und in regelmäßigen Abständen zu dokumentieren. Für eine aufgeklärte Ethik und Politik der Expertise bleibt viel zu tun.

Kontrollfragen

1. Wo stoßen Sie im Alltag auf Fragen, die in das Untersuchungsgebiet der sozialen Erkenntnistheorie fallen?
2. Welche erkenntnistheoretischen Begriffe implizieren die Beteiligung einer Gruppe von Personen?
3. Gibt es in den sozialen Gemeinschaften, zu denen Sie gehören (Partnerschaft, Freundeskreis, studentische Arbeitsgruppen), so etwas wie kognitive und epistemische Arbeitsteilung? Wenn ja, wie könnte sie verbessert werden?
4. Wann haben Sie zuletzt vor einem Laie-Experte-Problem gestanden?
5. Wann haben Sie zuletzt vor einem Laie-2 Experten-Problem gestanden?
6. Vergleichen Sie die allgemeinen Kriterien zur Beurteilung der Glaubwürdigkeit von Zeugen (→ Das Zeugnis anderer) mit den speziellen Kriterien zur Beurteilung der Glaubwürdigkeit von Experten!
7. Durch welche praktische Maßnahmen und evtl. institutionelle Veränderungen könnte man die Lage von Laien bei der Beurteilung von Expertise verbessern?

Kommentierte Auswahlbibliographie

De George, Richard T. (1985): *The Nature and Limits of Authority.* Lawrence, Kansas: University Press of Kansas.
Eine gründliche Untersuchung zu Begriff und Formen der Autorität.

Goldman, Alvin I. (1999). *Knowledge in a Social World.* Oxford: Clarendon Press.
Hauptwerk zur sozialen Erkenntnistheorie.

Goldman, Alvin I. (2007): Social Epistemology. In: *The Stanford Encyclopedia of Philosophy (Spring 2007 Edition).* Edward N. Zalta (Hg.). URL = http://plato.stanford.edu/archives/spr2007/entries/epistemology-social/.
Überblick über Formen und Themen der sozialen Erkenntnistheorie.

Goldman, Alvin I. (2009): Reply to Discussants. In: Schurz, Gerhard/Werning, Markus (Hg.). *Reliable Knowledge and Social Epistemology. Essays on the Philosophy of Alvin Goldman and Replies by Goldman (= Grazer Philosophische Studien 79).* Amsterdam: Rodopi. 245–288.
Enthält u.a. eine Erwiderung auf Scholz 2009.

Goldman, Alvin I./Whitcomb, Dennis (Hg.) (2011): *Social Epistemology: Essential Readings.* Oxford: Oxford University Press.
Sammelband mit Schlüsselbeiträgen zur sozialen Erkenntnistheorie.

Haddock, Adrian/Millar, Alan/Pritchard, Duncan (Hg.) (2010): *Social Epistemology.* Oxford: Oxford University Press.
Wichtiger neuer Sammelband zu Themen und Projekten der sozialen Erkenntnistheorie.

Schmitt, Frederick F. (Hg.) (1987): Special Issue: Social Epistemology. In: *Synthese 73. Themenheft der renommierten Zeitschrift* Synthese *mit inzwischen klassischen Beiträgen zur sozialen Erkenntnistheorie.*

Schmitt, Frederick F. (Hg.) (1994): *Socializing Epistemology. The Social Dimensions of Knowledge.* Lanham, Md: Rowman und Littlefield.
Wichtiger Sammelband mit Beiträgen führender Erkenntnis- und Wissenschaftstheoretiker.

Schmitt, Frederick F./Scholz, Oliver R. (2010): The History of Social Epistemology. In: *Episteme 7/1.*
Einleitung zu einem Themenheft zur Geschichte der sozialen Erkenntnistheorie.

Scholz, Oliver R. (2009): Experts – what they are and how we recognize them. In: Schurz, Gerhard/Werning, Markus (Hg.): *Reliable Knowledge and Social Epistemology. Essays on the Philosophy of Alvin Goldman and Replies by Goldman (= Grazer Philosophische Studien 79).* Amsterdam: Rodopi. 187–205.
Eine Darstellung und kritische Diskussion von Goldmans Arbeiten zur Expertise.

Selinger, Evan/Crease, Robert P. (Hg.) (2006): *The Philosophy of Expertise*. New York: Columbia University Press.
Sammelband mit philosophischen, soziologischen und juristischen Untersuchungen zur Expertise.

Tuomela, Raimo (2007): *The Philosophy of Sociality*. Oxford: Oxford University Press.
Eine gute Einführung in die Sozialphilosophie von einem der führenden Theoretiker auf diesem Gebiet.

Weitere Literatur

Augustinus (1992): *De utilitate credendi / Über den Nutzen des Glaubens*. Lateinisch-deutsch, übersetzt und eingeleitet von Andreas Hoffmann. Freiburg im Breisgau: Herder.

Bochenski, I. M. (1974): *Was ist Autorität?* Freiburg; nachgedruckt in: ders. 1988, *Autorität, Freiheit, Glaube. Sozialphilosophische Studien*. München / Wien: Philosophia Verlag.

Boghossian, Paul A. (2006): *Fear of Knowledge. Against Relativism and Constructivism*. Oxford: Clarendon Press.

Brewer, Scott (1998): Scientific Expert Testimony and Intellectual Due Process. In: *Yale Law Journal*. 107. 1535–1681.

Coady, C. A. J. (1992): *Testimony: A Philosophical Study*. Oxford: Clarendon Press.

Egan, M.E./Shera, J. (1952): Foundations of a Theory of Bibliography. In: *The Library Quarterly* 22.

Fleck, Ludwik (1935): *Entstehung und Entwicklung einer wissenschaftlichen Tatsache. Einführung in die Lehre vom Denkstil und Denkkollektiv*. Basel: Benno Schwabe & Co. (Neuausgabe, mit einer Einleitung herausgegeben von Lothar Schäfer und Thomas Schnelle. Frankfurt am Main: Suhrkamp 1980).

Fuller, Steve (1988): *Social Epistemology*. Bloomington, Ind.: Indiana University Press. (²2002).

Goldberg, Sanford (2007): *Anti-Individualism: Mind and Language, Knowledge and Justification*. Cambridge: Cambridge University Press.

Goldman, Alvin I. (1978): Epistemics: The Regulative Theory of Cognition. In: *The Journal of Philosophy*. 75. 509–523.

Goldman, Alvin I. (1987): Foundations of Social Epistemics. In: *Synthese* 73.

Goldman, Alvin I. (1991): Epistemic Paternalism: Communication Control in Law and Society. In: *The Journal of Philosophy*. 88. 113–131.

Goldman, Alvin I. (1992): *Liaisons. Philosophy Meets the Cognitive and Social Sciences*. Cambridge, Mass.: MIT Press.

Goldman, Alvin I. (2001): Experts: Which Ones Should You Trust? In: *Philosophy and Phenomenological Research*. 63. 85–110.

Goldman, Alvin I. (2002): *Pathways of Knowledge: Private and Public*. Oxford: Oxford University Press.

Goldman, Alvin I. (2010): Why Social Epistemology Is Real Epistemology. In: Haddock, Adrian/Millar, Alan/Pritchard, Duncan (Hg.): *Social Epistemology*. Oxford: Oxford University Press. 1–28.

Hardwig, John (1985): Epistemic Dependence. In: *The Journal of Philosophy*. 82. 335–349.

Hardwig, John (1991): The Role of Trust in Knowledge. In: *The Journal of Philosophy*. 88. 693–708.

Hardwig, John (1994): Towards an Ethics of Expertise. In: *Professional Ethics and Social Responsibility*. hg. v. D. E. Wueste. Lanham, Md.: Rowman und Littlefield. 82–101.

Kitcher, Philip (1990): The Division of Cognitive Labor. In: *The Journal of Philosophy*. 87. 5–22.

Kitcher, Philip (1993): *The Advancement of Science*. New York: Oxford University Press.

Platon (1961): *Der Staat*. übersetzt und erläutert von Otto Apelt, durchgesehen von Karl Bormann, Hamburg: Meiner.

Quinton, Anthony (1971): Authority and Autonomy in Knowledge. In: *Proceedings of the Philosophy of Education Society of Great Britain, Supplementary Issue*, Vol. 5. 201–215.

Reid, T. (1895): An Inquiry into the Human Mind on the Principles of Common Sense. In: ders.: *Philosophical Works*, hg. v. W. Hamilton, 8. Aufl. Edinburgh: Maclachlan und Stewart.

Schantz, Richard (Hg.): *The Externalist Challenge*. Berlin/New York: de Gruyter.

Schmitt, Frederick F. (1999): Social Epistemology. In: Greco, John/Sosa, Ernest (Hg.): *The Blackwell Guide to Epistemology*. Oxford: Blackwell. 354–382.

Scholz, Oliver R. (2005): Zeuge, Zeugnis I. In: Ritter, Joachim/Gründer, Karlfried/Gabriel, Gottfried (Hg.): *Historisches Wörterbuch der Philosophie*. Band 12: W-Z. Basel: Schwabe & Co. 1317–1324.

Shera, J. (1970): *Sociological Foundations of Librarianship*. New York: Asia Publishing House.

Thagard, Paul (1997): Collaborative Knowledge. In: *Nous*. 31. 242–261.

TUGEND-ERKENNTNISTHEORIE

Jörg Hardy

1. Wissen und epistemische Tugenden
   1.1 Epistemische Forderungen und Verantwortung
   1.2 Eine sehr kurze Geschichte der Tugenderkenntnistheorie
2. Eigenschaften epistemischer / intellektueller Tugenden
   2.1 Fähigkeit und Motivation
   2.2 Angemessene intellektuelle Akte
3. Rechtfertigung und Wissen
   3.1 Rechtfertigung
   3.2 Wissen
4. Epistemische Motivation und epistemische Selbstbestimmung
   4.1 Epistemische Motivation
   4.2 Beispiele
   4.3 Motivationale Verstärkung, disponible Meinungen und sicheres Wissen
   4.4 Epistemische Selbstbestimmung

1. Wissen und epistemische Tugenden

Wissen ist das Ziel unserer kognitiven Tätigkeiten, und das Verfügen über Wissen ist das Ergebnis der erfolgreichen Ausübung unserer kognitiven Fähigkeiten. Deshalb ist Wissen ein epistemischer Wert; wir möchten wissen, wie es sich mit einer Sache verhält, und wir möchten unsere Fähigkeiten des Urteilens deshalb so ausüben, dass wir uns wahre Meinungen und idealerweise diejenigen wahren Meinungen bilden, die wir als Wissen auszeichnen. (→ Der Wert des Wissens) Wenn wir über Wissen verfügen, haben wir eine bestimmte kognitive Fähigkeit auf eine erfolgreiche und bestmögliche Weise ausgeübt und damit zugleich die mit dieser Fähigkeit verknüpfte Motivation, d. h. den Wunsch nach Wissen, verwirklicht. Die Verknüpfung zwischen der Motivation, die auf ein ganz bestimmtes Ziel gerichtet ist, und der Fähigkeit einer Person, dieses Ziel auf erfolgversprechende Weise zu erreichen, ist eine Einstellung (Disposition) einer Person. Die kognitiven Einstellungen (Dispositionen), kraft derer wir Wissen gewinnen, lassen sich als epistemische (oder: intellektuelle) Tugenden auffassen. Tugenden sind wünschenswerte und anerkennenswerte Einstellungen einer Person, in denen die Motivation, ein bestimmtes Ziel anzustreben, mit der Fähigkeit verknüpft ist, dieses Ziel auf eine zuverlässige, erfolgversprechende Weise zu erreichen. Die epistemischen oder intellektuellen Tugenden werden in Tugenderkenntnistheorien philosophisch erforscht. Unter dem Titel »virtue epistemology« sind im englischen Sprachraum in den letzten drei Jahrzehnten verschiedene Theorien entwickelt worden. Sie alle haben ein gemeinsames *explanandum*: die epistemischen Eigenschaften der Wissenssubjekte, d. h. die Dispositionen, mit deren Hilfe Personen sich wahre Meinungen und Wissen bilden und Irrtümer vermeiden können. Das tugenderkenntnistheoretische Forschungsprogramm öffnet den Blick auf die komplexen (kognitiven, volitionalen und emotionalen) Einstellungen, die wir deshalb haben, weil wir uns um Wissen bemühen:

> To focus on the criteria of a good knower rather than on knowledge is to open the door to new kinds of considerations, relevant to what it means to be in a position to know. If diffidence or caution stands in a way of exploring new frontiers, of asking bold questions, of submitting one's work to public scrutiny or acclaim, then it is an emotional defect in a knower. Similarly, if love of self turn into a grandiosity that makes listening to competing viewpoints difficult, if it squashes collaborative effort and makes teamwork a matter of hierarchical command, then such narcissism is, again, an emotional defect in a knower (Sherman/ White 2003: 42).

Das Feld der epistemischen / intellektuellen Tugenden ist weit. Komplexe Tugenden sind etwa die Fähigkeit und Bereitschaft, alle jeweils relevanten logischen und empirischen Gründe, die für oder gegen eine bestimmte Meinung sprechen, sorgfältig zu prüfen, Irrtümer aufzuklären und zu korrigieren. Dazu gehören ferner Eigenschaften wie intellektueller Mut, Offenheit und die Bereitschaft, von anderen Personen zu lernen. Auf der Grundlage einer Theorie epistemischer / intellektueller Tugenden beschäftigt sich die Tugenderkenntnistheorie auch mit den Themen, die den Schwerpunkt der traditionellen analytischen Erkenntnistheorie bilden, d. h. mit (i) der Analyse propositionalen Wissens, (ii) der Explikation epistemischer Rechtfertigung und (iii) der Auseinandersetzung mit skeptischen Hypothesen (vgl. Greco 2001).

1.1 Epistemische Forderungen und Verantwortung

Wenn es uns gelungen ist, unsere Erkenntnisfähigkeiten erfolgreich auszuüben, sind wir für die Meinungen, die wir als Wissen auszeichnen, verantwortlich. Verantwortlich sind wir für unsere Meinungen zunächst einmal in dem Sinne, dass wir die Wahrheit (oder Falschheit) unserer Meinungen selbst, d. h. aufgrund unserer eigenen Fähigkeiten, in einem für uns selbst wünschenswerten Sinne zu prüfen und zu bewerten vermögen. Verantwortlich sind wir für unsere Meinungen aber auch in dem Sinne, dass die Meinungen, die wir als Wissen auszeichnen, bestimmte Forderungen erfüllen, die wir an unsere Fähigkeiten der Meinungsbildung stellen. Tugenderkenntnistheorien erläutern diese Forderungen mit einem Vergleich zwischen den wahrheitsfördernden kognitiven Aktivitäten und den moralisch guten Handlungen von Personen. Eine im moralischen Sinne gute (oder richtige) Handlung ist eine Handlung, mit deren Ausführung (oder Unterlassung) eine Person Forderungen erfüllt, die (idealerweise) jedes Mitglied einer Gemeinschaft an jedes andere Mitglied richtet.

Die entscheidenden epistemischen Forderungen bestehen darin, dass wir Verfahrensweisen anwenden, die sich in hinreichend vielen Fällen als zuverlässig erwiesen haben, dass wir solche Verfahrensweisen gleichwohl prüfen, um sie gegebenenfalls zu verbessern oder alternative Verfahrensweisen anzuwenden, dass wir unsere Meinungen hinreichend begründen, und dass wir diejenigen Irrtümer, die wir kennen und deshalb vermeiden können, in der Tat vermeiden. Wir sollten in unseren Erkenntnisbemühungen mit der jeweils erforderlichen Sorgfalt vorgehen und das vorrangige Ziel der Wahrheitssuche verfolgen, dieses Ziel also nicht zugunsten anderer Ziele vernachlässigen oder aufgeben. Diese Forderungen können wir deshalb aus eigener Kraft (und in eigener Verantwortung) erfüllen, weil wir über zuverlässige epistemische Fähigkeiten verfügen, die mit einer entsprechenden Motivation verknüpft sind.

1.2 Eine sehr kurze Geschichte der Tugenderkenntnistheorie

Eine Eigenschaft epistemischer Tugenden ist die Fähigkeit der verlässlichen, wahrheitssichernden und irrtumsvermeidenden Meinungsbildung. Das Bemühen um eine angemessene Explikation dieser Eigenschaft bildet den Ausgangspunkt der Entwicklung zeitgenössischer Tugenderkenntnistheorien. Ein Meilenstein in dieser Entwicklung ist der vielbeachtete Aufsatz »The Raft and the Pyramid: Coherence versus Foundations in the Theory of Knowledge« (Sosa 1980: 165–191), in dem Ernest Sosa den Begriff der intellektuellen Tugend in die erkenntnistheoretische Diskussion einführt, um die Kontroverse zwischen einer fundamentalistischen und einer kohärentistischen Explikation epistemischer Rechtfertigung zu überwinden. Nach der fundamentalistischen Explikation fungieren bestimmte Meinungen als basale Meinungen, die andere Meinungen hinreichend begründen und deren Rechtfertigung ihrerseits nicht von anderen Meinungen abhängig ist. Nach der kohärentistischen Explikation ist hingegen jede Meinung aufgrund ihrer logischen Beziehungen zu anderen Elementen des Meinungssystems des Wissenden gerechtfertigt. (→ Fundamentalismus und Kohärenztheorie)

Sosa schlägt vor, die normativen Eigenschaften von Meinungen anhand ihrer Herkunft aus intellektuellen Tugenden zu explizieren. Intellektuelle Tugenden sind für Sosa wahrheitsförderliche, verlässliche, kognitive Dispositionen. Und wahre Meinungen sind gerechtfertigt, wenn sie aus der erfolgreichen Ausübung einer intellektuellen Tugend hervorgehen. Sosa vertritt einen epistemologischen Reliabilismus, d. h. eine Verlässlichkeitstheorie des Wissens (→ Internalismus und Externalismus). Der Reliabilismus ist eine externalistische Theorie des Wissens, der zufolge eine Meinung als Wissen gilt, wenn sie wahr ist und durch eine Verfahrensweise zustande gekommen ist, die in hinreichend vielen Fällen in verlässlicher Weise wahre Meinungen hervorbringt. Der Reliabilismus knüpft Wissen nicht an die Bedingung, dass das Wissenssubjekt einen internen Zugang zu den Gründen für eine wahre Meinung hat. Deshalb braucht ein Reliabilist intellektuelle Tugenden erst recht nicht als Charaktereigenschaften einer Person aufzufassen. Das unterscheidet reliabilistische Theorien von den Tugenderkenntnistheorien, die sich ausdrücklich an der Tugend*ethik* orientieren. Den Weg vom Reliabilismus zur Tugenderkenntnistheorie haben u. a. Lorraine Code und James Montmarquet geebnet. (Code 1993, Montmarquet 1993) Beide Autoren betrachten intellektuelle Tugenden als wünschenswerte Charaktereigenschaften von Personen. Linda Zagzebski hat in ihrem moderner Klassiker »Virtues of the Mind« eine umfassende Theorie intellektueller Tugenden entwickelt, mit deren Hilfe sie zentrale klassische erkenntnistheoretische Fragen beantwortet. (Zagzebski 1996) Wenn man, wie Zagzebski, intellektuelle Tugenden als Charaktereigenschaften auffasst, kann man das externalistisch relevante Merkmal der Verlässlichkeit mit dem internalistisch relevanten Merkmal des internen Zugangs zu Gründen verknüpfen.

2. Eigenschaften epistemischer / intellektueller Tugenden

2.1 Fähigkeit und Motivation

Die Grundlage der verschiedenen Tugenderkenntnistheorien ist die Explikation des Begriffs einer epistemischen bzw. intellektuellen Tugend. Tugenden haben folgende Merkmale (vgl. zum Folgenden Zagzebski 1996: 134–137): (i) Tugenden sind wünschenswerte und anerkennenswerte Charaktereigenschaften, die zum Selbstverständnis einer Person gehören. (ii) Eine Tugend wird in einem aktiven Prozess erworben, der Zeit und Aufwand erfordert. (iii) Tugenden sind nicht lediglich Fähigkeiten, sondern enthalten auch eine bestimmte Motivation. Die motivationale Komponente einer Tugend hat eine größere Bedeutung als der tatsächliche Erfolg einer tugendhaft motivierten Handlung, während es sich bei Fähigkeiten umgekehrt verhält. Wir wertschätzen die kognitiven Akte, die Wissen hervorbringen, in erster Linie deshalb, weil sie der Motivation der Wissenssuche entspringen. (iv) Eine tugendhaft motivierte Person ist in der Lage, den gewünschten Handlungserfolg auf eine verlässliche Weise herbeizuführen. Die letztgenannten beiden Merkmale, d. h. die Motivation, auf eine bestimmte Weise zu handeln, und die Fähigkeit zur verlässlichen Verwirklichung dieser Motivation, sind die beiden entscheidenden Merkmale einer Tugend. Epistemische Tugenden zielen auf wahre Meinungen und Wissen. Die Tatsache, dass eine Person über die Fähigkeit verfügt, sich auf verlässliche Weise wahre Meinungen zu bilden, wird in der Tugenderkenntnistheorie nicht an die weitere Bedingung geknüpft, dass der intendierte Handlungserfolg tatsächlich eintritt. Die Erfolgskomponente epistemischer Tugenden umfasst vielmehr das – theoretische und praktische – Wissen, das die tugendhaft motivierte Person braucht, um grundsätzlich erfolgreich handeln zu *können*.

Der Begriff der epistemischen Tugend sei demnach so definiert.

> Eine Person verfügt genau dann über eine epistemische Tugend, wenn sie dazu fähig und motiviert ist, ihre kognitiven Fähigkeiten auf eine verlässliche, wahrheitsfördernde und irrtumsvermeidende Weise auszuüben.[1]

Die grundlegende Motivation, Wissen zu erlangen, sorgt dafür, dass wir uns in der Bildung unserer Meinungen der Verfahrensweisen bedienen, von denen wir wissen, dass sie wahrheitsfördernd und verlässlich sind. Diese grundlegende Motivation bringt zudem vielfältige spezielle Tugenden hervor, so etwa das Bemühen um genaue

---

[1] AutorInnen, die ihre Theorien als Tugenderkenntnistheorien (virtue epistemology) verstanden wissen wollen, lassen sich grob in Reliabilisten und Responsibilisten unterscheiden. Reliabilisten betrachten epistemische Tugenden als Fähigkeiten der verlässlichen Meinungsbildung. Responsibilisten fassen Tugenden als Verknüpfung einer Fähigkeit mit einer spezifischen Motivation auf. Ich erläutere hier den zweitgenannten, anspruchsvollen Tugendbegriff.

Beobachtungen, logische Korrektheit, die Berücksichtigung möglicher Irrtumsquellen, die Bereitschaft, die eigenen Meinungen auf eine transparente Weise zu begründen und gegebenenfalls zu korrigieren, intellektuelle Aufrichtigkeit und vieles mehr.

Epistemische Tugenden sind in drei grundlegenden Hinsichten weiter erläuterungsbedürftig. Erstens betrachten wir Erkenntnisfähigkeiten im allgemeinen nicht als Charaktereigenschaften im Sinne des üblichen Sprachgebrauchs. Gewiss ist nicht jede epistemische Tugend eine Charaktereigenschaft in dem engeren Sinne einer Eigenschaft, die zum Selbstverständnis einer individuellen Person gehört. Gleichwohl lassen sich epistemische Tugenden in dem weiteren Sinne als Charaktereigenschaften von Personen auffassen, dass Personen kraft ihrer epistemischen Tugenden intrinsisch *motiviert* sind, ihre kognitiven Fähigkeiten erfolgreich auszuüben. Das unterscheidet Tugenden von bloßen Fähigkeiten. Um terminologische Missverständnisse zu vermeiden, können wir epistemische Tugenden deshalb auch als epistemische *Einstellungen* einer Person bezeichnen. Komplexe Einstellungen wie intellektuelle Redlichkeit, Offenheit, Mut, Kooperationsfähigkeit und Kritikfähigkeit, die unsere epistemische Verantwortlichkeit zum Ausdruck bringen, betrachten wir in der Tat auch als Eigenschaften des Charakters einer Person. Zweitens scheint nicht jede Erkenntnisfähigkeit mit einer genuinen, zielgerichteten Motivation verknüpft zu sein. Die tugenderkenntnistheoretische Analyse von Wissen legt jedoch die Annahme nahe, dass jede kognitive Tätigkeit aus einer elementaren Motivation hervorgeht. Drittens scheinen einige Erkenntnisfähigkeiten, so etwa spontane Wahrnehmungen und Erinnerungen, nicht der bewussten Kontrolle zu unterliegen. Wir können jedoch verschiedene Ebenen der Steuerung unserer kognitiven Aktivitäten unterscheiden. Auch die erfolgreiche Wahrnehmung bedarf einer elementaren Form der Aufmerksamkeit und Sorgfalt. Darüber hinaus liegt die Annahme nahe, dass Personen grundsätzlich dazu in der Lage sind, jede ihrer kognitiven Aktivitäten auf eine ausdrückliche Art und Weise zu lenken (vgl. Sosa 2007). Die theoretisch besonders interessanten (und praktisch besonders wichtigen) komplexen, inhaltlich reichen epistemischen Tugenden schließen ein hohes Maß an ausdrücklicher Lenkung ein.

2.2 Angemessene intellektuelle Akte

Wissen ist – tugenderkenntnistheoretisch verstanden – das Ergebnis angemessener intellektueller Akte, die hier so definiert seien (vgl. Zagzebski 1996: 270):

> Ein intellektueller Akt A ist seinem jeweiligen Gegenstand genau dann angemessen, wenn eine Person, die über eine bestimmte epistemische Tugend verfügt, in einer bestimmten Situation A so ausführen würde, dass sowohl ihre Fähigkeit, Wissen zu gewinnen, als auch ihre entsprechende Motivation mit der Ausführung von A verwirklicht wird.

Der Erfolg eines intellektuellen Aktes ist nicht in einem reliabilistischen Sinne, d. h. nicht lediglich so zu verstehen, dass eine Person eine zuverlässige, wahrheitsfördernde Verfahrensweise erfolgreich ausgeübt hat. In dem spezifisch tugenderkenntnistheoretischen Sinne ist ein intellektueller Akt vielmehr nur dann erfolgreich, wenn eine Person sich eine wahre Meinung über einen bestimmten Sachverhalt bilden *möchte* und sich ihre wahre Meinung über diesen Sachverhalt aufgrund ihrer Motivation, Wissen zu erlangen, auf zuverlässige, wahrheitsfördernde Weise gebildet hat. Die Motivation der Wissenssuche und die Fähigkeit der zuverlässigen Verwirklichung dieser Motivation entspringen derselben Quelle, d. h. derselben epistemischen Tugend bzw. der Kooperation verschiedener Tugenden. Wenn eine Person etwa einen Text sorgfältig liest und den Inhalt des Textes versteht, weil sie diesen Inhalt verstehen möchte, übt sie angemessene intellektuelle Akte aus und verfügt über das Wissen über den Inhalt des Textes. Falls sie hingegen lediglich beiläufig von diesem Inhalt Kenntnis erhält, ohne selbst dieses Ziel verfolgt zu haben (so etwa deshalb, weil jemand, der sich in ihrer hörbaren Nähe befindet, diesen Text laut vorliest), verfügt sie lediglich über eine Meinung über denselben Sachverhalt.

3. Rechtfertigung und Wissen

3.1 Rechtfertigung

Die tugenderkenntnistheoretische Auffassung angemessener intellektueller Akte ermöglicht eine Erläuterung der Tatsache, dass die Meinungen, die wir als Wissen auszeichnen, gerechtfertigte Meinungen sind. Die Meinungen, die wir für Wissen halten, erfüllen, wie gesagt, bestimmte Forderungen, die wir an unsere Meinungsbildung stellen. Eine grundlegende Forderung ist diejenige, unsere Meinungen rechtfertigen zu können. Epistemische Rechtfertigung wird in der Tugenderkenntnistheorie nun ausdrücklich als das Ergebnis der kognitiven / intellektuellen Akte aufgefasst, die aus einer epistemischen / intellektuellen Tugend hervorgehen. Zagzebski erläutert gerechtfertigte Meinungen so: »A justified belief is what a person who is motivated by intellectual virtue, and who has the understanding of his cognitive situation a virtuous person would have, might believe in like circumstances. (…) An unjustified belief is what a person who is motivated by intellectual virtue, and who has the understanding of his cognitive situation a virtuous person would have, would not believe in like circumstances.« (Zagzebski 1996: 241) Mit anderen Worten: Eine Meinung einer Person ist genau dann gerechtfertigt, wenn die Person motiviert ist, sich wahre Meinungen zu bilden, über die Fähigkeit verfügt, sich wahre Meinungen über einen bestimmten Sachverhalt zu bilden, sich darum bemüht, verlässliche Verfahrensweisen der Meinungsbildung einzusetzen und ihre Erkenntnisfähigkeiten aufgrund ihrer Motivation auf eine erfolgreiche Weise ausübt. Mit Hilfe des Begriffs intellektueller Akte können wir gerechtfertigte Meinungen so definieren:

> Eine Meinung ist genau dann gerechtfertigt, wenn sie aus einem angemessenen intellektuellen Akt hervorgeht.

Die klassische analytische Erkenntnistheorie widmet ihre Aufmerksamkeit in der Hauptsache der Rechtfertigung von Meinungen. Gerechtfertigte Meinungen nennen wir (im allgemeinen sowie auch im philosophischen Sprachgebrauch) oft auch begründete Meinungen. In der Begründung von Meinungen findet ein Wahrheitstransfer statt. Wenn wir eine bestimmte Meinung M begründen, so leiten wir M aus anderen Meinungen in der Weise ab, dass wir erkennen, dass M wahr ist, wenn die anderen Meinungen, mit denen wir M begründen, wahr sind. Und auch dies ist die Leistung einer epistemischen Tugend.[2]

3.2 Wissen

Eine Person verfügt über das Wissen, dass p, weil sie ihre Fähigkeit(en), Wissen zu gewinnen, auf eine erfolgreiche Weise ausgeübt und damit zugleich die auf Wissen zielende Motivation verwirklicht hat. Das Zusammenwirken dieser beiden Faktoren bringt angemessene (und gerechtfertigte) intellektuelle Akte hervor und ist deshalb die in einem handlungskausalen Sinne notwendige und hinreichende Bedingung für das Auftreten der mentalen Zustände, die wir als Wissen auszeichnen.[3] Mit Hilfe des Begriffs intellektueller Akte können wir Wissen so definieren:

> Über Wissen verfügt eine Person genau dann, wenn sie aufgrund angemessener und erfolgreicher intellektueller Akte einen kognitiven Zugang zur Wirklichkeit hat.

Eine tugenderkenntnistheoretische Explikation von Wissen hat den Vorteil, verschiedene Arten eines kognitiven Zugangs zur Wirklichkeit zu umfassen. Das Spektrum reicht von spontanen Wahrnehmungsurteilen bis zu komplexen Theorien. Propositionales Wissen, d. h. dasjenige Wissen, das in vollständigen Behauptungssätzen sprachlich zum Ausdruck kommt, lässt sich tugendtheoretisch so definieren:

> Über propositionales Wissen verfügt eine Person genau dann, wenn sie sich kraft angemessener intellektueller Akte eine wahre Meinung, dass p, gebildet hat.

Wenn es zutrifft, dass jede gerechtfertigte Meinung aus angemessenen intellektuellen Akten hervorgeht und angemessene intellektuelle Akte stets wahre Meinungen hervorbringen, dann ist jede gerechtfertigte Meinung eine wahre Meinung. Mit anderen Worten: Eine Person weiß genau dann, dass p, wenn (1) sie meint, dass p, und (2) sie

---

[2] Eine Bemerkung zur Rede von »Begründung«: Ich bin der Auffassung, dass sich Begründungsrelationen zwischen Meinungen am besten im Sinne der klassischen Logik (dazu Hardy/Schamberger 2012) und in einem kohärentistischen Sinne verstehen lassen: Eine Meinung ist genau dann begründet, wenn sie aus anderen Meinungen auf deduktiv korrekte Weise abgeleitet und in einen kohärenten Zusammenhang von Meinungen eingefügt wird. In sehr vielen Fällen verknüpfen

wir Meinungen freilich nicht so miteinander, dass uns alle jeweils relevanten Annahmen und die Argumentform ausdrücklich vor Augen stehen. Das ändert jedoch nichts an der Tatsache, dass wir vermöge unserer epistemischen Tugend, Meinungen begründen zu können, grundsätzlich ebenfalls dazu in der Lage sind, unsere Begründungen in der Form deduktiv gültiger Argumente zu rekonstruieren.

[3] Freilich wäre näher zu klären, was es heißt, dass eine Meinung angemessen ist, *weil* eine Person ihre kognitiven Fähigkeiten bzw. ihre intellektuellen Tugenden erfolgreich ausgeübt hat. Vgl. zu diesem Desideratum z. B. Zagzebski 1999 und Greco 2004.

sich diese Meinung kraft der erfolgreichen Ausübung ihrer epistemischen Tugenden gebildet hat.[4] Mit dieser Definition propositionalen Wissens lässt sich das Problem der so genannten Gettier-Fälle, die jede Definition von Wissen als wahrer, gerechtfertigter Meinung unterminieren, in der diese beiden Merkmale voneinander unabhängig sind, umgehen. (→ Das Gettier-Problem) Ein Beispiel solcher Fälle ist das folgende: Eva geht in das Wohnzimmer ihres Hauses, sieht eine Person, die sie für ihren Ehemann Hans hält, in einem Sessel sitzen und glaubt deshalb, dass Hans sich im Wohnzimmer aufhält. Tatsächlich sitzt nicht Hans auf dem Platz, auf den Eva geblickt hat, sondern ihr Nachbar, der Hans zum Verwechseln ähnlich sieht. Hans befindet sich zwar ebenfalls im Wohnzimmer, sitzt jedoch auf einem anderen Sessel, auf den Eva nicht geblickt hat. Evas Meinung, Hans halte sich im Wohnzimmer auf, ist wahr, aber nicht gerechtfertigt. Wenn eine Meinung nur dann gerechtfertigt ist, wenn sie aufgrund angemessener intellektueller Akte, d. h. aufgrund zuverlässiger Verfahren der Meinungsbildung und einer wissensorientierten Motivation zustande gekommen ist und solche Meinungen in jedem Falle wahr sind, dann treten Fälle, in denen jemand über eine nichtgerechtfertigte wahre Meinung (oder über eine gerechtfertigte, falsche Meinung) verfügt, nicht auf. Mit anderen Worten: Wenn Rechtfertigung geradezu Wahrheit impliziert, wird die begriffliche Lücke geschlossen, durch die Gettier-Fälle (verschiedener Art) hindurch schlüpfen könnten (vgl. dazu Zagzebski 1996: 293–299 und 1999; grundsätzlich zum Problem der Gettier-Fälle vgl. Detel 2007: 57–61).

4. Epistemische Motivation und epistemische Selbstbestimmung

4.1 Epistemische Motivation

Ein wichtiges und innovatives Thema der tugenderkenntnistheoretischen Analyse von Wissen ist die Motivation, Wissen zu gewinnen, die einen Bestandteil einer jeden epistemischen Tugend bildet. Wenn unsere kognitiven Aktivitäten von dem vorrangigen Wunsch nach Wissen bestimmt sind, haben wir den grundlegenden Wunsch, Tatsachen zu erkennen und auch die jeweils speziellen Motive, die spezielle Tugenden auszeichnen, so etwa den Wunsch nach sorgfältigen Beobachtungen, intellektueller Aufrichtigkeit und intellektueller Courage. Eine Person ist hingegen unzureichend epistemisch motiviert, wenn die Wissenssuche nicht ihr vorrangiges Ziel ist, wenn sie also in bestimmten Fällen nicht vorrangig daran interessiert ist, die Wahrheit oder Falschheit ihrer Meinung(en) festzustellen.

4.2 Beispiele

(1) Kriminalist K hat einen Einbruch aufzuklären. K hat eine tatverdächtige Person A ermittelt. Am Tatort wurden Goldmünzen einer bestimmten Art gestohlen. A ist im Besitz von Goldmünzen dieser Art. Die Fingerabdrücke von A befinden sich am Tatort. Ein Zeuge will A zur fraglichen Zeit am Tatort gesehen haben. K weiß, dass der Tatverdächtige A zuvor bereits viele Einbrüche begangen hat. K ist davon überzeugt, dass jemand, der viele Taten einer bestimmten Art begangen hat, diese Handlungsweise fortsetzen wird, und K hat den Wunsch, sich in dieser Überzeugung niemals zu irren. Dieser Wunsch lässt K glauben, A sei der Täter, obwohl auch einige andere Personen aufgrund der vorhandenen Indizien als Täter in Frage kommen. Nehmen wir an: A hat die fragliche Tat wirklich begangen. Nehmen wir ebenfalls an, dass die Konjunktion der Annahmen über den Besitz der Goldmünzen, über die Fingerabdrücke und die Glaubwürdigkeit der Zeugenaussage die Meinung, A sei der Täter, im Sinne eines Schlusses auf die beste Erklärung rechtfertigt. Wenn K glaubt, dass A die Tat begangen hat, so ist diese Meinung objektiv gerechtfertigt. K verfügt über die Meinungen (über den Besitz der Goldmünzen, die Fingerabdrücke und die Zeugenaussage), die seine Meinung, A sei der Täter, begründen. K hat sich diese Meinungen auf zuverlässige Weise gebildet. K hält seine Meinung, A sei der Täter, aber nicht etwa deshalb für wahr, weil er sie mit anderen Meinungen begründen kann. K beruft sich zwar auf die Gründe, die seine Meinung rechtfertigen. Seine Meinung, A sei der Täter, ist jedoch von dem vorrangigen Wunsch bestimmt, sich in seinem Urteil über Wiederholungstäter niemals zu irren. Ein Vorurteil bestimmt seine intellektuellen Akte. K hat den *vorrangigen* Wunsch, sich in seiner Meinung über Wiederholungstäter nicht zu irren. Deshalb fasst er

---

[4] Die hier genannten Wissensdefinitionen sind für den Bereich des propositionalen Wissens äquivalent. Einige Wissensarten, so etwa Wahrnehmung und Erinnerung, scheinen nicht propositionaler Art zu sein. Die erste Definition schließt aber auch nicht-propositionales Wissen ein.

die Gründe, die seine Meinung objektiv rechtfertigen, nicht ausdrücklich als Gründe für seine Meinung über den mutmaßlichen Täter A auf. Weiß K, dass A der Täter ist? Die tugenderkenntnistheoretische Antwort lautet: Nein. Wenn K sich seine Meinung über A nicht aufgrund seines vorrangigen Wunsches nach Wissen gebildet hat, so ist seine wahre Meinung nicht das Ergebnis angemessener intellektueller Akte und deshalb kein Wissen.

(2) Biologe B führt im Labor zwei Testreihen durch, um die Wechselwirkung bestimmter Substanzen unter bestimmten Bedingungen zu erforschen. B wendet Methoden an, die sich bislang in hinreichend vielen Fällen als verlässlich erwiesen haben. Aber er wendet diese Methoden nicht etwa deshalb an, weil er wirklich wissen möchte, wie sich die Reagenzien, die er erforscht, tatsächlich zueinander verhalten. Er hat vielmehr den vorrangigen Wunsch, eine bestimmte kontroverse Theorie T zu bestätigen, um damit wiederum seinen wissenschaftlichen Ruhm zu mehren. Nehmen wir an: Die Ergebnisse der beiden Testreihen sind korrekt, und sie sind auf eine zuverlässige Weise zustande gekommen. B hat die Tests mehrfach wiederholt, die Anwendung seiner Methoden kontrolliert und keinen experimentellen Fehler begangen. Die Ergebnisse der ersten Testreihe bestätigen die Theorie T, während die Ergebnisse der zweiten Testreihe mit der Theorie T unvereinbar sind. Deshalb liegt die Annahme nahe, dass die Theorie T falsch ist, und die epistemische Tugend der Aufrichtigkeit geböte es, diese Theorie aufzugeben. Da B jedoch vorrangig daran interessiert ist, Theorie T um jeden Preis zu bestätigen, ignoriert er die Ergebnisse der zweiten Testreihe. Seine Eitelkeit bestimmt seine kognitiven Aktivitäten. Die Erkenntnisse der beiden Testreihen hat B aber immerhin auf eine verlässliche Weise gewonnen. Sollten wir ihm zumindest ein Wissen der Tatsachen zusprechen, die er in beiden Testreihen zuverlässig erforscht hat? Die tugenderkenntnistheoretische Antwort lautet auch hier: Nein. Wenn der vorrangige Wunsch nach Wissen eine notwendige Bedingung für Wissen ist, dann verfügt B nicht über Wissen.

In den hier genannten Fällen wird ein interessanter Zusammenhang zwischen dem Wunsch nach Wissen und der erfolgreichen Verwirklichung unserer Erkenntnisfähigkeiten deutlich. Wenn wir wissen, wie es sich mit einer Sache verhält, bilden unsere Meinungen über einen Sachverhalt einen kohärenten, d. h. widerspruchsfreien und (in einem weiteren Sinne) erklärungskräftigen Zusammenhang. Unsere Meinungen bilden dann einen Zusammenhang von *Gründen*, und zwar in der Weise, dass wir unsere Meinungen so miteinander verknüpfen, dass wir die Meinungen, mit denen sich eine andere Meinung begründen lässt, ausdrücklich *als* Gründe für diese Meinung auffassen. Abrol Fairweather beschreibt diesen Zusammenhang so: »The evidence must be engaged by our belief forming practices as evidence. This means that the properties that make a body of evidence good evidence must be seen as important enough to initiate and direct belief formation. This, in turn, requires that we have a desire for truth and that this desire is effective. Without an appropriate epistemic motivation, evidence cannot play an explanatory role as evidence in our belief formation. I think it is right to conclude that it cannot play a justificatory role either.« (Fairweather 2001: 75)

Die Begründung von Meinungen ist das Ergebnis der kognitiven Aktivitäten einer Person; Meinungen miteinander zu verbinden und sie als Gründe füreinander zu erkennen, ist etwas, was eine urteilende Person *tut*. Meinungen fügen sich ja nicht gleichsam von selbst zu Gründen füreinander zusammen. Wir *schaffen* einen Zusammenhang von Gründen, weil (und indem) wir unsere kognitive Fähigkeit ausüben, Meinungen auf widerspruchsfreie und erklärungskräftige Weise miteinander zu verknüpfen. Diese kognitiven Leistungen sind, wie gesagt, das Ergebnis der erfolgreichen Ausübung einer kognitiven Fähigkeit und diese Fähigkeit ist intrinsisch mit einer entsprechenden Motivation verknüpft; beides tritt zusammen in Aktion, und beides tritt nicht unabhängig voneinander auf. Eine Person kann ihre kognitiven Fähigkeiten nur dann erfolgreich ausüben und angemessene intellektuelle Akte ausführen, wenn der Wunsch nach Wissen ihre Meinungsbildung wirkungsvoll lenkt, wenn sie also diesem Wunsch den Vorrang vor anderen Wünschen gibt, so dass ihre Fähigkeit, verlässliche, wahrheitsfördernde Verfahrensweisen anzuwenden, durch andere Wünsche, die nicht auf Wissen zielen, nicht beeinträchtigt wird. Wenn wir die Meinungen, mit denen sich eine andere Meinung begründen lässt, als Gründe für diese Meinung auffassen, dann verfolgen wir das vorrangige Ziel, zu wissen, wie es sich mit einer Sache verhält.

K ist der Meinung, dass A die fragliche Tat begangen hat, und B ist der Meinung, dass die Ergebnisse der Testreihen korrekt sind. K bringt die Meinungen, die er sich auf eine verlässliche Weise gebildet hat, aber nicht deshalb in einen kohärenten Zusammenhang, weil er vorrangig daran interessiert ist, die Tat aufzuklären, sondern deshalb, weil er seine Meinung über Wiederholungstäter bestätigt wissen möchte. B verzichtet sogar darauf, seine (objektiv) begründeten Meinungen über die Ergebnisse der zweiten Testreihe und seine ursprüngliche Meinung, die Theorie T sei wahr, auf eine ihrerseits irrtumsvermeidende Weise so miteinander zu verbinden, dass er die Theorie T aufgibt. K fehlt der vorrangige Wunsch, seine Meinung so zu begründen, dass sie von seiner Überzeugung über Wiederholungstäter und seinem Wunsch nach der Bestätigung dieser Überzeugung unabhängig ist. B fehlt der vorrangige Wunsch, empirische Daten so zu interpretieren, dass seine Meinungen von seinem Wunsch nach wissenschaftlichen Ruhm unabhängig sind.

Mangelnde Motivation hat mangelnde Rechtfertigung zur Folge. K und B haben lediglich Meinungen über das, was sie *wissen könnten*. Wenn eine Person das Bemühen um Wahrheit und Wissen zu ihrem vorrangigen kognitiven Ziel macht, so wird sie diesen Wunsch gegenüber Wünschen anderer Art, die ihre Meinungsbildung beeinflussen könnten, durchsetzen. Eine Person, die hinreichend epistemisch motiviert ist, braucht in ihren kognitiven Aktivitäten nicht ausschließlich von dem Wunsch nach Wahrheit und Wissen motiviert zu sein. Wünsche anderer Art mag sie ebenfalls haben. Wenn sie aber vorrangig an Wissen interessiert ist, nehmen Wünsche anderer Art keinen entscheidenden Einfluss auf ihre Meinungen. Hinreichende epistemische Motivation sei demnach so definiert:

> Eine Person ist genau dann hinreichend epistemisch motiviert, wenn sie den vorrangigen Wunsch hat, Wissen zu erlangen, und deshalb in einer bestimmten Situation jede jeweils erforderliche epistemische Tugend ausübt.

4.3 Motivationale Verstärkung, disponible Meinungen und sicheres Wissen

Wenn epistemische Motivation in dem hier erläuterten Sinne eine notwendige Bedingung für Wissen ist, dann sind viele Meinungen, die aus einer externen Perspektive gerechtfertigt sind, kein Wissen. Das scheint zwar mit dem gewöhnlichen Gebrauch des Ausdrucks »Wissen« nicht im Einklang zu stehen. Dennoch ist es uns in vielen Fällen sehr wichtig, dass unsere wahren Meinungen aus dem *Wunsch* nach Wahrheit und Wissen hervorgegangen sind.

Die Motivation, Wissen zu gewinnen, ist von besonderer Bedeutung für eine Art von Wissen, die man sicheres Wissen nennen mag. Über sicheres Wissen verfügen wir – so mein Vorschlag – dann, wenn wir auf einer Ebene zweiter Ordnung genau wissen, dass wir uns eine bestimmte Meinung auf eine verlässliche, wahrheitsfördernde und irrtumsvermeidende Weise, d. h. durch angemessene und erfolgreiche intellektuelle Akte gebildet haben. Sicheres Wissen zeichnet sich durch eine Gewissheit aus, die wir meinen, wenn wir alltagssprachlich davon sprechen, etwas »wirklich«, »sicher« oder »genau« (oder auch »ganz sicher« und »ganz genau«) zu wissen. Sicheres Wissen erfordert die Verstärkung der elementaren motivationalen Kraft einer spontanen Meinung. Wir haben viele Meinungen, über deren Gehalt wir uns nicht ausdrücklich im klaren sind. Das liegt daran, dass wir unsere Aufmerksamkeit stets auf ganz bestimmte Sachverhalte richten und uns deshalb nur wenige unserer Meinungen in unserem jeweils gegenwärtigen Nachdenken *als* diese ganz bestimmten Meinungen präsent sind. Wenn eine Person nun ihre Aufmerksamkeit auf bestimmte Meinungen richtet, den Gehalt dieser Meinungen expliziert und diese Meinungen ausdrücklich miteinander und ebenfalls mit ihren Wünschen und Emotionen verknüpft, wird die elementare motivationale Kraft dieser Meinungen verstärkt.

Ein Beispiel: Sarah sitzt an ihrem Schreibtisch und schreibt ein Buch über Freundschaft. Während sie über ihr Thema nachdenkt, macht sie eine Vielzahl unausgesprochener Wahrnehmungen. Sie schaut in einem bestimmten Augenblick aus dem Fenster, sieht, dass der Regen, den sie seit einiger Zeit flüchtig wahrgenommen hat, allmählich nachlässt, lässt ihren Blick dann über eine Vase mit einer verblühten Rose gleiten und schließlich wieder auf ihren Text zurückkehren. Sarah hat aufgrund ihrer flüchtigen und gleichwohl zuverlässigen Wahrnehmung die gerechtfertigte Meinung, dass der Regen allmählich nachlässt. Doch diese Meinung spielt keine aktive Rolle in ihrem gegenwärtigen Nachdenken. Ihre Wahrnehmung des nachlassenden Regens und der verblühten Rose bleibt flüchtig und nimmt keinen entscheidenden Einfluss auf ihre kognitive Aktivität. Denn ihre Aufmerksamkeit gilt weiterhin ihrem Text, und so setzt sie ihre Arbeit fort. Ihre gesamte mentale Situation verändert sich, sobald sie ihre Aufmerksamkeit auf einen bestimmten – zuvor lediglich beiläufig wahrgenommenen – Sachverhalt richtet. Stellen wir uns vor: Sarah schaut in einem bestimmten Augenblick abermals aus dem Fenster, sieht erneut, dass sich der Himmel aufzuklären beginnt und sich ihr die Gelegenheit bietet, in wenigen Minuten einen Spaziergang zu machen. Jetzt betrachtet Sarah die Tatsache, dass der Regen nachlässt, mit bewusster Aufmerksamkeit. Sie prüft, ob die augenblickliche meteorologische Situation tatsächlich darauf hinweist, dass der Regen bald nachlassen wird. Sie schaut auf die verbliebenen Wolkenformationen und den angrenzenden wolkenfreien, sonnigen Himmelsbereich, der ein nahes Ende des Regens ankündigt, vergleicht ihre aktuelle Wahrnehmung mit früheren Beobachtungen und erkennt, dass der Regen in der Tat bald aufhören wird. Der zunächst flüchtige Eindruck erfährt jetzt eine motivationale Verstärkung und verwandelt sich in eine ausdrückliche, verfügbare, logisch und motivational anschlussfähige Meinung. Jetzt hat Sarah auch den ausdrücklichen *Wunsch*, ihre literarische Arbeit zu unterbrechen und einen Spaziergang zu machen, und sie unternimmt deshalb weitere kognitive Aktivitäten; sie denkt darüber nach, wohin sie auf ihrem Spaziergang gehen könnte, welchen Mantel sie anziehen sollte und wo sich ihre Wohnungsschlüssel befinden. Sarahs Meinung über den nachlassenden Regen wird jetzt ausdrücklich mit weiteren Meinungen verknüpft und interagiert auch mit bestimmten Wünschen und Emotionen. Zügig schließt sie das aktuelle Kapitel ihres Textes ab und sieht sich nach ihrem Wohnungsschlüssel, ihren Schuhen und ihrem Mantel um. Bevor sie den Schreibtisch verlässt, blickt sie noch einmal auf die verblühte Rose und entschließt sich, während ihres Spaziergangs eine frische, wilde Rose zu pflücken. Auch ihre emotionale Situation verändert sich: Sie freut sich jetzt darauf, dass der Regen bald ganz aufhört und sie wird sich ärgern, falls der Regen wider Erwarten doch wieder zunimmt. Ausdrückliche Wünsche und Emotionen dieser Art, d. h. Wünsche und Emotionen mit einem klar artikulierten Gehalt, sind nicht mit flüchtigen Eindrücken, sondern stets mit den Meinungen verknüpft, die wir als Wissen auszeichnen. Motivationale Verstärkung verändert auch die Zeitwahrnehmung. Wenn Sarah den Wunsch hat, ihre Arbeit durch einen Spaziergang zu unterbrechen, werden ihr die wenigen Minuten, die der Regen noch anhält, ›endlos lange‹ vorkommen. Sarah hat den Wunsch, einen Spaziergang zu unternehmen, und die ausdrückliche Meinung über den nachlassenden Regen löst einen komplexen kognitiven und volitionalen Prozess aus, der diesen Wunsch schließlich handlungswirksam werden lässt.

Unsere spontanen Meinungen haben stets eine elementare motivationale Kraft – einfach deshalb, weil sie dem Wunsch nach einer erfolgreichen Ausübung unserer kognitiven Fähigkeiten entspringen. Diese Kraft wird dadurch verstärkt, dass eine Person ihre Aufmerksamkeit auf eine bestimmte Meinung richtet, sich den Gehalt einer zunächst spontanen Meinung vor Augen führt, ihre Meinung prüft und sie ausdrücklich mit anderen Meinungen sowie auch mit bestimmten Wünschen verknüpft. Durch motivationale Verstärkung verwandeln sich spontane in *disponible* Meinungen. Dieser Sachverhalt sei so charakterisiert:

> Eine Person hat eine disponible Meinung, wenn sie den Gehalt einer Meinung genau zu explizieren und diese Meinung auch mit ihren Wünschen erfolgreich zu verknüpfen vermag.

Disponible Meinungen spielen eine aktive Rolle im mentalen Leben einer Person. Die Fähigkeit zur Explikation und motivationalen Verstärkung einer Meinung ist, wie ich denke, auch die Quelle der epistemischen Selbstbestimmung.[5]

4.4 Epistemische Selbstbestimmung

Als Personen, die über epistemische Tugenden verfügen, sind wir in einem nachdrücklichen Sinne die Urheber unserer kognitiven Leistungen; wir haben die Fähigkeit, unsere kognitiven Aktivitäten kraft unserer eigenen Fähigkeiten zu dem Erfolg zu führen, den wir anstreben. Epistemisch selbstbestimmte Urheber ihrer Meinungen haben die Fähigkeit, eine gedankliche, kritische und bewertende Distanz zu ihren Meinungen einzunehmen. Wir wissen, dass die wahren Meinungen, die wir uns kraft unserer angemessenen intellektuellen Akte bilden, in dem nachdrücklichen Sinne *unsere* Meinungen sind, dass wir uns diese Meinungen aufgrund unserer eigenen kognitiven Fähigkeiten gebildet haben. Als epistemisch selbstbestimmte Personen können wir uns wahre, disponible Meinungen bilden und sicheres Wissen erlangen. Aus diesem Grunde sind wir auch in der Lage, den Prozess unserer Meinungsbildung auf einer Ebene zweiter Ordnung zu steuern und unsere Meinungen zu prüfen, auf Fehler aufmerksam zu werden und diese Fehler aus eigener Kraft zu korrigieren. Diese Fähigkeit ist Zagzebski

---

[5] Motivationale Verstärkung und Disponibilität mentaler Zustände erläutere ich in Hardy 2011: 383–395. Diese beiden Elemente sind m. E. auch in eine tugenderkenntnistheoretische Erläuterung unserer Erkenntnisbemühungen aufzunehmen, um die motivationale Komponente epistemischer Tugenden genauer zu beschreiben und zu erklären, weshalb Wissen für Personen so wichtig ist. Wir streben ja auch deshalb nach Wissen, weil wir aufgrund von Wissen handeln möchten und unsere Meinungen mit handlungswirksamen Wünschen verknüpfen.

zufolge bereits auf der basalen Ebene der Wahrnehmungsurteile wirksam: »If an intellectually virtuous agent had indications that her perceptual ability or her perceptual situation was in some way deviant, she would withhold or withdraw perceptual judgment until she could investigate. If this is right, agency operates even in the simple cases of automatic perceptual belief formation at the second-order level, the level of reflectiveness.« (Zagzebski 2001: 152) Epistemische Selbstbestimmung sei hier abschließend so charakterisiert:

Eine Person ist epistemisch selbstbestimmt, wenn sie ihre intellektuellen Akte kraft ihrer eigenen Fähigkeiten erfolgreich zu kontrollieren und zu korrigieren vermag.

Epistemische Selbstbestimmung bewahrt uns vor vielfältigen Beeinträchtigungen der erfolgreichen, wünschenswerten Ausübung unserer kognitiven Aktivitäten. Wenn nicht der Wunsch nach Wissen unsere Meinungsbildung vorrangig leitet, laufen wir Gefahr, einem unangemessenen Wunschdenken oder einer Selbsttäuschung zu erliegen, manipuliert oder zu gedanklichen Mitläufern zu werden. Unsere Fähigkeit zur epistemischen Selbstbestimmung bietet uns auch die Möglichkeit, in unseren je eigenen Erkenntnisbemühungen mit anderen Menschen zusammenzuarbeiten und eine gemeinsame Verantwortung für die Überzeugungen zu übernehmen, die wir miteinander teilen. Mit dieser Idee betreten wir das Feld der sozialen Erkenntnistheorie.

Kontrollfragen

1. Was sind die entscheidenden Merkmale epistemischer / intellektueller Tugenden?
2. Wie lauten die tugenderkenntnistheoretischen Definitionen epistemischer Rechtfertigung und von Wissen?
3. Was ist epistemische Motivation?
4. Wie hängen epistemische Motivation und Rechtfertigung miteinander zusammen?
5. Was sind disponible Meinungen?
6. Was ist epistemische Selbstbestimmung?

Kommentierte Auswahlbibliographie

Axtell, Guy (Hg.) (2000): *Knowledge, Belief, and Character. Readings in Virtue Epistemology.* Oxford: Roman & Littlefield.
Ein Sammelband mit Beiträgen zu verschiedenen tugenderkenntnistheoretischen Themen, auch zu Schnittstellen zu anderen philosophischen Disziplinen.

Brady, Michael S./Pritchard, Duncan (Hg.) (2004): *Moral and Epistemic Virtues.* Malden, MA: Blackwell Publishing.
Exzellente Beiträge zum Verhältnis moralischer und epistemischer Tugenden und Werte, die eine Brücke zwischen theoretischer und praktischer Philosophie schlagen.

Code, Lorraine (1993): *Epistemic Responsibility.* Hanover, N.H.: University Press of New England for Brown University.
Eine klassische, wegweisende Studie zur Verantwortlichkeit einer Person für ihre Meinungen.

DePaul, Michael/Zagzebski, Linda (Hg.) (2003): *Intellectual Virtue. Perspectives from Ethics and Epistemology.* Oxford: Clarendon.
Der Band versammelt Theorien intellektueller Tugenden aus ethischer und erkenntnistheoretischer Sicht, mit Beiträgen zu methodologischen Aspekten der Tugenderkenntnistheorie.

Fairweather, Abrol/Zagzebski, Linda (Hg.) (2001): *Virtue Epistemology. Essays on Epistemic Virtue and Responsibility.* Oxford: Oxford University Press.
Eine exzellente Sammlung von Beiträgen zu den deskriptiven und normativen erkenntnistheoretischen Themen und Zielen von Tugenderkenntnistheorien.

Fairweather, Abrol/Flanagan, Owen (Hg.) (2014): *Naturalizing Epistemic Virtue.* Cambridge: Cambridge University Press.
Beiträge zur Idee einer Naturalisierung der Tugenderkenntnistheorien.

Greco, John (2002): »Virtues in Epistemology.« In: *The Oxford Handbook of Epistemology.* Oxford: Oxford University Press. 287–315.
Hier thematisiert Greco die klassischen erkenntnistheoretischen Fragen aus tugenderkenntnistheoretischer Perspektive und erörtert verschiedene Kontroversen um den Begriff einer intellektuellen Tugend.

Greco, John (2004): »A different sort of Contextualism«. In: *Erkenntnis.* 61. 383–400.
Greco verknüpft in diesem Aufsatz die Idee intellektueller Tugenden mit dem epistemischen Kontextualismus (virtue contextualism).

Greco, John (2010): *Achieving Knowledge: A Virtue-Theoretic Account of Epistemic Normativity.* Cambridge: Cambridge University Press.

Ein Grundlagentext zum Verständnis epistemischer Normativität aus einer tugenderkenntnistheoretischen Perspektive.

Kvanvig, Jonathan (1992): *The Intellectual Virtues and the Life of the Mind*. Lanham: Rowman and Littlefield.
Eine umfassende Darstellung einer Tugenderkenntnistheorie und ihrer Bedeutung für die Philosophie des Geistes.

Montmarquet, James (1993): *Epistemic Virtue and Doxastic Responsibility*.
Eine ebenfalls klassische Studie zum Thema der Verantwortlichkeit einer Person für ihre Meinungen.

Napier, Stephen (2008): *Virtue Epistemology: Motivation and Knowledge*. London: Continuum.
In dieser Monographie liegt der Schwerpunkt auf dem Verhältnis zwischen Wissen und epistemischer Motivation.

Roberts, Robert C./Wood, W. Jay (2007): *Intellectual Virtues: An Essay in Regulative Epistemology*. Oxford: Oxford University Press.
Eine komplexe Erkenntnistheorie auf der Grundlage intellektueller Tugenden.

Sosa, Ernest (2007): *A Virtue Epistemology, Volume 1: Apt Belief and Reflective Knowledge*. Oxford: Oxford University Press.
Eine umfassende Darstellung einer reliabilistischen Tugenderkenntnistheorie, in deren Mittelpunkt das reflexive Wissen (reflective knowledge) steht.

Steup, Matthias (Hg.) (2001): *Knowledge, Truth, and Duty. Essays on Epistemic Justification, Responsibility, and Virtue*. Oxford: Oxford University Press.
Ein Sammelband mit Schwerpunkt auf den normativen Aufgaben tugenderkenntnistheoretischer Analysen.

Zagzebski, Linda (1996): Virtues of the Mind. An Inquiry into the Nature of Knowledge and the Ethical Foundations of Knowledge. Cambridge: Cambridge University Press.
Ein Grundlagentext der Tugenderkenntnistheorie, in dem die Autorin eine komplexe Theorie intellektueller Tugenden entwickelt, die sie als »pure theory« bezeichnet.

Zagzebski, Linda (1999): »What is Knowledge?« In: *The Blackwell Guide to Epistemology*. Malden, MA: Blackwell Publishers. 92–116.
In diesem Essay schlägt die Autorin tugenderkenntnistheoretische Antworten auf die klassischen erkenntnistheoretischen Fragen vor.

Weitere Literatur

Detel, Wolfgang (2007). *Grundkurs Philosophie. Bd. 4. Erkenntnis- und Wissenschaftstheorie*. Stuttgart: Reclam.

Fairweather, Abrol (2001): »Epistemic Motivation«. In: Fairweather, Abrol/Zagzebski, Linda (Hg.): *Virtue Epistemology. Essays on Epistemic Virtue and Responsibility*. Oxford: Oxford University Press. 63–81.

Gettier, Edmund L. (1963): »Is Justified True Belief Knowledge?« In: *Analysis*. 23. 121–123.

Hardy, Jörg (2011): *Jenseits der Täuschungen. Selbsterkenntnis und Selbstbestimmung mit Sokrates*, Göttingen: V & R unipress.

Hardy, Jörg/Schamberger, Christoph (2012): *Logik der Philosophie. Einführung in die Logik und Argumentationstheorie*. Göttingen: Vandenhoeck & Ruprecht bei UTB.

Sherman, Nancy/White, Heath (2003): »Intellectual Virtue: Emotions, Luck, and the Ancients«. In: DePaul, Michael/Zagzebski, Linda (Hg.): *Intellectual Virtue. Perspectives from Ethics and Epistemology*. Oxford: Clarendon. 34–53.

Sosa, Ernest (1980): »The Raft and the Pyramid: Coherence versus Foundations in the Theory of Knowledge.« In: *Midwest Studies*. 165–191.

Zagzebski, Linda (2001): »Must knowers be agents?« In: *Virtue Epistemology. Essays on Epistemic Virtue and Responsibility*. Oxford: Oxford University Press. 142–157.

EPISTEMISCHER KONTEXTUALISMUS

Nikola Kompa

1. Die Grundidee
   1.1 Zwei Beispiele
   1.2 Die kontextualistische Kernthese
   1.3 Relevante Alternativen
2. Anspruch
   2.1 Skeptizismus und *Common Sense*
   2.2 Wissen und Wissenszuschreibungen
3. Semantik
   3.1 Kontextabhängigkeit
   3.2 Kontextualismus und Relativismus
4. Zusammenfassung

1. Die Grundidee

1.1 Zwei Beispiele

Der epistemische Kontextualismus geht von der Beobachtung aus, dass wir unter manchen Umständen einer Person Wissen zuschreiben, welches wir ihr unter anderen Umständen absprechen oder zumindest nicht zusprechen, auch wenn sich an der Datenlage der betreffenden Person – d. h. an ihren Überzeugungen, Informationen, Belegen und dergleichen – nichts geändert hat. Betrachten wir zwei Beispiele. (Siehe für weitere Beispiele z. B. auch DeRose 1992: 913; Cohen 2000: 95 und Stanley 2005: 3–5.)

POLIO (a) Wir sitzen zusammen abends in der Kneipe und reden über Krankheiten. Wir wollen unser Allgemeinwissen testen und insbesondere wollen wir herausfinden, ob Fritz weiß, dass Polio durch ein Virus verursacht wird. Er behauptet, dies zu wissen, und fügt erläuternd hinzu, er habe es in der *Apotheken-Umschau* gelesen. Unter diesen Umständen würden wir vermutlich nicht zögern, ihm das fragliche Wissen zuzuschreiben.

(b) Nehmen wir aber an, die Befragung hätte im Rahmen seines medizinischen Staatsexamens stattgefunden und Fritz hätte keine andere Antwort gegeben als im ersten Fall. In dieser Situation würden wir als Prüfer wohl eher sagen, er verfüge nicht über das fragliche Wissen. An seiner epistemischen Position – an seinen Gründen, seinen Überzeugungen usw. – hat sich aber nichts geändert (vgl. Annis 1978: 215).

TÜR (a) Lara, Anja und Tom haben eben zu dritt das Haus verlassen um bei einer Nachbarin vorbeizuschauen; Tom fragt nun Anja, die als Letzte aus dem Haus ging, ob die Tür abgesperrt sei. Sie antwortet, die Tür sei abgesperrt; sie erinnere sich, den Schlüssel im Schloss gedreht und das typische Klickgeräusch vernommen zu haben. Unter diesen Umständen würden Lara und Tom wohl nicht zögern, von Anja zu sagen, sie wisse, dass die Haustür abgesperrt sei. (b) Nehmen wir nun aber an, die drei hätten eben das Haus verlassen, um für längere Zeit in den Urlaub zu fahren. Wieder antwortet Anja auf Toms Frage in obiger Weise. Lara erwähnt nun aber, sie hätte gehört, in letzter Zeit sei in der Nachbarschaft mehrfach eingebrochen worden als die Bewohner auf Reisen waren.

Und sie erwähnt zudem, dass es schon vorgekommen sei, dass sie den Schlüssel im Schloss gedreht und ein Klickgeräusch vernommen habe, die Tür aber dennoch nicht richtig abgeschlossen gewesen sei. Unter diesen Umständen würden Lara und Tom wohl eher zu der Meinung kommen, es sei nicht der Fall, dass Anja wisse, dass die Tür abgesperrt sei. Noch deutlicher würde dies, wenn sie Anja nun auch noch fragten, ob sie diese Möglichkeit ausschließen könne, und sie dies verneinen würde (vgl. Turri 2010: 88).

1.2 Die kontextualistische Kernthese

Solche Fälle scheinen nicht sonderlich weit hergeholt sondern vielmehr der alltäglichen Erfahrung entlehnt. Was zeigen sie? Der Kontextualist nimmt Fälle wie diese als Beleg für folgende These – wir wollen sie die *Kontextualistische Kernthese* nennen:

> **Kontextualistische Kernthese**
>
> Es kann zwei Kontexte K1 und K2 geben, so dass eine Wissenszuschreibung (zu einer Person X) der Form »X weiß, dass P«, geäußert in Kontext K1 von Zuschreiber Z1, wahr ist, während sie, geäußert in Kontext K2 von Zuschreiber Z2, falsch ist. Und das kann so sein, obwohl es in beiden Zuschreibungen um dieselbe Person X und denselben Sachverhalt P geht und Xens Datenlage dieselbe ist.

Wissenszuschreibungen scheinen in folgendem Sinn *kontextabhängig* zu sein: der Wahrheitswert einer Wissenszuschreibung kann in Abhängigkeit vom Kontext derjenigen, welche die Zuschreibung vornehmen, variieren. Zwischen dem epistemischen Subjekt, dem Wissen zu- oder abgesprochen wird, und den Zuschreibern, die dies tun, muss dabei klar unterschieden werden. Die These des Kontextualisten ist eine These über *Wissenszuschreibungen*. (Manchen gilt das als ein Einwand gegen den Kontextualismus – siehe Abschnitt 2.2.) Gelegentlich macht man das deutlich, indem man diese Position als einen Zuschreiberkontextualismus oder einen konversationalen Kontextualismus bezeichnet. Nur um diese Form des epistemischen Kontextualismus geht es hier.[1]

Betrachten wir genauer, was sich in den beiden obigen Fällen jeweils von (a) zu (b) ändert und inwiefern die fraglichen Wissenszuschreibungen von diesen Änderungen betroffen sind. Im Polio-Beispiel unterscheiden sich die beiden Fälle (a) und (b) insofern voneinander, als in ihnen unterschiedliche Ansprüche an jemanden gestellt werden, von dem man sagen will, er wisse etwas. Der Betreffende muss im zweiten Fall bessere Gründe bzw. seriösere Quellen für seine Überzeugung/Behauptung anführen können als im ersten. Er muss in einer besseren epistemischen Position hinsichtlich des fraglichen Sachverhalts sein. Im Tür-Beispiel unterscheiden sich die beiden Fälle (a) und (b) insofern voneinander, als in Fall (b) mehr auf dem Spiel steht: Es ist wichtig, das heißt, die beteiligten Personen haben ein besonderes Interesse daran, dass die Tür tatsächlich gut abgesperrt ist, denn es steht ein längerer Urlaub an. Zudem wird auf kürzlich erst verübte Einbrüche in der Nachbarschaft verwiesen. Darüber hinaus wird in Fall (b) die Möglichkeit eines Irrtums ins Spiel gebracht: Man könne sich darüber irren, ob die Tür richtig abgesperrt sei – das sei auch schon vorgekommen.

Wie beeinflusst das den Wahrheitswert der Wissenszuschreibungen? Über die Details dieses Mechanismus herrscht unter Kontextualisten Uneinigkeit. Grob gesagt ist die Idee aber, dass durch solche Faktoren wie die Interessen der Zuschreiber, Ziel und Zweck ihres Gesprächs, das Erwägen und Erwähnen verschiedener Irrtumsmöglichkeiten seitens der Zuschreiber etc. der *Standard für Wissen* (genauer gesagt für eine wahrheitsgemäße Wissenszuschreibung) angehoben werden kann. Die Person, der Wissen zugesprochen werden soll, muss in den (b)-Fällen im Unterschied zu den (a)-Fällen in einer besseren epistemischen Position sein, mehr Irrtumsmöglichkeiten ausschließen können, mehr Nachfragen zufriedenstellend beantworten können oder Ähnliches (je nach kontextualistischer Spielart), um als eine Person gelten zu können, der man wahrheitsgemäß Wissen zuschreiben kann.

1.3 Relevante Alternativen

Die vielleicht griffigste Formulierung der kontextualistischen Idee findet sich bei David Lewis (siehe Lewis 1996). Sie geht zurück auf Arbeiten von Fred Dretske (siehe vor

---

[1] Sie ist zu unterscheiden von Positionen, die unter solchen Namen wie »subjekt-sensitiver Invariantismus« gehandelt werden, und denen zufolge der Wahrheitswert einer Wissenszuschreibungen von den praktischen Interessen und dergl. des potentiellen Wissenssubjekts abhängt, denen zufolge also der Kontext des Wissenssubjekts das Sagen hat (vgl. z. B. Fantl und McGrath 2002, Hawthorne 2004, Stanley 2005).

> **Wahrheit und Angemessenheit**
>
> Eine Debatte hat sich an der Frage entzündet, ob diese Faktoren tatsächlich die *Wahrheit oder Falschheit* einer Wissenszuschreibung beeinflussen. Denn könnte die Tatsache, dass mehr auf dem Spiel steht oder gewisse Zweifelsmöglichkeiten diskutiert werden, nicht einfach nur bewirken, dass eine Wissenszuschreibung plötzlich unangemessen (wenn auch immer noch wahr) wäre? In den (b)-Fällen der obigen Beispiele wäre es demnach unangemessen – weil z. B. irreführend – Fritz bzw. Anja das fragliche Wissen zuzuschreiben. Es wäre aber nicht falsch. Diese Faktoren beträfen nur die *Angemessenheit*, nicht aber die *Wahrheit* der fraglichen Wissenszuschreibung, so der Einwand (vgl. z. B. DeRose 1999 und 2002). Kontextualisten halten dagegen; denn welche Bedingungen müssten dann für wahre Wissenszuschreibungen gelten? Es müsste über alle Kontexte hinweg derselbe Standard gelten – aber welcher sollte das sein? Ein sehr hoher Standard würde dem Skeptiker in die Hand spielen; ein sehr niedriger würde Wissen zu »billig« machen.

allem Dretske 1981). Lewis geht – ähnlich wie Dretske – zunächst davon aus, dass Wissen *infallibel*, also irrtumsimmun sein muss. Diese Annahme führt Lewis zu folgender Überlegung: Wissen soll irrtumsimmun sein. Um irrtumsimmunes Wissen über einen Sachverhalt P zu haben, muss man in der Lage sein, alle Alternativen zu P auszuschließen. D. h., man muss alle alternativen Möglichkeiten, in denen P nicht besteht, ausräumen können. (→ Skeptizismus)

Aber kann man tatsächlich zu einem gegebenen Sachverhalt jemals *alle* Alternativen ausschließen? Versteht man »alle« hier ohne Einschränkung, so hat man dem Skeptiker eine goldene Brücke gebaut. Wohl kaum jemals sind wir in der Lage, alle denkbaren Zweifel auszuräumen, alle alternativen Möglichkeiten auszuschließen. Gerade dies macht sich der Skeptiker zunutze. Lewis glaubt nun aber, sowohl skeptische Fahrwasser meiden als auch an der Infallibilitätsbedingung für Wissen, der zufolge Wissen den Ausschluss aller Alternativen erfordert, festhalten zu können: Denn redeten wir davon, alle Alternativen ausschließen zu können, so meinten wir natürlich nur alle in der gegebenen Situation *relevanten Alternativen*. Es gelte demnach:

> *RA1* (für: *Relevante Alternativen – erste* Version): X weiß nur dann, dass P, wenn X in der Lage ist, alle relevanten Alternativen zu P auszuschließen.

Soll daraus eine kontextualistische These werden, muss zudem gelten: (i) die Menge der relevanten Alternativen kann von Kontext zu Kontext variieren; (ii) der relevante Kontext ist der Kontext der Zuschreiber; (iii) es geht um Wissenszuschreibungen. Wir gelangen zu folgender Reformulierung von *RA1*:

> *RA2*: Eine Wissenszuschreibung der Form »X weiß, dass P«, getätigt in einem Zuschreibungskontext K, ist nur dann wahr, wenn X alle in K relevanten Alternativen auszuschließen in der Lage ist, wobei die Menge der relevanten Alternativen mit dem Zuschreibungskontext variieren kann.

Abgesehen davon, dass geklärt werden muss, wie man eine Alternative ausschließt, muss – und das scheint noch schwieriger – geklärt werden, welche Alternativen in einem Kontext jeweils relevant sind.

Lewis hat sich dazu Gedanken gemacht (Lewis 1996) und eine Reihe von Regeln aufgestellt, die festlegen sollen, welche Möglichkeiten relevant sind und welche nicht. (Die erste Regel, die so genannte Wirklichkeitsregel, ist einigen Eigenheiten des Lewis'schen Ansatzes geschuldet, auf die ich hier nicht weiter eingehen möchte; diese Regel lasse ich daher außer Acht. Und auch bei der Formulierung der übrigen Regeln sehe ich von einigen Lewis'schen Eigenheiten ab.)

Die Überzeugungsregel: Diese Regel besagt, dass alles, was das epistemische Subjekt glaubt oder glauben sollte, weil Informationen und Argumente es dies gerechtfertigt glauben ließen, relevant ist. Wenn X davon überzeugt ist, dass er von einem Täuscherdämon die ganze Zeit getäuscht wird, dann sollte diese Möglichkeit bei der Frage, ob X etwas weiß, nicht außer Acht gelassen werden dürfen. (→ Skeptizismus) Allerdings ist die Stärke unserer Überzeugungen nach Lewis eine Frage von Graden. Durch diese Regel sollen lediglich die Alternativen in Betracht gezogen werden müssen, von deren Vorliegen das Subjekt in ausreichend hohem Maße überzeugt ist oder sein sollte. Welches Maß dabei als ausreichend hoch gilt, erläutert Lewis lediglich insofern, als er erwähnt, dass dies unter anderem auch davon abhängt, wie viel auf dem Spiel steht. Wenn besonders viel auf dem Spiel steht – für Subjekt oder Zuschreiber –, dann müssen auch solche Möglichkeiten in Betracht gezogen werden, über deren Bestehen das Subjekt keine sehr festen Überzeugungen hegt. Hätte ein Irrtum, z. B. bei einer Gerichtsverhandlung, besonders gravierende Folgen, würden mehr

Möglichkeiten relevant als bei weniger folgenschweren Wissenszuschreibungen.

Die Verlässlichkeitsregel: Dieser Regel zufolge ist die Möglichkeit, dass Wahrnehmung, Erinnerung oder auch Zeugenaussagen nicht zuverlässig sind, nicht relevant. Diese und auch die nächsten drei Regeln (die beiden Regeln zur Methode und die konservative Regel) können durch die anderen Regeln außer Kraft gesetzt werden.

Zwei Regeln zur Methode: Diesen beiden Regeln zufolge sind (i) die Möglichkeit, dass bei induktiven Schlüssen Fehler vorkommen, und (ii) die Möglichkeit, dass bei Schlüssen auf die beste Erklärung Fehler vorkommen, ebenfalls nicht relevant. (→ Induktion und der Schluss auf die beste Erklärung)

Die konservative Regel: Nach dieser Regel dürfen alle Möglichkeiten außer Acht gelassen werden (sind also irrelevant), die von jedermann außer Acht gelassen werden; die außer Acht zu lassen also gang und gäbe ist.

Die Aufmerksamkeitsregel: Sie besagt, dass eine Möglichkeit, die einmal in den Aufmerksamkeitsfokus der Zuschreiber gerückt ist, nicht mehr außer Acht gelassen werden darf. Derartige Alternativen sind in jedem Fall relevant. Dies gilt auch dann, wenn die Zuschreiber die Möglichkeit durchaus im Lichte der anderen Regeln hätten außer Acht lassen dürfen. Was man einmal mit Aufmerksamkeit bedacht hat, darf man im weiteren Verlauf der Überlegungen nicht mehr außer Acht lassen.

Die Ähnlichkeitsregel: Sie besagt, dass, wenn aufgrund einer der anderen Regeln eine Möglichkeit relevant wird, jede ihr sehr ähnliche Möglichkeit ebenfalls relevant wird.

Auf den ersten Blick scheint die Aussicht auf eine überschaubare Liste von Regeln zur Bestimmung der relevanten bzw. irrelevanten Alternativen durchaus attraktiv. Allerdings mag man zweifeln, ob sich einerseits dafür überhaupt präzise Regeln angeben lassen und ob andererseits die acht Lewis'schen Regeln hier den richtigen Beitrag leisten. Besonders problematisch sind die letzten beiden Regeln. Problematisch an der Ähnlichkeitsregel ist ihr zentraler Begriff – der Begriff der Ähnlichkeit. Er wird nicht weiter erläutert; dabei bedürfte er dringend einer Klärung. Denn Lewis ist nun in der misslichen Lage, einige Ähnlichkeiten *ad hoc* ausschließen zu müs-

---

Epistemischer Kontextualismus und Michael Williams' Kontextualismus

Es gibt verschiedene Spielarten des Kontextualismus und es stellt sich die Frage, inwieweit diese verschiedenen Spielarten miteinander zusammenhängen. Hier möchte ich kurz betrachten, welche Bezüge es zwischen der in diesem Beitrag skizzierten Form des epistemischen Kontextualismus und Williams' kontextualistischer Konzeption gibt.

Nach Williams (z. B. Williams 2001: Kap. 13 und 14.) hängt es vom Kontext der Untersuchung ab, welchen epistemischen Status eine Meinung hat; es gibt keine objektiven Beziehungen der epistemischen Priorität, d. h., es ist nicht festgelegt, welche Meinung welche anderen Meinungen stützen oder rechtfertigen muss. Die Richtung der Rechtfertigungsbeziehung wird durch den Kontext vorgegeben. Und auch ob eine Meinung oder Behauptung überhaupt begründet werden muss und welche Zweifel ausgeräumt werden müssen, hängt vom Kontext ab. Williams diskutiert verschiedene Kontextfaktoren, die darüber entscheiden sollen, welche Meinungen und Behauptungen begründungsbedürftig sind, und welche einen vorläufigen Status der Berechtigung besitzen. (→ Default-Konzeptionen der Rechtfertigung) All dies kann der epistemische Kontextualist unterschreiben – und meiner Meinung nach sollte er das auch tun. Die von Williams angeführten Überlegungen zu semantischen, methodologischen, dialektischen und ökonomischen Kontextfaktoren könnten helfen, mehr Klarheit darüber zu erhalten, welche Alternativen in einem Kontext jeweils relevant sind. Zudem können die Beobachtungen, die den Ausgangspunkt des epistemischen Kontextualismus bilden, durch Williams' kontextualistische Überlegungen erklärt werden und erhalten auf diese Weise größeres epistemisches Gewicht (s. u.). Williams zufolge hängt der epistemische Status einer Meinung (d. h., ob sie gerechtfertigt werden muss oder ob wir zu ihr vorläufig berechtigt sind) vom Kontext ab. Zudem variiert von Kontext zu Kontext, welche Gründe es gibt, die Meinung anzufechten. Entsprechend sollte es auch vom Kontext abhängen, ob einer Person, die diese Meinung hegt, diesbezügliches Wissen zugesprochen werden kann. Gerade das aber ist die These des epistemischen Kontextualisten.

---

sen. Betrachten wir eine Möglichkeit, in der uns alles so *scheint* wie jetzt auch, aber tatsächlich alles ganz anders *ist*; in der wir also einer perfekten Täuschung erliegen. Diese mögliche Situation und die Situation, in der wir uns tatsächlich (so hoffen wir jedenfalls) befinden, sind zumindest mit Blick auf unsere Informationen und Belege einander täuschend ähnlich – so ähnlich, dass wir sie nicht unterscheiden können. Dennoch sei diese Ähnlichkeit, so Lewis, keine zulässige Ähnlichkeit! Ohne diese *ad hoc* Ausnahme hätte seine Konzeption einen radikalen Skeptizismus zur Folge. Skeptische Täuschungsszenarien wären dann immer relevant. Da es aber so aussieht, als könnten wir sie auch nicht ausschließen, wären wir damit jeglichen Wissens beraubt.

Die Aufmerksamkeitsregel wiederum scheint vielen ein zu großes Zugeständnis an den Skeptiker zu sein: Er muss eine Zweifelsmöglichkeit lediglich erwähnen – wie weit hergeholt sie auch sein mag – und schon wird sie relevant; ausschließen kann man sie aber, wie gesagt, auch nicht. Hier offenbart sich eine grundsätzliche Schwierigkeit, der sich jeder derartige Ansatz ausgesetzt sieht. Es scheint keine prinzipielle Basis für den Ausschluss skeptischer Alternativen aus der Menge der relevanten Alternativen zu geben.

Bei genauerer Betrachtung kann man sich des Eindrucks nicht erwehren, dass die Mechanismen, die eine Alternative relevant werden lassen, deutlich komplexer sind, als Lewis' Regeln erhoffen lassen. Keine bisherige kontextualistische Theorie kann eine vollends überzeugende Geschichte dazu erzählen. Sicherlich kann man festhalten, dass es irgendwie von den Interessen der Beteiligten, dem Ziel und Zweck ihres Unterfangens und dergleichen mehr abhängt, welche Alternativen in einem Kontext relevant sind. Aber viel mehr als ein Gemeinplatz ist damit noch nicht beschrieben.

2. Anspruch

2.1 Skeptizismus und *Common Sense*

Der Kontextualist tritt gelegentlich mit dem Anspruch auf, eine Lösung der Skeptizismusproblematik anbieten zu können. (→ Skeptizismus) Genauer gesagt glaubt er, sowohl dem Skeptizismus als auch dem *Common Sense* Rechnung tragen zu können. In Anbetracht skeptischer Argumente können wir einander kein Wissen zuschreiben. Im Alltag dagegen schreiben wir uns – davon unbeeindruckt – allerlei Wissen zu. Wie passt das zusammen? Der Kontextualist hat hierauf eine verblüffend einfache Antwort. In Kontexten, so sagt er, in denen skeptische Szenarien (wie das vom Täuscherdämon) diskutiert werden, »steigt« der Standard für Wissen. Wissen kann nur noch denen zugesprochen werden, welche die Möglichkeit ausschließen können, einer Täuschung durch den bösen Dämon zu unterliegen – etwas, wozu vermutlich niemand in der Lage ist. Nimmt man diese Möglichkeit ernst, so kann man niemandem mehr Wissen zuschreiben. In alltäglichen Kontexten dagegen ist der Standard für Wissen weniger hoch. Es bedarf weniger, um Wissen beanspruchen oder zuschreiben zu können. Befindet man sich in einem alltäglichen Kontext, kann man folglich so manche Wissenszuschreibung tätigen. An kritischen Reaktionen auf diese Strategie im Umgang mit dem Skeptizismus gab es keinen Mangel. Drei seien genannt:

(i) Man könnte einwenden, dieses Manöver sei dem Skeptiker gegenüber noch zu konziliant. Steigt der Standard für Wissen(szuschreibungen), wenn in einem Kontext skeptische Szenarien diskutiert werden, dadurch tatsächlich an? In Ermangelung einer ausgearbeiteten Kontextkonzeption einerseits und klarer Vorstellungen davon, was ein Standard für Wissen genau ist und wie er verändert werden kann andererseits, könnte man bezweifeln, dass sich der Standard so einfach anheben lässt.

(ii) Man könnte aber auch einwenden, das Manöver trage dem Skeptizismus noch zu wenig Rechnung. Denn der Skeptiker behauptet (zumindest wenn er in Hochform ist) nicht nur, dass wir manchmal, d. h. in manchen Kontexten, nichts wissen, sondern dass wir *nie* auch nur im Geringsten in einer unserer Meinungen gerechtfertigt sind. Wenn er nun erfährt, dass der Kontextualist ihm einen Teilsieg zugestehen möchte, indem er einräumt, dass wir in »skeptischen Kontexten« nichts wissen, so wird der echter Skeptiker damit kaum zufrieden sein – und zu Recht. Er ist nicht angetreten, lediglich einen partiellen oder lokalen Skeptizismus zu behaupten.

(iii) Und schließlich könnte man noch denken, dass der Kontextualist trotz oder gerade wegen seines Lösungsvorschlags nicht erklären kann, wieso wir uns überhaupt durch skeptische Überlegungen jemals haben verunsichern lassen. Wieso dachten wir überhaupt, es gäbe hier ein Problem, wenn es doch einfach der Fall ist, dass der Skeptiker insofern Recht hat, als wir in Anbetracht seiner Szenarien kein Wissen beanspruchen oder anderen zuschreiben können, uns das aber nicht daran hindert, uns im Alltag wahrheitsgemäß Wissen zuzuschreiben? Wenn es so einfach ist, wieso schien uns der Skeptizismus dann je ein Problem, sogar eine Bedrohung zu sein? Der

Kontextualist muss eine Art Fehlertheorie vorlegen, die aufzeigt, wieso uns der Skeptizismus zunächst bedrohlich schien. Und es sieht so aus, als könnte er nichts Besseres sagen, als dass uns bisher der Skeptizismus deshalb bedrohlich erschien, weil uns die Kontextabhängigkeit von Wissenszuschreibungen verborgen geblieben war. Aber ist das eine plausible Fehlertheorie? Gewöhnlich entgeht es uns doch nicht, wenn ein Ausdruck oder Satz kontextabhängig ist (vgl. Schiffer 1996). Der Kontextualist muss, soll diese Theorie überzeugen, etwas dazu sagen, worin diese Kontextabhängigkeit genau besteht und wie sie uns bisher entgehen konnte – wenn sie denn so alltäglich ist, wie er behauptet. Das führt zur Frage nach der Semantik[2] von Wissenszuschreibungen, die in Abschnitt 3 behandelt wird.

2.2 Wissen und Wissenszuschreibungen

Der Kontextualist möchte nicht nur eine elegante Antwort auf den Skeptizismus geben; er beansprucht zudem, unserer alltäglichen Praxis der Wissenszuschreibung besonders gut gerecht zu werden. Denn Fälle wie die im Polio- und im Tür-Beispiel geschilderten seien alltäglich und verlangten nach einer kontextualistischen Analyse. Abgesehen davon, dass die Behauptung, die Fälle verlangten nach einer kontexualistischen Analyse, selbst schon strittig ist, wird dem Kontextualisten gerade auch sein Fokus auf Wissenszuschreibungen manchmal zum Vorwurf gemacht. Er sei ja »nur« eine These über Wissens*zuschreibungen* und damit eigentlich gar keine epistemische These; es gehe nicht um Wissen selbst. Er sei vielmehr eine sprachphilosophische These über den (angeblich kontextabhängigen) Gebrauch bestimmter Sätze, die das Verb »wissen« enthalten, bzw. über die (angeblich kontextabhängige) Bedeutung des Verbs »wissen«. D. h., die kontextualistische Grundthese wird gelegentlich auf eine sprachphilosophische These reduziert, genauer gesagt auf eine semantische These über die Wahrheitsbedingungen von Wissenszuschreibungen und ihren semantischen Gehalt (vgl. z. B. Rysiew 2009: Abschnitt 2). Damit verkennt man allerdings die erkenntnistheoretische Signifikanz des Kontextualismus. (Dennoch ist es richtig, dass der Kontextualist auch etwas zur Semantik von Wissenszuschreibungen sagen muss; dazu unten mehr.)

Die kontextualistische Kernthese und die ihr zugrundeliegenden Beobachtungen legen insofern die folgende epistemische These nahe, als diese These die behauptete Kontextabhängigkeit von Wissenszuschreibungen erklären helfen kann. Wissen sei, so könnte der Kontextualist behaupten, kein intrinsischer Zustand einer Person. Vielmehr sei es eine Auszeichnung, die ihr in Abhängigkeit von kontextuellen Gegebenheiten zu- oder aberkannt werde. (Williams bezeichnet »wissen« als einen *honorific term*, eine Ehrenbezeichnung; siehe Williams 2001: 1.) Die Frage, ob eine Person Wissen habe, sei unabhängig von der Frage, ob man ihr Wissen unter diesen oder jenen Umständen zuschreiben könne, keine sinnvolle Frage. Natürlich könne man insofern nach der epistemischen Position einer Person fragen, als man fragen könne, über welche Überzeugungen (gestützt auf welche Belege und Informationen und gebildet aufgrund welcher epistemischen Tugenden) sie verfüge. Aber ob diese Überzeugungen Wissen darstellten, lasse sich kontextunabhängig nicht sagen. Zu fragen, über welches Wissen jemand – kontextunabhängig – verfüge, sei unsinnig, denn über Wissen verfüge man nicht; es werde einem vor dem Hintergrund gewisser Interessen und Ziele zu- oder abgesprochen. Wissen liege im Auge des Betrachters. Schreibe man einer Person Wissen darüber zu, dass P, so zeichne man sie damit aus: als jemanden, den man fragen könne, wenn man wissen wolle, ob P; als jemanden, der in P-Fragen eine verlässlicher Informant sei, der sich auskenne in P-Dingen; auch als jemanden, für den man sich verbürge. Aber ob man jemanden derart auszeichnen könne, hänge eben von kontextuellen Vorgaben ab.

Diese These ist eine substantielle epistemische These: eine These über Wissen. Und der Kontextualist kann mit einer gewissen Plausibilität behaupten, dass sie die kontextualistischen Beobachtungen und die behauptete Kontextabhängigkeit erklären helfen kann. Denn wenn Wissen im Auge des Betrachters liegt, dann sollte man geradezu erwarten, dass Wissenszuschreibungen auf die beobachtete und behauptete Weise kontextabhängig sind.

Dessen ungeachtet ist es aber richtig, dass der Kontextualist – wie mehrfach erwähnt – etwas dazu sagen muss, von welcher Art die angebliche Kontextabhängigkeit ist, die bei Wissenszuschreibungen im Spiel sein soll. Nur einige Kontextualisten kommen dieser Forderung nach; und sie geraten dabei tatsächlich in Schwierigkeiten (vgl. hierzu auch Brendel 2014). Das ist Thema des nächsten Abschnitts.

---

[2] Die Semantik beschäftigt sich mit der Bedeutung sprachlicher Ausdrücke und mit der Beziehung zwischen Ausdrücken und dem, was sie bezeichnen oder worauf sie zutreffen.

3. Semantik

3.1 Kontextabhängigkeit

Der Kontextualist behauptet, dass Wissenszuschreibungen kontextabhängig sind. Für ihre Kontextabhängigkeit wird gemeinhin das Verb »wissen« verantwortlich gemacht. Es stellt sich aber die Frage, von welcher Art die behauptete Kontextabhängigkeit des Verbs »wissen« wohl sein könnte.

Eine vertraute Form von Kontextabhängigkeit trifft man bei so genannten indexikalischen Ausdrücken wie »ich«, »jetzt« und »hier« an. Der Wahrheitswert eines Satzes wie »Ich bin jetzt hier« kann von Kontext zu Kontext variieren; dies ist auf die Kontextabhängigkeit der Ausdrücke »ich«, »jetzt« und »hier« zurückzuführen. Sie können, je nach Kontext, unterschiedliche Personen (gewöhnlich den Sprecher der Äußerung), unterschiedliche Zeitpunkte (gewöhnlich den Zeitpunkt der Äußerung) oder unterschiedliche Orte (gewöhnlich den Ort der Äußerung) bezeichnen. Äußere ich den Satz »Ich bin jetzt hier« am 1. April 2014 in Osnabrück, so hat er einen anderen Inhalt als wenn Sebastian Schmoranzer ihn am 2. April 2014 in Münster äußert. Im ersten Fall hat er zum Inhalt, dass Nikola Kompa am 1. April 2014 in Osnabrück ist; im zweiten Fall, dass Sebastian Schmoranzer am 2. April 2014 in Münster ist. Einige Kontextualisten haben nun behauptet, auch »wissen« sei ein indexikalischer Ausdruck (vgl. z. B. Cohen 1999, DeRose 2000). So, wie sich der Inhalt eines indexikalischen Satzes mit dem Kontext ändere, ändere sich auch der Inhalt einer Wissenszuschreibung. Der Satz »Fritz weiß, dass Kant 1724 geboren wurde«, geäußert von Anna in Kontext K1, hat zum Inhalt, dass Fritz *weiß$_{K1}$*, dass Kant 1724 geboren wurde. Geäußert von Lea in Kontext K2 hat er zum Inhalt, dass Fritz *weiß$_{K2}$*, dass Kant 1724 geboren wurde. Das Wort »wissen« bezeichnet je nach Kontext etwas Unterschiedliches (verschiedene Wissens-Relationen etwa oder verschiedene Wissensbegriffe), so wie das Wort »ich« je nach Kontext unterschiedliche Personen bezeichnet.

Dieser indexikalische Kontextualismus (wie wir ihn nennen wollen) sieht sich einigen Einwänden ausgesetzt. Der Haupteinwand ist, dass die Kontextabhängigkeit indexikalischer Ausdrücke jeder kompetenten Sprecherin bekannt ist oder sie davon zumindest leicht in Kenntnis gesetzt werden kann. Anders steht es um die angebliche Kontextabhängigkeit von »wissen«. Selbst kompetenten Sprecherinnen ist sie nicht bekannt; und versucht man, sie davon in Kenntnis zu setzen, so wehren sie sich des Öfteren gegen diese ›Einsicht‹. Kurz: Indexikalischen Ausdrücken steht ihre Kontextabhängigkeit auf die semantische Stirn geschrieben, dem Ausdruck »wissen« die seinige offensichtlich nicht (siehe hierzu auch Davis 2004, 2005 und 2007; Kompa 2002).

Entsprechend haben einige Kontextualisten versucht, die Kontextabhängigkeit von »wissen« alternativ nicht nach dem Modell indexikalischer Ausdrücke sondern nach dem Modell relativer Adjektive (in prädikativer Verwendung) zu konstruieren. Beispiele prädikativ verwendeter relativer Adjektive sind »…ist groß« oder »…ist reich«. Diese Adjektive verlangen nach einer Relativierung. Reich ist man immer nur relativ zu einer Vergleichsklasse oder einer Vergleichsperson. Diese mag von einem Kontext zum nächsten wechseln. Anna z. B. mag reich sein relativ zur Klasse der Hartz IV-Empfänger nicht aber reich relativ zur Klasse der Hedge-Fonds-Manager. Sagt eine Sprecherin: »Anna ist reich« so sagt sie (insofern dies der tatsächliche semantische Gehalt ihrer Äußerung ist) damit eigentlich »Anna ist reich relativ zur Klasse der X« – für kontextuell passende Einsetzungen für »X«. Und Ähnliches gelte nun auch für »wissen«. Sagt eine Sprecherin »Anna weiß, dass P«, so sagt sie eigentlich: »Anna weiß relativ zum epistemischen Standard S, dass P« – für kontextuell passende Einsetzungen für »S«. In der logischen Form eines Satzes der Form »X weiß, dass P« gibt es demnach eine versteckte Argumentstelle für epistemische Standards – versteckt insofern, als sie in der grammatischen Oberflächenform des Satzes nicht auftaucht. Nennen wir diesen Ansatz den Ansatz mit der versteckten Argumentstelle.

Aber auch diese Analogie hinkt. Zwar ist die Kontextabhängigkeit relativer Adjektive weniger augenfällig als diejenige indexikalischer Ausdrücke. Sie ist aber immer noch leichter einzusehen als im Falle von »wissen«. Vor allem lässt sie sich leichter explizit machen. Ist eine Äußerung wie »Fritz ist groß« in einem Kontext wahr und in einem anderen Kontext falsch, so kann man das leicht erklären, indem man erläutert, dass es in dem einen Kontext um Fünftklässler und in dem anderen um Basketball-Spieler geht. Ein derartiger Schachzug scheint bei Wissenszuschreibungen schwieriger; worauf kann man verweisen, um die behauptete Variation im Standard für Wissen deutlich zu machen?

Noch weitere Befunde sprechen gegen den Vorschlag, »wissen« nach dem Modell relativer Adjektive zu verstehen. Jason Stanley z. B. hat darauf aufmerksam gemacht, dass sich prädikative Verwendungen von relativen Adjektiven modifizieren lassen, wie in »Er ist sehr reich«. Aber man kann nicht sagen: »Er weiß sehr, dass P«. Auch kann man sagen: »Sie ist 1.70 m groß« oder »Sie ist 20 Jahre alt«. Für »wissen« aber gibt es keine derartigen Maßeinheiten. Und es gibt komparative Formen dieser Adjektive: Es gibt »größer als«, »reicher als«, »flacher als« etc. Wissen dagegen scheint eine Ganz-oder-gar-nicht-Angelegenheit zu sein (vgl. Stanley 2004 und 2005).

Und schließlich gibt es noch ein weiteres Problem, vor dem sowohl der indexikalische Ansatz als auch der Ansatz mit der versteckten Argumentstelle stehen: das *Problem mit dem verlorenen Dissens*. Besonders deutlich wird es bei dem zuletzt besprochenen Ansatz. Angenommen, Anna sagt: »Fritz weiß, dass es regnet.« Und Maria sagt zur selben Zeit: »Fritz weiß nicht, dass es regnet.« Dann sieht es so aus, als würde Maria Anna widersprechen; als gäbe es Dissens zwischen Anna und Maria. Diesen Dissens (oder diese Dissens-Intuition) kann jedoch keiner der beiden eben besprochenen Ansätze einfangen. Dem indexikalischen Ansatz zufolge sagt Anna, dass Fritz ihrem Wissensbegriff zufolge weiß, dass es regnet. Maria dagegen sagt, dass Fritz ihrem Wissensbegriffs zufolge nicht weiß, dass es regnet. Dem Ansatz mit der versteckten Argumentstelle zufolge sagt Anna, dass Fritz relativ zu dem in ihrem Kontext relevanten Standard weiß, das es regnet; Maria sagt, dass Fritz relativ zu dem in ihrem Kontext relevanten Standard nicht weiß, dass es regnet. Maria leugnet also gar nicht das, was Anna behauptet. Der vermeintliche Dissens löst sich auf. Das aber entspricht nicht unserer Intuition: wir glauben, dass es Fälle von echten Meinungsverschiedenheiten gibt – und derjenige zwischen Anna und Maria könnte durchaus ein solcher sein. Wie aber können zwei Sprecherinnen uneins sein, wenn sie doch entweder jeweils nur ihren eigenen Wissensbegriff ausdrücken oder von ihrem eigenen Wissensstandard reden?

Kurz: Alle Versuche, die angebliche Kontextabhängigkeit von »wissen« nach dem Vorbild bekannter Formen von Kontextabhängigkeit zu modellieren, stehen vor Problemen. Die Kontextabhängigkeit von »wissen« (wenn es sie denn gibt) scheint besonders subtil. Auch kompetente Sprecherinnen sind sich ihrer nicht bewusst. Zudem macht sie genuinen Dissens fast unmöglich. Dennoch kann der Kontextualist natürlich darauf hinweisen, dass wenn »wissen« klarerweise *nicht* kontextabhängig wäre, Beispiele wie die aus Abschnitt 1.1 gar nicht erst die Diskussion hätten auslösen können, die sie ausgelöst haben. Woher hätten sie denn ihre Anfangsplausibilität nehmen können (die sie ja doch haben), wenn »wissen« erwiesenermaßen und augenfälligerweise *nicht* kontextabhängig wäre?

Diese Überlegungen zeigen, dass noch genauer geklärt werden muss, ob es eine derart subtile Form der Kontextabhängigkeit gibt.

Kontextualismus in der Sprachphilosophie

Tatsächlich gibt es in der gegenwärtigen Sprachphilosophie eine Diskussion über solche Fragen. Ganz zentral geht es dabei um die Frage, wie viel Kontextabhängigkeit es in der natürlichen Sprache gibt, inwieweit sie sich syntaktisch und semantisch manifestiert und welche Rolle pragmatische Schlüsse bei der Interpretation kontextabhängiger Ausdrücke spielen. Und auch in der Sprachphilosophie (ebenso in der Ethik) gibt es eine Position, die als Kontextualismus bezeichnet wird. Der sprachphilosophische Kontextualist behauptet u. a., Kontextabhängigkeit sei ein allgegenwärtiges Merkmal der natürlichen Sprache. (Siehe z. B. Carston 2002, Récanati 2004, Borg 2007 und Kompa 2010.)

3.2 Kontextualismus und Relativismus

Oder gibt es noch eine andere Erklärung für die vermeintliche Kontextabhängigkeit von Wissenszuschreibungen? Auf der Suche nach einer Antwort auf diese Frage wurden relativistische Positionen ins Spiel gebracht, die sich von dem traditionellen epistemischen Relativismus allerdings unterscheiden (→ Epistemischer Relativismus) und vielleicht passender als Spielarten eines – wie man sagen könnte – semantischen Relativismus zu bezeichnen wären.

Der semantische Relativist stellt ungefähr folgende Überlegung an. Ob ein bestimmter Satz (bzw. sein Inhalt) wahr ist, hängt von verschiedenen Faktoren ab.[3] Es hängt (i) von der Bedeutung des Satzes bzw. der verwendeten Wörter ab. Es hängt (ii) – gelegentlich zumindest – auch von dem Kontext ab, in dem er geäußert wird, wie die Betrachtung indexikalischer Ausdrücke zeigt. Und es hängt (iii) davon ab, wie die Welt beschaffen ist. Sind das alle

---

[3] Es gibt allerdings auch schon Dissens darüber, welches die Dinge sind, die wahr oder falsch sein können: Sätze, Äußerungen, sogenannte Propositionen etc. Davon wollen wir hier einmal absehen.

> **Infokasten Epistemischer Kontextualismus und epistemischer Relativismus**
>
> Der epistemische Relativist betont gewöhnlich die Kulturspezifität und -relativität epistemischer Standards. Dem Kontextualisten geht es dagegen um deren *Kontext*abhängigkeit. Es geht ihm nicht so sehr darum, dass unsere epistemischen Standards durch unsere kulturellen Werte etc. festgelegt werden. Vielmehr behauptet er, dass unsere epistemischen Standards auch durch unsere momentanen Interessen und Belange, das Ziel des Gesprächs und die Zwecke unserer Unterfangen, unsere Hintergrundannahmen etc. jeweils im Kontext erst festgesetzt werden und entsprechend variieren. Auch innerhalb *einer* Kultur kann es verschiedene epistemische Standards geben.

Faktoren, von denen die Wahrheit eines Satzes abhängt? Könnte sie nicht vielleicht auch noch von etwas anderem abhängen, z. B. von epistemischen Standards?

Nehmen wir den Satz: »Sokrates sitzt«. Wovon hängt seine Wahrheit ab? Und welchen Inhalt hat er? Hat der Satz (a) je nach Äußerungskontext unterschiedlichen Inhalt, der seinerseits absolut wahr ist? Hat er einmal zum Inhalt, dass Sokrates zu t_1 sitzt, ein andermal, dass er zu t_2 sitzt, ein weiteres Mal, dass er zu t_3 sitzt usw., wobei der Inhalt unabhängig vom Kontext immer wahr bzw. falsch ist? Oder hat der Satz (b) jedesmal denselben Inhalt, nämlich dass Sokrates sitzt; dieser aber ist wahr bzw. falsch immer nur relativ zu einem Zeitpunkt?

> **Infokasten Epistemischer Relativismus und semantischer Relativismus**
>
> Im Unterschied zum traditionellen epistemischen Relativismus ist die hier diskutierte Form des Relativismus tatsächlich eine These über die Semantik des epistemischen Diskurses, d. h. darüber, was genau der Inhalt einer Wissenszuschreibung ist und auf welche Faktoren man die Wahrheit einer solchen Zuschreibung relativieren muss. Diese Form des Relativismus ist keineswegs auf den epistemischen Diskurs beschränkt. Auch mit Blick auf viele andere Diskurse kann man diese Fragen stellen (siehe für einen Überblick z. B. Kölbel 2008 oder MacFarlane 2012).

Dieselben Fragen kann man auch bzgl. Wissenszuschreibungen stellen. Auch hier kann man fragen – und ein Vertreter des indexikalischen Kontextualismus bejaht diese Frage –, ob eine Wissenszuschreibung je nach Äußerungskontext unterschiedlichen Inhalt hat und dieser dann absolut wahr oder falsch ist; oder ob sie – wie der Relativist behaupten würde – immer denselben Inhalt hat, dieser aber nur relativ zu einem Wissensstandard oder ähnlichem wahr oder falsch ist. Welche Position man bevorzugt, hat maßgeblich damit zu tun, wie man über diese sprachphilosophischen Fragen denkt. Entsprechend hat sich an diesen Fragen in den letzten Jahren eine umfangreiche Debatte entzündet.

4. Zusammenfassung

Alltägliche Beispiele scheinen zu zeigen, dass wir in manchen Situationen einer Person Wissen zuschreiben wollen, welches wir ihr unter anderen Umständen nicht zuschreiben wollen, obwohl sich an der Datenlage der Person nichts geändert hat. Es sieht so aus, als sei der Wahrheitswert einer Wissenszuschreibungen abhängig vom Kontext, in dem die Wissenszuschreibung erfolgt. Wissen liegt im Auge des Betrachters – wie man sagen könnte. Es ist etwas, das wir jemandem zuschreiben, um ihn epistemisch auszuzeichnen. Viele Kontextualisten glauben, damit auch dem Skeptiker Einhalt gebieten zu können.

Von welcher Art ist aber diese angebliche Kontextabhängigkeit? Anders gefragt: Wie beeinflusst der Kontext den Wahrheitswert einer Wissenszuschreibung? Kontextualisten, die den indexikalischen Ansatz oder den Ansatz mit der versteckten Argumentstelle vertreten, behaupten, die Kontextabhängigkeit schlage sich im Inhalt des zur Wissenszuschreibung verwendeten Satzes nieder. Je nach Kontext kann der Inhalt einer Wissenszuschreibung – und damit auch ihr Wahrheitswert – variieren. Diese Idee ist nicht unproblematisch. Relativisten dagegen behaupten, dass ein und derselben Satz (der Form »X weiß, dass P«) immer denselben Inhalt hat, dass dieser aber relativ zu einem Kontext/epistemischen Standard wahr und relativ zu einem anderen Kontext/epistemischen Standard falsch sein kann.[4]

---

[4] Ich danke ganz besonders Kurt Bayertz, Pascale Anna Lötscher, Sebastian Schmoranzer, Oliver R. Scholz und Erik Stei für hilfreiche Kommentare und Diskussionen.

Kontrollfragen

1. Wie überzeugend finden Sie die beiden anfänglichen Beispiele? Überlegen Sie sich eine alternative Erklärung der Unterschiede zwischen den (a)- und den (b)-Fällen.
2. Welche Relevanz-Regeln schlägt Lewis vor? Wie plausibel finden Sie die Regeln? Wo gibt es Probleme?
3. Wie glaubt der Kontextualist dem Skeptizismus Rechnung tragen zu können? Gelingt ihm das?
4. Der Kontextualismus ist eine These über Wissenszuschreibungen. Halten Sie den Einwand, er sei deshalb nur von sprachphilosophischem Interesse, für berechtigt?
5. Warum muss der Kontextualist etwas dazu sagen, worin die angebliche Kontextabhängigkeit von Wissenszuschreibungen besteht?
6. Welche These vertritt der indexikalische Kontextualist? Welche Probleme für diese Position werden im Text erwähnt? Sehen Sie weitere Schwierigkeiten?
7. Kann der Relativist das Dissens-Problem lösen?

Kommentierte Auswahlbibliographie

(a) Primärtexte

Cohen, Stewart (1999): Contextualism, Skepticism, and the Structure of Reasons. In: James E. Tomberlin (Hg.) *Philosophical Perspectives 13. Epistemology.* Oxford: Blackwell. 57–89.

Dretske, Fred (1981): The Pragmatic Dimension of Knowledge. In: *Philosophical Studies.* 40. 363–378.

Lewis, David (1996): Elusive Knowledge. In: *Australasian Journal of Philosophy.* 74. 549–67.

Alles drei sind Klassiker der Debatte, an denen man nicht vorbeikommt.

(b) Gesamtdarstellungen

Brendel, Elke (2013). *Wissen (Grundthemen Philosophie).* Berlin/Boston: de Gruyter.

Hier handelt es sich um eine sehr klar und gut geschriebene Einführung in die Erkenntnistheorie, in der auch ein Kapitel dem Kontextualismus gewidmet ist.

DeRose, Keith (1999): Contextualism: An Explanation and Defense. In: J. Greco and E. Sosa (Hg.): *The Blackwell Guide to Epistemology.* Oxford: Blackwell. 185–203.

Dieser Band ist eine Darstellung der kontextualistsichen Position von einem ihrer »Altmeister«.

Ernst, Gerhard (2007): *Einführung in die Erkenntnistheorie.* Darmstadt: Wissenschaftliche Buchgesellschaft.

Das ist eine sehr gut konzipierte und verständlich geschriebene Einführung in die Erkenntnistheorie, in der Ernst auch den Kontextualismus diskutiert und dabei eine interessante eigene Position kurz skizziert.

Kompa, Nikola (2001): *Wissen und Kontext.* Paderborn: mentis.

Eine frühe Monographie zum epistemischen Kontextualismus in deutscher Sprache; leider nicht mehr auf dem neuesten Stand.

Stanley, Jason (2005): *Knowledge and Practical Interests.* Oxford: Oxford University Press.

Stanleys Kritik am Kontextualismus und eine Verteidigung seiner eigenen Gegenposition werden hier dargelegt.

Stei, Erik (2014): *Die Bedeutung von »wissen«. Eine Untersuchung zur Kontextabhängigkeit von Wissensaussagen.* Münster: mentis.

Eine sehr aktuelle, kenntnisreiche und kluge Darstellung der gegenwärtigen Debatte.

DeRose, Keith: (2009): *The Case for Contextualism – Knoledge, Skepticism, and Context, Vol1.* Oxford: Oxford University Press.

DeRose ist einer der eifrigsten Verfechter des epistemischen Kontextualismus; dieser Band versammelt seine wichtigsten Aufsätze zum Kontextualismus.

Rysiew, Patrick (2009): »Epistemic Contextualism.« In: Edward N. Zalta (Hg.): *The Stanford Encyclopedia of Philosophy (Spring 2009 Edition),* URL = http://plato.stanford.edu/archives/spr2009/entries/contextualism-epistemology/.

Eine gute Übersicht zum Kontextualismus und dem derzeitigen Stand der Debatte.

Williams, Michael (2001): *Problems of Knowledge.* Oxford: Oxford University Press.

Diese Einführung ist recht voraussetzungsreiche aber sehr gut; Williams stellt darin auch kontextualistische Überlegungen an.

(c) Weiterführende Literatur

Brendel, Elke (2014): Contextualism, relativism, and the semantics of knowledge ascriptions. *Philosophical Studies* 168: 101–117.

Eine sorgfältige und sehr kritische Untersuchung zu kontextualistischen und relativistischen Semantiken für Wissenszuschreibungen.

Preyer, Gerhard und Peter, Georg (Hg.) (2005): *Contextualism in Philosophy: Knowledge, Meaning, and Truth.* Oxford: Clarendon Press.

Das ist eine Sammlung neuerer Aufsätze zum Kontextualismus in der Erkenntnistheorie und der Sprachphilosophie.

MacFarlane, John (2014): Assessment Sensitivity: Relative Truth and Its Applications (Context and Content). Oxford: Oxford University Press.

MacFarlane diskutiert verschieden Spielarten des Kontextualismus und des Relativismus; er unterzieht sie einer kritischen Prüfung; der Text ist recht voraussetzungsreich.

Weitere Literatur

Annis, David (1978): »A Contextualist Theory of Epistemic Justification.« In: *American Philosophical Quarterly.* 15. 213–219.

Borg, Emma (2007): Minimalism versus Contextualism in Semantics. In: Gerhard Preyer und Georg Peter (Hg.): *Context-Sensitivity and Semantic Minimalism: New Essays on Semantics and Pragmatics*, Oxford: Oxford University Press. 339–359.

Carston, Robyn (2002): *Thoughts and Utterances: The Pragmatics of Explicit Communication.* Oxford: Blackwell.

Cohen, Stewart (2000): »Contextualism and Skepticism.« In: *Philosophical Issues.* 10. 94–107.

Davis, Wayne A. (2004): »Are knowledge claims indexical?« In: *Erkenntnis.* 61. 257–281.

Davis, Wayne A. (2005): »Contextualist theories of knowledge.« In: *Acta Analytic.* 20. 29–42.

Davis, Wayne A. (2007): »Knowledge claims and context: loose use.« In: *Philosophical Studies.* 132. 395–438.

DeRose, Keith. (1992): »Contextualism and Knowledge Attributions.« In: *Philosophy and Phenomenological Research.* 52. 913–929.

DeRose, Keith (2000): »Now you know it, now you don't.« In: *Proceedings of the Twentieth World Congress of Philosophy.* Volume 5. (Ohio: Bowling Green)

DeRose, Keith (2002): »Assertion, Knowledge, and Context.« In: *The Philosophical Review.* 111. 126–203.

Fantl, Jeremy und McGrath, Matt (2002): »Evidence, Pragmatics, and Justification.« In: *The Philosophical Review.* 111. 67–94.

Hawthorne, John (2004): *Knowledge and Lotteries.* Oxford: Oxford University Press.

Kölbel, Max (2008): Introduction: Motivations for Relativism. In: Manuel García-Carpintero und Max Kölbel (Hg.): *Relative Truth.* Oxford: Oxford University Press. 1–38.

Kompa, Nikola (2002): »The Context Sensitivity of Knowledge Attributions.« In: *Grazer Philosophische Studien.* 64. 1–18.

Kompa, N (2010): Contextualism in the Philosophy of Language. In: Klaus Petrus (Hrsg.): *Meaning and Analysis: New Essays on H. P. Grice.* Pelgrave Macmillan: 288–309.

Kompa, N (2012): Nonindexical Contextualism – an Explication and Defence. In: Stefan Tolksdorf (Hrsg.): *Conceptions of knowledge.* Berlin: deGruyter. 329–349.

MacFarlane, John (2012): Relativism. In: D. Graff Fara und G. Russell (Hgs.): *The Routledge Companion to Philosophy of Language.* New York: Routledge. 132–142.

Récanati, François (2004): *Literal Meaning.* Cambridge: Cambridge University Press.

Schiffer, Stephen (1996): »Contextualist Solutions to Scepticism.« In: *Proceedings of the Aristotelian Society.* 96. 317–333.

Stanley, Jason (2004): »On the Linguistic Basis for Contextualism.« In: *Philosophical Studies.* 119. 119–146.

Turri, John (2010): »Epistemic Invariantism and Speech Act Contextualism.« In: *The Philosophical Review.* 119(1). 77–95.

NATURALISIERUNG UND KOGNITIONS-PSYCHOLOGIE

Oliver Petersen

1. Einleitung
2. Kognitionspsychologie
   2.1 Was ist Kognitionspsychologie?
   2.2 Ergebnisse der Kognitionspsychologie
3. Naturalisierung
   3.1 Naturalisierung des Geistes
   3.2 Naturalisierung der Erkenntnis

1. Einleitung

In diesem Artikel werden Verbindungen zwischen dem Programm der Naturalisierung von Kognition und Erkenntnis, insbesondere menschlicher Kognition und Erkenntnis, und der Kognitionspsychologie aufgezeigt. Ich werde jedoch nicht, wie der Titel es andeutet, bei der Darstellung mit der Naturalisierung beginnen, sondern bei der Kognitionspsychologie[1] (Kapitel 2), und erst danach versuchen aufzuzeigen, welche Konsequenzen sich hinsichtlich des Vorhabens der Naturalisierung der Kognition und der Erkenntnis ergeben.

> Unter der Naturalisierung eines Phänomens durch eine Theorie möchte ich verstehen, dass dieses Phänomen gemäß der Theorie entweder identisch mit dem physischen Phänomen ist oder auf Basis eines physischen Phänomens reduktiv erklärbar ist.

Mein Vorgehen wird entsprechend wie folgt sein: Zuerst werde ich beschreiben, was Kognitionspsychologie ist (2.1). Dabei werde ich erläutern, mit welchen Themen sich die Kognitionspsychologie beschäftigt (2.1.1) und welcher Mittel und Methoden sie sich bedient (2.1.2). Dann werde ich exemplarisch einige Ergebnisse der kognitiven Psychologie (Experimente und Theorien bzw. Erklärungen der Experimente) anführen (2.2). Dabei wird sich zeigen, dass in manchen Gebieten der kognitiven Psychologie in den Erklärungen auf (den Begriff von) Repräsentationen – genauer: (den von) mentale(n) Repräsentationen – zurückgegriffen wird, in manchen dagegen nicht. Hinsichtlich der Frage, inwiefern die Kognitionspsychologie mit ihren Ergebnissen ein naturalistisches Bild von Kognition und Erkenntnis nahelegt und somit zur Naturalisierung der Kognition[2] und der Erkenntnis

---

[1] Die Kognitionswissenschaft ist noch umfassender. Sie umfasst die Kognitionspsychologie, aber auch Linguistik, Philosophie des Geistes und Anthropologie und Ethologie.

Manchmal verwende ich den Ausdruck »Kognitionspsychologie«, manchmal den Ausdruck »kognitive Psychologie«.

[2] Wenn ich von Kognition spreche, meine ich mit dem entsprechenden Ausdruck vor allem mentale Zustände, Fähigkeiten, Ereignisse (u. a. Tätigkeiten) und Prozesse. In der Kognitionspsychologie werden allerdings manchmal auch die postulierten subpersonalen Zustände, Prozesse etc. so bezeichnet. Vorkommnisse von *Erkenntnis* könnte man als Elemente einer bestimmten Teilmenge von der Menge der

beiträgt (Kapitel 3), werde ich Kognition (3.1) und Erkenntnis (3.2) separat behandeln. Und ich werde bzgl. der Kognition ebenso getrennt darstellen, inwieweit sich aus Ansätzen der Kognitionspsychologie, die von der Idee einer mentalen Repräsentation Gebrauch machen, Konsequenzen für die Naturalisierung der Kognition ergeben (3.1.2), und inwieweit sich derartige Konsequenzen ergeben, wenn Ansätze betrachtet werden, die nicht auf eine solche Idee einer mentalen Repräsentation zurückgreifen (3.1.1). Hinsichtlich der Naturalisierung der Erkenntnis werde ich diese separate Behandlung nicht aufrecht erhalten, denn dort, wo sie zu tragen käme, wäre sie eine simple Folge der getrennten Behandlung von Kognition und muss nicht erneut expliziert werden. Stattdessen werde ich in Kapitel (3.2) – basierend auf den und immer wieder in Rückgriff auf die bis dahin angestellten Überlegungen (insbesondere aus Kapitel 3.1) – einheitlich erläutern, inwieweit in der Erkenntnistheorie von der Naturalisierung der Erkenntnis bzw. von deren konstituierenden Elementen gesprochen wird bzw. werden kann. Kapitel 3.1 kann entsprechend als notwendige Vorarbeit zu Kapitel 3.2 begriffen werden.

2 Kognitionspsychologie

2.1 Was ist Kognitionspsychologie?

In Standardwerken zur Kognitionspsychologie (z. B. Anderson 2009, Solso 2005, Medin 2012, Eysenck und Keane 2010) findet man keine einheitliche Explikation dessen, was Kognitionspsychologie ist. Aber eine zumindest grobe Erläuterung ist dennoch anhand der Angabe der Themen bzw. Aufgabenbereiche, mit denen sich die Kognitionspsychologie beschäftigt, und anhand der Methoden, die in der Kognitionspsychologie verwendet werden, möglich.

2.1.1 Themen der Kognitionspsychologie

Zunächst einmal kann man sich fragen, was die Themen, der Gegenstandsbereich, der Kognitionspsychologie sind. Den Standardwerken zufolge werden in der Kognitionspsychologie folgende Themen behandelt:

1) Wahrnehmung (mit einem Fokus auf visueller Wahrnehmung, aber auch Wahrnehmungen in anderen Sinnesmodalitäten; insbesondere Objektwahrnehmung und die Wahrnehmung von speziellen Objekten wie z. B. von Gesichtern),
2) Gedächtnis/Erinnerung,
3) Spracherkennung und Sprachverstehen,
4) Sprachproduktion,
5) Räsonieren/Argumentieren,[3]
6) Problemlösen,
7) Bewegungssteuerung.

Es geht also in der Kognitionspsychologie um Kognition in einem weiten Sinne: Alle Arten und Stufen der Informationsgewinnung[4] werden behandelt, es wird ferner behandelt, wie Information ›gespeichert‹ wird (und es wird darüber hinaus behandelt, wie es zu Verhalten und Handlungen kommt).

2.1.2 Methoden der Kognitionspsychologie

Nicht nur über den Gegenstandsbereich, sondern auch über die Methoden der Kognitionspsychologie kann man relativ klare Auskunft geben: Erstens gilt, dass die Kognitionspsychologie eine empirische Wissenschaft ist. Es werden Erklärungen für beobachtete Phänomene gegeben und im besten Fall Theorien ausformuliert, die wiederum im besten Fall überprüfbare Vorhersagen erlauben. Zweitens fällt auf, dass die Erklärungsversuche in der Kognitionspsychologie sehr prozessorientiert sind; oft lautet die Frage in der Kognitionspsychologie, welche Prozesse ablaufen, deren Annahme verständlich macht, warum es zu einer Erkenntnis oder Meinung (oder einem Verhalten oder einer Handlung) kommt. Drittens ist festzuhalten, dass es vor allem vier Teildisziplinen gibt, die mit ihren je eigenen Verfahrensweisen in der Kognitionspsychologie (im weiten Sinn) zum Tragen kommen:

1) Kognitive Psychologie (oder Kognitionspsychologie) im engen Sinn,
2) Neurowissenschaft,

Kognitionsvorkommnisse auffassen, nämlich als diejenigen, die weitere Bedingungen wie Wahrheit, Rechtfertigung o. ä. erfüllen (vgl. auch (3.2).

[3] Es wird untersucht, wie Menschen tatsächlich argumentieren/räsonieren. Bei dieser Untersuchung scheint heraus zu kommen, dass Menschen alles andere als perfekt rational sind (vgl. Kahneman, Slovic und Tversky 1998, Manktelow 1999, Nisbett und Ross 1980).

[4] Hier ist »Information« so weit zu verstehen, dass es auch falsche Information gibt.

3) Kognitive Neuropsychologie: Untersuchung von Menschen mit (körperlich verursachten) kognitiven Defiziten,
4) Computersimulation von mentalen Prozessen.

In der *kognitiven Psychologie im engen Sinn* wird folgendermaßen vorgegangen: Kognitive Phänomene und Verhaltensweisen werden beobachtet. Für diese wird ein Erklärungsmodell gesucht, das experimentell getestet werden kann. Dieses geht davon aus, dass kognitive Subprozesse ablaufen, die zu dem Endergebnis führen. Diese Prozesse können seriell (nacheinander), parallel (nebeneinander) und ineinander verschachtelt verlaufen. Es kann sich um Bottom-up-Prozesse und um Top-down-Prozesse handeln. Top-down-Prozesse sind solche, bei denen z. B. die Wahrnehmungen durch Erwartungen und vorherige Erfahrungen des Wahrnehmungssubjektes beeinflusst sind. Bottom-up-Prozesse sind solche, bei denen proximale Reize die Prozesse auslösen und diese dann ablaufen, ohne dass Erwartungen oder vorherige Erfahrungen Einfluss auf sie hätten. Ein schönes Beispiel für einen Top-down-Prozess ist das folgende (Eysenck und Keane 2010: 3):

Die Versuchspersonen werden gebeten zu lesen, was in dem nachfolgenden Dreieck steht.

Paris

in the

the spring

Viele Personen lesen »Paris in the spring«, dabei steht dort »Paris in the the spring« mit zwei »the«. Da wir einen grammatisch wohlgeformten Ausdruck erwarten und da die Rede von Paris im Frühling nahezu ein geflügeltes Wort ist, erwarten wir den Ausdruck »Paris in the spring« und überlesen darum das zweite »the«.

Das Hauptverfahren in der kognitiven Psychologie im engen Sinn ist das Beobachten von Verhalten (vor allem unter Laborbedingungen). Dabei wird beobachtet, welches Verhalten Versuchspersonen unter bestimmten Versuchsbedingungen an den Tag legen (etwa, wenn ihnen Aufgaben gestellt werden), und es wird gemessen, wie schnell sie bestimmte Tätigkeiten ausführen (Reaktionszeiten). Auf Basis dieser Ergebnisse wird auf zugrunde liegende (subpersonale) kognitive Prozesse geschlossen, die das Verhalten etc. erklären sollen (vgl. Engelkamp und Zimmer 2006). Die Annahme des Vorliegens von diesen wird an weiteren Experimenten überprüft.

Im Wesentlichen gehen Erklärungen in diesem Teil der Kognitionspsychologie von dem sogenannten informationstheoretischen Ansatz aus (dazu mehr in (2.2.1)). So wird zum Beispiel davon ausgegangen, dass bei der Objektwahrnehmung mindestens die Formwahrnehmung, die Farbwahrnehmung, die Bewegungswahrnehmung, das Erkennen als Objekt, die Sortierung des Objektes in bestimmte Objektklassen und die Zuordnung einer Benennung zum Objekt einzelne Prozesse sind, die z. T. parallel und z. T. nacheinander ablaufen.

In der *Neurowissenschaft* werden Erkenntnisse über das Verhalten des Gehirns – welche Hirnteile sind aktiv, welche neuronalen Prozesse laufen ab – während der Kognition gesammelt. Dies geschieht im Wesentlichen mit den sogenannten bildgebenden Verfahren: der Einzelzellen-Aktivität-Registrierung, der Positronenemissionstomographie (PET), der (funktionalen) Magnetresonanztomographie ((f)MRT; auch bekannt als Kernspintomographie), der Elektroenzephalographie (EEG), der Magnetenzephalographie (MEG) und der Transkranialen Magnetstimulation (TMS).

Diese Untersuchungsmethoden haben jeweils unterschiedliche Stärken und Schwächen. Vor allem die zeitliche und räumliche Auflösung unterscheidet sich sehr. Während man bei einigen Verfahren Abläufe im Gehirn bis in den Millisekundenbereich hinein erkennen und aufzeichnen kann, kann man mit anderen nur im Sekundenbereich Zustandsänderungen im Gehirn registrieren und darstellen. Auch die räumliche Feingraduierung variiert von einzelnen Neuronen bis hin zu größeren Hirnarealen, deren Aktivitäten man mit den Verfahren registrieren kann.

> Obwohl eine beträchtliche Zahl sorgfältig durchgeführter Experimente und Veranschaulichungen darauf hindeutet, dass einige Funktionen in spezifischen Zentren des Kortex lokalisiert sind, ist es wahrscheinlich, dass die zerebrale Verarbeitung auch über andere Bereiche des Gehirns verteilt ist.
> Solso 2005: 61

Z.T. werden durch einander unterstützende Verwendung mehrerer dieser Untersuchungsmethoden bei der Beschäftigung mit einem Forschungsbereich (etwa dem Erinnern) die Erkenntnisse über die genauen Abläufe im Gehirn und evtl. auch über subpersonale kognitive Prozesse bei mentalen Tätigkeiten größer.

Bei der *kognitiven Neuropsychologie* werden (insbesondere) Menschen mit körperlichen Defiziten im Nervensystem, vor allem am Gehirn, untersucht. Zumeist liegen diese Schädigungen aufgrund von Verletzungen vor (insbesondere wurden darum Kenntnisse über die Relevanz bestimmter Hirnareale in Kriegen aufgrund der dort häufig auftretenden Kriegsverletzungen am Kopf gewonnen). Weisen diese Menschen kognitive Defizite auf, ermöglicht ggf. die Art der Verletzung, die mit den kognitiven Defiziten einhergeht, Rückschlüsse auf die Aufgaben der verletzten Areale des Nervensystems, insbesondere des Gehirns, da ohne diese (heilen) Nervensystem- bzw. Hirnteile anscheinend die entsprechenden kognitiven Fähigkeiten nicht mehr vorliegen. Den Erklärungen der kognitiven Neuropsychologie liegen vier umstrittene Basisannahmen zugrunde: 1) Der Geist ist modularisiert. 2) Die Module des Geistes entsprechen abgegrenzten Bereichen des Gehirns.[5] 3) Schädigungen des Gehirns führen zu Minderleistungen der Kognition, nicht zu Verbesserungen. Maximal ist ein Gleichbleiben möglich. 4) Verschiedene Menschen sind hinsichtlich ihrer kognitiven Module und der den Modulen zugeordneten Hirnbereiche einander gleich oder zumindest sehr ähnlich.

Die *Computersimulation* hilft auf folgende Arten, Erkenntnisse über Kognition zu gewinnen: Zum Einen werden Computer gebaut, die einen bestimmten Output liefern, welcher menschlichem Verhalten ähnlich ist. Diese Ähnlichkeit des Outputs legt nahe (aber mehr auch nicht), dass auch im Menschen ähnliche Operationen stattfinden, die zu dem vergleichbaren Output führen. Zum Zweiten wird versucht, Prozessmodelle aus der kognitiven Psychologie im engen Sinn zu implementieren. D. h., wenn in der kognitiven Psychologie bestimmte Prozesse bei der menschlichen Kognition postuliert werden, wird versucht, vergleichbare Prozesse in einem Computer zu simulieren. Insbesondere wird vermehrt versucht, künstliche ›neuronale Netze‹ zu kreieren, also physische Strukturen, die in ihrer Beschaffenheit der Struktur des Hirns ähneln. Führen diese simulierten Prozesse zu dem vorhergesagten Output, ist dies eine gewisse Bestätigung für das zugrunde liegende Modell der kognitiven Psychologie im engen Sinn. Führen sie dies nicht, ist dies ein Indiz dafür, dass das zugrunde liegende Modell überdacht werden sollte.

2.2 Ergebnisse der Kognitionspsychologie

Betrachtet man die Ergebnisse der Kognitionspsychologie, also die Theorien, mit Hilfe derer die kognitiven Fähigkeiten und Tätigkeiten des Menschen erklärt werden sollen, so stellt man fest, dass diese Theorien und die damit einhergehenden Erklärungen von zweierlei Art sind. Manche Erklärungen rekurrieren auf den Begriff der mentalen Repräsentation, manche nicht.[6] Ich werde zunächst die Erklärungen der letzteren Art vorstellen. Beispiele für solche Erklärungen, die auf den Begriff der mentalen Repräsentation keinen Rückgriff nehmen, findet man insbesondere in den Standardlehrbüchern bei der Erläuterung der Objektwahrnehmung.

2.2.1 Erklärungen ohne den Begriff der (mentalen) Repräsentation

Erklärungen in diesem Feld funktionieren im Wesentlichen auf zwei Arten, die oft miteinander einhergehen. Zum einen wird untersucht, welche Hirnareale, was für Neuronen, welche Teile des Auges etc. bei der Objektwahrnehmung beteiligt sind und welche Aktivitäten diese ausüben. Es wird festgestellt, in was für einem Zustand das Gehirn/der Körper ist und was für neuronale Prozesse im Hirn/Körper ablaufen. Ein Beispiel mag das illustrieren:

> Wir hatten bereits [...] gesehen, dass es von den Eigenschaften der Netzhaut abhängt, ob wir etwas wahrnehmen. Entscheidend war hierbei die Unterscheidung zwischen Stäbchen und Zapfen. So hat sich gezeigt, dass Stäbchen stärker und länger an Dunkelheit adaptieren als Zapfen. Sie sind lichtempfindlicher. Stäbchen adaptieren über 20–30 Minuten und reagieren auf weniger Lichtenergie als Zapfen. Zapfen haben ihre maximale Reizempfindlichkeit bereits nach 3–4 Minuten erreicht [...] (Engelkamp und Zimmer 2006: 55).

In diesem Fall bietet die Neuropsychologie nicht mehr als Erklärungen der Art: Wenn bzw. nur wenn der und der physische Zustand vorliegt, Prozess stattfindet etc.,

---

[5] Gerade diese Annahme ist sehr umstritten. Der Konnektionismus leugnet gerade das.

[6] Manchmal wird der Konnektionismus noch als eigenständige Variante aufgeführt.

hat die Person die und die geistige Fähigkeit, übt die und die geistige Tätigkeit aus etc.

Zum Anderen wird bei Erklärungen zu diesem Themengebiet der kognitiven Psychologie auf den Begriff der Information zurückgegriffen. Es wird gesagt, Informationen werden gesammelt, verarbeitet, gespeichert etc. Man liest gar häufiger, die Kognitionspsychologie folge dem informationstheoretischen Ansatz. Aber was bedeutet »Information« überhaupt?

Zum einen gibt es den Begriff der Information, wie er in der Nachrichtentechnik verwendet wird. Dort heißt »Information« in etwa so viel wie »physische Struktur«. Insofern kann dann z. B. eine Information übertragen werden, wenn akustische Phänomene bzw. Ereignisse, die eine bestimmte Struktur haben (Schallwellen bestimmter Art) in einem Mikrophon in andere physische, nämlich elektrische, Phänomene mit ähnlicher Struktur umgewandelt werden und dann in ein weiteres strukturähnliches, physisches Phänomen (etwa mechanischer Art bei den Rillen einer Schallplatte) und dann per Tonabnehmer etc. wieder in hinreichend ähnliche akustische Phänomene zurückverwandelt werden. Diese Information hat mit semantischem Gehalt nichts zu tun (vgl. Janich 2009). Sie hat eher – zumindes indirekt – etwas mit kausalen Verhältnissen zu tun insofern, als dass ein physisches Phänomen mit einer Struktur (Information) ein anderes physisches Phänomen mit ähnlicher Struktur verursacht. Ich werde von der Information dieser Art als »Information im ersten Sinn« reden.[7]

Oft spielt auch ein Informationsbegriff eine Rolle, der Paul Grices (vgl. Grice 1991) natürlicher Bedeutung ähnelt. Rauch etwa bedeutet Feuer, trägt die Information, dass in der Nähe Feuer ist. Man kann dies in Anlehnung an Fred Dretske so formulieren, dass unter bestimmten gegebenen Umständen ein Ereignis E1 eine Information über ein anderes Ereignis E2 genau dann trägt, wenn unter diesen Umständen die bedingte Wahrscheinlichkeit, dass E2 eingetreten ist, gegeben dass E1 eintritt, gleich 1, also 100 % ist. Und dieser Zusammenhang darf nicht nur kontingent sein, sondern muss auch zumindest kontrafaktisch für Welten mit gleichen Naturgesetzen gelten. Wegen des engen Zusammenhangs von Naturgesetzlichkeit und Kausalität könnte man auch sagen: Ein Ereignis E1 trägt unter gewissen Umständen Information darüber, dass E2 stattgefunden hat, wenn E1 von E2 verursacht wurde und unter den gegebenen Umständen von keinem anderen Ereignis verursacht worden wäre. Auch dies wird leichter verständlich, wenn man die Idee mittels eines Beispiels von Dretske (u. a. in McLaughlin, Beckermann und Walter 2011) veranschaulicht:

Das Klingeln der Hausklingel trägt in einer normalen Umgebung die Information, dass eine Person auf den Klingelknopf gedrückt hat, denn dort ist die Wahrscheinlichkeit, dass eine Person die Klingel gedrückt hat, gegeben, dass es klingelt, 1 (in einer unnormalen Umgebung könnte das Läuten der Klingel auch durch Eichhörnchen, Hunde oder technischen Defekt verursacht sein und nicht jedes Klingelläuten würde darum durch das Knopfdrücken einer anderen Person verursacht sein, so dass kein Klingelläuten darüber Information trägt). Ich werde Information dieser Art auch »Information im zweiten Sinn« nennen.

Ein dritter Informationsbegriff ist der, der mit einem semantischen Gehalt, mit nicht-natürlicher Bedeutung (so wie Sätze der natürlichen Sprache eine nicht-natürliche Bedeutung haben wie etwa Wahrheitsbedingungen, die erfüllt oder nicht erfüllt sein können) eng verknüpft ist. Ich habe die Information, dass etwas der Fall ist, wenn ich (wahrheitsgemäß oder nicht) glaube, dass dasjenige der Fall ist. Diese Information kann ich haben, selbst wenn der entsprechende Sachverhalt nicht vorliegt. Etwas, was solchen Gehalt hat, kann eine Fehlrepräsentation sein. Z. B. kann ich etwas glauben, auch wenn es sich in der Welt nicht so verhält, wie ich es glaube. Man kann entweder den Gehalt selbst die Information nennen – wenn ich glaube, dass es regnet, ist der Gehalt der, dass es regnet – oder aber man kann dasjenige, was den Gehalt hat, also etwa einen Satz oder eine mentale Repräsentation oder den mentalen Zustand mit dem entsprechenden Gehalt, die Information nennen. Ich werde den Gehalt »die Information« nennen und von ihr als »Information im dritten Sinn« sprechen.

In der kognitiven Psychologie wir nicht immer klar zwischen diesen verschiedenen Informationsbegriffen unterschieden. Aber oft ist nur Information der ersten und zweiten Art gemeint.

---

[7] Der Informationsbegriff aus Shannon 1948 und aus Shannon und Weaver 1949 ist eine präzise Ausformulierung dessen, was Information als eine syntaktische Eigenschaft von einem physischen Objekt (eines Satzes) ist. Ein vierter Informationsbegriff (Information als Mengen epistemisch möglicher Welten) sei hier nicht weiter betrachtet.

2.2.2 Erklärungen auf Basis des Begriffs der (mentalen) Repräsentation

Bereits bei der Gesichtserkennung wird vielfach mit dem Begriff der (mentalen) Repräsentation gearbeitet. Vor allem jedoch bei Theorien der Spracherkennung, des Gedächtnisses, des Verstehens, des Räsonierens etc. werden in der Kognitionspsychologie Erklärungen angeboten, die auf der Annahme basieren, es gebe Information im dritten Sinn und (mentale) Repräsentationen.

> The central hypothesis of cognitive science is that thinking can best be understood in terms of representational structures in the mind and computational procedures that operate on those structures. (Thagard 2010: 4)

Ein Beispiel mag illustrieren, wie mit dieser Annahme operiert wird:

> Even after the visual system has identified edges and bars in the environment, a great deal of information processing must still be performed before that system is able to perceive the world. One of the problems it must solve is deciding where those edges and bars are located in space. The fundamental problem is that the information laid out on the retina is inherently 2-D, whereas we need to construct a three-dimensional (3-D) representation of the world (Anderson 2009: 39).

Welcher Art diese Repräsentationen sind (Bilder, Sätze, Karten etc.), ist je nach Themenfeld und z. T. je nach Theorie in den verschiedenen Themenfeldern verschieden. Im Folgenden werde ich einige wichtige Arten von Erklärungen kognitiver Leistungen mit Hilfe mentaler Repräsentationen vorstellen (bei all diesen werde ich das Erklärungsziel angeben und die Art der Erklärung sowie ein konkretes Beispiel aus der kognitionspsychologischen Forschung). Diese Darstellung der Arten ist nicht vollständig, ich lasse z. B. Erklärungen auf Basis der Annahme von mentalen Regeln, von Konzepten, von Wortmarken, von Analogien etc. weg. Zudem werde ich aber stattdessen kurz der Frage nachgehen, ob man sowohl sprachartige als auch bildartige Repräsentationen annehmen sollte, und ich werde eine Hauptherausforderung für die Annahme mentaler Repräsentationen als Träger von Information im dritten Sinn angeben.

2.2.2.1 Erklärung auf Basis der Annahme von Sätzen

Erklärungsziel (kognitive Leistung): Warum machen Menschen die Ableitungen im Rahmen von Denkprozessen, die sie de facto machen?

Erklärung: Die Menschen haben mentale Repräsentationen, die Sätzen der Prädikatenlogik ähneln (vgl. Fodor 1981, Fodor 1994 und Fodor 2000). Die einfachen satzartigen Repräsentationen sind entweder atomar oder aus Teilen (aus mentalen Wörtern) aufgebaut. Komplexe satzartige Repräsentationen sind ähnlich aus einfachen satzartigen Repräsentationen rekursiv zusammengesetzt wie komplexe Sätze aus einfachen (etwa mit Hilfe logischer Junktoren). Die Personen (genauer, die Subsysteme, die auf die Repräsentationen zugreifen) verfügen über Ableitungsverfahren (induktiver und/oder deduktiver Art). Das sind algorithmische Prozesse, die auf den Repräsentationen operieren. Diese Verfahren bringen die konkreten Ableitungen, die konkreten Denkprozesse hervor (oder sind gar diese), die die Menschen machen. Die Idee einer Sprache des Geistes etwa beinhaltet die Idee, die auch hier allgemein zum Tragen kommt: Eine propositionale Einstellung eines bestimmten Typs G (z. B. eine Überzeugung zu haben) und eines bestimmten Inhalts (dass p[8]) zu haben ist nichts anderes als in einer bestimmten Relation R_G zu einer mentalen Repräsentation r_p des entsprechenden Inhalts (dass p) zu stehen. Diese Repräsentationen sind strukturiert, ihre Teile sind transportierbar (können in anderen mentalen Repräsentationen ebenfalls vorkommen) und haben eine kompositionale Semantik. Aufgrund ihrer syntaktischen Eigenschaften laufen auf ihnen ganz bestimmte (algorithmische) Prozesse ab, diese Prozesse sind also struktursensitiv.

2.2.2.2 Erklärung auf Basis der Annahme bildartiger mentaler Repräsentationen

Erklärungsziel: Wie funktioniert Wahrnehmung und Vorstellung? Was geschieht bei erfolgreicher (veridischer) Wahrnehmung und bei fehlerhafter Wahrneh-

---

[8] »Dass p« bezieht sich natürlich nicht selbst auf einen Inhalt, sondern ist ein Nebensatz*schema*, dessen Einsetzungsinstanzen, z. B. »dass Bayern München 2010 das Champions-League-Finale in Madrid verloren hat« für Gehalte stehen (wobei in anderen Kontexten dass-Nebensätze auch für Ereignisse und für Sachverhalte/Tatsachen stehen können). Manchmal schreibe ich auch »[p]« für diesen Gehalt.

mung? Warum benötigen Menschen bei Wahrnehmungs- oder auch Vorstellungsaufgaben z. B. je nach geometrischer Ausrichtung und Größe des wahrgenommenen oder vorgestellten Objekts verschiedene Zeiten, um die Aufgaben zu lösen?

Erklärung: Versuchspersonen werden z. B. Darstellungen von deckungsgleichen oder nicht deckungsgleichen komplexeren räumlichen Gegenständen gezeigt. Und sie müssen beurteilen, ob diese Objekte tatsächlich deckungsgleich sind. Je größer der Winkel ist, um den diese dargestellten Objekte gedreht werden müssen, um potentiell in Deckung gebracht zu werden, desto länger brauchen die Versuchspersonen für diese Aufgabe. Das wird damit erklärt, dass die Versuchspersonen räumliche Repräsentationen der Objekte bilden und diese quasi im Geiste rotieren, bis diese Repräsentationen einander überlagern. Dann können sie feststellen, ob diese und damit auch die repräsentierten Figuren deckungsgleich sind. Ist der erforderliche Drehwinkel größer, müssen die Personen die mentalen Repräsentationen also länger drehen, bis sie zur Deckung gelangen, und daher benötigen die Personen länger zur Lösung der Aufgabe (vgl. Shepard und Metzler 1971, Shepard und Cooper 1982).

2.2.2.3 Erklärung auf Basis der Annahme von kartenartigen Repräsentationen

Erklärungsziel: Wie vollbringen Menschen bestimmte kognitive Leistungen wie etwa das Finden eines Weges auf Basis einer Beschreibung oder allgemein die Orientierung im Raum?

Erklärung: Die Menschen bilden kartenartige Repräsentationen aus. Diese werden z. B. beim Finden des Weges mit der tatsächlichen Umgebung verglichen und ermöglichen so die Orientierung.

Die Annahme von kartenartigen Repräsentationen wird z. B. auch verwendet, wenn erklärt werden soll, warum Menschen, die bestimmte kognitive Aufgaben hinsichtlich Orten ausführen sollen, die weiter oder weniger weit voneinander entfernt liegen, länger für dieselben Aufgaben brauchen, wenn die zu betrachtenden Orte weiter voneinander entfernt liegen. Dieses Phänomen wird so erklärt, dass die Personen oder ihre kognitiven Subsysteme kartenartige Repräsentationen besitzen und diese für die Bearbeitung der Aufgaben scannen müssen. Sind die Orte auf der Repräsentation weiter voneinander entfernt, dauern der Scanprozess und damit die Aufgabenbewältigung länger (vgl. Richman und Mitchell 1980).

2.2.2.4 Sprachartige oder bildartige Repräsentationen – eine Debatte

Wie man anhand der vorangegangenen Unterkapitel von (2.2.2) sehen kann, werden in der kognitiven Psychologie im Wesentlichen zwei Arten von Repräsentationen angenommen, sprachartige und bildartige. Allerdings gibt es eine große Debatte darüber, ob wirklich Repräsentationen beider Art angenommen werden müssen oder zumindest sollten (vgl. Kosslyn, Thomason und Garris 2006 sowie Pylyshyn 1981 und Pylyshyn 2002). In dieser Debatte hinsichtlich der Auffassung der Art der Repräsentationen haben sich zwei Lager herausgebildet. Gemäß dem einen Lager sind Repräsentationen *alle* sprachartig. Diese Repräsentationen sind also Wörter und Sätze einer Sprache des Geistes (»Mentalesisch«) oder etwas Sprachähnliches (Konzepte, Regeln o. ä.). Gemäß dem anderen Lager sind die Repräsentationen zumindest teilweise bildartig (Bilder, Landkarten, mentale Modelle etc.). Sie sind insofern bildartig, als dass sie nicht nur Räumliches repräsentieren, sondern selbst räumlich repräsentieren.

Dass es *nur* bildartige Repräsentationen gibt, wird kaum vertreten. Die Gründe dafür sind, dass es kaum möglich ist, bestimmte Dinge bildlich zu repräsentieren, z. B. Verneinung und allgemein logische Relationen und verschiedene Grade von Allgemeinheit.

Die Annahme einer bildartigen Repräsentation ist oft an die Idee gekoppelt, dass Bilder durch Ähnlichkeit mit dem Repräsentierten repräsentieren. Diese Idee hat mehrere Probleme:

i) Ähnlichkeit ist eine symmetrische Relation, Repräsentation nicht. Also ist Ähnlichkeit zumindest nicht hinreichend für Repräsentation.
ii) Ein Foto eines Gegenstandes ist z. B. einem gleichen Abzug desselben Negativs ähnlicher als dem auf dem Foto abgebildeten Gegenstand, trotzdem repräsentiert es den Gegenstand und nicht den zweiten Abzug.
iii) Abstrakte Kunstwerke repräsentieren z. T. Gegenstände, obwohl sie diesen kaum ähnlich sind und ggf. anderen Dingen ähnlich sind, d. h., Ähnlichkeit scheint auch nicht notwendig für Repräsentation zu sein.

iv) Ein bildlich dargestellter Apfel ist z. B. einem konkreten Apfel ähnlicher als dem Abstrakten Gegenstand des Apfeltyps. Dennoch kann er in manchen Fällen den Typ Apfel repräsentieren.[9]

Auf Grund dieser und ähnlicher Probleme versuchen einige Vertreter der Idee bildartiger Repräsentationen ohne die Idee der Repräsentationsfunktion auf Basis von Ähnlichkeit auszukommen. Die bildartigen Repräsentationen werden im Übrigen auch nicht, auch wenn sie manchmal »Bilder« genannt werden, als tatsächliche Bilder gedacht, denn sonst würde folgende Gefahr drohen: Wir wollen erklären, wie etwa die Wahrnehmung eines Gesichts funktioniert. Wir erklären das dadurch, dass es im Geist oder im Gehirn ein Bild gibt. Damit dieses Bild für uns relevant werden kann, muss es von jemandem erkannt werden. Erstens droht an dieser Stelle ein Regress, denn man scheint erklären zu müssen, wie nun dieses Erkennen eines Bildes funktioniert. Zweitens scheinen wir nicht wieder ein Bild im Gehirn zu erkennen, sondern dies müsste ein Subsystem tun, quasi ein kleiner Mensch in uns drin, ein Homunculus. Einen solchen Menschen gibt es aber nicht, und Subsystemen menschliche Fähigkeiten und Aktivitäten zuzuschreiben, deren sinnvolle Zuschreibung nur für Menschen definiert ist, würde zu sinnlosem Gerede werden. Darum werden diese bildartigen Repräsentationen eher so gedacht, dass sie derart sind, dass ihr *Funktionieren* partiell dem gleicht, wie ein tatsächliches Bild funktioniert. Z. B. brauchen Personen (s. o.) längere Zeit, sich an Merkmale zu erinnern, die auf einem gegebenen Objekt weiter auseinanderliegen. Die Erklärung mit Hilfe bildartiger Repräsentationen wäre, dass das Wahrnehmen dieses Objekts zu einer räumlichen, bildartigen Repräsentation geführt hat, so dass, wenn die Personen sich an die Merkmale erinnern müssen, eine größere Distanz in ihrer mentalen Repräsentation scannen müssen (s. o.). Dies soll dann aber eben nur funktional verstanden werden, d. h. es sind mehr Prozessschritte erforderlich, um von dem Erinnern des einen Merkmals zum Erinnern des anderen Merkmals zu gelangen.

Ein großes Problem dieses Ansatzes ist, dass einerseits aus guten Gründen (s. o.) geleugnet wird, dass tatsächliche Bilder im Kopf oder im Geist vorhanden sind, dass auf der anderen Seite die intuitive Erklärungskraft des Ansatzes aber genau darauf zu beruhen scheint. Ob die Erklärungskraft bei funktionalen Deutungen dessen, was eine Repräsentation räumlich, bildartig macht, erhalten bleibt, ist ebenso umstritten wie die Frage, ob nicht eine Theorie, die von sprachartigen Repräsentationen ausgeht, diese Funktionen ebenfalls integrieren kann, so dass eine Theorie sprachartiger Repräsentationen somit über die funktionale Definition dessen, was eine räumliche, bildartige Repräsentation ist, ebenfalls zu einer Unterart einer Theorie bildartiger, räumlicher Repräsentationen würde.

Die Annahme rein sprachlicher Repräsentationen hat aber auch ihre Probleme: Sie ist zwar mit den beobachteten kognitiven Phänomenen kompatibel, konnte diese aber nicht voraussagen und kann sie wohl nur mit Ad-hoc-Zusatzannahmen erklären. Zudem finden diejenigen Hirnprozesse, deren Annahme bestimmte dieser kognitiven Phänomene bei Aufgaben, in denen sich Personen etwas vorstellen oder an etwas erinnern sollen, erklären soll, im selben Hirnteil statt wie solche Prozesse bei der Wahrnehmung von Dingen/Ereignissen, bei denen nach den meisten Theorien keine sprachartige Repräsentation involviert ist. Darum ist in dieser Debatte um sprachartige vs. bildartige Repräsentationen das letzte Wort noch lange nicht gesprochen.

2.2.2.5 Herausforderungen an Erklärungen auf Basis der Annahme mentaler Repräsentationen

Ich möchte mich aus Platzgründen auf die *kurze Vorstellung einer* Hauptherausforderung beschränken:[10] Wie werden Entitäten, die nur natürliche Bedeutung haben, die nur Information im ersten oder zweiten vorgestellten Sinn tragen, zu echten Repräsentationen, Repräsentationen also, die nicht-natürliche Bedeutung haben, die Information im dritten Sinne tragen können? Dies ist eine Herausforderung für die kognitive Psychologie, da sie solche echten Repräsentationen postuliert.

Gut kann man diese Herausforderung an Hand bestimmter Repräsentationen erläutern, wie sie in manchen Theorien postuliert werden, die als Ausprägungen der

---

[9] Das zweite und das vierte Problem machen greifbar, dass auch eine größere Ähnlichkeit zu einer Entität als zu einer anderen Entität nicht hinreichend bzw. nicht notwendig für die Repräsentation der ähnlicheren Entität ist.

[10] Als weitere Hauptherausforderung für die Naturalisierung von Mentalem wird zumeist angesehen, wie Bewusstsein und die qualitativen Aspekte (*Qualia*) von bewussten Zuständen naturalisiert werden können. Ich gehe darauf jedoch hier nicht ein, weil dies zwar eine Herausforderung für die Naturalisierung, aber noch nicht so sehr für die Kognitionspsychologie selbst ist, während die Frage nach dem Gehalt der mentalen Repräsentationen bereits in der Kognitionspsychologie relevant wird, weil dort Entitäten mit Gehalt postuliert werden.

sogenannten Theorie der Sprache des Geistes aufzufassen sind, also an Repräsentationen, wie sie in (2.2.2.1) vorgestellt wurden. Zur Erinnerung: Gemäß dieser Theorie ist, wie gesehen, ein Wesen in einem bestimmten mentalen Zustand mit einem bestimmten Inhalt, wenn es in einer bestimmten Relation zu einem Satz der Sprache des Geistes steht, der den entsprechenden Inhalt hat. Und Denken (genauer: Denkprozesse) besteht (bestehen) in der Abfolge von solchen mentalen Zuständen auf Basis bestimmter Abfolgemechanismen oder -regeln.

In dieser Theorie der Sprache des Geistes sieht die genannte Herausforderung nun konkret so aus: Die Theorie muss erläutern (oder durch eine Theorie ergänzt werden, die erläutert): *Wie erhalten die basalen/atomaren Repräsentationen ihren Gehalt?* Wie gesehen, kann die Theorie dann erläutern, wie zusammengesetzte Repräsentationen ihren Gehalt erhalten (gemäß dem Kompositionalitätsprinzip). Und sie kann ferner erläutern, wie Gedankenabfolgen dem semantischen Gehalt der einzelnen Gedanken Rechnung tragen. Auf diese Frage versuchen verschiedene Theorien in der Philosophie des Geistes Antworten zu geben. Aber selbst die aussichtsreichsten dieser Theorien müssen sich mit sehr hartnäckigen Problemen – wie z. B. dem Feinkörnigkeitsproblem – herumschlagen, von deren Lösung der Erfolg dieser Theorien abhängt.

3. Naturalisierung

Die Naturalisierung eines Phänomens oder Phänomenbereichs wird im Rahmen des Programms mit dem Namen »Naturalismus« betrieben. Den Naturalismus gibt es in zwei Spielarten: den methodischen und den ontologischen Naturalismus. Der *methodische Naturalismus* hat zum Gegenstand, was in der Philosophie untersucht werden soll und mit welchen Methoden es untersucht werden soll. Er vertritt dabei die These, dass die Gegenstandbereiche, mit denen sich die Philosophie beschäftigen soll (oder gar kann), nicht strikt von denen der Naturwissenschaft getrennt sind. Und er vertritt die These, dass die Philosophie die Methoden der Naturwissenschaft verwenden soll (entweder nur oder zumindest auch zu einem signifikanten Teil).[11] Der *ontologische Naturalismus* hat die Frage zum Gegenstand, was denn als die Bestandteile der Wirklichkeit angenommen werden soll. Er vertritt dabei die These, dass möglichst wenige Entitäten angenommen werden sollten bzw. dass es möglichst wenige Entitäten gibt, die nicht selbst physischer Natur sind und die auch nicht mit Physischem in einem näher zu spezifizierenden, sehr engen Zusammenhang stehen.[12]

Die Kognitionspsychologie stellt als empirische Wissenschaft keine normativen Aussagen zur Methode auf und sie sagt (insbesondere) nichts zur Methode und zum Forschungsgegenstand der Philosophie. Darum werde ich mich weniger mit dem Zusammenhang von methodischem Naturalismus und Kognitionspsychologie beschäftigen. Mir wird es (außer kurz in (3.2)) primär um den Zusammenhang von ontologischem Naturalismus und Kognitionspsychologie gehen.

Unter »Naturalisierung eines Phänomens (Typ, nicht Vorkommnis) oder eines Phänomenbereichs (innerhalb des ontologischen Naturalismus)« soll hier folgendes verstanden werden:

> Ein Phänomen oder Phänomenbereich wird im Rahmen einer Theorie genau dann naturalisiert, wenn das Phänomen bzw. alle Phänomene des Phänomenbereichs im Rahmen der der Theorie als identisch mit einem physischen[13] Phänomen bzw. physischen Phänomenen angesehen wird oder als hinreichend abhängig von diesem physischen Phänomen bzw. diesen physischen Phänomenen angesehen wird.

Mit »hinreichend abhängig« ist wiederum gemeint, dass die Phänomene reduktiv auf Basis physischer Phänomene erklärbar sind.[14] Da heutzutage kaum jemand mehr Substanzdualist ist, sind die Phänomene, um die es meist geht,

---

[11] Dabei ist das Problem hinreichend bekannt, wie sie aus den Ergebnissen der Naturwissenschaft die normative Forderung abgeleitet werden können soll, dass auch in der Philosophie die Gegenstandsbereiche untersucht und die Methoden verwendet werden sollen, die in der Naturwissenschaft verwendet werden. Denn die Naturwissenschaft selbst sagt eigentlich wenig über ihre Methoden und trifft erst recht kaum normative Aussagen.

[12] Manche (Hardliner-)Naturalisten möchten gerne gar nichts anderes als rein Physisches annehmen. Andere gestehen zumindest zusätzlich gewisse abstrakte Entitäten wie z. B. Mengen, Wahrscheinlichkeiten o. ä. zu.

[13] Was genau als physisch anzusehen ist, ist unklar; vgl. dazu z. B. Papineau 2012.

[14] Manchen Naturalisten reicht es aus, wenn zu naturalisierenden Eigenschaften über den physischen Eigenschaften supervenieren. Diese Variante betrachte ich aber nicht, weil Supervenienz aus Identität und reduktiver Erklärbarkeit folgt und weil die Annahme einer reinen Supervenienzbeziehung wenig Erklärungskraft besitzt und darum für ein Naturalisierungsprojekt mit Anspruch kaum ausreicht. *Eine Aus-*

Eigenschaften bzw. Entitäten, die aus physischen Substanzen/Trägern von Eigenschaften *und* Eigenschaften aufgebaut sind. Darum kann man sich im Wesentlichen darauf beschränken, reduktive Erklärbarkeit für Eigenschaften zu definieren (und dann ggf. auf die zusammengesetzten/aufgebauten Entitäten zu übertragen). Bzgl. Eigenschaften gilt nun:

Reduktive Erklärbarkeit

Eine Makroeigenschaft F eines komplexen Systems mit der Mikrostruktur $[C_1,\ldots, C_n, R]$ ist genau dann reduktiv erklärbar, wenn

(a) der Satz »Für alle x: Wenn x die Mikrostruktur $[C_1,\ldots, C_n, R]$ hat, dann hat x die Eigenschaft F« und bedeutungsgleiche Sätze wahre Naturgesetze sind, UND
(b) das Vorliegen von F im Prinzip aus dem Vorliegen all der Eigenschaften, die die Komponenten $C_1,\ldots, C_n$ isoliert und in anderen Anordnungen besitzen, und der Anordnung R der Komponenten, abgeleitet werden kann (vgl. Beckermann 2008: 221/222).

Eine Eigenschaft F heiße dagegen genau dann »*genuin F*«, wenn sie weder identisch mit einer physischen Eigenschaft noch reduktiv auf Basis physischer Mikrostrukturen erklärbar ist.

Mit diesen Definitionen im Hintergrund können wir nun sehen, inwiefern die Theorien der Kognitionspsychologie im Rahmen des ontologischen Naturalismus zur Naturalisierung des Mentalen und der Erkenntnis beitragen.

3.1 Naturalisierung des Geistes

Da die Kognitionspsychologie sich mit der Kognition beschäftigt, ist die hier zunächst gestellte Frage, inwiefern die Kognitionspsychologie dazu beiträgt, dass Kognition, das Mentale naturalistisch aufgefasst werden kann, inwiefern also im Rahmen der Kognitionspsychologie Kognition naturalisiert wird. Diese Frage zerfällt in zwei Teilfragen. Die erste ist die, (ob und) inwiefern das Mentale überhaupt naturalistisch aufgefasst werden kann, die zweite ist die, inwiefern die Kognitionspsychologie zu einem solchen Naturalisierungsvorhaben beitragen kann bzw. beiträgt.

Die erste Teilfrage wird vor allem in der Philosophie des Geistes behandelt. Die Diskussion der ersten Teilfrage und der Vorschläge zu ihrer Beantwortung mag Aufsatzsammlungen oder Monographien zur Philosophie des Geistes vorbehalten bleiben (vgl. auch die Angaben unter der entsprechenden Rubrik in *Ausgewählte Literatur*). Die zweite Teilfrage und ihre mögliche Beantwortung wird hingegen im Folgenden zu behandeln sein: Wie also trägt die Kognitionspsychologie zur Naturalisierung der Kognition bei; inwiefern erweist sie mentale Phänomene als physische Phänomene?

3.1.1 Naturalisierung auf Basis der Erklärung *ohne* Annahme mentaler Repräsentationen

Bei den Erklärungen ohne die Annahme echter mentaler Repräsentationen handelt es sich, wie gesehen, um Erklärungen der Art, dass Korrelationen zwischen kognitiven Zuständen und Fähigkeiten oder Tätigkeiten auf der einen Seite und Zuständen oder Vorgängen im Gehirn auf der anderen Seite angenommen werden. Leider wird nicht genau bzw. einheitlich angegeben, wie diese Korrelationen zu verstehen sind. Sind diese Korrelationen nur so zu verstehen, dass die Hirnzustände bzw. neurophysiologischen Prozesse nur notwendig für das Vorliegen eines mentalen Zustandes sind, oder werden sie auch als hinreichend aufgefasst? Wenn sie als notwendig bzw. hinreichend aufgefasst werden, sind sie als naturgesetzlich notwendig bzw. hinreichend oder nur als de facto notwendig bzw. hinreichend aufzufassen? Wenn sie als naturgesetzlich hinreichend angesehen werden, kann das Vorliegen der mentalen Zustände oder Fähigkeiten bzw. Vorgänge aus dem Vorliegen der neurophysiologischen Zustände bzw. Vorgänge (genauer: aus der Mikrostruktur dieser Zustände und den Veränderungen in der Mikrostruktur) abgeleitet werden oder nicht? Oder ist es gar so, dass die neurophysiologischen Zustände und Prozesse als identisch mit den mentalen Zuständen und Prozessen gelten sollen? Je nachdem, wie man die aufgefundenen Korrelationen der neurophysiologischen Eigenschaften der Person (bzw. Prozessen in der Person) und den mentalen Eigenschaften der Person (bzw. den mentalen Tätigkeiten der Person) auffasst, erhält man unterschiedliche Ansichten darüber, ob das Mentale im Rahmen der Theorie

---

prägung der Supervenienz ist sogar damit vereinbar, dass ein Ding auch nur eine minimale Änderung im physischen Bereich haben könnte (etwa, dass ein winziger Teil seines Daumennagels abgesplittert ist) und dann komplett andere mentale Eigenschaften hätte. Das ist erst recht sicher nichts, was ein Naturalist gerne zugestehen möchte.

naturalisiert ist. Im Rahmen der Kognitionspsychologie selbst bleiben diese Fragen zumeist unbeantwortet.

Man sieht also: Die Kognitionspsychologie trägt zur Naturalisierung nicht insofern bei, als dass sie klärt, wie die Korrelationen zwischen Mentalem und Physischem genau aussehen. Diese Klärung ist ein zur Naturalisierung erforderlicher Schritt, der stattdessen primär in der Philosophie des Geistes behandelt wird. Aber die Kognitionspsychologie weist auf, dass es Korrelationen zwischen Physischem und Geistigem gibt und welche konkreten Korrelationen das sind (und darum zeigt sie auch, welche neuronalen Prozesse zumindest de facto involviert sind, wenn Menschen zu Erkenntnis gelangen). Und insofern macht sie deutlich, dass es lohnenswert ist, über die Art der Korrelation nachzudenken, und dass überhaupt eine Möglichkeit zur Naturalisierung besteht, die nämlich dann gegeben ist, wenn die entdeckten Korrelationen bestimmter Art (z. B. Identitäten) sind.

3.1.2 Naturalisierung auf Basis der Erklärung *unter* Annahme mentaler Repräsentationen

Nimmt man mentale Repräsentationen (und gemeint sind hier wieder echte mentale Repräsentationen mit nicht-natürlicher Bedeutung, also Träger von Information im dritten Sinn) an, dann sieht man nicht sofort, wieso diese Annahme von *mentalen* Repräsentationen zur Naturalisierung der kognitiven Leistungen und Zustände und Prozesse beitragen soll. Aber nimmt man eine These hinzu, die allgemein von Vertretern mentaler Repräsentationen gemacht wird, nämlich die, dass mentale Repräsentationen eigentlich physische Entitäten sind, die nur mit mentalem Vokabular charakterisiert werden, dann sieht man sofort, wie die Annahme mentaler Repräsentationen zur Naturalisierung beiträgt. Es handelt sich nämlich eigentlich um die Annahme physischer Entitäten.

Wenn nun in einem zweiten Schritt gesagt wird, dass entweder die mentale Leistung, die mentalen Zustände, die mentalen Prozesse in nichts anderem bestehen als (oder zumindest vollständig reduktiv erklärbar sind durch) dem Vorliegen und der Verarbeitung dieser physischen Repräsentationen, dann sieht man, dass keine Annahme genuin mentaler Entitäten oder Eigenschaften (sofern man Zustände als solche auffasst) mehr erforderlich ist. Alle diese Dinge sind nicht genuin mental, weil sie entweder als identisch mit dem Vorliegen oder Verarbeiten einer physischen Entität oder als durch das Vorliegen dieser physischen Entität vollständig reduktiv erklärbar aufgefasst werden (das Verarbeiten wird natürlich auch als physischer Prozess angesehen).

Einen wichtigen Aspekt gilt es allerdings noch zu berücksichtigen. Die mentalen Repräsentationen sollen ja physische Entitäten sein, die lediglich auch durch mentales Vokabular charakterisiert werden können. Es darf nun natürlich nicht der Fall sein, dass Letzteres genau deshalb erfolgreich ist, weil diese physischen Entitäten wiederum genuin mentale Eigenschaften besitzen, auf die sich das benutzte mentale Vokabular erfolgreich bezieht. Es muss vielmehr auch das Haben dieser vermeintlich mentalen Eigenschaften seitens der mentalen Repräsentationen bzw. diese Eigenschaften der mentalen Repräsentationen selbst etwas rein Physisches sein oder durch rein Physisches reduktiv erklärt werden können. Und die Haupteigenschaften, die verdächtig sind, genuin mental zu sein oder zumindest nicht-physisch zu sein, sind die, einen qualitativen Aspekt zu besitzen, und die, eine nicht-natürliche Bedeutung zu haben, Träger von Information im dritten Sinn zu sein. Und darum muss ein Naturalist u. a. nicht nur – wie in (2.2.2.5) gezeigt – aufweisen, dass Information im dritten Sinn vorhanden ist, sondern auch, dass diese naturalisiert werden kann. Quasi alle der in (2.2.2.5) erwähnten Theorien in der Philosophie des Geistes versuchen im Übrigen auch, diese zweite Bedingung zu erfüllen.

So verstanden, wie gerade erläutert, würden die Phänomene, die mit Hilfe des Vorliegens mentaler Repräsentationen erklärt werden, naturalisiert.

Man sieht also: Die *Kognitionspsychologie* trägt zur Naturalisierung nicht insofern bei, als das sie folgendes Paradigma aufstellt: Geistige Zustände zu haben, ist nichts anderes oder kann dadurch reduktiv erklärt werden, (als) dass man in Relation zu mentalen Repräsentationen steht, die selbst wiederum physischer Natur sind und keine genuin-mentalen Eigenschaften haben. Das ist ein zur Naturalisierung erforderlicher Schritt, der primär in der Philosophie des Geistes behandelt wird. Aber die Kognitionspsychologie versucht aufzuweisen, dass es mentale Repräsentationen gibt, weil sie Theorien aufstellt, in denen mentale Repräsentationen postuliert werden, um zu erklären, wie es zu bestimmten kognitiven Fähigkeiten und entsprechendem Verhalten und zu Erkenntnis (etwa von Objekten) kommt. Und insofern sie Theorien aufstellt, mit denen solche Phänomene erklärt und vorausgesagt werden können, trägt sie dazu bei, dass die in ihren Theorien postulierten Entitäten, also die mentalen Repräsentationen, als existent angesehen werden sollten.

3.2 Naturalisierung der Erkenntnis

In Kapitel 2 ging es primär darum, was die Kognitionspsychologie etwa zu folgenden Fragen sagt:

- »Wie gelangen wir zu Informationen (auch Fehlinformationen) über etwas, verarbeiten diese, speichern diese?« (Dazu erläutert sie, was die relevanten neuronalen Vorgänge sind, und sie erläutert, dass und wie wir mit Hilfe mentaler Repräsentationen zu Informationen gelangen.)
- »Über was gelangen/verarbeiten/speichern wir (zu) Informationen (auch Fehlinformationen) und über was können wir zu Informationen gelangen, diese verarbeiten und speichern?« (z. B. über Objekte, Gesichter etc. beim Wahrnehmen, über Konklusionen beim Schlußfolgern etc.).

Fasst man nun Erkennen/Wissen als Teilbereich des Informationsspeicherns, -verarbeitens etc. auf, also etwa als den Teil, bei dem die Informationen wahr sind und ggf. noch weiteren Kriterien genügen (etwa dass sie verlässlich erworben wurden, gerechtfertigt sind o. ä.), dann trägt die Kognitionspsychologie bereits massiv zu der Beantwortung folgender Unterfragen bei:

- »Wie erkennen wir etwas?« (Dazu erläutert sie, was die relevanten neuronalen Vorgänge sind, und sie erläutert, dass und wie wir mit Hilfe mentaler Repräsentationen erkennen.)
- »Was erkennen wir und können wir erkennen?« (z. B. Objekte, Gesichter, Konklusionen bzw. deren Wahrheitsgehalt)

Dazu trägt sie bei, weil sie die übergeordneten Fragen zu beantworten hilft und ggf. zusätzlich etwas dazu beiträgt, zu bestimmen, ob einige der Zusatzkriterien für die Information (z. B., verlässlich erworben zu sein) erfüllt sind, damit wahrheitsgemäß in konkreten Fällen von Wissen/Erkennen die Rede sein kann.

Eine erste Position naturalistischer Erkenntnistheorie ist nun diese: Wenn man Erkenntnistheorie so versteht, dass sie primär etwas zu der Beantwortung dieser gerade genannten beiden Unterfragen zu sagen hat, dann kann man die Auffassung vertreten, dass Erkenntnistheorie sich in den Wissenschaften erschöpft (bzw. durch diese ersetzt werden sollte), die etwas zur Beantwortung dieser Fragen beitragen. So verstanden könnte Kognitionspsychologie (Teil der) Erkenntnistheorie sein. Und in der Tat gibt es ein Verständnis von naturalisierter Erkenntnistheorie, das in etwa der gerade skizzierten Auffassung entspricht (vgl. Quine 1969). Diese Position ist eine methodologisch naturalistische Position.

Allerdings gibt es auch andere Versionen der naturalisierten Erkenntnistheorie. Diesen zufolge gehören die Beantwortung der beiden obigen Unterfragen und darum auch der Beitrag der Kognitionspsychologie und anderer (Natur-)Wissenschaften zur Erkenntnistheorie dazu, aber letztere erschöpft sich nicht darin. Vielmehr soll nach dieser alternativen und heutzutage eher gängigen Auffassung die Erkenntnistheorie auch Erhellendes zu einer dritten Frage sagen, nämlich zu der Frage »Was ist Wissen/Erkenntnis?«. Die naturalistischen Ansätze, die eine Antwort auf diese Frage versuchen, sind meist eher Ansätze einer ontologisch naturalistischen Spielart. Da ich, wie oben erläutert, primär Naturalisierungsvorhaben dieser Spielart im Zusammenhang mit der Kognitionspsychologie für relevant erachte, möchte ich in diesem Schlusskapitel nun vor allem – und immer wieder im Rückgriff auf (3.1) – noch vorstellen, inwieweit die Kognitionspsychologie auch einen Beitrag zu dieser dritten relevanten Frage der Erkenntnistheorie leisten kann, was sie also zu einer Naturalisierung von Wissen/Erkenntnis im Rahmen des ontologischen Naturalismus beitragen kann.

> Once again, however, the claim of irrelevance [of scientific investigations (op)] is far stronger than anything genuinely supported by the [philosophical (op)] considerations offered.
>
> My own view [...] is that cognitive science has a great deal to offer philosophy, and we can make progress in epistemology only if we allow it to be influenced by the scientific study of cognition. In particular, I will argue that we can learn a great deal about the nature of knowledge, and make progress toward achieving the very sort of unified account of knowledge which Sokrates sought, by way of work in cognitive ethology.
> Kornblith 2012: 2/3

Es ist weitestgehend unumstritten, dass Wissen (im Folgenden rede ich ohne Unterschied mal von Wissen, mal von Erkenntnis) mehr ist als nur wahre Meinung. Die klassische Analyse von Wissen ist die, dass Wissen gerechtfertigte, wahre Meinung ist. (→ Das Gettier-Problem) Um eine Naturalisierung von Wissen anzubieten, muss man also mindestens diese drei Aspekte entweder naturalisieren oder sie tilgen und andere naturalisierte oder zumindest naturalisierbare Aspekte an ihre Stelle setzen[15]:

Bezüglich Überzeugungen (als Teilmenge von kognitiven/mentalen Zuständen) haben wir in Kapitel 3.1 gesehen, ob, inwieweit und wie die Kognitionspsychologie zur Naturalisierung beitragen kann.

Bezüglich der Wahrheit sind die gängigen Strategien zur Naturalisierung, dass man entweder verneint, dass Wahrheit überhaupt eine propere Eigenschaft ist, oder dass diese Eigenschaft sich darin erschöpft, dass alle potentiell wahren Entitäten [p] bzw. »p« dem Schema genügen »[p] (bzw. »p«) ist wahr gdw. p«. Dieses Feld wird nicht in der Kognitionspsychologie behandelt.

Das Hauptphänomen, das im Rahmen einer naturalisierenden Erkenntnistheorie thematisiert wird, ist das dritte der genannten Phänomene, die für Wissen relevant sind, nämlich das der Rechtfertigung.

Innerhalb einer ersten Gruppe von Naturalisten (der Gruppe der *Ersetzer*) wollen einige Rechtfertigung in der Wissensexplikation ersetzen durch so etwas wie verlässliche Hervorbringung/Hervorbringung auf Basis verlässlicher Mechanismen, andere wollen sie ersetzen durch Hervorbringung auf Basis von Evidenzen, wieder andere durch Hervorbringung auf eine bestimmte kausale Art. Vertreter einer zweiten Gruppe von Naturalisten (der Gruppe der *Explizierer*) halten zwar an der Rechtfertigung in der Wissensexplikation fest, meinen aber, dass diese *nichts anderes ist als* verlässliche Hervorbringung/Hervorbringung auf Basis verlässlicher Mechanismen, Hervorbringung auf Basis von Evidenzen oder Hervorbringung auf eine bestimmte kausale Art.[16] Welcher der Gruppen man als Naturalist angehört, hängt sehr stark davon ab, ob man meint, dass Rechtfertigung etwas mit Faktoren zu tun hat, die einem beim Haben der Überzeugung oder zumindest prinzipiell zugänglich sein müssen. Meint man dies und meint man, dass das Haben einer verlässlich hervorgerufenen wahren Meinung o. ä. für Wissen hinreicht, dann wird man Rechtfertigung durch verlässliche Hervorbringung o. ä. ersetzen

wollen. (→ Internalismus und Externalismus der Rechtfertigung) Meint man dies *nicht* und meint man aber auch, dass das Haben einer verlässlich hervorgerufenen wahren Meinung o. ä. für Wissen hinreicht, dann wird man Rechtfertigung als verlässliche Hervorbringung explizieren wollen. Die Kognitionspsychologie trägt dann insofern zur Naturalisierung bei, als sie sagen kann, welche Prozesse verlässlich sind oder was Evidenzen und evidenzverarbeitende Prozesse sind oder welche kausalen Prozesse bei der Kognition ablaufen.

Am Beispiel der Position, dass verlässliche Hervorbringung für Wissen relevant ist, sei darauf hingewiesen: Beide, die *Ersetzer* von Rechtfertigung als auch die *Explizierer* von Rechtfertigung, können in etwa folgender Explikation von Wissen zustimmen:

(ExplWiss) Für alle S, für alle [p] gilt: (Subjekt S weiß [p], gdw.
(i) S [p] glaubt und
(ii) [p] wahr ist und
(iii) S Überzeugung mit dem Gehalt [p] durch verlässliches Hervorbringen zustande gekommen ist.)

Der Unterschied zwischen beiden Varianten ist, dass die Ersetzer (iii) als Ersatz der klassischen Rechtfertigungsbedingung ansehen, während die Explizierer (iii) als die Explikation dessen ansehen, was Rechtfertigung ist. Für das Naturalisierungsprogramm spielt es in der folgenden Hinsicht keine Rolle, welche dieser beiden Gruppen von Naturalisten man angehört: In beiden Fällen muss man (iii) bzw. die Pendants, die man erhält, wenn man anstelle von der Rede über verlässliches Hervorbringen die über das Zustandekommen auf Basis von Evidenzen oder auf Basis bestimmter kausaler Beziehungen einsetzt, so erläutern können, dass es sich bei dem jeweiligen Hervorbringen um ein physisches, Phänomen handelt. Können die entsprechenden Naturalisten eine solche Erläuterung leisten?

Kausalbeziehungen stellen kein großes Problem für Naturalisten dar. Prinzipiell scheint Kausalität nichts Außerphysisches zu sein. Egal, ob man Kausalität über das Vorliegen bedingter Wahrscheinlichkeiten, das Erfülltsein kontrafaktischer Konditionale (grob: ein vorhandenes A verursacht ein vorhandenes B, wenn gilt, dass B nicht passiert wäre, wenn A nicht passiert wäre), zeitliche und/oder räumliche Nähe o. ä. erläutert, man scheint dieses Phänomen so auffassen zu können, dass natürliche Entitäten (Ereignisse oder Dinge oder Sachverhalte) in natürlichen (räumliche oder zeitliche Nähe) oder formalen

---

[15] Eine einfache, hier nicht weiter diskutierte Variante wäre die, Wissen zu leugnen und stattdessen nur von Überzeugungen zu reden. Diese Variante wird manchmal auch Quine 1969 zugeschrieben. Danach müsste Erkenntnistheorie sogar nur zu den ersten beiden Fragen und nicht zu den beiden Unterfragen Auskunft geben.

[16] Eine weitere Variante ist, Rechtfertigungstatsachen als soziale Tatsachen anzusehen, also etwa Rechtfertigung als Akzeptanz in einer Gemeinschaft o. ä. zu erläutern. Für verschiedene Spielarten, Probleme und Verteidigungen des Reliabilismus vgl. Goldman 2013.

(bedingte Wahrscheinlichkeit) Beziehungen zueinander stehen (in diesem Fall würde die Kognitionspsychologie uns sagen, welche Entitäten in was für genauen Kausalbeziehungen stehen). Das Hauptproblem dieser Variante, Wissen mit Hilfe des Bestehens von Kausalbeziehungen zu erläutern, liegt also zunächst einmal nicht in der Naturalisierbarkeit. Es ist vielmehr dasjenige, dass anscheinend *nicht jede* Kausalbeziehung (zusammen mit dem Erfülltsein von (i) und (ii)) für das Vorliegen von Wissen ausreicht. Nur die *richtigen* Kausalbeziehungen sind wohl ausreichend. Will man jedoch näher erläutern, was die richtigen sind, landet man schnell bei Zusatzbedingungen, die dann wiederum doch schwer naturalisierbar sind (z. B. bei der, dass die Ursachen auch Gründe sind), oder bei dem Hervorbringen auf Basis von Evidenz oder bei der verlässlichen Hervorbringung, also bei den anderen zur Diskussion stehenden Varianten.

Das Hervorbringen auf Basis von Evidenz ist genau dann ein naturalisierbares Phänomen, wenn die Evidenz selbst ein naturalisierbares Phänomen ist und wenn das Hervorbringen ein naturalisierbares Phänomen ist. Die Evidenz wäre Naturalisten zufolge die Ereignisse der Welt oder die Wahrnehmungen davon oder die Erinnerungen daran o. ä. All dies sind physische und damit naturalisierbare Phänomene. Das Hervorbringen wird oft so verstanden, dass die Evidenz die Überzeugung mit dem Gehalt [p] unterstützt, glaubwürdig macht, rechtfertigt. An dieser Stelle ist es fragwürdig, ob es sich um ein naturalisierbares Phänomen handelt oder nicht doch vielmehr um eine normative Beziehung, die kein naturalisierbares Phänomen ist. Naturalisten begegnen diesem Problem u. a. damit, dass sie behaupten, hier sei von Normativität nur in einem Sinn die Rede, der für sie kein Problem darstellt, etwa als dem Entsprechen eines Standards, dem Beitragen zum Erreichen eines Zieles o. ä. Es sei hier nicht von genuiner Normativität die Rede wie das evtl. bei moralischer Normativität der Fall ist, und darum seien diese Phänomene doch naturalisierbar. Da aber bei dieser Variante Probleme mehr als nur schlummern, wird zumeist die Variante der verlässlichen Hervorbringung vertreten. Ich werde mich bei der Darstellung dieser Variante auf die z. Zt. wohl prominenteste Version beschränken:

Die Variante des verlässliches Hervorbringens ist in letzter Zeit stark vertreten worden, und zwar sehr prominent in der Version »Verlässliches Hervorbringen statt Rechtfertigung« in folgender Ausprägung (v. a. von Kornblith): Wissen/Erkenntnis ist demnach eine natürliche Art wie Gold, Wasser u.ä. und die entsprechenden Ausdrücke »Wissen«, »Erkenntnis« sind Ausdrücke für natürliche Arten wie ihre Analoga »Wasser« und »Gold«. Wissen/Erkenntnis ist seiner/ihrer Natur nach durch verlässliche Mechanismen hervorgerufene wahre Meinung, welche auch ohne begriffliche Ressourcen seitens des Wissenden vorliegen kann. So können auch z. B. Tiere und kleine Kinder Wissen haben, etwas erkennen. Derartiges Wissen ist im Rahmen der natürlichen Selektion relevant, weil wahre Meinung den Lebewesen hilft, sich über für das Überleben des Wesens wichtige Tatsachen/Dinge/Ereignisse zu orientieren. Dass diese wahren Meinungen durch verlässliche Mechanismen hervorgerufen werden, ist ebenfalls von selektivem Belang, weil nur der verlässliche Mechanismus häufige wahre Meinungen und nicht rein zufällige und darum seltenere wahre Meinungen garantiert. Wissen ist also nicht als eine wahre Meinung aufzufassen, für die es Gründe gibt, die dem Wissenden bekannt sind oder zumindest definitiv bekannt sein können, wie Internalisten bzgl. des Wissens meinen. Gegenteilige Auffassungen stammen laut dieser naturalistischen Position insbesondere aus Versuchen, unseren Wissensbegriff zu analysieren. Aber diese Versuche seien fehlgeleitet, denn:

a) Die Untersuchung des Begriffs erfolgt aus dem Lehnstuhl heraus oder in philosophischen Seminaren und ist darum kontaminiert durch philosophische Ansichten etc. und ermittelt daher höchstens den Begriff einer kleinen Gruppe oder gar eines Individuums.[17]

b) Die Ergebnisse bestehen in der Angabe notwendiger und hinreichender Bedingungen dafür, dass der Begriff auf etwas zutrifft. Allerdings deutet die psychologische Forschung zumindest an, dass Begriffe eher derart sind, dass sie angewendet werden und korrekt angewendet werden, wenn lediglich bestimmte prototypische Merkmale beim in Frage stehenden Objekt gegeben sind.

c) Die Untersuchungen sagen höchstens etwas zum Begriff des Wissens aus, aber es ist nicht gewährleistet,

---

[17] Man sieht hier gut, wie Ideen, die eher die Methode betreffen, einschlägig werden für Fragen, was denn nun eigentlich bestimmte Phänomene ontologisch sind. Denn wenn bestimmte Ergebnisse dazu, was diese Phänomene angeblich sind, aus Methoden stammen, die nicht akzeptiert werden, dann werden natürlich auch tendenziell diese Ergebnisse nicht akzeptiert. Eine Überlegung zur Methode, die indirekt in (c) eingeht, ist im Übrigen die, dass es in der Philosophie nicht um Begriffe, sondern um die Objekte selbst geht und gehen sollte. Letzteres ist eine Position, die aus ganz anderen Gründen auch in Williamson 2007 verteidigt wird.

dass damit das Phänomen selbst adäquat wiedergegeben ist. So ist auch der Begriff des Wassers damit kompatibel, dass andere Dinge als H$_2$O unter ihn fallen, aber tatsächlich ist Wasser H$_2$O und nichts Anderes. Dies gilt vor allem (und vielleicht nur) dann, wenn Wissen/Erkenntnis eine natürliche Art ist.

Wenn dann schließlich die Phänomene *verlässliche Hervorbringung*, *natürliche Selektion* etc. selbst naturalisiert werden können (und wenn die Naturalisierung von Wahrheit und Überzeugung wie oben angedeutet funktioniert), kann dann also insgesamt das Phänomen *Wissen/Erkenntnis* naturalisiert werden. Und bei diesen beiden gerade genannten Phänomenen ist eine Naturalisierung durchaus plausibel, weil »verlässliche Hervorbringung« entweder in Rückgriff auf »bedingte Wahrscheinlichkeiten« oder auf »natürliche Selektion« (ein Mechanismus ist verlässlich, wenn er zum Überleben der Spezies beiträgt) reduziert werden könnte und weil natürliche Selektion ein naturalisierbares Phänomen ist. Somit erscheint diese Variante des Naturalismus zwar zunächst insgesamt erfolgversprechend, aber auch sie sieht sich (wie eigentlich jede Position in der Philosophie) mit Gegenargumenten konfrontiert. So wird u. a. angegriffen, dass bei einer entsprechenden naturalistischen Auffassung davon, was Wissen ist, ein wichtiger Aspekt von der Natur des Wissens eben gerade fehle, und zwar der, der das Naturalisierungsprogramm so problematisch mache: Derjenige Aspekt des Wissens, dass Wissen eine normative Komponente/Dimension habe. Z. B. *solle* man, so die Gegner der naturalistischen Position, zumindest *prima facie* das glauben, was wahr ist, z. B. habe Wissen doch essentiell mit Begründung zu tun etc. Ferner seien die Ausdrücke »Wissen« und »Erkenntnis« keine Ausdrücke für natürliche Arten, wie ihre Verwendung in modalen Kontexten (das sind Kontexte, in denen von Möglichkeiten und Notwendigkeiten die Rede ist) zeige. Dort würden diese Ausdrücke anders funktionieren als Ausdrücke wie »Wasser«, »Gold« etc., so dass sie als Ausdrücke für natürliche Arten nicht in Frage kämen. Und drittens seien, gerade wie uns die Wissenschaftstheorie zeige, nicht einmal Ausdrücke wie »Wasser« und »Gold« Ausdrücke mit feststehender Extension und entsprechend keine Ausdrücke für natürliche Arten. Klassifikationssysteme für Arten seien vielmehr vom Hintergrundwissen abhängig und dementsprechend könne der Bezug solcher Ausdrücke wechseln. Wenn aber die Paradebeispiele von Ausdrücken, zu denen der Ausdruck »Wissen« analog funktionieren soll, nicht einmal so funktionieren, wie der hier beschrieben Naturalist voraussetzt, dann sei seiner Analogie der Boden entzogen.

Auch diese Argumente sind umstritten und so ist weder in der einen, noch in der anderen Richtung das letzte Wort gesprochen, ob Wissen/Erkenntnis naturalisiert werden kann.

Kontrollfragen

1. Welche Teildisziplinen der Kognitionspsychologie gibt es?
2. Auf welchen Annahmen beruhen die Theorien der kognitiven Neuropsychologie?
3. Welche beiden grundsätzlichen Erklärungsarten gibt es in der Kognitionspsychologie?
4. Welche Informationsbegriffe spielen in der Kognitionspsychologie (mindestens) eine Rolle?
5. Was sind Kritikpunkte ggü. der Annahme, es gebe bildartige Repräsentationen oder gar nur bildartige Repräsentationen?
6. Was sind ontologischer und methodischer Naturalismus?
7. Was wird unter Naturalisierung verstanden?
8. Welche Fragen spielen in der Erkenntnistheorie eine wichtige Rolle?
9. Wie kann die Kognitionspsychologie zu der Frage etwas beitragen, was Wissen/Erkenntnis ist?
10. Welche drei Varianten gibt es, Teilbedingung (iii) für Wissen zu explizieren oder zu ersetzen?

Kommentierte Auswahlbibliographie

Primärtexte

Bennett, M., Dennett, D., Hacker, P., Searle, J. (2007): *Neuroscience and Philosophy. Brain, Mind, and Language.* New York: Columbia University Press.
Von Wittgenstein inspirierte Kritik an der Idee mentaler Repräsentationen und mentaler Zustände in bzw. von Subsystemen des Menschen, Einwände gegen die Kritik von zwei Hauptforschern in der Philosophie des Geistes (Dennett und Searle), Reaktion auf die Einwände.

Fodor, J. (2000): The Language of Thought: First Approximation. In R. Cummins u. D. Cummins (Hg.): *Minds, Brains, and Computers: The Foundations of Cognitive Science. An Anthology.* Oxford, Cambridge: Blackwell Publishers. 51–68.
Fodor ist der Hauptvertreter einer Sprache des Geistes und damit von einer Theorie sprachartiger mentaler Repräsentationen.

Kahneman, D., Slovic, P., Tversky, A. (1998): *Judgement Under Uncertainty: Heuristics and Biases.* Cambridge: Cambridge University Press.
Aufweisung kognitiver Defizite durch u. a. einen Nobelpreisträger.

Kenny, A. J. P (1971).: The Homunculus Fallacy. In: M. Grene (Hg.): *Interpretations of Life.* New Jersey: Humanities Press. 65–74.
Aufzeigen eines Grundproblems bei der Annahme subpersonaler Entitäten und mentaler Repräsentationen.

Kosslyn, S., Thompson, W., Ganis, G. (2006): *The Case for Mental Imagery.* Oxford: Oxford University Press.
Umfassende Darstellung und Verteidigung der Position, es gebe bildartige mentale Repräsentationen von u. a. einem ihrer Hauptvertreter

Quine, W. V. O. (1969): *Ontological Relativity and Other Essays.* New York: Columbia University Press.
Einer der ersten Vertreter einer naturalisierten Erkenntnistheorie.

Gesamtdarstellungen

Anderson, J. (2009): *Cognitive Psychology and Its Implications.* New York: Worth Publishers.
Inzwischen siebte Auflage eines der Standardbücher über kognitive Psychologie.

Beckermann, A. (2008): *Analytische Einführung in die Philosophie des Geistes.* Berlin: de Gruyter.
Eine gute Übersicht über die relevanten Themen der Philosophie des Geistes, verständlich und gut aufbereitet.

Engelkamp, J. u. Zimmer, H.(2006): *Lehrbuch der Kognitiven Psychologie.* Göttingen: Hogrefe.
Lehrbuch zweier deutscher Forscher. Starke Betonung und Aufarbeitung nicht nur des Themas der Erkenntnisgewinnung, sondern auch des Themas »Verhalten«.

McLaughlin, B., Beckermann, A., Walter, S. (2011): *The Oxford Handbook of Philosophy of Mind.* Oxford: Oxford University Press.
Ansammlung sehr guter Artikel zu den fundamentalen Fragen / Diskussionen in der Philosophie des Geistes, verfasst zumeist von führenden Forschern auf dem entsprechenden Gebiet.

Weitere Literatur

Bechtel, W., Mandik, P., Mundale, J. u. R. Stufflebeam (2001): *Philosophy and the Neurosciences. A Reader.* Oxford, Cambridge: Wiley-Backwell.

Bennett, M. u. Hacker, P. (2003): *Philosophical Foundations of Neuroscience.* Malden, Oxford, Carlton: Wiley-Blackwell.

Bickle, J., Mandik, P., Landreth, A. (05.10.2010): The Philosophy of Neuroscience. In: *Stanford Encyclopedia of Philosophy.*

Chalmers, D. (1993): »Connectionism and Compositionality: Why Fodor and Pylyshyn Were Wrong.« In: *Philosophical Psychology.* 6. 305–319.

Chalmers, D. (1996): *The Consciousness Mind: In Search of a Fundamental Theory.* Oxford, New York: Oxford University Press.

Churchland, P. (1986): *Neurophilosophy.* Cambridge: MIT Press.

Churchland, P. (1987): *Matter and Consciousness.* Cambridge: MIT Press.

Churchland, P. (1989): *A Neurocomputational Perspective.* Cambridge: MIT Press.

Churchland, P. u. Sejnowski, T. (1996): *The Computational Brain.* Cambridge, London: MIT Press.

Cummins, R. (1989): *Meaning and Mental Representation.* Cambridge: Indiana University Press.

Cummins, R. u. Cummins, D. (2000): *Minds, Brains, and Computers: The Foundations of Cognitive Science. An Anthology.* Oxford, Cambridge: Wiley-Blackwell. 367–381.

Davidson, D. (1979): Psychology as Philosophy. In: S. C. Brown (Hg.): *Philosophy of Psychology.* London, Basingstoke: Palgrave Macmillan. 41–52.

Davidson, D. (1980): *Essays on Actions and Events.* Oxford: Clarendon Press.

Dennett, D. (1996): *The Intentional Stance.* Cambridge: MIT Press.

Dretske, F. (1981): *Knowledge and the Flow of Information.* Cambridge: MIT Press.

Dretske, F. (1995a): *Explaining Behavior. Reasons in a World of Causes.* Cambridge, London: MIT Press.

Dretske, F. (1995b): Misrepresentation. In: A. Goldman (Hg.): *Readings in Philosophy and Cognitive Science.* Cambridge, London: MIT Press. 297–314.

Dretske, F. (1995c): *Naturalizing the Mind.* Cambridge, London: MIT Press.

Esken, F. u. Heckmann, D. (1998): *Bewußtsein und Repräsentation.* Paderborn, München, Wien, Zürich: mentis.

Eysenck, M. u. Keane, M. (2010): *Cognitive Psychology. A Student's Handbook.* Hove, New York: Psychology Press.

Feldman, R. (05.12.2012): Naturalism. In: *Stanford Encyclopedia of Philosophy.*

Feldman, R. (05.12.2012): Naturalized Epistemology. In: *Stanford Encyclopedia of Philosophy.*

Fodor, J. (1981): *Representations.* Cambridge, London: MIT.

Fodor, J. (1994): Fodor's Guide to Mental Representation. In: S. Stich u. T. Warfield (Hg.): *Mental Representation. A Reader.* Cambridge, Oxford: Wiley. 9–33.

Fodor, J. u. Lepore, E. (1994): Why Meaning (Probably) Isn't Conceptual Role. In: S. Stich u. T. Warfield (Hg.): *Mental Representation. A Reader.* Cambridge, Oxford: Wiley. 142–156.

Fodor, J. u. Pylyshyn, Z. (1995): Connectionism and Cognitive Architecture. In: A. Goldman (Hg.). *Readings in Philosophy and Cognitive Science.* Cambridge, London: MIT Press. 801–818.

Frege, G. (1986): *Funktion, Begriff, Bedeutung.* Göttingen: Vandenhoeck & Ruprecht.

Goldman, A. (1995): *Readings in Philosophy and Cognitive Science.* Cambridge, London: MIT Press. 139–152.

Goldman, A. (19.12.2013): *Reliablism.* In: *Stanford Encyclopedia of Philosophy.*

Grice, P. (1991): *Studies in the Way of Words.* Cambridge, London: Harvard University Press.

Hacker, P. M. S. (2004): On the Ontology of Belief. In: M. Siebel u. M. Textor (Hg.): *Semantik und Ontologie.* Heusenstamm: ontos. 185–222.

Horst, St. W. (1996): *Symbols, Computation, and Intentionality.* Berkeley: University of California Press.

Hubel, D.H. u. Wiesel, T.N. (1962): »Receptive Fields, Binocular Interaction and Functional Architecture in the Cat's Visual Cortex.« In: *Journal of Physiology.* 160. 106–154.

Janich, P. (2009): *Kein neues Menschenbild. Zur Sprache der Hirnforschung.* Frankfurt am Main: Suhrkamp.

Kemmerling, A. (1991): »Mentale Repräsentationen.« In: *Kognitionswissenschaft.* 1. 47–57.

Kemmerling, A.(1997a): Überzeugungen für Naturalisten. In: G. Meggle (Hg.): *Analyomen 2 / III.* Berlin: de Gruyter. 59–83.

Kemmerling, A. (1997b): Zur sog. Naturalisierung von Intentionalität. In: A. Burri (Hg.): *Sprache und Denken.* Berlin: de Gruyter. 237–258.

Kornblith, H. (1994): *Naturalizing Epistemology.* Cambridge: MIT Press.

Kornblith, H. (1995): »Naturalistic Epistemology and Its Critics.« In: *Philosophical Topics.* 23(1). 237–255.

Kornblith, H. (1999): In Defense of a Naturalized Epistemology. In: J. Greco u. E. Sosa (Hg.): *The Blackwell Guide to Epistemology.* Malden: Wiley-Blackwell. 158–169.

Kornblith, H. (2001): Internalism and Externalism: A Brief Historical Introduction. In: H. Kornblith (Hg.): *Epistemology: Internalism and Externalism.* Oxford, Cambridge: Wiley-Blackwell. 1–9.

Kornblith, H. (2004): Conditions on Cognitive Sanity and the Death of Internalism. In: R. Schantz (Hg.): *The Externalist Challenge: New Studies on Cognition and Intentionality.* Berlin: de Gruyter. 77–88.

Kornblith, H. (2005): »Précis of »Knowledge and Its Place in Nature«.« In: *Philosophy and Phenomenological Research.* 71(2). 399–402.

Kornblith, H. (2007a): »Naturalism and Intuitions.« In: *Grazer Philosophische Studien: Internationale Zeitschrift für Analytische Philosophie.* 74. 27–49.

Kornblith, H. (2007b): The Naturalistic Project in Epistemology: Where Do We Go from Here?. In: C. Mi u. R. Chen (Hg.): *Naturalized Epistemology and Philosophy of Science.* Amsterdam: Rodopi. 39–59.

Kornblith, H. (2012): Epistemology and Cognitive Ethology. In: S. Tolksdorf (Hg.): *Conceptions of Knowledge.* Berlin: de Gruyter. 535–555.

Kosslyn, S. (1980): *Image and Mind.* Cambridge: Harvard University Press.

Kosslyn, S. (1994): *Image and Brain: The Resolution of the Imagery Debate.* Cambridge: MIT Press.

Leake, D. (1998): Case-based Reasoning. In: W. Bechtel u. G. Graham (Hg.): *A Companion to Cognitive Science.* Malden, Oxford: Wiley-Backwell. 465–476.

Luntley, M. (1999): *Contemporary Philosophy of Thought. Truth, World, Content.* Oxford, Cambridge: Wiley-Blackwell.

Lycan, W. (1994): *Mind and Cognition. A Reader.* Oxford, Cambridge: Blackwell Publishers. 300–311.

Manktelow, K.I. (1999): *Reasoning and Thinking.* Hove: Psychology Press.

Margolis, E. u. Laurence, S. (2003): Concepts. In: S. Stich u. T. Warfield (Hg.): *The Blackwell Guide to Philosophy of Mind.* Malden, Oxford, Melbourne, Berlin: Blackwell Publishing. 190–213.

Marr, D. (1980a): »Visual Information Processing: The Structure and Creation of Visual Representations.« In: *Philosophical Transactions of the Royal Society.* 290. 199–218.

Marr, D. (1980b): *Vision, a Computational Investigation into the Human Representation and Processing of Visual Information.* San Francisco: H. W. Freeman.

Medin, D. (2012): *Cognitive Psychology.* Hoboken: Wiley.

Metzinger, T. (1996): *Bewußtsein. Beiträge aus der Gegenwartsphilosophie.* Paderborn, München, Wien, Zürich: Schöningh. 463–490.

Metzinger, T. (2010.): *Grundkurs Philosophie des Geistes. Band 3: Intentionalität und mentale Repräsentation.* Paderborn: mentis.

Millikan, R. G. (1994): *Language, Thought and Other Biological Categories.* Cambridge, London: MIT Press.

Nagel, E. (1961): *The Structure of Science: Problems in the Logic of Scientific Explanation.* London: Routledge & Kegan.

Nisbett, R.E. u. Ross, L. (1980): *Human Inference.* Englewood Cliffs: Prentice-Hall.

Papineau, D. (05.12.2012): Naturalism. In: *Stanford Encyclopedia of Philosophy.*

Pitt, D. (06.08.2010): Mental Representation. In: *Stanford Encyclopedia of Philosophy.*

Pylyshyn, Z. (1973): »What the Mind's Eye Tells the Mind's Brain: A Critique of Mental Imagery.« In: *Psychological Bulletin.* 80. 1–25.

Pylyshyn, Z. (1981): »The Imagery-Debate: Analogue Media Versus Tacit Knowledge.« In: *Psychological Review.* 88. 16–45.

Pylyshyn, Z. (2002): »Mental Imagery: In search of a theory.« In: *Behavioral and Brain Sciences.* 25. 157–182.

Quine, W. V. O. (1969): *Ontological Relativity and Other Essays.* New York: Columbia University Press.

Richman, C., Mitchell, D., Reznick, S. (1979a): »Mental Travel: Some Reservations.« In: *Journal of Experimental Psychology: Human Perception and Performance.* 5. 13–18.

Richman, C., Mitchell, D., Reznick, S. (1979b): »The Demands of Mental Travel: Demand Characteristics of Mental Imagery Experiments.« In: *Behavioral and Brain Sciences.* 2. 564–565.

Richman, C. u. Mitchell, D. (1980): »Confirmed Reservations: Mental Travel.« In: *Journal of Experimental Psychology: Human Perception and Performance.* 6. 58–66.

Rips, L.J. (1994): *The Psychology of Proof: Deductive Reasoning in Human Thinking.* Cambridge: MIT Press.

Shannon, C. (1948): »A Mathematical Theory of Communication.« In: *The Bell System Technical Journal.* 27. 379–423, 623–656.

Shannon, C. u. Weaver, W. (1949): *The Mathematical Theory of Communication.* Illinois: Combined Academic Publishers.

Shepard, R. u. Metzler, J. (1971): Mental Rotation of Three-Dimensional Objects. In: *Science.* 171. 701–703.

Shepard, R. u. Cooper, L. (1982): *Mental Images and Their Transformations.* Cambridge: MIT Press.

Solso, R. (2005): *Kognitive Psychologie.* Heidelberg: Springer.

Stich, S. u. Warfield, T. (1994): *Mental Representation. A Reader.* Cambridge, Oxford: Basil Blackwell.

Stoljar, D. (05.12.2012): Physicalism. In: *Stanford Encyclopedia of Philosophy.*

Swinburne, R. (1996): »Dualism Intact.« In: *Faith and Philosophy.* 13. 68–77.

Thagard, P. 06.08.2010): Cognitive Science. In: *Stanford Encyclopedia of Philosophy.*

Thomas, N. J. T. (06.08.2010): Mental Imagery. In: *Stanford Encyclopedia of Philosophy.*

Williamson, T. (2007): *The Philosophy of Philosophy.* Malden, Oxford, Carlton: Wiley-Blackwell.

VI
APPENDIX –
WIE DENKEN WIRKLICH FUNKTIONIERT

WIE DENKEN WIRKLICH FUNKTIONIERT

Das Hirn hat seine Gründe, von denen der Verstand nichts weiß

Uwe Meyer

1. Einleitung
2. Hypothesentesten und kognitive Mechanismen
3. Vorsicht ist besser als Nachsicht
4. Wahrscheinlichkeiten und Häufigkeiten
5. Kognitive Mechanismen: Was damit anfangen?

1. Einleitung

Von empirischen Experimenten ist in der tradierten Erkenntnistheorie üblicherweise nicht die Rede. Wenn z. B. Edmund Gettier seine Kritik an der klassischen Definition von Wissen als gerechtfertigter, wahrer Überzeugung formuliert, dann versucht er auf der Basis ausgedachter Fälle zu zeigen, dass die Kriterien zusammen nicht hinreichend sind (Gettier 1963). (→ Das Gettier-Problem) Bestenfalls kann man hier von Gedankenexperimenten sprechen. Das gleiche gilt, wenn Robert Brandom den Grundgedanken der Verlässlichkeitstheorie des Wissens durch eine imaginierte Expertin illustriert, die zuverlässig toltekische von aztekischen Tonscherben zu unterscheiden vermag, ohne dass sie irgendwelche Gründe für ihre Klassifikationen angeben könnte (Brandom 2001: 128). Und wenn es nicht um Wissensdefinitionen geht, sondern um die skeptische Frage, ob wir überhaupt irgendetwas wissen können, dann spielen an prominenten Stellen ebenfalls rein hypothetische Möglichkeiten eine wichtige Rolle: Man denke etwa an René Descartes' Vorstellung, ein böser Dämon oder Geist könnte uns womöglich selbst über die einfachsten mathematischen Sachverhalte täuschen (Descartes 1984: 19).

Solche Überlegungen sind für die fundamentalen Fragen der Erkenntnistheorie zweifellos von erheblichem Wert. Es ist aber auch interessant, sich in diesem Zusammenhang einmal mit den realen Möglichkeiten und Grenzen unserer kognitiven Mechanismen zu beschäftigen, wie sie die Kognitionspsychologie seit einigen Jahrzehnten erforscht. Das ist schon für sich genommen lohnend, aber es kann doch auch die eine oder andere genuin erkenntnistheoretische Frage aus einem anderen Blickwinkel beleuchten.[1]

2. Hypothesentesten und kognitive Mechanismen

Klassisch ist ein auf Peter Wason zurückgehendes Experiment zur Überprüfung der Fähigkeit, logische Regeln anzuwenden, um Hypothesen zu testen. Den Versuchspersonen wurden dabei vier beidseitig bedruckte Karten vorgelegt, von denen bekannt war, dass sich auf der einen Seite stets ein Buchstabe, auf der anderen eine Zahl befand. Die Versuchspersonen konnten dabei nur eine Seite

---

[1] Die folgenden Abschnitte stammen zu einem großen Teil aus dem ersten und zweiten Kapitel von Meyer 2014. Sie sind hier an den erkenntnistheoretischen Zusammenhang angepasst und geringfügig verändert worden. Ich danke dem Mentis-Verlag für die erteilte Genehmigung, die Auszüge hier zu verwenden.

sehen, so dass die vier Karten z. B. das folgende Bild ergaben:

E K 4 7

Sie wurden dann aufgefordert, die Karten zu nennen, die man umdrehen muss, um zu überprüfen, ob die folgende Aussage wahr ist:

Wenn auf der einen Seite einer Karte ein Vokal steht, dann ist die Zahl auf der anderen Seite gerade.

Vielleicht versuchen Sie, bevor Sie weiterlesen, zunächst einmal selbst, die Aufgabe zu lösen. Zu welchem Ergebnis kommen Sie? –

Im ursprünglichen Experiment gaben nur sehr wenige Versuchspersonen die richtige Antwort E und 7. Die meisten von ihnen glaubten, man müsse E und 4 umdrehen, auch E allein war eine vergleichsweise häufige Wahl.[2]

Derartige Befunde haben in der Kognitionspsychologie über längere Zeit zu einer recht pessimistischen Einschätzung der menschlichen Fähigkeit geführt, durch rationale, logische Überlegungen zu Wissen zu gelangen. Vielen Wissenschaftlern drängte sich der Eindruck auf, die in den einschlägigen Experimenten zutage getretenen Irrationalitäten seien nicht nur Ausdruck zufälliger Störungen eigentlich sehr leistungsfähiger Mechanismen (»Performanz-Probleme«), sondern die das Verhalten steuernden Mechanismen selbst gehorchten übermäßig einfachen Daumenregeln, die leicht zu überlisten seien (»fehlende Kompetenz«) (Samuels, Stich und Faucher 2004: 138ff.). In diesem Sinne versuchte man z. B. im oben beschriebenen Fall des Hypothesentestens, die auffällig häufige Wahl der Karten E und 4 durch die Annahme zu erklären, die Versuchspersonen folgten hier einer einfachen und sehr fehleranfälligen »Matching«-Heuristik: Diese Heuristik leitet die Versuchspersonen dazu an, bei derartigen Selektionsaufgaben einfach die Karten desjenigen Typs zu überprüfen, die in der Hypothese explizit genannt werden, hier also die Karten, die einen Vokal bzw. eine gerade Zahl zeigen (Gadenne 1993: 177). Man scheint also gar keinen bösen Dämon zu brauchen, um bezüglich unserer epistemischen Fähigkeiten zu einer skeptischen Haltung zu gelangen: Die Einsicht in die tatsächlich ablaufenden kognitiven Mechanismen reicht aus – jedenfalls auf den ersten Blick.

Weitere Untersuchungen lassen jedoch ein differenzierteres Bild erkennen, so dass die pessimistische Einstellung in jüngerer Zeit deutlich korrigiert worden ist. So scheint es etwa im Hinblick auf das Hypothesentesten gewisse »Inhaltseffekte« zu geben: Aufgaben von der gleichen Struktur wie die oben beschriebene werden erheblich besser gelöst, wenn es nicht um bedeutungslose Größen wie Buchstaben und Zahlen geht, sondern um Szenarien, die einen gewissen Gehalt haben. In einer Untersuchung von Richard Griggs und James Cox taten sich die Versuchspersonen mit der folgenden Aufgabenstellung erheblich leichter als mit der ursprünglichen, obwohl beide unter logischen Gesichtspunkten von der gleichen Struktur sind (Griggs und Cox: 1982: 414ff.). Die Versuchspersonen aus einer Gruppe von Studenten im Alter von ca. 18–22 Jahren wurden aufgefordert, sich vorzustellen, sie wären Polizisten und müssten die folgende Regel durchsetzen:

Wenn eine Person Bier trinkt, muss sie über 19 Jahre alt sein.

Vier beidseitig bedruckte Karten repräsentierten 4 Personen, die um einen Tisch sitzen; die Karten zeigten auf einer Seite das Alter der Gäste, auf der anderen ihr Getränk. Die Aufgabe lautet nun, zu entscheiden, welche der folgenden Karten man umdrehen muss, um die Einhaltung der Regel zu prüfen:

Bier Cola 22 Jahre 16 Jahre

Hier gaben ca. 74% der Versuchspersonen die richtige Antwort (die Bier-Karte und die 16-Jahre-Karte).

Es wurden eine Fülle weiterer Experimente dieser Art durchgeführt, um den Charakter der Inhaltseffekte genauer zu bestimmen. Dabei ist es nicht ganz einfach, in den Resultaten ein klares Muster zu sehen. Griggs und Cox sahen ihren Befund als Bestätigung für die Hy-

---

[2] Soweit kann man sich das ursprüngliche Experiment zusammenreimen, wenn man Wason 1966: 145ff., Wason 1968: 273ff. und Johnson-Laird und Wason 1972: 172f. gemeinsam betrachtet. Diese Beschreibung findet sich auch etwa in Oswald 1993: 191ff. Margit Oswald gibt darüber hinaus noch Prozentzahlen an: Die richtige Lösung wurde demnach von 4% (!) aller Versuchspersonen gewählt, 46% glaubten, man müsse E und 4 umdrehen, 17% meinten, E reiche aus. Der Rest traf eine andere falsche Wahl.

pothese an, dass Versuchspersonen besser abschneiden, wenn es um ein Thema geht, das sie im Langzeitgedächtnis gespeichert haben, weil sie in ihrer Umgebung damit Erfahrungen gemacht hatten. Fälle, in denen zu junge Personen Alkohol trinken, seien »clearly part of our undergraduate's experience« (Griggs und Cox 1982: 415). Außerdem könnte, so Griggs und Cox, der Umstand eine Rolle spielen, dass es sich um eine Situation handelt, in der es zu überprüfen gilt, ob jemand eine Regel bricht (Griggs und Cox 1982: 417).

Eine mögliche Erklärung dafür wäre, dass unsere Fähigkeit zu logischem Denken besser »getriggert« wird, wenn es um derartige Situationen geht. Das wiederum ließe sich womöglich auf evolutionäre Gründe zurückführen.

Gegen die These, bestimmte Situationen würden unser logisches Denkvermögen schlicht besser triggern, sind allerdings gewichtige Einwände erhoben worden. Eine zentrale Rolle spielt dabei ein Experiment von Gerd Gigerenzer und Klaus Hug, das die ursprüngliche Wason-Aufgabe in zwei Hinsichten modifiziert: Erstens geht es nicht um eine abstrakte Fragestellung, sondern um eine kooperative Austauschsituation, und zweitens werden unterschiedliche soziale Perspektiven auf diese Situation vorausgesetzt (Gigerenzer und Hug 1992: 154ff.; vgl. auch Gigerenzer 2000: 220f.).

In diesem Experiment steht die Regel

Wenn ein Beschäftigter am Wochenende arbeitet, dann bekommt er in der Woche einen Tag frei

zur Debatte. Wiederum werden vier Karten präsentiert. Auf der einen Seite findet sich jeweils eine Angabe darüber, ob der Beschäftigte am Wochenende gearbeitet hat, auf der anderen erfährt man, ob er einen Tag in der Woche frei nimmt. Die Frage ist, welche Karte man umdrehen muss, wenn man die Einhaltung der Regel überprüfen will:

| Hat am Wochenende gearbeitet (1) | Hat in der Woche einen Tag frei (2) | Hat am Wochenende nicht gearbeitet (3) | Hat in der Woche keinen Tag frei (4) |

Die Lösung ist offenbar »hat am Wochenende gearbeitet« (1) und »hat in der Woche keinen Tag frei« (4).

Der Clou des Experiments bestand nun darin, dass die Versuchspersonen in zwei Gruppen aufgeteilt wurden: Den einen wurde erklärt, sie spielten die Rolle eines Arbeitnehmers und sollten die Einhaltung der Regel überprüfen; die anderen sollten sich dazu in die Rolle des Arbeitgebers versetzen. 75 % der »Arbeitnehmer« lösten die Aufgabe logisch korrekt, während nur 2 % von ihnen die Karten (2) und (3) umdrehen. Interessanterweise drehten die »Arbeitgeber« dagegen zu über 60 % die Karten (2) und (3) um.

Nach Gigerenzers und Hugs Auffassung lässt dieses Ergebnis die oben formulierte Hypothese unplausibel erscheinen: Die besseren Ergebnisse, die in inhaltsreicheren Szenarien erzielt werden, können offenbar nicht einfach darauf zurückgeführt werden, dass der spezifische Inhalt unsere allgemeinen logischen Kompetenzen effektiver triggern würde als eine rein abstrakte Fragestellung. Schließlich lösen ja nur die »Arbeitnehmer« die Aufgabe überwiegend logisch korrekt, während die Mehrheit der »Arbeitgeber« unter logischen Gesichtspunkten falsch liegt. Es kann also nicht so sein, dass das Szenario unser logisches Denkvermögen ganz allgemein anstößt.

Gigerenzer nimmt das als Anhaltspunkt dafür, dass die Prinzipien, an denen sich unsere kognitiven Strukturen orientieren, keineswegs den Allgemeinheitscharakter der Logik haben, sondern sehr viel spezifischer sind (Gigerenzer 2000: 211). Es gehe nicht um eine kognitive Struktur, die es erlaubt, ganz allgemein die Einhaltung einer Regel der Form

Wenn P, dann Q

zu überprüfen bzw. zu kontrollieren, ob womöglich ein Fall von

P, aber nicht Q,

vorkommt; vielmehr geht es spezieller um die Regel

»*If you take the benefit, then you have to pay the cost*« (Gigerenzer 2000: 216)

bzw. um die Überprüfung des Verdachts, dass genau diese Regel nicht eingehalten wird:

»*Benefit taken and cost not paid.*« (Gigerenzer 2000: 216)

Ob ein Fall von »Benefit taken and cost not paid« vorliegt, wird zudem auch noch *aus der besonderen Perspektive des Betroffenen* geprüft: Genauer müsste man wohl von »Benefit taken and cost not paid *to my disadvantage*« sprechen. Gigerenzer fasst das (im Kontext eines anderen, aber in entscheidender Hinsicht ähnlichen Versuchs) so zusammen:

»If the conditional statement is coded as a social contract, and the subject is cued in to the perspective of one party in the contract, then attention is directed to information that can reveal being cheated.« (Gigerenzer 2000: 216)

Dass die Arbeitnehmer im betreffenden Experiment überwiegend auf die logisch richtige Lösung gekommen sind, verdankt sich demnach weniger ihrer allgemeinen logischen Kompetenz als der Tatsache, dass die von ihnen faktisch vorgenommene Prüfung der Frage, ob an ihnen ein sozialer Betrug verübt wurde, zufällig das (von der Struktur der Aufgabe her) richtige Ergebnis zur Folge hatte. Die gleiche Überprüfung aus der Perspektive »Arbeitgeber« musste dagegen zum logisch falschen Ergebnis führen. *De facto* haben sie nämlich nicht die fragliche Regel

> Wenn ein Beschäftigter am Wochenende arbeitet, dann bekommt er in der Woche einen Tag frei

überprüft, deren Nichteinhaltung eine Verletzung der Rechte der *Arbeitnehmer* bedeutet hätte, sondern vielmehr die der Regel

> Wenn ein Beschäftigter einen Tag in der Woche frei hat, dann hat er am Wochenende gearbeitet;

durch die Nichteinhaltung *dieser* Regel wären nämlich *ihre eigenen* Interessen verletzt worden.

Gigerenzer erklärt dieses Phänomen evolutionstheoretisch. Es ist eine gut begründete Annahme, dass soziale Kooperation im Allgemeinen die evolutionäre Fitness (einer Gruppe bzw. die der zu ihr gehörenden Individuen) steigert und dass die Fähigkeit, Betrügereien aufzudecken, letztlich eine Bedingung stabiler Kooperation ist (Gigerenzer 2000: 213 f.). Von daher ließe sich sehr gut klarmachen, warum unsere Fähigkeit, *für uns nachteilige* Betrügereien aufzudecken, unsere rein logischen Kompetenzen in gewisser Hinsicht übertrumpft.

Das ist nur ein winziger Ausschnitt aus der ausgedehnten psychologischen Debatte über das Hypothesentesten, die freilich in der Regel nicht unter erkenntnistheoretischen Vorzeichen geführt wird. Dennoch gibt es ein paar Aspekte, die unter diesem Blickwinkel interessant sind. Die Versuchspersonen, die in den verschiedenen Versionen des Experiments jeweils die falsche Antwort gaben, wussten natürlich nicht, was die Lösung ist – Wissen impliziert ja Wahrheit. Was ist aber mit denen, die mit der richtigen Antwort aufwarteten, insbesondere im letzten Versuch?

Nach der klassischen Wissensdefinition müssten die Urteile auch begründet sein. Generell tut man sich in psychologischen Experimenten schwer damit, die Versuchspersonen nach ihren Gründen zu fragen bzw. deren Auskünfte dann vollkommen ernst zu nehmen, da man zu Recht vermuten kann, dass die angegebenen Gründe keineswegs immer mit den tatsächlichen übereinstimmen. Im vorliegenden Fall deutet Gigerenzer das Ergebnis des Versuchs so, dass im Grunde sowohl die Arbeitgeber als auch die Arbeitnehmer in ihrer Mehrzahl streng genommen gar nicht das taten, was sie gemäß der Versuchsanleitung tun sollten: Sie überprüften nicht logisch und objektiv die Einhaltung der in Frage stehenden Regel, sondern sie kontrollierten jeweils, ob sie in ihrer Rolle übervorteilt worden waren. Wenn die Mehrheit der Arbeitnehmer dabei bezüglich der eigentlichen Aufgabe zum richtigen Ergebnis kam, dann demnach nicht aufgrund der richtigen Gründe – oder in gewisser Hinsicht vielleicht doch aufgrund der richtigen Gründe, das dann aber nur zufällig: Ihre Gedanken waren eher durch ihre Rolle gesteuert als durch objektive Erwägungen. Soll man dennoch sagen, sie hätten gewusst, was das richtige Ergebnis ist?

Auch der evolutionäre Bezug, den Gigerenzer herstellt, ist erkenntnistheoretisch nicht uninteressant. In der traditionellen evolutionären Erkenntnistheorie wird angenommen, dass der Selektionsdruck, unter dem die sich entwickelnden Lebewesen stehen, über lange Zeiträume dafür sorgt, dass sich kognitive Mechanismen entwickeln, die im Großen und Ganzen zu wahren Urteilen führen. Einem Affen mit der Neigung, sich über den Ort des Asts zu irren, auf den er sich schwingen will, wäre schließlich kein langes Leben beschieden, und eine ganze Art, die derartig irrtumsanfällig wäre, ist, so das Argument, evolutionär wohl kaum vorstellbar. Auf diese Weise würde die Evolution auf lange Sicht Wahrheit und Wissen garantieren.

Gigerenzers Überlegung scheint der Sache einen etwas anderen Dreh zu geben. In gewisser Hinsicht scheint uns die Evolution nicht mit Mechanismen ausgerüstet zu haben, die wahre Antworten auf von uns gestellte Fragen geben. Vielmehr liefern sie Antworten auf Fragen, die sie auch gleich selbst stellen, ohne dass uns das bewusst wäre: Im vorliegenden Fall scheint die Situation ja aus dem Blickwinkel eines möglichen Betrugs zuungunsten der Versuchsperson in ihrer jeweiligen Rolle gesehen zu werden, was in einem gewissen Konflikt zur Versuchsanleitung steht. Insofern haben kognitive – letztlich neuronal realisierte – Mechanismen tatsächlich ihre (evolutionären) Gründe, von denen unser bewusster Verstand nichts ahnt. Und diese Gründe zielen eben primär auf Selbsterhaltung ab, nicht auf objektive Wahrheit und Wissen.

3. Vorsicht ist besser als Nachsicht

In eine ähnliche Richtung weisen Überlegungen zur »Übervorsicht« von evolutionär entstandenen kognitiven Mechanismen, die oft mit einer gewissen Zwangsläufigkeit auch zu *falschen* Einschätzungen führt. Ein schönes Beispiel dafür findet sich in Daniel Dennetts religionspsychologischen Werk *Breaking the Spell*. Dort versucht Dennett u. a., die Existenz und Verbreitung der von ihm für *falsch* gehaltenen religiösen Überzeugungen zu erklären, indem er sie auf evolutionär entstandene kognitive Mechanismen zurückführt. Bei der Entstehung des Glaubens an die Geister der Ahnen könnte etwa ein angeborenes Akteurs-Erkennungssystem beteiligt sein, das z. B. durch bestimmte Arten von Bewegungen ausgelöst wird (Dennett 2007: 108 ff.). Das Problem ist dabei die »ökonomische« Einfachheit dieses Systems, die mit einer gewissen »Hyperaktivität« verbunden ist: Dennett spricht von einem *Hyperactive Agent Detection Device (HADD)* (Dennett 2007: 109). Diese Hyperaktivität ist dabei ein Ergebnis der Strategie der Evolution, mit der Fehleranfälligkeit wenig aufwendiger Mechanismen so umzugehen, dass auf Nummer sicher gegangen wird: In einer Welt von Raub- und Beutetieren ist es im Allgemeinen besser, in manchen Fällen, in denen sich etwas auf eine bestimmte Weise bewegt, irrtümlich anzunehmen, dass es sich um ein agierendes Lebewesen handelt, als den umgekehrten Fehler zu begehen. Ein Kaninchen sollte einen schwankenden Ast besser für einen Adler halten als einen hungrigen Adler für einen schwankenden Ast. Auf der anderen Seite führt diese Hyperaktivität aber eben im Verein mit anderen Mechanismen dazu, dass wir die Welt übermäßig mit Akteuren bevölkern – mit Baum- und Quellgöttern, den Geistern der Ahnen oder womöglich dem Gott des Monotheismus.

Wenn das so stimmt, dann produziert hier ein evolutionär sinnvoller Mechanismus mit einer gewissen Zwangsläufigkeit eine Reihe (womöglich) falscher Annahmen. Aber damit nicht genug: Diese falschen Annahmen könnten sich auch noch selbst als durchaus hilfreich erweisen. Jedenfalls ist noch nicht ausgemacht, ob sich religiöse Überzeugungen selbst im Falle ihrer Falschheit nicht doch positiv auf die evolutionäre Fitness derer auswirken können, die sie haben.

Kurz gesagt: Das Wahre ist offenbar nicht einfach das Zweckmäßige im evolutionären Sinne. Jedenfalls scheint es sich nicht unmittelbar und ohne Weiteres auf Überlebens- und Reproduktionsraten zurückführen zu lassen. Und entsprechendes gilt dann auch für Wissen.

4. Wahrscheinlichkeiten und Häufigkeiten

Ganz allgemein scheinen wir für bestimmte kognitive Aufgaben einfach besser ausgerüstet zu sein als für andere. In einem bekannten Experiment legten Daniel Kahneman und Amos Tversky den Versuchspersonen zunächst die folgende kurze Charakterisierung vor (Kahneman und Tversky 1983: 297):

> Linda ist 31 Jahre alt, unverheiratet, freimütig und sehr intelligent. Sie hat Philosophie als Hauptfach studiert. Als Studentin hat sie sich intensiv mit Fragen von Diskriminierung und sozialer Gerechtigkeit befasst und auch an Anti-Atomkraft-Demonstrationen teilgenommen.

Die Versuchspersonen wurden dann aufgefordert, vor diesem Hintergrund die folgenden Aussagen nach ihrer Wahrscheinlichkeit zu ordnen:

(a) Linda ist Grundschullehrerin.
(b) Linda arbeitet in einem Buchgeschäft und nimmt Yoga-Unterricht.
(c) Linda ist in der Frauenbewegung aktiv.
(d) Linda ist eine psychiatrische Sozialarbeiterin.
(e) Linda ist ein Mitglied der Liga der weiblichen Wähler.
(f) Linda ist Bankkassiererin.
(g) Linda ist Versicherungsvertreterin.
(h) Linda ist Bankkassiererin und aktiv in der Frauenbewegung.

Bevor Sie weiterlesen, überlegen Sie vielleicht wieder selbst. Ordnen Sie den Aussagen (a)–(h) die Zahlen 1–8 zu, wobei 1 für die größte und 8 für die geringste Wahrscheinlichkeit stehen soll (jede Zahl darf nur einmal vergeben werden).

Aus einer Gruppe von 88 jungen Studenten hielten 85 % die Aussage (h) für wahrscheinlicher als (f), obwohl man offenkundig nur dann eine in der Frauenbewegung aktive Bankkassiererin sein kann, wenn man auch eine Bankkassiererin ist, und (f) damit mindestens so wahrscheinlich sein muss wie (h). Eine Gruppe von in Wahrscheinlichkeitstheorie gut ausgebildeten Studenten schnitt überraschenderweise nicht wesentlich besser ab (Kahneman und Tversky 1983: 297 f.). Haben Sie vielleicht den gleichen Fehler gemacht?

In einer von Klaus Fiedler (1988) durchgeführten Studie wurde der Linda-Aufgabe in der oben angeführten, ursprünglichen Wahrscheinlichkeitsversion die folgende Häufigkeitsvariante gegenübergestellt (Samuels, Stich und Faucher 2004: 148):

> Linda ist 31 Jahre alt, unverheiratet, freimütig und sehr intelligent. Sie hat Philosophie als Hauptfach studiert. Als Studentin hat sie sich intensiv mit Fragen von Diskriminierung und sozialer Gerechtigkeit befasst und auch an Anti-Atomkraft-Demonstrationen teilgenommen.
> Es gibt 100 Frauen, die dieser Beschreibung entsprechen. Wie viele von ihnen sind
>
> (a) ...
> ...
> (f) Bankkassiererinnen?
> ...
> (h) Bankkassiererinnen und aktiv in der Frauenbewegung?

Hier kamen nur 22 % zu dem Fehlurteil, es gebe mehr feministische Kassiererinnen, als es Kassiererinnen gibt (Fiedler 1988: 126; Tabelle 2, Experiment 1, Problem 1). Dass Versuchspersonen bei Aufgaben in Häufigkeitsformulierungen wesentlich besser abschneiden als bei ihren Gegenstücken in Wahrscheinlichkeitsformulierungen, konnte oft bestätigt werden. Manche Autoren führen die Tatsache, dass Versuchspersonen im Häufigkeitsformat so viel besser abschneiden, wiederum auf die evolutionäre Entwicklungsgeschichte zurück. Informationen über Häufigkeiten der Art »Von 20 Jagden im nördlichen Canyon waren 5 erfolgreich« haben unseren Vorfahren sicherlich oft vorgelegen, und ihre richtige Interpretation war offenkundig von erheblicher Bedeutung für das Überleben (Cosmides und Tooby 1996: 15 f.). Informationen im abstrakteren Wahrscheinlichkeitsformat standen dagegen selten oder nie zur Verfügung. Entsprechend kann man annehmen, dass sich mit der Zeit ein funktionales Modul für die Verarbeitung von Informationen über Häufigkeiten herausgebildet hat, das gleichsam anspringt, wenn Aufgaben in diesem Format dargeboten werden. Ein entsprechendes »Modul« für das Wahrscheinlichkeitsformat könnte fehlen (Samuels, Stich und Faucher: 2004: 145 ff.). Dazu passt, dass auch sonst Wahrscheinlichkeitsaufgaben in psychologischen Versuchen eher schlecht gelöst werden.

Wenn wir die Sache aus dieser Perspektive sehen, dann scheint unsere Fähigkeit, zu Wissen zu gelangen, von Mechanismen abzuhängen, die wir nicht ohne Weiteres durchschauen und denen wir nur in raffinierten psychologischen Versuchen auf die Spur kommen – und die durchaus ein gewisses Eigenleben führen können, wie wir vor allem im Abschnitt über das Hypothesentesten gesehen haben.

5. Kognitive Mechanismen: Was damit anfangen?

Wohin hat uns unser kurzer Durchgang durch einen kleinen Teil der Kognitionspsychologie bisher geführt – unter erkenntnistheoretischen Gesichtspunkten?

Zum Ersten laden manche Experimente dazu ein, genau zu überlegen, wer dort unter welchen Umständen und unter Voraussetzung welches Wissensbegriffs etwas weiß; in aller Kürze hatten wir uns das im Abschnitt über das Hypothesentesten klar gemacht. Das kann unter dem Gesichtspunkt der Wissensdefinition durchaus interessant sein.

Zum Zweiten haben wir gesehen, dass es einen gewissen Sinn macht, unsere kognitiven Mechanismen unter evolutionären Gesichtspunkten zu betrachten – mit Resultaten, die man auf den ersten Blick vielleicht so nicht erwartet. Insbesondere garantiert die evolutionäre Entwicklung solcher Mechanismen nicht unbedingt, dass sie immer Wahrheit und Wissen hervorbringen. Die »Besser-Vorsicht-als-Nachsicht«-Strategie der Evolution scheint vielmehr mit einer gewissen Notwendigkeit auch zu einer Anzahl falscher Urteile zu führen, die ihrerseits dann womöglich noch positive Konsequenzen haben können.

Zum Dritten sind wir uns dieser ganzen Zusammenhänge natürlich nicht von vornherein bewusst: Wie unser eigener Geist funktioniert, scheint uns keineswegs besonders transparent oder durchsichtig zu sein. Wir müssen es mit Hilfe ausgeklügelter Versuche herausfinden. Dass die Mechanismen so funktionieren, wie sie es tun, hat, wie wir gesehen haben, teils gute (evolutionäre) Gründe, die wir aber nicht a priori kennen.

Bei aller Betonung kognitiver Mechanismen muss man auf der anderen Seite aber doch auch hervorheben, dass wir ihnen als Menschen nicht geradezu ausgeliefert sind. Wir sind ja keineswegs dazu verurteilt, den gleichen Fehler etwa in der Beurteilung von Wahrscheinlichkeiten im Linda-Experiment immer wieder zu machen oder beim Hypothesentesten immer wieder auf die falschen Karten zu zeigen. Vielmehr können wir uns bewusst klarmachen, wo wir zu Fehlern neigen und was die richtigen Lösungen sind. Wir verfügen über einen expliziten Begriff von Wahrheit und Richtigkeit, den wir nutzen, um unsere Lösungen und Strategien kritisch zu hinterfragen. Dieser explizite Bezug auf Wahrheit geht tatsächlich schon in die Konzeption der einschlägigen Experimente ein: Wir setzen dabei voraus, dass wir wissen können, was wirklich wahr ist, weil wir die Ansichten der Versuchspersonen ja nur unter dieser Voraussetzung als wahr oder falsch beurteilen und den sie lenkenden Mechanismen nur so auf die Spur kommen können.

Insofern scheinen wir annehmen zu müssen, dass wir als Menschen die kognitiven Mechanismen mit Hilfe unserer expliziten Begriffe von Wahrheit und Wissen in gewisser Hinsicht doch auch transzendieren können. Das Hirn mag seine eigenen Gründe haben und kognitiven Mechanismen folgen, die uns zunächst undurchsichtig sind; wir können sie aber psychologisch erforschen und von einer höheren, reflektierteren Ebene aus beurteilen.

In der psychologischen Forschung werden dabei durchaus unterschiedliche Akzente gesetzt. Daniel Kahneman spricht von dem automatisierten, eher »mechanischen« und schnellen Denken als kognitivem »System 1« und unterscheidet es vom »System 2«, dessen Aufgabe in der langsamen, gründlichen und analytischen Durchdringung von Sachverhalten besteht – u. a. eben auch in der Durchdringung und Bewertung der Mechanismen von System 1. Er bestreitet keineswegs pauschal den Wert des Systems 1, legt den Fokus aber eher auf die Aufdeckung von kognitiven Verzerrungen, denen dieses System unterliegt, und auf die Gefahr, die damit verbunden ist, sich in seinem Urteil allzu sehr von dessen Mechanismen beeinflussen zu lassen (vgl. etwa Kahneman 2012: 127 ff.).

Gerd Gigerenzer betont dagegen eher, dass wir auch positiv an unser Wissen über kognitive Mechanismen anknüpfen können. Wenn wir z. B. wissen, dass wir mit Angaben über Häufigkeiten viel besser umgehen können als mit mathematisch äquivalenten Informationen über Wahrscheinlichkeiten (vgl. Abschnitt 4), dann liegt es nahe, öfter Häufigkeitsdarstellungen zu wählen. So haben etwa Ärzte oft mit statistischen Informationen der folgenden Art zu tun (Gigerenzer 2002: 65 ff.). Die Wahrscheinlichkeit, dass jemand in einer bestimmten Population an einer Krankheit leidet, beträgt 0,008 (d. h. 0,8 %); ein Test schlägt mit einer Wahrscheinlichkeit von 0,90 (90 %) an, wenn ein Patient wirklich krank ist; mit einer Wahrscheinlichkeit von 0,07 aber auch dann, wenn er nicht krank ist (»falsch positiv«). Wie groß ist die Wahrscheinlichkeit, dass jemand wirklich krank ist, wenn der Test bei ihm ein positives Ergebnis ergibt? – Vielleicht überlegen Sie zunächst wieder selbst: Was würden Sie schätzen?

Die richtige Lösung ergibt sich mit der Bayes'schen Regel für bedingte Wahrscheinlichkeiten durch (0,008 × 0,90) / (0,008 × 0,90 + 0,992 × 0,07) und lautet (gerundet) 0,09 – die Wahrscheinlichkeit, dass der Patient wirklich krank ist, liegt bei ca. 9 %. Solche Informationen sind offenkundig von erheblicher Bedeutung, aber viele Ärzte tun sich offenbar nicht leicht damit, sie aus den Daten zu gewinnen – jedenfalls nicht, wenn sie im Wahrscheinlichkeitsformat vorliegen: Übersetzt man sie in ein Häufigkeitsformat, so schneiden die Ärzte erheblich besser ab (Gigerenzer 2002: 67 ff.). Einerseits liegt das daran, dass der mathematische Aufwand dann deutlich geringer wird. Wenn man die Daten so präsentiert, dass von 1000 Leuten 8 krank sind und dass der Test bei 7 von ihnen ($\approx$ 90 %) korrekt positiv anschlägt; und dass der Test ferner auch bei 70 von den 992 nicht kranken Menschen positiv ausfällt ($\approx$ 7 %) – dann braucht man nur noch 7 (die richtig positiven Fälle) durch 77 (alle positiven Fälle) zu teilen, um abgesehen vom Runden zum gleichen Ergebnis zu kommen. Andererseits ist es aber eben auch so, dass unser Verstand »an natürliche Häufigkeiten angepasst« ist (Gigerenzer 2002: 70) und sie viel leichter interpretieren kann. Genau das hatten wir ja in Abschnitt 4 gesehen, und man kann sich diesen empirisch gut bestätigten Umstand offenbar zunutze machen und die Daten in einem für Menschen transparenteren Format zugänglich machen.

Hier ging es um dieselbe Information in zwei verschiedenen Darstellungsweisen. Man kann sich aber auch ein Beispiel an der Strategie der Evolution nehmen, recht einfach und schnell beschaffbare Informationen zur Beurteilung eines anderen, sehr komplexen Umstands zu verwenden. In Abschnitt 3 war von einem Akteurs-Erkennungssystem die Rede, das u. a. auf der Basis bestimmter Bewegungsformen auf die Anwesenheit eines anderen

Wesens mit eigenen Interessen »schloss«. Das ist, wie wir betont haben, kein absolut sicherer Schluss, aber er funktioniert schnell und auf der Basis einer leicht zugänglichen Information, und mit einer entsprechenden »Sicherheitsmarge« ausgestattet, kann er gute Dienste leisten. Gigerenzer betont den Wert solcher Heuristiken, wenn es darum geht, auf der Basis begrenzter Informationen schnell zu vielleicht nicht hundertprozentig sicheren, aber eben doch einigermaßen (und oft erstaunlich) zuverlässigen Urteilen zu kommen – wobei die Anwendungsbereiche von der Medizin bis zur Wirtschaftswissenschaft reichen. Um zu beurteilen, ob ein Notfallpatient mit hoher oder niedriger Wahrscheinlichkeit einen gefährlichen Herzinfarkt hat, reichen ein bis drei leicht zu erfassende Kriterien (Gigerenzer und Todd 1999: 4). Für die Frage, wie ich mein Vermögen anlegen soll, gibt es ein außerordentlich komplexes Optimierungsverfahren, aber die einfache Heuristik, das Geld gleichmäßig auf die zur Debatte stehenden Werte zu verteilen, schneidet unter ganz bestimmten (kontingenten, aber nicht untypischen) Bedingungen allem Anschein nach nicht schlechter ab (Gigerenzer 2008: 9ff.).

Die Suche nach fruchtbaren Heuristiken hat sich inzwischen zu einem veritablen Forschungsprogramm entwickelt, und sie hält ein paar interessante erkenntnistheoretische Fragestellungen bereit. Gigerenzer selbst sieht in seinem Programm einen Schritt weg vom Ideal des sicheren, im Grunde nur den Göttern zugänglichen Wissens und hin zu einem Wissen für uns sterbliche Menschen (Gigerenzer 2008: 4ff.). Daran ist sicherlich etwas Wahres. Aber natürlich schlägt Gigerenzer genauso wenig wie Kahneman vor, sich einfach vorgegebenen kognitiven Mechanismen auszuliefern. Er orientiert sich vielmehr am *grundsätzlichen* evolutionären Modell, sich bei einer Urteilsfindung auf schnell und leicht verfügbare Informationen zu stützen, die *unter gegebenen Umständen* gute Hinweise auf eine richtige Antwort geben. Welche Informationen dann jeweils die geeigneten sind, ist auch bei Gigerenzer Gegenstand von Überlegungen, die die Mechanismen oder Heuristiken transzendieren und diese gerade auf ihre Brauchbarkeit hin untersuchen.

Von daher setzt das ganze Forschungsprogramm auf dieser Ebene im Grunde doch die klassischen Begriffe von Wissen und Wahrheit voraus. Entsprechend macht eine theoretische Reflexion auf Wahrheit und Wissen selbst, wie sie die traditionelle Erkenntnistheorie unabhängig von allen kognitiven Mechanismen als ihre Aufgabe versteht, nach wie vor einen guten Sinn. Die Fragen nach Wissens- und Wahrheitsdefinitionen und nach der grundsätzlichen Möglichkeit, etwas zu wissen, haben ihre ganz eigene Struktur und lassen sich nicht einfach auf der Basis empirisch-psychologischer Überlegungen beantworten. Die psychologische Erforschung von kognitiven Mechanismen ist für sich genommen interessant und vermag wohl auch verschiedene Aspekte zu erkenntnistheoretischen Fragestellungen beizutragen, aber sie kann die tradierte Erkenntnistheorie ganz sicher nicht ersetzen.

Literatur

Brandom, Robert B. (2001): *Begründen und Begreifen. Eine Einführung in den Inferentialismus.* Frankfurt/M.: Suhrkamp.

Cosmides, Leda und Tooby, John: »Are humans good intuitive statisticians after all? Rethinking some conclusions from the literature on judgment under uncertainty.« In: *Cognition.* 58. 1–73.

Dennett, Daniel C. (2007): *Breaking the Spell. Religion as a Natural Phenomenon.* London: Penguin Books.

Descartes, Réne (1984): *Meditationen über die Grundlagen der Philosophie.* Hamburg: Felix Meiner Verlag.

Fiedler, Klaus (1988): »The dependence of the conjunction fallacy on subtle linguistic factors.« In: *Psychological Research.* 50. 123–129.

Gettier, Edmund (1963): »Is Justified True Belief Knowledge?« In: *Analysis.* 23. 121–123.

Gigerenzer, Gerd (2000): *Adaptive Thinking. Rationality in the Real World.* Oxford: Oxford University Press.

Gigerenzer, Gerd (2002): *Das Einmaleins der Skepsis. Über den richtigen Umgang mit Zahlen und Risiken.* Berlin: Berlin Verlag. 2. Aufl.

Gigerenzer, Gerd (2008): *Rationality for Mortals: How People Cope with Uncertainty.* Oxford, New York: Oxford University Press.

Gigerenzer, Gerd und Hug, Klaus (1992): »Domain-specific reasoning: Social contracts, cheating, and perspective change.« In: *Cognition.* 43. 127–171.

Gigerenzer, Gerd und Todd, Peter M.: »Fast and Frugal Heuristics. The Adaptive Toolbox.« In: Gerd Gigerenzer, Peter M. Todd and the ABC Research Group (Hg.): *Simple Heuristics That Make Us Smart.* New York, Oxford: Oxford University Press. 3–34.

Griggs, Richard und Cox, James (1982): »The elusive thematic-materials effect in Wason's selection task«. In: *British Journal of Psychology.* 73. 407–420.

Kahneman, David (2012): *Schnelles Denken, langsames Denken.* München: Siedler Verlag.

Kahneman, David und Tversky, Amos (1983): »Extensional Versus Intuitive Reasoning: The Conjunction Fallacy in Probability Judgment.« In: *Psychological Review*. 90. 293–315.

Meyer, Uwe (2014, im Erscheinen): *Offenheit. Ein Essay über Rationalität, Sprache, Natur und den menschlichen Geist.* Münster: mentis Verlag.

Oswald, Margit E. (1993): Hypothesentesten: Suche und Verarbeitung hypothesenkonformer und hypothesenkonträrer Informationen. In: Hell, W., Fiedler, K., Gigerenzer, G. (Hg.): *Kognitive Täuschungen. Fehl-Leistungen und Mechanismen des Urteilens, Denkens und Erinnerns.* Heidelberg, Berlin, Oxford: Spektrum Akademischer Verlag. 189–211.

Samuels, Richard, Stich, Stephen, und Faucher, Luc (2004): Reason and Rationality. In: Niiniluoto, I., Sintonen, M., Wolenski, J. (Hg.): *Handbook of Epistemology.* Dordrecht: Kluwer. 131–179.

Wason, Peter C. (1966): Reasoning. In: Foss, M.B. (Hg.): *New Horizons in Psychology.* Harmondsworth: Penguin Books. 135–151.

Wason, Peter C. (1968): »Reasoning About a Rule.« In: *Quarterly Journal of Experimental Psychology.* 20. 273–281.

GLOSSAR

Abduktion (Schluss auf die beste Erklärung): Schlussverfahren, bei dem wir von bestimmten Phänomenen, die wir beobachten, auf die beste uns bekannte Erklärung schließen. Im einfachen Fall schließen wir von bestimmten Wirkungen auf die wahrscheinlichsten Ursachen dieser Wirkungen. Im anspruchsvollerem Fall schließen wir auf ganze Theorien.

Analytisch/Synthetisch: (i) Nach Kant: Ein Satz/Urteil ist genau dann analytisch wahr, wenn das Prädikat im Subjektbegriff schon enthalten ist. (ii) Nach Frege: Ein Satz ist genau dann analytisch wahr, wenn er entweder logisch wahr ist oder in eine logische Wahrheit umgewandelt werden kann, indem man bedeutungsgleiche Teilausdrücke füreinander ersetzt. (iii) Nach Quine: Ein Satz ist genau dann analytisch wahr, wenn er wahr ist allein aufgrund der Bedeutung der involvierten Ausdrücke. Ein Satz ist genau dann synthetisch wahr, wenn er wahr, aber nicht analytisch wahr ist. Er ist genau dann synthetisch falsch, wenn er falsch, aber nicht analytisch falsch ist.

Anamnesis-Konzeption: Die These, dass die Erinnerung die Quelle für die Erkenntnis notwendiger Wahrheiten ist.

Angemessene intellektuelle Akte: Intellektuelle Akte sind die kognitiven Leistungen, die man in einer ganz bestimmten Situation jeweils unternimmt. Ein intellektueller Akt A ist genau dann angemessen, wenn eine Person, die über eine bestimmte intellektuelle Tugend verfügt, in einer bestimmten Situation A ausführen würde, so dass die Fähigkeit, Wissen zu gewinnen, mit der Ausführung von A erfolgreich ausgeübt und damit auch die Motivation, Wissen zu gewinnen, verwirklicht wird.

A priori/a posteriori: Eine These ist genau dann a priori gerechtfertigt, wenn sie vollständig unabhängig von der Erfahrung gerechtfertigt ist – gleichwohl Erfahrung eine Voraussetzung für den Erwerb der zum Verständnis der These erforderlichen sprachlichen Kompetenz sein kann. Eine These ist genau dann a posteriori gerechtfertigt, wenn sie unter anderem aufgrund der Erfahrung gerechtfertigt ist.

Außenweltskeptizismus: Der Außenweltskeptiker ist der Ansicht, dass unsere Überzeugungen über die Außenwelt nicht im Geringsten gerechtfertigt sind und wir daher auch kein entsprechendes Wissen haben, weil wir nicht ausschließen können, einer umfassenden und perfekten Täuschung zu erliegen.

Basismeinungen: Meinungen, die in fundamentalistischen Rechtfertigungstheorien das Fundament der Rechtfertigungsstruktur bilden. Sie zeichnen sich dadurch aus, dass sie nicht-inferentiell gerechtfertigt sind. Dies bedeutet, dass ihnen ein positiver Rechtfertigungsstatus zukommt, der unabhängig von einer Rechtfertigung durch andere Meinungen ist.

Begriffsanalyse: Traditionell wird darunter die Angabe notwendiger und zusammengenommen hinreichender Bedingungen für das Erfülltsein von Begriffen verstanden. Im Rahmen einer traditionellen Begriffsanalyse wird gefordert, dass der zu analysierende Begriff nicht wieder (versteckt) in der Formulierung der Bedingungen vorkommt.

Deduktion: Ein Schluss, mit dem der Anspruch verbunden ist, dass die Wahrheit der Prämissen die Wahrheit der Konklusion garantiert. Ein Schluss ist genau dann deduktiv gültig, wenn es nicht sein kann, dass alle Prämissen zusammengenommen wahr sind aber die Konklusion falsch ist.

»Default and Challenge«-Struktur: Im Rahmen einer »Default and Challenge«-Struktur der Rechtfertigung haben bestimmte Meinungen solange einen vorläufigen Status der Berechtigung, bis diese Berechtigung durch angegebene Gründe infrage gestellt wird. Die Berechtigung einer Meinung ist die Voreinstellung (»default«), mit der eine Meinung ausgestattet ist, bis es eine berechtigte Anfechtung (»challenge«) gibt.

Default-Berechtigung: Im Rahmen von Default-Konzeptionen der Rechtfertigung wird angenommen, dass manche Meinungen einen Status der Default-Berechtigung genießen. Dies bedeutet, dass diesen Meinungen auch ohne vorheriges Durchlaufen eines Rechtfertigungsprozesses ein positiver Rechtfertigungsstatus zukommt, solange keine begründeten Einwände gegen sie erhoben werden.

Direkter Realismus: Die Theorie, dass es eine Welt äußerer physischer Gegenstände in Raum und Zeit gibt, deren Existenz und Natur von unserem mentalen Leben unabhängig ist, und dass wir durch die Wahrnehmung direktes, nicht-inferentielles Wissen über diese Gegenstände erwerben können.

Disponible Meinungen: Eine Person hat genau dann eine disponible Meinung, wenn sie den Gehalt einer Meinung genau zu explizieren und diese Meinung auch mit ihren Wünschen erfolgreich zu verknüpfen vermag.

Empirismus: Siehe Rationalismus und Empirismus.

Epistemische Motivation: Eine Person ist genau dann hinreichend epistemisch motiviert, wenn sie den vorrangigen Wunsch hat, Wissen zu erlangen, und sie deshalb in einer bestimmten Situation jede jeweils erforderliche epistemische Tugend ausübt.

Epistemische Rechtfertigung: Eine These ist genau dann epistemisch gerechtfertigt, wenn es in Hinblick auf das Ziel, möglichst viele wahre und möglichst wenig falsche Überzeugungen zu gewinnen, angemessen ist, die These zu akzeptieren. Worin die Angemessenheit besteht, wird von Rechtfertigungstheorien mitunter unterschiedlich beantwortet.

Epistemische Selbstbestimmung: Eine Person ist epistemisch selbstbestimmt, wenn sie ihre intellektuellen Akte kraft ihrer eigenen Fähigkeiten erfolgreich zu kontrollieren und zu korrigieren vermag.

Epistemische Theorie der Erinnerung: Die epistemische Theorie der Erinnerung besagt, dass das Gedächtnis ein Wissensspeicher ist.

Epistemische Tugend: Eine epistemische Tugend ist eine Einstellung einer Person, die eine bestimmte Motivation und eine bestimmte Fähigkeit enthält. Die generellen Eigenschaften epistemischer Tugenden sind die Motivation, Wissen zu erlangen, und die Fähigkeit, diese Motivation auf eine verlässliche, wahrheitsfördernde und irrtumsvermeidende Weise zu verwirklichen.

Epistemischer Kontextualismus: Die Position, dass der Wahrheitswert von Wissenszuschreibungen vom Zuschreiberkontext abhängig ist. Die Aussage »Peter weiß, dass Petra in Münster ist« kann, getätigt in einem Zuschreiberkontext, wahr und, getätigt in einem anderen Zuschreibungskontext, falsch sein, obwohl sich an der Peter zugänglichen Information nichts geändert hat.

Epistemischer Relativismus: Die Position, dass Wissen nur relativ zu Personen, Gesellschaften oder Kulturen vorliegt. Der Relativismus der Rechtfertigung und der Relativismus der Wahrheit (alethischer Relativismus) sind die prominentesten Formen des epistemischen Relativismus.

Erkenntnistheoretischer Externalismus: Theorie der Rechtfertigung, derzufolge die rechtfertigenden Faktoren zumindest teilweise von Tatsachen der Außenwelt abhängen (Objektivismus) oder wenigstens nicht alle dem Subjekt direkt durch Reflexion zugänglich sind (Zugänglichkeitsexternalismus).

Erkenntnistheoretischer Internalismus: Theorie der Rechtfertigung, derzufolge alle rechtfertigenden Faktoren entweder innerhalb der subjektiven Perspektive liegen (mentaler Internalismus) oder direkt durch Reflexion des Subjekts zugänglich sind (Zugänglichkeitsinternalismus).

Fundamentalismus: Der erkenntnistheoretische Fundamentalismus der Rechtfertigung unterscheidet zwischen basalen, gerechtfertigten Aussagen (Basisaussagen), die nicht durch andere Aussagen gerechtfertigt werden müssen, und nicht-basalen, gerechtfertigten Aussagen (Überbau), die alleine aufgrund inferentieller Beziehungen zu den Basisaussagen gerechtfertigt sind.

Grund: Ein Grund trägt zur Rechtfertigung einer Aussage positiv bei, indem er aufgrund seines Inhalts aus der Perspektive des Subjekts für die Wahrheit der Aussage spricht.

Induktion: Induktiv schließen wir, wenn unsere Schlussfolgerungen nicht deduktiv zwingend aus den Daten folgen, sondern eine Gehaltserweiterung gegenüber den Daten bieten. Typische Beispiele sind Extrapolationen von einzelnen Daten auf weitere Daten oder auf eine entsprechende Verallgemeinerung dieser Daten, wie etwa von der Beobachtung, dass 10 Pfirsiche einen Kern haben, darauf, dass auch der nächste Pfirsich, den wir untersuchen werden, einen Kern aufweist, oder sogar darauf, dass alle Pfirsiche einen Kern haben.

Induktionsskeptizismus: Der Induktionsskeptiker ist der Auffassung, dass unsere Überzeugungen über den bislang nicht beobachteten Bereich der Wirklichkeit nicht im Geringsten gerechtfertigt sind, weil wir nicht begründen können, dass unsere bisherigen Beobachtungen repräsentativ sind, ohne dabei bereits vorauszusetzen, dass sie es sind.

Inkommensurabilität: Die These von der Inkommensurabilität wissenschaftlicher Theorien besagt, dass die Gehalte bestimmter wissenschaftlicher Theorien nicht miteinander verglichen werden können. Nach der semantischen Inkommensurabilitätsthese liegt dies an gravierenden Unterschieden in der Bedeutung der in den Theorien vorkommenden Begriffe. Nach der methodologischen Inkommensurabilitätsthese liegt es daran, dass gemeinsame Standards zur Bewertung der Theoriengehalte fehlen.

Introspektion: Quelle des Selbstwissens. Traditionell oft konzipiert als eine Art der inneren Wahrnehmung.

Kausale Theorie der Erinnerung: Eine Theorie, die besagt, dass eine der (indirekten) Ursachen für ein Erinnern im früheren Kontakt zum erinnerten Objekt besteht.

Kohärenz: Kohärenz ist intuitiv gesprochen ein Maß dafür, wie gut die Meinungen eines Meinungssystems zueinander passen. Für eine genauere Analyse der Relationen, die Kohärenz stiften bzw. mindern, gibt es verschiedene Vorschläge. Häufig werden logische und probabilistische

Inkonsistenzen als kohärenzmindernd genannt, während verschiedene inferentielle Relationen, etwa deduktive und induktive Beziehungen sowie Wahrscheinlichkeits- und Erklärungsrelationen, als kohärenzstiftende Relationen angenommen werden.

Kohärenztheorie: Gemäß Kohärenztheorien der Rechtfertigung ist jede gerechtfertigte Aussage alleine dadurch gerechtfertigt, dass sie Bestandteil eines kohärenten Meinungssystems ist.

Modale Wissenskonzeptionen: Modale Wissenskonzeptionen beruhen auf der Annahme, dass Wissen nichts anderes als nicht-zufälligerweise wahre Meinung ist. Die Grundidee ist, dass eine Meinung nicht nur de facto wahr sein muss, damit Wissen vorliegt, sondern dass sie darüber hinaus auch in hinreichend ähnlichen *möglichen* Situationen wahr sein muss, damit Wissen vorliegt.

Naturalismus, methodologischer: Position, derzufolge die Philosophie sich primär oder gar ausschließlich der Methoden der Naturwissenschaften bedient (deskriptive Variante) oder der Methoden der Naturwissenschaften bedienen sollte (präskriptive Variante).

Naturalismus, ontologischer: Position, derzufolge es nur natürliche (das sind nach der gängigen Auffassung physische) Dinge und Eigenschaften gibt (plus ggf. noch mathematische Dinge wie Mengen etc.).

Phänomenalismus: Die Theorie, dass ein physischer Gegenstand mit einem Komplex oder Bündel von Sinnesdaten identisch ist.

Proposition: Inhalt von Aussagen/Behauptungssätzen. Die Sätze »Es regnet«, »Il pleut« und »It is raining« drücken dieselbe Proposition aus. Vertreter der Auffassung, dass es Propositionen gibt, gehen ferner (oft) davon aus, dass diese Gegenstand unserer mentalen Einstellungen (Wünsche, Überzeugungen etc.) sind. Sie bezeichnen diese Einstellungen als propositionale Einstellungen.

Pyrrhonische Skepsis: Pyrrhoniker gehen davon aus, dass überhaupt keine Überzeugung auch nur im Geringsten gerechtfertigt ist, weil jede gerechtfertigte Überzeugung mit Hilfe einer ihrerseits gerechtfertigten Annahme begründet werden muss, was aber entweder in einen unendlichen Begründungsregress mündet oder das Aufstellen bloßer Behauptungen voraussetzt oder zu einer zirkulären Begründung führt. (Agrippas Dilemma) Für Pyrrhoniker ist der Skeptizismus eine Voraussetzung für eine auf umfassender Urteilsenthaltung beruhende und daher gelungene Lebensführung.

Rationalismus und Empirismus: Rationalisten und Empiristen streiten sich um die Rolle und Leistungsfähigkeit der beiden Erkenntnisvermögen Sinnlichkeit und Vernunft sowie um die richtige Konzeption der Vernunft. In Anlehnung an Immanuel Kant lässt sich der Streit zwischen Rationalisten und Empiristen als Streit über die Existenz bzw. Möglichkeit synthetischer Urteile a priori beschreiben. Rationalisten behaupten, dass es sie gibt bzw. dass sie möglich sind. Empiristen bestreiten dies.

Reduktionismus/Antireduktionismus: Bezeichnen einander entgegengesetzte Grundpositionen in der Debatte über die epistemische Rechtfertigung testimonialer Überzeugungen. Antireduktionisten sehen das Zeugnis anderer als eine eigenständige, nicht von anderen Quellen abgeleitete Erkenntnisquelle an, welche eigenen Prinzipien der Rechtfertigung gehorcht. Reduktionisten bestehen darauf, dass jede testimoniale Rechtfertigung sich auf die grundlegenderen Erkenntnisquellen zurückführen lassen muss.

Reliabilismus: Version des erkenntnistheoretischen Externalismus, derzufolge eine Meinung allein dadurch epistemisch gerechtfertigt ist, dass sie das Ergebnis eines zuverlässigen Meinungsbildungsprozesses ist. Zuverlässigkeit wird (oft) über das Verhältnis wahrer durch den Prozess generierter Meinungen gegenüber falscher durch den Prozess generierter Meinungen bestimmt.

Repräsentation: Einzelding mit semantischen Eigenschaften (wie die, einen Gehalt zu haben, sich auf etwas zu beziehen, einen Wahrheitswert zu haben o. ä.).

Repräsentationaler Realismus: Die Theorie, dass es eine Welt physischer Gegenstände in Raum und Zeit gibt, deren Existenz und Natur von unserem mentalen Leben unabhängig ist, und dass unser kognitiver Zugang zu diesen Gegenständen immer durch die direkte Wahrnehmung von Sinnesdaten vermittelt ist.

Repräsentationalistische Theorie der Erinnerung: Die These, dass in der Erinnerung Abbilder der erinnerten Objekte betrachtet werden, um aus ihnen Schlüsse zu ziehen.

Schluss auf die beste Erklärung: Siehe Abduktion.

Selbstwissen: Wissen, das wir von unseren eigenen geistigen Zuständen haben und das nicht auf eine Weise gewonnen wurde, die prinzipiell auch anderen Personen zur Verfügung steht. Selbstwissen ist zu unterscheiden vom Wissen vom Selbst und von der Selbsterkenntnis.

Sinnesdatum: Ein mentales oder phänomenales Objekt, das dann und nur dann existiert, wenn es wahrgenommen wird – ähnlich wie ein Schmerz dann und nur dann existiert, wenn er empfunden wird. Diese Abhängigkeit von einem Beobachter hat die Konsequenz, dass Sinnesdaten private Objekte sind.

Skeptizismus: Ein Skeptiker im philosophischen Sinn bestreitet aus prinzipiellen Gründen, dass wir in Bezug auf einen, mehrere oder alle Bereiche der Wirklichkeit Gewissheit, Wissen oder gerechtfertigte Überzeugungen haben.

Supervenienz: Beziehung zwischen Eigenschaftsfamilien folgender Art: Ein Unterschied hinsichtlich der Eigenschaften aus der Familie der supervenierenden Eigenschaften impliziert einen Unterschied hinsichtlich der Eigenschaften aus der Familie der Basiseigenschaften.

Synthetische Urteile: Siehe Analytisch/Synthetisch.

Theoriebeladenheit der Beobachtung: Der These der Theoriebeladenheit der Beobachtung zufolge kann es keine theorieneutrale und theorieunabhängige Beobachtung geben, da das, was wir beobachten, immer auch von unseren Begriffen, unserem Wissen und unseren Theorien über den beobachteten Gegenstand abhängt.

Transzendentalphilosophie: Von Immanuel Kant begründete philosophische Richtung, die sich mit den Bedingungen der Möglichkeit von Erkenntnis beschäftigt. Kants Hauptanliegen besteht darin nachzuweisen, dass und in Bezug worauf synthetische Urteile a priori möglich sind.

Überbau: In fundamentalistischen Theorien der Rechtfertigung bilden gerechtfertigte Meinungen, die keine Basismeinungen sind, den sogenannten Überbau. Diese Meinungen erhalten ihre Rechtfertigung durch Schlüsse (Inferenzen) auf der Grundlage von Basismeinungen. Im Gegensatz zu Basismeinungen sind sie ausschließlich inferentiell gerechtfertigt.

Unterbestimmtheit der Theorie durch die Daten: Nach der These der Unterbestimmtheit der Theorie durch die Daten gibt es für eine durch die Belege B gestützte Theorie T1 immer eine damit nicht vereinbare Theorie T2, die ebenfalls durch die Belege B gestützt wird.

Vernunft und Verstand: Manchmal werden die beiden Begriffe synonym verwendet; manchmal wird damit ein rein intuitives, unmittelbares Erfassen des Geistes einem diskursiven, folgerndem Denken gegenübergestellt.

Wissen: Gemeinhin wird zwischen Wissen im Sinne von Kennen (»Ich weiß ein gutes italienisches Restaurant in der Stadt«), Wissen-Wie (»Ich weiß, wie man eine Bierflasche mit einem Feuerzeug öffnet«) und Wissen-Dass (»Ich weiß, dass Petra in Münster wohnt«) unterschieden. Wissen-Dass wird auch »propositionales Wissen« genannt. Gemäß der klassischen auf Platon zurückgehenden Analyse propositionalen Wissens weiß ein Erkenntnissubjekt S genau dann, dass p, wenn S die wahre und gerechtfertigte Überzeugung hat, dass p.

Zeugnis: Ursprünglich im rechtlichen und religiösen Kontext verankert, wird der Zeugnisbegriff (engl. »testimony«) in der Erkenntnistheorie allgemein für das Wort anderer als Wissensquelle verwendet. Je nachdem, welche Bedingungen – z. B. die Forderung nach bestimmten Intentionen oder Qualifikationen auf Seiten des Zeugen – an den Zeugnisbegriff geknüpft werden, gibt es enger und weiter gefasste Definitionen.

AUTOREN-
INFORMATION

Elke Brendel ist tätig als Professorin für Philosophie und Inhaberin des Lehrstuhls für Logik und Grundlagenforschung am Institut für Philosophie der Universität Bonn. Ihre Arbeitsschwerpunkte liegen im Bereich der Logik, Erkenntnis- und Sprachphilosophie. Zu ihren Publikationen gehören: *Wissen – Grundthemen Philosophie*, Berlin/Boston: de Gruyter 2013. *Contextualisms in Epistemology* (hrsg. mit Christoph Jäger), Dordrecht: Springer 2005. *Wahrheit und Wissen*, Paderborn: mentis 1999. *Die Wahrheit über den Lügner. Eine philosophische Analyse der Antinomie des Lügners*, Berlin/New York: de Gruyter 1992.

Thomas Bartelborth ist tätig als Professor für Wissenschaftstheorie am Institut für Philosophie der Universität Leipzig. Seine Arbeitsschwerpunkte liegen im Bereich der Wissenschaftstheorie und der Erkenntnistheorie. Zu seinen Publikationen gehören: *Die erkenntnistheoretischen Grundlagen induktiven Schließens*, E-Book 2012, URN=http://nbn-resolving.de/urn:nbn:de:bsz:15-qucosa-84565. *Erklären*, Berlin/New York: de Gruyter 2007. *Begründungsstrategien. Ein Weg durch die analytische Erkenntnistheorie*, Berlin: Akademie Verlag 1996.

Sven Bernecker ist Professor für Philosophie an der University of California, Irvine. Seine Arbeitsschwerpunkte liegen im Bereich der Erkenntnistheorie, der Philosophie des Geistes, der Philosophie Kants und des Deutschen Idealismus. Zu seinen Publikationen gehören: *The Routledge Companion to Epistemology* (hrsg. mit D. Pritchard), New York/London: Routledge 2011. »Keeping Track of the Gettier Problem«, *Pacific Philosophical Quarterly* 2011. *Memory: A Philosophical Study*, Oxford: Oxford University Press 2010. *The Metaphysics of Memory*, Dordrecht: Springer 2008.

Axel Gelfert lehrt als Associate Professor am Department of Philosophy der National University of Singapore. Seine Hauptarbeitsgebiete sind die soziale Erkenntnistheorie (samt ihrer Geschichte) sowie die Wissenschafts- und Technikphilosophie. Zu seinen Publikationen gehören: *A Critical Introduction to Testimony*, London: Bloomsbury 2014. »Coverage-Reliability, Epistemic Dependence, and the Problem of Rumor-Based Belief«, *Philosophia*, Vol. 41, 2013. »Kant on Testimony«, *British Journal for the History of Philosophy*, Vol. 14, 2006.

Thomas Grundmann ist tätig als Professor für Erkenntnistheorie, Wissenschaftstheorie und Logik am Philosophischen Seminar der Universität zu Köln. Seine Arbeitsschwerpunkte liegen im Bereich der Allgemeinen und Angewandten Erkenntnistheorie, der Metaphilosophie (Intuitionen, Gedankenexperimente und Experimentelle Philosophie), der Philosophie des Dissenses, Philosophie des Todes und der Philosophie Kants. Zu seinen Publikationen gehören: *Die Experimentelle Philosophie in der Diskussion* (Hg.), Frankfurt am Main: Suhrkamp 2014. »How Reliabilism Saves the Apriori/Aposteriori Distinction«, *Synthese* 2014. *Analytische Einführung in die Erkenntnistheorie*, Berlin/New York: de Gruyter 2008. *Der Wahrheit auf der Spur. Ein Plädoyer für den erkenntnistheoretischen Externalismus*, Paderborn: mentis 2003.

Johannes Haag ist tätig als Professor für Theoretische Philosophie an der Universität Potsdam. Seine Arbeitsschwerpunkte liegen im Bereich der Erkenntnistheorie, der Philosophie des Geistes, der Sprachphilosophie und der Philosophie der Wahrnehmung. Außerdem arbeitet er zur Philosophie der frühen Neuzeit und zu Immanuel Kant. Zu seinen Publikationen gehören: *Ideen. Repräsentationalismus in der frühen Neuzeit* (hrsg. mit Dominik Perler), Berlin/New York: de Gruyter 2010. *Erfahrung und Gegenstand. Zum Verhältnis von Sinnlichkeit und Verstand*, Frankfurt am Main: Klostermann 2007. *Der Blick nach innen. Wahrnehmung und Introspektion*, Paderborn: mentis 2001.

Jörg Hardy ist Professorial Fellow an der Russian Academy for Humanities, St. Petersburg und Fellow am Centre for Advanced Study in Bioethics der Westfälischen Wilhelms-Universität Münster. Seine Arbeitsschwerpunkte sind Logik, Erkenntnistheorie, Geschichte der Philosophie und Angewandte Philosophie. Zu seinen Publikationen gehören: *Platon. Laches. Übersetzung und Kommentar*, Göttingen: Vandenhoeck & Ruprecht 2014. *Logik der Philosophie* (zusammen mit Christoph Schamberger), Göttingen: Vandenhoeck & Ruprecht 2012. *Jenseits der Täuschungen – Selbsterkenntnis und Selbstbestimmung mit Sokrates*, Göttingen: V&R unipress 2011. Er gibt zusammen mit Oliver R. Scholz die Zeitschrift: *Angewandte Philosophie. Eine Internationale Zeitschrift/Applied Philosophy. An International Journal* heraus.

Nikola Kompa ist Professorin für Theoretische Philosophie am Institut für Philosophie der Universität Osnabrück. Sie arbeitet hauptsächlich zu erkenntnistheoretischen und sprachphilosophischen Themen. Zu ihren Publikationen gehören: »Knowledge in Context«, *Rivista Internazionale di Filosofia e Psicologia* 5, 2014. *The A priori and its Role in Philosophy* (hrsg. mit Christian Nimtz & Christian Suhm), Paderborn: mentis 2009. *Wissen und Kontext*, Paderborn: mentis 2001.

Uwe Meyer ist Lehrkraft für besondere Aufgaben am Institut für Kognitionswissenschaft (Arbeitsgruppe Philosophie) an der Universität Osnabrück. Seine Arbeitsschwerpunkte liegen in den Bereichen der Philosophie des Geistes und der Sprachphilosophie. Zu seinen Publikationen gehören: *Offenheit. Ein Essay über Rationalität, Sprache, Natur und den menschlichen Geist*, Münster: mentis 2014. *Glaube und Notwendigkeit. Eine Untersuchung zur Sprachphilosophie, zur Erkenntnistheorie und zur Philosophie des Geistes*, Paderborn: Schöningh, 1998.

Oliver Petersen ist tätig als akademischer Oberrat am Institut für Philosophie der Universität des Saarlandes. Seine Arbeitsschwerpunkte liegen im Bereich der Sprachphilosophie, Metaphysik und Metaethik. Zu seinen Publikationen zählen: »Regelfolgen – mehr als Verhalten?«, in: M. Iorio & R. Reisenzein (Hg.): *Regel, Norm, Gesetz*, Frankfurt: Peter Lang 2010. *Verstehen und Rationalität*, Paderborn: mentis 2002.

Peter Rohs ist Professor im Ruhestand in Münster. Seine Arbeitsschwerpunkte liegen in den Bereichen Transzendentalphilosophie und Zeitphilosophie. Zu seinen Publikationen gehören: *Der Platz zum Glauben*, Münster: mentis 2013. *Feld – Zeit – Ich*, Frankfurt am Main: Klostermann 1996.

Richard Schantz ist Professor für Philosophie an der Universität Siegen. Seine Forschungsgebiete sind die Erkenntnistheorie, die Sprachphilosophie, die Philosophie des Geistes und die Metaphysik. Zu seinen Publikationen gehören: *Prospects for Meaning. New Studies in the Philosophy of Language* (Hg.), Berlin/New York: de Gruyter 2012. *The Externalist Challenge* (Hg.), Berlin/New York: de Gruyter 2004. *Wahrheit, Referenz und Realismus. Eine Studie zur Sprachphilosophie und Metaphysik*, Berlin/New York: de Gruyter 1996. *Der sinnliche Gehalt der Wahrnehmung*, München/Hamden/Wien: Philosophia 1990.

Sebastian Schmoranzer ist tätig als Akademischer Rat auf Zeit am Institut für Philosophie der Universität Osnabrück. Seine Arbeitsschwerpunkte liegen in den Bereichen Erkenntnistheorie und Metaphysik. Zu seinen Publikationen gehören: »Skepticism, Contextualism and Entitlement«, in: S. Tolksdorf (Hg.): *Conceptions of Knowledge*, Berlin/New York: deGryuter 2012. *Realismus und Skeptizismus*, Paderborn: mentis 2010.

Oliver R. Scholz ist seit 2001 Professor für Theoretische Philosophie am Philosophischen Seminar der Westfälischen Wilhelms-Universität Münster. Arbeitsschwerpunkte: Erkenntnistheorie, Wissenschaftstheorie, Metaphysik und die Philosophie der Aufklärung. Zu seinen Veröffentlichungen gehören: *Verstehen und Rationalität*, Frankfurt am Main: Klostermann 1999, [2]2001. *Bild, Darstellung, Zeichen*, Freiburg/München: Alber 1991; 2., vollst. überarb. Aufl., Frankfurt am Main: Klostermann 2004, [3]2009.

Ansgar Seide ist tätig als Akademischer Rat auf Zeit am Philosophischen Seminar der Westfälischen Wilhelms-Universität Münster. Seine Arbeitsschwerpunkte liegen in den Bereichen Erkenntnistheorie und Metaphysik. Zu seinen Publikationen gehören: *Philip Kitcher – Pragmatic Naturalism* (hrsg. mit Marie I. Kaiser), Frankfurt: ontos 2013. *Rechtfertigung, Kohärenz, Kontext – Eine Theorie der epistemischen Rechtfertigung*, Münster: mentis 2011.

Markus Seidel ist tätig als Lehrkraft für besondere Aufgaben am Zentrum für Wissenschaftstheorie der Westfälischen Wilhelms-Universität Münster. Seine Arbeitsschwerpunkte liegen im Bereich der allgemeinen Wissenschaftstheorie und der Erkenntnistheorie. Zu seinen Publikationen gehören: *Epistemic Relativism. A Constructive Critique*. Basingstoke: Palgrave Macmillan 2014. *The Problem of Relativism in the Sociology of (Scientific) Knowledge* (hrsg. mit Richard Schantz), Frankfurt: ontos 2011.

Mark Siebel ist Professor für Theoretische Philosophie an der Universität Oldenburg. Seine Arbeitsschwerpunkte liegen in der Erkenntnistheorie, der Philosophie der Sprache und des Geistes sowie in der Geschichte der Analytischen Philosophie. Zu seinen Publikationen gehören: *Erinnerung, Wahrnehmung, Wissen*, Paderborn: mentis 2000. *Der Begriff der Ableitbarkeit bei Bolzano*, Sankt Augustin: Akademia 1996. Er leitet das DFG-Projekt *Probabilistic Measures of Coherence and Positive Relevance*.

Thomas Spitzley arbeitet als Professor für Philosophie mit dem Schwerpunkt Theoretische Philosophie an der Universität Duisburg-Essen. Seine Arbeitsschwerpunkte liegen in den Bereichen Erkenntnistheorie, Philosophie des Geistes, Theorien der Rationalität und Sprachphilosophie. Zu seinen Publikationen gehören: *Willensschwäche* (Hg.), Paderborn: mentis, 2. erw. Auflage 2013. »Self-Knowledge and Rationality«, *Erkenntnis 71*, 2009. *Facetten des »ich«*, Paderborn: mentis 2000. *Handeln wider besseres Wissen. Eine Diskussion klassischer Positionen*, Berlin/New York: de Gruyter 1992.

Erik Stei ist Wissenschaftlicher Mitarbeiter am Lehrstuhl für Logik und Grundlagenforschung am Institut für Philosophie der Universität Bonn. Seine Arbeitsschwerpunkte liegen im Bereich der Erkenntnistheorie, der Sprachphilosophie und der Philosophie der Logik. Zu seinen Publikationen gehören: *Die Bedeutung von »wissen«. Eine Untersuchung zur Kontextabhängigkeit von Wissensaussagen*, Münster: mentis 2014. »How quotation marks what people do with words« (mit Daniel Gutzmann), *Journal of Pragmatics* 2011.